CPMI | 中国物业管理协会系列丛书——研究系列

物业管理课题研究优秀成果汇编（2022）

中 国 物 业 管 理 协 会 编
CHINA PROPERTY MANAGEMENT INSTITUTE

中国市场出版社
China Market Press
·北京·

图书在版编目（CIP）数据

物业管理课题研究优秀成果汇编. 2022 / 中国物业管理协会编. —北京：中国市场出版社有限公司，2023.10

ISBN 978-7-5092-2473-1

Ⅰ. ①物… Ⅱ. ①中… Ⅲ. ①物业管理-研究成果-汇编-中国-2022 Ⅳ. ①F299.233.47

中国国家版本馆 CIP 数据核字（2023）第 181525 号

物业管理课题研究优秀成果汇编（2022）

WUYE GUANLI KETI YANJIU YOUXIU CHENGGUO HUIBIAN（2022）

编　　著：中国物业管理协会
责任编辑：刘佳禾　高　晶

出版发行：中国市场出版社
社　　址：北京市西城区月坛北小街 2 号院 3 号楼（100837）
电　　话：（010）68034118/68021338
网　　址：http：//www.scpress.cn

印　　刷：北京市联华印刷厂
规　　格：170mm×240mm　　1/16
印　　张：36　　字　　数：589 千字
版　　次：2023 年 10 月第 1 版　　印　　次：2023 年 10 月第 1 次印刷
书　　号：ISBN 978-7-5092-2473-1
定　　价：150.00 元

《物业管理课题研究优秀成果汇编（2022）》

编委会

前　言

自2016年中国物业管理协会组织开展课题研究工作以来，七年累计完成课题研究173项。各立项课题组聚焦行业高质量发展，积极调配资源、汇聚行业内外专家，通过理论论证、问卷调查、数据分析、实地考察、案例分析等研究方法开展课题研究工作，并经过课题开题会、中期汇报会、验收评审会等会议不断完善课题成果内容，以求课题成果能够为行业发展提供战略性、前瞻性的理论依据和发展参考。

为促进优秀课题成果的推广和转化，中国物业管理协会系统性梳理知识产品系列，将已出版的《物业管理课题研究优秀成果汇编（2016—2018）》《物业管理课题研究优秀成果汇编（2019—2020）》《物业管理课题研究优秀成果汇编（2021）》《“物业+养老”服务新模式——发展前景与案例解析》和将要出版的《物业管理课题研究优秀成果汇编（2022）》以及未来会出版的研究成果类图书统一规划为“中国物业管理协会系列丛书——研究系列”，按年份进行汇编，增强研究系列丛书的时效性、普及性和便利性。

《物业管理课题研究优秀成果汇编（2022）》从2022年完成的23项结题课题中挑选出14项优秀成果，涉及党建引领物业管理融入社会治理、“社区+物业+养老服务”、企业标准化、品牌新媒体、设施设备、城市更新、绿色运维等多个领域，紧扣行业发展实际，对行业热点难点问题提出了前瞻性、创新性、能够解决行业实际问题的可操作性的路径和建议。

现将14项优秀课题成果汇编成册，供会员单位和从业人员学习参考使用。中国物协将以此为契机，逐步优化行业课题研究的工作机制，充分汇聚物业管理行业从业人员的智慧，以开拓创新的精神和兼容并蓄的心态，更好地开展物业管理理论研究工作，推动行业的高质量发展。

CPMI

目录

contents

物业服务企业标准化有效性研究

◆ 中国物业管理协会标准化建设专业委员会
新大正物业集团股份有限公司

前 言

标准化作为实现行业高质量发展、企业提质增效的重要手段，受到国家的高度重视。《国家标准化发展纲要》明确了到2035年我国标准化发展目标和任务圈定，其中指出要完善物业服务标准，但目前物业服务企业标准化工作的开展效果并不理想。从行业发展角度来看，头部企业在管建筑面积及物业项目数量迅速增加，需要标准化实现对服务管理和操作的快速复制，以尽量达成服务质量的一致性，虽然企业在标准化方面不断加大投入，但获得的效果并不明显。行业内的中小微企业在服务、管理和经营的多重压力下，其推进的标准化更多服务于市场开拓，企业对标准化的理解也只停留在“质量管理体系”认证的层面，体系文件束之高阁，与日常管理形成了“两张皮”。从标准化专业角度来看，不论是头部企业还是中小微企业，在标准体系的设计、标准的编制、标准的落地实施以及整体的标准化工作运行机制方面均缺乏科学的指导和有效运作的方法，制约了企业使用标准化提升管理和服务水平的效果。

本课题围绕行业内头部、中小微企业标准化现状及问题研究，能够让物业服务企业对标准化工作开展有更深的认识和理解，给广大的企业从标准化定位、机制建设、人才支撑、体系设计、标准编制、宣贯落地等方面提出创新、系统、有效的路经和方法，提升企业标准化工作的有效性，切实发挥出标准化对管理和服务提升的作用，为物业服务企业标准化提升提供指导和借鉴。

第一章 绪 论

1.1 研究背景

1.1.1 国家、行业重视标准化工作

随着经济全球化深入发展，当今世界正在经历新一轮科技革命、产业变革和社会转型，标准化在全球创新版图和产业布局深度调整中成为关键要素，在国际贸易往来、支撑品牌发展、规范企业管理中的重要作用日益凸显。近年国家对标准化工作高度重视，党的十八大以来，以习近平同志为核心的党中央高度重视标准化工作，多次对标准化工作做出重要指示，习近平总书记强调，加强标准化工作，实施标准化战略，是一项重要和紧迫的任务，对经济社会发展具有长远的意义。

2018 年，新《中华人民共和国标准化法》（以下简称《标准化法》）开始实施，首次将制定标准的范围从工业领域扩展到服务业领域，以满足国民经济社会发展需求，同时团体标准被赋予法律地位，明确建立企业标准自我公开声明机制，强化标准监管制度。2019 年，国家标准化管理委员会和民政部联合发布了《团体标准管理规定》，进一步规范了社会团体开展团体标准制定的各项要求。从新法的角度和团体标准的政策文件来看，服务业标准化工作越来越受到重视，以协会为主导的团体标准的地位在新法中得以明确，物业管理行业属于服务业，开展标准化工作是顺应时势。

2020 年，住房和城乡建设部等十部门发布《关于加强和改进住宅物业管理工作的通知》，通知要求“发挥物业行业协会作用，编制物业服务标准，规范从业人员行为”，用以提升物业服务质量。同时要求“城市住房和城乡建设部门要公布物业服务清单，明确物业服务内容和标准”。新形势下，加快物业服务业标准化建设，推动物业服务向高品质和多样化升级，是满足人民群众不断增长的美好居住生活需要的重要举措。

2021 年，国家发布“十四五”规划和 2035 年远景目标纲要，明确了未来 15 年我国标准化发展目标和任务圈定，其中明确指出“加强物业服务监管，提高物业服务覆盖率、服务质量和标准化水平”。同年，中共中央、国务院印

发了《国家标准化发展纲要》，指出“健全住房标准，完善房地产信息数据、物业服务等标准”。当前物业管理行业标准化的重要性已经进入国家标准化发展的一些重要文件中，行业标准化工作迎来了新的发展篇章。

2022年11月，国家市场监管总局等18部门联合印发了《进一步提高产品、工程和服务质量行动方案（2022—2025年）》，该方案从推动民生消费质量升级、增强产业基础竞争力、引导新技术新产品新业态优质发展、促进服务品质大幅提升等四个方面部署了重点任务，其中在“促进服务品质大幅提升”方面，提出要引导居民生活服务高品质发展，提升物业服务质量，健全物业服务标准体系。

从物业管理行业标准化发展情况来看，行业标准化工作相较其他行业起步较晚，但发展迅速。2015年底，中国物业管理协会标准化工作委员会成立后，开展了大量的标准化工作，如组织了行业标准体系建设和团体标准发展规划相关理论研究；结合行业发展趋势和企业需要，编制发布了多项具有指导意义的团体标准；开展了多次大型行业标准化论坛，组织了多次标准化综合能力提升培训，为企业培养了大量的标准化人才。2019年，中国物业管理协会将标准化工作推上了新高度，将行业年度主题定义为“标准建设”，着力促进企业懂标准、学标准、用标准，提升行业标准化整体意识，最大限度发挥标准对行业规范化、专业化提升的价值，逐步形成“标准促进行业高质量发展”的共识。同时，协会希望一方面通过统一的标准化顶层设计规划和标准体系，促进行业协同发展；另一方面通过提高物业服务标准的有效供给，强化标准实施落地，赋能企业标准化建设，促进行业规范发展。时至今日，物业服务企业愈发重视标准化工作，物业管理行业整体的标准化意识得到了有效提升，逐步迈向成熟发展阶段。

1.1.2 行业高质量发展需要标准化

随着我国住房制度改革和住房商品化政策的持续推进，乡村城市化、城市现代化进程的加快，一些大、中、小城市相继开发建设了大量的生活小区、写字楼、商场等设施。物业服务除住宅物业、商业物业外，还延伸到了更多其他业态。截至2017年末，物业服务包括住宅物业、商业物业、办公楼物业、公众物业、产业园区物业、学校物业、医院物业等多种业态，各类型业态管理面积占比分别为69.9%、8.7%、9.1%、1.8%、4.1%、1.7%、0.6%、4.3%。物业服务业态呈多元化发展趋势，各业态物业服务成熟度发展不均，缺少针对一些业态的管理标准，导致一些业态的物业服务不规范，品质不佳。

近几年来，物业服务行业被资本市场所挖掘。据中国物业管理协会不完全统计，2021年，物业管理行业披露相关信息的并购交易达71宗，涉及并购方33家物业企业。交易金额约333.3亿元，相比2020年全年交易总额大幅增长约215.33%。截至2022年6月17日，物业管理行业共有59家主板上市公司，其中香港主板55家、A股4家，资本市场的进一步发展为物业管理行业提供了增长机会和多元化融资渠道。诚然，资本在物业服务行业不断退潮，投资也逐渐趋于理性，行业面临着由高速度到高质量发展的转变。领先企业已经逐步从“规模为王”向“修炼内功”发力，持续围绕客户需求，锻造以服务为核心的市场竞争力。在挑战面前，物业行业价值得以重塑，但行业高质量发展的底层逻辑没变，在推动高质量发展的过程中，最有效的实施和落地路径就是标准化。标准化是实现物业管理行业高质量发展的重要引领和支撑，是物业服务企业高质量发展的必然选择。

物业服务属于劳动密集型行业，从业人员中管理岗位人员较少，操作岗位人员偏多，而操作人员往往文化水平较低。在如今用工成本日益增长的情况下，头部企业通过利用物联网、大数据及人工智能等科技技术，整合及分配资源、削减劳工成本、提升盈利能力。克而瑞与物业CIO俱乐部发布的《2021—2022年度中国物业行业数字力白皮书》显示，2021年，前50名物业服务企业的数字化年均投入规模达1900万元，同比增速超过20%。其中，有超过7成的物业企业投入规模超过3000万元。“数字化”建设已渗透到企业经营及服务层面，并以标准化为基石，将公司运营、基础物业服务、人力资源、财务管理、操作规范、服务标准等自内而外的管理服务完全融入信息系统之中，最终形成“平台+标准化”的完美结合。

1.1.3 **企业竞争与成长需要标准化**

近年地产变局担忧情绪传导至物业，物业企业承压，股价下跌。此外，社保优惠政策被取消，人力、物料等刚性成本上涨，又逢疫情持续，各种因素使企业经营难度增加。在市场竞争日益激烈的环境下，企业要获得竞争与成长，必将面临一场严峻的挑战与考验。行业内许多企业缺乏竞争优势，要在激烈的竞争中取胜，需依靠优质的服务品质和服务产品。如何通过科学合理的管理提升企业的服务质量与竞争力，是当前诸多企业发展面临的现实问题。标准化工作是现代物业服务企业科学管理的基础和重要组成部分，是先进服务经验推广的有效手段，是提高服务质量、缩小服务差距的有效途径，是企业持久竞争力的精髓，它贯穿于企业产品研发、经营管理活动、服务提供的全过程。做好标准化，对于稳定和提高服务质量、改善经营管理、提高经济效益具有不可替代的作用。如今越来越多的物业服务企业开始使用标准化这一科学的管理工具，设计出好的服务产品、规范服务行为、提升企业经营效益和管理质量、增强企业竞争力，让企业顺应经济的高速增长，获得成长、发展的空间，因此企业实施标准化战略势在必行。

1.2 研究意义

1.2.1 理论意义

本课题研究通过深化 GB/T 15496 标准，细化 GB/T 24421.2、GB/T 24421.3 标准，引申服务质量差距模型理论，构建出一套提升企业标准化有效性的方法，树立科学的企业标准化管理观，探索出一种新的标准有效实施理论的研究方法，为企业标准化工作提供理论借鉴和方法指引。

1.2.2 实践意义

通过本课题提出方法的应用，提升企业标准化认识、加强科学系统性的顶层设计、推动高效的标准编写方法、促进有效的宣贯培训、加强现场标准落地等具体措施，帮助企业提升工作效率、节约经营成本、提升企业竞争优势，促进企业标准化工作科学有效的开展，同时对企业与行业标准化工作有很强的现实意义。

1.3 研究目的

本文的研究旨在通过物业企业标准化政策和法规、国内外标准化理论研究，发现物业服务企业标准化现状及存在的问题，提出一套提升企业标准化有效性科学的理论研究和有效的实施路径及措施方法，促进物业服务企业标准化有效开展及行业标准化高质量发展。

1.4 研究方法

1.4.1 文献研究法

研究国内标准化有关的政策和法规，以及国内外各种研究专著、学术期刊文章等资料，并对其进行整理、分析、归纳，以启发运用于本课题研究。

1.4.2 访谈调查研究法

通过对多个物业服务项目的访谈或典型案例研究等形式，了解当前物业服务企业标准化的现状和问题，并对这些问题进行探讨，作为本文研究数据和相关论据的参考。

1.4.3 经验总结法

本文通过对国内外多个标准化理论研究，对多个服务业成功典型案例深入剖析，分析总结得出一套提升标准化有效性的实施路径和方法。

1.5 课题创新点

本报告以 ISO 9001 质量管理体系理论、企业标准体系理论、服务业标准体系理论为基础，结合国内外多个标准化研究理论，针对物业服务企业标准化现状和存在的问题，形成以下创新点：①行业首次系统性分析企业标准化工作现状及问题，联系企业工作实际情况，从支撑业务管理和服务的视角研究，多角度提供企业标准有效性提升的路径和方法。②通过大量企业标准化落地实践经验来支撑课题研究的主要技术内容，在一定程度上通过实践结果促进了课题研究的科学性。

第二章　服务业标准化理论解析

2.1 标准化理论概述

2.1.1 国外标准化理论研究

2.1.1.1 桑德斯理论

英国标准化专家桑德斯认真总结了标准化活动过程的实践经验，1974 年撰写著作《标准化原理与方法》，从标准化的目的、作用和方法上提炼出 7 项原理，并阐明标准化的本质就是有意识地努力实现简化，以减少目前并预防以后的复杂性。

2.1.1.2 松浦四郎标准化理论

日本松浦四郎于 1951 年成为 ISO 标准化原理委员会成员，其在 1972 年出版的《工业标准化原理》一书中，全面系统地研究和阐述了标准化活动过程的基本规律，他认为，在我们的社会生活中，知识和事物增加的趋势同宇宙中熵增加的自然趋势极为相似。人类为了更高效地生活，免除不必要的甚至是有害的增长，不得不有意识地减少了不必要的多样化，而有意识的努力简化就是标准化的开端。

2.1.1.3 加斯切夫综合标准化理论

综合标准化理论由苏联标准化专家加斯切夫在1933年提出。该理论指出开展标准化应在目标性与综合性原理的基础上进行。综合标准化理论强调标准的相关性问题、大量成组标准协调一致的必要性，并提出了标准综合体的概念。依据目标性原理所建立的标准综合体必须是协调一致的，而且具有敏感性，其中的任何一个标准的修订都会影响到整个综合体。

2.1.2 国内标准化理论研究

2.1.2.1 陈文祥的六项原则

中国机械行业标准化专家陈文祥从重复利用效应、经验积累规律与熵增加原理相结合的角度论述了简化原理是标准化的基本原理，他在《标准化原理与方法》中指出标准化管理中应实施优化原则（包括功能结构优化和参数系列优化）、动态原则、超前原则、系统原则、反馈原则以及宏观控制和微观自由相结合原则。

2.1.2.2 王征的五项原理

中国标准化综合所研究员王征在1981年发表的《标准化基础概念》一书中提出了五项标准化基本原理，包括统一原理、简化原理、互换性原理、协调原理、阶梯原理。王征认为，统一原理是标准化原理的核心和本质，其他原理都是统一原理的具体形式，而“统一”是科学合理的统一，也就是一定范围、一定程度、一定级别，一定水平，一定时间和一定多数的统一。

2.1.2.3 常捷的“八字”原理

中国人民大学常捷教授在1982年提出标准化“八字”原理，即统一、简化、协调、选优。常捷教授认为：统一是目的，协调是基础，简化、选优是统一、协调的原则和依据。

2.1.2.4 李春田的标准系统管理原理

李春田教授1982年在《标准化概论》一书中，提出了简化、统一、协调和最优化四项标准化的方法原理。在后来《标准化概论》的修订中提出了四项标准系统的管理原理：系统效应原理、结构优化原理、有序发展原理和反馈控制原理。

2.1.2.5 郎志正的五项指导原则

北京理工大学教授郎志正在其主编的《标准化工程学》中提出标准化的五项指导原则：效益原则、系统原则、动态原则、优化原则和协商原则。郎志正在标准化研究中提出了标准化的本质是“约束”，并做出了阐述，后来被人们称之为约束论，形成了标准理论的一个学派。

2.1.2.6 张锡纯等学者的标准化工作原理

1992年，以张锡纯教授为首的中国航空工业标准化专家以系统工程理论和方法为指导，结合推行综合标准化的实践经验，研究并编写了一部《标准化系统工程》，提出了标准化活动中的四项基本原理，即有序化原理、统一协调原理、系统优化原理和反馈控制原理。

2.1.2.7 喻宝才的标准化工作六原则

喻宝才提出标准化工作的六项原则，包括标准优先、共性为主、面向国际、源头入手、执行有力、注重实效，以保证达到获得最佳秩序、降低成本、提高效益的目的。

2.1.3 国内外标准化理论研究小结

国外的标准化基础理论研究虽然形成了一些重要成果，但是连续性差，成体系的成果略显不足，总体上并不关心标准化的理论建设，宁愿采用更实用主义的做法，大力推动大学教授讲授专业技术标准知识及其在相关专业学科的学术应用。

我国的标准化工作者在改革开放之后一直坚持标准化基本原理方面的研究，包括标准化的历史根源、标准化的形式、基本原理和方法，以及标准化在哲学上的意义，通过不懈努力逐渐形成了中国特色的标准化理论体系，而且由此产生了在国内有重要影响的标准化教材《标准化概论》和系列标准化著作，为标准化教学及指导我国标准化组织的标准化实践起到了非常重要的作用。国内标准化研究的主流把系统论的方法用于标准化的理论研究，坚持综合标准化思想，把现代工业模块化技术与标准化思想相结合，形成了我国特色的标准化理论体系和知识体系。

综合来看，国内外的标准化基础理论研究适用于所有标准化涉及的行业，但其应用实践以工业行业为基础，缺少针对服务业开展的实践研究。可见，服务业的标准化相较于工业标准化是落后的，相关应用只能借鉴通用理论进行拓展。

2.2 服务标准化的质量分析理论

2.2.1 服务质量差距模型介绍

服务质量差距模型（见图 1）是 20 世纪 80 年代中期到 90 年代初，美国营销学家帕拉休拉曼、赞瑟姆和贝利等人提出的用来探究提升营销服务质量的模型。该模型认为服务质量取决于顾客购买前的期望、感知的过程质量和结果质量，而顾客感知的服务（服务感知）与期望的服务（服务期望）之间的差距就是服务质量差距。服务质量差距模型是从顾客需求满意度入手，系统分析影响顾客需求满意度（服务期望）的相关差异所在，以此提出弥补服务满意度的差距对策。

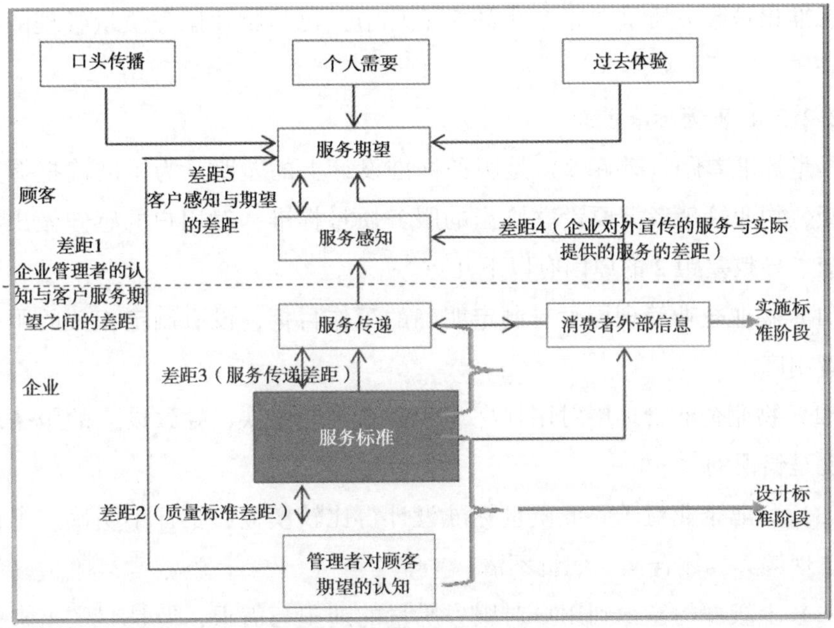

图 1　服务质量差距模型

2.2.2 **服务质量差距模型中五个差距分析**

由服务质量差距分析模型图可知，影响顾客需求满意度的差距分布在服务识别、确定、生产、传递、接受等各环节，受到服务口碑、社会交流、顾客个人需求以及服务承诺、沟通交流等各方面因素的影响。

差距1是管理者认知差距，是指企业管理者的认知与客户服务期望之间的差距。差距2是质量标准差距，是指管理层对顾客期望的理解与制定顾客驱动的服务设计和标准之间的差距，是设计标准阶段的差距。差距3是服务传递差距，是指服务标准与公司员工的实际服务绩效之间的差距，是实施标准阶段的差距。差距4是营销传播差距，是指企业实际提供的服务与其宣传的服务之间的差别。以上4种差距存在于企业管理过程中，可以作为服务管理差距。差距5是服务质量差距，是指顾客预期的服务质量与实际感知的服务质量之间的差距。这一差距主要衡量消费者实际获得的服务与期望的服务之间的差异水平，其直接决定着顾客对服务质量的评价。

2.2.3 **标准化工作在模型中的对应关系**

标准化是服务质量差距产生的主要环节，也是物业服务质量管理的核心环节。

2.2.3.1 质量标准差距

质量标准差距（差距2）是服务标准设计上的差距，为了准确把握用户的期望，物业管理者需要设立恰当的服务质量标准，对用户的感知做出精确的反应。导致差距2的原因有以下几点。

（1）物业企业管理层没有制定明确的工作目标，没有制定相关的服务标准或者制度。

（2）物业企业管理层对用户期望和需求判断错误，导致设立的服务质量标准也是错误的。

（3）物业企业对于服务质量标准设计得比较模糊，指标不明确，工作人员无法理解其具体含义，职责不清。

（4）上级部门意识到用户对服务质量的期望与需求，但是制定出来的服务质量标准不够科学全面，员工领会了其意思但是由于指标设计得不够方便可行，而使执行方面出现问题。

2.2.3.2 服务传递差距

服务传递差距（差距3）是指物业管理者制定的标准与其实际提供的服务质量之间的差距。导致差距3的原因有以下几点。

（1）上级部门制定的物业管理服务标准过于严格，导致员工无法完成，或者是制定的标准过于宽松，对员工没有约束力。

（2）员工自身缺乏必备的知识技能和正确的行为态度，在执行能力上有欠缺。

（3）缺乏必要的技术支持，导致服务传递过程中不顺畅。

（4）上级部门对工作人员的服务缺乏指导、管理和监督。

（5）员工对服务质量标准不认可，持有怀疑或抵触的态度，使得标准难以贯彻于实际工作中。

2.3 企业标准体系搭建基础理论

2.3.1 ISO 9001 质量管理体系理论

ISO 9001 质量管理体系是由国际标准化组织（ISO）于1987年颁布的在全世界范围内通用的关于质量管理和质量保证方面的标准，用于证实组织具有提供满足顾客要求和适用法规要求的产品的能力，目的在于增进顾客满意。适合希望改进运营和管理方式的任何组织，不论其规模或所属部门如何。

图2为ISO 9001质量管理体系的运行逻辑中，其清晰地表明了质量管理体系是如何结合PDCA（plan、do、check、act，策划、实施、检查、处置）构成循环的。“策划（6）”对应PDCA循环的策划（P，plan），“支持（7）”和“运行（8）”对应PDCA循环的实施（D，do），“绩效评价（9）”对应PDCA循环的检查（C，check），“改进（10）”对应PDCA循环的处置（A，act），而“领导作用（5）”处于正中，说明质量管理体系PDCA循环就是在组织最高管理者领导下的PDCA循环，体现了最高管理者在质量管理体系实施中的重要作用。

ISO 9001 质量管理体系融合PDCA循环，是因为PDCA循环是一种动态方法，贯穿于整个质量管理体系，融合于组织质量管理的每一个过程，可以在各层次中运用PDCA循环进行管理。

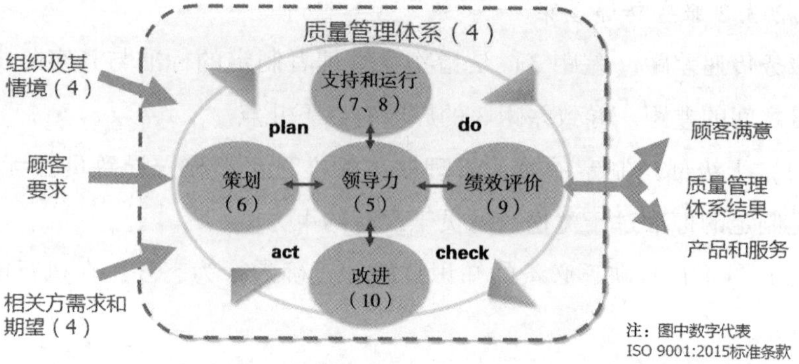

图 2　ISO 9001 质量管理体系的运行逻辑

2.3.2 企业标准体系理论

企业标准体系是由中国标准化协会提出并归口的一系列企业标准化理论方法，其立足于中国国情并借鉴国外先进经验，采用政府引导、市场为主体的方式，增强标准的可操作性和有效性，为优化企业内部结构、促进企业管理升级，发挥了积极作用。

该系列标准由《企业标准体系 要求》（GB/T 15496）、《企业标准体系 产品实现》（GB/T 15497）、《企业标准体系 基础保障》（GB/T 15498）、《企业标准化工作 评价与改进》（GB/T 19273）、《企业标准化工作 指南》（GB/T 35778）组成，详细规定了企业标准体系的总体要求，标准体系构建、运行及评价与改进的要求。

企业标准体系模型图如图 3 所示，企业标准体系用产品实现标准体系、基础保障标准体系和岗位标准体系覆盖了企业所有管理工作，其应用有助于企业提高整体绩效，实现可持续发展，指导企业根据行业特征、企业特点构建适合企业战略规划及经营管理需要的标准体系。同时，企业标准体系的整体运行也结合了 PDCA 循环，实现了从相关方需求输入→体系运行→相关方满意的闭环，实现了自我驱动的标准体系实施、评价和改进机制。

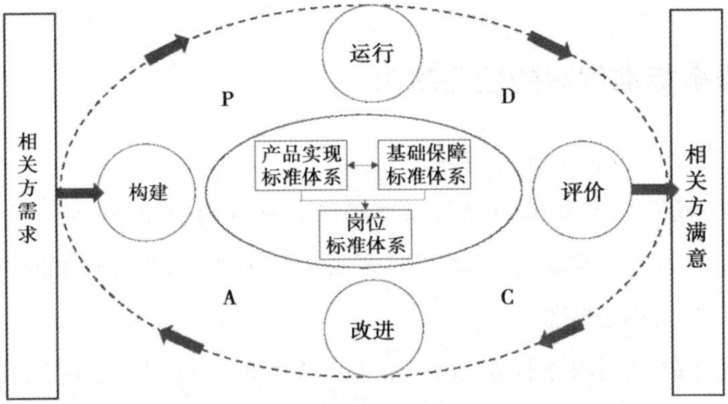

图 3　企业标准体系模型图

2.3.3 服务业标准体系理论

《服务业组织标准化工作指南》（GB/T 24421）是国内第一个针对服务业组织标准化全过程的标准，该标准通过指导服务业组织系统开展标准化工作，促进服务产业健康有序发展。第一部分基本要求中规定了服务业组织标准化工作的术语和定义、基本原则、任务和内容、管理要求；第二部分标准体系中规定了服务业组织标准体系的术语和定义、总体结构与要求，以及服务通用基础标准体系、服务保障体系、服务提供标准体系的构成与要求；第三部分给出了标准编写的方法；第四部分规定了标准实施和标准评价的要求。

服务业标准体系（见图4）由服务通用基础标准体系、服务保障标准体系、服务提供标准体系三大子体系组成，总体结构上是相互关联的。服务通用基础标准体系是服务保障标准体系、服务提供标准体系不断基础，服务保障标准体系和服务提供标准体系是服务标准体系的核心，服务保障标准体系是服务提供标准体系的直接支撑，服务提供标准体系对服务保障标准体系起着检验、验证的作用，促使服务保障标准体系的完善。该标准体系是服务业组织其他体系，如质量管理体系、环境管理体系等体系的基础和融合体，服务业组织可根据自身的特点，研究建立协调配合、科学合理的标准体系，并有效运行。

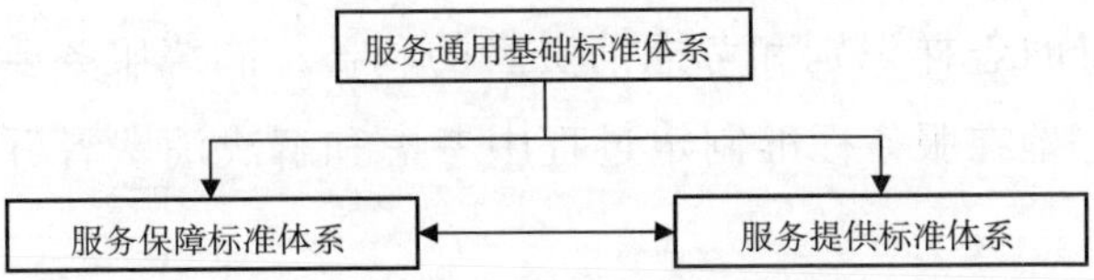

图 4　服务业标准体系关系图

2.4 服务标准编写的理论基础

2.4.1 **物业服务标准编写要求**

2.4.1.1 物业服务标准的编写应遵循服务标准的通用基本要求

（1）标准的策划和制定应遵守国家安全、卫生、环境和保护消费者合法权益等有关法律法规的规定。

（2）应充分识别服务提供过程中包括老年人、儿童、不同文化背景及患病残疾或行动受限等顾客潜在的期望和需求。

（3）应识别服务提供过程，以及每个服务提供过程所需提供的不同服务内容。

（4）应优先采用相应的国际标准和国外先进标准，充分考虑与有关标准的协调性。

（5）标准应结构合理、层次分明、内容具体、具有可操作性和可检查性。

（6）文字表达应准确、严谨、简明、易懂，术语、符号、代号应统一。

2.4.1.2 物业服务标准的编写应遵循国标推荐要求

（1）《标准编写规则 第5部分：规范标准》（GB/T 20001.5—2017）的要求。

（2）《标准编写规则 第6部分：规程标准》（GB/T 20001.6—2017）的要求。

（3）《服务业组织标准化工作指南 第3部分：标准编写》（GB/T 24421.3）的要求。

2.4.2 **服务标准应规范的“十二要素”**

为推动我国服务标准化工作的开展，全国服务标准化技术委员会已将ISO/IEC 76号指南《服务标准制定解决消费者问题》等同转化为国家标准，即《服务标准制定导则 考虑消费者需求》（GB/T 24620—2022）。该国家标准概述了制定标准时怎样识别和考虑消费者的利益，围绕服务要素，构建了服务矩阵，为更好地在服务标准制定过程中考虑和解决消费者诉求提供了有效的方法指引。

在《服务信息公开规范》（GB/T 34417—2017）国家标准中，提出了服务标准制定应考虑的十二要素，包括服务提供者、供方、雇员、合同、交付、服务结果、服务环境、设备、预防性措施和沟通等方面，并规定了每个服务要素的内容。

第三章　物业服务企业标准化现状与问题

3.1 物业服务企业标准化现状

3.1.1 头部物业服务企业标准化现状

诸葛找房数据研究中心选取了 50 家重点物业企业，其 2021 年总营业收入达到 1800.5 亿元，其中前 10 家物业企业总收入 1157.1 亿元，占 50 家物业企业的比重为 64.3%。随着物业企业规模的扩张，营收向着头部物业企业集中的特征更加显著，行业集中度正在逐渐提升。基于行业集中度现状分析，头部物业服务企业在服务、管理和经营的多重压力下，更有动力寻求好的管理工具以提高企业的管理能力和管理效率。标准化作为提升质量和效率的科学管理工具，已被大部分的头部物业服务企业采用，企业在公司组织架构中设置标准化管理部门或岗位，建立标准体系和文件，招聘标准化专业人才，在标准化执行落地等方面投入经费，参与行业标准化活动以吸取经验和扩大企业知名度等。可见，头部物业企业逐渐由传统的经验管理转为标准化管理。

虽然头部物业服务企业已经开始开展标准化工作，但服务质量问题仍然是企业管理过程中的难点，不少业主对知名物业服务企业的投诉依然见诸报端，业主因物业服务质量问题与物业服务企业的矛盾事件也层出不穷。我们对部分头部物业服务企业的标准化负责人、相关高管进行了访谈了解，他们均认为标准化是一项非常具有价值的工作，企业希望通过开展标准化使服务质量保持一致，也投入了大量的资金，招聘了标准化专业人才负责企业标准化建设工作。但由于近年来头部企业的扩张，虽增加了服务项目，但团队人员的能力参差不齐，能力强的团队所管项目受到客户认可，但放眼整个企业，多数项目的服务不能较好满足顾客需求。究其原因是服务标准化未形成一套科学系统的路径和方法，导致服务质量提升的效果并不明显。行业内企业标准化质量普遍不高，没有高标准标杆企业作为参考，容易出现标准化有效性不足的现象。

3.1.2 **中小微物业服务企业标准化现状**

经过电话访谈和调研，目前中小微物业服务企业标准化工作大多停留在初级水平，没有系统性地对标准化工作进行策划和思考，大多数企业领导不重视标准化，对标准化的理解也只停留在认证体系的层面，一些物业服务企业开展 ISO 9001、ISO 14001、ISO 45001 管理体系认证获得相关证书，而证书的作用更多是服务于市场开拓中的投标需要，企业真正落地的情况极少，经常出现标准化管理中所说的“两张皮”。很多企业建立了流程、制度、办法，但这些文件大多都是存放在企业体系管理员的电脑中，即使有部分企业将该文件下发到各个物业服务中心，这些文件也基本存放在文件柜里面，项目现场的员工仍然依据经验管理开展工作，标准化没有得到实际应用。更有部分企业不考虑长期稳定发展，在扩张规模过程中直接寻求一些“办证辅导机构”，快速获取项目投标所需要的体系证书，而在中标后往往因为服务质量问题遭到客户投诉，对企业的品牌和信誉造成了极大的伤害。

3.1.3 **物业服务企业标准化实施小结**

综上所述，头部物业企业将标准化作为企业管理的工具，开展标准化工作，在投入大量人力、财力的情况下，即使有部分项目服务质量提升、得到顾客认可，但未能将成功经验在公司内大范围推广，获得好的经济效益。中小微企业迫于生存压力，把主要精力放在获取市场份额和收益方面，企业标准化水平普遍不高，从管理到执行多是经验主义。统观物业行业，还未出现标准化良好行为企业作为行业标准化工作标杆，整体标准化水平不高，有效性不足，究其原因是缺少科学系统的标准化实施路径及方法。

3.2 物业服务企业标准化存在的问题

3.2.1 企业整体标准化认识不足

3.2.1.1 领导层未认识到标准化的价值

企业在推进标准化过程中，虽然一时兴起投入了人力物力，但由于标准化不仅需要前期的技术研究投入，还需要较长的运行时间，因此在短期内难以看到具体的经济效益，在服务质量方面的提升也可能因投入力度与准确性不高，导致品质效果不明显。企业领导较难切实看到标准化对市场竞争和经济效益起到的积极作用，因而失去对标准化的信心，逐渐轻视标准化工作，最终标准化管理仅流于形式。流于形式的标准化工作又使领导觉得标准化对企业价值不大，可有可无，进而形成了恶性循环，甚至取消标准化工作。

3.2.1.2 员工对标准化执行不重视

由于领导层对标准化工作的重视不足，导致一线管理者推行标准化的决心不强，甚至认为标准是束缚，敷衍标准化工作，将标准化管理部门下达的管理规定及相关标准束之高阁，未宣贯执行。一线工作人员未能得到有效的标准化工作指引，提供服务过程中常凭经验、习惯操作，认为只要把工作完成就能够交差，对于工作完成的质量持无所谓态度。

3.2.2 缺乏科学系统的顶层设计

3.2.2.1 缺少有效的标准化管理机构

标准化工作有效的前提是有专业、独立的人员机构实行强有力的领导管理。经调研走访，多数物业服务企业没有组建标准化专业团队，仅由品质管理部门兼职标准化工作，而兼职部门没有系统地学习标准化工作如何开展，致使标准化管理方向性、目标性、计划性差；或是有计划而执行不到位，对标准实施缺少科学系统的统筹策划，标准化工作开展效果不佳。

头部物业企业的标准化管理体系一般分为总部层级、分公司层级、项目层级，中小微企业标准化管理体系一般分为公司层级和项目层级。每个层级承接相应的标准化工作，如总部层级的标准化工作一般是指编写通用标准并分发给分公司使用，分公司按照当地法规和地方要求进行适当修改，项目需结合合同、客户需求、业态特点和实际情况对标准进行转化使用。但是调查发现不管是头部企业还是中小微企业的各层级标准化工作部门并未承担起相关的职责，大多数都是直接使用总部下发的通用标准来指导项目工作开展，导致不能有效指导现场工作，项目部门抱怨公司制定的标准不适用。

3.2.2.2 缺少科学的企业标准体系

企业标准体系由许多的子系统、分系统构成，这些系统之间相互联系、相互制约，共同构建成一个完整的有机整体。企业标准体系由标准化管理部门设计规划、统一管理，各分系统由企业内部各业务部门管理归口，但很多企业在职能职责划分及授权管理等方面没有进行系统性的设计，不同部门对同一业务内容管理重叠，加上标准化管理部门没有起到有效的协调和统筹作用，就容易出现各个子系统标准归口不清、不同部门标准制定的内容交叉重复、部分业务内容被遗漏，甚至表单重复的现象。

3.2.2.3 缺少统一的标准化对象选择原则

标准具有约束性、专业性，由于物业从业人员的学历水平普遍不高，容易存在理解困难的情况，而由于物业管理业务内容较多，标准编制过程中各业务板块的人员专业水平以及对标准化的理解不一致，常出现标准化对象选取颗粒度大小不一致的问题，不仅增加了标准编制难度，也增加了使用者的理解与使用难度。

3.2.3 标准编写缺少有效支撑

3.2.3.1 缺少客户需求调研

不论是服务质量差距模型还是质量管理七项基本原则等理论研究都提出了客户的重要性。标准执行者即为标准的前端客户，执行者提供服务的对象是标准的终端客户。标准编写人员在编写标准时忽略了对前端客户的调研，缺少了对终端顾客需求的调研，没有结合项目的难处、服务差距的断点等问题进行编写，导致标准适用性不强，没能在服务过程中起到有效的支撑作用。

3.2.3.2 缺少现场作业调研

从调研访谈的结果来看，标准编写与实际执行存在巨大差距。不同的员工在进行同一个作业时会有不同的方法，由于标准编写人员在编写标准时，没有深入一线调研实际情况，不了解哪种方法效率最高、质量最好，而只是根据自身知识和经验进行编写或照搬照抄其他企业的框架和内容，导致编写出来的标准不能有效地指导业务，标准落地执行效果差。

3.2.3.3 标准编写人员能力不足

标准化是一项长期工作，需要长年累月坚持投入和积累，物业标准化工作需要具备物业管理能力和标准化专业能力的复合型人才。由于物业行业标准化相对于制造业标准化起步较晚，引进的标准化专业人才多数来源于制造业，其只懂标准化不懂物业管理业务，物业企业内部员工只懂业务不懂标准化，行业内既懂标准化又懂业务的专业人员相对较少，因此物业标准编写人员的能力还需提升。

3.2.4 缺少有效的宣传培训措施

3.2.4.1 缺少标准化宣传活动

宣传推广活动是标准深入一线、持续应用的关键管理环节。传统的标准化理念传递最普遍的方式就是开展培训，但培训是有局限性的，培训完成后与下一次培训会间隔较长的时间，不能持续对员工标准化行为起到促进作用，也不能为企业营造更多的标准化良好氛围。

3.2.4.2 标准培训形式单一

物业服务企业项目分散，大型物业服务企业项目遍及全国各个城市，虽然企业都进行了标准的培训宣贯，但一般物业服务企业的标准培训大多采用线下面授的方式，会受时间和场地的限制。疫情期间企业才逐步增加了线上培训的方式。线上培训一般都采用传统的“讲课式”培训，既不生动也不易理解，同时行业基层员工的文化水平普遍偏低，讲课培训效果不如现场教学，加上一线员工受训意识普遍不强，员工参与积极性不高等诸多问题，培训效果大多数不尽如人意。

3.2.5 现场标准落地执行能力弱

3.2.5.1 项目管理者领导能力不足

一个项目运作得好与差，项目领导者是关键。不同的人对标准的理解不同、执行力不同、融入企业的时间不同，都会导致执行的结果大大不同。在走访调研过程中，我们发现即使在同一个企业、开展同样业态的服务，但由于项目管理者能力有强有弱，不同项目的现场服务体验差距甚远。首先门岗人员的精神面貌、工作状态方面的差距就非常大；其次现场服务品质也有较大差距，例如设置物品定置标识时，由于项目管理者没有理解标识的作用，只对现场依葫芦画瓢统统设置定置标识，不考虑现场物品是否属于应定置范围，如将钥匙环定置标签粘贴到钥匙环上，而不是钥匙环应放置的位置，没有起到定置的作用，类似于这样的低级问题存在于多数项目中，都是因为项目管理者能力不足导致的。

3.2.5.2 一线人员记忆力与理解能力差

物业管理行业要想保持合理的良性发展，就需要有合理的人才结构，但从年龄组成和专业素质能力方面来看，物业管理人才结构不够合理。中研产业研究院统计，截至 2018 年底，物业管理全行业从业人员中 50 岁以上人员占49.6%，而在从业人员中，30岁以下的占比仅为7.4%。从学历层次来看，本科生、硕士生、博士生的占比分别为7.36%、0.24%、0.01%，大专生与中专生的占比分别为15.38%、19.26%，而高中及以下学历的人员占比高达57.76%。大部分的从业人员文化水平有限，以至于员工不能自行完全理解企业所制定的相关制度、管理规范、操作规程。

从物业从业人员结构占比中可以看出，大部分基层服务人员是没有受到过专业的物业服务教育的，同时知识认知能力较弱，进行培训时，他们对标准要求难以充分理解，加上年龄偏大普遍记忆力衰退，培训后常常不能按照标准要求进行业务操作。

第四章　提升企业标准化有效性的路径

4.1 企业领导重视并作为企业长期战略工作

ISO 9001质量管理体系将“领导作用”作为质量管理原则，要求最高管理者应对质量管理体系的有效性负责。《企业标准化工作 指南》（GB/T 35778）中，明确要求最高管理者要把标准化工作纳入企业发展战略，并提供必要的资源保障。这些体系建设都将“领导重视”作为建设原则，是因为领导作为企业的核心，在企业里有指挥作用、激励作用、协调作用、沟通作用，是企业决策的制定者与有力执行者，对标准化体系建设的有效性，甚至体系能否建设成功起着决定性的作用。因此，标准化工作应作为“一把手工程”，并纳入企业长期战略工作进行部署。企业领导要作为第一责任人进行标准化工作部署，组建企业标准化部门，建立标准化管理制度、制定标准化发展规划、保障标准化资源配置等，从思想、行动两方面落实标准化工作。

4.2 建立适用的标准化组织及制度

《企业标准化工作 指南》（GB/T 35778）建议，标准体系建设可根据企业规模、资源、战略需求等实际情况建立专（兼）职标准化机构，设立专（兼）职标准化人员。头部物业服务企业可制定专职的标准化机构，可采用多级管理模式，逐级管理和实施企业标准化工作，各级标准化管理机构需注意各级之间上传下达信息通畅，传递信息保持一致。小微物业服务企业可设置兼职的标准化岗位，由业务运营部门和企业行政管理部门兼职，将物业管理业务标准与企业内部管理标准协同建设。

“无规矩不成方圆”，企业应建立标准化管理制度，用以贯彻落实标准化法律法规、方针政策等要求，组织编制企业标准化规划、构建企业标准体系、制（修）订企业标准、培训与宣贯相关标准化知识、实施企业标准、运行企业标准体系、推进审查与评估等标准化工作。

4.3 制定符合企业实际的标准体系

标准体系是企业标准化发展的蓝图，一个科学、系统的顶层设计可为企业标准化工作指明标准制定的方向，可以避免标准之间的交叉、重复、矛盾，能用最少的标准解决系统问题。当企业较大时，可依据《服务业组织标准化工作指南》（GB/T 24421）、《企业标准体系 要求》（GB/T 15496）建立物业服务企业的标准体系，同时可考虑融合其他管理体系所需的标准文件，将多个体系融入一个企业标准体系中。当企业较小时，可采用 ISO 9001 质量管理体系作为企业的标准化体系，切实贯彻 PDCA 循环动态方法，着重制定重点领域的重点标准，做好重点标准的实施工作，不断优化标准的执行情况，实现小而精的企业标准体系。

不论企业标准体系以哪种理论为依据，都应建立在对企业全面梳理和分析的基础上，能够承接企业发展战略，指引未来数年标准化工作的开展。

4.4 创建高质量标准开发模式

一方面，高质量的物业服务标准需要考虑客户需求，《服务标准制定导则 考虑消费者需求》（GB/T 24620—2009）中提出，在标准立项、制定、审查、复审等阶段，要充分考虑消费者的需求利益。另一方面，物业服务标准应围绕其特性进行编写，特性要求可以是定量的或是定性的，充分考虑服务标准六性（功能性、经济性、安全性、舒适性、时间性、文明性），规定物业服务应达到的质量要求、服务方法、服务评价与改进等要素。具体标准开发需从以下四个方面建设。

（1）选取合理的标准化对象。确立标准化对象需对服务业务有深入研究，以解决实际问题为导向，研究客户需求，将服务业务进行细分，确定大小合适的标准化对象，方便编写与使用。

（2）组建合适的标准编制团队。标准主编人应是熟悉标准化对象的人员，可以是管理者或使用者，参与者应是标准化对象要求的相关方，同时可寻求行业专家参与，标准编制的人员组成方面应做到“管办评”几方同时参与，保证编写内容合理、适用。

（3）注重编写内容的简洁。编写标准时应以内容可操作为目标，指出编写对象的具体管理思路和管理方法、管理流程、要求、质量结果等要素，文字简洁、可读性强。

（4）强调标准过程管控。征求意见时，征集范围应广泛，一般包括标准的使用者及相关方、行业专家，确保标准的适用性和正确性。编制标准内容时，应注意标准间的协调一致，确保总体系与子体系之间、各分子体系之间、标准之间不交叉与重复。

4.5 建立高效的标准实施系统

物业服务标准实施可参考《服务业组织标准化工作指南 第4部分：标准实施及评价》（GB/T 24421.4—2009）提及的标准实施方式，按照系统性、有效性、持续性原则实施标准。

标准实施过程应制定工作计划或方案，内容包括实施标准的范围、方式、内容、步骤、负责人员、时间安排、应达到的要求和目标等。标准实施应建立相应的组织机构，统一组织标准实施工作；建立标准化管理员机制，畅通标准文件的上传下发流传通道；加强标准宣贯工作，采取宣贯会、培训班、短视频、现场看板、远程教育等多种方式进行标准宣贯培训；强调标准实施记录保存，包括记录表、音视频、照片等记录信息，以及通知、报告、计划等工作文件，并将各环节形成的数据和有关情况及时反馈至标准实施的组织协调部门，以便及时调整和改进标准实施工作。

标准实施后应建立监督检查机制，检查内容包括：物业服务关键点各项控制措施的完备情况、员工对标准的掌握程度、物业从业人员作业过程与标准的符合情况、服务结果与标准的符合情况等。监督检查结果作为考核、改进的依据，当标准内容不符合实际需要时应及时修订或废止标准，当标准内容合理但执行不力时，需采取措施加强标准的执行力度。

4.6 形成标准实施评价与标准更新机制

企业标准体系实施后应进行标准实施评价，《服务业组织标准化工作指南 第4部分：标准实施及评价》（GB/T 24421.4—2009）提及的评价标准要求应秉持客观公正、科学严谨、全面准确的原则。评价内容包括符合性评价和实施效果评价。符合性评价指根据标准规定，确认实施过程的各个环节是否达到标准的要求，测量定量指标数据，采用比较的方法衡量定性要求，据此给出标准实施是否合格的结论。实施效果评价指按评价方案确定的反映标准实施效果的指标体系、抽样方案、判定规则进行评价。通过验证、核实指标体系中的各项指标，确定标准实施效果达到的程度，给出相应的结论性意见。

物业企业可根据《服务业组织标准化工作指南 第4部分：标准实施及评价》给出的方式，结合服务标准的性质，建立对应的标准实施评价机制。通过标准实施符合性和实施效果评价，以及标准运行风险识别与业务管理有效性评价，建立符合企业实际的标准实施评价机制。同时，畅通标准意见反馈通道，结合评价结果，建立标准更新机制，对不符合或即将不适宜现实情况的标准及时进行废除或修订，保持标准活力。

4.7 建立有效的外部资源渠道

标准化工作不仅要内部做到位，还要充分利用外部资源拓宽视野。可邀请物业行业标准化专家，分享和传授最新的物业管理标准化资讯和思路；也可走出去，到行业标准化先进企业中参观学习其标准化管理模式与执行经验，从而使企业保持先进的标准化管理模式。若企业标准化工作还有余力，可参与各级行业协会工作，承担标准技术委员会工作，通过标准化课题、标准编制等契机，到国内标准化一流企业开展调研，学习先进经验和做法，将其总结提炼并在企业内部和行业内进行传播和分享，促进物业行业持续发展。

第五章　提升企业标准化有效性的方法

5.1 以客户需求为依据

企业只有赢得和保持顾客和其他有关相关方的信任才能获得持续成功。“以顾客为关注焦点”是ISO 9001标准2015版的七大质量管理原则之一，作为质量管理的首要关注点，该原则要求企业满足顾客要求并且努力超越顾客期望。服务质量差距分析模型中也指出，企业管理者应该正确识别顾客的期望，将其转化为服务标准，再通过服务过程正确传递给顾客，最终实现顾客满意。而要实现这个目标，需要先识别出“谁是顾客”，除客户外，“顾客”还包括服务标准制定十二要素中的“提供者、供方、雇员”，他们都将决定标准是否适用、是否能长期执行。

华为早期是如何以客户需求为导向依据的？在哈佛商业评论《华为成功的关键是什么》一文中以一个案例提到：“在中国偏远的农村地区，老鼠经常咬断电信线路，客户的网络连接因此中断。当时，提供服务的跨国电信公司都认为这不是他们该负责的问题，而是客户自己要解决的问题。但华为认为这是华为需要想办法解决的问题，此举让华为在开发防啃咬线路等坚固、结实的设备和材料方面积累了丰富经验。”因此要实现客户需求的准确响应，需要先准确获取客户需求。

5.1.1 利用合同分析需求

物业项目在签约之时，客户普遍会将自身基本的需求写入合同，企业在编制标准时，可将合同进行充分分析，将通用性需求编入企业通用标准，使其普遍适用，将个性需求编入项目标准，使其个性发展。

5.1.2 利用拜访获取需求

客户拜访是市场营销的基本动作，企业可利用客户拜访这一契机，了解客户对服务需求的意见和建议，再将意见建议收集汇总后进行整体分析。企业应将具有通用操作性、可以纳入标准的建议纳入标准，不能纳入标准的作为个性服务实施。

5.1.3 利用投诉获取需求

投诉是客户对服务需求的主动反馈，当服务不及预期时，客户会进行投诉，企业可以利用客户的反馈，分析其中的原因，如果是需求没有纳入标准，就及时完善标准，避免前端缺失。

5.1.4 利用理论预测需求

当合同中明确、客户主动反馈的显性需求都获取完整后，还可以从客户隐性需求出发，进一步分析客户的需求或创造客户预期外的体验。企业可利用服务触点理论，分析一个业务之中客户感知最强的点在哪里，将其在标准中显性化，让客户体验到预期外的服务。

5.2 现场编写服务标准

标准制定过程中有两个关键点需要关注。一是调研，即通过各种调查方式系统客观地收集信息并研究分析，调研的过程必然要深入一线。二是征求意见，即收集、询问别人的意见、建议，对象的选择最为关键，决定了过程的有效性。一份优秀标准的编写需结合以上两个关键点开展。

5.2.1 现场观摩操作与同步验证

标准应用于现场也来源于现场，一份好的标准不会诞生在办公室，编制标准的过程中，编制人员需要到服务生产现场开展调研，观摩优秀员工的工作、操作方法，吸纳其优点，形成具有普适性的标准，同时优化的标准也不是直接可用的，需要到现场由一线员工实际操作，验证其合理性、先进性。

5.2.2 广泛征调专业意见与现状

标准编制过程中有两个重要步骤，一是调研现状、二是征求意见，两个步骤的实施均需要一定的样本数量，否则将没有代表性、适用性不强，征调过程中，也需要选择具有代表性的项目、具有专业见解的人员，避免征调过程的有效性不足。

5.3 创新标准展现形式

5.3.1 标准结构清晰易懂

传统的纸质标准的弊端在于页面冗杂、文字较多、条理不够清晰，考虑物业行业的从业人员文化水平，可将标准文本从纯文本转化为图表，将其中的作业事项、作业方法进行步骤化，并明确每一步的工具物料、质量标准，最后再辅以简单的图片说明即可让标准更加清晰易懂。标准应做到流程完整、工具详尽、步骤细化、质量明确、图示形象。

新大正物业集团的企业标准就是采取图表化结合步骤化的方式进行制定的。标准共分两个部分：第一部分主要介绍谁来做这个工作、有什么资质要求、作业人员需要什么样的着装防护、执行这个工作需要提前准备什么工具，然后再给出工作的流程全览简化步骤图；第二部分给出这个工作执行的完整步骤流程、每一步骤对应的工具、每一步骤具体的操作方法和质量要求，并对其进行详细图示。当标准简单化后，员工更愿意看、能看懂。

5.3.2 标准汇编成册

一线员工的工作项目繁多，每一工作项目对应一份或多份工作标准，员工面临各种零散的标准时可能会手足无措，不便于保存也不便于查看，针对此种情况，可将标准汇编集中成册，制作为口袋书供员工随身查阅，此种方式也适用于项目管理者。将标准汇编成册，利于管理者和员工对项目标准进行更好的掌握应用。

万达商业使用这种展现形式，给物业员工制作了口袋书，内容包括环境品质、秩序安全和服务礼仪三篇。以卫生间环境为例，所有内容全部使用一个页面的篇幅，内容包括大画面的图示、用不同颜色及字号标注的文字说明。图示使用大画面可以展现更多细节，使要求更加形象；文字说明用不同颜色和字号标注，可以凸显关注重点。

5.3.3 标准现场可视

精益管理源于丰田的精益生产模式，是指以最小资源（包括人力、设备、资金、材料、时间和空间）投入，创造出尽可能多的价值，为顾客提供新产品和及时的服务。精益管理注重可视化的生产管理，以精简为手段，强调员工培训和流程优化。结合物业服务，生产现场的精益管理可以通过看板管理的方式实现。

有的一线岗位员工不方便随身携带并翻阅标准，故可以制作可视化上墙文件，如将 SOP（标准作业程序）墙面看板化，让员工无须动手，抬头即可查看标准要求，对照现场工作。

5.3.4 标准简单易记

有的标准可以通过数字化、工具化手段使其具有防呆纠错的能力，但还有很多标准不能通过这种方式实施，需要靠员工去记忆，但标准内容比较多，从头到尾一字不差的记忆难度非常之大，为了让员工可以记住，可以将标准的关键点进行标准，并编制为顺口溜等形式让员工轻松记忆。如餐饮服务中，针对餐具的清洁有一句“一洗二清三消毒”，就简单直接地讲清楚了操作要点，也非常容易记忆。

5.3.5 标准声画并茂

传统的文字标准存在枯燥、乏味的现状，随着社会发展的进步，很多新技术也逐渐深入人们的日常生活，企业可以利用当下发展较好的视频、动画等技术创新展现形式，如由优秀员工出镜，将文字标准拍摄转化为小视频形式，同时可加上一定的小剧情或吸睛的拍摄手法，增强员工查看学习标准的主观能动性。

卫生部医学教育司于 1991 年 1 月 14 日至 15 日在广州中山医科大学召开了医学视听教材规划工作会议，具体实行至今已有近三十年时间，为我国培养了大量的人才，充分验证了运用视听技术展现标准与教学的可行性，是一个将标准要求直观呈现的典型成功案例。

5.4 实施标准化场景打造

在商业领域，连锁品牌在视觉的呈现上给人的感受是统一的，无论是在哪家店铺，都能让顾客一眼识别出品牌特征，而形成品牌特征的元素，一个是 VI（visual identity，视觉识别）、一个 SI（space identity，空间识别）。VI 在企业中的应用非常广泛，无论什么行业，稍具规模的企业都有自己的企业 VI；而 SI 大部分是连锁品牌在使用，作为 VI 的延伸，主要目的是形成具有识别特征的“三维空间”，也叫作“装潢规格化”，空间识别与传统装潢设计最大的不同就是它是系统性设计，而非定点式设计，可以适应连锁发展时每个店面尺寸不一的问题。在物业管理领域，无论是大型物业企业还是单体项目企业，每一个项目在提供服务时都存在很多场景，若将 VI、SI 以及服务操作要求融合到服务场景中进行综合呈现，便可形成标准化场景，利用标准化场景可提升管理与服务的一致性。

5.4.1 研制标准化场景指导性文件

物业企业应结合客户接触面，确定要打造的标准化场景；厘清各场景的服务价值，以此为出发点，研究服务动线，确定服务要求，编制为标准化场景打造的指导标准。标准应以形象的图示、详细的打造要求、系统的服务标准文件为支撑，通过提升人员面貌、工作环境、业务规范，实现业务场景服务价值的最大化。

5.4.2 整体贯标方案策划

标准化场景打造落地前，需策划具体的实施方案，包括：

（1）目的、目标、实施范围、实施周期。

（2）贯彻机制。根据企业组织架构设置多级推进机制，要求各级设置专人推进标准化场景打造，明确标准化推进员职责。

（3）实施路径。结合企业全年行动计划，制定标准体系导入及标准化场景打造的具体实施要求、时间节点安排。

（4）考核机制。建立每月考核的具体实施方案，并对考核不合格单位及负责人员进行惩罚。

（5）验收。设置标准化场景验收机制，融入品质检查，验收结果纳入年度考核。

5.4.3 现场打造

5.4.3.1 打造样板

具体步骤如下：选取目标项目，拍摄打造前的现场照片，展现真实的一面；再辅导项目按标准化场景要求进行全方位打造，形成标准化场景样板；拍摄打造后的场景照片，形成打造前后效果对比；总结每一个场景打造的思路、方法、困难及解决方法，将其形成具体经验分享材料，形成标准化场景打造方法论。

5.4.3.2 样板推广

将样板打造过程中形成的具体经验分享给所有项目，同时组织其他项目到样板项目进行参观学习，结合样板打造的经验分享材料进行深度消化吸收。

建立分享机制，标准化管理部门随时搜集各项目打造的优秀方法及亮点、困难及解决方案，及时分享给其他项目，提升场景打造效率及效果。

5.4.4 检查改进

设置辅导机制，要求标准化推进员对项目进行 1 对 1 辅导，定期搜集各项目打造情况，统计各项目标准化场景打造进度、效果，进行排名，并着重通报排名靠前及靠后的项目。

5.5 开展多样化宣传活动

5.5.1 开展师带徒活动

受限于年龄文化限制，一线员工自发查看、理解标准具有一定难度，获取标准多通过开展培训、口口相传等方式。针对这种情况，普及标准若想取得良好效果，则可开展师带徒活动。首先在一线员工中挑选文化程度稍高、学习能力稍强的员工，由业务主管进行标准培训，使其可以准确掌握标准要求，然后用少量多批的方式将其余员工分配给已学成归来的各位师傅，由其“手把手”对徒弟进行带教，可避免大班培训力不从心、针对性不强等现象。师带徒方式应用在新入职员工，可取得更好的效果。

华菲物业紧扣企业人才培育计划，通过开展签约拜师、师徒同台竞技等活动，拓宽工作思路，创新活动载体，进一步深化“名师带高徒”活动，切实发挥传帮带效应，取得良好的人才培育效果。在“名师带高徒”项目推进实践中，不断创新活动形式，打破传统的“一对一”结对培养模式，建立了“一师多徒”等新型师带徒模式，公司组建了以五一劳动奖章获得者、具有中级职称的专业师资、工程维保技术人员为首的名师团，充分发挥工程设备专业、环境专业、安全管理等专业的重要影响力，使“以老带新”起到“传帮带”作用，每人结对帮学1~2名徒弟，把一批“80后”“90后”徒弟培养成杰出的技术能手和专业技术带头人。最终，大部分带教徒弟获得了中级资格证书或在各层级的技能比武中取得优异名次，他们积极参加大型物业技能竞赛活动，展示技术、绝活和专业技能，日常工作中解决并攻克了本专业（工种）的技术难题，并对物业管理的难点和热点问题提出了建设性意见。

5.5.2 开展编制标准奖励活动

传统标准基本都由企业标准管理部门自行编制，但存在一个非常大的弊端，就是编制标准的人员缺少对专业的深度理解与对现场实际的掌握，因此让具有专业水平、了解现场的人员来编制标准，企业标准管理部门统筹协调、审核指导才是理想状态。但让现场专业人员编制标准，从实际操作来看，是有难度的，一是一线员工觉得编制标准是企业管理部门的事，与自己无关；二是编制标准额外增加了自身工作量，却没有获得相应的收益，积极性不足。

针对此种情况，企业可开展标准编制奖励活动，设定标准编制的范围、目标，匹配相应的奖励方案，包括实行绩效奖金奖励、标准冠名荣誉奖励等多种奖励方式，充分调动一线专业人员的积极性。

胖东来餐饮处桌子上的纸巾盒印着“一冉创意”，这是以员工名字命名的纸巾盒，原因是这位员工观察到在窗口给大家发纸巾的方法不科学，有的顾客用不完，有的顾客不够用，这位员工提出来把纸巾盒放在餐桌上，顾客各取所需，方便、卫生、不浪费。

5.5.3 **开展榜样树立活动**

企业在全面实施标准化后，标准化实施效果在项目与项目、员工与员工之间仍会存在较大差异，这种差异性主要来源于项目管理水平差异、员工学习能力差异、主观能动性差异等方面。无论是项目还是一线员工，在尽力而为或得过且过的状态下，注定会取得不同的效果。企业需要在平静的水面投下一块块会发光的石头，利用激起的浪花带活整潭湖水。具体操作上，可以针对项目及员工分别设置标杆榜样或者流动红旗等荣誉奖励，开展定期评比，将评比结果在企业内进行广泛宣传，形成榜样的力量，同时加上绑定晋升、薪酬调整等措施，效果更佳。

5.6 向客户公开服务标准

《标准化法》规定：“国家实行团体标准、企业标准自我声明公开和监督制度。企业应当公开其执行的强制性标准、推荐性标准、团体标准或者企业标准的编号和名称……国家鼓励团体标准、企业标准通过标准信息公共服务平台向社会公开。企业应当按照标准组织生产经营活动，其生产的产品、提供的服务应当符合企业公开标准的技术要求。”

5.6.1 **渠道公开**

企业的产品标准应在企业标准信息公共服务平台进行自我声明公开，包括产品、服务的功能指标和性能指标，让客户通过官方渠道可以随时获取到企业的服务标准。

5.6.2 **定向公开**

企业可将执行的服务标准编制成册，印刷装订后发放到客户手中，或通过企业网站等形式开放给客户查阅，当客户准确了解企业执行的服务标准后，便可以依据标准要求监督项目工作人员。

5.7 畅通客户、员工反馈渠道

产品设计之初都是围绕商业价值和用户体验两个目的出发的，且两者紧密相连，而要获取商业价值和用户体验的大小好坏，则需由用户进行意见反馈。用户反馈是一个营销学概念，用户反馈机制是在产品运营过程中，通过多种渠道建立和用户之间的联系，通过分析用户说了什么和做了什么，了解用户对于产品的意见。企业标准的用户就是客户和员工，好的反馈机制能够通过收集用户行为和意见，整理分析出产品的不足之处，从而推导出下个版本的改进点。

5.7.1 建立客户意见反馈渠道

标准要实现动态优化，首先要建立客户意见的反馈渠道。客户是标准应用服务的对象，服务效果好不好，客户最有发言权，有时客户有好的意见，但由于没有反馈渠道，又不属于投诉，客户没能进行反馈。因此，企业应设置多个反馈渠道，包括项目推进时主动向客户进行收集、专项拜访客户时进行收集、在企业投诉窗口设置标准意见反馈等方式。

5.7.2 建立员工意见反馈渠道

客户反馈的是服务效果，员工反馈的除了服务效果，还有工作方法、效率问题，因此企业还要建立内部员工意见反馈的渠道。企业可定期开展标准应用意见问卷调研、建立意见反馈机制，定期以项目为单位逐级提报意见，在企业办公自动化平台或官网、公众号等网络渠道设置标准反馈端口，通过以上方式随时随地、定期全面地收集员工意见，进行分析改进，增强标准的科学性和有效性。

5.8 信息化推进标准落地

5.8.1 建立标准文件管理系统

企业管理标准以传统的纸质文档标准居多，这类标准在传递分发、保存调阅过程中效率较为低下，当现场员工查阅标准比较困难时，企业标准化实施效果也就不够理想，建立标准管理系统，可有效解决此问题。标准管理系统可以实现企业各类管理规范、操作规程、记录表单、上墙 SOP 以及示范视频等标准的查询、管理、发布、存档等一系列操作，尤其对文件的版本一致性控制、操作权限控制、修改过程的痕迹保留等实行专权管理，保障标准的正确性，实现对标准文件的有序、条理化管理。

企业需注意的是，实现标准管理系统的方式很多，企业根据自身情况选择适用的信息化系统，但标准的查阅权限需对现场操作人员全权开放，不可出现标准保密、查看难的情况，这将不利于标准的普及推广。

5.8.2 建立标准应用管理系统

加强对服务提供过程的管理，实现工作流程的自动流转和监督、监控、考核、评价是标准应用信息化管理的核心。当企业标准体系建立、标准文件编制完成以后，不能只将这些名目繁多的标准文件放在资料柜内，或仅将标准上传系统公开发布，而没落实到具体行动上来。针对此问题，可建立一套标准应用管理系统，利用信息化将原本现场运行的一系列流程转移到线上，通过信息化的流程实现标准体系文件要求的全面贯彻落实。

信息化系统以将线下业务流程全部转移到线上运行为基本要求，以全流程匹配统一标准进行流转为关键。管理人员策划并导入含标准要求的员工工作任务计划，员工再根据系统流转的、匹配有执行标准要求的计划开展任务执行，管理人员根据匹配有质量标准的检查计划开展品质验证，最后不合格验证结果自动流转进入改进任务池，以便进一步开展改进工作，改进流程也与标准进行强相关，实现 PDCA 循环。

第六章　保障措施

6.1 强化制度建设，提供组织保障

推进标准化管理是一个系统、持久、循环改进的过程。要成立有决策层、管理层和执行层的标准化管理工作领导小组，提出与企业愿景、发展战略相适应的标准化建设规划，建立健全的企业标准化管理长效机制。

要提升标准化的有效性，需要成立统筹管理标准化工作的部门，负责推行企业标准化管理的全面工作。首先应建立完善的标准化管理机制，明确各部门职责，加强组织间的沟通与合作，建立跨部门高层协调机制，保证标准

化工作整体运营。

同时根据实际需求，建立多层级的标准化管理组织，各分公司及项目设置专（兼）职的标准化人员。这些标准化人员应充分调动组织力量，将标准化作为日常管理工作序列，与上级标准化管理部门相互配合，将标准化的各项任务切实落地。

6.2 加强专业培训，提供人才保障

物业服务企业应拥有一支懂标准、会标准、重标准的人才队伍来推行标准的实施与改进。建立标准化人才梯队，拓宽人才培养路径，加强知识技能培训，提高标准化工作人员素质。

标准化人才培养应遵循人才培养规律，围绕标准人才的基本要求，识别企业标准化人才所需知识、层次与技术内容，建立完善系统的培训课件体系，制订培训计划，积极参与各类系统培训学习。可以采取“传”出知识、“帮”助成长、“带”出团队的传统型“传帮带”机制，也可以采取请进来、走出去等开放式机制。

6.3 拓展投入渠道，提供经费保障

标准化工作开展需要有稳定的高素质人才队伍，开展标准化培训和活动、标准调研、标准研究、参与国际标准活动等，这些都需要经费支持。故标准化工作需要有稳定的经费渠道，应将标准化专项经费列入企业的全周期预算，健全监督机制，专款专用，逐步形成标准化工作的长效保障机制。同时应拓展经费投入渠道，如企业作为主要承担单位积极参与国家、行业标准、团体标准、地方标准编制，获得财政资金的奖励，为标准化工作开展提供经费保障。

第七章　展　望

7.1 深化标准实施有效性研究，推广行业应用

持续开展物业服务企业标准化有效性的研究，深入推进企业标准体系建设理论与企业标准化实施路径与方法研究，寻找标准化有效性的关键点，制

定深入浅出的一系列培训课程，将其作为协会标准化研究的知识库，并组织企业进行学习。企业可组织既懂得业务又懂得标准化的专业人员编写团体标准，切实将有效的研究成果向全行业推广。

7.2 加强标杆建设，开展“领跑者”活动

发挥中国物业协会行业领导作用，推行标准“领跑者”活动，鼓励企业积极参与，开展企业标准化水平评估，发布评估结果排行榜，颁发“标准化领跑者”荣誉，促进行业内企业标准化提档升级，引领服务质量全面提升。

组织行业内企业向“标准化领跑者”企业学习，形成标准化建设的交流平台，充分发挥“标准化领跑者”企业的标杆作用，现场向同行展示标准化实施方法与效果，传授标准化建设经验，用实际案例向同行展示标准化的功效，为更多企业在标准化道路上指明方向。

7.3 建设企业标准化有效性评价体系

根据企业标准化有效性的研究成果，分析企业标准化有效性评价的指标，建立企业标准化有效性评价标准。企业根据该评价标准能诊断自身标准化水平，根据评价结果可调整企业标准化建设方向或实施路径，最终达到企业标准化的发展目标。

结　语

物业服务企业的标准化工作有效性是物业管理行业的难题，与标准化工作的顶层设计、发展规划、标准编写、实施路径与方法、标准化意识普及等因素都密切相关，关系到企业的基础管理和可持续发展。本课题针对这一难题进行了系统研究的初次尝试，在对一些头部、中小微企业标准化现状分析的基础上，结合物业行业的特点，提出物业企业提升标准化有效性的路径与方法。但限于本课题组的素材积累、知识储备和研究能力，该研究成果报告只能算是抛砖引玉，希望能够引起各行业对提升企业标准化有效性的关注和重视，也希望各位同行能参与到相关的研究中来，做出更多更好的研究成果，为更多企业在标准化道路上指引方向，助力物业行业标准化的持续发展。

参考文献

曹洪，1998. 浅论企业标准化工作的有效性［J］. 上海标准化（2）：8-12.

高文田，崔学军，2018. 构建与物业管理行业高质量发展相适应的新型标准体系［C］. 第15届中国标准化论坛论文集.

广瑞物业，2018. 物业服务的标准化时代［J］. 标准生活（5）：58-61.

李春田，2005. 标准化概论［M］. 北京：中国人民大学出版社.

柳成洋，2014. 服务标准的编写［M］. 北京：中国质检出版社.

王平，2012. 国内外标准化理论研究及对比分析报告［J］. 中国标准化（5）：39-50.

张明兰，2010. 最佳秩序——标准化有效性的唯一准绳［J］. 上海标准化（12）：21-24.

张锡纯，1992. 标准化系统工程［M］. 北京：北京航空航天大学出版社.

中航物业．“标准”的中航——中航物业18年标准化道路建设历程回顾［J］. 城市开发（物业管理），2015（11）：62-63.

课题组成员名单

课题组组长： 刘文波　新大正物业集团股份有限公司

课题组成员： 高文田　中国物业管理协会标准化工作委员会

张喜运　新大正物业集团股份有限公司

刘宗武　中国物业管理协会标准化工作委员会

吴　讷　新大正物业集团股份有限公司

郝　柳　新大正物业集团股份有限公司

李　俊　新大正物业集团股份有限公司

杨海慰　新大正物业集团股份有限公司

绿城服务双轮驱动下的满意度管理模式研究

◆ 绿城物业服务集团有限公司

前　言

党的二十大提出加快构建新发展格局，着力推动高质量发展，构建优质高效的服务业新体系，促进生活性服务业向高品质和多样化升级，为物业管理行业指明了发展方向。与此同时，在“以人民为中心”的社会治理理念下，完善社会治理体系，健全共建共治共享的社会治理制度，提升社会治理效能，建设人人有责、人人尽责、人人享有的社会治理共同体成为社会治理的主要目标。

住宅物业服务作为与居民美好生活的强关联的领域，在构建人民美好生活以及有效辅助社会治理的过程中扮演着越来越重要的角色，其高质量发展不仅关系到企业自身的发展，更关系到居民个体美好生活的实现和基层治理的和谐稳定。值得注意的是，作为生活服务业的重要领域，“客户满意度”是评价物业服务企业服务供给的重要指标。但随着对服务高质量发展的需求不断提升，其理念和评价方法明显滞后于行业发展。一方面，物管行业满意度评价所使用的模式相对于高度市场化的快速消费品、互联网等行业仍然较为初级，缺乏全周期、即时的客户洞察机制；另一方面，业主多样的诉求表达、利益协调方面还有很多工作需要完善，基于局部、单一、被动的满意度评价，业主的参与性、主体性发挥还不明显，这一定程度上导致业主对优质服务供给的感知和接受度与预期存在偏差，企业服务供给无处可依。

高质量的服务供给必然“始于客户需求，终于客户满意”，其切入点即为“需求”和“满意”。为了实现以客户声音为指挥棒，牵引公司整体运营，必须对全周期客户关系管理模式进行革新。基于此，本课题通过梳理国内外理论发展，结合绿城服务切身实践，提出了通过数字智能化和客户互动化双轮驱动的创新客户全周期管理模式，以期更好地满足新时代物业服务企业客户满意度的管理提升。

课题主体部分主要剖析了绿城服务的实践案例，并以住宅物业为着眼点，探讨了绿城服务基于数字智能化和客户互动化的双轮驱动模式的设计背景、思路与适用性。此外，课题还通过定量方法测量新模式对企业管理效能和业务表现方面的实际改善，借助运营数据与调研数据从实证层面证明双轮驱动模式的可行性和创新性。

于物业服务企业而言，面向未来，抓住新时代新征程的机遇，实现服务品质的高质量供给，助力基层社会治理落地是义不容辞的责任。本课题提出的双轮驱动模式是一个体系化的可复制的管理方法体系，有助于更好帮助企业洞察客户需求并最终实现客户满意，希望能为物业管理行业的企业管理创新提供新的启发。

第一章　绪论

1.1 研究背景

1.1.1 以客户为中心成为共识

满意度源于市场营销理论，其成熟与发展标志着销售观念从产品导向走向客户导向。在一个行业进入一个新的市场或是新开辟出的赛道时，的确需要更关注产品本身，不断强调“我能提供什么”。因为需求是全新的、粗糙的、广泛的，企业在该阶段更会重视对产品的制造能力。而当市场逐渐成熟，消费者对于新需求的教育已完成，单一产品不再能代表品类时，市场便会不断细分，需要更加精细化、差异化。该阶段的企业便更需要关注“客户需要什么”，重视对用户的洞察。

如今物业管理行业正处于两个阶段的过渡时期，物业服务企业理解到“以客户为中心”的理念并非停留于服务质量的稳定供应，更需要对客户有更深入的了解，尤其是物业服务的客户逐渐以“90后”为主后，其一成不变的管理模式更加力不从心。“以客户为中心”也就逐渐从物业服务企业宣传用的口号变为行动。越来越多的物业服务企业将对用户的洞察摆在了更高的位置，管理规模较大的头部物业服务企业更是不断地开展对用户的洞察活动，并构建相应的系统方法进行支撑，进而对整个服务产品体系进行优化甚至重构。

1.1.2 客户满意度的重要性凸显

作为服务性行业的物业管理，满意度始终是服务质量管理中的重要工具，其早就成为大部分物业服务企业日常监测的重要指标。2018 年，国务院公布最新版《物业管理条例》，在行业立法立规上做出了重要部署，同年，中国物业管理行业也将 2018 年定义为“物业管理行业服务质量提升年”。自此多家物业企业更加着眼于服务品质，相继制定自身的服务品质提升计划，并在品质管理体系与工具上做出迭代与优化（见表 1）。满意度便是其中最为关键的枢纽，连接总部与项目、方案与执行、系统与触点、优化举措和客户体验。可以说，现在的满意度，既是管理工具，也是品质提升的终极目标。

表 1　部分知名物业服务企业的品质提升举措

服务类别	企业名称	品质服务具体举措
明确的服务模式	南都物业	南都物业+南都管家
	旭辉永升服务	铂锐管家（高端住宅）+ 全能管家（中端住宅）
	东原仁知服务	东御管家，东原 · 印系列产品的物业管理体系
规范的服务体系	绿城服务	“E. O 管家”私享服务体系
	融创服务	归心全生活服务体系
提供专业培训及认证	新力物业	聘请英国皇室管家团队开展集团中国区培训总监的定期培训
	绿城服务	共建高端物业服务行业认证机构“TIBA-Property”
服务标准化	世茂服务	从 300 余条标准增长至 1001 条标准
	融创服务	500 余项标准执行（五觉体系，360 度贴心服务）
	美的物业	涵盖 14 个维度、26 个空间场景、251 个服务触达点、1000 余条执行标准

1.1.3 现有满意度模式的痛点

大部分物业服务企业通常采用专项调研的方式，或者请第三方调研公司或自建团队安排内部的调研。调研时一般采用电话访问或是入户访问来进行问卷调查。该模式长期使用于诸多行业，早已证明了其易用性和有效性。但立足于现在的科技与社会背景，物业服务企业的管理诉求并不能被完美满足。

其一是数据应用周期过长。常规模式下大部分物业服务企业的调研会按照季度来执行，出于成本考虑也会缩短至半年度或年度，极少有物业服务企业会按月度甚至更短的时限来进行。由此得到的数据会反馈一个较长时间的表现。而现实中这一段时期可能会有多项操作，同时会有正面和负面的影响，掺杂到同一份数据中难以被区分，不利于找到关键举措和核心负面影响。数据获取后优化措施的执行也缺乏及时性，因调研项目的执行间隔长，中间被发现的亟须改善的问题已经存在较长时间，并持续影响着客户的体验。同时，在数据搜集完成后，还需要花费大量的时间进行总结分析，再由总部向下传递，等数据应用到实践层面开始整改，又是一个不短的周期。总结而言，长间隔的满意度项目与较长时间的数据分析共同导致其数据应用不及时，无法快速定位问题、改进问题。

其二是数据精准度不足。受限于问卷的载体和调研的执行方式，问卷的篇幅不能太长，而对于物业服务广泛的服务内容而言，势必难以面面俱到。所以常规模式只能不断精简，找到最核心和企业最关注的要点进行考察。如此便无法进行全面的诊断，而细节的问题只能靠业主在开放式问题中的回答来体现，极容易存在盲区从而降低参考价值。在项目执行层面，企业获得数据后仅仅只知道在哪类服务上有缺陷，但不知如何在行动层面进行提升。如数据告知项目安全服务评价不高，尤其是秩序人员。但项目经理无法进一步知晓秩序人员在工作流程的哪一步出了问题，是着装形象、迎客态度，还是积极性、沟通语气等方面。难以细化的调研最终应用到整改时便会缺乏精准性，给到项目的参考价值便会大打折扣。

其三是数据分析深度不足，难以建立满意度与服务品质的关联性。满意度作为物业管理的工具，其短期目标是客观反馈目前的服务品质现状，长期目标是服务品质的提升，而这两大目标均在现实执行中存在一定困难。克而瑞物管对多家物业服务企业的调查中发现，69.3%的受访物业服务企业认为品质在过去一年中得到了提升，但整体的满意度指数得分却下降了1.2%。这是因为影响服务品质的维度太多而满意度的反馈存在局限。另一项数据表明，仅有35.2%的受访企业认为现有的考核体系很有效，即大部分企业未能通过满意度考核提升服务水平。以上究其原因一是由于目前数据分析的层次太浅，局限于搜集数据的方法与搜集数据的质量，许多更前沿的数据分析工具与理论未被有效运用，难以从数据中挖掘更多有参考价值的信息。其二在于物业服务企业的满意度往往是相对独立的存在，未能形成上下联动，项目层面对于信息的理解也仅停留在考核层面，数据在应用上未能形成良好的指导机制。

综上所述，现今经济的进步和消费者的变化，让商业发展必须紧紧贴合客户的需求，这对物业管理行业中以满意度为代表的管理工具和品质运营体系提出了更高的要求，探寻全新且有效的满意度管理模式成为物业服务企业共同且重要的课题。

1.2 研究目标和意义

物业服务消费具备集体决策和公共品的属性，加之其消费使用时间长，使得其满意度很难快速直观地在企业的经营业绩中体现。物业服务企业对满意度的重视往往出自长期的发展视角而非短期的紧迫感，自然没有强劲的迭代动力。与之相对，以快速消费品和互联网等为代表的高度市场化行业，其满意度往往可以直观体现在销量、活跃用户数等关键经营性数据指标上，从而促使其体系运营模式更高频地迭代优化，保证企业处于领先的位置。

本次课题研究通过分析领先行业和优秀企业的满意度管理模式，总结其操作思路与实施举措，重点立足于绿城服务的双轮驱动运营模式的实践中，分析总结新体系下的运营成效与成功经验，为所有物业服务企业未来必定面对的体系优化提供理论和实践上的有效参考，并进一步分析行业未来的发展趋势。最终的研究成果不仅展示了绿城服务的思考，将绿城服务具有前瞻性和创新性的探索分享给行业中有需要的企业，协助其找到更适合自身的体系运营优化路径，也借此激发了更多物业服务企业进行新的尝试，进而促进整个物业管理行业的共同进步。

1.3 客户满意度的理论发展

客户满意度作为衡量服务质量的重要因素，是目前国内外质量和经济领域热门和前沿的话题。美国学者 Cardozo 于 1965 年首次将客户满意度引入到市场营销的范畴中，此后该理论在经济较为发达的国家中迅速得到了广泛的运用。在不断探索与实践中，满意度理论也得到了长足的发展并由此衍生了多种模型和应用方法，适配了更多行业与使用场景。

1989 年，美国学者 Fornell 将客户购买商品和服务的心理感受，如期望、购后感知、价格等多因素组建成计量模型，即费耐尔逻辑模型，成为目前为止使用泛围最广的客户满意度指数理论。同年瑞典统计局基于该理论建立国家层次的客户满意度指数模型 SCSB（Sweden customers satisfaction barometer），涵盖了 30 多个行业和 100 多家企业的年度客户满意度评测（见图 1）。

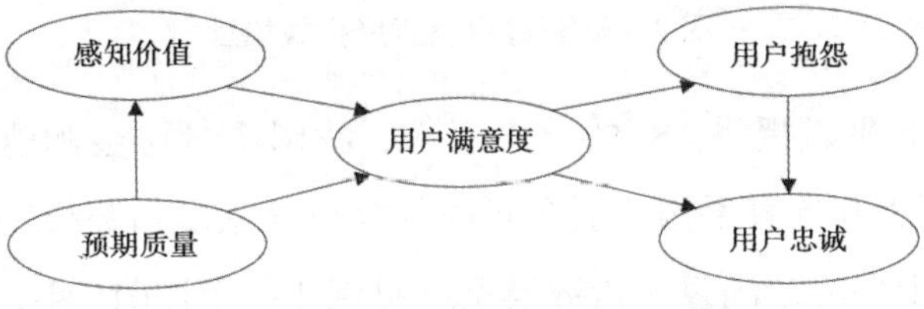

图 1　瑞典客户满意度指数模型

1990 年，美国国民经济研究协会与美国质量协会和国家质量研究中心等机构在 SCSB 模型的基础上，研究并构建了 ACSI（American customer satisfaction index，美国客户满意度指数）模型（见图 2），并于 1994 年正式使用，其与 SCSB 的主要区别在于增加了感知价值这一变量。从 1994 年起的每季度，美国质量协会均会公布一次 CSI 调查结果，客户满意度已成为现代质量管理的焦点。

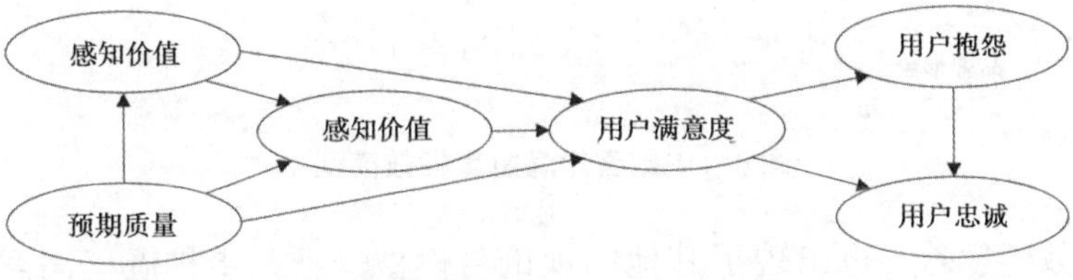

图 2　美国客户满意度指数模型

1999 年，欧洲委员会等机构首次在欧盟 12 个国家开展客户满意度调查，其使用的欧洲客户满意度指数（ECSI）模型（见图 3）借鉴了美国 ACSI 模型，在其基础上增加了形象变量，去掉了用户抱怨，将感知价值分为硬件质量和软件质量两部分，更细化区分了有形产品和服务产品。

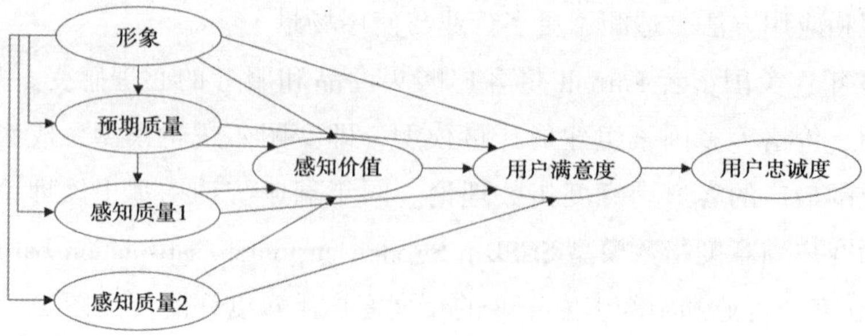

图 3　欧洲客户满意度指数模型

1995 年，赵平教授将 CSI 的概念引入，我国质量协会和清华大学企业研究中心在 1999 年开始着手构建适合我国的客户满意度指数模型，并陆续建立了清华模型及中国客户满意度指数模型（见图 4）。到 2015 年，中国顾客满意度指数首次提出并作为连续的年度调查项目每年向全社会发布最新的调查结果。该评价结果已成为中国消费风向标，为消费者的品牌选择等消费决策提供了高价值的参考。

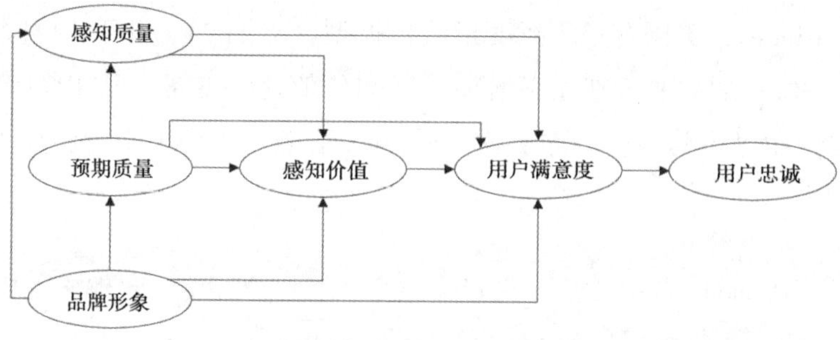

图 4　中国客户满意度指数模型

除指数模型外，也出现了其他的理论与模型，进一步扩展了满意度的深度与广度，其中比较有代表性的是卡诺模型、净推荐值和峰终定律。

卡诺模型由东京理工大学教授狩野纪昭发明，其目的在于将用户需求进行分类并进行优先级上的排序。根据不同的质量特点，可以将产品和服务的质量属性分为魅力属性、期望因素、无差异属性、必备属性和反向属性。之前的满意度模型多认为满意度受一维影响，即提供越多的功能和服务客户就会越满意，反之则不满意。但卡诺模型找出了产品性能和用户满意度的非线性关系，即提供某些功能或服务，用户可能满意可能不满意，或是不在意而无差异。由此得到了满意度的二维模式，可更深刻理解用户并由此改进产品。

净推荐值最早由贝恩咨询公司客户忠诚度业务创始人 Fred Reichheld 提出，公司可通过一个问题“您向朋友推荐该产品的可能性有多大”来评估公司在创造积极、可重复的客户体验方面的效率。该指标现在作为客户满意度衡量指标的一部分，用以衡量客户的忠诚度。

峰终定律由诺贝尔经济学奖获得者 Daniel Kahneman 提出，其总结了客户体验中的一个特点：用户对一项事物体验过后，所能记住的就只是在峰（高峰）与终（结束）时的体验，而在过程中好与不好体验的比重、体验时间的长短，对记忆的影响相对很小。该定律可以帮助企业设计峰值体验，并规划服务流程，加强客户的良性记忆点。

1.4 研究主要内容

第一章为绪论，介绍该课题的研究背景，立足行业需求与理论的应用发展，明确研究的目标与意义，并规划研究的方法和技术路线。

第二章为现状分析，首先研究物业管理行业与其强关联的地产行业的发展现状，明确目前行业发展的重点。其次是绿城服务在满意度体系优化的应用历程，追溯连贯的应用思路。最后是观察行业内外优秀行业、优秀企业在满意度体系管理上的优秀做法，并总结相应经验。

第三章为绿城服务双轮驱动满意度管理模式的介绍，从理论出发深入实践的执行中，分析其模式的运作方式及执行的细节。进而将其与传统模式进行对比，分析其前瞻性和创新性，并从中总结先进经验。

第四章为成效检验，通过调研的数据分析判断该模式的有效性，在数据层面证实该成效所产生的实际效益。

第五章为趋势分析，结合绿城服务的实践经验，分析判断满意度管理模式的优化方向，并对行业给出相关的建议。

第六章为结论部分，总结文章的研究结论并对不足之处加以分析。

1.5 研究逻辑架构

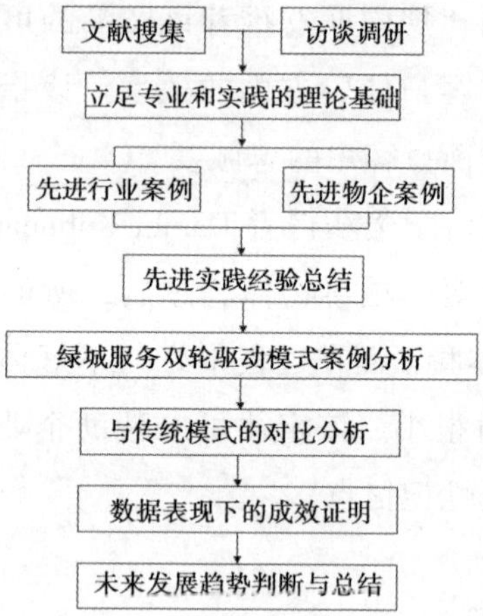

图 5　研究逻辑架构

1.6 主要研究方法

1.6.1 文献研究法

通过查阅国内外满意度相关领域的文献，归纳总结满意度模型的发展历程与现今优化进展。分析适用于物业管理行业的理论方法与实践参考，为本次课题和绿城服务运营体系提供理论基础和优化依据，进而明确研究分析的重点。

1.6.2 访谈法

选取国内领先的物业服务企业进行访谈，了解其在满意度管理体系优化上的进展与具体的执行实施方案。总结并对比分析其优势与对特定问题的独特解决方案。站在实践的视角深入探讨未来满意度管理模式的发展方向。

1.6.3 案例研究法

深入绿城服务双轮驱动模式的设计及执行细节，仔细剖析在该案例中绿城服务在满意度管理模式优化上所取得的进展，全面对比该模式相较于传统模式的进步之处，并在最终实际的数据中检验该模式的实践效果。

1.6.4 定量分析法

根据绿城服务双轮模式的运作及满意度调研数据，衡量该模式取得的成效，从定量实证角度讨论并检验其实施效果。

第二章 现状分析

2.1 物业和地产行业的发展现状

2.1.1 地产行业的现状及其对物业管理行业的影响

在国家“房住不炒”的大背景下，针对房地产企业的政策持续处于收紧状态中，“去杠杆、降负债”成为房企的主要目标。2020年，央行、银保监会等机构针对房企提出“三道红线”指标，其融资环境再度剧烈收紧。2021年3月房企龙头恒大出现商票违约，6月恒大“暴雷”事件开始发酵，引发市场对房企信用风险担忧。10月，部分地区开展房地产税改革试点，为期五年，对房企产生短期冲击，引发物业板块股价下调。地产频频出现债务违约，物业作为关联方信用风险担忧加大。

政策调控导致房地产开发企业资金链紧张，房企内外债务危机一旦显露，关联物业服务企业也会深受牵连，股价大幅下挫或成为母公司首选要出售的等项目资产包。在上市企业收购对价超10亿元的并购案中，碧桂园服务收购富力物业、蓝光嘉宝服务、邻里乐等项目均与收购标的关联母公司资金压力有直接关联。另外，万物云收购伯恩物业、换股阳光智博均属于相同的逻辑，大型企业之间的并购整合，加速了行业的变局。

地产变局会对物业服务企业收入的增长产生冲击，但相对可控。对基础物业管理服务来说，房地产承压业务缩减，会影响未来几年新房的交付。而由于物业服务企业市拓能力的提升、收并购的加持，关联房企所交付面积的贡献度较低，对物业管理服务收入的冲击可控。对社区增值服务来说，美居服务、车位运营管理服务受地产交付的影响大，但目前，业务渗透度低，短期的交付波动对该类型业务的冲击有限。物业服务企业独立性增强，可抵御地产冲击的同时，也意味着物业管理行业内的竞争强度加剧，增长会更加依赖企业在市场上的表现。

2.1.2 物业管理行业的现状及发展的重点

物业管理行业近些年始终处于高速增长期，行业整合速度加快。因其商业模式的特点，扩大管理面积成为大部分领先物业服务企业尤其是上市物业服务企业的首要考虑。可以观测到，收并购是物业服务企业扩大管理面积的有效手段，也是不少物业服务企业增长的主要来源。但收并购同样存在诸多问题，首先，资源整合较难，存在标的“暴雷”风险，容易失去项目的控制权，摩擦期利润率下降等。调研数据显示，半数物业服务企业并购后毛利率下降。其次，规模管控难，管理面积增加后其原有的组织架构、管理条线未能理顺，人才不能有效跟上发展速度。最后，品质保障困难，一方面体系适应性不足，另一方面过于强调增长也容易忽视对品质的重视。

不同层次的物业服务企业分化更加明显，其关注的重点也存在较大差异。传统的物业服务人员素质低、无行为标准，故小型物业服务企业着眼于建设基础业务标准，将其逐步发展为更具专业化的模式，从着装、服务人员、服务动作等方面建立标准。中型物业服务企业积极探索空间业务，逐渐扩大服务的业态范畴，积极涉足商务写字楼、园区、医院、学校、公共建筑等非住领域，在多种经营上探索增长点。大型物业服务企业则逐步完善物业体系的建设，强调对物管理、对人服务。头部物业服务企业则已基本完成了体系化的搭建，在体系运营上已有较多的实践经验。不同阶段的物业服务企业存在重点的差异，但其满意度都需要品质来驱动，保证服务质量是各类企业战略的重要基础。

新冠疫情的突发以及常态化防疫也对物业管理行业产生了巨大的冲击和影响。数据显示，近七成的物业服务企业在疫情期间，物业费的收缴率下降，同时在封控期间，增值服务难以开展，停车费、维修服务费都有所减少，物业服务企业整体收入下降明显。而防疫工作同时也增加了物业服务企业的运营成本，57%的物业服务企业表示在防疫的过程中增加的人工成本不少于50万元。突发性的疫情更因其要求比较紧急、烦琐、危险性较高，对人力资源、资源整合能力、完善的组织体系都提出了不同程度的挑战，调研数据显示，71%的物业服务企业表示员工的压力变大，同时心理问题增加；63%的物业服务企业表示员工防疫物资缺乏；57%的物业服务企业表示人员资源紧张。虽有以上负面影响，但疫情也重塑了物业服务价值，凸显了物业的社会价值，业主端和政府端均意识到好物业的重要性，行业内的优胜劣汰将进一步加速。

2.2 绿城服务与其满意度体系的发展历程

2.2.1 绿城物业服务集团简介

绿城服务集团成立于1998年，是一家以物业服务为根基，以生活服务与产业服务为两翼，以智慧科技为引擎的数字化、平台化、生态型现代服务企业。公司于2016年7月12日在香港交易所挂牌上市，为中国服务业500强企业、浙江省服务业百强企业（前50强），未来社区产业联盟副理事长单位。

20多年来，绿城服务秉承“真诚、善意、精致、完美”的核心价值观，为广大业主提供充满人文关怀的服务，得到业内高度认可。2021年，绿城服务品牌价值达148.36亿元，并多年获得“中国物业服务百强满意度领先企业”等殊荣。

截至2022年6月30日，绿城服务业务已覆盖全国30个省、直辖市和自治区，以及205个城市，服务的物业类型涵盖市政公建项目、城市综合体、商务写字楼、别墅、公寓、学校、足球基地和高科技产业园等，全委在管项目合同数目2443个，总合同服务面积约7.15亿平方米。

20多年来，绿城服务引领行业发展，坚守服务品质，实现了服务产品与服务体系的快速迭代。从基础物业服务，到2007年提出的园区生活服务体系，再到2014年提出的智慧园区服务体系，绿城服务不断满足业主需求，应用完整的服务理论研究体系与最新的行业科技手段，持续丰富服务内容、改善服务方式、提升服务品质。2017年6月，绿城服务作为主编单位，与中国城市科学研究会共同编写的智慧园区国家行业标准《智慧园区建设指南》正式发布；2018年，在国家标准委统筹下，主编的《中国智慧社区建设标准体系研究》出版，为正在进行的智慧社区标准化建设提供了基础参考。

2.2.2 绿城服务满意度体系发展历程

绿城服务长期坚持以客户为本的服务初心，从绿城服务成立起满意度就一直是其品质运营的重点。在运营的过程中，绿城服务也及时对其理论和模式进行调整，不断迭代以更符合时代的发展，得到更好的成效。大体来说，其发展历程可分为以下三个阶段。

第一阶段是线下散点式聆听。2002年绿城客户服务中心挂牌成立，开始使用满意度工具进行服务质量评估。在这一阶段，主要推进了各类满意度调研项目，以线下探访业主为主。该阶段的满意度执行分散于各个项目中，以聆听客户的声音为核心，通过一定频率的周期性调研听取客户的意见来进行服务的优化。

第二阶段是线上整体性调研。从2012年起，满意度的调研就更多地使用线上工具进行。如电话调研使用线上的外呼，通过线上问卷进行调研。同时也会邀请第三方机构定期开展满意度调研项目，结合自有的调研模式形成一个整体性的满意度体系。企业在该阶段已初步注意到与客户的互动可增进客户满意度的显著提升。也成立了自愿组织，开展了业主物业服务质量监督员活动，调动业主共同参与社区治理。2016年更是在志愿组织的基础上成立行业工会，进一步扩展业主的参与度。该阶段扩展了满意度的调研方式，形成了一个整体性更强的调研体系。同时在获取数据之后，加强与客户互动，在客户参与社区建设的同时有效增强客户满意度。

第三阶段是于2022年提出并实行的双轮驱动模式。其模式延续上一阶段关注的两个重点，即“调研+互动”。在调研部分，充分引入新工具新技术，参考前沿行业用科技赋能。通过智能化、数字化、精细化触点调研模式，智能化自动分析数据，沉淀客户反馈形成客户声音库，最终配合智能算法形成“客户大脑”。在互动部分探索创建新的社区治理模式“幸福里”。通过引入党建创建社区组织，加强物业、业主等多方联系，在共治的氛围中优化社区环境和物业服务。加强物业与业主的互动，将数据落实于改进，提高客户满意度。

2.3 行业内外的领先实践

2.3.1 互联网行业的运营管理

互联网行业作为高度市场化行业的代表，其客户的满意度会直接影响销量、点击率、活跃用户数等关键性经营指标。所以其对于满意度的重视与使用，比其他行业要更加领先。参考互联网头部企业的做法，可以为物业管理行业的体系设计提供有效参考。

过往的满意度、NPS（net promoter scove，净推荐值）评估均是基于问卷调查得到的客户主观数据，随着大数据的崛起，互联网企业首先在客户体验的度量中加入了客观行为数据指标。行为数据是客户在使用产品时具体操作及对当时周围环境的观察数据。例如对于一个互联网软件公司而言，其可以直接从后台观察用户使用软件的具体情况，生成相应的观测指标，如客户出错的频率、限定时间内完成的任务数、单次访问的时长等。实际中典型的有Google提出的PULSE模型（page views、uptime、latency、seven-day active user、earning，页面浏览量、响应时间、延迟、7天活跃用户数、收益），全部由客户的行为指标组成。还有HEART模型（happiness、engagement、adoption、retention、task success，幸福度、参与度、采纳度、留存度、任务完成度），由主观指标和客观指标共同构成。

该模式超越了过往的客户满意度范畴，更多的是预设好了一个理想化的体验标准，再根据客户实际行为表现判断是否达成了该标准。物业管理行业中，也可参考该模式，对于特定标准化程度强的服务设定好规定动作，再在实际中对是否达成进行考核，从而将满意度评价触点细化。考虑到物业服务感受并非线上直接留痕，仍旧通过即时对业主的感受进行快速反馈搜集数据。如在维修服务后，可通过线上问卷询问业主“维修人员是否将残留垃圾有效清理”等问题，对标准动作是否完成进行考察，由此得到物业服务的痕迹数据。

线上化的另一个做法是即时评价，即在客户一个动作完成后立即弹出窗口或提供渠道让其对当下的感受进行评价。如阿里巴巴在产品中设计了用户满意度插件，以轻量化的方式将反馈入口插入软件产品的边角上。客户使用完软件的某项功能后便可点击或弹出满意度评价窗口。如此可以使客户来不及思考，仅凭当下最突出的感受与情绪进行评价，外部的、理性的干扰会更小。由此可对整个软件使用流程的各个触点建立体验度量的最优线路，进而分析峰值体验。

表2为知名互联网企业的满意度模式。以下将以华为为例，分析其满意度管理体系。

表2 知名互联网企业的满意度模式

企业	满意度模式
Google	GSM模型、PULSE模型、HEART模型
阿里巴巴	即时评价+专项调研
华为	“五类客户”一站式体验
唯品会	反馈型数据+结果型数据
京东	KCI关键指标、NPS净推荐值

华为的满意度嵌套于其数字化生产体系，其核心在于以数据为处理对象，以ICT（信息与通信技术）平台为生产工具，以软件为载体，以服务为目的的生产过程。通过前端平台接触客户并获取数据，加工传递到中台，进行自动的数据处理与数据分析，洞察客户需求并寻找商业机会。再将结果传递到后台进行开发、部署和服务。在该模式下，华为构建了实现业务和数字技术双轮驱动的“V模型”（见图6），回归业务、实时感知，为客户创造价值。

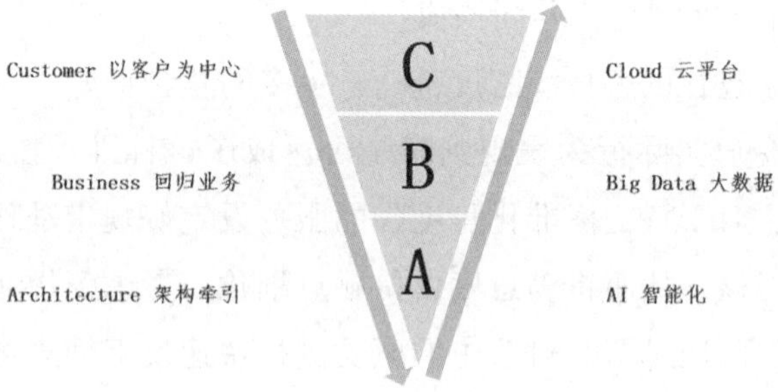

图6　华为业务与数字技术双轮驱动“V模型”

华为业务条线众多，根据其服务对象的不同定义了“五类用户”，分别为企业端客户、消费者、合作伙伴、供应商和员工，该五类用户均会使用华为所研发的产品与服务，其满意度感受均是需要关注的重点。华为面向以上五类用户构建了一站式体验模式，用数字化的手段做深度连接，追求客户满意。一站式体验做到了四大连接，分别是连接团队、连接知识、连接装备和连接业务（见图7）。通过线上线下的多渠道连接，实现知识和信息的快速传递，智慧化数字系统连接多个相关前后端团队，针对数据进行快速的处理，最终落在场景化的业务模块进行优化和改进。

图7　华为一站式体验模式四大连接

实际运营时华为会在后台整合客户的数据信息，了解其使用的具体产品和服务，配合自主编辑的灵活性与精准推送的智能性，将最需要最合适的问卷与相关信息内容通过多种渠道推送给客户。相关内容通过轻量化的方式接入到社交媒体中，减少了客户的负担，客户只须要轻松点击便可反馈。多渠道反馈的信心会自动传递到智慧化系统中进行实时整合并智能分析，分析后的数据成果将通过内容管理平台分发到相关部门（见图 8）。

华为的运营模式充分考虑了其客户的多元性，并有效利用了智慧化的优势，有效解决了传统满意度评价周期长、不精准和深度浅的问题。虽然软件类和硬件类产品与服务型产品有较大不同，但对于物业管理行业而言，智能化搜集数据与自动化分析数据模式可作为数字化赋能建设中的参考。

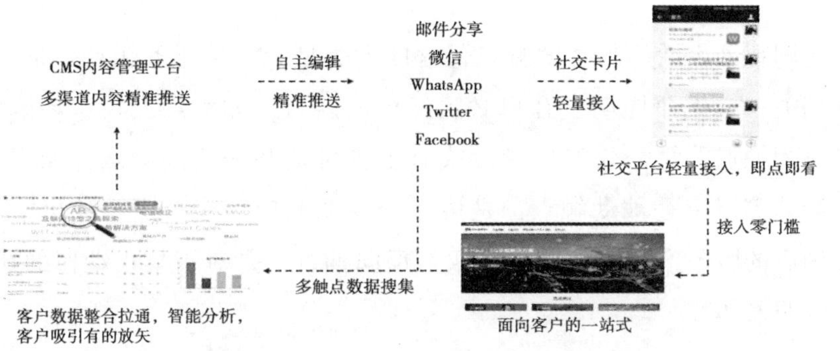

图 8　华为一站式智能化运营模式

2.3.2 优秀物业服务企业的品质运营管理

龙湖智创生活是龙湖集团旗下的专业服务公司，以高服务品质闻名于业界。龙湖智创生活向来看重满意度，其于 2019 年对满意度评价体系进行了优化，从传统模式过渡到即时评价模式，2020 年起正式执行。即时评价模式（见图 9）核心在于客观、随机和随时评价，通过提前设置好客户触点，线上多渠道触及客户，全面搜集客户声音。评价系统经过结构化设计，形成评价任务，通过推送搜集系统自动触发，千人千面精准推送到特定客群。数据回收后导入龙湖客户数据库，经过即时评价算法和模型进行数据分析，完成客户标签和客户细分，并形成评价视图用以监测。最后根据数据进行精细化服务、精细化管理，通过评价工单指导改进措施。到 2021 年，龙湖智创生活三方满意度评价占比 30%，客户即时评价占比 70%。

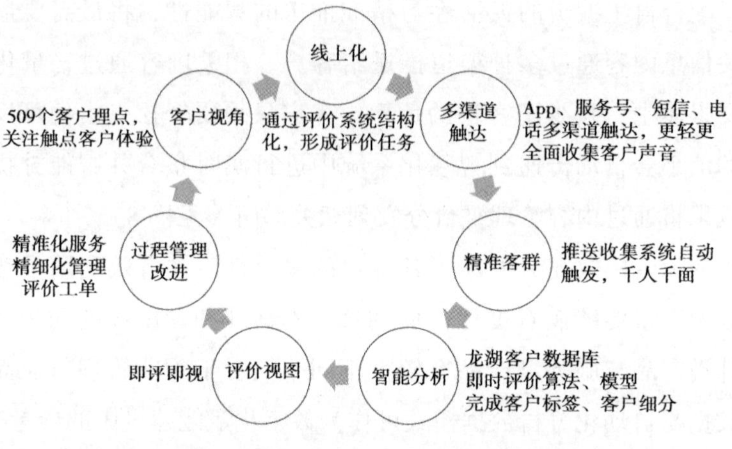

图9　龙湖智创生活满意度管理模式整体架构

龙湖智创生活的满意度触点包含四大类型，一是业务触点，是与核心业务强相关，全生命周期中客户必定经历的触点，如签约交付、装修管理等。二是行为触点，是需要客户触发或有服务价值和需要的触点，如报事报修、品牌活动等。三是被动触点，是按照全周期制定固定节点，随机推送评价，如签约后的服务、居家体验等。四是反向抽查，是对于禁止动作的违约随机核查（见图 10）。

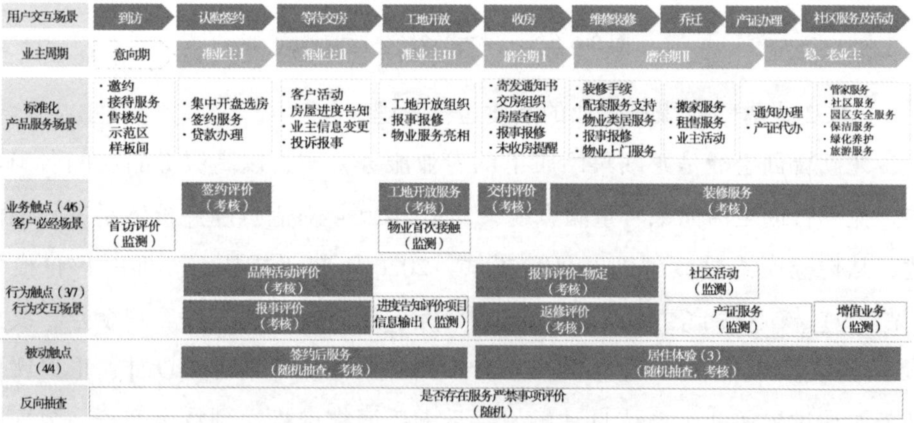

图 10　龙湖智创生活满意度触点设计

龙湖智创生活将具体的执行业务分为了三层（见图 1）。第一层是客户端，是接触客户、搜集数据的触达渠道。具体包括短信评价、人工外呼、服务号、小程序和 U 享家 App。第二层是产品侧，与客户端形成交互循环。产品侧包含两大系统，一个是评价任务系统，其核心任务为问卷管理与推送。后台设计的算法会根据预设模板结合客户特点与当期任务进行问题的配置，在推送执行过程中会进行客群的筛选、任务的触发，以及相关的防干扰与激励手段，保证问卷的回收率。另一个系统是评价反馈系统，从客户端搜集的数据将直接导入该系统，进行快速智能化分析并及时反馈给业务端，尽快解决客户问题。同时对数据进行分析处理后形成数据看板，据此做好整体性趋势监测，也可将其作为考核的重要依据。对于共性的异常问题系统会预警，龙湖称之为“烽火台”，提醒相关团队对客户不满意的反馈进行重点处理，并在解决的过程中持续跟踪，对产品优化进行落实回顾。第三层便是业务端，与产品端耦合，不断更新评价模型优化触点设置，为评价任务系统提供底层支撑。同时根据评价反馈系统将问题发送到相关部门，采取优化举措和产品的迭代升级。

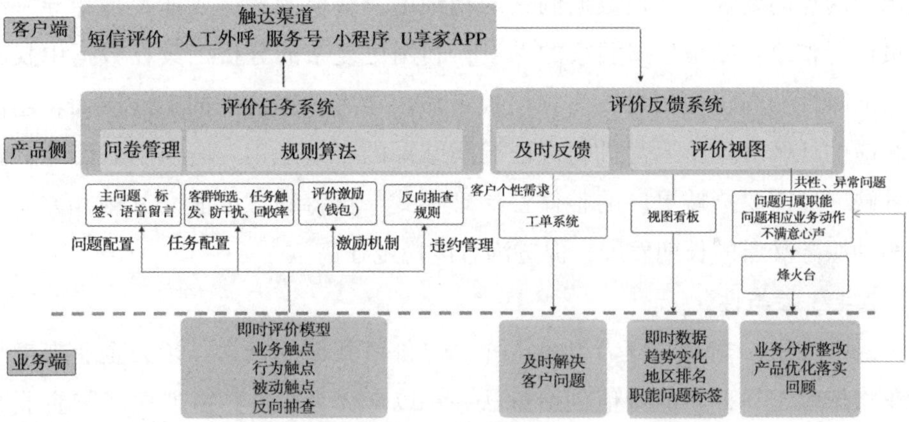

图 11　龙湖智创生活满意度调研执行模式

龙湖智创生活的评价体系全面转向线上化，通过前中后台的密切配合在智慧化赋能中形成了体系化闭环管理。触点化、智能化的改造保障了满意度考核的精细化与分析深度，以“烽火台”为代表的预警管理系统成为数据到业务落实的桥梁，充分发挥了数据的价值。其完整的体系设置方法与执行落实路径对物业管理行业有极高的参考价值。

2.4 新时代满意度体系的优化思考

根据上述梳理并结合绿城服务的实践，适合现代服务业特征的满意度管理模式需满足以下特征。

2.4.1 **智能化与数字化**

现代服务产生的数据体量不同往日，而从数据中挖掘信息的技术与工具也越发先进，数据资产将成为服务型行业的重要资产并影响企业发展的长期竞争力。满意度数据便是数据资产的重要组成部分，其意味着物业服务企业需要通过数字化的手段采集更多的数据，并且通过智慧化工具快速、深入地分析相关数据。同时，随着未来智慧社区的推广与普及，智能设备的在管理运营中的大量加入也会带来巨量的数据并与由此产生了和后台联动的空间。智慧化工具还需根据数据反馈进行自动化的改进与调整。

2.4.2 **实用性**

任何管理工具的使用最终都需落脚于最终的操作实施，新时代的满意度管理方式必须以终为始，将优化提升的目标摆在首位。这对满意度理论层面提出了两点的要求。一是数据洞察的精细度，获取的数据要能直接指导一线人员进行整改；二是数据洞察的深度，利用更复杂的分析工具在数据中找到更具前瞻性的高价值信息，为顶层决策做出参考。理论外的实践层面，还需要相应的社区管理及运营机制保证洞察结果的有效运用。增强满意度除了查漏补缺，还需要范畴更广的整体性治理模式，再将满意度嵌套其中，方能有效驱动服务品质的长期发展，促进满意度稳定在高位。

2.4.3 **参与性**

21 世纪初，管理学学者 Prahalad 提出价值共创的概念，认为企业未来的竞争将依赖于一种新的价值创造方法——以个体为中心，由消费者和企业共同创造价值的理论。区别于传统理论认为消费者只是价值的消耗者，该理论更进一步洞察到了如今消费生产模式的转变特点与消费者网络外部性提高的特征，并有效解释了现代企业商业模式向平台化和共享化发展的趋势。物业管理行业中也同样存在这一趋势。在满意度方面，多家企业也发觉，与客户的接触频率越高，越能提升客户的满意度表现。企业与客户共同讨论服务模式，更能设计出客户满意的产品。基于此，在社区管理上，如果企业能充分调动客户的参与积极性，设置机制让客户和物业共同针对社区问题进行改进优化，便可为满意度从数据落实到举措提供强有力的实施路径，进而实现长期性良性发展。

第三章　绿城服务双轮驱动运营模式构建

3.1 构建背景

3.1.1 绿城服务的服务理念与宗旨

绿城服务在成立至今的二十余年里，坚守着成为“中国最具价值幸福生活服务商”的企业愿景，在服务体系上常有创新求变，但“服务改善生活”的服务理念与“以人为本”的服务宗旨则长期贯彻如一。其在发展上一直将业主满意度视作集团规模化发展和生活业务增长的根基，以品质优异闻名于全行业。同时绿城服务还以人文理想主义为企业精神，其核心为利他。绿城服务认为物业服务企业参与社区治理是履行社会责任的体现，相信所承担的社会责任亦是企业的竞争力的一部分。

由此，绿城服务十分看重客户满意度并希望通过满意度调研的方式有效管理服务品质，以达到客户的预期。

3.1.2 基于现实预期差异形成的改进思路

绿城服务在近些年的品质运营中发现，消费者人群的偏好对比过去发生了翻天覆地的变化，尤其是越来越多的“90后”业主成为服务的主要对象。不同于“70后”和“80后”成长于物质匮乏、艰苦奋斗的时代，“90后”成长于创新成果不断展开的高速变化时代，变化和多样性成为他们的符号与主流。他们对生活品质的追求与对美好生活的定义均与中老年人有较大的差异，需求更加细化与多元。企业以老旧观念做服务必然与新时代人群产生隔阂，必须时刻贴近客户，深度了解客户，切忌刻舟求剑，要用变化的视角不断修正服务。

客户的快速变化对企业理解客户提出了更高的要求，而旧有的满意度体系难以适应快速变化的环境，无法通过快速搜集和快速反馈做到迅速调整。原有粗放式模块调研也不能匹配客户越发细化的需求。

3.2 整体框架

3.2.1 绿城服务双轮驱动的满意度管理体系

绿城服务在考量上文所述的体系难点及行业发展特点后，结合先进经验与绿城服务的思考，提出双轮驱动的满意度管理模式并实施（见图12）。双轮驱动模式以客户声音为指挥棒，牵引公司整体运营，宗旨是“始于客户需求，终于客户满意”，切入点即为“需求”和“满意”。

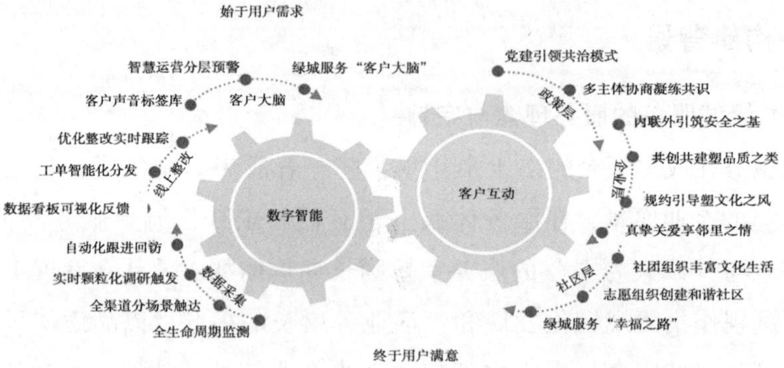

图12　绿城服务双轮驱动满意度管理模式框架

第一轮驱动力是以数字智能为核心构建的“客户大脑”。企业借助数字化赋能，将用户洞察分为触点化实时调研和专项化用研调查，以触点化调研为即时评价，针对服务流程和场景中客户的直接触点进行快速反馈、及时调整。该数据贯穿整个服务周期，持续捕捉数据，配合后台自动整理和分析，将服务监测日常化。用研满意度调研使用问卷调研方式定期进行，全流程线上化，包括问卷的设计、调整、分发推送、回访、数据分析等步骤均由智能系统完成，在有效控制成本的同时增强效率。

整个数字智能设计分为三层：第一层是数据采集，实现全生命周期监测、全渠道分场景触达、实时颗粒化调研触发，过程中自动化跟进回访。第二层是线上整改，直接将数据系统与业务层对接，实现数据看板可视化反馈，工单自动分发及优化整改的实时跟踪。第三层是以智能化为支撑的客户大脑。数据不断搜集进行分类沉淀，逐步形成客户声音库。声音库会根据客户特征与其反馈的内容自动化生成标签，并随数据量的提升保持迭代，成为客户洞察的重要支撑。在数据库之上，智能化分析系统可进行分层预警、智慧化运营。数据异常时相关部门会收到自动分发的提醒与工单。业务部门也可主动通过系统了解服务的实时表现及趋势表现，为决策提供参考。

图12中左轮数字智能驱动通过三层架构涵盖调研的全流程全场景，用自动化标准化的模式连接所有的项目及相关条线的人员。其不仅能在智慧化的

辅助下提升工作、完成效率，也降低了数据核对分析处理中的失误率，在数据的搜集和呈现上更高效精准。同时，数字化也提高了服务整改的精细化和标准化程度，用基层业务人员最容易理解的话语体系和沟通方式构建上下信息传递的桥梁。由此可更容易使集团标准落实于项目中，尤其在外拓项目中导入体系标准时效能提升会更加明显。

第二轮驱动力是以客户互动为核心构建的“幸福里”社区治理模式。幸福里治理模式的设计理念是让更多的业主及相关方参与到社区治理中来，每个人都能自治而为。若客户发现社区的问题后能参与其解决过程，那么既能让物业在客户眼中的存在感增强，也会让客户感受到物业服务在不断变好。满意度从数据到落实的路径由此从企业内的协作延展到参与共治，完成了其考核到提升的闭环结构。该模式通过一体两翼、三方共治、四轮驱动，全方位构建了满意度模式在执行层面的架构，有效将数据赋能于实际，切实通过多方位的连接用群体的力量促进客户体验提升，让社区走上“幸福之路”。

整个客户互动模式同样分为三层。第一层是政策层，以党建引领为优先，紧跟国家政策倡导的方向，包括政府、居委会、物业服务企业、客户等主体在内的多方共同参与社区治理。第二层是企业层，强调物业服务企业在其中所起到的作用，如内联外引，通过多种消防联动、外部培训构建安全社区，品质巡查共商共建创建优质服务等。在物业服务的多个服务模块做好承做并协调多方意见，创建平台供多方发挥力量。第三层是社区层，通过社区内客户的自建组织，加强生活质量，具体包括兴趣类社团组织和志愿类互助组织，由此创造更丰富的社区文化活动和更和谐的社区氛围。

图 12 中右轮客户互动驱动通过三层架构设计将所有社区发展中的相关方汇集在一起，形成合力。共商共建的平台让各方声音均可被展现，通过有效的沟通机制达成统一，最后得到的社区发展方案便可兼顾国家发展规划、企业成长需求和业主生活幸福感。多方的利益诉求在共治模式下有机融合，充分激发客户的自治意识，让社区发展的成果符合所有人需求、被所有人创造并被所有人享用。园区共治作为物业服务模式中具有前瞻性的创新将是城市化进程中重要的助推和加速。

3.2.2 双轮驱动模式下对品质运营方式的改造

双轮驱动模式的实施需要多维度的支撑，也带动着企业诸多品质运营环节的转变。

3.2.2.1 决策方式的改变

该模式下会产生更多有效性更强且更具参考价值的数据。服务品质的各个触点在高密度的时间序列上展示，由此很容易了解特定触点特定模块的表现趋势和流程视角下客户的体验波动，前者可协助对特定服务进行定点专项提升，后者则可帮助找到客户的高峰体验并协助未来的产品设计。当数据潜力被进一步挖掘，更多决策均有数据可依时，方能提升企业决策的科学性和正确性。

3.2.2.2 管理方式的改变

物业管理行业因其基础服务性质，最基层各个服务模块的人员存在地域分布广、年龄差距大、受教育程度严重分化等特点。由此在管理上如何将总部标准和要求精准向下传递，进行高效的沟通管理向来是物业服务企业面对的难题。借助双轮驱动模式，可将管理细化到触点中，脱离概述化的分析描述，将改进的工单用标准的模板分发到每位基层员工手上。模板上的内容仅为其手头上的事情与对应的标准，避开冗杂信息的干扰，让员工可以快速理解工作上的问题并及时改进。于是在双轮驱动的促进下，总部和项目基层的工作人员被连接，上下更容易达成“以客户满意为目标”的共识。总部制定的目标可以通过系统进行分解，转化为各级员工最容易理解和执行的方式，在提升效率的同时大大降低沟通和执行的成本。

考核激励上，可以根据多维触点来对所有一线的服务人员进行考核。不仅做到考核维度的细化，也将考核对象细化。以科学的计算工具为辅助，让服务质量突出的员工更容易被发现并得到奖励，也让服务水平低下的员工更容易被暴露，从而进行惩罚和改进。管理条线上也更加精简，考核可避免人情因素的干扰，做到有据可依。由此可增加管理的效能并增强一线员工的工作积极性。

3.2.2.3 客户洞察的改变

该模式对客户的洞察分为两类，一类是从实时反馈上进行观测。用户对哪些服务的感知更为敏感，得分波动会更大，哪些服务用户则并不在意。通过各个触点对用户的全方位接触，更加真实地搜集到客户的体验感知。企业还可通过声音库，构建不同项目的用户画像和体验图谱，使洞察更具层次。另一类是整体性的用研满意度，从更全局的视角来评价得到用户各个维度的综合体验。两者结合让洞察既有全局视角，也有翔实的细节，更利于实践上的优化提升。

3.3 数字智能化构建“客户大脑”

3.3.1“常态化实时监测+专项化定期调研”的数字智能模式

绿城服务满意度数据分为两类，第一类是实时监测的触点满意度数据，第二类是定期调研的用研满意度数据。前者强调颗粒度和细节，能在具体的执行动作中找出不足与高峰体验。后者强调整体感受，是衡量业主忠诚度和推荐度的关键。两者的结合兼顾微观体验和宏观感受，可以有效排除数据盲区，更好地进行赋能帮扶。

在整体的执行安排上，物业品质管理中心联动安全管理中心、工程技术中心制定年度督导策略方针，组织协调实施集团层面的品质督导工作，包括底线督导、交付督导、神秘访客督导和专项督导等方式。督导会从集团、区域及城市公司、项目三个层面展开。

集团层面会进行四类督导。一是底线督导，对各城市公司绩差及风险项目年度全覆盖，不限次数，同时对其他项目按照区域和城市公司服务中心数量进行年度抽检。主要检查项目有管理底线标准的落地执行及项目现场品质状况。二是交付督导，覆盖重点交付项目，重点关注交付标准事项是否落地。三是神秘访客督导，由第三方派遣访员针对各区域和城市公司交付满一个月的项目，以服务中心为基数按照比例进行年度抽检全覆盖。四是专项督导，主要以集团专项工作要求为基准进行专项工作的落地情况检查，含后台鹰眼检查等。

区域和城市公司的督导需对其管辖范围内所有项目进行不同督导频次的督导检查，例如对于区域公司，区域公司总经理季度抽样覆盖10%项目，其他经营班子季度抽样覆盖分管区域内30%项目，项目群负责人月度抽样覆盖50%项目等。

项目层面自查工作主要分为两类：一类为项目各条线主管每日巡查，另一类为项目负责人每周巡查。两类检查统一由智慧管理平台按天或周生成项目巡查任务，各检查人员参照品质督导检查标准完成巡查任务，并将检查问题同步录入问题工单，项目无须再单独建立督导任务计划，只须按时完成系统生成的巡查任务即可。

最终根据智慧平台的常态化实时数据形成督导任务，鹰眼检查问题形成工单直接下发至项目进行整改。智慧平台会综合所有的数据进行汇总分析，对关键节点管控项目所在区域公司进行及时预警，督促整改提升，降低管控风险，同时对发牌项目进行相应处罚。

3.3.2 **全实时智慧平台精细化闭环追踪**

常态化的实时监测主要采集客户数据、体验数据和业务数据，分别是客户的基本信息、在体验过程中的评价以及在具体服务业务中所产生的工单数据等，包含所有物业和业主接触的环节。智慧平台将具体的物业服务流程拆分为细化的服务触点，每个触点又由多个驱动要素组成，进而分析出每个驱动要素一级触点的客户满意情况。例如服务场景中的门岗触点，其中驱动门岗触点的满意度会由秩序人员的形象素质、门禁智能设备的易用程度等方面组成。针对不同设计方式和不同层次的项目，智慧平台可以定制化触点及驱动要素的设计，做到每一项评价落脚的驱动要素都可以匹配项目的具体情况。同时所有类型的项目公用集团设置的一级触点，可以相互进行比较，也加强了横向对比的可行性和考核的作用。如此细致化拆分服务流程，进行小颗粒度的监测管理，可以让服务流程的预警与优化具备更强的针对性。

数据采集方式上，遵从全场景覆盖和多渠道触达的原则。在场景上按照客户视角下与物业接触方式的不同进行分类，大致可以分为服务场景、动线场景和人员接触等，覆盖所有客户能感受到物业服务的地方。数据的搜集可通过多种渠道触达，如公众号、二维码和小程序等，让客户想评价时，随时有反馈的渠道。举例而言，客户旅途归来，管家帮助其搬行李下车上楼，让客户体验极好，客户上楼途中便可打开小程度对管家的服务进行打分。再比如客户在物业服务中心处理完相关的事项，便立刻可以扫描旁边的二维码进行服务感受的评价。

评价的触发机制分为三类。一是综合满意评价，业主可以在任何时候发表其服务感受或对于某项具体服务流程的整体性评价。二是事中服务评价，如上述管家搬行李的案例中，在服务过程中客户对服务的感受强烈，便可立马进行反馈。三是事后反馈评价，往往作用于需要一定服务成果的事项中，如维修报事等。在服务完成后，业主可在事后对服务感受做出评价。三种机制下既可以通过主动提醒的方式邀请客户反馈感受，也可以让客户在有主动性意愿时顺畅进行评价。三种触发机制覆盖于全部服务场景中，后台智能数据可随时观测到各类触点的数据回收情况，并可以此对触点设计进行优化和改进。

在数据采集完成后，会由后台智慧化系统进行实时分析。数据的流入是持续发生的，并没有固定的节点，每一个数据流入后台系统后，均会立即加入全部数据中再进行一轮数据分析的处理，以便做到实时反馈。反馈的数据会通过自定义的数据看板向各层人员进行展示，每一层人员均可以实时查看目前的数据表现及过往的数据走势。在智能系统中还设置有预警线，当数据低于某一限度时会自动预警，提醒相关层级工作人员，帮助其尽快定位问题，快速整改。系统也会自动跟踪该问题，将其拉出关键触点放置在显眼的位置，直到分数回到正常阈值。

综上所述，该智慧平台具备六大核心能力，分别是数据采集能力、多源数据融合、细粒度权限管理、自定义数据看板、实时自动预警和完善闭环追踪（见图 13）。平台利用科技赋能完善实时数据的搜集并将其应用到工作全流程。

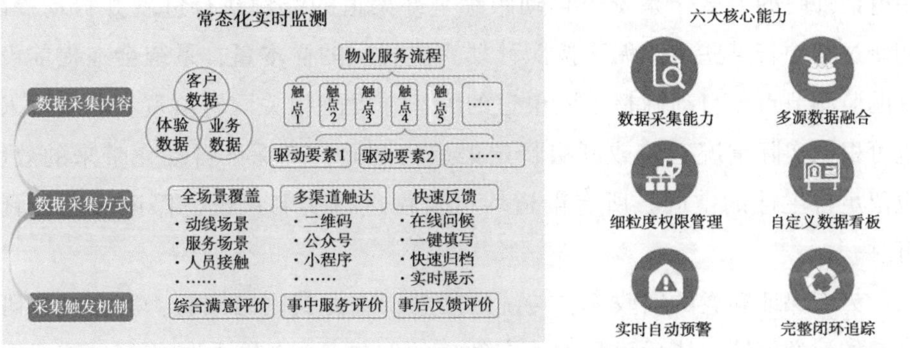

图 13　绿城服务满意度常态化实时监测框架

3.3.3 一站式调研系统多维度用户洞察

绿城服务会定期做整体性的满意度调研作为触点实时数据的补充。其主要结构便是基于传统市场调研的模式，通过数字化加强效率与效能。在问卷设计、数据回收和数据分析等调研流程上，均使用智能化工具使其更高效、精准且有深度。

在问卷设计上，会提前根据多种业态、项目类型与特点、各类服务等要素，进行标准化模板的设置。当满意度调研流程开始启动时，可根据提前设置好的标签和相关的参数自动生成初始问卷。调研相关负责人可通过个性化接口再对问卷进行个性化的调整与配置，由此极大限度在保证调研适用性的同时减少调研的前期准备时间。

紧接着是调研对象的确定。系统会实时更新所有小区的业主信息，如业主发生变动，相关人员便会快速将数据上传，保证最初的样本框正确有效。不同业态、项目的业主圈层需要适配不同的问卷，即便是同一小区的业主，也可能因为其所处的生活阶段而对服务产生不同的偏好。在执行时便可依照这些会产生分歧的要点进行分圈层设置，一方面减少低效甚至无效数据的搜集，另一方面加强客户的填写意愿。为了减少对客户的反复打扰，系统设计了自筛查的功能，可自动在样本框中排除一定时间内（一般为三个月）已经接受过访问的客户。

在投放渠道上，为提高数据的回收率，会设置多种渠道保证数据的搜集，对不同适配人群系统会根据算法调整推荐不同的渠道组合模式并设计好相应的配额。如年轻人更多使用在线工具如小程序、App 等，而老年人则更多使用电话外呼的方式。系统可自动跟踪全部渠道的配额执行进度并自动提醒。调研过程中若某些渠道无法按照计划完成相应的样本量，系统会在提前设置好的监测节点上自动调整不同渠道的配额并提醒相关调研负责人。调研人员也可根据实际情况暂停或开启特定渠道的调研，既保证自动化带来的效率，也留足自主性的空间。所有渠道均可轻松进行实名认证，保证数据的真实可靠。

为了保证问卷的回收率，传统的问卷调查尤其网络问卷，均会有调研激励，如问卷填答完毕后可领取一定数额的红包，或是参与抽奖等。该系统基于对客户信息的全面分析，配合绿城服务在生活服务上的诸多业务，可以更加灵活地进行智能化的配置。激励的手段相较更加多元，除去传统的红包和抽奖，也可使用相应的软件积分、绿城服务其他增值服务的优惠券等方式。在智能算法的加持下，可以更好地计算出不同激励手段对不同圈层的适配性，并在不断的调研执行中完善算法模型。最终在固有的成本框架内，用对客户而言最实用的资源实现最佳的激励效果。

当调研执行中出现意外情况时，如客户的不满情绪较重，电访时几乎无法推进调研，或是因意外情况导致受访者未能完成全部的问卷内容，系统可一键生成工单进行回访跟进。对于不满情绪较重的客户要在回访中仔细了解其不满的要点，并录入声音库中。对于未完成完整问卷的客户会在一段时间后通过原有渠道进行再次推送提醒。执行中的所有环节意外均可直接反馈到相关的调研负责人，对其进度进行跟进和把握。

执行环节完成后，所有数据将全部导入客户声音库，后续对任何问题的查证或深入探究，均可以直接调出客户反馈的原声，追溯到第一手资料。数据入库后，将根据客户标签对每条数据进行归类汇总，并根据数据内容再次生成相应的反馈标签，如此各条数据在各个维度上可通过标签分类汇总，在具体使用时便可灵活地根据需求自定义导出。声音库是智能分析系统的最底层支撑，数据量将会随着运营过程逐渐积累，客户画像及分析图谱将越发精准和实用。

从数据完成导入到出分环节，系统会在后台自动对数据进行清洗，排除掉典型的错误数据并检验数据效度。数据清洗完成后根据预设的分析提纲进行基本的计算，得出关键性的观测指标并在数据看板中实时更新。系统可对数据进行筛选并进行多种维度的计算展示，以便让企业了解某类特定客群的数据表现。如可以根据标签选择某个区域公司所管理全部项目的客户，或筛选 18~35 岁客户的数据，后台在筛选完毕的同时可立即计算好相应的指标表现，及时进行对比观测。系统设置有报告模板，数据分析过程中便会自动根据算法逻辑形成自动化报告，同时也支持在线编辑，保证临时的需求。报告模板定期总结更新，尽可能减少报告输出后修改补充的工作量。

在调研执行的时间段内，数据每日持续流入。系统不会在数据全部导入后才进行分析，而是对过程实时分析、实时监测。系统预先会对每个指标进行相关分数段的预警设置，设定好红橙黄等分级，当数据表现落入该分段内后，便会自动预警和汇报，调研相关负责人员便可更及时地关注到。

在对全部数据进行分析后，设置线上整改的机制。系统会根据数据表现自动定位到负责项目的部门及相关人员，向其派发相应的整改工单，并在系统上显示整改进度。相关问题整改完毕后，需提交相关证明材料，后台审核完成后通过，整改完成。由此形成数据到落实的执行机制，并且该机制可全程线上进行，大大节省管理成本，提升管理效率。

以上便是一个用研满意度调研的完整流程，再根据设置的周期进行循环推进，最终实现运营线上化，成就绿城的“客户大脑”（见图 14）。

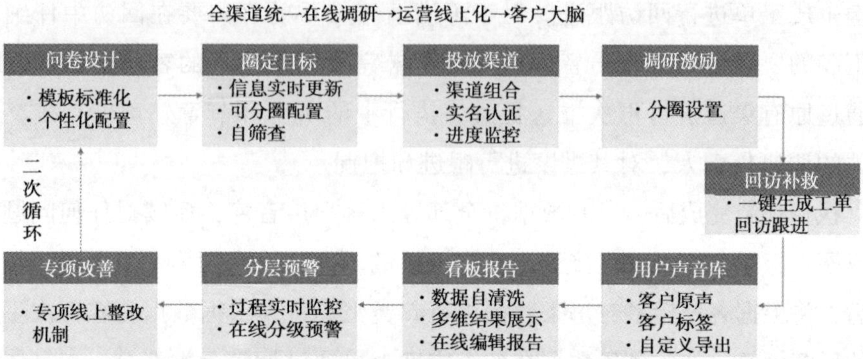

图 14　绿城服务满意度常态化实时监测框架

3.3.4 数字智能化调研模式的先进经验总结

3.3.4.1 反思传统，有效解决过往痛点

前文已分析，传统的调研模式存在三大问题，周期长、精准度低、深度不足。在数字赋能的智能系统运作模式下，这些痛点均能得到突破甚至解决。

首先是缩短周期。在即时评价的运作模式下，客户可在任何时段反馈其感受。在多种反馈渠道的加持下，客户可以选择场景下最方便的渠道快速反馈。由此数据的搜集不再依赖某个特定项目的执行，每天都会有大量的反馈数据流入系统中。系统自动分析数据，快速反馈到相关部门相关人员。于是在客户反馈出不满的当天，该情绪信息就能够被项目人员接收到，并在充分分析和讨论后给出相应的解决方案。如此从客户产生不满到实际解决问题的周期大大缩短，既体现于数据中，也体现在结果上。

其次是提升了精准度。即时评价模式脱离于问卷载体，无须局限于固定的篇幅长度，而依赖于触点载体，可以广泛在业务层面铺开，对所有想要考察的业务触点均可设置评价接口，具备相当高的针对性。触点模式相较传统调研，精准度大大提升，而在执行过程中若还想进一步提升精确度，也可再次梳理相关业务，找到客户感知的新触点，进一步保证灵活性和可持续发展性。在未来业务更加多元的情况下，可在成本基本保持不变的同时优化评价模式，适应新的业务结构。

最后是提升了深度。传统模式受限于数据量，能够使用的数据分析方法和模型相对有限。加之传统模式无法精细化到触点，只能将深度停留于各个服务模块，在洞察问题时难以落实在具体的执行操作上。绿城服务智能化模式不仅可以深入触点，更是在分析数据上实现了自动化、智能化，大大节省了数据处理与分析的时间，提升了管理效率。由此对比于传统调研，智能化模式的数据量巨幅提升并带来了深度上突破，并且未来还将进一步发展。同时智能化分析的成本不会随着数据的激增而增加，未来的可操作性更强。

3.3.4.2 立足当下，紧盯现实提升效果

传统模式的调研和提升是两个环节，必须在调研数据搜集完形成报告后，再分发给各个项目。项目人员再根据报告和所附的建议，去思考应该如何做出优化。如此会消耗大量的时间和管理成本。更有甚者，因为评价和提升之间的割裂，不少企业还会出现舍本逐末的现象，一味盯着考核而忽视落地的提升，只有简单的惩罚而没有实在的建议。

智能化的评价模式则将评价和提升有机地融为一体，在调研的过程中以改进为目标，将改进的动作嵌套于调研的全环节中。首先体现在调研执行环节，客户反馈的所有数据均与相关执行部门、负责人直接对接。数据被全程监控，当出现异常时便会在第一时间通知到对应人员并及时整改。提升不必等待调研结束，而是可以和调研同步进行，贯穿于整个服务周期。其次是调研后的分析环节，配合多种智能化的分析，业务人员可快速从数据中提炼关键信息并有效用于实践中。不同于传统调研的粗线条，业务人员所得到的数据是可观察到的最细节的问题，如门岗人员需要调整接待的语气、楼栋管家需要更具亲和力的问候，等等。这些建议对于后续的优化提升提供了更落地的参考。最后是任务分发后的跟踪。数据分析完成并将整改提升措施分发到个人后，系统还会持续跟踪该触点的表现，直到整改措施产生效果，满意度评价显著提升为止，由此实现了从数据到提升的闭环，真正将评价和提升融为一体。

3.3.4.3 面向未来，具备可塑性和灵活性

一个完善的体系构建，需要充分考虑到未来的发展。物业管理行业作为一个初步成型的成长性行业，必然的趋势是服务内容会不断增多，变得越发多元；服务的范畴会逐渐扩大，承担越来越多的职能；服务质量会越来越精细，满足客户个性化的需要。以上趋势都意味着需要观测的数据量的显著提升。传统的问卷调查受限于载体，往往难以承担该变化所提出的高要求，因为随变化扩充问卷直接带来的便是成本的剧烈提升。于是能看到不少企业的

满意度问卷多年未变，早已不能适应当下最前沿的需求。智能化调研模式则对未来业务的扩展具备充分的适应性，具体体现为以下三点。

一是系统预留了充分的自定义空间。触点即时评价中可随时对触点进行增减与条线设计，增减的数量基本不影响成本。用研满意度调研的问卷在多套预设模板外也可自定义配置，除了问题库内容的增减，还可以根据项目特点与考察重点进行特定项目群的定向化配置，发展后虽业态更加多元复杂但也可以适应。在数据分析上，数据量的激增不会带来自动化分析的成本上升，故智能化调研是适应规模扩展和研究深化最合适的技术方法。同时，在实践过程中的产生的新方法和新模型，均可以快速导入，保证分析深度不会落后于当下的需求。

二是适应数字化转型的大趋势。物业管理行业的传统管理模式面临多层管理效率低、管理不透明、服务结果难量化、人员流动大、人工成本上涨、服务标准难以持续等各种问题，头部物业服务企业不约而同的解决方案便是数字化转型。其策略不仅内生于自身的管理需求，也是外部国家政策倡导与科技发展的共同作用。智能化的满意度调研方式本身便是数字化转型的重要一步，往后随着数字化深入管理，智能设备更多的接入，以数据驱动业务将会成为发展的核心动力。数字智能化的调研模式便在其中起到枢纽作用，用数据串联各类业务和管理。

三是调研成本可以得到有效控制。经济发展下人工成本的激增让满意度调研越来越昂贵。尤其在传统模式，随着公司管理项目的增多、业务业态的增加，成本将随之一起直线上升。在成本的考虑下，物业服务企业不得不精打细算，在抽样数量、抽样的项目、调研的供应商等方面仔细考虑，力求用最小的成本完成核心任务。而在数字化模式下，可以节省大量的调研人力成本。在初期建设投入完成后，后续的调研执行几乎不需要人手，仅靠计算机便可自动化完成。且调研成本不再受限于样本数量，不必为了成本牺牲某部分看起来不重要的效果，让运营可以保持预设好的深度。

3.4 客户互动化共建“幸福之路”

增强与客户的互动是加强客户满意度的有效手段，也是绿城服务满意度管理模式中向后延展使数据体系落在实践中的支撑方式，具体说便是“幸福里”治理模式。

3.4.1 绿城服务“幸福里”治理模式

“幸福里”是在党建引领下，以业主委员会为主导，以里长组织为支撑，以业主共同参与为基础，以园区服务中心为执行单位，合力打造众筹、自治、共建、共享的新型园区治理模式。

“幸福里”的内涵包括三点。一是理想的社区生活场域，即以个体和家庭为出发点，以共同生活为基础，经由传统文化滋养而形成的人心向善、家庭和睦、邻里和谐、守望相助的美好生活共同体。二是新型的社区治理模式，即在党建引领下，以美好生活为愿景，以业主为主体、里长组织为支撑，以物业服务企业推动为特色的众筹、自治、共建、共享的新型社区治理模式。三是物业服务企业创新价值的载体，即以社区为场景，以客户美好生活为皈依，通过组织学习和价值共创而达成的、企业可持续发展与社会目标兼容的服务品牌和价值创新体系。

“幸福里”模式包含八个要素，分别为领导体系、文化体系、组织体系、机制体系、资源体系、科技体系、活动体系和创新支持体系。在八个要素中，幸福里在园区的领导体系、文化体系和企业的创新支持体系具有全局性意义。在三大体系的基础上，社区组织体系、资源体系、机制系统、科技系统发挥作用，以活动体系为抓手来实现社区关系重建、文化重建及社区良治，并进一步实现社区业主、居民的美好生活愿景（见图 15）。

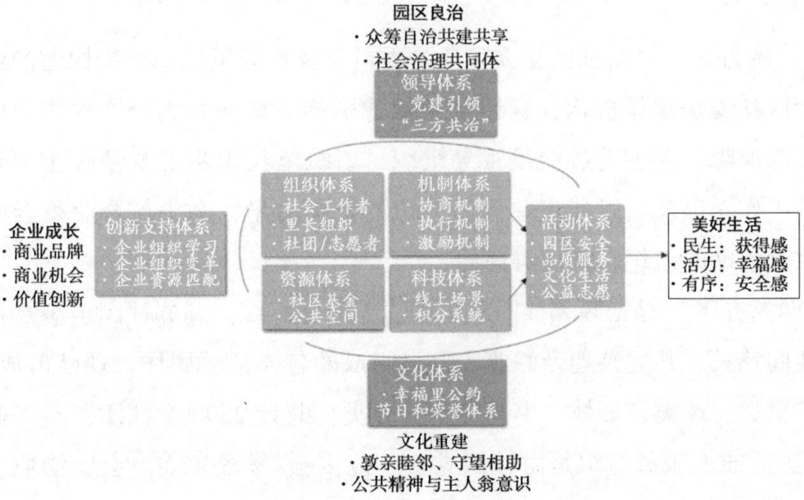

图 15　绿城服务“幸福里”八要素

上述八要素的体系构架是一个包含社区治理和企业成长双重目标的完整整体，若只强调“幸福里”作为新型社区治理模式，则可重点关注其中的领导体系、组织体系和活动体系，从而简化为“一体为本、两翼齐飞、三方共治、四轮驱动”的表述（见图16）。

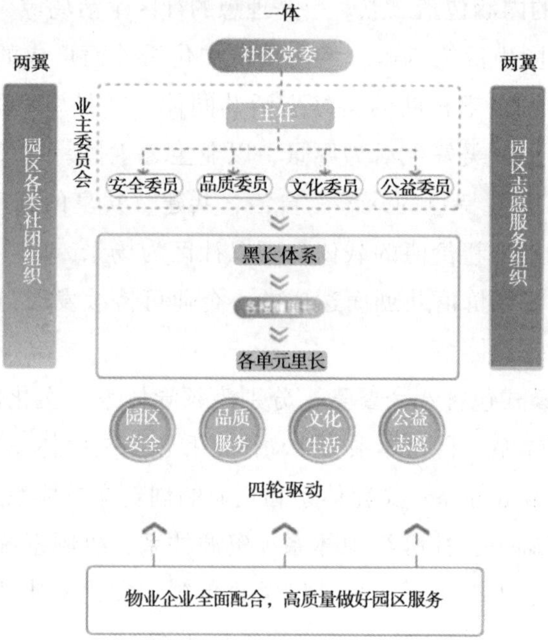

图16　绿城服务“幸福里”运作模式

“一体为本”是由社区党委、业主委员会及幸福里里长组织构建的组织整体。社区党委是领导机构，宣传贯彻党建引领，指导共治开展模式，提供组织及资源保障。业主委员会是主导组织，组织里长志愿者及辖区业主开展社区共治工作。里长是以楼宇单元为单位的支撑力量，牵头配合业委会做好幸福里共治活动的组织、管理与宣传。

“两翼齐飞”是指睦邻社团组织和志愿服务组织。睦邻社团组织是社区内具有共同特长、共同兴趣爱好业主自发组成的各类活动团体，现已形成舞蹈、声乐、棋类、球类、形体、书画等十大品类，共计2590个社团，参与业主达38487人。志愿服务组织是由社区党委、业委会/幸福里委员会、物业、业主四方共同组织创建的邻里和睦、应急互助志愿服务队伍，主要参与防疫抗疫、园区救援、邻里互助、邻里调解、安心社区、垃圾分类等职责。现已组建

1556 支队伍，包含 275707 人。

“三方共治”是由社区党委、业主群体和物业服务企业三方共同商议讨论决定未来建设方向的决议机制。通过年度工作共创、月度联席会议等方式，促进多方对话、研究合作，促进服务产品的共善，在过程中交叉任职争先创优，进而共建文化圈，共同解决社区难题。

“四轮驱动”是指安全共治、品质共建、人文共享和公益先行所构建的活动体系，以与物业服务紧密相关的活动为根基，同时向具有文化塑造价值和居民带动作用的活动进行拓展，“四轮驱动”可以达成相互促进的效果。

3.4.2 “幸福里”模式实施的先进经验总结

3.4.2.1 充分发挥物业服务企业在社区治理中的优势

首先，发挥企业的产品思维，讲究效率。绿城物业有意将“幸福里”与企业的主营业务相结合，不仅直观可操作，而且推行起来更有效率。并且实施时制定了明确的时间线，可以帮助集团、分公司和项目园区更有针对性地安排工作，高效推进“幸福里”。

其次，发挥物业的身份优势，聚焦社区治理。物业熟悉业主和熟悉小区环境的身份优势使其在推动“幸福里”的过程中可以充分发挥桥梁作用，连接各方，更好地服务业主，并为小区设备的更新换代提供参考建议，提升业主的居住品质。

最后，发挥物业服务企业的职业优势，寓治理于服务。物业的本职工作是服务业主，绿城物业在推动“幸福里”时将治理融入服务并超越服务。这种将治理融入服务的做法体现了物业的社会责任感和公益心，由此可以获得业主的信任和支持。

3.4.2.2 坚持党建引领，主动嵌入地方政策与环境

建设之初绿城服务就深入研读政策，将政策融入“幸福里”。作为最高执行单位的集团共治专班深入研究国家、省级、市级政策要求，并将诸多政策纳入“幸福里”的设计中，体现党建引领的作用。企业通过执行链条上各层级对政策和环境的研判，融政策于“幸福里”，在获得合法性的同时也能对“幸福里”的开展起到指导作用。

建设上借政府之力搭建平台，倡导“三方共治”。该模式将物业公司定位于执行者，绿城服务也始终坚持这一定位，坚持党建引领，连接政府和业委

会，建立“三方共治”机制，合力打造众筹自治共建共享的新型园区治理模式。此外推动资源整合，将“幸福里”的里长组织与政府的网格化管理相融合，推动社区治理能力的提升。

3.4.2.3 产品设计具有前瞻性、可操作性和持续性

“幸福里”模式要创造的是一个和谐的园区环境，体现“人人都是服务者，人人都是被服务者”的园区生活理念，培养业主的公益精神和公共精神，与和谐社会的主张相契合。“幸福里”是未来园区发展的理想模式，是“人类命运共同体”在园区中的体现，也是社区治理的理想状态。因此，“幸福里”的理念具有前瞻性。

为了更好地推动“幸福里”的落地，绿城物业集团运用产品化思维设计了“七个一”的幸福里产品，这些产品的特点是非常聚焦，而且便于操作。这些产品贴近人们的日常生活，关注生活中与人们最相关的事项，还可以体现园区的特色，是落实“幸福里”的重要抓手。

为了实现“幸福里”的目标，绿城物业提出了建立积分机制和“时间银行”的设想。“时间银行”起源于一种针对老人的照料服务，倡导人们通过照顾老人，以此获得未来被其他人照料的时间。“幸福里”设想将“时间银行”的范围进一步扩大，不仅针对老年人，也针对年轻人。通过“时间换时间”，将业主为他人服务的时间积累到自己的“时间银行”中，未来可以用这些时间换取其他人的服务。通过互惠共赢让更多业主参与其中，进而持续推动“幸福里”发展。

3.4.2.4 执行链条清晰且明确，项目推进“以点带面”

绿城服务建立了集团-分公司-园区三级组织保障体系，即集团共治专班、分公司共治小组和园区服务团队，链条清晰，分工明确。在这三者中，园区是最关键的部分，因此集团注重对园区项目经理和管家的培训和宣贯，以他们为支点，带动园区的“幸福里”落地。

绿城服务设置了不同的项目级别，分级推进，以点带面，形成示范效应。截至2022年6月，绿城服务设置了重点项目39个、标杆项目272个，一般项目1209个。由此，分级推进，先试先行，重点项目和标杆首先形成示范效应，并以点带面，带动区域内其他园区的发展。

3.4.2.5 共治模式在园区“落地”找到了合适的载体

共治模式找到了合适的组织载体——里长。“幸福里”创设了里长组织，

设置了里长组织架构，包括总里长、楼栋里长、单元里长，总里长负责里长组织的总体事务，楼栋里长和单元里长分管各自所在楼栋或单元事务，对接业主。此外，“幸福里”的里长组织还设置了安全里长、文化里长、品质里长等专业里长，分管园区的安全、文娱、品质等专项工作。里长以及里长组织在业主与物业、社区之间发挥桥梁作用，是“幸福里”落地的支撑力量。

共治模式找到了合适的活动载体——志愿者。开展活动、号召业主参与活动是实践“幸福里”最直接，也是最有影响力的形式。为了使活动顺利开展，在绿城集团和分公司的指导下，各园区积极寻找有爱心、有责任感、有公益心、有充足时间和精力的业主担任志愿者，组建志愿者队，践行公益精神。此外，绿城集团还联系政府，打通了志愿活动平台“志愿汇”，实现志愿者志愿时长的互认。志愿者注册登录后，即可参与该平台信用时数、荣誉时数、公益益币等累计，享受志愿服务数据的各项激励措施。

3.4.2.6 活动的开展找到了撬动业主的好的切入点

绿城服务找到了撬动业主参与的好的活动形式。最具特色之处是将园区活动与物业服务结合起来，通过组织业主进行安全巡查和品质巡查，提高业主的参与热情，提升园区的品质。

绿城服务找到了撬动业主参与的好的对象人群。绿城“幸福里”采用“一老一小带中间”的方式撬动业主参与社区治理。老指老人，小指儿童，二者处于年龄层的两端，老人刚退休，有许多空闲时间，小朋友有寒暑假和节假日，好奇心强且精力旺盛，由这两类群体带动中间层即中青年人的参与，不仅带动作用强，而且效果明显。

绿城服务找到了撬动业主参与的好的时间节点。一方面，绿城物业以中国的传统节日为契机，例如在端午节、中秋节、重阳节等节日，开展向长者问安、节日问候等活动，让业主真实感受到物业对他们的关心，从而获得业主的支持。另一方面，绿城物业利用寒暑假开展针对小朋友的各类专项活动，“海豚计划”、“木荷计划”、夏令营等，丰富小业主的假期生活。由此，绿城物业获得了小业主及其家人的认可，继而组织业主参与社区治理也就变得更加顺畅。

3.4.3“幸福里”模式深化方向与愿景

一是在主体维度，“幸福里”的实现要从企业独立推动转向跨界联动、多方共创。物业服务企业要靠一己之力来推动实现“幸福里”是不可能或很困难的。调研表明，即便是推得好的“幸福里”明星项目，物业发挥的作用也是有限的，往往是因为这个小区项目有积极主动的社区书记或能力较强的业主组织发挥作用，物业服务企业更主要是借力和顺势而为。要推动“幸福里”的升级和广泛覆盖，必须积极将“幸福里”纳入“党建引领基层治理创新”的整体行动和资源框架中，充分吸纳政府和社会资源，撬动企政社跨界联动，实现多方共创、协同创新。

二是在时间维度，“幸福里”的实现要从“一张蓝图绘到底”或“自然生发、自然扩散”转向快速“试验-迭代”的发展路径。“一张蓝图绘到底”的规划思路过于刚性和依赖理性，看似高效却容易形成一刀切和尾大不掉的局面，一旦走偏则试错成本极高。与此同时，反对干预，强调“自然生发、自然扩散”的思路又过于保守，不利于把握良好的政策机遇和社会环境，也不符合企业的行为方式。快速“试验-迭代”思路沿用产品开发中的最简可行产品和精益创业思维，是一种适合绿城推动“幸福里”升级发展的路径。具体而言，是指将“幸福里”涉及的整体创新拆解成具体的、可试验的幸福里产品（如“七个一”），鼓励不同地域、不同的项目进行试验，成熟一个就推广一个，通过不断的产品创新和迭代升级达成系统的创新升级。

三是在空间维度，“幸福里”的实现要从统一推进转向鼓励创新、因地制宜，形成点状创新、分类推广、整体提升的多元创新格局。除最基础的“幸福里”要素、标准或已经非常成熟的服务产品要求整体铺开之外，给基层项目留下创新和特色打造的空间，通过建立适当的激励体系，鼓励各地、各项目因地制宜、百花齐放，在充分总结经验的基础上再分类推广，从而形成“幸福里”核心价值统一、发展路径各异、特色鲜明的多元发展体系。

“幸福里”模式最终希望通过企业组织变革、传统文化倡导和社区治理创新，引领物业服务业转型革新，助力缔造人心向善、邻里守望、平安喜乐的现代美好社区生活。愿景是人人参与，共同缔造美好社区生活共同体。

3.5 模式成效分析

基于上述分析与绿城服务试点实践的效果，在双轮驱动的满意度管理模式下，绿城服务在以下两个层面取得了一定的成效。

3.5.1 管理效能的提升

智能化的满意度管理模式将智慧效能赋予调研的各个环节。每个环节相较以往都可通过线上化的方式更高效便捷且节省成本地完成相应的职责。具体而言，通过外呼或请第三方等通过人力方式进行的满意度调研，受限于单样本的成本往往不能全面铺开，得根据研究目标和预算约束设计详细的抽样方案。而触点化的即时评价和推送制的用研评价，则依靠平台自行运转。样本的搜集不再受限于成本，可面向所有项目所有业主。在数据分析上，数据搜集完成后可自动进行分析处理，形成数据看板，既让数据有更强的时效性和可视化的便利性，也节省了相关分析人员的时间，使其从基础的分析环节中解放，而投入更复杂和更具深度的数据解读中。调研过程的自动预警系统让相关条线的管理人员不必时刻关注数据波动，而当特定模块出现状况时也能第一时间把握到关键信息。自动化的报告生成可节省大量制作报告的精力，只须简单审核并调整相关细节，而无须在机械化的贴数核对环节耗费大量时间。声音库的构建更是将数据归档，通过设置标签达成数据积累，给项目人员充足参考的同时减少访谈的压力。

在降本之外，增效的表现同样显著。首先是体现在企业上下的信息传达和执行中。基层服务模块条线的员工在以往的上层信息解读上，往往会因为信息较为凝练而无法抓住重点。但若传递的信息内容过于宽泛也会导致信息在传递过程中失真。在即时评价的背景下，改进工单直接针对具体的操作行为，在传达上更加直接简练，对于具体的员工针对性更强。由此在管理上，基层服务员工可以准确知晓服务中的问题，精准了解到服务标准的要求。智能化模式更具象地给出了实际的操作方向指引。其次是信息深度带来的决策优势。智能化分析可以通过更复杂的分析方法更深层次地解读数据，例如系统通过关联性分析和卡诺模型了解到各个服务模块对于整体满意度和业主感知的影响，进而制定最事半功倍的改进策略。

3.5.2 业务表现的提升

从双轮模式的预期看，其在业务层面会存在以下两点主要成效。

一是业主的满意度指标的提升。该指标是直接评价运营模式好坏的最关键标准。双轮驱动模式选定的部分项目开始试点后，绿城服务便一直跟踪这些项目的指标表现。从结果上看，参与试点项目各项指标均取得了一定的提升。因试点样本量有限，采用数据均值的方式进行满意度度量，即根据业主对项目总体满意度的打分取均值，并转化为百分制。位于北京的试点项目整体表现从80.31分提升至85.34分，位于杭州的试点项目整体表现从79.85分提升至84.91分，位于湖南的试点项目整体表现从80.55分提升至84.75分。双轮模式在具体的实践执行中取得了良好的效果。

二是企业内部员工对该模式的实施评价。主要衡量各个试点项目中员工在运营模式下具体的工作体验是否得到了提升。其中包括工作的效率，改进的精准度、有效性，该模式是否对服务质量有更好的激励效果等。调研显示，员工对该模式的实施效果的评价得分为73.3分，处于较好的水平。细项指标中，七成员工认为智能化模式确实提升了工作效率，超过六成员工认为即时评价让问题的发现更加精准，互动化的模式加强了物业和业主之间的关系。

除以上两大类显性成效外，双轮模式对企业未来的进一步发展还有隐性的成效。首先是初步搭建了智能化的分析平台，在业务多元化发展中其数智能力可以延伸到满意度外的其他业务，为绿城服务后续进一步数字化提供一定的基础和数字驱动的经验参考。目前的满意度仍旧以服务模块为基础展开进行评价，而增值服务成为新时代物业服务企业增长的主要动力后，其智能化平台模式可快速跟进，全面铺开。其次是细颗粒度评价模式下的产品细节设计。在该模式的运作下，可以仔细观察细化的服务操作对客户满意度的影响，并且在流程动线中找到客户的峰值体验。由此进一步对产品进行设计和优化，便可将优化的落点细化，在持续的一点点改变中精雕细琢，逐步构建最完善的体验模式。最后是互动化模式的探索价值。其模式不仅是对物业服务企业如何构建优质服务的回答，也是未来政府如何高效进行基层治理的经验参考。“幸福里”共治模式让多方声音有效汇聚于一体，让未来发展的方向把握在所有相关人员手中。其模式既顺应时代发展的方向，也可成为国家后续深化治理的方式参考。

第四章　基于内外部调研的体系成效检验

4.1 检验的假设与思路

按照双轮驱动模式的设计与效果预期，将主要对管理效能和业务表现两方面成效进行验证。

4.1.1 管理效能

“管理效能”将通过内部的问卷调查进行。调查的对象为试点项目的员工，包括项目经理和各服务模块业务条线的员工。调查问卷如表 3 所示，在各个效率及感受改善的维度上进行评价并最后对双轮驱动模式的实施效果进行整体性的评价。为避免项目各层级在专有词汇理解上存在偏差，实际执行的问卷会对易出现理解差异的问题通过图片和描述的方式进行备注说明，明确指代具体实践中使用的系统和具体的模块。

表 3　绿城服务双轮驱动试点项目员工评价表

<table>
<tr><th colspan="3">请问以下描述是否符合您工作中的实际感受？</th></tr>
<tr><td>A1</td><td>智能化分析系统可以让日常工作更有效率</td><td rowspan="8">5：非常符合
4：比较符合
3：一般
2：比较不符
1：非常不符</td></tr>
<tr><td>A2</td><td>即时评价模式可更精准地了解到服务中存在的问题</td></tr>
<tr><td>A3</td><td>“即时评价+用研满意度”结合作为考核依据更加公平</td></tr>
<tr><td>A4</td><td>新的考核模式下通过努力更可能获得更好的回报</td></tr>
<tr><td>A5</td><td>通过该系统对目前服务质量有了更深的理解</td></tr>
<tr><td>A6</td><td>互动化的治理模式改善了业主和物业的关系</td></tr>
<tr><td>A7</td><td>共治的方式让服务质量提升更加容易</td></tr>
<tr><td>A8</td><td>（仅问项目经理）智能分析系统降低了您管理小区的难度</td></tr>
<tr><td>A9</td><td colspan="2">请用 1~10 分对双轮驱动模式的实施效果进行评价。10 分表示非常好，1 分表示非常不好。</td></tr>
<tr><td>A10</td><td colspan="2">（开放题）请问您对双轮驱动的运营模式还有哪些意见和建议？</td></tr>
</table>

在具体的数据观测上，符合度问题（A1~A8）定义打分为 4~5 分的为赞同者，打分为 3 分的为中立者，打分为 1~2 分的为反对者，观察三者的占比。由于双轮驱动模式落地试点的时间不长，部分成效的感知未必强烈，中立者可能在后续的运营与系统改进中成为赞同者。而执行中若出现反作用的效果则会形成较为强烈的感知。于是在区分三类标准后主要看反对者数据，其次是赞同者数据。若反对者处于绝对少数而赞同者处于相对多数，则可认为该模式在管理效能上具备成效。企业也可以对每个维度的分数进行均值计算并转化为百分制，观察不同维度的数据表现，衡量目前员工感知中哪部分的成效更强。

4. 1. 2 业务表现

“业务表现”则通过问卷调查业主的满意度表现变动进行验证。为排除集团正常运营方法对改进效果的影响，采用对照实验的方式进行观察。考虑到地方管理公司及文化地域产生的感受侧重不同，在绿城服务的业务版图中，分别选择北部、东部和中部区域中的北京、杭州和湖南进行实验。在这三个城市 2022 年 6 月表现相近、规模相似的项目中，分别随机抽取 3 个项目作为对照组，再分别抽取 3 个项目进行双轮驱动模式的试点。在 6 月底即未执行双轮驱动模式的状态下和 10 月底执行双轮驱动模式一段时间后的状态下调查各个项目的满意度表现，将其进行对比分析。调研采用传统方式，通过 CATI（计算机辅助电话访问）的形式进行随机抽样调查（见表 4）。

表 4　对照实验安排表

<B>对照组 1	北京：B1 项目、B2 项目、B3 项目
<C>实验组 1	北京：C1 项目、C2 项目、C3 项目
<D>对照组 2	杭州：D1 项目、D2 项目、D3 项目
<E>实验组 2	杭州：E1 项目、E2 项目、E3 项目
<F>对照组 3	湖南：F1 项目、F2 项目、F3 项目
<G>实验组 3	湖南：G1 项目、G2 项目、G3 项目

每个项目均会得到前后两组数据，关键观察其中变动的部分。如果实验组的正向变动幅度显著高于对照组的正向变动幅度，则可认为双轮驱动模式对于客户满意度的提升具有更好的作用。

除以上定量分析的方式外，也可增加深度访谈作为补充。深度访谈针对绿城服务中高层领导及第三方外部专家，中高层领导主要询问在管理上的优化程度、数据的参考性、考核实施的公平性、便利性等方面的改变，外部专家则主要从理论层面了解该模式的领先性、创新性等更偏向于宏观的认知。

4.2 结果呈现

管理效能的问卷调查中，共回收 75 份有效问卷。其中项目经理 5 份，基层业务条线一般员工 70 份。问卷中 A8 题仅询问项目经理，A9 题为整体实施情况的评价，均进行单独的分析。A1 ~ A7 题为实施中的不同评价维度。对 A1 ~ A7

题进行信度检验，Cronbach's alpha 系数为0.826，问卷信度处于良好水平。

数据结果上，员工对实施效果的整体评价为73.3分。其中25%的员工评价不低于9分，44%的员工评价不低于8分，仅有29%的员工评价不高于6分，评价6分以下的员工仅占比13%（见图17）。数据表明，绝大部分员工对于实施效果表示肯定，达到了及格水平，近半数员工较为认可，认为双轮驱动模式取得了良好的实施效果。

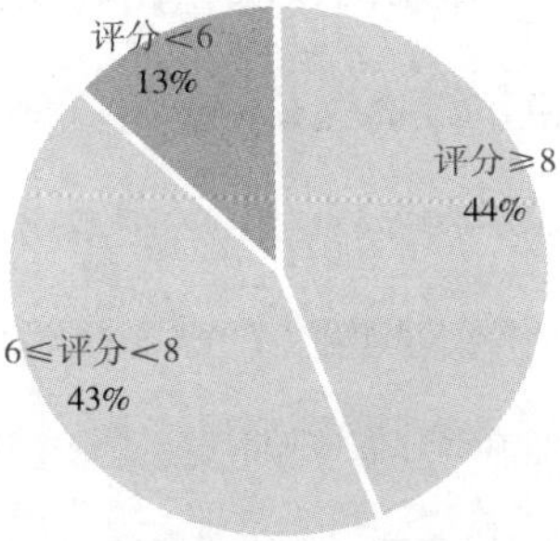

图17　员工评价调研表现

在细项的评价维度上，“A1 智能化分析系统可以让日常工作更有效率”均分最高，达到了77.87分，其次是“A2 即时评价模式可更精准地了解到服务中存在的问题”，得分为77.07分。符合度最低的是“A5 通过该系统对目前服务质量有了更深的理解”，符合度仅有71.5分。

如图18所示，“A1 智能化分析系统可以让日常工作更有效率”赞同者的比例最高，达到69%。赞同者比例最低的为“A3 通过该系统对目前服务质量有了更深的理解”。反对者中，占比最高的为“A5 通过该系统对目前服务质量有了更深的理解”，占比最低的是“A6 互动化的治理模式改善了业主和物业的关系”。所有问题中，反对者仅有“A5 理解深度”这一维度占比较高，其余均在10%上下。该系统在目前的实施现状下，可以基本认为没有起到太多的反作用。而在后续系统进一步优化并组织系统化的使用培训后，反对者的比例有望进一步降低。赞同者方面，各个维度的比例均超过半数，大部分员工在试点的实际感受中，均取得了正向的反馈，对他们的工作效率及效果均有正向的提升。

对各细分维度的数据进一步分析，员工对系统中各个模块所起到的作用有较高的认可度，智能分析效果以及具象化整改工单的发送，确实让员工的效率较以往得到了提升。即时评价的反馈模式在发掘问题上比过往的方法精准度更高，互动化的模式在员工感知下，与业主形成的关系比以往更加和谐。公平性和理解深度的成效相对其他成效较弱，前者推测原因是该模式实施时间较短，需要更长的时间才能产生效果，两个及以上的评价周期后反馈会更为明显。后者推测原因是该功能需要多元数据进行整合观察和理解分析，而基层员工关注面较窄，其理解的深度很大限度取决于项目经理向下传递的信息，于是与其他可以直接与其作用的模块相比表现会更低一些。

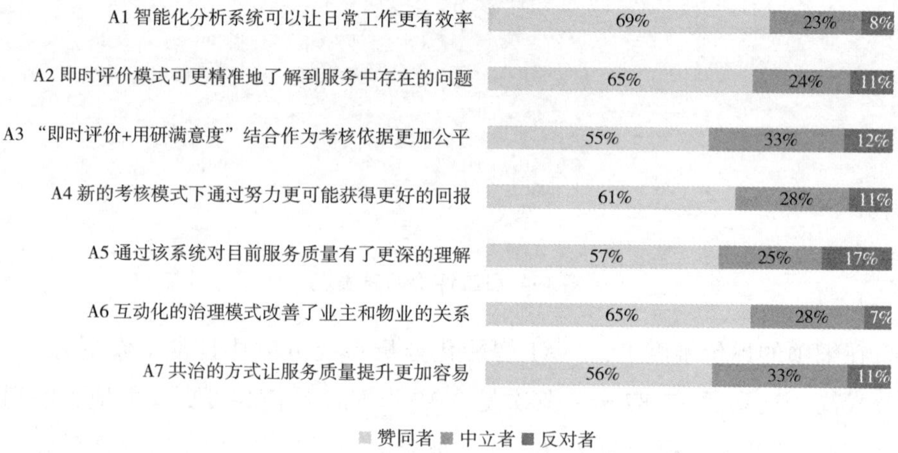

图 18　员工各维度实施效果评价

数据层面外，对中高层的领导访谈中，某区域公司的负责人表示管理目标的制定在新模式下更加有据可依，日常管理也有更多的信息供参考，向下的传递更加有效率。“标准化一直是很麻烦的，要让所有员工都理解且按照同一套标准执行一直是管理的难点，基层的员工经常不懂，这个模式可以说是标准化落地的重要工具。”第三方访谈中，克而瑞物管华东总经理陈珏对智能化数据系统表示肯定，认为“数据的搜集和分析通过智能化手段解决，是物业管理行业用研调查甚至是整个市场调研行业的发展趋势。现在不少市场调研企业也在开发并应用数字系统来做调研。绿城在这方面的探索成果有目共睹，值得物业管理行业与我们咨询机构都好好跟踪观察”。清华大学公益慈善研究院院长王名对“幸福里”模式赞赏有加：“绿城幸福里所开展的是面向未来的、创新性研究和工作。绿城服务集团这样有情怀、有专业、有实力的企业全力投入，以及专业人员的共同努力，幸福里一定能带领我们走向更加美好的生活。”

业务成效的对照实验中，前后两次调研的数据如表 5 所示。

表 5　实施前后满意度调研数据总览表

分组	项目	6 月底	样本量	10 月底	样本量	变动
对照组 B	B1	80. 53	138	85. 28	92	4. 75
	B2	79. 53	176	77. 10	98	−2. 43
	B3	79. 48	149	80. 06	87	0. 57
实验组 C	C1	80. 91	140	85. 83	92	4. 92
	C2	78. 40	159	84. 49	101	6. 09
	C3	81. 76	151	85. 78	97	4. 02
对照组 D	D1	81. 48	168	80. 88	98	−0. 60
	D2	80. 57	142	78. 86	91	−1. 71
	D3	79. 02	162	76. 23	93	−2. 80
实验组 E	E1	79. 51	146	86. 86	86	7. 35
	E2	80. 98	158	80. 81	94	−0.17
	E3	78. 99	151	87. 38	88	8. 39
对照组 F	F1	79. 14	162	77. 77	98	−1. 37
	F2	81. 18	159	82. 72	86	1. 54
	F3	78. 65	152	81. 96	95	3. 31
实验组 G	G1	80. 59	143	85. 63	96	5. 04
	G2	79. 35	149	84. 96	89	5. 61
	G3	81. 76	142	83. 68	95	1.92

将每组内的三个项目进行加权平均，汇总后得到表 6 数据。

表 6　实施前后满意度调研数据汇总表

分组	6 月底	样本量	10 月底	样本量	变动	显著性
对照组 B	79. 81	463	80. 75	277	0. 94	不显著
实验组 C	80. 31	450	85. 34	290	5. 04	显著
对照组 D	80. 36	472	78. 69	282	−1. 67	显著
实验组 E	79. 85	455	84. 91	268	5. 06	显著
对照组 F	79. 67	473	80. 72	279	1. 05	显著
实验组 G	80. 55	434	84. 75	280	4. 21	显著

从汇总后的数据看，三个城市的实验组均在双轮驱动模式运营下取得了增长，其中北京实验组 C 分数增长 5.04，杭州实验组 E 分数增长 5.06，湖南实验组分数增长 4.21。三项数据对比 6 月底数据均通过 95%的显著性检验，可认为在双轮驱动管理模式下，取得了有效的正向增长。而作为对照的北京组 B，其变动为增长 0.94，但未通过 95%水平下的显著性检验，在两次调研中表现没有显著差别。作为对照的杭州组 D，其分数下降 1.67。作为对照的湖南组 F，其分数上升 1.05。两组数据均通过显著性检验。可得出在原有满意度管理模式下，杭州组表现有所下降，湖南组表现略微上升。综合数据可以看出，对比传统模式，双轮驱动模式对于业主端的满意度提升效果要更好。同时，也需要注意各个项目的满意度表现。两种运作模式下，项目的满意度表现均是有增有减。但综合考虑增长的项目数量与幅度，双轮驱动模式下仍旧更具优势。

双轮驱动模式下的改进思路对整改有着更具方向性和针对性的建议。以本次研究中增长幅度最高的项目 E3 为例，在其研究周期的持续性数据中，发现保洁服务和车辆管理均为分数较低的服务模块，但自动生成的相关性数据表示，保洁服务相较于车辆管理，与总体的满意度之间存在更强的相关性。于是在具体的整改中，将更多的资源和重心放在保洁的整改上，加强清洁的频率并配合更严格的抽检等一系列举措，让 10 月底保洁服务模块的评价取得了显著增长，也带动了整体评价的大幅提升。

4.3 检验结论

通过对内对外两个角度，兼顾第三方和中高层视角，对调研的实施结果进行检验，数据表明，内部管理视角下，大部分员工认可双轮驱动模式对于管理效能具有提升作用，对实施的总体效果表示肯定。在管理效能的维度中，效率的提升和问题的发掘得到了最高的分数。而因为新模式实施的时间相对较短且在未形成系统化的使用指导，导致在公平性和深度理解两大维度的提升上存在局限，得分相对较低。外部业主满意度的对比数据表示，双轮驱动在满意度的提升方面存在一定成效，相较于传统模式对满意度提升的效果更好。在业务提升上，双轮驱动模式可以给出更好的建议并实际体现在改进效果中。第三方与企业高层的视角均认为该模式是物业管理行业发展的有效探索，是顺应发展方向的必要举措，对实际效果表示了一定程度的肯定。

第五章 绿城服务实践视角下的模式优化趋势

满意度本质是物业服务企业用以管理品质的工具，分析其发展趋势，必须首先立足于物业管理行业的自身发展对于服务品质的要求，由此分析满意度工具如何适应这些要求。基于绿城服务的视角，以下三个方面的要素会极大限度影响物业管理行业发展，并在品质和满意度管理上提出新的要求。

5.1 政策引导趋势下的满意度发展

“十四五”规划明确指出，推进智慧社区建设，依托社区数字化平台和线下社区服务机构，建设便民惠民智慧服务圈，提供线上线下融合的社区生活服务。国家信息中心发布的《智慧社区建设运营指南（2021）》对智慧社区的建设要点、技术路线、建设运营模式、规范合规等方面进行了全面深入分析，为智慧社区的推进提供了全方位的指导。近两年，国家更是密集出台加强智慧社区建设的相关政策，并强调其为智慧城市和数字政府建设的关键环节（见表 7）。物业服务企业进行数字化转型已不再是可选项，而是必选项。物业服务的供给也将越来越与数字化工具相结合，客户对物业服务的感受也将从线下逐步涵盖为线上线下结合的综合体验。

表 7　智慧社区相关的国家级政策

发布时间	政策名称	主要内容
2021-04	住房和城乡建设部等部门关于加快发展数字家庭提高居住品质的指导意见	推进数字家庭系统基础平台与新型智慧城市“一网通办”“一网统管”、智慧物业管理、智慧社区信息系统以及社会化专业服务等平台的对接
2021-06	商务部等 12 部门关于推进城市一刻钟便民生活圈建设的意见	优化信息服务，支持依托智慧社区信息系统，构建城市便民生活圈智慧服务平台（小程序或 App），整合本地商户资源，接入购物、餐饮、休闲、文化、养老、托育、家政等线上功能
2021-07	5G 应用“扬帆”行动计划（2021—2023 年）	以社区、园区、街区等为基本单元加快数字化改造，形成一批 5G 智慧社区综合解决方案，提供全方位数字化社区生活新服务

续 表

发布时间	政策名称	主要内容
2021-11	关于推动生活性服务业补短板上水平提高人民生活品质的若干意见	引导各类市场主体积极拓展在线技能培训、数字健康、数字文化场馆、虚拟景区、虚拟养老院、在线健身、智慧社区等新型服务应用
2021-11	“十四五”城乡社区服务体系建设规划	以县（市、区、旗）为单位，支持利用互联网、物联网、区块链等现代信息技术，深入组织开展智慧社区、现代社区服务体系试点建设，高效匹配社区全生活链供需，扩大多层次便利化社会服务供给
2021-12	“十四五”数字经济发展规划	鼓励建设智慧社区和智慧服务生活圈，推动公共服务资源整合，提升专业化、市场化服务水平
2022-06	国务院关于加强数字政府建设的指导意见	实施“互联网+基层治理”行动，构建新型基层管理服务平台，推进智慧社区建设，提升基层智慧治理能力

从政策倡导可以看出，智慧社区将成为政府基层治理的重要抓手，是政府向下管理的核心触点。智慧社区在功能上需整合各类服务，并与相关便民生活服务进行对接。物业服务企业也可以此为载体，积极探索尝试新型服务。在该趋势下，物业管理行业的管理必将走向智慧化，探索智慧化赋能的满意度工具只是时间问题。

数字化赋能进一步深化，改造的内容将会从管理层面渗透到业务层面，多种智能设备将引入服务中，比如智能门禁、智慧停车场、自动清洁车等。这在提升服务效能保证服务质量的同时，也为管理提供了更多的触点和操作的空间。企业可以在后台监测设备的运营情况，通过后台直接对智能设备进行调试或系统升级，从而直接改变客户体验。满意度的即时评价监测可直接与设备相连接，客户反馈后立马可进行优化，满意度作为管理的枢纽地位进一步凸显。

为顺应数字化、智慧社区的趋势，满意度管理模式需要更强力的数字化能力作为支撑，既包括搭建触点和智能系统，方便数据的采集，也包括构建数据采集的分析算法，将其作为智慧运营的支撑。

5.2 市场竞争趋势下的满意度发展

自国家确定“房住不炒”的主基调后，房地产市场便发生了根本性的变化，过往高杠杆快销售的高周转发展模式被限制，房屋的消费属性逐渐压过资本属性。据清华大学经管学院魏杰教授判断，我国大部分房子已经丧失了资本属性。这会带来两个方面的变化，一是房地产销售速度减慢，相对应的关联物业依靠房企实现扩张的路径会减缓，对物业服务企业的市场拓展能力提出更高要求。二是消费属性的凸显，更多人关注到居住环境，高质量的物业服务会成为评价房产价值的重要因素。

以上两点本质都表示物业管理行业将面临更激烈的市场竞争，物业服务的品质与口碑在市场中的重要性越发凸显。当大部分物业服务企业均采用满意度作为标准管理服务品质时，更重要的便是看谁可以更多地从数据中挖掘有效信息，以及更快地将数据反映的问题在实际服务中改进。

由此，满意度管理体系的发展必将走向更短的周期和更深入的分析方法。前者的实现需要大量的成本，无论是缩短调研执行的周期还是设置触点化的即时评价模式。后者则可以在无明显硬性成本增加的同时稳步推进，尝试将前沿的满意度理论运用在实践中，或抽取某些特定项目进行试验等。满意度作为市场营销理论中的工具，在理论界有充足的讨论度并始终有学者持续优化该理论的应用。加之其他领先行业的先行实践让物业管理行业有了不少可借鉴学习的经验。

此外，还要关注满意度的运用，只有将数据落在实践上，工具才算生效。现实情况是不少物业服务企业只将满意度作为简单的绩效考核参考，对分数的运用较为初级和简单。在市场的推进下，物业服务企业需要考虑如何将满意度的数据与具体的业务相结合，构建更完善的协同机制，避免其成为孤立执行的项目。从总部管理人员到项目一线服务人员都需要对满意度塑造共识，让其成为工作中必须考虑的部分。

5.3 企业发展趋势下的满意度发展

品质是物业服务企业的核心竞争力。将品质标准化并严格落实已是头部物业服务企业共同努力推进的方向。从企业自身发展的角度上看，如何提供更优质又贴近于客户需求的服务，是企业发展的终极目标。回顾过去二十年中国的快速增长，随着生产力和消费能力的解放，民众的消费观、生活观等方面均发生了巨大的改变。加上科技产品不断推陈出新改变了人们的生活习惯，物业服务企业必须始终保持着变化的视角，用发展的心态来对服务产品进行调整。

在整体层面，物业服务企业需要使用工具来及时洞察客户的变化。满意度正好可作为客户洞察的载体，从数据中定位客户的偏好。这就要求满意度考察的范围要更广、颗粒度要更细、数据分析要更深入。以绿城服务为代表的头部物业服务企业将触点化的调研模式和智能化的分析模式相结合，在以上目标的推进上取得了有效的进展。在此基础上更进一步，则需要企业在满意度的使用上更具前瞻性，使用用户研究的方法进行再一步的改造，使满意度调研不仅是对当下问题的诊断，也是对未来趋势判断的辅助。满意度数据的成果落实方式也需要改进，并在改进提升服务的过程中创造新的机制，使客户参与其中，让服务的发展方向是客户主动选择的方向。以满意度作为发现问题的工具，客户参与机制作为改进问题的机制，整体形成的运营模式促进企业成长。

在发展视角的运营细节上需要关注以下三个要点。

一是消费者群体在移动互联网的浪潮下已经习惯于线上走流程完成日常生活的需求。物业服务的不少内容也需要逐步转移到线上，并逐步优化客户的线上流程体验。线上对应的满意度服务触点和调研方式也将区别于线下服务的方式，需要参考互联网公司的成熟做法进行进一步的探索优化。

二是消费者差异性逐渐强于共性，满意度调研需要分层。在未来，当服务根据项目进一步定制优化、个性化增值服务成为重要的关注对象时，整体性的问卷便无法涵盖全部项目的需求。加上不同消费水平对应的服务差距，要求物业服务企业在满意度调研时需尽量做到定制化。当下定制化调研的成本很高，通过共性梳理对项目进行分层分类是短期便可执行的优化举措。

三是逐渐将满意度研究进化为客户体验管理系统。满意度虽是服务品质管理和用户洞察的重点，但其考核方向仍较为固定且局限。满意度管理体系的发展可以参考汽车行业的未来发展，作为客户体验管理系统的一部分，引入更多元的指标来进行全方位的考察，除去满意度的事后视角还要关注服务中的体验和对事前的印象体验。同时与多部门多人员进行智能化的对接，融入管理体系中，充分发挥数据潜力。

5.4 基于绿城经验的建议

从满意度调研的行业痛点出发，顺应经济与社会的发展趋势，绿城服务通过双轮驱动模式对满意度管理模式进行了探索。基于该经验，考虑到行业中不同物业服务企业的情况不同，提出以下可尝试的方向参考。

在调研设计层面，探索全新分析模型的使用。传统的满意度调研多停留在简单的频数百分比分析，配合简单的交叉分析了解区域公司和不同服务种类的表现。在智能化分析暂未成型时，也可以考虑引入满意度理论中成熟的经典模型，如卡诺模型、二维分析模型（如重要性-满意度分析）等，通过问卷载体可控制执行成本。在成熟模型的使用下逐步找到目前企业发展的需求要点，再定向研究更前沿的理论与模型进行尝试应用。由此可在理论层面推进满意度调研的深度，扩展使用效果。

在调研执行层面，引入数字化工具辅助调研。若条件允许龙湖智创生活可以建立触点化的智能即时评价体系。若条件限制也可先行尝试线上填报问卷的形式，将执行过程初步线上化。借助微信小程序等网页链接的形式将问卷的执行逐步转移到线上，对核心触点单独生成一份短问卷增加对触点的考核。执行改变初期考虑到数据质量，需严格限制不同渠道的配额分配，从10%逐渐提升。当后台的检验程序成熟后，再将比例大幅提升。由此可在成本相对可控的范畴内立即开始动作并逐步提升。

在数据分析层面，搭建可复用的分析模板、分析模型，使用算法驱动智能分析。在引用新的理论模型后，需要配合更复杂的分析模型。考虑到满意度是周期性执行的连续性项目，其在短期具备相当程度的稳定性。从成本考虑，在研究设计完成后，便可根据需求列好分析提纲，通过程序或软件的形式搭建分析的算法工具，在日后只须将数据导入便可生成分析结果。同时该探索自动化的分析模式可为日后智慧赋能做好业务层面的铺垫。

在优化提升层面，加强与客户的连接，提升客户的参与度。通过多种措施让有意向的客户参与到改进提升的进程中来，如成立相关的委员会共同治理或是由业主监督委员会跟进改进的进程。让客户感知提升动作，有利于客户对物业更深入的了解与满意度的提升。

结 语

在新时代新征程，为实现党的二十大提出的新要求，服务业的高质量发展离不开对具体管理环节的创新。“始于客户需求，终于客户满意”应该成为每一个物业服务企业发展的核心。当下，在物业管理行业，“满意度”的内涵已不仅仅是阶段性的数值，它从观测指标到管理工具再发展为如今客户全周期管理体系中的重要部分。本文提出的通过数字智能化和客户互动化双轮驱动的创新客户全周期管理模式，可以更好地满足新时代物业服务企业客户满意度的管理提升需求。

本课题主要发现如下启示。

首先，数字化转型是物业服务企业发展的必经之路，客户满意度管理模式的革新既可成为数字化转型中的切入点，也能在数字化赋能后产生质变，有效解决传统模式下周期过长、精准度低及深度不足的问题，并在企业内部的管理和服务品质的运营中发挥更重要的作用。在数字化改造初期可多使用第三方平台进行过渡，将部分调研环节线上化进行，再逐步建设自有体系与运营模式。

其次，触点化即时评价模式作为传统用研满意度的补充，可从更细颗粒的触点了解客户的感知，所形成的数据在实践的改进与提升上存在更强的落地性与更深的挖掘空间。触点化的评价模式在未来服务触点增加的同时，基本不增加运作成本，具备长期的可持续发展能力。在建设初期若存在成本限制，可对核心触点以补充性调研的形式加入整体的满意度框架中，再在实践中配合数字化工具的深度使用完善触点的设置。

再次，用研满意度作为传统的调研模式理论已相当成熟，其突破点便在执行的方式与效率上。从问卷设计、客群筛选到精准投放，再到后续的回访跟进、数据分析和优化改进，每一个环节均可通过智慧化降本增效。智慧化可以实现问卷的自定义配置、客群的精准分层、线上渠道实时监测、声音库的录入与导出、数据自动分析与展示等，极大限度提升用研满意度的执行效率与效果。

最后，客户满意度调研作为工具，其核心目的仍在实践上，需要有相应的机制协同配合数据结果进行改进。与客户增强互动，让客户参与到服务优化的进程是满意度数据应用的良好载体，也是从调研数据到客户实际体验的桥梁。客户的参与一方面加强了业主对物业的感知，另一方面也在共治中提高了业主的获得感，从而既提升满意度，也切实提升业主的幸福感。

由于时间原因及绿城服务双轮驱动模式尚在摸索中，本次研究尚有不足之处。

首先，双轮驱动的满意度管理模式是物业管理行业领先性创新性的探索，但物业管理行业的数字化进程整体处于起步阶段，诸多细节问题仍须在实践中持续打磨。该体系的构建基于物业管理行业发展的现状与亟待解决的问题，其成熟的终极形态还需要提高数字基建能力，进一步构建和支撑。

其次，互动化的共治模式涉及多方的深度参与，各类公共服务资源需要更多商业主体的参与并在政府主导下和社区发展进行整合。目前国家层面的诸多设想仍在逐步落地中，共治共建模式也需进一步提升利益相关方的认知深度，凝练共识并提升社会影响力。

参考文献

Fornell C, 1992. A National Customer Satisfaction Barometer: The Swedish Experience [J]. Journal of Marketing, 56 (1): 6-21.

Fornell C, Johnson M D, Anderson E W, et al., 1996. The American Customer SatisfactionIndex: Nature, Purpose, and Findings [J]. Journal of Marketing, 60 (4): 7-18.

蔡睿，2018. 利益相关者满意度视角下的物业服务评价研究 [D]. 重庆：重庆大学 .

国家质检总局质量管理司，清华大学中国企业研究中心，2003. 中国顾客满意指数指南 [M]. 北京：中国标准出版社 .

何大义，刘建生，2000. 构建中国顾客满意度指数（CCSI）的设想 [J]. 世界标准化及质量管理（10）：7-10.

金勇进，梁燕，张宗芳，2007，满意度评估系统应用研究 [M]. 北京：中国统计出版社 .

李树文，罗瑾琏，胡文安，2022. 从价值交易走向价值共创：创新型企业的价值转型过程研究 [J]. 管理世界（3）：125-145.

李莹，2016. 商品房小区治理有效性影响因素分析［D］. 北京：中共中央党校.

马德超，2018. 物业服务质量对业主满意度的影响研究［D］. 长春：东北师范大学.

苏永波，2021. 基于灰色系统理论的物业服务满意度影响因素分析［J］. 系统科学学报，29（4）：131-136.

王霞，赵平，王高，等，2005. 基于顾客满意和顾客忠诚关系的市场细分方法研究［J］. 南开管理评论，8（5）：26-30.

郑宗成，陈进，张文双，2011. 市场研究实务与方法［M］. 广东：广东经济出版社.

课题组成员名单

课题组组长： 孙小波　绿城服务集团有限公司

课题组成员： 张　征　绿城服务集团有限公司

於慧萍　绿城服务集团有限公司

杨　威　绿城服务集团有限公司

王伟玲　绿城服务集团有限公司

付振波　绿城服务集团有限公司

胡金飞　绿城服务集团有限公司

“社区+物业+养老服务”模式的支持政策研究

◆ 中国社区发展协会

前　言

随着人口老龄化的不断加深，尤其是高龄、独居、空巢老年人的占比持续提高，居家和社区养老服务的需求大幅增长，迫切需要激励多元主体参与居家和社区养老服务供给。党中央、国务院在多个文件中明确要求，大力发展“物业服务+养老服务”，特别是《中共中央国务院关于加强新时代老年工作的意见》提出，要探索“社区+物业+养老服务”模式，增加居家社区养老服务的有效供给。

本课题聚焦研究物业服务企业提供居家和社区养老服务的支持政策研究。为更有针对性地提出政策建议，首先，本课题在对第一批试点单位调研基础上，对“社区+物业+养老服务”的发展模式进行了分类，根据“政府-企业-社会资源”的依赖关系，提出三种模式类型，即专业机构型、居间平台型、互助服务型，并进一步明确了五种服务类型及其影响因素。其次，本课题从“社区+物业+养老服务”、物业管理政策、居家社区养老支持政策、家政行业支持政策等四个维度分析政策发展脉络和可借鉴重点。再次，本课题对“社区+物业+养老服务”的制约因素进行了分析，最后，从“明定位”和“补缺失”两个方面提出了促进“社区+物业+养老服务”可持续发展的三大策略和八项政策建议。

第一章 绪 论

2021 年初以来，住建部推动在全国启动“物业服务+养老服务”试点，已有7个城市的8个物业服务企业的8个养老服务项目入选首批试点。试点取得了一定成效，但也发现了一些问题，主要是物业服务企业提供的养老服务如何才能享受到国家和地方政府对居家和社区养老服务的支持政策。所以，本课题聚焦研究物业服务企业居家和社区养老服务的支持政策研究。

1.1 研究意义

1.1.1 是积极应对人口老龄化国家战略的重要探索

积极应对人口老龄化，事关国家发展全局，事关亿万百姓福祉。党的二十大报告指出，实施积极应对人口老龄化国家战略，发展养老事业和养老产业，优化孤寡老人服务，推动实现全体老年人享有基本养老服务。动员更多社会力量参与到养老事业和养老产业的发展，实现“老有所养”的同时，亦促进银发经济增长，带动就业岗位增加，促进国内循环创新，是中国老龄化社会治理与经济发展的关键。我国物业服务自 20 世纪 80 年代从香港引入深圳，现已遍及全国，成为城市居民生活的重要部分，也是城市基层社会治理的参与力量。物业服务作为一支扎根在社区、与老年人紧密相伴的力量，应积极挖掘其在居家社区养老服务中的作用，在中国老龄化社会治理与经济发展中作出重要贡献。

1.1.2 是建设高质量养老服务体系的必要补充

“十三五”明确提出以居家养老服务为基础，以社区养老服务为依托，以机构养老服务为补充，医养结合的养老服务体系框架，并将放开养老服务市场作为优化社会养老服务资源配置的重要途径。“十四五”进一步提出，要推动养老事业和养老产业之间的协同发展，大力发展普惠型养老和互助性养老，积极采取措施支持家庭承担养老功能，不断培育养老新业态，构建居家社区机构相协调、医养康养相结合的养老服务体系。但是，目前我国居家社区养老服务的供给主体单一，多是受政府资助的养老服务机构。资金来源单一，主要来自政府的财政支持。随着老龄化的不断加剧及老年人需求的多元化发展，政府财政资金压力将日益凸显。将物业服务纳入养老服务体系，将有效缓解社区养老供给主体单一和社区养老服务资金投入不足的问题。

1.1.3 是探索多元化养老服务供给的重要路径

《关于加强新时代老龄工作的意见》指出，创新居家社区养老服务模式，充分发挥社区党组织作用，探索“社区+物业+养老服务”模式，增加居家社区养老服务有效供给。《中华人民共和国国民经济和社会发展第十四个五年规划和2035年远景目标纲要》提出，“要以提升便利度和改善服务体验为导向，推动生活性服务业向高品质和多样化升级。加快发展物业等服务业，加强公益性、基础性服务业供给，扩大覆盖全生命周期的各类服务供给”。因此，应充分发挥物业公司常驻社区、贴近居民、响应快速等优势，在社区党委领导下，与社区各种力量合作，开展生活照料、医疗健康、精神娱乐等服务项目，满足活力、高龄、空巢、独居、失能等老年群体的多层次多样化需求。

1.1.4 是促进物业企业品牌发展的重要机遇

随着经济的高质量发展以及公民社会的逐渐形成，社区居民对物业服务的质量及服务内容提出更高的要求，物业公司要积极探索新的业务模式，探索新的发展方向。2020年，房地产已经进入“后开发时代”，未来医疗、健康、养老服务将成为物业“后开发时代”转型升级的突破口。尤其是在疫情下，物业服务成为居民的生活保障、生命保护的重要屏障，面对社区居民多元化服务需求激增的情况，作为充实社区服务体系的重要力量，物业企业将迎来巨大的发展机遇和挑战。服务品质和创新能力是支持物业服务行业发展的基础和核心，以生活服务尤其是养老服务为主的增值服务业务，成为物业服务行业未来发展的重点方向，亦是物业企业树立社会形象、形成连锁化、品牌化发展的重要机遇。

1.2 研究方法

本项目综合运用多种研究方法，全面收集调查研究资料，为探索“社区+物业+养老服务”发展路径与政策支持奠定基础。

一是文献研究。系统查阅相关政策文件和学术文献，分析“社区+物业+养老服务”政策发展脉络，重点分析北京、上海、南京、深圳、重庆等第一批试点项目城市的经验和做法。

二是实地调研。选取社区进行实地走访，了解“社区+物业+养老服务”在社区的开展情况、面临的问题和建议。

三是座谈研讨。组织开展座谈研讨，面向社区党委书记、物业企业负责人、业委会负责人、社区老年人代表等，从供给侧和需求侧调研“社区+物业+养老服务”服务内容和供给方式、面临的困难，以及相关意见建议。

1.3 研究思路

本研究目标在于提出发展策略和政策建议，以推进“社区+物业+养老服务”模式可持续发展。基于该目标，本研究需依次回答以下四个问题。问题一，“社区+物业+养老服务”的发展模式有哪些类型？“社区+物业+养老服务”是“物业服务+养老服务”的升级，但目前该模式仅停留在概念层面，实践路径尚未成形，因此，本研究将在第一批试点案例基础上，分析提炼出理想类型，并进一步分析各种理想类型下的服务切入点（即服务项目）、成效及其困难。问题二，“社区+物业+养老服务”有哪些关联政策？本研究将采取文献研究的方式，从“社区+物业+养老服务”、物业管理政策、家政行业支持政策、居家社区养老支持政策等四个维度分析政策发展脉络和可借鉴重点。问题三，影响“社区+物业+养老服务”政策支持效力的限制因素有哪些？本研究将结合实地调研和访谈结果，从政府、社区、企业、老年居民等四个层面依次展开分析。问题四，应采取哪些策略和政策以促进“社区+物业+养老服务”模式发展？在前三个问题回答的基础上，将分别从政府、社区、企业、老年居民等四大主体出发，提出针对性的发展策略和政策建议。

第二章　“社区+物业+养老服务”发展现状

“社区+物业+养老服务”是前期“物业服务+养老服务”探索经验的结果，但目前“社区+物业+养老服务”模式仅停留在概念层面，实践路径尚未成形，因此，本研究在2021年课题成果《物业服务企业开展居家社区养老服务——前景与对策研究》基础上，结合湖北、南京、深圳等地实地调研结果，分析提炼出物业服务企业介入居家社区养老服务的模式类型，进一步分析各种理想类型下的服务切入点（即服务项目）、服务成效及其挑战。

2.1“社区+物业+养老服务”模式类型

“社区+物业+养老服务”有两种解释，一是在社区党委领导下，物业服务企业作为养老服务供给主体或平台，为居民（业主）提供养老服务。二是在社区党委领导下，物业服务企业作为养老服务资源方之一，参与居家社区养老服务的供给。无论是前者还是后者，根据对政府、市场、社会三者的依赖程度，可将物业服务企业介入居家社区养老的模式划分成三种：专业机构型、居间平台型、互助服务型。详见图1。

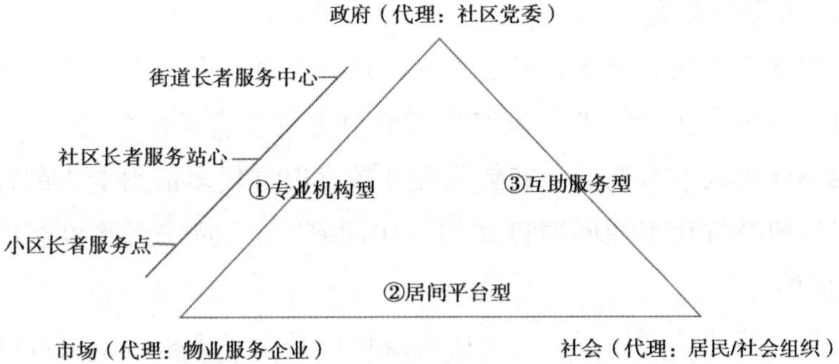

图1 “社区+物业+养老服务”模式类型

2.1.1 专业机构型

专业机构型的物业服务企业通过内生养老服务机构或与集团内部养老服务机构合作，开展养老服务，主要依赖政府（含社区党委）力量和市场力量。该类型适用于集团地产板块开发的中高端社区。典型代表有广州保利花香美苑项目、杭州绿城诚园项目、深圳长城百花项目、南京银城五台花园项目。

专业机构型的特点如下：一是物业服务企业主要依托集团运营的社区嵌入式养老机构提供服务。二是物业服务企业与政府之间达成了契约型合作关系，政府在场地、经费等方面提供支持，企业发挥其管理与服务的专长，围绕一定的服务内容和服务指标开展居家社区养老服务。三是物业服务企业与政府的主导地位受项目类型影响，按街道长者服务中心（如广州保利花香美苑项目）、社区长者服务站、小区长者服务点（如南京银城五台花园项目）的顺序，物业服务企业的主导地位依次增强，政府的主导地位依次减弱。

2.1.2 居间平台型

居间平台型的物业服务企业通过外链服务资源为居民推荐合适的服务供

应商，开展养老服务，主要依赖市场力量（即企业自身）和社会力量（主要是业主家庭）。该类型适用于老年人收入水平较高、服务消费支付能力较强的社区。典型代表是北京远洋天地项目、深圳万科名海社区项目。

居间平台型的特点如下：一是物业服务企业主要作为需求信息收集、资源链接和服务集成的平台，一方面收集业主的需求信息，另一方面链接外部服务商或建立供应商库。二是物业提供平台，服务商提供主要服务，物业提供少量服务，收入共同核算。三是轻资产模式，不依赖实体场地，但对信息化管理要求较高。

2.1.3 互助服务型

互助服务型的物业服务企业通过组织居民互助服务，开展养老服务，主要依赖社会力量（主要是业主家庭）和政府力量（含社区党委）。该类型适用于居民整体收入中等偏低、老龄化程度较高但有较多活力老人的社区。典型代表是郑州圆方代书胡同项目（如“团团家”）、重庆之平鲁能星城项目（如“时间银行”）。

互助服务型的特点如下：一是居民既可以是服务需求方，也可以是服务供给方。物业负责供给需求的对接和匹配。二是居民提供服务，获得报酬（如“团团家”）或积分（如“时间银行”）。此外，政府提供一定的补贴。三是与居间平台型不同，互助服务型旨在促进居民之间的互助行为，需要政府（含社区）给予信任背书和经费补贴。

2.2“社区+物业+养老服务”服务内容

第一批试点项目已形成详细的服务项目和收费标准，服务内容涵盖老年人的日常生活、居家护理、康复训练、助医助行、助洁助浴等各个方面。由于服务细项庞杂，且无统一划分依据，会造成规范与补贴政策缺乏参考依据。因此，本研究将对服务内容进行分类，并梳理其影响因素，最后提出理想构成模型。

2.2.1 服务内容的类型划分

我们根据老年人需求类型，可以将现有服务内容划分成五种类型：生活照料类服务、医疗保健类服务、精神娱乐类服务、应急救援类服务、信息咨询类服务。

生活照料类服务旨在通过提供支援服务以最大限度维持老年人生活自理水平，包括生活护理（个人卫生护理、生活起居护理）、助餐、助浴、助洁、助洗、助行、助医、助急、代办（代购代领代缴代送）等。

医疗保健类服务旨在维持或恢复身体机能健康，包括养生保健、健康管理、康复辅助、护理照料等。

精神娱乐类服务旨在促进精神健康，保持社会参与和社会交往，包括社交活动、情感交流、社区课堂、娱乐休闲、旅游度假等。

应急救援类服务旨在为老年人提供及时响应服务，包括安全监护、意外报警、紧急救助、危机响应等。

信息咨询类服务旨在为老年人提供各类专题信息，包括法律咨询、维权咨询、智能产品使用、社区活动咨询等。

2.2.2 **服务内容的影响因素**

分析物业服务企业的项目收费清单发现，企业所开展的服务内容及收费方式各不一样（见表1）。主要受以下因素影响。

一是受老年群体需求的影响。在实地调研中，我们发现，居家老年群体反映最突出的需求是生活照料类需求和医疗保健类需求。而所有试点企业均开展了这两大类的服务。应急救援和信息咨询类服务则开展较少，且主要采取收费方式提供，满足个别居民的定制化需求。

二是受物业企业的模式类型影响。物业服务企业对政府资源、居民资源的依赖程度会影响其服务内容的选择。例如，专业机构型的物业服务企业，会根据政府规划要求，开展社区托管服务，并提供生活照料、医疗保健、精神娱乐等服务内容。居间平台型的物业服务企业，则根据所链接服务成本选择服务内容，主要集中在生活照料类服务、医疗保健类服务、（较高端）精神娱乐类服务等付费服务上。互助服务型的物业服务企业，服务内容侧重在辖区居民所能胜任的范畴，因此多集中在生活照料方面，且带有互助和公益性质，例如对特殊老年人家庭开展无劳动报酬的水电五金维修。

表1　第一批试点企业的服务内容统计表

	专业机构型				居间平台型	互助服务型	
	广州保利	杭州绿城	南京银城	深圳长城	北京远洋	郑州圆方	重庆之平
生活照料类服务	收费	收费	收费	收费	链接服务	低偿收费	收费
医疗保健类服务	公卫类免费	免费	收费	收费	链接服务	无	公卫类免费
精神娱乐类服务	免费	免费	免费	无	链接服务	无	免费
应急救援类服务	收费	无	无	收费	无	无	定制收费
信息咨询类服务	无	免费	无	无	无	无	无

三是受政府和社区赞助的影响。老年群体对应急救援的需求是较高的，但是很少有企业提供这方面的服务。主要是因为应急救援风险大，服务投入成本高，且对智慧产品和信息化管理依赖度高。从企业角度看，开展应急救援业务的收益难以抵消成本。但如果社区提供赞助，则会极大调动物业积极性。例如，深圳蔚蓝海岸社区党委用民生微实事经费，为独居长者安装一键呼叫设备，并向物业企业购买 24 小时响应服务。物业服务企业利用“中控室”资源和安保资源，极大降低了该项服务的运作成本，并为保安人员争取了创收机会，还赢得了居民的口碑，开展这项工作的积极性高涨。

2.3 成效与挑战

2.3.1 物业服务企业开展居家社区养老服务的成效

2.3.1.1 满足了广大老年人多样化、多层次的养老服务需求

从试点项目看，一是提供多样化的为老服务清单，满足了居家老年人在生活照料和医疗保健方面的基本需求。二是积极开发定制化服务，满足了特殊群体的个性化需要，例如现代能力训练（康复训练）、老年用品服务租赁、阿尔兹海默症专项训练、老年旅游定制服务等。三是免费服务与收费服务并举，满足了不同社区不同消费水平老年人的需求。例如，在收入水平较低的老龄化社区，以互助的形式为经济困难老年人维修水电五金；在中高端社区，整合资源免费为老年人开展文体娱乐活动，同时也开设收费的定制化旅游活动。为老年人提供免费服务，包括老年餐、理发、电器清洗、保洁、助浴等，基本保障老年人的日常生活所需。四是给有需要的老年人家里安装紧急呼叫

器、安全扶手等适老化设备。五是将一些老旧场地改造成为便民设施和老年人活动空间，极大丰富了老年人的精神生活。

2.3.1.2 打造了老年人身边的“一站式”为老服务模式

在“物业+生活”大框架下，“物业+养老”做内容延伸，打造“一站式”为老服务。一是通过专业机构型模式，主动承接社区长者餐厅、社区长者服务站（日间照料中心）、小区长者服务点等养老服务设施，为老年人提供一站式社区服务。二是通过居间平台型模式，有效整合物业各类资源和链接外部资源，并发挥物业管家的优势，及时回应老年人的日常服务需求，甚至主动推送适合的服务，为老年人提供一站式居家服务。三是通过社区治理型模式，在社区支持下，开展互助服务，促进社区治理，为老年人提供社会参与和自助互助平台。

2.3.1.3 探索了一种政府、社区、企业、员工、老年人等多方共赢的路径

物业服务企业开展养老服务，让老人得到实惠，政府、社区、企业、员工也都有所获益。一是在社区、物业、业主委员会的合力推动下，老旧闲置场地被改造成为便民设施和老年人活动空间，极大便利了老年人的日常生活，丰富了老年人的精神生活，让老年人及其家庭获益匪浅。二是物业人力资源和信息资源得到再利用，节约了服务成本和管理成本，为政府节省了公共服务投入成本。三是物业服务企业员工的积极性被调动，员工多劳多得，增加了创收机会和技能提升机会。四是为老服务过程中，物业服务企业与政府、社区、居民的互动增加了，增进了彼此了解，增加了其他合作机会，有利于社区活力与和谐稳定。

2.3.1.4 降低了养老服务的社会总成本

物业服务企业在开展居家社区养老服务过程中体现出了其独特优势，具体表现在六个方面。一是常驻社区，能提供24小时服务。二是居民信任度高，降低了物业开展养老服务的营销成本。三是响应速度快，能低成本提供应急救援和上门服务。四是需求识别精准度高，有利于付费项目的开发。五是与主营业务有交叉，降低运营成本。六是有成形的队伍和稳定的场地，方便开展活动。这些独特优势带来了三大影响，一是提升了居家社区养老的精准度，促进了资源优化配置。二是非政府主体开展养老服务，培养了居民对养老服务的付费意识。三是盘活了社区资源，促进了居家社区养老的社会总成本下降。

2.3.2 物业服务企业开展居家社区养老服务的挑战

物业服务企业开展居家社区养老服务处于起步摸索阶段，其发展虽起到了一定的社会成效，但也面临着系列挑战，突出表现在以下三个方面。

一是盈利模式不明晰，影响了物业服务企业“跨界”养老领域的信心。无论开展居家养老服务还是社区养老服务，业务十分琐碎，收入微薄，业务成本高，目前整个行业还没有找到有活力有生命力并可复制可推广的运营模式。为此，已开始试点的物业服务企业只能在小范围象征性开展，规模较小，未开展试点的物业服务企业则呈现观望状态。

二是政府、物业服务企业、家庭在居家社区养老中的边界不清晰，影响了政企合作的效率。养老服务本身具备事业和产业的双重属性。物业服务企业介入居家社区养老，亦呈现出事业与产业的双重属性，这导致政府对其投入的力度和监管的边界尚不明朗，也进一步影响了物业服务企业与政府合作的效率，例如双方在场地协调的力度、政府采购的范围、政府补贴的方式、政府监管的权限等方面未能达成清晰共识，需企业和政府在合作中不断商洽。

三是配套政策惠及力度不够，影响了物业服务企业持续投入的积极性。从第一批试点情况看，物业服务企业开展居家社区养老需要办理各类证照，程序烦琐耗时较长；再加上运营补贴标准偏低，且到位较慢，而且物业服务企业无法享受与福利性机构同等待遇的水、电、气等能耗优惠政策，种种政策不惠及不衔接等现象影响了物业服务企业扩大养老服务规模的积极性。

因此，有必要基于上述现状，从政策发展脉络、物业管理制度、居家社区养老支持政策、家政行业支持政策等方面对现有政策做梳理分析，有的放矢加大政策支持力度，推进“社区+物业+养老服务”可持续发展。

第三章　“社区+物业+养老服务”相关政策分析

为全面分析“社区+物业+养老服务”模式所涉及的现有政策支持情况，本研究将从“社区+物业+养老服务”、物业管理政策、居家社区养老支持政策、家政行业支持政策等四个维度分析政策发展脉络和借鉴重点。

3.1 “社区+物业+养老服务”政策分析

“社区+物业+养老服务”经历了一段政策演变过程，尤其是从最初的

“物业服务+养老服务”转为“社区+物业+养老服务”，对“社区”主导元素的强调，反映了物业参与养老服务的公共事业属性，也在一定程度上调和了企业对经营义务的营利性要求与养老服务的公益性普惠性要求之间的冲突性。

3.1.1 **政策发展脉络**

2013 年 9 月，《关于加快发展养老服务业的若干意见》（国发〔2013〕35 号）指出，支持社区建立健全居家养老服务网点，引入社会组织和家政、物业等企业，兴办或运营老年供餐、社区日间照料、老年活动中心等形式多样的养老服务项目，首次提出让物业企业作为服务供给单位参与养老服务。

2019 年 4 月，国务院办公厅印发的《关于推进养老服务发展的意见》（国办发〔2019〕5 号）第十九条明确指出，探索“物业服务+养老服务”模式，支持物业服务企业开展老年供餐、定期巡访等形式多样的养老服务，“物业+养老”正式进入国家议程规划。

2020 年 12 月，住房和城乡建设部等六部门发布《关于推动物业服务企业发展居家社区养老服务的意见》（建房〔2020〕92 号），推动和支持物业服务企业积极探索“物业服务+养老服务”模式，从补齐居家社区养老服务设施短板、推行“物业服务+养老服务”居家社区养老模式、丰富居家社区养老服务内容、推进智慧居家社区养老服务等方面，增加居家社区养老服务有效供给。同时，对“物业服务+养老服务”模式提出解决思路，物业服务企业可通过内设居家社区养老服务部门，或独立成立居家养老服务机构，专门提供助餐、助浴、助洁、助急、助行、助医、照料看护等定制养老服务。

2021 年 11 月，《关于加强新时代老龄工作的意见》（2021 年 11 月 18 日）指出，创新居家社区养老服务模式，充分发挥社区党组织作用，探索“社区+物业+养老服务”模式，增加居家社区养老服务有效供给。

2021 年 12 月，国务院印发《“十四五”国家老龄事业发展和养老服务体系规划》明确指出发展社区养老服务机构，要支持物业企业发挥贴近住户的优势，与社区养老服务机构合作提供居家养老服务；加快发展生活性为老服务业，组织和引导物业企业等拓展为老服务功能。

“社区+物业+养老服务”政策详见表 2。

表 2 “社区+物业+养老服务”政策

时间	政策	内容
2013 年	《关于加快发展养老服务业的若干意见》	支持社区建立健全居家养老服务网点，引入社会组织和家政、物业等企业，兴办或运营老年供餐、社区日间照料、老年活动中心等形式多样的养老服务项目。凡新建城区和新建居住（小）区，要按标准要求配套建设养老服务设施，并与住宅同步规划、同步建设、同步验收、同步交付使用
2019 年	《关于推进养老服务发展的意见》	提出探索“物业服务+养老服务”模式，支持物业服务企业开展老年供餐、定期巡访等形式多样的养老服务
2020 年	《关于推动物业服务企业发展居家社区养老服务的意见》	要推动和支持物业服务企业积极探索“物业服务+养老服务”模式，从补齐居家社区养老服务设施短板、推行“物业服务+养老服务”居家社区养老模式、丰富居家社区养老服务内容、推进智慧居家社区养老服务等方面，增加居家社区养老服务有效供给
2021 年	《关于加强和改进住宅物业管理工作的通知》	有条件的物业服务企业向养老、托幼、家政、文化、健康、房屋经纪、快递收发等领域延伸，探索“物业服务+生活服务”模式，满足居民多样化多层次居住生活需求
2021 年	《关于推进城市一刻钟便民生活圈建设的意见》	落实国家关于养老、托育、家政等社区家庭服务业税费优惠政策。落实生活性服务业增值税加计抵减及普惠性减税降费政策。落实推动品牌连锁便利店加快发展的有关政策
2021 年	《关于加强新时代老龄工作的意见》	创新居家社区养老服务模式，充分发挥社区党组织作用，探索“社区+物业+养老服务”模式，增加居家社区养老服务有效供给
2021 年	《“十四五”城乡社区服务体系建设规划》	完善城乡社区服务格局，一是健全党建引领机制，二是完善多方参与格局。支持社区服务企业发展，积极引导市场主体进入社区服务领域，鼓励开展连锁经营。将社区服务按功能划分为三类：为民服务、便民服务、安民服务
2021 年	《“十四五”国家老龄事业发展和养老服务体系规划》	“支持物业企业发挥贴近住户的优势，与社区养老服务机构合作提供居家养老服务”；加快发展生活性为老服务业，明确“组织和引导物业企业等拓展为老服务功能”

3.1.2 借鉴重点

“物业+养老”向“社区+物业+养老”发展，一是充分体现了社区党委的主导地位，社区党委要积极发挥主导作用，促进社区资源整合，保障社区服务供给更加丰富，不断满足社区居民对更有品质晚年生活的需求。与此同时，社区党委用社区治理的方式，动员社区组织、居民骨干力量等为老年人提供公益、互助服务，丰富老年人精神生活。二是充分体现了居家社区养老服务兼具“为民服务”与“便民服务”双重属性。在为民服务方面，物业服务企业作为政府合作伙伴，承接“基本公共服务资源下沉社区”功能，例如，承接街道、社区、小区等三级养老服务设施，采取公建民营方式，由政府提供场地设施，养老机构（包括物业企业集团创办的养老机构）具体运营。在便民服务方面，物业服务企业应遵守保本微利原则，用市场化方式，为老年人提供普惠性的便利和及时的居家支援服务，使老年人能够使用到或购买到自己所需要的各项服务以提升生活品质。

3.2 物业管理政策分析

3.2.1 重要政策梳理

物业管理服务是伴随着房地产产业蓬勃发展而衍生的产物，1981 年 3 月，经深圳市编制委员会批复同意，全国第一家物业管理企业——深圳市物业管理公司成立，我国物业管理行业由此诞生。经过多年探索和努力，我国逐步建立和完善了以《中华人民共和国民法典》（以下简称《民法典》）为基础，以《物业管理条例》为核心，以行政法规和地方性法规为主体，以行政规章和规范性文件为配套的物业管理法律制度体系。特别是在探索“社区+物业+养老”新型养老模式背景下，进一步丰富了我国物业管理法律制度以及政策体系，对于促进物业管理行业的有序发展，加快城市化建设有着非常重要的意义。

2003 年 6 月，国务院颁布《物业管理条例》（国务院令第 379 号）（以下简称《条例》），旨在规范物业管理活动，维护业主和物业服务企业的合法权益。作为物业管理法律效力最高的行政法规，《条例》在顶层设计层面确立了业主大会制度、业主公约制度、是物业管理招投标制度、物业承接验收制度、物业管理企业资质管理制度、物业管理专业人员职业资格制度以及住房专项维修资金制度等七大基础机制。

2003 年 11 月，国家发展改革委和建设部联合颁布《物业服务收费管理办法》（发改价格〔2003〕1864 号），旨在规范物业服务收费行为，保障业主和物业管理企业的合法权益。《物业服务收费管理办法》指出，物业服务收费是指物业管理企业按照物业服务合同的约定，对房屋及配套的设施设备和相关场地进行维修、养护、管理，维护相关区域内的环境卫生和秩序，向业主所收取的费用。

2004年3月，住建部发布《物业服务企业资质管理办法》（建设部令第125号），旨在加强对物业管理活动的监督管理，规范物业管理市场秩序，提高物业管理服务水平。《物业服务企业资质管理办法》指出，物业服务企业是指依法设立、具有独立法人资格，从事物业管理服务活动的企业，企业资质等级分为一、二、三级。物业服务企业不得超越资质等级承接物业管理业务。

2004年10月，为进一步规范物业服务收费行为，提高物业业务收费透明度，维护业主和物业管理企业的合法权益，促进物业管理行业的健康发展，国家发展改革委和建设部联合制定《物业服务收费明码标价规定》（发改价检〔2004〕1428号），要求物业管理企业实行明码标价，应当遵循公开、公平和诚实信用的原则，遵守国家价格法律、法规、规章和政策。

与我国现行物业管理法律制度梳理详见表3。

表3　我国现行物业管理法律制度梳理

时间	法规名称	重点内容
2003年	《物业管理条例》（国务院令第379号）	物业管理是指业主对区分所有建筑物共有部分以及建筑区划内共有建筑物、场所、设施的共同管理或者委托物业服务企业、其他管理人对业主共有的建筑物、设施、设备、场所、场地进行管理的活动
2003年	《物业服务收费管理办法》（发改价格〔2003〕1864号）	物业服务收费是指物业管理企业按照物业服务合同的约定，对房屋及配套的设施设备和相关场地进行维修、养护、管理，维护相关区域内的环境卫生和秩序，向业主所收取的费用
2004年	《物业服务企业资质管理办法》（建设部令第125号）	物业服务企业是指依法设立、具有独立法人资格，从事物业管理服务活动的企业，企业资质等级分为一、二、三级。物业服务企业不得超越资质等级承接物业管理业务
2004年	《物业服务收费明码标价规定》（发改价检〔2004〕1428号）	物业管理企业实行明码标价，应当遵循公开、公平和诚实信用的原则，遵守国家价格法律、法规、规章和政策

续 表

时间	法规名称	重点内容
2007 年	《物业服务定价成本监审办法（试行）》的通知（发改价格〔2007〕2285 号）	物业服务定价成本监审应当遵循合法性原则、相关性原则、对应性原则、合理性原则
2010 年	《保安服务管理条例》（国务院令第 564 号）	保安服务包括物业服务企业招用人员在物业管理区域内开展的门卫、巡逻、秩序维护等服务
2021 年	《民法典》（主席令第 45 号）	以国家基本法的形式确认了物业管理的社会地位，对物业管理活动从不同角度进行了一系列调整和规范

3.2.2 借鉴重点

为实施积极应对人口老龄化国家战略，加快完善就近精准养老服务体系，全面放开养老服务市场，不少城市试点出台支持物业企业开展居家养老服务的地方意见，按照"企业自愿参与、政府适度支持"的原则，引导物业服务企业发挥"常驻社区、贴近居民、响应快速"等优势，根据不同区域人口结构、老年人服务需求，有针对性地提供多元化、个性化的社区居家养老服务。

综合这些地方试点经验，发展"社区+物业+养老"背景下的物业管理法规政策体系，应着重把握两个方面的重点：一是应尽快建立与法律风险、盈利能力匹配的服务指南及评价标准。"物业+养老"涉及助餐、助浴、助洁、助急、助行、助医、照料看护等多种养老服务形式，一方面市场需求旺盛，另一方面有效供给不足。物业服务企业在社区中的作用与地位不清，物业服务的性质不明，已经跟不上新时代对基层社区治理的需要，也跟不上新时代发展"小社区大服务"的要求。发展"物业+养老"，急需在顶层设计和具体制度设计中解决发展水平参差不齐、发展路径模糊不清的问题。二是要着力打造以社区和家庭为中心的养老服务网络，充分发挥物业服务企业对于社区和家庭的辐射作用。以家庭为核心的居家养老服务因更符合中国人的传统观念，更易被老年群体所接受，被认为是最符合中国国情的中国式养老解决方案。由于物业企业对经营义务的营利性要求与养老服务的公益性普惠性要求之间有显著冲突，物业服务企业的供给能力与养老服务的特殊需求之间有巨大落差，导致在当前物业服务模式及治理社区框架下，物业服务企业与业主群体在利益上有较大的矛盾。探索实行“物业服务+养老服务”，大力发展居家社区养老服务，对于完善就近养老服务体系，有效降低医疗、护理服务的成本，提升老年人家庭获得感与幸福感至关重要。

3.3 家政行业支持政策分析

随着我国经济社会快速发展和人民生活质量的不断提高，家政服务业进入快速发展阶段。各地政府及商务主管部门、行业组织和企业在发展家政服务业过程中，积极创新运作模式，拓展服务内涵，探索出不少成功经验。针对家政服务业的微利性和公益性特点，一些城市在资金和政策上给予了必要的支持。例如减免行政事业性收费，按机关用电价格收取电费，按居民用气标准收取煤气费，比照中小企业信贷政策给予家政服务企业贷款支持，对家政服务企业安置下岗失业人员实施税收减免等优惠政策，对家政服务企业发展、家政服务培训及家政服务业标准制定和网络建设等给予资金支持等。

3.3.1 重要政策梳理

2010 年 9 月，国务院发布《关于发展家庭服务业的指导意见》（国办发〔2010〕43 号），指出到 2015 年，建立完善发展家庭服务业的政策体系和监管措施；到 2020 年，健全惠及城乡居民的家庭服务体系，基本满足家庭服务需求。

2011 年 12 月，商务部发布《关于“十二五”时期促进家庭服务业发展的指导意见》（商服贸发〔2011〕455 号），提出要加快推动家政服务网络中心建设，加大力度培育家庭服务企业，提高从业人员整体素质，建立健全家庭服务业法规和标准体系，引导和促进行业规范、健康、可持续发展。

2012 年 12 月，商务部公布《家庭服务业管理暂行办法》（商务部令第 11 号），对家庭服务机构经营范围、家庭服务员行为规范、消费行者为规范、监督管理、法律责任进行了规定。明确了家庭服务业的范围内容是指以家庭为服务对象，由家庭服务机构指派或介绍家庭服务员进入家庭成员住所提供烹饪、保洁、搬家、家庭教育、儿童看护，以及孕产妇、婴幼儿、老人和病人的护理等有偿服务，满足家庭生活需求的服务行业。

2015 年 1 月，《关于开展家庭服务业规范化职业化建设的通知》（人社部发〔2014〕98 号），指出家庭服务行业规范化和家庭服务从业人员职业化是保家庭服务供给、提高家庭服务质量、促进家庭服务行业健康发展的重要基础性工作。

2015 年 7 月，全国服务标准化技术委员会发布《家政服务—母婴生活护理服务质量规范》（GB/T 31771—2015），规定了母婴生活护理服务的服务机构、人员、服务内容与要求、档案管理、服务质量评价等要求。

2015 年 11 月，国务院办公厅印发《关于加快发展生活性服务业促进消费结构升级的指导意见》（国办发〔2015〕85 号），重点发展居民和家庭、健康、养老、旅游、体育、文化、法律、批发零售、住宿餐饮、教育培训等贴近服务人民群众生活、需求潜力大、带动作用强的生活性服务领域，推动生活消费方式由生存型、传统型、物质型向发展型、现代型、服务型转变。

2016 年 6 月，人力资源社会保障部办公厅、全国妇联办公厅联合发布《关于印发〈巾帼家政服务专项培训工程实施方案〉的通知》（人社厅发〔2016〕83 号），要求将巾帼家政服务专项培训工程作为职业技能培训规划和农民工职业技能提升行动（春潮行动）的重要组成部分，建立各级人力资源社会保障部门和妇联组织的家政服务培训协作机制，力争到 2020 年使有意愿从事家政服务行业的女性劳动者都能接受一次就业技能培训，家政服务企业在岗的女性家政服务员都能接受一次岗位技能提升培训或高技能人才培训，有意愿或已经在家政服务行业创业的女性劳动者都能接受一次创业培训。

2016 年 12 月，商务部印发《居民生活服务业发展“十三五”规划》（商服贸发〔2016〕488 号），要求通过制度化管理、标准化服务、连锁化发展、规范化经营，推动企业专业化、规模化、品牌化发展，探索发展员工制家政服务企业的新途径；积极探索以市场化方式推动养老服务产业发展，推动卫生服务与家政护理协同发展，推动构建居家养老、社区养老等大众化养老服务体系。

2017 年 6 月，国家发展改革委印发《服务业创新发展大纲（2017—2025 年）》，要求加快建立供给充分、服务便捷、管理规范、惠及城乡的家政服务体系，引导社会资本投资家政服务；鼓励有条件的企业品牌化、连锁化发展，支持中小家政服务企业专业化、特色化发展；加强服务规范化和职业化建设，加大对家政服务人员培训的支持力度；制定推广雇主和家政服务人员行为规范，促进权益保护机制创新和行业诚信体系建设。

2017 年 7 月，国家发展改革委、人力资源和社会保障部、商务部等 17 个部门联合印发《家政服务提质扩容行动方案（2017 年）》（发改社会〔2017〕1293 号），指出当前家政服务业仍存在供需矛盾突出、市场主体发育不充分、专业化程度较低、管理机制不健全等问题，要围绕扩大有效供给，积极培育市场主体，强化供需对接；围绕提高服务质量，加强人才培养，健全标准规范体系；围绕优化市场环境，加强诚信体系建设，完善市场监管。

2019 年 6 月，国务院办公厅印发《关于促进家政服务业提质扩容的意见》（国办发〔2019〕30 号），提出要采取综合支持措施，提高家政从业人员素质；适应转型升级要求，着力发展员工制家政企业；强化财税金融支持，增加家政服务有效供给；完善公共服务政策，改善家政服务人员从业环境；健全体检服务体系，提升家政服务人员健康水平；推动家政进社区，促进居民就近享有便捷服务；加强平台建设，健全家政服务领域信用体系；加强家政供需对接，拓展贫困地区人员就业渠道；推进服务标准化，提升家政服务规范化水平；发挥规范示范作用，促进家政服务业可持续发展。

2019 年 6 月，财政部、税务总局、国家发展改革委、民政部、商务部、卫生健康委联合印发《关于养老、托育、家政等社区家庭服务业税费优惠政策的公告》（财政部公告 2019 年第 76 号）规定，社区家政服务是指进入家庭成员住所或医疗机构为孕产妇、婴幼儿、老人、病人、残疾人提供的照护服务，以及进入家庭成员住所提供的保洁、烹饪等服务。社区提供养老、托育、家政等服务的机构，免征增值税。为社区提供家政服务的机构是指以家庭为服务对象，为社区居民提供家政服务的企业、事业单位和社会组织。

2021 年 10 月，商务部等 14 部门印发《家政兴农行动计划（2021—2025 年）》（商服贸函〔2021〕512 号），提出鼓励家政从业人员返乡入乡创业，结合返乡入乡创业带头人培养计划，加强家政领域人员培训，按规定落实培训补贴政策；促进县域家政服务发展，引导大型家政企业和家政平台企业通过连锁经营、“互联网+家政”实现服务向乡镇和县城下沉。

2021 年 11 月，国家发展改革委等 15 部门联合印发《深化促进家政服务业提质扩容“领跑者”行动三年实施方案》（发改社会〔2021〕1505 号），要求着力落实好9方面32条重点任务，到2023年，每个“领跑者”城市培育3家以上品牌化员工制家政企业（员工制家政服务员占比超过50%），社区家政网点服务能力覆盖率达到90%以上，10%的家政从业人员接受过家政相关学历教育。

与我国家政行业法律制度详见表3。

表3 我国家政行业法律制度

时间	法规名称	重点内容
2010年	《关于发展家庭服务业的指导意见》（国办发〔2010〕43号）	实行发展家庭服务业的扶持政策，鼓励各类人员到家庭服务业就业、创业，强化覆盖城乡的公共就业服务体系，积极发展中小型家庭服务企业，积极引导有条件的家庭服务企业规模化、网络化、品牌化经营，实施促进家庭服务业发展的其他政策措施
2011年	《关于“十二五”时期促进家庭服务业发展的指导意见》（商服贸发〔2011〕455号）	家庭服务业是以家庭为服务对象，提供各类劳务，满足家庭生活需求的服务行业。要加快推动家政服务网络中心建设，加大力度培育家庭服务企业，加强从业人员培训，建立健全家庭服务业法规和标准体系，引导和促进行业规范、健康、可持续发展
2015年	《关于开展家庭服务业规范化职业化建设的通知》（人社部发〔2014〕98号）	明确了十项重点任务：完善家庭服务企业（单位）经营行为规范，强化市场行为监管；加强家庭服务业诚信体系建设；推行家庭服务标准和服务规范；大力开展家庭服务业职业技能培训、鉴定；强化家庭服务业专门人才培养；开展“千户百强”家庭服务企业（单位）创建活动；提高家庭服务业公益性信息服务能力；充分发挥家庭服务业行业协会作用；建立家庭服务员输入基地；努力维护家庭服务从业人员劳动保障权益
2015年	《家政服务—母婴生活护理服务质量规范》（GB/T 31771—2015）	对母婴生活护理员提出了基本要求，其中包括，应为年龄在18~55岁，应具有初中以上文化程度的女性，具备与等级相适应的服务技能等
2015年	《关于加快发展生活性服务业促进消费结构升级的指导意见》（国办发〔2015〕85号）	重点发展贴近服务人民群众生活、需求潜力大、带动作用强的生活性服务领域，推动生活消费方式由生存型、传统型、物质型向发展型、现代型、服务型转变，促进和带动其他生活性服务业领域发展

续 表

时间	法规名称	重点内容
2016 年	《关于印发〈巾帼家政服务专项培训工程实施方案〉的通知》（人社厅发〔2016〕83 号）	将巾帼家政服务专项培训工程作为职业技能培训规划和农民工职业技能提升计划（春潮行动）的重要组成部分
2016 年	《居民生活服务业发展“十三五”规划》（商服贸发〔2016〕488 号）	重点围绕提高供给能力、优化供给结构、提升供给质量、改善供给环境、规范供给秩序等方面着力推进供给侧结构性改革，促进居民生活服务业集约化、信息化、标准化发展，加快构建多层次、全方位的居民生活服务体系，扩大服务消费，促进消费结构升级
2017 年	《服务业创新发展大纲（2017—2025 年）》	从创新引领、转型升级、促进融合、提升质量、优化布局等 5 个方面提出增强服务业发展动能、分类推动服务业增效升级、促进跨界融合发展、创新服务质量治理和优化空间布局等任务
2017 年	《家政服务提质扩容行动方案（2017 年）》（发改社会〔2017〕1293 号）	要切实推进“引导家政企业做大做强、加强对行业发展的政策扶持、健全职业培训制度大力提升职业化水平、完善家政服务标准和服务规范”等 4 项重点任务，并细化为 18 条政策措施，以优化家政服务业发展的市场环境，提高服务质量，扩大有效供给
2019 年	《关于促进家政服务业提质扩容的意见》（国办发〔2019〕30 号）	一是提高社区家政服务便利高效性，大力推动家政行业职业化发展；二是以信用建设为主要抓手，大力推动家政行业规范化、标准化发展；三是发挥示范引领作用，大力推动家政行业品牌化、规模化发展；四是持续提高家政从业人员素质，大力推动家政行业专业化发展；五是强化科学技术蓄势增能作用，大力推进家政行业数字化发展；六是聚焦重点人群加大服务供给，大力推动家政行业多元精准发展；七是对接国家重大发展战略，大力推动家政行业区域协同发展；八是加大保障政策支持力度，大力推动家政行业可持续发展；九是充分发挥群团组织作用，大力推动家政行业社会协同发展
2019 年	《关于建立家政服务业信用体系的指导意见》（商服贸函〔2019〕269 号）	一是建立家政服务员信用记录；二是建立家政企业信用记录；三是建立省级家政服务业信用信息平台；四是建立全国家政服务业信用信息数据库；五是实施家政服务领域守信激励和失信惩戒机制

续 表

时间	法规名称	重点内容
2019 年	《关于养老、托育、家政等社区家庭服务业税费优惠政策的公告》(财政部公告 2019 年第 76 号)	为社区提供养老、托育、家政等服务的机构，提供社区养老、托育、家政服务取得的收入，免征增值税；提供社区养老、托育、家政服务取得的收入，在计算应纳税所得额时，减按 90%计入收入总额；承受房屋、土地用于提供社区养老、托育、家政服务的，免征契税；用于提供社区养老、托育、家政服务的房产、土地，免征不动产登记费、耕地开垦费、土地复垦费、土地闲置费；用于提供社区养老、托育、家政服务的建设项目，免征城市基础设施配套费；确因地质条件等原因无法修建防空地下室的，免征防空地下室易地建设费
2021 年	《家政兴农行动计划（2021—2025 年）》(商服贸函〔2021〕512 号)	通过加强基层动员引导、完善供需对接、促进服务下沉等，扩大家政服务供给数量；以提升技能、加强行业规范等，提高家政服务供给质量；以培育家政服务品牌、推动业态融合发展、促进数字化赋能等，优化家政服务供给结构和方式
2021 年	《深化促进家政服务业提质扩容“领跑者”行动三年实施方案》(发改社会〔2021〕1505 号)	着力落实好 9 方面 32 条重点任务，到 2023 年，每个“领跑者”城市培育 3 家以上品牌化员工制家政企业(员工制家政服务员占比超过 50%)，社区家政网点服务能力覆盖率达到 90%以上，10%的家政从业人员接受过家政相关学历教育
2021 年	《家政兴农行动计划（2021—2025 年）》(商服贸函〔2021〕512 号)	到 2025 年，农村劳动力特别是脱贫劳动力从事家政服务的渠道更加通畅，家政服务对带动就业、保障民生的作用明显增强，家政扶贫成果进一步巩固，家政服务品牌化、信息化、专业化、规范化水平有效提升，家政服务有效供给显著增加，人民群众对家政服务的满意度稳步提高
2021 年	《“十四五”职业教育规划教材建设实施方案》(教职成厅〔2021〕3 号)	加快建设学前、托育、护理、康养、家政等领域专业课程教材

3.3.2 借鉴重点

我国陆续出台促进家政服务业提质扩容、积极推进落实家政扶贫、推动家政服务信用体系建设等系列政策，家政服务业发展迅速，经营规模持续保持两位数增长，为人民群众提供了高质量、个性化和安全便捷的服务享受。随着家政服务范围日益扩大，服务分工更加精细，从业人员的服务水平尚不能满足目前市场的需求，专业的家政服务人员更是少之又少。这就必然要求家政服务行业以市场需求为导向，建立市场反馈机制，加强市场监管，公平竞争、优胜劣汰，实现资源充分合理配置，培养更加专业化的服务人员。

各地推行家政服务业扶持政策的效果显示，我国家政服务业有较大提升空间。一是加快补齐高质量发展短板，推动家政服务业与其他生活服务业联动合作。积极促进各区域劳务输出地与劳务输入地对接，增进中国家政服务业向发展实力、发展活力和创新动能更深层次发展，质量效益更上一层。针对市场主体两极分化现象，注重加快整合促进中小微家政服务市场主体高质量发展，尤其关注中介制、派遣制和处于“灰色地带”的个体工商户家政服务主体和人员的生存环境。二是推动行业数字化转型，加强区域供需衔接。积极应对数字经济的到来，针对区域发展不平衡不充分问题，在数字技术创新应用浪潮中捕捉机会，向品牌要效益，大大提升中国家政服务业发展的质量和水平。积极使用全国家政服务信用信息平台或与平台对接，推动国家、省、市、区/县、镇/乡、街道/村庄六级网络条块联动。加强线上线下O2O（线上到线下）的融合，数字技术赋能家政服务企业管理和服务质量提升，研究分析市场需求。扩大按需订制范畴，促进B2C（企业对消费者）模式发展。鼓励市场主体吸引融资和高素质人才，协调好供需关系，发挥市场主体敏锐的市场洞察能力，通过共生共赢整合供应链经济。三是强化市场资源配置，提升提质扩容能力。明确家政服务经营的主体责任与治理范围、交易与服务安全、数据信息保护和消费者权益保护等内容，鼓励平台承担先行赔偿以及特殊情况下的连带赔偿责任，承担适度监管的责任，包括家政服务人员和雇主身份核验、制定交易规则、信用评价、纠纷解决、权益保护等。提高家政从业人员职业化水平，增加家政服务有效供给，促进居民就近享有便捷服务，健全家政服务领域信用体系，拓展贫困地区人员就业渠道，提升家政服务规范化水平。推动非员工制家政服务员与专门机构签订劳动合同，确保其工作时间、休息休假、报酬待遇、社会保险、家政服务范围等权益得到保障，改善家政服务人员从业环境，提升家政服务人员健康水平。

3.4 居家社区养老支持政策分析

养老服务体系是贯彻落实积极应对人口老龄化国家战略的三大体系之一，聚焦于解决“老有所养”问题。在政策支持方面，党中央、国务院先后出台养老服务政策文件10余件，民政部等部门出台政策文件90余件，养老服务国家或行业标准50余件，完善相关规划、土地、住房、财政、税收、投资、融资、人才等配套扶持政策。

3.4.1 落实情况

为进一步了解居家社区养老扶持政策覆盖到物业服务企业的情况，本研究以“居家社区”“养老”为关键词，以2012—2022年为期限，在国家政府网站上进行政策搜索，共计搜索到55项与扶持居家社区养老发展相关的法规政策。依据法规/设施、经营范围、投融资、税费优惠、财政补贴、人才/就业、登记/备案等7个模块，将55项政策逐一进行文本分析，涉及与物业服务企业相关的有15项政策。随后，对上述7个模块的政策要求与试点项目及其所在城市进行对比，检查其落实情况，并分析原因。具体情况见表4。

表4 居家社区养老支持政策覆盖物业服务企业情况

范畴	序号	政策要点	政策依据	落实情况	未落实原因
规划/设施	1	要支持和引导各类社会主体参与社区综合服务设施建设、运营和管理，提供养老服务	国务院关于加快发展养老服务业的若干意见（2013年）	部分落实	部分物业服务企业承接街道级、社区级养老服务设施的运营项目

续 表

范畴	序号	政策要点	政策依据	落实情况	未落实原因
规划/设施	2	建立健全“一事一议”机制，定期集中处置存量房屋和设施改造手续办理、邻避民扰等问题。 在城市居住社区建设补短板和城镇老旧小区改造中统筹推进养老托育服务设施建设，鼓励地方探索将老旧小区中的国企房屋和设施以适当方式转交政府集中改造利用。 支持在社区综合服务设施开辟空间用于“一老一小”服务，探索允许空置公租房免费提供给社会力量供其在社区为老年人开展助餐助行、日间照料、康复护理、老年教育等服务。 支持将各类房屋和设施用于发展养老托育，鼓励适当放宽最长租赁期限。 确保新建住宅小区与配套养老托育服务设施同步规划、同步建设、同步验收、同步交付	国务院办公厅关于促进养老托育服务健康发展的意见（2020年）	部分落实	取决于当地政府跨部门合作程度。以南京成功经验为例，建立住宅小区综合治理联席会议机制，将“物业+养老服务”作为重要内容，加强房产局、民政局联动，定期召开工作例会，推动审批流程、组织实施中的具体事项
	3	普惠养老服务设施建设的功能布局、参数设置等可参考《老年养护院建设标准》（建标144—2010）相关规定，普惠托育服务设施建设的功能布局、参数设置等可参考相关标准规范，结合本地实际合理设定建设内容和建设规模。建筑环境及消防设施配置要符合《建筑设计防火规范》（GB5 0016—2018版）、《社会福利机构消防安全管理十项规定》（民函〔2015〕280号）、《建筑灭火器配置设计规范》（GB 50140）、《消防安全标志》（GB 13495）、《消防控制室通用技术要求》（GB25506—2010）等相关标准规范要求	“十四五”积极应对人口老龄化工程和托育建设实施方案（2021年）	未落实	物业服务企业普遍不了解相关标准，且未针对物业服务企业形成专门的建设标准

续 表

范畴	序号	政策要点	政策依据	落实情况	未落实原因
经营范围	1	要支持社区建立健全居家养老服务网点，引入社会组织和家政、物业等企业，兴办或运营老年供餐、社区日间照料、老年活动中心等形式多样的养老服务项目。 要通过制定扶持政策措施，积极培育居家养老服务企业和机构，上门为居家老年人提供助餐、助浴、助洁、助急、助医等定制服务；大力发展家政服务，为居家老年人提供规范化、个性化服务	国务院关于加快发展养老服务业的若干意见（2013年）	部分落实	试点项目服务清单基本涵盖助餐、助浴、助洁、助急、助医等内容，但各地政府扶持项目、方式和标准不一致
	2	全面建立居家探访制度，通过购买服务等方式，支持和引导基层组织、社会组织等重点面向独居、空巢、留守、失能、计划生育特殊家庭等特殊困难老年人开展探访与帮扶服务	民政部关于进一步扩大养老服务供给 促进养老服务消费的实施意见（2019年）	部分落实	当地政府未将特殊群体探访服务纳入政府采购项目
	3	培育智慧养老托育新业态。创新发展健康咨询、紧急救护、慢性病管理、生活照护、物品代购等智慧健康养老服务。 发展集中管理运营的社区养老和托育服务网络，支持具备综合功能的社区服务设施建设，引导专业化机构进社区、进家庭	国务院办公厅关于促进养老托育服务健康发展的意见（2020年）	部分落实	试点项目服务清单涵盖慢性病管理、生活照护、物品代购等项目，但各地政府扶持项目、方式和标准不一致。且紧急救助服务开展及相关扶持政策（经费、培训）均不够
	4	支持装修装饰、家政服务、物业等相关领域企业主体拓展适老化改造业务，积极培育带动性强的龙头企业和大批富有创新活力的中小企业，推动市场规模不断扩大、服务质量持续提升	关于加快实施老年人居家适老化改造工程的指导意见（2020年）	未落实	当地政府多向养老服务企业（而非物业服务企业）采购居家适老化改造业务

续 表

范畴	序号	政策要点	政策依据	落实情况	未落实原因
经营范围	5	发展集中管理运营的社区嵌入式、分布式、小型化的养老服务设施和带护理型床位的日间照料中心，支持连锁化、综合化、品牌化运营，增加家庭服务功能模块，强化助餐助浴助洁助医助行等服务能力，增强养老服务网络的覆盖面和服务能力	“十四五”积极应对人口老龄化工程和托育建设实施方案（2021年）	部分落实	部分物业服务企业承接街道级、社区级养老服务设施的运营项目
	6	支持与居民日常生活密切相关的便利店、综合超市、菜市场、生鲜超市（菜店）、早餐店、美容美发店、洗染店、药店、照相文印店、家政服务点、维修点、再生资源回收点、邮政快递综合服务点、前置仓等进社区，在安全、合法的前提下采取“一点多用”、服务叠加等方式发展微利业态，保障生活必需	商务部等12部门关于推进城市一刻钟便民生活圈建设的意见（2021年）	未落实	试点项目未开展这类经营项目，原因可能来自三个方面，一是当地没有具体扶持政策，二是物业场地受限，三是物业未成立专门部门对该类收入进行独立核算
投融资	1	金融机构要加快金融产品和服务方式创新，拓宽信贷抵押担保物范围，积极支持养老服务业的信贷需求。积极利用财政贴息、小额贷款等方式，加大对养老服务业的有效信贷投入。加强养老服务机构信用体系建设，增强对信贷资金和民间资本的吸引力。 逐步放宽限制，鼓励和支持保险资金投资养老服务领域。鼓励养老机构投保责任保险，保险公司承保责任保险。开展老年人住房反向抵押养老保险试点	国务院关于加快发展养老服务业的若干意见（2013年）	未落实	缺少具体操作办法方面的政策，在整个养老行业的落实力度不大

续　表

范畴	序号	政策要点	政策依据	落实情况	未落实原因
投融资	2	切实解决养老服务机构融资过程中有关金融机构违规收取手续费、评估费、承诺费、资金管理费等问题，减少融资附加费用，降低融资成本。 鼓励商业银行探索向产权明晰的民办养老机构发放资产（设施）抵押贷款和应收账款质押贷款。探索允许营利性养老机构以有偿取得的土地、设施等资产进行抵押融资。大力支持符合条件的市场化、规范化程度高的养老服务企业上市融资	国务院办公厅关于推进养老服务发展的意见（2019年）	未落实	缺少具体操作办法方面的政策，在整个养老行业的落实力度不大
	3	国家开发银行各分行要配合政府部门做好融资规划，对申请贷款支持的项目开展尽职调查和授信评审，重点评估项目对全方位优化区域养老服务有效供给、缓解养老服务供需矛盾、健全养老服务体系等方面的示范带动作用。对满足授信条件的项目，给予不高于总投资额80%、原则上不超过25年贷款期限的贷款金额，并明确贷款利率、还款方式等优惠支持条件	民政部 国家开发银行关于"十四五"期间利用开发性金融支持养老服务体系建设的通知（2021年）	未落实	缺少具体操作办法方面的政策，在整个养老行业的落实力度不大
税费优惠	1	落实好国家现行支持养老服务业的税收优惠政策，对养老机构提供的养护服务免征营业税，对非营利性养老机构自用房产、土地免征房产税、城镇土地使用税，对符合条件的非营利性养老机构按规定免征企业所得税。 对企事业单位、社会团体和个人向非营利性养老机构的捐赠，符合相关规定的，准予在计算其应纳税所得额时按税法规定比例扣除。 各地对非营利性养老机构建设要免征有关行政事业性收费，对营利性养老机构建设要减半征收有关行政事业性收费，对养老机构提供养老服务也要适当减免行政事业性收费，养老机构用电、用水、用气、用热按居民生活类价格执行	国务院关于加快发展养老服务业的若干意见（2013年）	未落实	物业服务企业缺乏这方面的申报经验，缺乏一揽子服务指引

续 表

范畴	序号	政策要点	政策依据	落实情况	未落实原因
税费优惠	2	养老服务机构符合现行政策规定条件的，可享受小微企业等财税优惠政策。对在社区提供日间照料、康复护理、助餐助行等服务的养老服务机构给予税费减免扶持政策。 落实各项行政事业性收费减免政策，落实养老服务机构用电、用水、用气、用热享受居民价格政策，不得以土地、房屋性质等为理由拒绝执行相关价格政策	国务院办公厅关于推进养老服务发展的意见（2019年）	未落实	物业服务企业缺乏这方面的申报经验，缺乏一揽子服务指引
	3	实施小微企业普惠性税收减免政策。小型微利企业是指从事国家非限制和禁止行业，且同时符合年度应纳税所得额不超过300万元、从业人数不超过300人、资产总额不超过5000万元等三个条件的企业	关于实施小微企业普惠性税收减免政策的通知（2019年）	未落实	物业服务企业缺乏这方面的申报经验，缺乏一揽子服务指引
	4	为社区提供养老、托育、家政等服务的机构，享受税费优惠政策；为社区提供养老、托育、家政等服务的机构自有或其通过承租、无偿使用等方式取得并用于提供社区养老、托育、家政服务的房产、土地，免征房产税、城镇土地使用税	关于养老、托育、家政等社区家庭服务业税费优惠政策的公告（2019年）	未落实	物业服务企业缺乏这方面的申报经验，缺乏一揽子服务指引
	5	公益性捐赠税前扣除	关于公益性捐赠税前扣除有关事项的公告（2020年）	未落实	物业服务企业缺乏这方面的申报经验，缺乏一揽子服务指引
	6	养老服务机构和托育服务机构可享受房租减免、税费减免、社会保险缓缴、金融支持、防疫补贴等	养老托育服务业纾困扶持若干政策措施（2022年）	未落实	物业服务企业缺乏这方面的申报经验，缺乏一揽子服务指引

续 表

范畴	序号	政策要点	政策依据	落实情况	未落实原因
财政补贴	1	可根据养老服务的实际需要，推进民办公助，选择通过补助投资、贷款贴息、运营补贴、购买服务等方式，支持社会力量举办养老服务机构，开展养老服务	国务院关于加快发展养老服务业的若干意见（2013年）	未落实	未对物业服务企业采取补助投资、贷款贴息、运营补贴、购买服务等综合措施，鼓励其开展居家社区养老服务
	2	2016—2020年，中央财政安排中央专项彩票公益金用于支持试点地区开展居家和社区养老服务改革试点	中央财政支持居家和社区养老服务改革试点补助资金管理办法（2017年）	未落实	2016—2020年，物业服务企业未开展居家社区养老服务
人才/就业	1	加强老年护理人员专业培训，对符合条件的参加养老护理职业培训和职业技能鉴定的从业人员按规定给予相关补贴，在养老机构和社区开发公益性岗位，吸纳农村转移劳动力、城镇就业困难人员等从事养老服务	国务院关于加快发展养老服务业的若干意见（2013年）	部分落实	取决于地方政府的人才扶持办法
	2	对养老服务机构招用就业困难人员，签订劳动合同并缴纳社会保险费的，按规定给予社会保险补贴。 加强从事养老服务的建档立卡贫困人口职业技能培训和就业指导服务，引导其在养老服务机构就业，吸纳建档立卡贫困人口就业的养老服务机构按规定享受创业就业税收优惠、职业培训补贴等支持政策。 对符合小微企业标准的养老服务机构新招用毕业年度高校毕业生，签订1年以上劳动合同并缴纳社会保险费的，按规定给予社会保险补贴。 落实就业见习补贴政策，对见习期满留用率达到50%以上的见习单位，适当提高就业见习补贴标准	国务院办公厅关于推进养老服务发展的意见（2019年）	未落实	物业服务企业缺乏这方面的申报经验，缺乏一揽子服务指引

续 表

范畴	序号	政策要点	政策依据	落实情况	未落实原因
登记/备案	1	支持养老机构规模化、连锁化发展。支持在养老服务领域着力打造一批具有影响力和竞争力的养老服务商标品牌，对养老服务商标品牌依法加强保护。对已经在其他地方取得营业执照的企业，不得要求其在本地开展经营活动时必须设立子公司。 开展城企协同推进养老服务发展行动计划。非营利性养老机构可在其登记管理机关管辖区域内设立多个不具备法人资格的服务网点	国务院办公厅关于推进养老服务发展的意见（2019年）	未落实	缺少具体操作办法方面的政策，在整个养老行业的落实力度不大

3.4.2 **成因分析**

从上述分析发现，居家社区养老支持政策覆盖到物业服务企业的情况并不乐观，原因是多方面的。一是居家社区养老支持政策缺乏操作性，仅停留在国家政策宣导层面，并未具体落实到部门实施意见、地方政府实施办法当中，导致支持政策并未落实到居家社区养老行业，开展居家社区养老的物业服务企业则更加难以享受到，这种情况在投融资、登记备案等支持政策方面特别明显。二是缺乏面向物业服务企业的工作指引，尤其是在税费减免、人才就业补贴、财政补贴等方面，因为物业服务企业不了解具体政策标准，且无统一详细指引，导致物业服务企业未享受到与其他养老服务企业相似的待遇。三是地方政府缺乏积极推进措施，具体表现在规划设施、经营范围方面，缺乏地方性的跨部门统一部署，导致物业服务企业凭借企业资源与基层政府周旋，开展试点工作，标准不一，成效缓慢。四是物业服务企业受场地、智慧化管理水平、财务管理制度等影响，难以将政策允许或倡导的服务产品变为现实，尤其体现在经营范围方面，未能发挥物业服务企业常驻社区的优势提供一站式生活便捷服务。

第四章 “社区+物业+养老服务”的制约因素

第一批试点单位和实地调研情况反映出大部分物业企业因运营模式不明、配套支持政策不足等原因对发展养老服务态度谨慎。本研究将从政府、社区、企业、老年群体四个方面分析影响物业服务企业介入居家社区养老的制约因素。

4.1 政府层面的制约因素

4.1.1 整体规划缺失

物业服务企业开展居家养老服务尚处于起步试点阶段，应将其作为养老事业扶持还是作为养老产业发展？是作为公共服务供给的一部分纳入政府强制推行范畴还是作为市场化供给的一部分由政府鼓励推动？覆盖范围和配备标准如何？在倡导社区党委主导以后，这种模式在居家社区养老服务网络中应处于何种位置？这些问题有待整体规划明确，否则在现有微利甚至难保本的条件下，该模式难以形成规模化发展。

4.1.2 行业指导缺位

虽然部分城市制定了相关工作方案，但尚未就物业服务企业发展养老服务出台配套文件和相关指引，再加上物业服务企业“跨界”步入由民政部门主管的养老服务领域，对养老服务政策并不熟悉，导致有意开展养老服务的物业服务企业在办理运营资质、协调场地、申请补贴等方面难以获得有效支持，工作进展缓慢。

4.1.3 配套政策不足

“社区+物业+养老服务”涉及部门较多，如民政、住建、卫健、规自、医保等，存在政策冲突或真空现象。例如，物业服务企业开展养老服务的资质如何获取？物业服务企业开展养老服务或使用小区场地等资源，需经业主授权同意，遇到邻避效应等该如何解决？此外，物业服务企业有服务期限限制，若被业主“赶走”，其已开展的养老服务是否能延续？物业服务企业是否能开展医养结合服务？这些都需要系列配套政策予以明确。

4.1.4 宣传整合不够

物业服务企业开展居家社区养老服务，涉及养老、家政等多个领域，各类管理制度和补贴政策分散于不同部门各项文件，缺少牵头部门或行业组织开展政策宣传与信息整合，导致物业服务企业对政策信息掌握不足，影响了其参与积极性和推进效率。

4.2 社区层面的制约因素

4.2.1 对居家社区养老的认识不足

社区党委和工作人员对开展居家社区养老的认识大多停留在传统阶段，即养老是家庭的事情，即使是目前国家大力推进养老服务体系建设，也是政府的事情，社区处于配合和补充的位置。但是，在“原居安老”理念影响下，老年人生活的社区在为老年人提供社会参与、熟人社会的作用不应被忽视，社区能否进一步挖掘物业服务企业在联系老人和服务老人方面的独特优势，将决定居家社区养老能否真切发挥其“原居安老”不可替代的价值。

4.2.2 社区经费支配受限

社区能支配的经费额度和权限有限，某种程度上影响了社区在推动“社区+物业+养老服务”方面的积极性。以深圳社区为例，虽然社区党委每年有200万元的民生微实事项目经费，但是受申请条件和程序等限制，用在推动居家社区养老上的经费有限，难以形成规模效应。

4.2.3 未与社区治理工作结合发展

受传统思维限制，基层工作人员大多数将养老工作归入兜底保障工作和民生服务工作，将其看作是“包袱”或政治任务。但是，如果把老年人当作社区财富，将其作为社区治理的重要生发力量，那么就会发现，养老工作是社区治理的一部分，两者相辅相成，事半功倍。

4.3 企业层面的制约因素

4.3.1 物业服务企业动力不足，养老服务可持续运营难

一是物业企业提供养老服务动力与意愿分化明显。由于养老服务的社会公益与福利性质，利润空间不大，且前期投资大、回报周期长，短期内运营投入和收入不平衡问题制约企业持续提供养老服务。根据调研，运营与盈利

模式清晰、自有养老服务板块与设施的物业企业，例如长城、金地等，提供养老服务的动力与意愿较强；而运营模式不清晰、不具备相应配套设施的轻资产物业企业动力与意愿不足。二是受传统家庭养老观念与节俭思维影响，老年人对养老服务的有效需求不足。老年人对养老服务的支付能力总体偏低且付费意愿不强。中国现阶段的大多数老人对于养老服务都视为社会福利，缺乏支付意愿。三是公众对物业企业存在认识偏差。对于物业企业服务的印象，大部分停留在物业费的收取、园区保洁、园区绿化、安保等一些具体的物业管理上。

4.3.2 物业服务企业能力不足，养老服务供需匹配弱

一是物业企业养老服务的专业性不强。大部分物业企业提供的养老服务以居家清洁、健康指导、养老咨询以及棋牌文娱等简单服务为主，针对"三无""三失"和高龄老年人的关怀访视、情绪疏导、家庭病床、安宁疗护等专业服务较少。二是物业企业养老服务的智能化水平不高。大部分物业企业缺乏智能养老服务平台，难以整合为老服务资源、充实为老服务内容和信息。物业企业对便携式健康监测设备、自助式健康检测设备、居家安全防护系统等智能养老设备配置不足，以互联网为载体提供购买服务、护理康复、健康管理等养老服务较少。老年人运用智能技术存在困难，难以适应其对智能产品应用的实际性需求。

4.3.3 物业服务企业设施不足，养老服务拓展受限

物业企业发展养老服务的场地资源有限、设施不足。物业企业是业主聘请的"管家"，一般情况下无小区公共区域或服务设施处置权，配置老年人复健、食堂、娱乐等设施难度大，加之嵌入式养老服务设施容易受邻避效应影响，其建设存在缓建、缩建、停建等问题，需要依靠物业用房改造，或积极协调街道办、社区工作站、业主等各方诉求，在社区内寻找适合的场地。

4.3.4 物业服务企业智慧化不足，资源有效整合力度不够

把握好养老服务的递送环节，对于"物业+养老"模式的运营至关重要。但目前物业服务企业整体的信息化管理水平和智慧化平台建设不足，导致"线上选择、线下体验"以及"线上线下相结合"的服务配送和服务反馈并未真正实现，影响了物业服务企业在供需匹配、资源链接等方面优势的发挥，也影响了服务成本的控制和服务成效的呈现。

4.4 老年群体层面的制约因素

4.4.1 **对物业服务企业开展养老服务存在认知偏差**

公众对物业服务企业的经营范围存在认识偏差，大部分停留在传统的物业管理范畴，如物业费收取、小区保洁、小区绿化、小区安保、停车管理等。对于物业能否提供养老、托育、家政、经济、旅游、教育等业务，公众并未接纳或期待，需要有现实案例打破其固有认知。

4.4.2 **养老消费支付意愿未被有效激发**

大多数老年人还没有形成购买养老服务的观念，对于收费项目的接受度和认可度较低。再加上传统的居家社区养老服务并未精准掌握老年人多样化需求，或是仅停留在家政服务、失能照护范畴，从服务种类和服务质量方面都难以让老年群体主动消费，从而导致老年人及其家庭在居家社区养老方面的付费意愿较低。

4.4.3 **养老服务信息获取途径受限**

老年群体的服务信息获取方式主要来自熟人推荐、小区或楼道公告，部分老年群体会从微信群里获得社区活动和养老服务信息，而对公众号等新兴信息获取方式并不熟悉，某种程度上会影响其对社区活动的参与和养老服务的使用。

第五章　“社区+物业+养老服务”发展策略与政策建议

“社区+物业+养老服务”是一个系统工程，其主要参与主体有政府、社区、物业服务企业，以及服务对象——老年群体自身。影响“社区+物业+养老服务”可持续发展的因素，不仅在于政府政策支持不足，也在于企业动力不足和能力不足，以及社区和老年群体的资源未被充分调动。为消除制约因素，促进“社区+物业+养老服务”可持续发展，本研究认为，需要从两大方面入手：明定位和补缺失。明定位应明确事物属性定位、企业发展定位、服务内容定位，从而形成清晰的发展策略；补缺失即针对目前缺失的政策提出具体建议与落实机制。

5.1 明确事物属性定位，将"社区+物业+养老服务"纳入三大体系

5.1.1 "社区+物业+养老服务"具有"事业+产业"双重属性

如果说"物业服务+养老服务"面临着企业对经营义务的营利性要求与养老服务的公益性普惠性要求之间的显著冲突，那么"社区+物业+养老服务"则是在社区党委领导下，物业服务企业发挥平台或服务集成者的角色，与其他专业机构、社区组织、社会力量共同开展居家社区养老服务，为老年人提供生活照料、医疗保健、精神慰藉（含社会参与）、应急救援、信息咨询等服务，保障老年人的生活质量和社会参与。因此，物业服务企业发展养老服务具有产业性质，但是当物业服务企业参与到社区党委主导的居家社区养老服务中时，则将其作为一项事业，其首要目标在于保障老年人晚年生活质量，通过引入市场化经营的方式优化资源配置并保障可持续发展。

5.1.2 "社区+物业+养老服务"具有"服务+治理"双重功能

"社区+物业+养老服务"是居家社区养老服务模式的创新，其养老服务功能不难理解。与此同时，在社区党委领导下，多方社区力量参与下，"社区+物业+养老服务"也具有社区治理的属性。一方面，社区通过调动社工、社区组织、社会团体等多方力量参与养老服务事业，增强了社区社会资本，提升了社区凝聚力。另一方面，老年群体尤其是活力老年群体被动员起来，通过志愿服务、互助服务、社团活动、社区议事等方式，参与养老事业发展和社区建设工作，壮大了社区治理队伍和群众基础。

5.1.3 将"社区+物业+养老服务"纳入基本养老服务体系

在明确了"社区+物业+养老服务"模式的双重属性后，建议将"社区+物业+养老服务"纳入基本养老服务体系。一是将物业服务企业纳入服务供给主体供应库，丰富养老服务机构的构成。二是促进"社区+物业+养老服务"在社区长者服务站（日间照料中心）、小区长者服务点建设与运营方面发挥积极作用，提供助餐助浴、巡视探访、文体娱乐、助洁助医、代买代购等服务。三是借助"社区+物业+养老服务"模式，探索发展普惠性居家社区养老服务项目，构建多层次多样化养老服务供给格局。

5.1.4 将"社区+物业+养老服务"纳入长期照护服务体系

鉴于"社区+物业+养老服务"能够提供长期的、稳定的、专业的长期照

护服务，且在居家照顾服务方面有着难以取代的优势，建议将“社区+物业+养老服务”纳入长期照护服务体系。一是针对专业机构型模式，将物业服务企业运营的长者服务站点纳入长期照护服务培训网点和认证网点，使其提供的服务项目进入长期照护支付系统。二是针对居间平台型模式，鼓励物业服务企业选用经长期照护支付系统认证的专业机构和服务项目。

5.1.5 将“社区+物业+养老服务”纳入基层治理体系

鉴于“社区+物业+养老服务”具备养老服务和社区治理的双重属性，建议将其纳入基层治理体系。一是赋予物业服务企业优先使用小区或社区公用场地用于养老等生活服务的特权，促其成为“社区生活服务集成提供者”。二是赋予其更多责任要求，接受街道和社区的指导，并参与五社联动和其他社区治理工作，为养老服务链接更多社区资源。三是可考虑创设物业管理委员会制度，作为对业主自治机制的补充和落实物业管理属地责任的举措。物业管理委员会由街道、居委会、物业和业主代表共同组成，可临时代行业主委员会职责，也可长期设立，成为业主自治的配套服务机构。

5.2 明确企业类型定位，推进政府、社会、企业有效联动

5.2.1 专业机构型企业，聚焦政企合作

选择专业机构型发展模式的物业服务企业，应将重心放在政企合作上，一是由物业服务企业内生或合作的养老服务机构承接街道、社区、小区三级养老服务设施，整合政府和企业的资源，为老年人提供一站式综合服务。二是以政府购买服务的形式，为特殊老年群体开展上门巡访、家庭养老床位、适老化改造、应急救援、养老顾问等服务项目。三是借助物业服务企业所在集团的品牌优势、管理优势和物业优势，形成连锁化、品牌化发展格局。

5.2.2 居间平台型企业，侧重企社合作

选择居间平台型发展模式的物业服务企业，需侧重企业信息化管理水平和资源链接与服务集成水平。一是精准掌握辖区老年人及其家庭的各类需求，形成信息库。二是主动链接来自政府、企业、社区的专业力量形成供应商库，并保证其能覆盖日常生活、医疗保健、精神慰藉、应急救援、信息咨询等各个方面。三是对“物业管家”在职人员培训，使其具备基本的老年人能力评估和个案管理能力，发挥其老年人经纪人的角色，为老年人提供“一键式”

“一站式”服务。

5.2.3 **互助服务型企业，加强政社合作**

选择互助服务型发展模式的物业服务企业，应保持其非营利性组织本质。一是主动承接政府和社区委托的各项公共服务项目，激活社区人力资源，开发工作岗位，为开展社区互助服务奠定基础。二是通过开展公益活动、组织互助服务等方式，紧密联系居民，协助当地政府和社区党委开展社区治理工作。三是积极挖掘老年人的特殊才艺和各类优势，调动老年人参与互助服务和社区建设的积极性，营造“孝亲敬老”和“老有所为”的社区氛围。

5.3 明确服务内容定位，形成政府、企业、家庭三方合力

5.3.1 **推进生活照料类服务朝普惠性方向发展**

生活照料类服务包括生活护理（个人卫生护理、生活起居护理）、助餐、助浴、助洁、助洗、助行、助医、助急、代办（代购代领代缴代送）等，与老年人生活息息相关，也是物业服务企业开展居家社区服务最具优势的地方。建议采取市场化供给方式，利用社区邻近性优势，低偿提供相关服务，使其成为大多数老年人消费得起的普惠性服务。针对特殊困难老年人，可链接社区志愿者资源或社区基金资源，或采取政府购买服务的方式，供其免费使用。

5.3.2 **推进医疗保健类服务朝专业化方向发展**

医疗保健类服务大致可分为公共卫生类服务，如健康体检；以及非公共卫生类服务，如康复训练、医疗护理等。对于前者，政府应主动为物业服务企业引荐社区医院、社区健康服务中心等医疗资源，使其在小区定期开展健康体检活动。对于后者，物业服务企业可与专业机构合作，开展有偿服务。

5.3.3 **推进精神慰藉类服务朝社区治理方向发展**

精神慰藉类服务包括社交活动、情感交流、社区课堂、娱乐休闲、旅游度假等。建议多引入社工、社区组织、志愿团体等公益资源，并将其纳入社区治理工作范畴，为辖区老年人提供丰富的文娱活动、探访活动，促进老年人的社会参与和精神健康。与此同时，积极开展老年志愿者队伍建设，鼓励老年人在志愿服务和社会参与中保持精神健康，延缓衰老。

5.3.4 **推进应急救援类服务朝公共服务方向发展**

由于应急救援类服务专业水平高、服务成本高、企业收益低，不能强制

让物业服务企业提供。但考虑物业服务企业在这方面有着独特优势，相比较于其他承担主体则有成本低的优势，因此一方面可采取政府购买服务的方式，委托物业服务企业开展应急救援类服务，包括特殊困难群体的一键呼叫响应服务、定期上门巡访服务、收集老年人基本信息建立风险等级名单等服务。另一方面政府可资助专业院校或机构为物业服务企业开展应急救援知识培训，使物业服务人员掌握基本急救和应急技能。

5.3.5 推进信息咨询类服务朝增值服务方向发展

信息咨询类服务旨在为老年人提供各类专题信息，包括法律咨询、维权咨询、智能产品使用、社区活动咨询等方面。该类服务虽然不能直接产生经济价值，但是会为物业服务企业带来良好口碑和用户依赖度。因此，建议物业服务企业重视“客服管家”的岗位设置与人才培养，借助系统化管理定期更新养老服务信息。

5.4 补齐政策短板，推进“社区+物业+养老服务”可持续发展

5.4.1 政策指引方面，提供一站式政策指引

一是鼓励地方政府制定“社区+物业+养老服务”指导性文件。民政、住建等部门联合发文，在补齐设施短板、丰富服务内容、完善监督管理、落实激励扶持、加强推广宣传等方面予以明确规定。

二是明确“社区+物业+养老服务”项目资助清单。制定物业服务企业开展居家社区养老服务项目清单，明确物业服务企业宜应开展的养老服务项目、收费原则、评估标准等。进一步划分服务项目性质，明确哪些是公共服务项目，由政府向物业服务企业购买；哪些是普惠性服务项目，由政府资助物业服务企业提供；哪些是市场化服务项目，由政府支持物业服务企业开展。

5.4.2 登记备案方面，提供一条龙建设指导

建议设立一站式联合审批制度，简化办证的程序，缩短办证流程。可借鉴北京市民政局的做法，为参与居家社区养老的物业服务企业提供免注册备案直接挂牌的便利，并参照养老服务机构进行管理，提供建设和运营补贴等资金支持，以及水电气能耗优惠政策。

5.4.3 场地设施方面，鼓励分类保障与无偿使用

一是分类保障养老服务设施空间。针对新建居住小区落实养老服务设施

配建"四同步"，实现居家养老服务用房与住宅同步规划、同步建设、同步验收、同步交付使用。针对已建居住小区鼓励物业服务企业与房地产开发企业协商，将开发企业自持的房屋改造为养老服务用房。针对老旧小区整合闲置资源，可借鉴南京鼓楼区做法，支持物业服务企业清理整合小区内仓库、会议室等闲置低效使用的场地，经业主共同决策同意，交由物业服务企业统一改造，用于养老服务。

二是保障物业服务企业无偿使用养老服务设施。物业服务企业开展居家社区养老，鼓励其建设成为小区长者服务点，或社区长者服务站，并采取公建民营管理办法，向承接运营的物业服务企业免费提供服务场地或给予场地租金补贴，保障其无偿使用服务场地开展居家社区养老工作。

5.4.4 财政补贴方面，完善补贴种类与账户管理

从补贴内容上看，支持物业服务企业享受以下项目补贴：养老床位建设补贴、养老服务设施运营补贴、养老服务机构星级评定奖励、长者助餐配餐服务资助、家庭养老床位补贴、家庭适老化改造补贴。

从补贴接收方式上看，支持物业企业设立社会组织，设立独立第三方账号，一是便于接收政府资助款项；二是参考万科物业的做法，由政府、物业服务企业和业主委员会三方共同监管账户，保障物业服务企业开展居家社区养老的公共事业属性。

此外，建议积极落实养老服务营收单独核算政策［《关于推动物业服务企业发展居家社区养老服务的意见》（建房〔2020〕92号）、《关于加强和改进住宅物业管理工作的通知》（建房规〔2020〕10号）］，针对物业服务企业内设居家社区养老服务部门开展养老、家政等生活性服务业务的，物业服务企业对营业收入实行单独核算，鼓励政府补贴可直接资助到物业服务企业。

5.4.5 金融税费方面，加大创新与扶持力度

一是给予金融政策支持。通过拓宽融资渠道等多种方式支持居家社区养老服务的发展，鼓励商业银行向提供居家社区养老服务的物业服务企业提供循环贷款、年审制贷款和分期还本付息等产品；支持物业服务企业以企业未来收益权、土地使用权为担保发行债券；鼓励商业保险、基金、信托等投资居家社区养老服务项目。

二是落实能耗优惠政策。物业服务企业开展居家社区养老，或运营养老

服务设施，用电、用水、用气、用热按居民生活类价格执行，并列入指引中。

5.4.6 **支付方式方面，加大现有支付体系整合力度**

一是探索将家庭适老化改造纳入公积金支付体系。因长者消费观念不强，对适老化改造的支付意愿较低，建议室内的适老化改造可启用长者子女的公积金进行支付。

二是探索将居家社区服务内容纳入长期护理险。将物业服务企业运营的养老服务站点和居家养老服务纳入长期护理险支付体系，使之能够按照约定的服务内容和服务标准提供居家上门照护服务，让更多的失能长者能够更加便捷地享受到长期照护服务。

三是探索将中医、康复等医疗护理内容纳入医保支付体系。探索物业服务企业运营站点增设护理站或派驻医务室，开展中医理疗、康复治疗等医疗护理项目，并纳入医保支付系统。

5.4.7 **人才队伍方面，培养人与留住人并举**

一是校企联合培养“社区+物业+养老服务”定制生。鼓励物业企业依托职业院校或培训机构开展员工养老服务和管理培训；同时委派员工对养老服务专业学生进行技能培训，表现优异学生经选聘输送至企业实习或就业，为物业服务企业定向培育专业人才。

二是加大对物业服务企业从业人员开展养老和急救知识培训。针对居家照护技术、居家照顾常见的应急抢救、规范用药等知识，以及居家康复护理等专业知识，联合民政部门（福彩公益金项目），协调职业院校、培训机构，开发培训课程，通过“线上+线下”培训方式，加强岗前培训及定期培训，提升物业企业工作人员从事居家健康管理和康复护理的专业水平。

三是落实物业企业养老服务人员补贴。物业企业开展“社区+物业+养老服务”，建议其工作人员享有与养老从业人员同等的政策优待，纳入在职岗位补贴、政策性租赁住房保障范围。

5.4.8 **社会宣传方面，提升公众认可度**

一是加强社会宣传力度，民政、住建等部门联合开展“社区+物业+养老服务”系列宣传活动，通过电视、报纸、广播、微信平台等老年人熟悉的媒介大力宣传“社区+物业+养老服务”为老年人带来的便利，与此同时，弘扬孝亲文化，鼓励更多物业服务企业参与建设发展养老服务事业。

二是加强社区宣传力度，鼓励物业服务企业联合社区开展各类社区活动，在社区居民中提升物业服务企业的公信力；鼓励社区组织老年人及其亲属参观附近的社区养老服务模范示范点，切身体验居家社区养老的优质服务，并推荐特殊老年群体进入上门巡访、家庭养老床位等重点服务名单。

附 1 国家居家社区养老支持政策清单

序号	时间（年）	政策名称
1	2012	民政部、国家开发银行关于贯彻落实《支持社会养老服务体系建设规划合作协议》共同推进社会养老服务体系建设的意见
2	2012	民政部关于鼓励和引导民间资本进入养老服务领域的实施意见
3	2013	民政部办公厅、国家发展和改革委员会办公厅关于开展养老服务业综合改革试点工作的通知
4	2013	关于加快发展养老服务业的若干意见
5	2014	关于加快推进健康与养老服务工程建设的通知
6	2014	财政部、国家发展改革委关于减免养老和医疗机构行政事业性收费有关问题的通知
7	2014	商务部关于推动养老服务产业发展的指导意见
8	2014	民政部、国土资源部、财政部、住房城乡建设部关于推进城镇养老服务设施建设工作的通知
9	2015	民政部、国家开发银行关于开发性金融支持社会养老服务体系建设的实施意见
10	2015	国家发展改革委办公厅、民政部办公厅、全国老龄办综合部关于进一步做好养老服务业发展有关工作的通知
11	2015	民政部等 10 部委关于鼓励民间资本参与养老服务业发展的实施意见
12	2015	关于推进医疗卫生与养老服务相结合指导意见的通知
13	2016	关于开展长期护理保险制度试点的指导意见
14	2016	国务院办公厅关于全面放开养老服务市场提升养老服务质量的若干意见
15	2016	财政部、国家税务总局关于全面推开营业税改征增值税试点的通知
16	2016	中共中央、国务院印发“健康中国 2030”规划纲要
17	2016	民政部、发展改革委、教育部等关于支持整合改造闲置社会资源发展养老服务的通知
18	2016	民政部、国家发展改革委员会关于印发《民政事业发展第十三个五年规划》的通知

续 表

序号	时间（年）	政策名称
19	2016	民政部、财政部关于中央财政支持开展居家和社区养老服务改革试点工作的通知
20	2017	国家卫生计生委办公厅关于养老机构内部设置医疗机构取消行政审批实行备案管理的通知
21	2017	财政部、民政部关于印发《中央财政支持居家和社区养老服务改革试点补助资金管理办法》的通知
22	2017	民政部、发展改革委公安部等关于加快推进养老服务业放管服改革的通知
23	2017	关于促进中医药健康养老服务发展的实施意见
24	2018	关于印发促进护理服务业改革与发展指导意见的通知
25	2018	中华人民共和国老年人权益保障法（2018 年修正）
26	2019	财政部、税务总局关于实施小微企业普惠性税收减免政策的通知
27	2019	关于养老、托育、家政等社区家庭服务业税费优惠政策的公告
28	2019	国家卫生健康委等 4 部委关于做好医养结合机构审批登记工作的通知
29	2019	民政部办公厅、财政部办公厅关于开展第五批居家和社区养老服务改革试点申报工作的通知
30	2019	民政部关于进一步扩大养老服务供给促进养老服务消费的实施意见
31	2019	普惠养老城企联动专项行动实施方案（2019 年修订版）
32	2019	关于推进养老服务发展的意见
33	2019	关于深入推进医养结合发展的若干意见
34	2019	关于建立完善老年健康服务体系的指导意见
35	2019	国家积极应对人口老龄化中长期规划
36	2019	财政部、税务总局关于明确养老机构免征增值税等政策的通知
37	2020	国务院办公厅关于促进养老托育服务健康发展的意见
38	2020	关于扩大长期护理保险制度试点的指导意见
39	2020	住房和城乡建设部等部门关于推动物业服务企业发展居家社区养老服务的意见
40	2020	国务院办公厅关于建立健全养老服务综合监管制度促进养老服务高质量发展的意见

续　表

序号	时间（年）	政策名称
41	2020	民政部、国家发展改革委、财政部等关于加快实施老年人居家适老化改造工程的指导意见
42	2020	全国老龄办关于在常态化疫情防控中做好老年人照顾服务工作的通知
43	2020	民政部办公厅关于分区分级精准做好养老服务机构疫情防控与恢复服务秩序工作的指导意见
44	2020	财政部、税务总局、民政部关于公益性捐赠税前扣除有关事项的公告
45	2021	关于规范保险公司参与长期护理保险制度试点服务的通知
46	2021	民政部办公厅、财政部办公厅关于开展居家和社区养老服务改革试点工作总结推广改革试点典型经验的通知
47	2021	中共中央国务院关于加强新时代老龄工作的意见
48	2021	国家卫生健康委办公厅关于开展老年医疗护理服务试点工作的通知
49	2021	民政部、国家开发银行关于“十四五”期间利用开发性金融支持养老服务体系建设的通知
50	2021	民政部办公厅、财政部办公厅关于组织实施 2021 年居家和社区基本养老服务提升行动项目的通知
51	2021	“十四五”积极应对人口老龄化工程和托育建设实施方案
52	2021	中华人民共和国国民经济和社会发展第十四个五年规划和 2035 年远景目标纲要
53	2022	关于扩大专属商业养老保险试点范围的通知
54	2022	关于规范和促进商业养老金融业务发展的通知
55	2022	养老托育服务业纾困扶持若干政策措施

附 2　试点城市居家社区养老支持政策清单

地区	时间（年）	政策名称
北京	2015	北京市居家养老服务条例
	2016	关于加强老年人分类保障的指导意见
	2017	京津冀区域养老服务协同发展实施方案
	2018	北京市社区养老服务驿站运营扶持办法
	2022	关于开展“物业服务+养老服务”试点工作的通知
	2022	北京市“十四五”城乡社区服务体系建设规划
上海	2017	上海市社区老年人日间照护机构管理办法
	2018	关于鼓励和引导本市养老机构提供社区居家照护服务的实施方案
	2019	关于确定康复辅助器具社区租赁服务试点地区的通知
	2019	上海市社区嵌入式养老服务工作指引
	2020	关于深化本市养老顾问制度建设的实施意见
	2020	上海市养老服务条例
	2021	上海市养老服务补贴管理办法
	2021	关于推进本市“十四五”期间养老服务设施建设的实施意见
重庆	2019	重庆市社区居家养老服务全覆盖实施方案
	2021	关于建立健全养老服务综合监管制度促进养老服务高质量发展的实施意见
	2021	关于强化养老服务领域食品安全管理的意见
	2022	重庆市医疗卫生服务体系“十四五”规划（2021—2025 年）
	2022	重庆市渝北区居家养老服务实施方案
	2022	养老服务政策扶持及标准
南京	2013	南京市社区居家养老服务实施办法
	2019	南京市养老服务条例
	2020	南京市政府购买居家养老服务实施办法
	2022	关于调整政府购买居家养老服务和老年人适老化改造补贴标准
杭州	2014	深化农村居家养老服务的实施办法
	2017	杭州市民政局关于进一步提升我市居家养老服务照料中心建设和服务水平的指导意见
	2020	杭州市居家养老服务用房配建实施办法
	2021	杭州市居家养老服务条例
	2021	杭州市已建成住宅小区居家养老服务用房配建工作方案

续 表

地区	时间（年）	政策名称
苏州	2012	江苏省社区居家养老服务中心（站）省级“以奖代补”专项资金补助办法
	2016	关于加快发展养老服务业完善社会养老服务体系的实施意见
	2017	江苏省居家社区养老服务能力提升三年行动工作方案（2022—2024）
	2020	太仓市居家和社区养老服务创新示范
	2020	江苏省苏州市太仓市居家养老服务操作办法
	2021	市政府关于印发苏州市深化医疗服务价格改革试点实施方案的通知
	2022	全市推进社区居家养老服务三年行动计划（2021—2023）
广州	2012	广州市居家养老服务机构评估和资助试行办法
	2013	广州市居家社区养老服务管理办法
	2021	广州市支持社区养老服务设施规划建设和使用管理十条措施
	2021	广州养老服务条例
	2018	广东省民政厅关于加强特困供养人员护理工作的通知
深圳	2019	深圳市社区居家养老服务实施方案（第二次修订）
	2022	关于开展2022年居家和社区基本养老服务提升行动项目申报工作的通知
郑州	2018	郑州市城乡养老照料设施建设资助和运营管理暂行办法
	2022	河南省养老服务条例

课题组成员名单

课题组组长： 陈贵民　中国社区发展协会

课题组成员： 朱耀垠　北京师范大学中国社会管理研究院

刘寅坤　中国物业管理协会

郝海燕　北京师范大学马克思主义学院

方南火　中共北京市石景山区委员会党校

倪赤丹　深圳健康养老学院

王　娟　深圳健康养老学院

吴一帆　中国物业管理协会

张旻楠　中国物业管理协会

刘美嘉　中国物业管理协会

赵一飞　中国物业管理协会

李　庆　深圳健康养老学院

厚　武　深圳健康养老学院

朱咏田　南京银城康养总公司

芦　嘉　中国社会福利与养老服务协会

张　臻　北京电子科技学院

物业服务企业参与城市更新行动中的模式、路径和机制研究

◆ 深圳市万物云城空间运营管理有限公司

前　言

2022年我国常住人口城镇化率已达到64.72%，已经进入城镇化中后期，经历了40余年的城镇化进程快速发展期，城镇住房增长了19倍。大量存量老旧小区因建设年代久远、物业管理不足、建设标准低下，而导致基础设施老旧失修、环境卫生脏乱、乱搭乱建严重，同时随着居民美好生活需求不断增加，老旧小区停车位不足、公共服务缺失、环境品质低下等问题愈发凸显。随着城市发展目标由增量规划转向存量更新，城市建设亦由过往追求规模速度转向关注质量品质。在2020年我国提出的城市更新行动的目标任务中，加强居住社区建设、加强城镇老旧小区改造是重要的两项，老旧小区更新改造成为我国新时期重要的民生工程与常态化任务。

老旧小区作为存量更新的主要空间类型，一直以来都是城市更新的重点，本次研究归纳了城市更新行动中我国老旧小区改造的进程与现状，并在综合考虑老旧小区改造进程的不同阶段划分（改造前、改造中、改造后）以及物业企业介入的不同程度（介入前、介入中、介入后）的前提下，在湖北省武汉市汉江区内选取了扬子小区、西马新村小区、三峡大院三个小区作为本次研究的重点研究对象，并开展了深入的实地走访和相关人员访谈等调研工作，剖析老旧小区及改造运营的现状与问题，梳理物业企业参与城市更新行动，尤其是老旧小区及其更新改造的模式、路径及管理机制。

第一章　绪　论

本研究旨在探寻一种面向居民需求，基于政企共管的老旧小区更新改造模式，梳理已有旧改相关政策法规，探寻老旧小区更新改造的多元主体需求和现有老旧小区更新运营策略，并学习借鉴国内外典型老旧小区更新改造的实践模式，为后续探索一条政企共管、满足多元主体利益需求的旧改路径提供现实依据。

1.1 研究背景

空间衰败、基础设施匮乏及公共服务缺失一直都是老旧小区存在的问题，在2019年12月召开的中央经济工作会议上，老旧小区改造被列入2020年重点工作，凸显了其问题的紧迫性与普遍性。2021年8月，住建部发布《关于在实施城市更新行动中防止大拆大建问题的通知》中提道："坚持应留尽留，全力保留城市记忆"，推行小规模、渐进式有机更新和微改造。实施城市更新行动是党的十九届五中全会做出的重要决策部署，是国家"十四五"规划纲要明确的重大工程项目。特别是2021年12月28日国家发展改革委等21部门联合印发《"十四五"公共服务规划》，将老旧小区改造纳入"十四五"公共服务计划"住有所居"部分，在城市更新背景下全面推进老旧小区更新改造，是整个"十四五"期间重要的民生工程。在过去近40年的城市建设中留下了许许多多的缺陷，其中较为突出的问题就体现在老城区环境品质下降、空间秩序混乱等方面。

1.2 研究意义

老旧小区改造作为一项惠民以及德政工程，有助于改善城市整体风貌和提高城市形象、完善城市功能和服务、优化城市社会空间结构，是整合城市存量土地资源的重要路径。对于提高居民居住品质和维护社会稳定、补齐城市文明程度"短板"、社区网格化管理等方面具有重要意义。城市更新与老旧小区改造有别于传统规划建设，不需要大拆大建，而是采用"城市修补"的办法来消除隐患、改善人居环境。据不完全估算，我国城市有近400亿平方米的既有建筑，近一半必须进行各种各样的修补改造。全国有超过30万个城镇老旧小区，老旧小区更新改造能够带动建筑节能、园林绿化、建筑改造等大批产业，拉动内需，推动经济和投资增长。

1.3 研究内容

本文主要从空间更新和利益诉求两方面梳理老旧小区改造运营的现状与问题。在空间层面，收集并总结国内外老旧小区更新改造的典型理论与优秀实践案例，选择不同类型老旧小区进行深入调研，了解不同老旧小区在公共服务设施、空间环境、地域文化等层面的现状，深入剖析老旧小区更新改造的问题、难点、痛点，梳理不同类型老旧小区更新改造的需求，明确更新内容与更新目标。本文对于利益诉求的分析将通过对不同利益主体的访谈与问卷调查，确定老旧小区更新改造过程中的各利益相关方，明确包括政府、企业、公众等不同主体的权责作用与利益诉求，明晰物业企业参与老旧小区更新中的主要内容、多元利益主体诉求与权责、多维度的更新实践方式以及服务内容等。

依据研究调研与访谈现状，提炼物业企业作为市场化主体参与老旧小区更新中亟须关注的维度与内容，并针对各个维度中的具体内容论证不同主体的权责边界与操作空间，进一步针对研究范围内老旧小区的特征，提出精细的市场化主体参与老旧小区及其更新改造的实施路径及方法。最终总结与提炼出可以实现市场化主体协调参与运营、物质空间利用最大化的老旧小区更新改造新模式与新范式。

1.4 我国老旧小区更新改造的政策演进与研究基础

1.4.1 老旧小区更新改造的政策演进历程

老旧小区更新改造的相关政策可追溯至2015年12月，中央城市工作会议首次提出要加快老旧小区改造。2019年起，国务院在全国范围内推进城镇老旧小区改造工作。作为接棒棚改的一项重要民生工程，老旧小区改造近年来受到了政策的大力支持。2019年住建部会同国家发展改革委、财政部联合印发《关于做好2019年老旧小区改造工作的通知》；2019年6月19日国务院常务会议对城镇老旧小区改造工作做出部署。“国办发23号文”亦对工作中涉及的具体问题进行了规范。此外，2019、2020、2021年每年的中央经济工作会议、政府工作报告都将老旧小区改造作为城市更新战略中的重要组成部分，不断扩大实施规模。2021 年 12 月 28 日国家发展改革委等 21 部门联合印发《“十四五”公共服务规划》的通知，将老旧小区改造纳入“十四五”公共服务计划“住有所居”部分，计划 2021 年城镇老旧小区改造项目 5.9 万个，到 2025 年约 21.9 万个。2022 年 12 月 17 日住建部印发《完整居住社区建设指南》，明确了“完整居住社区”的“国家标准”。

老旧小区更新改造的资金政策方面，2021 年 2 月 7 日发展改革委、住建部联合下发的《关于下达保障性安居工程 2021 年第一批中央预算内投资计划的通知》（发改投资〔2021〕198 号），老旧小区改造被纳入保障性安居工程范畴，主要资金来源依然是财政资金和专项债券资金。2021 年 11 月 18 日财政部印发《关于提前下达 2022 年部分中央财政城镇保障性安居工程补助资金预算的通知》（财综〔2021〕47 号），2022 年中央财政预算计划向老旧小区改造提供 300 亿元补助资金。随着运营模式、配套制度、融资模式等一系列底层制度基础的逐渐完善，老旧小区改造有待探索更为有效的盈利模式，从而吸引更多资金投入。

表 1　老旧小区持续获得政策支持

阶段	时间	部门	政策摘要
起始	2015-12-01	中央城市工作会议	深化城镇住房制度改革，继续完善住房保障体系，加快城镇棚户区和危房改造，加快老旧小区改造
试点	2017-12-01	住建部	在 15 个城市开展老旧小区改造试点，目的是探索城市老旧小区改造的新模式，为推进全国老旧小区改造提供可复制、可推广的经验。15 个试点城市为广州、韶关、柳州、秦皇岛、张家口、许昌、厦门、宜昌、长沙、淄博、呼和浩特、沈阳、鞍山、攀枝花和宁波
进一步支持，提供资金鼓励	2019-04-15	住建部、国家发展改革委、财政部	《关于做好 2019 年老旧小区改造工作的通知》
	2019-06-19	国务院	部署推进城镇老旧小区改造。稳定制造业投资，实施城镇老旧小区改造、城市停车场、城乡冷链物流设施建设等补短板工程，加快推进信息网络等新型基础设施建设

续 表

阶段	时间	部门	政策摘要
进一步支持，提供资金鼓励	2021-02-07	国家发展改革委、住建部	《关于下达保障性安居工程 2021 年第一批中央预算内投资计划的通知》（发改投资〔2021〕198 号），老旧小区改造被纳入到保障性安居工程范畴，主要资金来源依然是财政资金和专项债资金
	2021-11-18	财政部	《关于提前下达 2022 年部分中央财政城镇保障性安居工程补助资金预算的通知》（财综〔2021〕47 号），2022 年中央财政预算计划向老旧小区改造提供 300 亿元补助资金
	2021-12-28	国家发展改革委等 21 部门	老旧小区改造纳入“十四五”公共服务计划“住有所居”部分，计划 2021 年城镇老旧小区改造项目 5.9 万个，到 2025 年约 21.9 万个
	2022-12-17	住建部	《完整居住社区建设指南》，明确了“完整居住社区”的“国家标准”

1.4.2 老旧小区更新改造的研究基础

老旧小区更新改造的理论发展可分为五个阶段，第一阶段是二战前，社区规划关注秩序与轴线，通过城市统一规划形成明显的整体形态与结构。第二阶段是二战后的 1950—1960 年，人民不满战后衰败的景象，兴起针对衰败地区特别是贫民窟地区推土机式的拆除重建活动。第三阶段是 1960—1970 年，福利色彩的社区更新逐渐取代了推土机式的重建，这一时期关注针对弱势群体的城市更新活动。第四阶段是 1970—1990 年，世界经济结构调整，老旧小区更新改造建设的主体逐渐由政府向市场转移，而 1990 至今，人本主义受到广泛关注，在老旧小区更新改造中以人民为中心，关注多元主体共同参与，切实提升居民生活福祉、推动老旧小区长效运营成为目标。

当前老旧小区更新改造的研究方向大致可分为三类。第一类是改造方法研究：如社区营造、有机更新、微更新等；第二类是空间规划设计研究，如公共空间、景观设计、公共服务设施等；第三类是特殊人群研究，如适老化、老龄化、社区养老、全民友好等。研究视角主要有以下三个方面，一是关注韧性理论，特别是新冠疫情发生以来，社区作为基层治理单元在疫情防控与应对中发挥出重要作用，该视角主要研究提升老旧小区面对城市突发公共安全事件时的应急能力以及应对疫情常态化局势的更新改造措施。二是关注绿色低碳建设，探索以绿色低碳理念为指导更新改造实践，引领老旧小区高质量发展。三是关注管理体制机制建立，厘清老旧小区更新改造工作中多方主题利益诉求，构建老旧小区多元主体协同治理路径。

第二章　国内外老旧小区更新改造实践经验

2.1 国内老旧小区更新改造的实践经验

我国老旧小区主要位于中心城区域，城市共同发展，承载着城市的历史文化与记忆，周边配套齐全，居民归属感强，房屋价值较高，但空间环境还处于建设初期，为保障居民居住安全、改善居住环境、提升社区品质，我国各地相继明确了老旧小区改造的重要性，已开展此项工作多年，积累了丰富的实践经验。

2.1.1 香港——法律化和制度化的顶层设计

香港在老旧小区改造的实践中最明显的特点便是强调法律化和制度化的顶层设计。现阶段香港地区城市更新采用“以人为先，地区为本，与民共议”的工作方针，并设立专门负责城市更新的实体机构——市区重建局。基本法律为《市区重建局条例》，基本政策为《香港城市更新策略》。这些法令有效推进了香港城市的房屋更新。纵观香港的城市更新历程和老旧小区改造的实践经历，其老旧小区改造是根据目标与政策机制的变化进行适时调整，动态变化提升的过程。从最初基础性的公共卫生问题到对应建筑老化及土地建筑使用不合理引起的安全问题，最终智力解决社会问题，实现公众高度参与，有效地保护社区文化特色，重塑邻里关系网络，从而实现老旧小区改造工作的稳步推进。

2.1.2 北京——“劲松模式”

北京在老旧小区改造中采用了多模式、多机制的探索，北京市实施综合整治和老旧小区改造后，小区基础设施得到完善，人居环境大幅改善，居民的获得感、幸福感和安全感不断增强。在以疏解为主、城市建设为增量作为产量的总体方向下，北京市老旧小区综合整治和改造工作采取了政府支持基础组织、公共参与、引入社会资本进入的多模式多机制相结合的发展方式。而引入社会资本参与则是其工作一大特色。北京市规定各区政府可以选择符合条件的企业作为投资主体，负责资金筹措、前期准备、统筹组织等工作，投资主体可以将市区两级财政投入资金作为老旧小区综合改造资本金，依托区政府确定的改造区域内相关公共资源搭建投资融资平台，吸引社会资本参与自选类改造。鼓励具备投资规划设计、改造施工运营服务能力的民营企业作为投资实施和运营主体，鼓励市属国有企业参与老旧小区综合整治，在引导社会资本参与老旧小区综合整治中，北京形成了“劲松模式”和“首开经验”。

2.1.3 山东——多元、长效的政策机制

山东在老旧小区工作中则是以多元、长效的政策机制作为宏观把控。山东省于2015年启动了新一轮老旧小区改造工作，要求用五年的时间推进全省老旧小区整治改造和物业管理。2015年开展试点，2016年整体推开，到2020年底基本完成整治改造，实现物业管理全覆盖。最终建立老旧小区改造后的长效管理机制。在这个过程中，山东省的相关政府单位先后发布了山东省老旧住宅小区整治改造导则、山东省深入推进城镇老旧小区改造实施方案等政策制度和实施导则，以及关于优化城镇老旧小区改造项目审批的指导意见等制度改革方案，初步建立了较为系统的政策体系。这些措施为老旧小区改造工作提供了有效的法规政策支撑，提高了工作方案推进的整体效率。

2.2 国外老旧小区改造相关的实践经验

2.2.1 新加坡——公共住宅改造

各个国家的国情发展及城市化进程不尽相同，当前亚洲的发达国家在城市、社区更新方面积累了丰富的经验，其中许多政策、措施对于我国的老旧小区改造工作的推进极具借鉴意义。

新加坡以国有土地为主，社区治理体系与我国相似，其老旧小区改造工作对于我国具有相当的借鉴意义。一方面，明晰房屋产权是其改造工作的前提，以新加坡组屋为代表的公共住宅，其所有权与使用权分离，住宅

持有者的产权仅限于住宅套内面积，没有公摊，对于公共空间的更新在法理上并无干涉权力，并且政府对组屋的买卖、出租、室内装修等方面均有严格的控制管理，这是新加坡老旧小区改造推进比较顺利的重要原因。另一方面，新加坡构建了市镇、社区、住宅三层级的更新体系，将老旧小区改造融入整个城市更新体系内，有效避免了老旧小区改造的视野局限在老旧小区本身，与周边城市空间脱节。

2.2.2 日本——关注因地制宜与多样化措施并举

日本老旧小区的空间形成与所面对的社会课题与我国类似，其经验也有一定的参考价值。一方面，日本政府在政策上多管齐下，通过颁布多种具有法律效应的政策文件及其补充文件来降低改造门槛，激发改造的积极性。例如适当放宽业主集体决议标准、创建“业主自主更新”“公寓土地一次性出让制度”等简便模式降低改造难度，以及关联法规适当放松“容积率”要求，调动市场积极性。另一方面，为契合居民和市场需求，日本将老旧小区改造方式分为“土地出让型”“自主更新型”“资产活用型”“综合配套型”“修缮提升型”五种类型，其因地制宜且多样化的优点也在其改造进程中得到了充分体现。

2.3 国内外老旧小区改造经验小结

老旧小区改造是一项长期的系统性工程，尽管现有的老旧小区更新改造的运营策略与实践模式已经取得了一定成果，但依然需要进一步完善才能更好地在全国范围内进行推广和应用，为其他城市提供更科学的参考与借鉴。今后应当从政策法规、主体需求、资金筹集和长效治理等方面进一步探索和研究如何提升和完善老旧小区改造模式，以实现老旧小区改造的系统、持续和常态化实施与推广。

对近年老旧小区更新改造的政策、理论、文献与实践进行梳理可见，自 2019 年起，国务院在全国范围内推进城镇老旧小区改造工作，老旧小区改造近年来受到了政策的大力支持。尽管地方政府和市场主体清楚旧改工作推行的必要性和必然性，但由于老旧小区面广量大，许多从业者基于经典理论与过往棚改及城市更新项目的经验，积极对老旧小区更新改造进行了不同方面的理论与实践探索，但当前老旧小区更新改造尚未形成统一标准，各地实践缺少横向对比，尤其缺少针对性与普适性兼备的老旧小区更新改造方法框架研究，亟待基于过往研究成果梳理出更加科学全面可持续的老旧小区更新改造技术指南。本研究旨在探寻一种面向居民需求、基于政企共管的老旧小区更新改造方法框架，形成具有可借鉴意义的老旧小区更新改造策略与发展模式，以期推动老旧小区更新改造工作的全面协调可持续发展。

第三章　老旧小区更新改造的基本认知

3.1 老旧小区更新改造内涵与认知框架

2020 年 7 月 20 日国务院办公厅发布《关于全面推进城镇老旧小区改造工作的指导意见》（国办发〔2020〕23 号）（后文简称“国办发 23 号文”），各地推进老旧小区更新改造工作的纲领均基于此文件进行了因地制宜的调整和修改。从改造范围来看，意见中明确规定，“各地要结合实际，合理界定各地区改造对象范围，重点改造 2000 年底前建成的老旧小区”。一些地方在老旧小区更新改造的过程中，根据实际情况对 2000 年后、2005 年前建成的，且居民改造意愿强、参与积极性高的城镇老旧小区也进行了改善提升。从改造内容来看，国办发 23 号文中提出城镇老旧小区改造内容可分为基础类、完善类、提升类 3 类，大部分城市重点改造 2000 年底前建成的老旧小区，并将老旧小区改造内容在基础类、完善类、提升类等分类上进行了拓展。老旧小区改造工作的推进旨在提高居民生活质量、消除生活危险隐患、创造美丽的环境、完善社区的功能，以达到给人们带来美好生活环境的最终目的。

老旧小区更新改造已成为城市更新的重要类型，涉及多要素的有机配合。老旧小区更新改造主要包含改造中涉及的要素（包括更新改造的内容和涉及的利益相关方）和改造的实施，除此之外还要构建老旧小区更新改造的保障体系。保障性要素内容作为老旧小区更新改造立项成立的前提，包括老旧小区更新改造的法律法规、上位组织架构、审核评估、硬件支持四个要素，同时内容板块作为理论指引，贯彻落实到改造实施板块中。老旧小区更新改造的构成要素主要包括改造的内涵特征、改造事项和多元利益相关方三个方面，更新改造的实施部分由改造策略、工作流程、事件模式三个部分组成。在更新改造内容部分中，内涵特征的界定有利于明确老旧小区更新改造的核心概念和改造目标，从而决定了老旧小区更新改造所涉及的多元利益相关方。而多元利益相关方性质特征的多样化会形成不同的更新改造事项。在改造实施部分中，改造机制的提出有利于对老旧小区更新改造的实施提供策略驱动，指导老旧小区更新改造的具体工作流程。由于各地老旧小区更新的政府开发方式、人群结构和经济发展方式不同，最终会派生出不同的老旧小区更新模式。老旧小区更新改造的上位组织架构、法律法规等负责内容构成了老旧小区的顶层设计，再根据老旧小区更新改造的理论指引，明确老旧小区多元利益相关方的相互关系和工作分工。在实施过程中，利用核心改造机制驱动老旧小区更新改造的有效落实，最终达成共识，实现老旧小区多元协同更新改造，促进空间环境品质提升（见图1）。

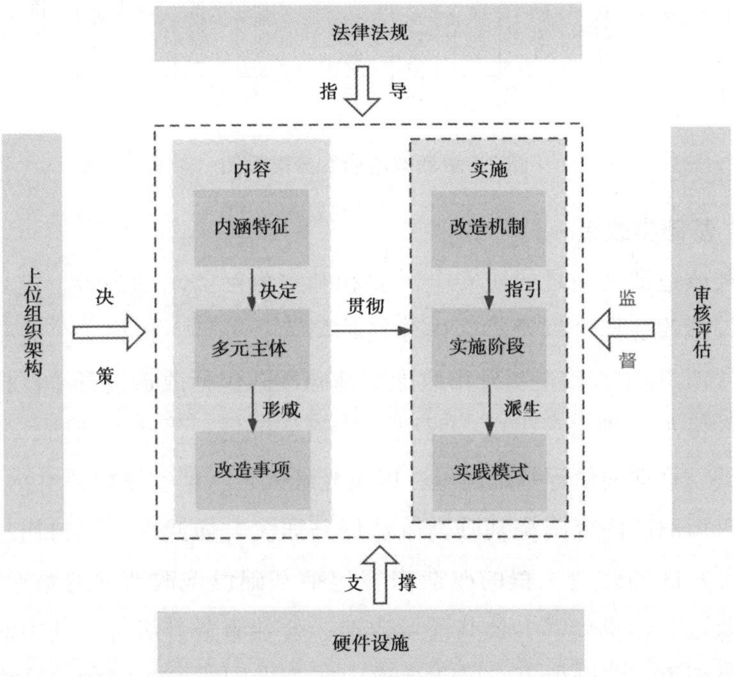

图1　老旧小区更新改造框架图

3.2 老旧小区更新改造内容

2019年至今，关于城镇老旧小区改造的中央政策文件包括：《关于做好

2019年老旧小区改造工作的通知》、《关于全面推进城镇老旧小区改造工作的指导意见》和《进一步明确城镇老旧小区改造工作要求的通知》，根据目前已经出台的老旧小区改造相关政策文件及改造现实情况，各省市结合具体需求，因地制宜地确定改造内容清单、标准和支持政策，条例规定将老旧小区更新改造内容分为三类，分别为基础类改造、完善类改造和提升类改造（见图2）。

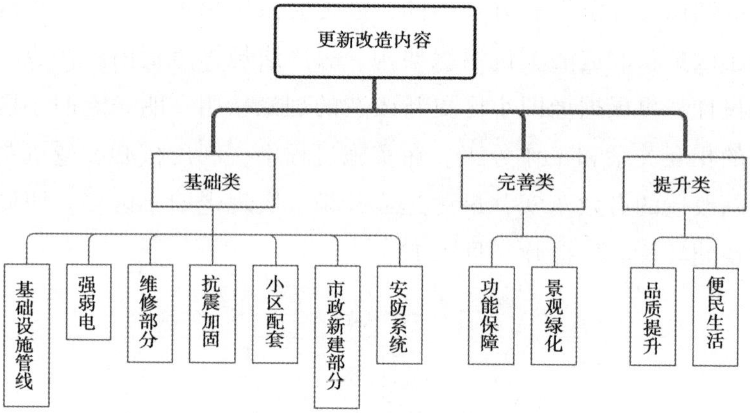

图2　更新改造内容分类框图

3.2.1 基础类改造

基础类改造即为满足居民安全需要和基本生活需求的内容，主要是市政配套基础设施改造提升以及小区内建筑物屋面、外墙、楼梯等公共部位维修等（见表1）。其中，改造提升市政配套基础设施包括改造提升小区内部及与小区联系的供水、排水、供电、弱电、道路、供气、供热、消防、安防、生活垃圾分类、移动通信等基础设施，以及光纤入户、架空线规整（入地）等。目前，武汉市旧改内容围绕基础类改造展开居多，如武汉市汉口历史风貌区汉江区南部片区的改造工程的改造内容包括基础设施改造、道路通行改造、消防安防改造、建筑修缮、公共环境改造、公共服务升级等；其中对片区内的花楼水塔街道、前进街道、民意街道内4个老旧小区进行的改造内容包括基础设施改造、道路通行改造、消防安防改造、建筑修缮等，均属于基础类改造内容范围。

表 2　基础类改造内容详表

基础类	基础设施管线	供水设施	水系扩容、增压、更换、入户
		排水设施	排水出户部分弯头更换、管线、新建井、标高调整更换线路
		燃气设施	更换修复燃气管线
		暖气设施	扩容增压、保障入户水压、提升供暖温度
	强弱电	消防设施	消防管线的布设、消火栓的增加、旧消防器材的更换及维修
		供电设施	强电入地扩容、更换变压器等
		弱电设施	弱电线路（主要为光纤）墙面规整更换、入地、入户
	维修部分	建筑部分	屋面、建筑墙面、公共部分、踏步、散水、道路、铺装等零星较为完整的部分如何修复
		市政部分	
	抗震加固	抗震加固	建筑抗震鉴定结果为 B 级的进行加固
	小区配套	垃圾桶	生活垃圾分类设施
	市政新建部分	道路	行车道
		铺装	人行道
		道路标线	标识标线
	安防系统	道闸门禁系统	人车分流，可增加停车收费
		小区监控	人脸识别，中心系统连接公安
		其他	围墙、消防大门、警卫室等

3.2.2 完善类改造

完善类改造即为满足居民生活便利需要和改善型生活需求的内容，主要是环境及配套设施改造建设、小区内建筑节能改造、有条件的楼栋加装电梯等（见表 3）。其中，改造建设环境及配套设施包括拆除违法建筑，整治小区及周边绿化、照明等环境，改造或建设小区及周边适老设施、无障碍设施、停车库（场）、电动自行车及汽车充电设施、智能快件箱、智能信包箱、文化休闲设施、体育健身设施、物业用房等配套设施。武汉市目前关于完善类改造工作多集中在停车场整治、加装电梯等满足居民生活便利需要的项目，如武汉市汉江区金融街片区老旧小区功能提升工程项目对北湖地面停车场进行了一系列翻修和车位规划，内容包括拆除人德里、人智里小区局部花坛，在小区内配建公共停车及居民停车场，规划车位，处理硬化道路，同步配建车行出入口及一体化道闸，翻新物业管理用房等，完善类相关改造能够在满足居民基本生活需求的同时进一步提升居民生活品质。

表 3　完善类改造内容详表

<table>
<tr><td rowspan="19">完善类</td><td rowspan="12">功能保障</td><td>拆迁</td><td>拆除无产权、无主、私搭乱建的平房等</td></tr>
<tr><td>停车场</td><td>停车</td></tr>
<tr><td>桌椅板凳安装</td><td>休憩桌椅</td></tr>
<tr><td>无障碍设施</td><td>台阶、坡道、楼梯间靠墙扶手</td></tr>
<tr><td rowspan="3">电气</td><td>路灯照明、线路更换扩容、配电箱补充</td></tr>
<tr><td>电动车充电桩</td></tr>
<tr><td>加装电梯</td></tr>
<tr><td rowspan="3">建筑节能</td><td>外墙保温</td></tr>
<tr><td>屋面保温及防水</td></tr>
<tr><td>钢窗玻璃更换为断桥铝合金玻璃</td></tr>
<tr><td rowspan="2">装饰装修完善</td><td>公共部分的楼梯间粉刷</td></tr>
<tr><td>扶手修复粉刷</td></tr>
<tr><td rowspan="7">景观绿化</td><td rowspan="3">绿化</td><td>水系管线的布设，需道路施工时同步进行，先通水再种植</td></tr>
<tr><td>乔木灌木的种植，需考虑节气、树种的因素进行种植</td></tr>
<tr><td>草花基本不受夏季影响</td></tr>
<tr><td rowspan="4">景观</td><td>文化休闲场地及设施</td></tr>
<tr><td>体育健身场地及设施</td></tr>
<tr><td>儿童活动场所</td></tr>
<tr><td>绿化带内园路、铺装、景石、工艺品等</td></tr>
</table>

3.2.3 **提升类改造**

提升类改造即为丰富社区服务供给、提升居民生活品质、立足小区及周边实际条件积极推进的内容，主要是公共服务设施配套建设及其智慧化改造，包括改造或建设小区及周边的社区综合服务设施、卫生服务站等公共卫生设施、幼儿园等教育设施、周界防护等智能感知设施，以及养老、托育、助餐、家政保洁、便民市场、便利店、邮政快递末端综合服务站等社区专项服务设施（见表 4）。由于提升类改造内容更多需要在老旧小区基础设施完善、公共环境良好的情况下展开，因此，武汉市老旧小区提升类的改造工作较少，更多聚焦在基础民生设施完善的工作中。放眼全国旧改工作来看，北京市劲松社区在提升类改造方面成效较好，其中，劲松北社区范围内选取了劲松西街、劲松大公园、209楼前小花园、劲松北社区居委会、物业服务中心及劲松西街沿街配套用房，于2019年5月至8月历时3个月，完成了劲松西街强电架空线入地、两个公园提升、沿街配套服务用房改造、无障碍系统完善等建设内容，并引入理发店、匠心工坊、社区食堂、百年义利等便民服务业态，方便居民生活，提升社区品质。

表4　提升类改造内容详表

<table>
<tr><td rowspan="9">提升类</td><td rowspan="9">品质提升</td><td rowspan="4">便民生活类服务设施</td><td>卫生服务站等公共卫生设施</td></tr>
<tr><td>幼儿园等教育设施</td></tr>
<tr><td>养老服务设施</td></tr>
<tr><td>邮政快递末端综合服务站</td></tr>
<tr><td rowspan="5">品质提升类服务设施</td><td>托育点</td></tr>
<tr><td>助餐服务设施</td></tr>
<tr><td>家政保洁服务设施</td></tr>
<tr><td>便民市场、便利店、超市等</td></tr>
<tr><td>周界防护等智能感知设施</td></tr>
</table>

3.3 老旧小区更新改造的利益相关方

综合国务院发布的《国务院办公厅关于全面推进城镇老旧小区改造工作的指导意见》和地方老旧小区更新改造的细化政策（如武汉市《市人民政府办公厅关于进一步推进城镇老旧小区改造工作的通知》），将老旧小区更新改造的利益相关方分为区级政府部门、街道社区部门、企业部门、社区居民部门四大类（见图3）。其中区级政府部门主要负责老旧小区更新旧改项目的规划、审批、资金筹措等职责。基层街道社区部门主要负责组织老旧小区更新改造工作建设主体和运营责任主体，同时对老旧小区更新改造的立项和成效履行监管职责。市场部门主要涉及老旧小区更新改造具体的前介工作、工程建设、运营管理工作。社会居民是老旧小区更新改造重要的参与利益相关方，同时也是老旧小区更新改造的主要受益群体，因此，激发社会群体参与老旧小区更新改造，既能最大限度体现老旧小区“人本思想”的理念，同时也极大地满足了老旧小区更新改造的社会居民诉求，从而提高改造效益。

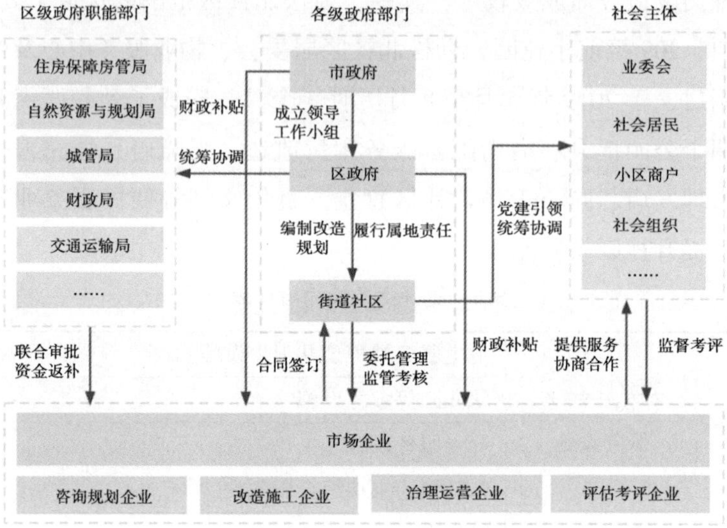

图 3　老旧小区更新改造多元利益相关方相互关系图

3.3.1 区级政府部门

区政府负责编制老旧小区的改造规划，要全面摸清本辖区内老旧小区的数量、户数、栋数、建筑面积、产权性质、建成时间、小区现状以及居民改造意愿等基本情况，建立老旧小区改造项目库，科学编制辖区老旧小区改造远期和近期规划以及年度改造计划。

城投公司、自然资源和规划、城乡建设、城管执法、园林和林业、公安、消防救援、通信等区级部门以及相关管线权属单位，联合审查老旧小区改造方案后，由相关部门直接办理立项、用地、规划、施工等监管手续。其中，不涉及土地权属变化的，无须新办用地手续；不涉及规划条件调整的改建、扩建项目，无须办理相关规划手续；在联合审查改造方案阶段确定的不涉及建筑主体结构变动的低风险项目，实行项目建设单位告知承诺制的，可不进行施工图审查。

3.3.2 街道社区部门

各街道办事处负责组织社区、设计单位、业主代表，并将其组成工作专班，开展社区和老旧小区调查评估，在广泛征求居民意见的基础上，按照"一小区一方案"的要求，合理确定老旧小区改造内容，科学制定改造方案并公示。其中，涉及不可移动文物、历史建筑和文化街区保护的，还应当严格按照相关法律法规规定制定保护性修缮方案。

3.3.3 **市场部门**

老旧小区改造中涉及的企业利益相关方众多，如城市空间运营服务公司、施工单位、咨询单位等（比如武汉江汉城资公司）。企业通过市场经济参与并受限于政府，为老旧小区提供改造和服务，其中最重要的两类企业主要是涉及改造过程中的施工单位和承担后续治理的物业公司。其中施工单位由政府选定、受各级政府监管，改造成果经社区居民和政府有关部门考核评价；物业公司由街道机构选定，其价值就是提供良好全面周到的老旧小区更新改造服务，统筹盘活老旧小区公共资源，从而促进老旧小区更新改造的可持续进行。

3.3.4 **社区居民**

社区居民在老旧小区改造中是最主要的利益相关者，通常社区居民是以个体本身或作为业主委员会的代表来参与老旧小区改造的。在老旧小区改造中，社区居民利益实际的代表分为居民个体和小区自己成立的业主委员会，业主委员会反映社区居民整体意愿，起到协调改造项、监督改造进度的作用，同时以公众参与的方式推进老旧小区更新改造，提高满意度和改造效益。

3.4 老旧小区更新改造多元利益相关方诉求

3.4.1 **居民利益相关方需求**

社区居民主要是指居住在老旧小区内的原始居民，也包括具备条件的小区成立的业委会。在老旧小区改造的利益相关者中，社区居民是老旧小区改造的直接影响对象。社区居民可以通过老旧小区改造来获得基础设施的改善，从而提高生活的质量和水平，同时也希望尽可能地保持原有的生活习惯。包括：①提高生活水平与质量，得到高性价比的小区物业服务、公共设施等。②在老旧小区改造过程中保障原有居住水平。同时，尽量改善小区内的基础设施水平，如加装电梯、增加停车位等。③文化传统和生活习惯的保留和延续。社区居民一般都希望自己在原住地的生活和工作习惯不被破坏，甚至希望老旧小区改造能够使自己原本的习惯得到延续。

同时也有较多研究关注老旧小区中特殊群体的需求，其中以老年人需求为主。老旧小区老年人需求包括环境适配问题和服务运营问题等。其中环境适配问题包括住房、公共服务设施、道路交通等硬件配置，服务运营问题则针对养老服务行业集中度低、覆盖面窄、服务结构单一、内容较少、资源错配等问题。通过实地观测和问卷访谈，确定老年人对老旧小区街道开放空间的需求集中在开放空间供给和设施供给上，具体包括开放空间总量供给不足、功能设计不合理、健身和照明设施缺乏以及儿童活动设施缺乏等方面。

3.4.2 政府利益相关方需求

在老旧小区改造过程中，各级政府及政府下属的职能部门组成了利益相关者的其中一方，各级政府及政府下属的职能部门在老旧小区改造过程中，通过制定与老旧小区改造相关的政策、监督政策的执行等方式，对老旧小区改造产生重大的影响。同时，各级政府及政府下属的职能部门提供的政策扶持以及政策引导，也对老旧小区改造规范化起到了重要的作用。

通过对各级政府及政府下属的职能部门概念的定义和职能的分析，结合政府实际情况，在老旧小区改造过程中各级政府及其下属职能部门这一利益相关方的诉求主要体现在以下几个方面。

（1）改善居民生活条件，促成民生工程。

（2）实现当地经济的发展，在老旧小区改造过程中，政府通过老旧小区改造提供就业机会，引入相关单位参与旧改推动当地经济发展。

（3）适应当下社区化发展的总体要求，适应创文、创卫、创建卫生城区的要求。

（4）发挥社区党组织的核心作用，满足老百姓对美好生活的向往，发挥党组织的轴心作用，让党群服务中心成为真正为民办实事的基层组织。

（5）老旧小区经过改造便于物业公司和社区进行管理，能够减轻基层治理的负担。

3.4.3 企业利益相关方需求

企业利益相关方涉及众多与基础建设相关的经营商、管理商等主体，此外还包括企业的所有员工。企业在老旧小区进行经营活动，必须要获得政府相关部门的审批，在合法合规的前提下，才能够进行老旧小区的改造。而且，这些企业在老旧小区改造过程中，也要进行人力、物力、财力资源的投入，从而确保老旧小区改造顺利实施。实际上，盈利是企业参与老旧小区改造的直接目的和最终目标，无论是长期或短期盈利，经济效益是推动企业参与的根本动力。经过整理和分析，老旧小区改造中的企业诉求有以下方面。

（1）通过企业的经营生产活动（如施工、物业服务等）为企业获取经济效益，实现盈利。

（2）企业在老旧小区改造过程中，需要政府及其下属职能部门提供相关政策作为依据，也需要以小区基础设施为依托。

（3）企业想要在老旧小区顺利实现改造，有必要获得老旧小区原住民的支持，这样可以从侧面降低企业的管理成本。

（4）营造品牌效应以提升行业竞争力，也有助于企业的盈利。因此，企业的利益诉求点还包括利用成功的老旧小区改造获取良好的市场口碑及品牌效应，提高品牌曝光度，进而拓展企业经营规模及融资规模。

3.5 老旧小区更新改造保障体制机制

3.5.1 上位组织体系

老旧小区改造的上位组织由地方区一级政府和街道一级政府的政府机构组成。首先，上位组织依据老旧小区改造相关法律法规，在城市高质量发展和精细化管理的指导思想下，根据不同的老旧小区现状制定具体的政策和管理办法体系。其次，在提升改造能效，切实解决居民需求的基础上确定老旧小区改造工作的原则、执行相关方、工作内容和保障机制。最后，上位组织还需明确老旧小区改造的多元利益相关方权责划分和物业企业的监管等核心内容，同时对其全过程进行动态的评估和管理。街道或社区一级的政府机构需负责成立老旧小区改造的工作转班以及组建老旧小区业主委员会，明确相关工作职责、权限等，发挥业主委员会沟通小区居民和物业服务企业的“桥梁”作用。

3.5.2 法律法规

自 2019 年起，国务院在全国范围内推进城镇老旧小区改造工作，时至今日已有三年半时间，作为接棒棚改的一项重要民生工程，有关部门陆续发布多则法律法规相关政策指示。2019 年，住建部会同国家发展改革委、财政部联合印发《关于做好 2019 年老旧小区改造工作的通知》。2019 年 6 月 19 日，国务院常务会议对城镇老旧小区改造工作做出部署。2020 年 7 月 20 日，国务院办公厅发布《关于全面推进城镇老旧小区改造工作的指导意见（国办发

〔2020〕23号）》对工作中涉及的具体问题进行了规范。2022年1月10日，国家发展改革委等21部门联合印发《"十四五"公共服务规划》通知，将老旧小区改造纳入"十四五"公共服务计划"住有所居"部分，对老旧小区改造提出了更高的要求，提出完整居住社区的概念。2022年1月20日，住建部印发《完整居住社区建设指南》明确了"完整居住社区"的"国家标准"。

3.5.3 监督评估

老旧小区的监督评估是老旧小区是否能够长效运营的关键一环。在多元利益相关方协同更新改造的背景下，老旧小区更新改造的市场利益相关方容易引发不确定风险。市场利益相关方的性质都是逐利的，在老旧小区更新的过程中，时间一长容易造成垄断风险。同时复杂的多元利益相关方也使得整个老旧小区更新改造过程漫长和内容复杂，市场利益相关方在改造和运营过程中容易忽视改造的安全性和改造质量，从而造成安全和质量风险。因此，针对市场利益相关方进行全过程监督、改造成效的评估以及后期的运营考核是老旧小区更新改造必不可少的部分。政府主体是监督管理的第一主体，应采取定期考核市场利益相关方或聘请第三方评估机构的方式，加强对市场利益相关方的监督审核，以达到老旧小区更新改造的可持续发展。

3.5.4 硬件设施

城市信息模型基础平台（city information modeling，CIM）以建筑信息模型（BIM）、地理信息系统（GIS）、物联网（IoT）等技术为基础，整合老旧小区地上地下、室内室外、历史现状未来多维多尺度信息模型数据和空间感知数据，构建起三维数字空间的城市信息综合体。该平台汇集应急指挥调度、数据分析研判、成果展示汇报等功能，融合多元老旧小区相关的时空大数据与小数据，实时、即时、适时决策城市体征、综合管理、资产管理、环卫、园林绿化和市政设施等系列内容，实现网格精细化管理，通过工单制度完成现实问题的解决。工单处理流程主要包括云巡检自动识别初始问题或人工报单、二次筛查、工单生成、专人处理、完工复核、工单关闭等，实现问题从发现到处理的顺畅解决。

第四章　汉江区老旧小区改造运营的模式与路径

4.1 研究对象选取及现状

4.1.1 研究对象选取

目前武汉市汉江区共有老旧小区302个，“十四五”期间，汉江区将对全区2000年以前建成的161个老旧小区分步改造。武汉市老旧小区改造的牵头单位是市房地局，落实到每个区的工作则由区房地局接管。区房地局在区政府要求下，成立了老旧小区改造指挥部作为整体工作的调度部门，牵头涉及的所有职能部门来合作完成旧改工作。汉江区12个街道中，唐家墩街道老旧小区最多，拥有99个，2021年9月，汉江区唐家墩片区成为武汉市片区联管打包服务的首批试点区域，区域内99个老旧小区打包，统一委托江汉城资实施专业化物业管理；除唐家墩街道外，江汉城资还将入驻汉江区其他街道的老旧小区，目前汉江区已有5个街道的67个小区完成了入驻。

本次研究在综合考虑了老旧小区改造进程的不同阶段划分（改造前、改造中、改造后）以及物业企业介入的不同程度（介入前、介入中、介入后）的前提下，在汉江区内选取了扬子社区、西马新村社区、三峡大院三个小区作为本次研究的重点研究对象，三个小区的施工改造皆由金融街集团进行，后期运营工作则由金融街集团下属的江汉城资负责。本研究针对上述三个老旧小区开展了深入的实地走访和相关人员访谈等调研工作，同时收集相关资料，分析并总结了研究范围内小区的现状与问题（见表5）。

表5　所选老旧小区基本情况

	三峡大院	西马新村	扬子社区
建筑面积（万平方米）	0.32	10.0	24.3
竣工时间	1999年	1996年	南区：1994年 北区：1996年
住宅（套）	126	1100	
商铺（户）	0	74	130

续 表

	三峡大院	西马新村	扬子社区
户数（户）	126	1225	3151
楼栋（栋）	3	22	60
单元（个）	9	66	172
容积率（%）	2.63	2.90	2.5
绿化率（%）	34	31	15
车位（个）	12	123	450
性质	事业单位宿舍楼	事业单位宿舍楼	

4.1.2 研究范围内老旧小区的现状

4.1.2.1 西马新村小区

西马新村小区（见图4）隶属于武汉市汉江区唐家墩街道三眼桥社区，小区于90年代初建成，建筑面积10万平方米，建筑物33栋66单元，住宅住户1121户，商铺60家。西马新村小区的居民基本情况如下：楼栋自住率较高，多数楼栋以居民自住为主；但部分楼栋，如5、9、15、20栋也存在较多的出租和空置现象；此外出售比例较低。小区特殊人群中，党员人数较多但散布于各楼栋，军人和空巢老人等需特殊关怀群体较少。

图4 西马新村区位示意图

2020年12月开始，西马新村小区从水、电、路面、楼道、墙体、设施等59项内容进行了旧改。旧改工程以适应居民生活需求为出发点，在西马新村新增了停车泊位、晾晒设施、老年人活动广场、消防柜、口袋公园等一系列微元素。2021年11月，历时近一年，小区完成旧改更新。

西马新村小区当前已经基本完成了路面、安防、绿化、停车等59项内容的整改，包括但不限于道路的拓宽、社区绿地建设整治、拆除废弃花坛及围栏、增加停车位、修缮非机动车车棚等方面，并建有完善的消防设施、环卫设施配套，以及包括安防监控、日常巡逻在内的智慧化运营管理平台。部分楼栋已完成加装电梯的工作，在服务设施部分，西马新村小区建设有党群驿站、橙子调解室、物业服务站等便民惠民设施，同时在物业、停车等收费环节也已初步具备完整的实施方案。

4.1.2.2 扬子社区

扬子社区（见图5）属规划中的王家墩中央商务区北区，共包含两个小区（三个地块），以振兴路为界，南侧为扬子小区，北侧为合作小区。辖区面积0.153平方千米，共有楼房60栋，其中南片19栋，北片41栋，居民3387户，9269人，其绿化面积1800平方米，小区内有2000平方米休闲文化广场。社区房屋基本结构为：商品房、还建房、合作建房、廉租房，为典型的城乡接合部，外来人口较多，人口结构较为复杂。扬子社区目前处于老旧改造中，江汉城资物业企业尚未介入。

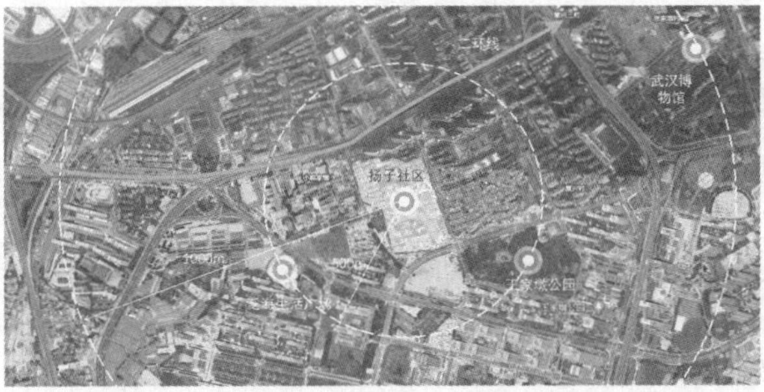

图5　扬子社区区位示意图

扬子社区由于建成年代久远，小区内部违建现象严重，住宅立面缺乏统一整治（晾衣架向外延展、缺乏排烟管道导致的油鼻涕现象、爬山虎等），机动车与非机动车停车位缺乏，屋面屋顶漏水严重。扬子社区已基本完成对建筑楼道的修整粉刷以及单元门增补工作，并建设有（包括但不限于）绿化小品、社区大舞台、休憩凉亭、公共座椅、室外棋牌桌、健身器材等文化休闲设施。在社区基础设施部分，扬子社区已基本完成人行、车行道路的修缮，晾晒设施的建设，安防监控的安装，消防、环卫设施的设置等工作。

4.1.2.3 三峡大院小区

三峡大院小区（见图6）隶属于武汉市汉江区唐家墩街道唐蔡社区，小区于20世纪90年代建成，至今已有二三十年的历史，是唐家墩典型的老旧社区。小区建筑面积11500平方米，建筑物3栋9单元，住宅住户126户。

图6　三峡大院区位示意图

小区从2021年1月开始旧改，对水、电、路面、楼道、设施等方面进行了优化。2022年2月，历时将近一年，小区旧改完毕。小区利用入口物业用房设置江汉城资物业服务中心和租售中心为小区提供专业的物业服务。由于占地面积不足，三峡大院这一微型小区通过清理小区内乱堆乱放的杂物，新增了公共空间，用来设置小区绿化带和凉亭区，同时对墙面、井盖积极进行美化，优化了小区内部环境。并且小区在旧改翻新路面的基础上，对路面重新划线并整理道路两侧杂物，保障消防等应急通道的畅通。

4.2 汉江区老旧小区问题剖析

本次研究按照老旧小区改造要素的逻辑分类模式，梳理了本次调研范围内老旧小区改造所存在的普遍问题（见图7）。

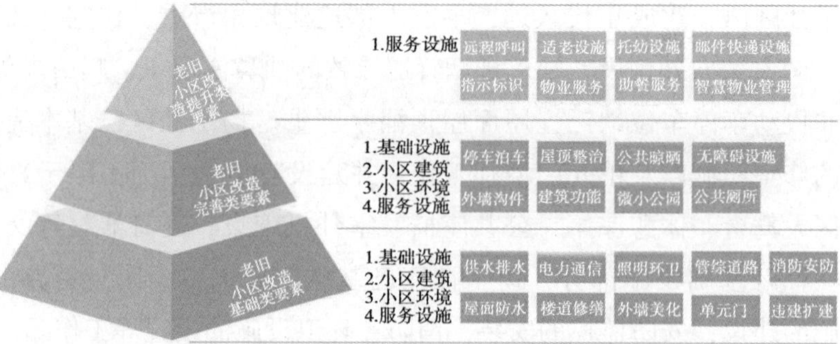

图7　老旧小区改造要素指引

4.2.1 小区建筑——普遍老旧，安全性与风貌问题亟待解决

研究范围内的小区普遍存在屋顶屋面渗漏问题，天台未做防水层和保温层。部分小区内部违建扩建现象严重且拆除难度较大，且立面整治工作尚未开展，其中无垂直烟道油烟自然排放导致的立面“油鼻涕”问题，空调外机无序排放冷凝水浸湿屋面导致的破损、起皮对社区风貌产生的影响，以及晾晒架外延、空调支架部分生锈带来的高空坠物安全问题较为突出。部分建筑的单元门常开，部分门损坏、脱漆生锈、腐烂带来的消防及安全问题较为严重。

4.2.2 小区环境——植被芜杂、空间局促，整洁度有待提升

部分小区树木茂盛未修剪，遮挡阳光对行车安全存在影响。临近楼栋墙根的大型乔木根部蔓延生长，会引起地面或墙体损坏。小区公共区域普遍用地局促，部分小区绿化率严重不足，一些微公园的打造存在面子工程的现象，利用率较为低下。围墙护栏年久失修，破损现象普遍。部分小区公共区域垃圾清扫和环卫保洁工作存在缺陷，部分死角区域脏乱，卫生环境较差。

4.2.3 基础设施——陈旧老化，维修更替工作有待广泛开展

部分社区住户家里卫生间的管网以及室外的铸铁管道老化，存在沙眼、生锈现象，有一定的安全隐患。室外公共区排水不畅，导致出现严重地面积水。小区次级出入口无管控措施，形同开放式通道，存在管理上的疏漏。部分建筑楼道无照明设施，或者已损坏。楼道内强弱电线路布线不规范，部分社区电线电缆缺乏梳理与美化。人车行道路改造宽度空间不足，停车位不足导致存在机动车或非机动车停放阻挡消防车道的问题。存在消防设施设备配备不足，配件不齐全（水带、水枪缺失），无微型消防站等消防安全问题。个别建筑的避雷带存在生锈现象严重且部分点位脱焊。

4.2.4 服务设施——功能欠缺，设施数量与质量有待完善

研究范围内老旧小区普遍缺乏基础医疗条件以及卫生服务设施，由于空间等要素的限制，后续增设适老和托幼服务设施、邮件快递设施点、公共厕所的难度较大。部分社区信息指示标识由于使用的材料耐久性差，存在缺失和损毁的现象。部分文化休闲休憩设施的规划建设由于缺乏公众参与的环节，居民的使用反馈意见较为负面。

4.3 汉江区老旧小区改造运营模式及流程

以物业企业为代表的市场化主体参与老旧小区改造运营是近年来政府期待的方向，但老旧小区业务对于企业有巨大的压力。一方面小区设施陈旧老化，建筑设计达不到当前的要求，存在极大的安全隐患，为物业的运营管理带来巨大风险。另一方面，小区设施、环境的基础都非常薄弱，物业养护成本过高。同时，由于居民长期习惯了无物业进驻的政府兜底模式，对于物业费收取具有一定的抗拒心理。在此背景下，江汉城资开始基于自身已有的公共服务、物业服务能力，探索出“全域智能运营”“街区一体化”“全生命周期”等具有创新性的改造运营模式。

4.3.1 汉江区老旧小区改造运营的模式

江汉城资的老旧小区改造运营模式依托其“全域智能运营”的城市服务能力。“全域智能运营”（见图8）是指通过引入市场化手段，由政府赋权企业横向联动多个行政管理部门，以一体化运营手段，解决多头管理效率不高的问题，构建起多元主体协同、权责分明的框架体系。将城市服务业务和资源重新整合、解构与优化组合，横向协同政府相关部门，对城市综合巡查、市政环卫、设施设备管养、公厕管理、城市家具维护等综合性业务进行一体化管理，打破政府条块壁垒，提升基层治理效能，增强治理韧性。“全域智能运营”模式在把城市看作一个“大物业”的基础上，将物业管理的系统性思维和流程管理能力融入城市治理服务，再造城市公共服务的生产和组织流程。这一模式创新可解读为三个核心关键词，分别是整合、智能和共建。概括来说，整合包括空间整合、业务条块整合和供应链整合；智能是指人、设备、场景一张网，企业当好城市“小脑”，充分发挥调度连接作用，实现工单闭环；共建是我们与多元城市主体之间的共建共治共享。

在“全域智能运营”的智慧化平台、标准化流程、工单系统、物联网设备和网格化管理等基础上，江汉城资拓展出“街区一体化”“全生命周期”等具有创新性的改造运营模式。

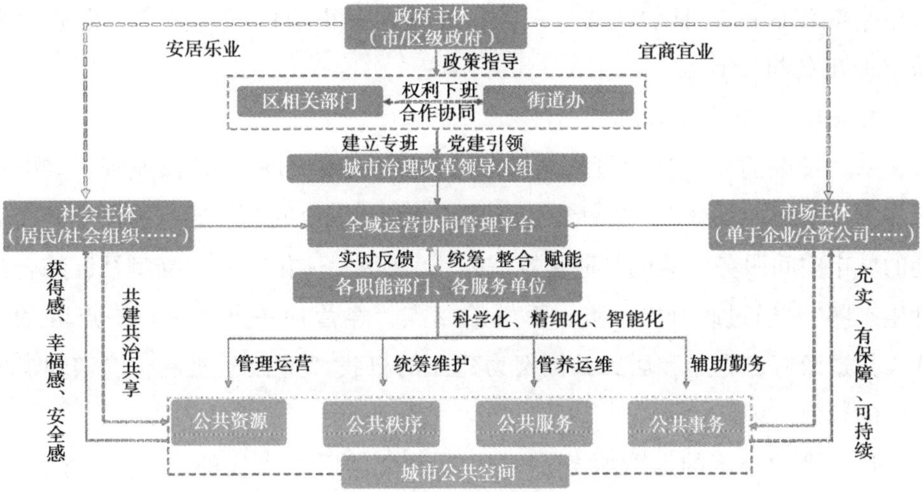

图8 “全域智能运营”模式示意

4.3.1.1“街区一体化”

“街区一体化”是指将整个街道和其内的老旧小区打通，通过对社区、街区服务的重新解构，打破传统小区物业管理红线，让街区服务延伸到单元门前。2021年9月，汉江区唐家墩街道与江汉城资达成合作协议，将其辖区内城市空间业务打通至99个老旧小区作为首批试点，开启老旧小区“街区一体化”长效治理探索，并将这种模式复制推广到整个汉江区老旧小区长效治理中。以“街区一体化”推动老旧小区物业服务由“公益性、保障性”向“市场化、专业化”转变，由“低水平、保基本”向“高质量、可持续”发展。

“街区一体化”将老旧小区的管理服务事项拆解，搭建“2+4”运营服务模式，其中“2”指两个中心，分别是统管全区的智慧调度中心和分管街道的街区服务中心，负责街区内城市公共空间服务（如城市综合巡查、市政环卫、设施设备管养、公厕管理、城市家具维护等综合性业务）和老旧小区改造运营。“4”指四支服务队伍，包含一支由物业管家组成的综合服务队，一支负责老旧小区环境消杀、绿化修剪、清理垃圾、环境清扫等卫生保洁工作的环境治理队，一支负责小区内部及出入口的安防巡查等安全保障工作的防控巡查队，一支负责小区内部设施设备检修以及日常养护工作的养护维修队。防控巡查队由整个街道片区共享，养护维修队由整个汉江区的老旧小区共享，既有驻扎在各街道的固定岗位，也有根据需求派出的机动岗位。

4. 3. 1. 2 “全生命周期”

从“旧改前介”到“管家先行”，再到“长效治理”，江汉城资将老旧小区作为“有机生命体”，全面参与协调解决各类旧改问题。通过提供全生命周期的城市空间服务，共同打造建管一体、“街区一体化”的“新型社区综合治理生态圈”。通过政府出一点、百姓给一点、经营补一点“三个一点”的方式，打造政府、企业和居民共同努力建立的自我“造血”机制，以实现老旧小区的长效治理。

过往老旧小区的运营服务多采用旧改交付后才入住的方式，这种方式沿用了传统住宅小区的物业进驻思路，但是由于老旧小区改造周期长、利益主体复杂、问题易反复、物业费收缴难等状况，江汉城资采用了“全生命周期”的策略参与到老旧小区的改造运营中，提出前介踏勘、管家先行等环节规避上述问题，综合来看，可以以“踏勘报告形成”“规划方案形成”“物业费启动收费”为节点将汉江区老旧小区的改造运营划分为“物业前介阶段”“规划设计阶段”“项目施工阶段”“验收接管阶段”四大阶段（见图 9、图 10）。

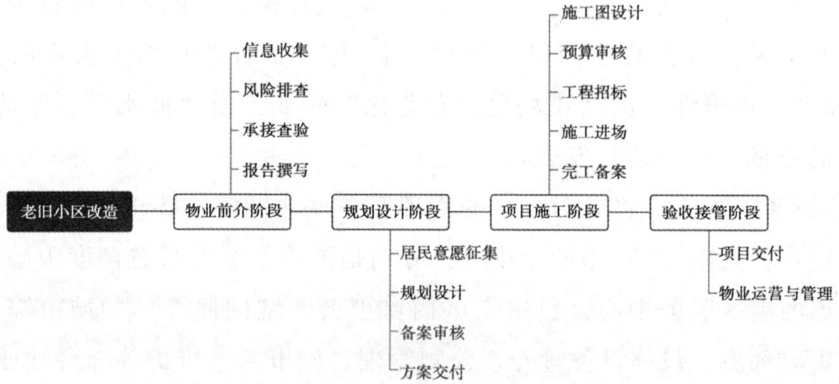

图 9　老旧小区更新改造流程图

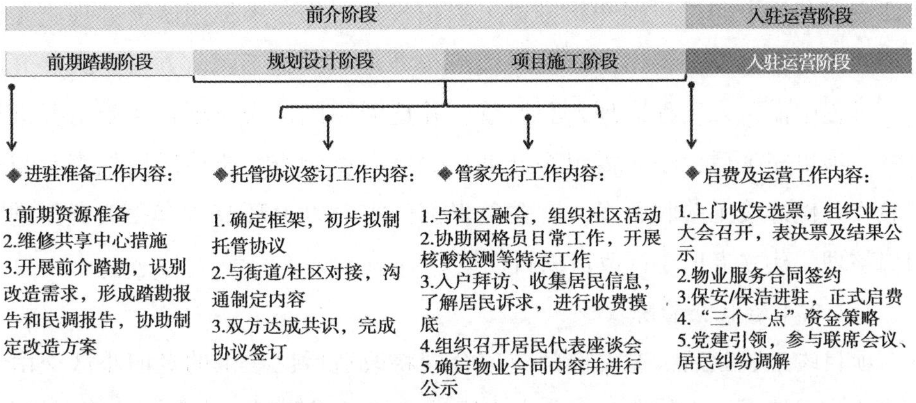

图 10　老旧小区改造运营阶段划分

4.3.2 汉江区老旧小区改造运营流程

4.3.2.1 物业前介阶段

物业前介工作主要包括信息收集、风险排查、承接查验和报告撰写四部分内容，首先江汉城资需要对未来负责入驻小区的基本情况、房屋性质和改造现状等方面进行初步了解和信息整理，然后根据国家颁布的城镇老旧小区改造项目分类对所接管老旧小区的安全风险问题排查整治，了解老旧小区改造潜力，并根据和建设单位的合同约定对老旧小区物业共用设施部分进行查验，整体过程中需要有关工作小组对老旧小区居民进行持续走访调研，深度关注居民的真实愿望与诉求，从居民利益角度考虑问题，最终形成现场踏勘报告和民意调研报告等内容，对后续规划设计和施工工作提供支持。

4.3.2.2 规划设计阶段

旧改项目在被纳入年度改造计划并征得小区居民同意后，规划师团队方可介入参与老旧小区改造，规划师必须以专业视角科学制定改造方案，并携团队共同完成改造效果图的设计。规划团队完工后，需将规划方案交由市老旧小区改造领导小组办公室备案，并由相关负责小组组织设计和施工等方面专家对方案进行联合审查。方案若通过则正式立项，准备交付施工团队；若审核未通过，还需退回规划设计团队重新调整规划方案，并按相同流程再次推进，直至审核通过可以交付为止。

4.3.2.3 项目施工阶段

项目立项后，需要施工团队完成施工图设计，并进行预算编制，交由财政评审。若评审通过，则开始推进工程招投标工作，中标团队需办理施工许可证并进行质量安全备案。以上手续流程办理后，施工团队方可正式展开施工，过程中需引入工程监理入驻监管，并选派居民代表对项目实施情况进行监督。项目完工后，小区需组织开展居民满意度调查，邀请居民代表参与竣工验收并做好竣工验收备案，有关负责部门需对以上环节所有相关资料进行归档整理，建立老旧小区改造项目档案。

4.3.2.4 验收接管阶段

项目竣工验收后，有关部门应依合同将改造后已竣工的老旧小区交由专业物业公司接手，由物业公司负责小区后续的运营管理，建立长效管理机制，有望通过物业企业的有效运营，建立健全城镇老旧小区住宅专项维修资金归集、使用、续筹机制，促进小区维护更新进入良性轨道。

物业企业正式接管入驻老旧小区之前，会参与到前三个阶段的部分工作，如参与前期踏勘阶段的信息收集、风险排查、改造需求居民调研、报告撰写等工作，在规划设计阶段和施工阶段之后进行承接查验，尽量保证改造后的公共设施、公共空间既满足居民的生活需求又方便物业企业对老旧小区的运营管理。

4.4 汉江区老旧小区的长效运营机制与成效

4.4.1 汉江区老旧小区长效运营机制探索

汉江区老旧小区的长效运营机制经历过一段时间的摸索与发展，西马新村作为江汉城资入驻的第一个老旧小区，2020 年 12 月，由金融街集团开始旧改。2021 年 9 月，江汉城资与唐家墩街道金融街集团签署 99 个老旧小区托管协议。2021 年 10 月，正式与西马新村小区签订物业服务合同。2021 年 11 月，金融街集团完成了对西马新村的旧改工作。其实早在 2021 年 4 月，在金融街集团下属城建公司对西马新村给出包含 59 条内容的旧改评估方案后，江汉城资就同步参与并给出了补充建议，涉及楼道杂物整治、出入口管控、生活用水安全、生活用电安全等 5 条风险建议，监控室改造、门禁道闸改造等 3 条加装建议，以及电线杆、井盖等风貌整治的提升建议。

江汉城资发现管家与居民的提前接触和服务大大降低了后期物业费的收取难度。江汉城资是以市场化的方式运营老旧小区，入驻的服务团队、提供的智能化设备等投入都需要通过收取物业费的方式达到收支平衡，但过去老旧小区居民一直以来没有付费习惯，且对入驻的服务团队缺乏信任，对其服务内容缺乏认同感，导致多数老旧小区的物业服务方物业费收取一直存在问题。而提前介入老旧小区的改造踏勘工作，与居民进行沟通，既增加了双方之间的信任，也让居民认识到了后期服务团队的专业能力，更帮助改造方、运营方对老旧小区问题进行了识别。虽然江汉城资在尚未正式入驻西马新村前就已经给出了补充建议，进行了前介工作，但在正式入驻后的运营工作中仍发现了不少改造与管理不适配的地方，如车辆进出管控、停车场租用等问题，还有一些由于对小区状况、居民需求了解不彻底造成的问题。这些问题有的是需要经过一段时间的运营服务才能发现的，有的是短时间踏勘无法发现或者居民平时又很难想起的。在西马新村小区的探索经验上，江汉城资同时综合多种因素和情况，逐渐形成了标准化的前介路径，并在三峡大院进行试验调整，最终在扬子社区改造时已经形成了比较完善的长效运营方案。

4.4.2 汉江区老旧小区长效运营机制策略

老旧小区服务运营的主要目标是借助运营服务维护老旧小区改造成果，延长老旧小区改造成果的使用寿命。主要提供的服务包括老旧小区的安全保障、社区巡查、社区矛盾调解等。在江汉城资管辖范围内的老旧小区，物业企业构建了街区共享驿站，形成老旧小区“劳动-收益-消费”的社区商业闭环、党群驿站和物业服务站共享空间、15 分钟生活圈等便民设施，为小区居民提供包括家政服务、日常维修服务、水电费代缴等便民服务。

4.4.2.1 需求识别

老旧小区改造的需求识别涉及政府、企业、居民三方。对于当地政府来讲，其需求体现在两方面，一是资金范畴内解决老旧小区的现存问题，二是使老旧小区的改造成果可持续、治理工作好开展。对于老旧小区的居民来讲，他们的需求是尽可能解决老旧小区内的空间问题、获得更高质量的物业服务、满足自身的生活需求。对于企业来讲，金融街集团和江汉城资在满足居民和政府要求的同时也要考虑投入的成本和获得的收益。因此，江汉城资需要在前介阶段进行需求识别，将老旧小区改造的底线问题、居民关心的核心诉求、有利于后期社区治理的铺垫措施统筹考虑，根据资金安排和上述需求制订改造计划，有效避免资源配置错位，导致改造内容非居民所需，或者不方便后期物业服务和社区治理。

需求识别体现在两个阶段，一是在前期踏勘阶段，基于当地老旧小区改造的规范要求、对应老旧小区的现实问题和物业服务团队积累的运营经验进行需求识别，以明确老旧小区改造的物质需求；二是在街道托管协议签订后、老旧小区物业合同签署前进行居民诉求收集和收费摸底，以明确老旧小区运营的服务内容。从流程上，江汉城资会先与街道或社区对接，形成老旧小区托管协议，然后与老旧小区居民熟络，组织召开居民代表座谈会，形成物业服务合同，将物业服务内容进一步明确和落实。

有效的需求识别，既可以避免旧改的资金浪费，也可以降低老旧小区物业服务方的运营成本，进而降低老旧小区居民的资金负担，同时也会避免政府、企业、居民三方的矛盾，建立三方的信任，助力基层治理。

4.4.2.2 服务体系

根据江汉城资的老旧小区服务体系，所入驻的老旧小区共有四支服务队伍，分别是综合服务队、环境治理队、防控巡查队和养护维修队，但并非所有服务队伍都是在入驻后才提供专业服务。在筹备入驻西马新村的工作时，江汉城资就已建立服务全区老旧小区的维修共享中心，其后每个街道都会根据计划设立固定的养护维修岗位，同时还有服务整个汉江区的机动岗位。

在江汉城资与街道签订老旧小区托管协议后，服务老旧小区的管家队伍将会陆续入驻，筹备后期的入驻工作。在此期间，管家会协助社区工作人员、街道网格员开展日常工作，如疫情期间的核酸检测、社区节假日活动等，还会入户拜访老旧小区居民、收集居民的信息、了解居民的诉求、进行物业服务收费摸底、与居民建立联系。当与居民已经足够了解、居民信息收集完成、居民诉求形成了初步解决方案后，管家会组织召开居民代表座谈会，确定后期物业服务合同的内容然后进行公示。等物业服务合同正式签订后，所属老旧小区的环境治理队伍和防控巡查队伍才会进驻，至此配置齐全老旧小区的四支队伍。扬子社区服务团队配置见图 11。

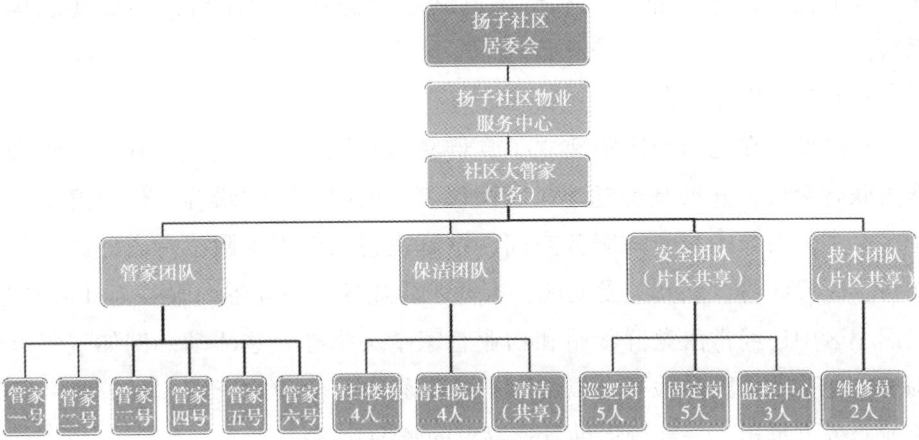

图 11　扬子社区服务团队配置

服务队伍的设置力求能够满足老旧小区内的所有诉求，队伍的提前进驻既可以培养居民的付费习惯，也可以让物业企业提前熟悉老旧小区的居民、问题，以增强与所属社区、街道工作人员配合的默契程度，更重要的是可以增加居民对物业服务人员的信任，在资金运行和基层治理两个方面都有帮助。

4.4.2.3 智慧调度

江汉城资的智慧调度中心作为城市“小脑”，打通数据烟囱，通过工单的自动流转，调度城市运转的“手和脚”，“线上+线下”的质量监管、质量评价形成运营闭环，以“工单”系统为基础，完成“发现-报事-协调-监督-关单-评价”的报事闭环来解决治理难题；通过远程运营和调度实现了智慧化、数字化管理，其工单管理平台把所有工作拆解为工单，实行定岗定责，准确规划作业范围并核实人、机作业的达标情况。

在物联设备、传感器方面，老旧小区除了在门岗进行 24 小时监控，还安装了摄像头监控高空抛物，同时将监控接入调度平台方便实时监测。“云巡检”通过对老旧小区智能摄像头拍摄画面进行 AI 分析，每 20 分钟自动拍照回传智慧运营调度平台，出现垃圾桶满溢、消防通道被占等异常情况自动触发告警，以智慧工单派发的形式，提醒保洁和安保人员第一时间前往现场处理，用“机器+人”的协同模式，替代或减少工作人员线下巡查工作频次，以智慧手段助力社区基层治理提高效能。小区之前的消防设施老化、年久失修，改造后不仅为小区配备了室外消防柜与灭火器，设置了小区应急服务站，还安装了消防监测物联设备进行安全预警，通过与公司智慧调度平台的连接，全天候监测消防水压情况，从传感器终端数据到系统平台，形成智能预警系统。

4.4.2.4 社区营造

江汉城资在老旧小区中建立了党群驿站和橙子调解室，召开自治管理工作组联席会议，开展基层党建、居民议事、调解居民纠纷等工作，打造了一个多元主体参与的复合式服务空间，以解决包括但不仅限于劳资纠纷、邻里纠纷、医患纠纷、妇女关爱调解、家庭矛盾疏导、心理咨询服务等社区事务。老旧小区中还经常由党群驿站和物业管家牵头举办一些活动，例如端午节包粽子、免费的居民体检等，以此营造社区氛围，活动的资金一部分由社区和物业服务方承担，一部分借助管家寻求的赞助获得。

同时老旧小区中还建立了物业服务站，包括物业服务中心和租售中心，物业服务站提供专业物业服务，提升老旧小区空间功能和服务标准。租售中心承载老旧小区的资产运营，提供老旧小区房屋资产的全周期服务，让资产保值增值。住宅经纪服务可以提升小区租售的活跃度，让老旧小区的居民树立起资产意识和概念，通过提供资产服务和多种经营方式，带动居民资产的增值。

汉江区的老旧小区居民多是老年人和一些外来落脚的年轻人，社区营造通过居民议事、纠纷调解、节日活动构建老旧小区的凝聚力，通过专业化物业服务和资产服务提升社区的空间价值，以此建立居民对物业服务的认可、对老旧小区的归属感和认同感，从而达到长效运营的目的。

4.4.2.5 资金储备

江汉城资老旧小区主要通过“三个一点”来探索老旧小区长效治理的资金储备方案，即政府出一点、百姓给一点、经营补一点。一方面通过服务培养居民的缴费意识，养成缴费习惯，建立自我“造血”机制。另一方面，整合老旧小区及周边的各类闲置房屋、公共空间、场地等资源开展资产经营，改善提升老旧小区物业服务设施，解决老旧小区长效可持续问题。

4.4.3 汉江区老旧小区长效运营机制成效

汉江区的老旧小区长效运营机制通过公共服务的设备和资源共享，极大地降低了老旧小区的更新改造成本，例如以工单的形式，实现街道和社区范围的共同巡查和垃圾转运。同时通过市场化的手段，借助江汉城资专业的物业能力和成熟的公共资源运营能力，使得老旧小区更新改造质量大步提升。例如以智慧化手段识别垃圾和乱堆乱放现象，高效解决了老旧小区的环境难题，通过规划升级停车场，采取业主停车和临时停车的公共资源运营的方式扩大的老旧小区的运营资金收入。由于老旧小区老龄化严重，且存在不少的孤寡老人、空巢老人，而管家队伍的上门服务、贴心细致，养护维修队的快捷高效、专业实惠大大提升了小区居民的幸福感。作为首个物业服务落地的老旧小区，西马新村小区自物业入驻半年来，小区居住环境和居民生活质量大大改善，物业费缴纳比例超 7 成，专业物业服务得到了居民的认可。同时该模式也在持续推广，截至 2022 年第一季度，完成了 36 个老旧小区旧改后的物业服务工作。2022 年，完成了唐家墩街道所有老旧小区旧改后的接管工作，汉江区其他街道的老旧小区也在采用该模式进行老旧小区的长效运营，截至 2022 年 8 月，已入驻 67 个小区，覆盖汉江区五个街道。

第五章　物业服务企业参与老旧小区改造的长效运营机制探索

5.1 老旧小区更新改造的实施模式

老旧小区更新改造的实践模式从拆改比例的视角可分为原拆原建、拆改结合、微改造等类型。随着我国城市建设由增量时代转向存量时代，2021 年 8 月，住建部发布《关于在实施城市更新行动中防止大拆大建问题的通知》提道："坚持应留尽留，全力保留城市记忆"，虽我国各地依然存在原拆原建、拆改结合型的老旧小区更新改造项目，但在这两类老旧小区更新改造项目中主体利益冲突较小、技术流程与方法框架研究与实践体系较为成熟。因此在本研究中的老旧小区更新改造主要专注于当前面大量广、技术方法体系较为缺失，亟待建立普适可实施技术方法体系的微更新层面的老旧小区更新改造项目。按照老旧小区更新改造的范围由小至大、关注层面由单个小区到片区整合、关注层次由微观到宏观，可总结为单点提升改造模式、社区更新提升模式、街区一体化模式、片区综合更新模式四种类型。

5.1.1 单点提升改造模式

单点提升改造模式是最传统的老旧小区更新改造模式，主要是以单个老旧小区为目标对象，针对性地开展居民调研，并进一步借助多项措施提升改造老旧小区的整体空间质量。这一模式的建设标准及方法体系相对较为完善，但缺少长效运营的体制机制保障，同时老旧小区建设成果缺少维护措施，资金投入方式单一，老旧小区更新改造的治理与运营难以为继。

在利益相关方方面，单点提升改造模式主要涉及政府和居民两方。政府方面涉及利益相关方较广，包括但不限于市、区政府、规划部门和房管部门、街道、社区等，覆盖包括旧改工作发起、规划组织、规划编制和规划实施几大流程。居民方则更多在旧改前期表达改造意愿和具体需求，并可在规划编制阶段提出建设性建议。

在体制机制建设方面，主要由政府、街道和居民共同建立沟通机制，由市旧改领导小组根据各街道统计的老旧小区数据建立全市老旧小区基础信息数据库，各街道结合实际情况制订五年整治工作总体计划，并由各街道对拟整治的小区居民开展问卷调查和入户走访，根据居民反馈需求确定社区改造方案（见图 12）。

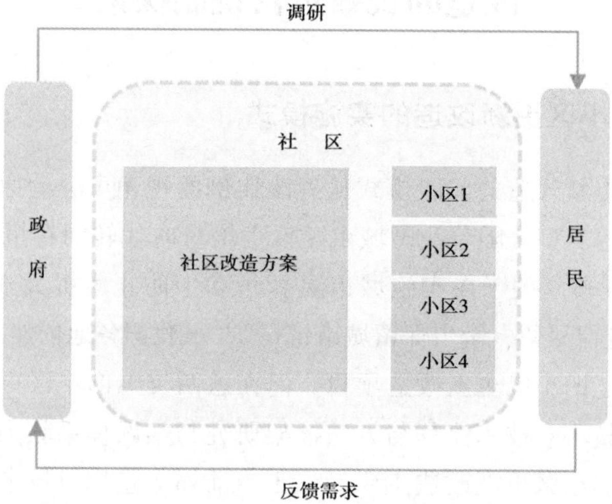

图 12　单点改造提升模式

在实施技术要点方面，单点提升改造模式遵循传统的更新改造流程，即按照工作计划制定、确定设计和监理单位、编制预算、预算审批、办理施工招标、资金拨付、验收接管几大步骤推进，一般由老旧小区所在地的业主委员会作为接管主体，由市旧改领导小组牵头市财政、住建、审计、消防等部门，整治小区所在街道及居民代表组成验收组，现场查看工程项目完成情况及工程质量，进行验收。

5.1.2 社区更新提升模式

社区更新提升模式专注于一批小区的综合整治，通过体系化的工程架构与更加科学合理的方案设计，促进老旧小区更新改造的高效提升；通过统一配置区域公共服务设施，提升老旧小区更新改造项目的效率及品质，维护并增强社区的邻里氛围，在更大范围内协调配置老旧小区的公共服务设施。

在利益相关方方面，社区更新提升模式主要涉及区政府/街道、居民与社会资本三方。区政府发起老旧小区更新改造项目，并统筹协调各方利益相关方，街道开展居民调研。居民反馈需求，并进一步对具体旧改相关事项进行投票。社会资本通过承接养老托育、停车、便民市场、充电桩等有一定盈利的改造内容，统筹公共设施经营收益等业主共有收入，保障老旧小区后续管养资金需求。

在体制机制建设方面，社会资本与政府、街道、居民一起建立多方沟通机制，根据居民反馈需求，确定社区改造方案、制定物业服务标准、确定物业服务费。企业投资综合治理，获取闲置空间经营权，收取相关服务费与运营管理费（见图 13）。

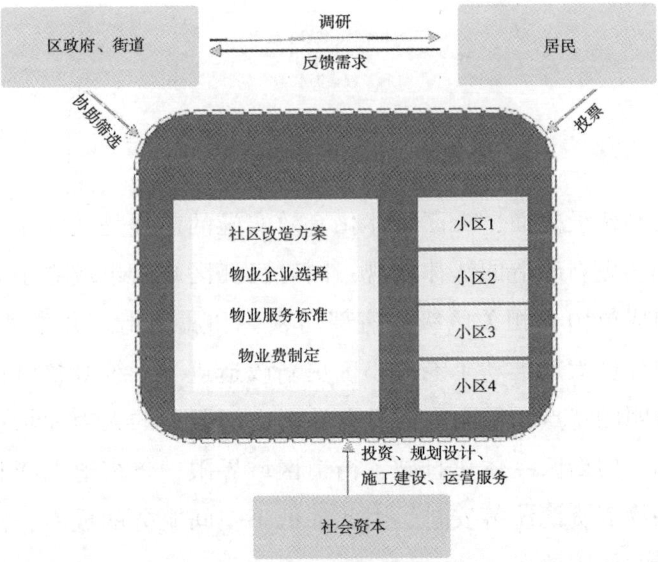

图 13　社区更新提升模式

5.1.3 街区一体化模式

街区一体化模式通过将小区内部物业延伸至街道，减少老旧小区更新改造所需的资金，并且进一步提升街区片区的造血能力。通过街区的综合整治，反哺老旧小区更新改造，推动老旧小区与街区协同的全周期长效运营。

在利益相关方方面，街区一体化模式主要涉及区政府、区级政府职能部门、街道社区、企业、社会民众等各方。在政府职能部门中，武汉市金融街集团和万物云城成立的武汉江汉城资公司作为市场利益相关方，在武汉市汉江区唐家墩街道中，历经了更新改造的前介工作、规划设计、建设运营全过程，达到了政府更新改造的目标，同时满足了居民的改造需求（见图 14）。

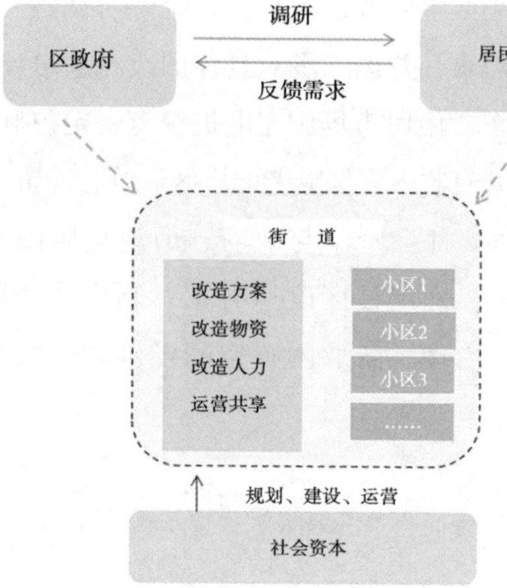

图 14　街区一体化模式

在体制机制建设方面，街区一体化有效实施的前提是武汉市全面而又成体系的老旧小区更新改造的法律法规，同时汉江区政府也成立了老旧小区领导小组，小组成员由各相关区级政府部门领导和属地街道办事处书记担任，完备的顶层设计极大地推动了老旧小区更新改造进程。统筹整合机制是街区一体化中最鲜明的特点，原本为街道和社区空间服务的人力和物资资源是各自独立运行的，但街区一体化打破了街道区域界限，将街道空间和社区空间的服务人力和物资资源统筹安排，因此降低了空间服务的成本，极大地提高了人力和物资的使用效率。

在实施技术要点方面，街区一体化模式的物业前置是老旧小区更新改造过程中的核心，和以往重改造轻运营的更新改造模式不同，街区一体化模式注重后期运营的长效性，在前期规划过程中，物业部门便协同设计部门和施工部门共同商讨改造工程，从社会民众最关注的需求出发，极大地提高了老旧小区更新改造的效益。

5.1.4 片区综合更新模式

片区综合更新模式以企业投资为主，将“全面改造”和“微改造”相结合，优先保护历史文化街区及各类历史文化遗产，通过对老城区的片区综合更新改造，在改善人居环境品质的同时，鼓励合理的功能置换、提升利用与更新活化，对地区产业进行转型升级，并将老旧小区作为更新改造的一部分，纳入城市更新的整体层面，让老城区焕发新活力。

在利益主体方面，片区综合更新涉及政府和企业两方。改造的基本流程是由区政府牵头，根据审定的片区综合改造方案和调整后的规划条件确定项目公开招标方案，并按照规定程序组织招标确定改造项目的策划主体和实施主体，即项目企业。

在体制机制建设方面，片区综合更新模式强调市场化导向，首先由区政府牵头遴选进行更新改造的项目，并通过招标的形式遴选片区综合改造的策划主体。然后进行片区综合改造方案、控规调整方案编制及审议。最后确定项目改造的实施主体即土地使用权人。

在实施技术要点方面，老城区城市更新片区综合改造方案新建建筑面积以满足回迁和考虑住宅需求为主，其余全部用于商务办公，优先考虑改造项目自身成本和收益基本平衡，同时确定改造目标、改造成本、基本盈利水平、总体资金平衡方案等内容，涉及控规调整的，由规划资源部门按法定程序开展调整工作。统筹推进片区综合改造范围内历史文化遗产保护和周边老旧小区微改造，所需资金纳入项目综合改造成本（见图15）。

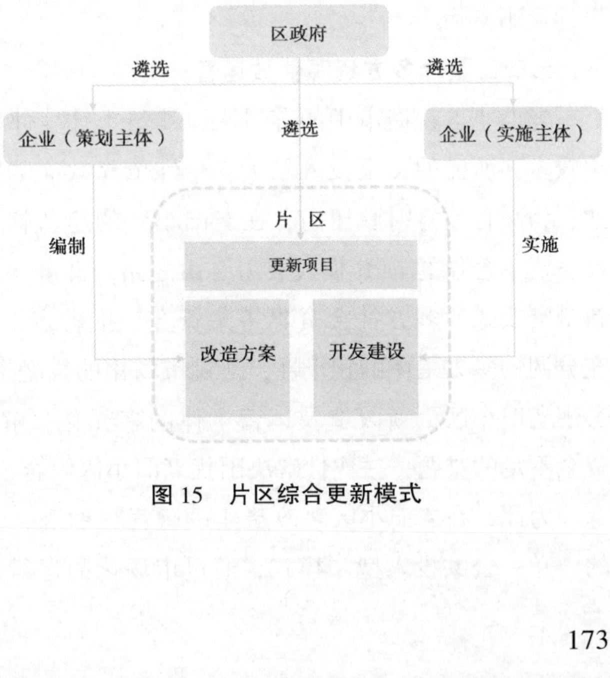

图15　片区综合更新模式

5.2 物业服务企业参与老旧小区更新改造的创新路径

5.2.1“全周期”产业生态闭环系统

2018年3月5日，《政府工作报告》中指出：“提高新型城镇化质量，有序推进‘城中村’、老旧小区综合改造，完善配套设施，鼓励有条件的加装电梯。新型城镇化的核心在人，要加强精细化服务、人性化管理，使人人都有公平发展机会，让居民生活得方便、舒心”。因此，新时期的老旧小区综合改造，是在以人为本的基本原则上，由过去政府单一主导的模式转向政府、企业、市场联动的新型模式，跳脱出过去老旧小区改造工程完毕即表明老旧小区更新改造结束，为改造而改造的单点模式，探索借助企业力量引入物业公司，形成系统、综合、全面的全周期产业生态模式。构建“前期介入-改造建设-运营服务”三位一体的价值传导和耦合闭环产业生态发展的新战略，最终以新理念、新模式、新战略拉动新经济。

从投资、建设、运营全产业链条通盘考虑，形成一体化、闭环、生态化的老旧小区“前期介入-改造建设-运营服务”产业生态闭环系统。全周期产业生态能够系统全面顾及老旧小区寿命的全周期。物业企业参与前期介入与中期改造更新工作，来保障后期老旧小区运营的需求能够前置到更新改造工作，并借助老旧小区运营服务维护老旧小区改造成果，延长老旧小区改造成果的使用寿命。

5.2.2 整合多方资源长效运营

老旧小区在城市中的存量大，建筑本体、邻里环境以及管理运营体制欠缺较多，所需的资金投入较大，单纯依靠政府的财政支撑很难完全覆盖。因此，为减轻政府财政压力，在老旧小区的运营管理运作模式上，探索政府与社会资本合作的PPP模式成为必由之路。此外，还要探索多方资源整合，创新融资模式，多方社会资本筹集资金，推动老旧小区运营管理长效化运营，充分调动多方主体的积极性，通过市场化的投融资运行机制来吸引多方企业，实现老旧小区更新改造及运营主体的多元化，解决单靠政府财政渠道狭窄、资金不足的难题，一次性解决困扰老旧小区综合改造的系列问题。

为此，在老旧小区“改造建设运营”的资金筹集方式上，可以打破简单的“单一公共投入型”模式，通过市场化的运行机制来吸引央企、国企、上市公司等多种企业主体，以期实现投资主体的多元化，充分发挥央企推动政策性资源配置、国企服务全民、上市公司募集资金等各自的优势，构建起一套切实可行、科学有效的长效投融资机制。在改造的资金来源上，充分发挥财政杠杆作用，扩大资金池，用最少的投入完成最大的改造目标。

5.2.3 韧性智慧一站式生活服务

随着近年新技术、新平台的发展，当前大数据、人工智能、移动互联网、云计算等技术已经成为驱动生活品质提升的重要推动力。当前智慧安防、能源管理、绿色材料、低碳技术、新的零售环境的出现，以及物联网、交通货运网络等技术的发展，为当前老旧小区打造全智能的智慧低碳社区提供了技术支撑。老旧小区更新应注重绿色材料、能源管理、智慧安防等方面的应用，体现韧性、绿色、生态、智慧等先进理念，与未来生活模式相匹配。

政府及企业应关注老旧小区的韧性建设，增强老旧小区的社会韧性，特别是关注提升疫情影响下的老旧小区社区自组织能力；增强老旧小区的空间韧性，增加空间多功能使用上的弹性，空间对相关灾害的适应性。在绿色发展层面，一方面绿色发展是城市老旧小区更新的重要内涵，绿色建造强调建造全过程的跨阶段统筹融合，实现资源的高效配置与能源的高效利用。开展大量的城市老旧小区绿色化改造更新，有利于推进建筑业的资源节约与环境保护，有利于提高工程总承包商绿色建造水平与管理水平，有利于推进建筑绿色化、工业化、信息化、集约化与产业化发展，有利于建筑业节能减排，有利于助力达成碳达峰与碳中和目标，为建筑业可持续发展贡献力量。另一方面借助智慧技术，能够高效、全面、低成本地提升老旧小区居民生活品质。由于老旧小区内部的违章建筑、车辆乱停、垃圾乱放以及街区的不文明现象较多，借助新平台、新技术，我们能够以更低的成本、更高的效率、更精细的尺度完成街道的综合巡查，街道以及小区内部的漏洞发现、风险预警等问题，是老旧小区可持续发展的必然路径，也符合党中央和国务院立足于我国新常态、信息化、新型城镇化发展实际做出的决策部署。

5.3 物业服务企业参与老旧小区更新改造的实施机制

老旧小区更新改造的实施机制是整个更新改造的实施指引。面对多元利益相关方、复杂产权和业务交叉的情况，如图 16 所示，老旧小区多元利益相关方的运行框架体现出自上而下和自下而上相结合的特点。

自上而下体现在老旧小区更新改造一般是由区政府成立领导专班，联合街道办事处、市场企业构建老旧小区更新改造的顶层设计，在武汉市的案例中，城投公司成为区政府的代表，由城投公司出面与市场城市服务公司成立合资公司，合资公司则作为老旧小区更新改造企业的角色，一方面向下对社会利益相关方进行更新改造的意见征询，以及老旧小区更新改造的情况摸底和总结。同时也在市政环卫、公共服务、空间改造、公共资源四个方面进行老旧小区更新改造的统筹整合与管理运营。另一方面向上负责对街道进行更新改造的工作汇报，并接受街道的监督评估。

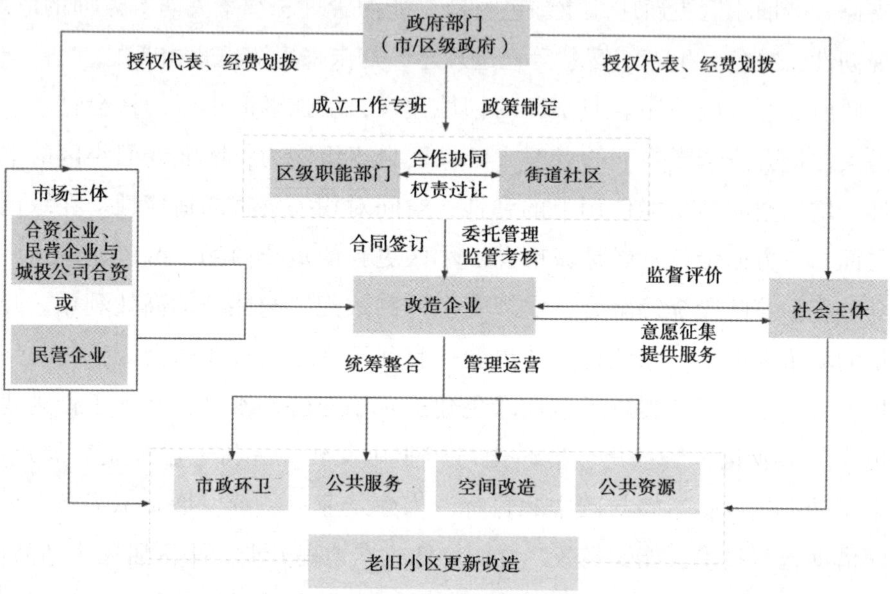

图 16　老旧小区更新改造运行框架图

结　语

老旧小区在我国量大面广，老旧小区的更新改造活动一方面能够有效地提升居民的幸福福祉，另一方面能够促进老旧小区的可持续发展，是一件切实利民的民生要事。政府联合物业企业及各社会利益相关方力量共同参与老旧小区改造，能够大幅度提升老旧小区更新改造效率与居民满意度。而在实际推进过程中困难重重，有必要对此进行深入的理论与实践分析总结，梳理出一套普适性、实施性强的老旧小区更新改造方法框架，切实解决老旧小区在安全使用、居住功能、外部环境、市政配套、管理机制等方面存在的问题。

一方面，本研究通过深入的理论与实践分析总结，梳理出包括物业企业在内的多元利益相关方参与老旧小区更新改造的方法模式框架。老旧小区更新改造主要包括物业前介更新、规划设计、项目施工、验收接管等四个阶段，在老旧小区更新改造的不同阶段，本研究对于政府、物业企业、社会其他利益相关方、居民参与老旧小区更新改造的内容与参与方式进行了深入的梳理与总结，能够为更多物业企业更好地参与老旧小区更新改造，协助政府开展老旧小区更新改造工作及片区的城市管理工作，提供实践与理论支撑，以期促进老旧小区更新改造工作效率化、长效化的开展。

另一方面，本研究通过对物业企业参与老旧小区的理论与实践进行分析，总结梳理出具有较强技术实施性的老旧小区更新改造技术指引手册。老旧小区见证了城市的快速发展，是城市建设与发展的有机组成部分，项目组在深入调查研究的基础上，通过认真梳理各地城镇老旧小区改造的实践经验，参考住建部及国内有关省市老旧小区改造技术导则，在多次征求专家、相关部门和地方意见的基础上制定了老旧小区更新改造技术指引手册，各相关方可参考手册了解并明晰老旧小区更新改造在不同阶段所需开展的工作内容与步骤流程。

最后，物业企业参与老旧小区的更新改造与常规的物业企业所提供的商业物业有显著不同。老旧小区的利益相关方逐渐呈现多元化趋势，各方利益相关方之间利益相互交叉，职责重叠。老旧小区更新改造是一项复杂性工程，明确各个利益相关方及其相应诉求是老旧小区更新改造的首要内容。同时，新时期的老旧小区综合改造，是在以人为本的基本原则上，由过去政府单一主导的模式转向政府、企业、市场联动的新型模式，跳脱出过去老旧小区改造工程完毕即表明老旧小区更新改造结束，为改造而改造的单点模式，新时期的“前期介入-改造建设-运营服务”产业生态闭环系统能够系统全面顾及老旧小区寿命的全周期，有必要在未来不断探索推动老旧小区全周期更新改造的保障体制机制与长效运营策略路径。

参考文献

赣州市住房和城乡建设局，2022. 赣州市：把规划设计作为老旧小区改造“先手棋”［J］. 城乡建设（15）：24-26.

国务院办公厅，2022. 关于全面推进城镇老旧小区改造工作的指导意见［EB/OL］.［2020-07-20］.

梁启航，2022. 走进品质城市新时代——城市更新行动下的老旧小区改造探索［J］. 城市建筑，19（14）：49-50.

刘李峰，2020.《国务院办公厅关于全面推进城镇老旧小区改造工作的指导意见》解读［J］. 城乡建设（15）：14-17.

毛越婷，2021. 基于需求层次理论的老旧小区公共空间更新策略研究［D］. 合肥：安徽农业大学.

仇保兴，2016. 城市老旧小区绿色化改造——增加我国有效投资的新途径［J］. 城市发展研究，23（6）：1-6，150-152.

单爽，李嘉珣，2021. 老旧小区改造盈利模式的市场化探索——以北京市J社区为例［J］. 建筑经济，42（1）：88-91.

王梦，汤羽扬，李雪华，2022. 治理视角下老旧小区更新困境与策略研究［J］. 北京规划建设（3）：91-95.

吴志强，伍江，张佳丽，等，2021. “城镇老旧小区更新改造的实施机制”学术笔谈［J］. 城市规划学刊（3）：1-10.

武汉市人民政府网，2021. 市人民政府办公厅关于进一步推进城镇老旧小区改造工作的通知［EB/OL］.［2021-07-10］.

武汉市住房保障和房屋管理局，2020. 市人民政府办公厅关于印发武汉市老旧小区改造三年行动计划（2019—2021年）的通知［EB/OL］.（2020-01-03）［2022-08-29］.

武雪莹，2019. 老旧小区“改造-建设-运营”产业生态发展模式研究［C］. 2019国际绿色建筑与建筑节能大会论文集：324-328.

严子当，2020. 老旧小区可持续微改造面临的问题及解决办法［J］. 广东建材，36（7）.

张佳丽，刘杨，刘玉军，2022. 城镇老旧小区改造综合技术指南［M］. 北京：中国建筑工业出版社.

中华人民共和国中央人民政府，2022. “十四五”公共服务规划［EB/OL］.［2022-01-10］.

中华人民共和国住房和城乡建设部，2019. 国务院政策例行吹风会：城镇老旧小区改造工作情况［EB/OL］.［2019-07-01］.
住房和城乡建设部办公厅，2021. 完整居住社区建设指南．［EB/OL］.［2021-12-17］.
住建部，国家发展改革委，财政部，2019. 关于做好2019年老旧小区改造工作的通知．［EB/OL］.［2019-12-02］.

课题组成员名单

课题组组长： 刘　硕　深圳市万物云城空间运营管理有限公司

课题组成员： 辛昊澎　深圳市万物云城空间运营管理有限公司

李倩琳　深圳市万物云城空间运营管理有限公司

王耀武　哈尔滨工业大学（深圳）建筑学院

龚咏喜　哈尔滨工业大学（深圳）建筑学院

张　袁　哈尔滨工业大学（深圳）建筑学院

赵梓言　哈尔滨工业大学（深圳）建筑学院

吴新森　哈尔滨工业大学（深圳）建筑学院

于心如　哈尔滨工业大学（深圳）建筑学院

蔡子昂　哈尔滨工业大学（深圳）建筑学院

黄心宇　哈尔滨工业大学（深圳）建筑学院

深入推进物业管理融入基层社会治理体系的创新研究

◆ 北京师范大学中国社会管理研究院

前言

现代城市建设与发展的重要原则之一就是为民服务，以人为本。住宅小区（居住社区）是居民日常生活的主要空间，是基层社会治理的基础单元，是居民参与城市治理、共建美好家园的基本场所，更是党动员群众、组织群众、凝聚群众、服务群众的第一线。物业管理与居民生活息息相关，实现居民满意的物业是保障和改善民生的基本目标，是事关亿万百姓福祉的“关键小事”，直接关系到千家万户的切身利益、住宅社区的环境品质和社区的和谐稳定，也关系到一个城市的治理水平、发展潜力和文明形象，更关乎党的执政基础和党与人民群众的血肉联系，也是社会治理创新的基本目标。推动社区治理与物业管理融合发展，既符合新时代党和国家加强与完善社区治理的发展要求，又能更好地满足人民群众对美好生活的向往。

但是，与人民日益增长的美好生活需要和基层社会治理现代化的要求相比，物业服务管理依然是基层治理的一个短板，小区人居环境不美、邻里关系不亲、物业服务不优、矛盾纠纷不断等问题还比较突出。如何进一步加强和改进物业服务管理、提高小区管理的现代化水平，这是受到社会普遍关注的重要而紧迫课题。

第一章　导　论

近年来，随着《中华人民共和国物权法》（以下简称《物权法》）、《物业管理条例》、《中华人民共和国城市居民委员会组织法》、《中华人民共和国村民委员会组织法》以及地方《住宅（小区）物业管理条例（办法）》的相继出台或修订，根据《中共中央、国务院关于加强和完善城乡社区治理的意见》《中共中央关于坚持和完善中国特色社会主义制度，推进国家治理体系和治理能力现代化若干重大问题的决定》《关于开展完整社区建设试点工作的通知》的相关要求，各地将理顺物业管理体制机制，推进物业管理与社区治理融合发展，作为创新城市社区治理的切入点和着力点，将物业管理制度与机制建设作为推动社区自治和基层治理的突破口相继开展理论与实践探索。

近期，我们重点对武汉、宜昌、成都、海口、南京、重庆等一些城市推进物业管理和社区治理协同创新、互动共赢的情况做了研究。其中，湖北省推进健全社区党组织领导下的“三方联动”机制，特别是武汉市推进“红色引擎工程”建设，打造“红色物业”；成都市积极探索党建引领的“信托制”物业服务模式，试图以此破题；海口市仿效成都的做法，开展“信酬制”物业服务试点；重庆市探索“党建+物业”、党建引领“五社联动”及老旧社区改造试点。

现将调研情况和工作建议报告如下。

第二章　物业管理融入基层社会治理体系的重要性和紧迫性

2.1 物业管理与社区治理具有内在的必然联系

2.1.1 从空间范围看，大多数社区包含若干个物业小区

社区是指聚居在一定地域范围内的人们所组成的社会生活共同体。目前城市社区的范围，一般是指经过社区体制改革后做了规模调整的居民委员会辖区。物业小区是按规定划分的物业管理区域，由于一个住宅小区就是一个社会生活共同体，所以，有时也称之为“住宅社区”。物业管理区域的划分一般考虑物业的共用设施设备、建筑物规模、社区建设等因素。新建物业小区一般按照物业项目的建设用地规划许可证确定的红线图范围划定；老旧小区，如果是零星、单栋住宅，或面积较小、不便单独进行物业管理的区域，尽可能与周边区域整合为一个物业管理区域。

一般来说，社区居委会辖区大多由若干个物业小区组成。截至 2020 年底，全国有居委会 11.3 万个、城市住宅小区（即物业小区）53.2 万个，全国平均每个社区居委会覆盖 4.7 个物业小区。但各地情况不一。比如，截至 2020 年底，江苏省住宅类物业服务项目共 27684 个（即 27684 个物业小区），居委会共 0.7 万个，因此，江苏省平均每个社区居委会约覆盖 3.95 个物业小区。从杭州市看，截至 2020 年底，全市有约 4780 个物业小区、1273 个居委会，平均每个居委会覆盖近 3.9 个物业小区。

2.1.2 **从目的目标看，物业管理和社区治理是根本一致的**

两者都是为了践行为民服务宗旨，满足人民日益增长的美好生活需要。物业服务行业扮演着社区治理实施者、城市发展参与者、美好生活贡献者、和谐稳定维护者等重要角色，致力于营造安全、舒适、健康、和谐的人居环境。社区建设既致力于社区的基础设施建设和物质条件改善，更注重营造与邻为善、以邻为伴的和谐人际关系，建设人人有责、人人尽责、人人享有的基层社会生活共同体。这两者都是为了把包含着物业小区的一个个社区打造成百姓安居乐业的幸福、美丽家园，全面提升居民居住环境和生活质量，促进人的全面发展和社会全面进步。

2.1.3 **从相互关系看，物业管理和社区治理相辅相成、相互促进**

物业服务企业是社区建设和管理的重要主体，物业管理是小区治理的重要内容和有力抓手，也是社区建设的重要组成部分，小区的保安、保洁、绿化、设施设备维修养护和秩序维护等工作都是社区建设的必要方面，物业小区的文体、休闲、娱乐等活动对社区文化建设也不可或缺，对于促进邻里和睦、增强社区认同感和归属感至关重要。物业管理抓好了，小区治理的问题就好办了，城市基层社会治理的基础就更扎实了。同时，加强和改进住宅小区物业管理工作也离不开街道和社区层面的扶持、指导和监督，社区功能的完善有利于物业管理基础条件改善，居民素质提高有助于扩大物业管理和小区管理制度的实行，促进小区自治共治机制的形成，降低物业矛盾纠纷发生率。相反，如果物业管理和社区治理处于“两张皮”状态，就会导致其相互掣肘、互拖后腿。

2.2 物业管理依然是当前社区治理的短板

2.2.1 物业管理行业的管理服务质量和水平总体不高

部分物业服务企业经营理念存在偏差，主要是没有处理好以下三种关系。一是经济效益和社会责任的关系。一些企业逐利思想过重，把自身利润最大化作为根本追求，变着法子谋取不当利润。物业服务价格不透明、质价不相符，业主共有资金、资产、资源收益不透明。有的甚至套取小区公共维修基金、侵占小区公共收益。由于老旧住宅小区历史遗留问题多、设施改造任务重，一些物业服务企业不愿意进入。二是提高质量与扩大规模的关系。一些物业服务企业，实施标准化管理和质量内控的积极性不高或无所适从。部分企业不注重通过提高质量来稳固客户群体、通过积累优质资源来实现可持续发展，而是急于盲目地“跑马圈地”“开疆拓土”，提升市场占有率，甚至通过弄虚作假来包装上市，结果不仅导致行业竞争加剧、服务同质化加重，也容易偏离物业服务的本职，损害业主合法权益。三是公平竞争和恶性竞争的关系。有的物业服务企业习惯于不走正路参与市场竞争，有的在前期物业管理招投标环节热衷于与建设单位拉关系、围标串标；有的在参与二手物业小区进场竞聘时，采用各种不正当手段竞争，或者打价格战，或者利用信息不对称暗箱操作，从而导致招标不规范、不公平，出现物业服务市场“逆向选择”现象；有的则想方设法阻挠业委会做出另聘的决议。恶性竞争的结果必然加剧物业服务企业之间的矛盾纠纷，也会造成对业主的误导，给物业管理实施埋下风险。

2.2.2 物业服务企业的职责边界不清晰

在法律地位上，物业服务企业只是业主聘请的“管家”，其本职是按合同约定为业主提供服务，不能代替业主行使小区自治权，也不能代替政府行使行政管理权。在实际运作中，物业企业、业主、政府、居委会等主体对物业服务的本质属性都存在不同程度的误解。主要是有五重边界没理清。一是物业管理与行政管理的边界不清晰。对于物业小区内本应由政府监管的职责，物业公司可以协助，但无权替代。但事实上，小区的疫情防控、消防和应急管理、装修监管、噪声管理、违章搭建纠正、高空抛物禁止和打架斗殴制止等职责大多压给了物业公司去落实。二是业主自治和物业管理的边界不清晰。

小区的物业费收取、共有资金管理、垃圾分类、文明养犬、邻里纠纷调解等事项主要属于业主自治的范畴，业主和业主组织应对其负主责，但实际上，它们大多也被推给了物业服务企业。三是物业管理与公用事业管理的边界不清晰。水、电、煤气、热力、通信等本应属于专营单位的职责，该由煤气公司管到灶头、供水公司管到龙头、供电公司管到灯头、网络公司管到案头、电视公司管到接头，但是，许多业主误以为“进了小区的门，就是物业的事”，小区和家中包罗万象的问题第一时间都找物业公司解决，如果物业公司解决不了，业主就有怨言。四是物业服务企业与房屋建设单位的职责边界不清晰。有些在房屋建设环节的问题本来可以在物业设施设备的承验环节发现和纠正。但是，开发建设单位通常将其压给了所关联的物业服务企业，造成一些小区物业管理先天不足，后患无穷。五是小区内物业纠纷与其他纠纷的边界不清晰。物业小区的矛盾纠纷需要区分性质、分类处置，并非小区内的所有矛盾纠纷都是物业管理纠纷，业主之间、业主与业主组织之间的矛盾纠纷就不属于物业企业的职责范围。上述种种认识偏差，导致一些物业企业对依照合同约定提供服务这个关键定位把握不准，承担了大量合同以外的职责，也影响了合同应尽义务的履行，引起业主不满意。

2.2.3 **企业转型升级的内生动力和能力不足**

一是规模效应不显著。2020 年，500 强物业企业管理项目 92987 个，平均每家企业管理的项目近 186 个。但是，物业管理的龙头企业占比不高，江苏省只有 4 家上市的物业企业，年营业总收入达亿元的企业只有 45 家、10 亿元以上企业只有 2 家。大多数物业企业规模不大，总体上看，平均每个企业管理的物业项目较少，江苏省全省平均 2. 69 个。成都市的情况也大抵如此。截至 2020 年底，成都市共有物业服务项目 7138 个，本地注册物业服务企业 2679 家，平均每家企业管理项目约 2. 68 个。

二是有专业化物业服务的小区覆盖率不高。全国城市住宅小区 53. 2 万个，实行专业化物业管理的不到 50%。主要是老旧小区的物业服务覆盖率偏低。在杭州市的 4780 个物业小区中，已引进专业化物业服务的 3032 个，占比约 63. 4%；另外，1225 个老旧小区由街道、社区托管或实施准物业管理，由相关产权单位管理的老旧小区 438 个，业主自行管理小区 85 个。

三是人员结构不合理。物业服务行业依然以劳动密集型为主，物业行业从业人员呈现“三多、两大”特征：外来务工人员多、低学历人员多、低收入人员多，一线员工年龄总体偏大、流动性大。管理和技术人才紧缺，创新型、复合型人才十分匮乏。2020 年，500 强物业企业从业人员中本科生、硕士研究生、博士研究生占比之总和仍不足一成，分别占比 7. 95%、0. 28%和 0. 01%，高中以下学历员工占比 55. 33%。2019 年全国物业管理企业员工中硕士及以上学历的仅占 0. 2%。

四是物质和精神激励不到位。江苏省 50 强物业服务企业，拥有本科及以上学历者仅占其从业人员总数的 5. 1%。不同岗位从业人员薪资水平差距较大。2020 年，500 强企业和百强物业企业从业人员年人均工资分别为 5. 92 万元和 6. 34 万元，其中，企业高层管理人员年人均工资分别为 29. 62 万元和 34. 41 万元，清洁工年人均工资最低分别为 3. 90 万元和 4. 17 万元。一线员工普遍缺乏职业尊严感和荣誉感，有的甚至感慨：“上辈子作孽，这辈子做物业。”以上种种因素都成为物业服务行业转型升级的瓶颈制约。

五是物业服务收费标准与实际服务质量不对称。一方面，有的物业管理项目存在明显的“价高质低、质价不符”现象。2020 年，500 强物业企业的毛利和净利润分别为 751. 19 亿元和 402. 11 亿元，毛利率和净利率分别为 18. 46%、9. 88%。基础物业服务仍是收入和净利润的主要构成部分，基础物业服务以七成的收入创造了六成净利润。另一方面，也有些物业企业入不敷出、举步维艰。由于物业具有无形性、服务内容与服务对象多样性等特性，服务质量标准较为复杂，收费标准与服务质量的对应机制难以建立。物业企业的人工成本占总成本的 60%~70%，且每年都在上涨，但是物业管理费标准很难提高，导致企业的成本难以消化，收支无法平衡。一些企业被迫采取减少服务人员或降低招收工作人员标准等策略应对，各种必要投入相对减少，服务质量随之下降。业主一方则采取不缴物业费、拒绝提高物业费标准等举动，与物业服务企业对抗，从而陷入低质量低价格的恶性循环。

2. 2. 4 涉及物业管理的信访投诉居高不下

一是发生频率高。据海南省业主委员会协会提供的数据，2020 年海口市 12345 市民热线涉及物业类问题 86184 件，其中，投诉性的 81475 件，按全市 3131 个小区计算，平均每个小区、每个工作日投诉一次。根据北京市物业管理工作专班的数据，2021 年 1—9 月，全市 12345 市民服务热线物业管理来电共44.6万件，其中，诉求类共19.7万件，占全市来电总数的6.5%，平均每月2.1万件。截至2019年5月，上海市12345市民热线受理的住宅小区综合治理类有效投诉约21万件，占全市总量的14%，其中，投诉量超过100件的小区有203个，投诉量近3万件。

二是占比持续走高。2018—2020年，海口市12345市市民热线涉及物业类投诉在全市总量的占比连续3年居前三。上海市物业类投诉连续多年高位运行，截至2016年3月，12345市民热线70%的投诉与住宅小区物业管理有关；截至2017年3月，居民区物业管理类信访占社区信访总量的60%以上；截至2018年3月，12345热线70%的投诉与住宅小区治理有关。

三是问题类型多样。投诉内容涉及违建、噪声、油烟、扰民、养宠物、住改商、消防通道堵塞、电梯维保与更新、物业违规涨价及乱收费、公摊费用不公开、小区卫生清理不及时等问题。2021年1—11月，深圳市共受理涉及物业问题的来人、来访、网络投诉等信访约1650余件，市政府12345专线电话投诉588件，其中，重大矛盾纠纷13件，各类问题的占比分别为：业主不满意物业服务质量、想更换物业公司引发的直接冲突约占55%，业主与开发商争共有部分经营收益引发的集体维权群体事件约占20%，业主与业委会的矛盾约占25%。2019—2021年，安徽省芜湖市全市各级法院共受理各类物业服务合同纠纷案件19186件，其中，2019年7299件、2020年4258件，2021年7629件，内容涵盖了物业企业管理和业主生活的各个方面。

2.2.5 社会舆论对物业服务多有诟病

一是社会评价总体偏低。2019年11月中国消费者协会《国内部分住宅小区物业服务调查体验报告》，公布了两项评估分值：住宅小区物业服务消费者满意度的综合得分62.59分，物业服务体验评价得分65.14分。2021年7月，“腾讯房产”发布《2021中国物业服务调查报告》，宣布了几个判断：超过90%的业主想换掉自家小区的物业公司，84.72%的业主给自己所住小区的物业服务评分为不及格（以6分为及格线），仅有7.35%的业主对物业表示满意（8分及以上），73.43%的业主曾投诉物业管理不当，68.38%的业主有过因物业管理失职造成损失的情况。有人认为这些报告的样本量太少、代表性不强，指标不合理、未与服务合同对接，因而，其结论可信度不高。但是，报告发布后，引起了网民热议，有同感者不在少数。

二是业主居民多有怨言。腾讯房产《2021中国物业服务调查报告》发布后，立即在评论区里引起许多网民留言、讨论。有人说，“物业企业只做基本服务，缺少人情味，与人们日益增长的品质生活不匹配”；有人说，物业服务“只拿钱，不办好事”“不尽责、只吞利”；有人想给物业公司送一面锦旗：“干啥啥不行、收钱第一名”；还有人说，物业服务“太烂”“太差劲”“不招人待见”“吃相太难看”“令人恶心”“给老百姓添堵”；有人戏称，交物业服务费是“花钱买气受”，更有人将物业服务企业贬损为业主身上的“寄生虫”“吸血虫”“蚂蝗”和骑在业主头上的“大山”。有人感慨：“天下苦物业久矣!”

三是物业领域矛盾纠纷尖锐。当前，物业领域矛盾纠纷呈现诉求多元化、形式多样化、内容复杂化、矛盾易激化等特点，既有业主居民与物业服务人势不两立的问题，也有业主与业主委员会如同水火的问题，还有业主中间的团伙问题。有的小区在召开业主大会时业主之间发生肢体摩擦，有的小区在更换物业公司时新旧物业公司、业主和物业公司之间发生严重冲突，需要街道办和警方到场维护秩序。有的网民断言，“中国现阶段社会最大的人民内部矛盾就是广大业主与物业公司之间的矛盾，这个问题不解决好，终究是一个社会隐患”。许多人甚至提出要赶走物业公司、取消物业服务制度。有的网民建言，国家该好好重视这个问题了，不然矛盾会逐步升级的。必须坚持标本兼治，以改革创新精神加以破解。

2.3 社区治理体制机制创新滞后对物业管理发展的负面影响

2.3.1 党建引领的作用发挥不充分

一是党组织的领导核心作用不够彰显。一些市、区级党委对物业管理和小区治理思想重视不够、统筹谋划不够、协调推动不力。街道、社区、小区和业主组织对业主大会、业委会的成立和规范运作的指导、把关和监督力度不够、办法不多，组织业委会、居委会、物业企业协商议事的领导核心作用发挥不充分，在小区治理中的政治优势、组织优势和群众工作优势尚未充分发挥。深圳市超过88%的业主希望将党支部“建在小区上”；但57%的业主反映，所住小区虽然已成立党支部，但其在小区物业管理活动中未发挥应有作用；仅有17%业主认为社区党委在把关业主委员会候选人中发挥了积极作用。

二是党的组织覆盖、工作覆盖和党建工作效能有待继续提升。根据成都市委组织部门的数据，2019 年全市有物业管理的城镇居民小区，党的组织覆盖率为 35%，小区党群服务站覆盖率不到 10%。根据深圳市住建局的数据，全市约 1380 个小区成立了党支部，占比约 37.9%。小区党建工作缺乏活动场所和经费的现象比较普遍。基层党建工作与政府推动的住宅小区民生实事结合得不够紧密。基层党组织结合物业管理做群众工作的本领有待提高，党员密切联系业主居民、收集社情民意、为民排忧解难的机制不够健全，与业主居民急、难、愁、盼需求对接不精准，没有真正把基层党建工作做到群众心坎上、让群众真切感受到社区的“温度”。

三是党员的先锋模范作用未显示出来。在职党员到社区报到制度落实不够好，“口袋”党员底数不清，党员主动组织和参加社区活动、带动和影响业主居民关心参与社区公共事务和公益事业做得不够。党员发挥先锋模范作用的载体、平台和机制不丰富。对党员教育、引导和管理、监督不到位，个别党员在担任业委会成员期间，以权谋私、腐化堕落，最终被绳之以法。

2.3.2 **相关法律法规和制度规范不健全**

一是对住宅物业的归类制度不合理。目前，住宅物业服务未与商务楼宇物业服务区分开来，被笼统地归入房地产业的分支，未列入生活服务业，因此，很难享受到生活性服务业的税收和社保政策。

二是小区物业服务性质划分不清。因小区住房初始产权认定存在市场化服务与准公共服务性质之别，以及责权利划分不清的情况，直接导致社区居民集体规避责任，或者利用物业管理的漏洞，逃避缴纳物业管理费等基本义务。在纯粹商品房小区，从一开始责权利比较清晰，居民容易接受市场化管理模式；在老旧小区、售后公房小区、农（动拆迁）迁安置小区，往往因为各种历史遗留问题，导致责权利不清晰，居民倾向于让政府兜底。不同类型的小区，物业服务的性质也不同，前者属于市场化服务性质，后者属于准公共服务性质。

三是规定业主共有部位和公共配套设施的确权和登记制度缺失。一些开发商爱钻这方面的政策空子，趁机在房屋售卖环节，凭借卖方优势地位，通过霸王条款把属于业主共有部位的收益权予以保留；有的开发商则将其移交给下属或关联的物业公司管理，继续共享利益。

四是物业服务费管理制度不完善。现行的“包干制”和“酬金制”都细化不够、刚性不足、漏洞不小。“包干制”设定物业服务企业的利润上限，对业主和业委会如何督促物业服务缺乏硬性规定，一些物业企业想方设法减少用于物业维修保养等方面的必要开支，把“节约”归己，将自身利益最大化。“酬金制”允许业主在“比例酬金”和“固定酬金”两者中做选择，但是，“比例酬金”的计提基数如何确定？物业费不足部分怎样由业主承担？对此，政策上缺乏细化、量化的规定。

五是业主大会的法人地位不明确。无论是《物权法》还是《物业管理条例》，都没有对作为业主大会的执行机构业主委员会的法律主体资格和地位进行界定。由于法人地位不明确，业主大会在履行管理共有财产等职责时受到多重掣肘。第一，难以作为银行账户的户头。小区的公共收益通常只能由物业服务企业“代管”或者以业委会成员的私人名义存入银行，容易造成财务混淆，难以预防被侵占、挪用。第二，无法作为小区共有财产的产权人。小区业主共有部分产权人的缺失，导致地下车库、会所等公共部位难以确权，引发各种争执和矛盾。第三，难有诉讼主体地位。如果业主大会处于利益受侵害一方，每次诉讼前都要经过复杂烦琐的业主大会低效表决；如果业主大会属于侵害第三人利益的一方，当受到第三人起诉业时，就有可能面临被告资格是否合适的问题。第四，不具有纳税主体资格。无法对业主大会进行纳税登记，只能通过物业服务企业、合同另一方当事人或者其他中介机构代缴相关税费，不利于接受对业主公共收益纳税行为的监管。第五，难以履行好小区自治共治的主体责任。物业服务企业和社区居委会都具有法人地位，业主大会没有法人地位，小区治理的“三驾马车”运行就有可能失衡。

六是业主自治和小区治理的制度规范不健全。业委会的选举程序中，业委会成员当选规则、罢免条件，业主大会如何对业主委员会授权、如何监管，这些都缺乏细化、可操作的规范。小区自管会既是“球员”又是“裁判”，容易引起业主的猜疑，而且自管会也有可能“好心办坏事”。

以上种种问题是导致业主反复申诉、群体维权等矛盾纠纷的重要根源。

2.3.3 住宅小区综合治理机制尚不健全

一是政府部门间的分工合作机制不畅通。“条块分割、九龙治水”的问题明显，多部门、多层级的沟通、合作存在诸多障碍，在处置一些跨部门、跨领域、跨行业问题时难以快速协调联动。一些群众反映较多、解决周期较长、解决难度较大的问题，由于政府相关部门职责不清、责任主体不明确、执法不进小区等原因，相互推诿扯皮、问题久拖不决、矛盾越积越深。

二是街道（乡镇）的综合监管职责难到位。政府“放管服”改革和工作重心下沉不到位，对街道办、乡镇政府的赋权赋能不足。街道在对物业管理和小区综合治理方面的权责不清、人手紧张、经费不足，对物业小区内违法违规行为处置等受到许多制约。居委会作为落实街道工作的重要依托，存在想管又不敢管的顾虑，认为业委会的自治有法律保护，居委会不好过多介入，物业公司是市场主体，居委会也不好监督。

三是业主自治和小区共治不活跃。第一，业主大会成立难、议事难。业主大会成立缺乏必要的指导和支持。业委会民主协商和少数服从多数的原则难落实。目前，全国住宅小区业主大会成立率约为33%，深圳市约45.8%，成都市约17.23%，海口市约15%。第二，业主委员会合规履职率不高。业委会成员素质和能力参差不齐、履职培训和兼职报酬制度不健全、自利行为难以有效监督。深圳市业委会合规运作率约37%。2018年，上海市运作较好的业委会约占45%，运转情况一般的占20%~25%。其余的几乎名存实亡，有的甚至与业主、物业公司、居委会之间矛盾重重，自身成了小区的矛盾焦点。深圳市49%的业主认为所在小区业主委员会存在不作为、乱作为现象。就业主个体而言，部分业主委员会公共意识和自治能力不高的问题突出。第三，部分业主公共精神和参与意识不强。有的业主不关心小区公共事务和公益事业，有的业主不太了解物业管理的法律法规和相关制度，对物业管理及业主大会制度缺乏准确认识。小区事务“多数业主不关心、高素质业主不参与”情况较为普遍。深圳市仅有34%业主愿意参选业委会主任或委员。有的业主花钱买服务的意识不强，部分业主长期拖欠物业服务费。2014—2018年，上海市普陀区人民法院审结涉物业纠纷案件共计7195件，其中，98.95%为物业服务合同纠纷，而这其中又基本上都属于业主欠费类型。

四是矛盾纠纷基层调解和小区综合治理的合力不强。司法解决纠纷的成本偏高，行政调解、司法调解、行业调解、人民调解协同不够有力。深圳市约有40%的业主反映，在小区发生违法建造建筑物、构筑物，以及占用和损坏绿地、违规养犬、不按规定垃圾分类等行为时，土地监察、城管等部门未及时进行查处；43%业主反馈公安机关未进小区对车辆停放等事项开展监督检查。

五是民主协商、民主评议和诚信履约机制不健全。新建小区的物业服务人由开发商指定，缺乏与业主协商的环节；物业服务企业进驻小区、开始提供服务后，业主与物业企业的协商沟通普遍不畅，对于物业服务的质量和效果，缺乏民主评议的环节。小区事务自下而上的议题形成机制不健全。有的物业服务企业不认真兑现服务合同承诺，有的业主批评说，“进场的时候说的比唱的好听，进场后一塌糊涂，招牌顿时被物业自己砸了！”也有的物业企业埋怨业主不守信、素质低，“物业公司对业主只有一个要求，不要拖欠、拒交物业费，让物业管理服务活动能够正常有效地运作，才能达到合同中约定的管理目标。服务人员工资且不说，不要让物业公司借钱帮小区交公用的水、电费。千百户业主都能够履约，还愁一个物业公司不履约吗?”

六是社会组织和志愿者的参与作用不充分。总体来看，目前物业管理领域的专业性社会组织还比较欠缺，相关的支持政策不具体、难落地，特别是社会企业认定刚起步，相关的标准和程序待细化。截至 2017 年 3 月，上海市的四千多家社区社会组织中，社区矛盾调处类的专业社会组织不到 9%，只有虹口区凉城新村街道“新家园建设与合作事务所”和揭东区真新街道“好管家”业主服务中心等少数社会组织在服务物业管理方面进行了很好的探索。这就需要进一步完善扶持政策，加快培育善于在物业领域提供服务的社会组织或社会企业。

七是新一代信息科技的应用不充分。智慧物业是判断一个社区智慧化水平的重要参数。但是，信息化技术在物业管理和小区治理中的应用还有诸多掣肘。主要是数据标准不统一，数据格式不完整、不规范，系统之间数据既有重复又不完全相同，数据壁垒、信息孤岛和数字鸿沟等问题明显，致使社区资源不能共享，政府信息资源整合困难，数据的重复采集、重复录入等浪费现象在社区和街道普遍存在。某街道党务工作的平台有 6 个，平时要 4 个人进行信息更新、修改、传输。就智慧物业而言，主要是许多中小物业企业对信息化的投资不多、人才不足，贴近业主居民需求的技术应用水平不高。一些龙头企业热衷于单打独斗，信息化建设成果不愿共享。这些不仅制约了物业管理的水平提升，也制约了物业管理与社区治理的融合。

总之，小区治理不单是物业管理的事，物业管理也不只是物业企业的事，需要超出物业看物业、融入社区管物业，在双向融入中有效回应物业管理给社区治理提出的新课题、抓住和用好社区治理创新给物业管理带来的新机遇。

第三章 近年来各地推进物业管理融入基层社会治理的主要经验和做法

3.1 党建引领：推动物业参与社区治理

各地在破解物业管理难题方面，普遍重视发挥党建引领作用，通过在物业和业委会中成立党组织、选派党建指导员，推进社区党组织、居委会、物业企业、业委会的工作人员交叉任职等方式，逐步扩大党组织和党的工作覆盖面，以党建为抓手探索把物业和业委会纳入社区治理体系的有效路径。另外，党建引领推进“红色物业”是各地比较普遍采用的模式。

3.1.1 湖北省对物业管理融入基层治理的多方探索

3.1.1.1 湖北省武汉市：“红色引擎工程”

为实现市域社会治理现代化，武汉市于2017年发布《关于实施“红色引擎工程”推动基层治理体系和治理能力现代化的意见》（以下简称《意见》）。《意见》紧扣党建引领基层社会治理，包含“八个红色”。打造“红色物业”即为其中之一，也是“红色引擎工程”的主攻方向和创新之举。在后续的政府文件中，不仅要求继续做优做实“红色物业”，更要求全面动员各类服务力量下基层，凝练整合成“红色工作队”。其根本原则始终都是在加强和创新基层党建工作的基础上，通过打造“红色物业”，打通联系群众“最后一百米”，为基层自治赋能增效。当前，武汉市的社区治理模式均不同程度有着“红色引擎工程”的烙印。

调研团队探访了武汉市的6个社区，对“红色引擎工程”背景下的社区治理、红色物业融入基层社会治理体系等工作进行了调研。

3.1.1.1.1 案例一

位于青山区的武汉市兴城物业管理有限公司创新实现了物业服务企业指导帮扶与社区共管模式，即在区政府或街道、社区组织协调下，由社区服务部负责提供清洁、安全等基础物业服务，由专业化或公益性物业服务企业承接日常维修、绿化维护、管道疏通等专项服务，发挥各自优势，共同为业主(居民)提供物业管理服务。其模式特点为：物业服务主体是社区服务部，通过共管共建，最大限度地发挥专业物业企业的技术优势和人员优势，解决社区服务部专业服务能力不足、服务水平较低的问题，达到在较小投入的情况下提升物业服务水平的目的。为了了解实际运行情况，调研团队参观了兴城物业针对此运营模式设立的“公益服务部”“生活好帮手”等平台的运营情况。

同时，为全面落实“红色引擎共同创造”的理念：团结一切力量、凝聚一切智慧、激发一切活力，强化全域共建、全面共治、全民共享，武汉市兴城物业管理有限公司更是依托于“好样的工作队”“顺顺吧”“天天敲门组”三大红色服务载体，充分发挥区属公益性物业服务实体作用，全方位融入全区“红色物业”三型联推、四级联动闭环式服务链条。通过聚街道社区力量、聚职能部门力量、聚公益服务力量，全力高效地打造出了“红色物业”先进模范试点。

3.1.1.1.2 案例二

位于青山区的青和居社区联合武汉嘉信物业管理有限公司共同创新工作方式方法，不仅创新基层组织体系，坚决落实党的全面领导的政治自觉，有效领导基层治理的责任担当。坚持把党的领导贯穿社区自治、法治、德治全过程，成立由社区党员、志愿者、社会力量组成的“天天敲门组”“顺顺吧”等组织，打造共建共治共享的社区治理格局；更通过创新组织设置，联合辖区机关企事业单位和小区物业公司、社区社会组织党组织等组成社区大党委，把辖区各类组织和党员组织起来，共同做好社区治理和服务群众工作，依托社区网格化服务信息平台，精准对接群众需求，精细开展政务服务、生活服务、法律服务、文体服务、关爱服务和党员服务，因地制宜创新特色服务，提升社区管理和服务的及时性、针对性、精准性。其“党建引领物业服务创新”相关工作被武汉市委多次“点赞”表扬，通过创新“三方联动”机制，与社区“双向进入、交叉任职”。在治理过程中，创立了系列红色品牌活动，包括开展“公益服务日”、建设“志愿者团队”、设立“义务质量监督员”等特色工作，探索出治理新模式，实现了多元共治参与的目标。最终达成了

“小区居民得实惠、社区治理添力量、企业发展上台阶”的“三方共赢”，成为“红色物业标杆”。

3.1.1.1.3 案例三

位于洪山区的金地圣爱米伦小区与金地智慧服务集团协同共治，为小区打造了“红色物业+智慧社区”新模式，展示出金地智慧服务“坚持党建引领，服务美好生活，科技改变生活”的服务理念。调研团队在走访过程中，就该小区的特色工作，比如“业主共建活动”“四季社区活动”“教育公益活动”等方面与金地智慧服务进行了深入沟通交流，并详细了解了金地“物业+养老”模式的实践经验。

3.1.1.1.4 案例四

位于洪山区的左岭街道智苑社区联同武汉鼎福盛物业管理有限公司进行的社区治理工作是武汉市实现社区“共建共治”的又一标杆。智苑社区根据群众需求，把楼道公共空间改造而成共享客厅，摆上桌椅、安装电视和电风扇，就变身居民议事、休闲娱乐的好去处。目前，已精心打造了4个不同主题的特色客厅：志愿服务客厅、党员先锋客厅、统战同心客厅和企业文化客厅。无独有偶，社区与物业工作人员再接再厉，自2022年4月初开始，左岭街智苑社区启动“共享花园”志愿服务项目，吸引20余名花卉养殖爱好者报名参加，成功组建了第一支“红蕴花匠”志愿服务队。社区治理小组统筹策划，改造拓宽楼栋公共空间使用范围和环境后，单元客厅成为邻里休憩、谈心交流的好地方。渐渐地，居民群众纷纷把家中的花卉盆栽搬到了客厅，把绿植花树种到了单元空地。公共空间的合理利用、志愿者服务队的定期养护，既满足了居民群众养花护花陶冶情操的精神需求，解决电动车随意停放、杂物乱堆乱扔的问题，更营造了楼栋睦邻亲善、文明和谐的生活环境。

“共享客厅”“共享花园”等创新养老服务让社区居民感受到了社区治理的温度，满足了人民群众对美好生活的向往，努力建设新时代大院般的温暖社区。从社区能够看到中国之治的显著优势，因此调研团队实地走访，参观了智苑社区的“共享客厅红色驿站”“社区幸福食堂”“党群服务中心”“老年人服务中心”等功能区域，了解其作为国企棚改还建小区，如何在社区“大党委”领导下，创新养老服务模式，将返岗复工和疫情防控管理相结合，有序推动居民生活工作恢复正常。

3.1.1.1.5 案例五

汉阳区作为武汉市老旧小区聚集密集的地区之一，其改造工作一直是区政府的重点任务。老旧小区改造不仅是实现基层社会治理的前提之一，还可以提升老旧小区居民生活环境，打造宜居家园。这项任务离不开经费的支持和专业的物业管理团队协助，故此汉阳区通过各种方式整合经费，形成合力。比如采用“费随事转”的方式，将原本零散支出的老旧小区经费进行集中整合，即将原来由政府承担的部分老旧小区的管理服务工作向物业公司转移，配套经费也随之向物业公司转移。其中主要的经费整合有4种来源：一是城管环境整治费用，二是背街小巷整治、修补费用，三是部分城建资金，四是部分社区惠民资金。

另外，汉阳区积极引导物业公司进行“开源节流”。一方面，针对辖区老旧小区进行重新划片整合，结合智能化改造，优化物业公司人力资源配置，降低人工成本。另一方面，引导物业公司开展居家养老、装饰装修等多种经营业务，增加补充性收入来源。

截至2022年5月底，汉阳区已经为193个小区招募到优秀的“红色物业”，在物业公司的协同下逐步实现改造工作，成为老旧小区改造的先进样板。调研团队走访了位于汉阳区的东星公寓小区，它是名副其实的老旧小区，但是在汉阳区政府的支持下，小区通过党建引领，全力做好物业管理全覆盖，尤其在疫情常态化防控工作中，得益于武汉正阳物业管理有限公司物业管理专业团队的存在，使得住宅小区的封控如臂使指，正阳物业持续深耕红色物业服务，促进老旧小区“颜值”“内涵”双提升。

3.1.1.1.6 案例六

位于汉阳区的江欣苑社区采用的是社区为主导，物业管理辅助的治理方式。调研团队走访了其社区展馆、书记工作室、老年人服务、四点半学校、居民多功能活动室等区域。社区工作人员介绍了江欣苑社区“三治融合”“四四如意”“五站合一”等工作方法。

3.1.1.2 湖北省宜昌市：推行物业管理“123”政策体系和“135”管理机制

2020年9月25日，宜昌市《关于加强小区党组织建设提升城市基层社会治理效能的意见》（以下简称《意见》）制定出台，是坚持党建引领、深化

“三在”工程、促进市域治理现代化的重要举措。《意见》的主要内容概括起来主要是：把握党建引领基层社会治理“这条红线”，健全小区党组织体系、共治体系“两大体系”，完善居民需求、辖区资源、服务项目“三类清单”，构建信息共享、协商议事、评议监督“三大机制”，推行社区党组织领导下的居委会、小区党组织、业委会、物业服务企业、社会组织和居民方面代表“五方联动”。《意见》明确要求，强化党组织领导作用，深化“红色物业”建设，制定物业服务质量标准，实行信用等级评价，加强物业服务行业监督管理，不断规范提升小区物业管理服务水平。

基于这一《意见》，宜昌市物业管理“123”政策体系中对物业管理行业发展提出了三年行动计划，主要有六大任务：一是健全监督管理机制，包括市级统筹全局、县市区综合协调、街道（乡镇）一线职责、社区具体实施、小区齐抓共管等。二是规范业主委员会运作，包括依法有序加快业主委员会组建、做好业主委员会换届选举、加强业主委员会培训、加强业主委员会履职监督等。三是制定完善配套政策法规体系，包括完善配套政策、健全标准规范等。四是规范物业服务市场秩序，包括建立质价相符的收费体系、规范市场秩序、加强行业诚信考评、推动行业转型升级等。五是提升物业管理信息化水平，包括建立健全信息系统等。六是推动解决重点难点问题，包括强化小区党建引领作用、推动老旧小区建立物业管理机制、坚持一线发现解决问题等。

宜昌市委办公室、市政府、市住建局、市市场监管局等相关职能部门相继发布与印发政策文件，包括《宜昌市物业管理办法》《宜昌市物业服务水平提升三年行动计划》《宜昌市物业管理工作考核办法（试行）》等。

在实施过程中，街道的主体责任空前凸显，街道一级将是今后物业管理日常工作的主要责任单位。在街道和社区的引导下，宜昌市“135”管理机制逐渐成形，即建立“三方联动”机制，用好“五方共建”模式。这一管理机制在具体操作层面来讲，是推进物业管理工作融入基层社会治理体系、打通基层社会治理“最后一百米”的重要运作机制。

同时，为了建立各方协同进行基层社会治理的运行机制，宜昌市从 2022 年开始，启动了“筑堡工程”，从市、区（市、县）、街道（乡镇）、社区（村）的角度，划分权责边界，力求到 2035 年基本实现基层治理体系和治理能力现代化，在宜昌展现中国特色基层治理制度优势。这一方案不仅重塑了基层组织的治理架构，细分了各级组织围绕此方案的行政权力，纵向健全“街道（乡镇）党工委（党委）-社区（村）党组织-小区（村民小组）党支部-楼栋（村落）党小组-党员中心户”五级架构，横向健全以街道（乡镇）、社区（村）党组织居中引领，物业企业、社会组织、志愿组织等聚合环绕的组织矩阵，更为推进物业管理进一步融入基层社会治理和社区治理奠定了政策基础。

3.1.1.3 湖北省“加强物业管理共建美好家园”典型案例

2021年6月以来，湖北省住建厅精神文明建设指导委员会、中共湖北省物业行业委员会联合发文，在全省范围内开展共建美好家园活动。对照“党建引领好、业主自治好、邻里关系好、联动运行好、服务质量好、社会评价好、实践活动好”的标准，全省各地加大力度，推动党建引领物业管理融入基层社会治理。2022年，宜昌市嘉明花园小区等55个小区上榜，包括但不限于以下获奖案例。

（1）宜昌市西陵区嘉明花园小区是典型的杂居小区，通过热心党员带头，以党建主导型业委会为核心，引进物业公司规范管理，实现小区华丽蝶变。

（2）武汉市硚口区葛洲坝城市花园小区作为专业化物业管理小区，不断探索“红色物业”融入社区治理新模式。小区通过建立小区党组织，打造“红色业委会”，开展“党员进楼道”“党员示范岗”“党建示范基地”等系列活动，让小区物业服务品质得到提升，居民幸福感“爆棚”。

（3）襄阳市襄城区檀溪府邸是民房改造后的还建小区，住户近千户。小区以社区居民为主成立了“檀溪府邸党支部”，以在职国家干部、企事业单位职员为主成立了“双报到党支部”，以物业公司服务团队为主成立了“物业公司党支部”。三个支部党员融合，齐抓共管，补齐了小区管理力量薄弱的短板。小区每年的业主满意度调查满意率均在90%以上，物业费收取率均在95%以上。

此外，武汉市硚口区葛洲坝城市花园小区、经开（汉南）区万科金蓝湾小区，宜昌市西陵区香山锦苑小区、嘉明花园小区等4个小区入选住建部和中央文明办典型案例名单，另有178个入选市级典型案例。

3.1.2 重庆市以党建引领破解基层社会治理难题

调研团队走访了重庆市 8 个社区，开了三场专题调研会。近年来，渝中区在推行“党建+第三方服务机构（物业企业）管理模式”工作上取得了一定成效，涌现出一些典型案例。例如石油路街道彭家花园社区采用“党建+第三方服务机构（物业企业）管理模式”管理老旧社区的经验、渝中区两路口街道中山二路社区基层治理的创新实践都值得总结。

中山二路社区位于渝中区中山二路主干道，面积 0.2 平方公里，居民 4357 户，1.4 万余人。辖区因物业管理缺失、配套设施老旧、环境卫生脏乱、公共服务覆盖面不广、居民自治积极性不高等问题，导致城市管理矛盾突出，居民意见强烈，社区凝聚力不强，群众幸福指数不高。为着力破解老旧小区治理难题，解决社区“看得见，管不到”和“管得到，管不好”等问题，中山二路社区党委积极探索基层治理新路径，以党建引领“五社联动”治理模式为主线，以让群众在“家门口”享受优质社会服务为目标，以培育物业服务社会组织为突破口，加快补齐基层治理短板，力促社区环境更加宜居，社区功能更加完善，群众获得感、幸福感、安全感不断增强。目前，中山二路社区已实现社区老旧住宅区物业服务管理覆盖率 100%。

该社区先后荣获全国妇联基层组织建设示范社区、全国侨法宣传角、重庆市文明社区标兵、重庆市最美宜居小巷社区等 40 余项荣誉。社区“党建+物业”经验做法获评“全国城市基层党建创新案例”。时任重庆市委书记陈敏尔于 2021 年 1 月 4 日亲临社区调研基层基础工作，对党建引领社会治理模式给予了高度肯定。时任重庆市委常委、组织部部长彭金辉将社区党委作为基层党建工作联系点。

3.2 政府主导：推行“失管小区”物业托底

在全国大中城市中，为数不少的“脱管”“失管”老旧小区普遍存在，居民生活长期不便。面对这些小区长期“失管”而专业物业企业又不愿接管的问题，许多地方政府主动作为，采取托底性物业服务管理模式。重庆市智博物业研究院对渝中区老旧社区管理的物业管理现状开展了调研。渝中区是重庆最老的城市核心区域，老旧社区较多。近年来渝中区政府抓住老旧社区管理的“牛鼻子”，在中山二路社区打造的“党建+物业”管理模式取得了良好的成效。北京市朝阳区虽然是全市物业管理先进区，管理覆盖面积达 1. 4 亿平方米，位居全市各区之首，占全市的 31%，但其“失管”老旧小区就占全区住宅小区总数的 20%。针对这个问题，政府积极引导区属国企扛起政治责任和社会责任，组建了区属国有物业服务企业——朝阳家园物业公司。目前，朝阳家园物业公司已经进驻全区 30 个街乡的老旧小区，覆盖受益群众 6312 户、建筑面积 52 万平方米。公司已为 30 个项目部配备党员经理，指导项目部与所在社区开展党建联建，以党建引领做好社区居民的宣传动员工作。

3. 3 社区自治：积极开展楼院自治自管

老旧社区楼宇众多，人多且杂，管理难度大。大部分的社区楼宇无大修基金，外墙屋顶破烂，消防问题严峻。居民自治的有些楼宇管理水平低，只能达到基本维护。老旧社区中有部分楼宇产权分界不清，找不到房子的所有权。居民的收入低，素质低，不愿意缴纳基本的物业服务费用，也不想参与到物业管理中来。都没有成立业主委员会。为破解老旧小区引入物业管理难、资金保障难的困境，各地在社区党建引领居民自治方面也进行了积极探索。老旧社区管理采用以社区自治为主，专业公司管理为辅，条件成熟的可采取居民自治。

3. 3. 1 案例一：重庆渝中区南纪门街道

该街道共有六个社区，老旧社区的面积共有 37. 7 万平方米，户数有 5954 户，居住人数达到 14902 人。街道拟推行“1+6”模式，即成立一个社区物业中心管理，六个社区参与其中，各成立物业服务站。街道统筹管理政府补贴，以社区物业中心管理的名义外包清洁给环卫公司。在社区采取网格化的模式，选取楼栋长和居民代表参与日常管理，网格员起到监督作用。整个社区相比以前变得整洁干净，环卫和绿化成效显著，消防问题得到解决。由于政府的奖励政策，居民开始积极参与到社区的治理中来，以赢取相应的补贴，加强了居民对物业的依赖性，采取居民自治的部分社区收费率能接近 100%。

3. 3. 2 案例二：昆明市官渡区太和街道和平路社区

该社区的“楼院自治自管模式”很有特色。该社区有居民楼院 108 个，其中 80%没有物业管理，是典型的老旧居民区。小区内楼院建筑参差不齐，居住情况复杂，加之建筑年代久远，给社区治理带来了很多困难。和平路社区的创新实践主要有：一是建立了“网片楼户”社区管理模式，把党建、环境卫生、民政、计生、就业、社保、文明创建、综治维稳、文化、民生工程、违建巡查等内容纳入辖区10个网片108个楼院，搭建起网格化管理机制载体；二是在太和巷探索“红色楼院共同体”自治模式，成立红邻党支部，培育社会组织和乐居街坊荟，组建院落自治委员会，整合公共资源，引导居民走出“小家”、共建“大家”，突破社区治理瓶颈，补齐服务群众短板，激发居民参与楼院治理。

3.4 开展试点：推动物业公司向社会企业转型

随着社会和经济的不断发展、社区居民需求的不断变化，物业企业传统的以“物”管为核心的经营理念，需要向以人为本的服务理念转变。2017年以来，北京市开展了社会企业建设试点工作，推动物业管理、家政服务组织率先向社会企业转型发展。社会企业是以社会效益最大化为目标，依靠提供产品或服务等商业手段解决社会问题并取得可测量的社会成果的企业组织。社会企业兼顾公益与商业双重目标，与物业服务的本质要求高度契合。

2017年，北京市委社工委开展社会企业试点培育工作，明确将物业服务企业纳入其中。2019年，试点企业金鸿新诚（北京）物业管理有限公司先后被认证为“北京市二星级社会企业”（共分一至三星级）和“中国好社企”，是北京市乃至全国唯一一家社会企业性质的物业服务企业。一是该公司坚持社会目标优先。以承接老旧小区、物业弃管等问题小区物业服务为主要业务。先后在丰台区方庄、朝阳区垡头等街（乡）多个小区扭转物业服务困局。企业党支部主动融入社区治理，搭建多元主体参与的服务平台。企业党员带动业主党员亮明身份服务群众，也调动了普通居民参与共治的热情。按照社会企业的性质要求，该公司章程规定盈利的30%不得分配，而要反哺社区，用于设施环境改善和人文环境提升，如开展文体活动、慰问困难群众等。二是该公司在商业可持续上下功夫。公司各项目点主动问需于民，做到“有事您吩咐”，靠人性化服务赢得居民满意，物业费收缴率达到95%以上。同时，盘活小区闲置资源，开展增值服务，形成“物业服务+”的多元化商业模式。公司还通过灵活用工吸纳居民就业、使用物联网智慧安防技术、引入公益机构开展服务等方式降低运营成本，在物业费明显低于周边同类小区的情况下，能做到收支平衡略有盈余。试点模式也得到了属地政府、所在社区和广大业主的普遍认可，即将在朝阳老旧小区和大兴农村社区得到进一步推广。

第四章　物业管理融入社区治理体系的新理念和新路径

4.1 以先进的新理念加强顶层设计

物业管理存在的问题，究其根本原因是基层社会治理体系不健全，没有把物业企业作为社区治理主体，未能有机纳入基层社会治理新格局之中。因此，对于长期存在的带有普遍性的城市物业工作问题，要坚持纠建并举、重在建设，把这些问题当作长远的系统工程来抓。在总结各地经验做法和分析存在问题的基础上，必须完善顶层设计，着力构“1+5+N”社区治理现代化体系，充分发挥各个治理主体的作用，不断加强系统治理、依法治理、综合治理、源头治理。“1”是以街道（乡镇）为主导，建立健全区域党建工作委员会和地区社会治理委员会工作机制，加强综合协调。“5”是在社区党组织引领下，推动社区居委会、社会组织（业委会等）、社区企业（物业）党组织、（驻地）社会单位与社区居民“五社联动”，共建共治共享。“N”是综合运用法治、德治、自治、智治等方式，不断推进基层社会治理体系和治理能力现代化。

4.2 以制度完善和机制创新破解物业管理工作难题

首先，加强党的领导，将物业企业党组织纳入属地社区党委管理，有效破解社区与物业工作“两张皮”的问题。一是坚持应建尽建。推动具有3名以上正式党员的物业服务企业建立党组织；暂不具备独立组建条件的，通过选派党建指导员、成立党群办、转入党员组织关系、发展新党员等方式推动建立党组织；跨区域物业服务企业成立项目党支部或党小组，持续提高物业服务企业党的组织和工作覆盖率。二是实现党组织关系属地化。物业服务企业（事业单位）无论是国资还是民营，统一将党组织关系隶属于项目服务所在地社区党委或街道党工委。建立可操作的考核指标体系，将党建引领物业管理纳入街区年度党建综合考核。三是推动双融入。探索街道、社区或上级职能部门向管理面积较大的物业服务企业派遣党组织书记；推荐优秀物业服务企业党员负责人任社区党组织兼职委员或社区党建联席会成员，推选优秀物业服务企业项目经理担任社区居委会兼职委员。

其次，加强政府管理，将物业工作纳入政府管理体制改革的重点，有效破解政府管理与物业工作脱节的问题。一是开展街道管理体制改革，理顺条块关系。提高街乡对职能部门的调度权，赋予其对物业管理事项的统筹管理权。住建部门要向属地政府下放一定范围的物业监管执法权，推进重心下移、权力下放、资源下沉。二是转变行政管理方式，加强事中、事后监管。住建部门要在下放权力的同时，与属地建立协同联动机制，协助属地设立物业服务管理中心，将物业企业履约评价、监督管理落到实处。健全物业服务企业信用信息平台，加大对失信行为的跨部门联合惩处力度。积极构建“行业自律+第三方监理”的市场化管理模式。

再次，加强社会监督，将成立物业管理委员会作为过渡性办法，有效破解业主委员会成立难、运行难的问题。一是按照能建必建原则，积极推动商品房小区成立业主大会、业委会，同时把好业委会组建关、换届关和人选关。二是坚持从实际出发，在暂不具备条件的小区，推动成立物业管理委员会，代行业主委员会的职责，为小区提供了过渡方案。实现社区“两委”对物业管理委员会的领导。

最后，坚持分类施策，按照市场自主物业、单位自管物业、社区自治物业等模式开展试点，有效破解物业服务管理工作覆盖不全面的问题。商品房、保障房、售房单位一次性交清公共维修基金的房改房小区，采用“市场化物业”服务模式，单位宿舍大院性质的小区，由单位下属物业企事业单位自主管理。老旧“失管”小区酌情采取“居民自治准物业”“政府托底”等模式，因地制宜，完善物业服务模式。

第五章 深入推进物业管理融入基层社会治理体系的对策建议

近年来，北京、上海、重庆、南京、广州、杭州、合肥、深圳等许多城市结合本地实际，积极推动物业管理融入社区治理，取得了显著成效。结合各地的实践探索，建议在“十四五”时期继续完善物业管理的相关法规制度，健全充满活力的物业小区共建共治共享机制，进一步把住宅小区建设成为组织健全、治理精细、管理有序、服务便捷、邻里友善的幸福家园。

5.1 总结推广各地加强党对物业管理和小区治理工作全面领导的经验做法

5.1.1 落实市、区、街（镇）各级党委的领导责任

一是加强研究部署。建立党委政府主要领导亲自调研定期研究物业管理的长效机制。将物业管理纳入党委政府的总体部署和重要议程。2014 年，上海市委书记亲自抓创新社会治理、加强基层建设一号课题调研，上海市委市政府把改善物业管理和居民区治理纳入“进一步创新社会治理加强基层建设”的“1+6”文件，2015 年，上海市政府出台了《住宅小区综合治理工作的意见》。自 2016 年以来，市委市政府每年召开全市小区综合治理会议。2021 年又将其纳入《关于进一步提升社区治理规范化精细化水平的若干意见》。北京市委市政府主要领导亲自抓修订物业管理条例的调研，对物业管理多次做出批示。2020 年，北京市委市政府召开全市物业管理和垃圾分类工作推进大会，市委书记出席并讲话，市级几套班子主要领导全部出席。成都市委市政府将“推广信托制物业服务模式”纳入《关于深入推进城乡社区发展治理建设高品质和谐宜居生活社区的意见》，列入“幸福美好生活十大工程”；出台《关于深化和完善城镇居民小区治理的意见》，从提高物业服务管理覆盖范围、完善信息公开和价格协商机制、建立物业服务综合监管制度等方面对提升物业服务整体水平提出明确要求。南京市委确定了《进一步加强基层治理能力建设的十项举措》。这些经验都值得总结、推广。

二是完善法规规划。在法规方面，上海市人大制定并修订了《住宅物业管理规定》。北京、广州、杭州、深圳等地修订了物业管理条例。南京市出台了《社会治理促进条例》。成都市形成了城镇居民小区治理“1+1+N”的政策体系：一个市委市政府的顶层设计，一个《社区发展治理促进条例》，加上若干项关于小区治理的专项配套政策。在规划方面，上海市自 2015 年以来滚动实施了加强住宅小区综合治理的两个“三年行动计划”，启动了住宅小区美丽家园建设三年行动计划（2021—2023 年）。北京市委市政府启动实施了《加

强物业管理工作、提升物业服务水平的三年行动计划（2020—2022 年）》。南京市制定了住宅小区“美丽家园”建设两个“三年行动计划”（2019—2021 年和 2022—2024 年）。这些措施都取得了明显效果。

三是强化统筹协调。坚持把物业管理和小区治理相关工作纳入“一把手”工程和民生实事，建立市、区（县）、街（镇）各级党委和政府负责人双牵头的领导体制，建立专门的工作班子和统筹协调机制，制定职责清单，落实市、区（县）、街（镇）物业管理或小区治理联席会议制度，优化跨部门议事协商机制，加强绩效考核。逐级签订目标责任书，建立定期综合调度机制。

5.1.2 **加强基层党建引领**

一是扩大党的组织覆盖和工作覆盖。从行业端、企业端、项目端入手，采取单独组建、区域联建、行业统建等方式，推进物业服务行业和企业党的组织应建尽建和党的工作全覆盖。推动在市、区级层面分别成立物业服务行业党建工作指导委员会和分会。实行物业企业备案与建党组织同步的办法，并在区、街（镇）层面分别成立物业行业党委和党总支，指导物业行业和企业党建工作。探索由居委会、业委会、物业公司联合建立小区综合党委。建立以属地党组领导为主、接受属地和行业党组织双重领导的物业服务企业党组织体制。深入开展物业服务行业党建品牌创建活动，推动将物业企业党建工作情况全面纳入物业管理考核体系，实行党建、业务双评比制度，与住宅小区物业管理效能补贴、星级评定等挂钩。

二是建立基层区域化党建联动机制。建立物业管理项目负责人定期到居委会报到和报告工作制度，接受社区“两委”的指导、监督。各地普遍采取交叉任职、党课联上、活动同办、工作联手、资源共享等措施，拓展基层党建工作共建平台；把党组织的领导植入小区业主管理规约、业主大会（业主委员会）议事规则，有效实现街道和社区党组织对业主组织、物业服务企业的领导。健全社区居委会、业委会（物管会）、业主大会、业主、物业服务企业联动服务机制，推动物业管理和小区治理深度融合。

三是充分发挥党员的先锋模范作用。推动党的组织进楼栋、党群服务进家门，党员带头遵守小区公约和管理规则。譬如，开展党员“亮身份、树形象、做表率”活动，在党员家门口悬挂“党员之家”光荣牌，标明姓名和联系方式，使“党员之家”成了钥匙存放、小孩暂住的放心地；成立党员志愿者服务队，党员带头组织和参与小区环境整治、治安巡防、文明劝导和纠纷调处等志愿活动；党员带头参与公共事务和公益事业，主动关爱帮扶困难群众，推广一些地方“六个必访”（重症病人重点访、生活困难及时访、生病住院随时访、居民病故两次访、天灾人祸马上访、孤寡老人和残障人士定期访）或“八个到家”（党的声音传播到家、新婚喜事庆贺到家、新春佳节恭贺到家、天灾人祸温暖到家、家庭纠纷调解到家、生活困难慰问到家、大病住院看望到家、健康卫生关爱到家）的做法。

5.2 健全“属地为主、条块配合”的物业管理事务综合监管机制

5.2.1 厘清部门权责

一是明确行业主管部门职责。在明确住建部门对物业企业实施行业主管职责的基础上，进一步研究解决业主大会登记管理和日常监管等职责的归属问题，做出相应的执法权限、机构规格、人员编制等制度安排。

二是建立相关部门责任清单。明确城管执法、财政、民政、价格、公安、城乡规划、房产开发、市政公用、环境保护、工商行政管理等相关部门应尽职责和考核机制。

三是梳理共管事项主次责任。建立部门之间对于物业服务和小区综合性治理的共同参与、协调联动机制。

5.2.2 压实街（镇）主责

一是赋权街（镇）。强化街（镇）党政机构对物业管理和小区综合治理的属地管理主责，包括负责召集住宅小区综合管理联席会议、指导业主大会和业主委员会组建和日常运作、协调解决住宅小区综合管理中的疑难问题和矛盾纠纷，同时，赋予街道对职能部门下沉的工作力量和资源统筹调度权和综合执法指挥权，对发生在物业小区治理内的各类违法违规行为的制止权、纠正权和处罚权等。

二是赋能街（镇）。进一步推动市、区职能部门重心下移、权力下放、资源下沉，加强街（镇）承担物业管理监管责任的人员配备和经费保障，鼓励街道办事处配备分管物业服务的副主任、设立物业管理科室并配备专职工作人员，推广一些地方建立街道物业综合服务中心、在街道公共服务中心增挂“物业综合服务中心”牌子、设立街道物业综合管理工作站、向社会组织购买

服务等经验，多途径解决人力不足问题。

三是支持社区履职。推广在社区居委会设立环境和物业管理委员会，发挥其沟通街（镇）、社区和物业服务企业的桥梁作用。从街道选派大学生到社区担任物业服务辅导员。

5.2.3 **加强条块配合**

一是做实联席会议制度。由街（镇）牵头，将社区居委会、公安派出所、物业服务人、业委会或者业主代表、公用事业专业经营单位和综合执法、市和区级物业管理职能部门纳入其中，定期评议和督导物业服务工作、研究解决小区治理重点和难点问题，完善“市-区-乡镇（街道）-社区”四级物业服务监管体系。

二是健全“街道吹哨、部门报到”机制。街道办事处及时“吹哨”，区政府职能部门快速响应，对“攻坚哨”实行区委常委和分管副区长“双报到”机制。赋予街道考核职能部门的权力，以“一哨一考核”形式，重点考核部门在物业管理和小区治理问题上的报到效率、配合度、问题解决力度等情况。

三是建立基层约请必到机制。街（镇）、社区、小区和居民在必要时都可以把条线（部门）负责人约请到现场，面对面沟通交流，及时处理问题。建立“块”与“条”的“约请会商”和“评价打分”机制。坚持执法部门常态化检查和依约请到场相结合，健全住宅物业管理、小区综合治理与城管执法联动机制，推动公安、消防、应急等执法机制向居民区延伸。

5.3 完善物业管理和小区治理的相关法律法规和制度规范

5.3.1 **探索制度创新**

一是探索建立基本物业服务制度。研究确定基本物业服务的项目清单和评价标准，建立对老旧小区引入物业服务的奖补制度和对困难群众实行基本物业服务费补贴制度。

二是细化政府依法依规向物业企业购买服务制度。进一步厘清政府与物业企业的责任边界，对于物业服务企业合同约定之外、政府确需物业服务企业承担的公共管理事务，由政府向物业服务企业购买服务，给予相应的物资和资金支持。

三是确立业主大会法人登记制度。确定业主大会的社会团体法人或居民自治组织的角色定位，明确登记管理办法和主管部门，赋予其统一的社会信用代码，便于其承担民事诉讼主体等职责。

四是建立业主共有部位产权登记制度。明确共有部位的权属和进行不动产登记的法人主体，建立由房地产开发企业或其他建设单位在办理房屋所有权初始登记时一并申请机制，待业主大会成立后进行确权。

五是完善物业服务归类制度。将住宅物业服务从《国民经济行业分类》（GB/T 4754—2017）的房地产业分支中单列出来，归入居民生活服务业，便于其有资格享受国办函〔2021〕103 号文件所规定的生活性服务业补短板行动支持政策。

5.3.2 补齐标准体系短板

一是建立老旧小区物业管理服务标准。南京市玄武区分别针对零散片区及单一院落的老旧小区和封闭小区及半封闭的老旧小区制定了物业服务管理标准，为实现专业化服务向老旧小区覆盖和促进老旧小区物业管理提质增效提供了依据。

二是制定物业服务人的道德标准。成都市“信托制”物业服务模式的一个亮点就是凸显了对物业服务人的道德要求。美国全美物业小区业主协会联合会制定了《物业管理执业人员职业道德标准》，其中要求“提供勤勉和忠实服务”。这一点值得我们借鉴。

三是细化量化住宅物业服务质量评价标准。制定住宅物业服务规范，进一步明确岗位、行为、窗口等方面规范。建立物业服务等级或星级评定制度，将评定结果与政府购买服务和社会资源配置挂钩。

四是制定对街（镇）的考核标准。探索建立物业行业党建、物业体制机制、物业类投诉办理、业主自治组织管理、考核监管、物业管理质效提升、安全管理等方面考核指标体系及相应的评分细则和分值，推动老旧小区引入物业管理服务。

5.3.3 完善酬金制物业服务收费管理办法

一是明确物业管理费的权属。明确物业费即为物业服务资金，包括物业服务支出和酬金，预收的物业服务支出属于代管性质，为缴纳的业主所有，物业管理企业不得将其用于物业服务合同约定以外的支出。

二是建立物业服务价格评估和协商机制。制定住宅小区物业服务项目清单、成本计价规则、协商定价办法，适时发布物业服务成本指数；由专业社会服务组织提供价格评估和服务质量监理等服务。建立物业服务费节约奖励和超支惩罚机制。制定物业服务费不够支出的处理办法。

三是建立公开透明的物业服务费使用监督机制。推广成都市“信托制”和海口市“信酬制”物业管理的做法，建立三重监督机制，对物业公司账目、业主缴费、业委会运作等方面进行监督。充分发挥信息化手段在方便监督中的功效，推广深圳市的做法：由房管部门给业主大会统一发放社会信用代码证书、与17家银行签订数据共享协议、制定业主共有资金会计核算指引，业主大会自主选择在能够数据共享的银行创设业主共有资金基本账户或业主与物业企业共管账户、定期与数据共享银行核对业主共有资金账目并按季度公示，数据共享银行每天将业主共有资金账户的余额、流水推送给市物业管理信息平台，业主可在“深圳市物业管理公众服务”微信公众号上看到本小区业主共有资金账户的实时余额和流水。

5.3.4 健全物业管理服务信用评价制度

一方面，健全针对物业服务企业的多维度信用评价制度。探索建立涵盖业主满意度、物业企业经营状况、履行社会责任状况、守信和失信行为等多方面内容的物业服务信用评价指标体系，建立物业服务企业自评、社区评、协会评、业主评和第三方专业评相结合的多元评价机制，健全信用信息采集、评级、发布、成果运用和档案管理相衔接的信用监管机制。推行物业服务企业诚信承诺、物业服务合同网签备案和履约监管制度。实行守信加分、联合奖励和失信减分、联合惩戒，建立“黑名单”制度和市场退出机制。逐步将物业服务领域失信行为纳入《全国失信惩戒措施基础清单》，建立全国统一、与公共信用信息平台互通的物业服务信用信息平台。

另一方面，加快建立针对业主的信用管理制度体系。将缴纳物业费和遵守小区公约情况纳入业主个人信用档案，建立业主严重失信信息在城市公共信用信息平台上公布制度；推广上海的做法，制定市民文明居住行为规范，倡导业主和居民树立权责对等意识、养成文明居住习惯。

5.4 健全党组织领导下的物业小区共建共治共享机制

5.4.1 提升业主居民的参与意识和能力

一是以民生实事激发参与。从“微实事”“微心愿”“微项目”切入，建立健全自下而上的自治共治议题和项目形成机制，以共同话题激发主人翁意识，实现决策共谋、项目共建、事务共管、效果共评、成果共享。

二是以社区领袖带动参与。充分发掘社区老模范、老党员、老干部、在职党员、楼栋党小组长（单元长）等社区骨干和“两代表一委员”等资源，鼓励其带动业主和居民参与社区公共事务和公益事业。

三是以有效手段激励参与。探索“时间银行”等社区志愿服务激励机制，激发业主和居民参与热情。组建活动团队、兴趣小组，开展丰富多彩、喜闻乐见的活动，吸引业主居民参与。推广成都市的做法，在全市组织开展了“蓉城好业主”评选，对守信业主进行表彰和奖励，激励业主居民争做文明风尚的倡领者、诚实守信的践行者、共建共治的参与者、幸福家园的维护者。

四是以协商议事淬炼参与。充分运用现代信息技术手段，搭建便捷化、适时化的协商议事平台，完善协商议事规则，加强培训引导，提升小区民主选举和民主议事能力。探索根据小区居民意愿和支付能力等实际情况自主协商选择物业服务模式的经验。

5.4.2 加强业主组织规范化专业化能力建设

一是完善业主组织工作规则和流程。完善业主大会议事规则、管理规约和业委会成员任职条件，实行任前承诺制度、任中重大事项报备制度和离任经济审计制度。

二是优化业委会结构。注重吸纳具有社区工作、工程、财务、法律、会计、审价、审计等专业背景的业主进入业委会。建立业委会成员专项培训制度。鼓励聘请专业社会工作者、团员和青年骨干担任业委会执行秘书。规范业委会成员报酬待遇。

三是强化对业委会履职支持。把好业委会的人选关、议事关、运作关，健全纠错和退出机制。引导律师事务所、审价审计机构等专业组织协助开展业委会组建和换届改选、日常运作、物业矛盾纠纷调处、物业服务合同咨询、维修资金和公共收益使用管理等工作。鼓励引进代理记账等机构的专业化服务。

四是加强对业委会的监督和激励。推行对业委会规范化运作和业委会成员的履职评估制度。推行专项维修资金、公共收益、业委会工作经费年度审计制度。将业委会委员列为区级监察委的监察对象，建立评优激励机制。

5.4.3 **把物业服务企业纳入基层社会治理体系**

一是强化物业服务企业的社会责任意识。推动物业企业的经营服务理念实现“五个转变”：从片面追求经营效益转向更加注重履行社会责任转变，从被动接受社会责任向主动在参与社会治理中寻求发展机遇转变，从专注对物的管理向同时为居民开展全面服务转变，从以交付后的基础物业管理为主向覆盖物业全过程管理转变，从劳动密集型向技术密集型转变。

二是拓宽物业企业参与社区治理的平台。第一，承接政府的公共服务。鼓励和引导物业服务企业发挥覆盖面广、服务人口多、熟悉居民、服务半径短、响应速度快等优势，积极参与基层政府组织的平安社区和绿色社区创建、文明城市和卫生城市创建和应急管理等重点工作，探索“社工+物业”“城管+物业”“网格+物业”“综治+物业”等双重叠加的岗位设置。组织向上、向善、向美的社区文化和科普活动。第二，组织员工开展志愿服务。探索建立物业员工入职同步注册志愿者机制，在文明创建、疫情防控、垃圾分类等工作中开展志愿服务活动。建立定期走访空巢老人、孤寡老人、患病老人、残疾人和困境儿童等社区困难人群制度，开展常态化的关爱服务。第三，开展具有人情味的暖心便民服务。主动提供贴近业主日常生活需求的便利服务。例如，配备雨伞、急救箱、工具箱、手推车，供业主借用；为业主提供旧物回收、短时间内存放物品、代办代买代送等服务，以及可定制的体检提醒、入学提醒、汽车保养提醒、老年餐供应、护送老年人就医等个性化、菜单式特约服务。第四，拓展增值服务空间。推广“物业+生活服务”模式，向养老、托幼、家政、文化、健康、房屋经纪、快递收发等领域延伸，在方便居民生活中实现自身发展。

三是为物业服务企业协同参与社区治理创造有利条件。采取税收支持、财政补贴、人才引进、业务培训、荣誉激励、舆论引导等措施，推动物业服务向社区公共服务延伸、盘活公共区域资源；建立公益性物业管理招投标服务机构，支持和鼓励业主大会公开招投标选聘物业服务企业。发展社会企业等非营利性物业服务机构。完善物业服务企业承接社会治理和公共服务的金融、税收、就业和社会保障等扶持政策。

5.4.4 支持社会组织参与物业管理相关工作

一是引导其为业主组织赋能。主要是为业主大会成立、业委会组建和规范运作提供专业化的指导。

二是支持其为物业管理把关。主要是在物业查验、服务标准确定、费用测算、物业专项维修资金使用方案、物业经营性收益、物业服务质量评价等方面提供科学依据。

三是鼓励其为小区建设添彩。主要是对接社区规划师、专业社会工作等专业资源，完善社区“微更新”设计，美化公共空间，建设多彩社区、活力社区。

四是推动其为矛盾纠纷把脉。主要是通过专业化的评估，找到“群众诉求”这个关键，查出物业服务的短板弱项；围绕物业服务文明水平、从业人员文明素质、住宅小区文明氛围，策划各类活动，搭建业主和物业企业沟通平台，避免因信息不对称而对物业企业进行猜疑产生纠纷；开展“最美物业人”宣传推介活动，树立物业服务行业的正面形象。

5.5 推动智慧物业管理和智慧社区建设协同发展

5.5.1 加强战略谋划

一是融入总体布局。把智慧物业和智慧社区放在数字中国建设的大背景中定位，放在数字经济、数字社会、数字政府加快建设的大趋势下谋划，放在生产方式、生活方式和治理方式全面变革的大环境下推进，以数字化智能化智慧化构筑居民美好数字生活新图景，增添物业管理服务和基层社会治理创新的新动能。

二是加强科学规划。将智慧物业和智慧社区建设纳入新型智慧城市建设总体规划和各级政府信息化建设专项规划，加强与电子商务、智慧康养、完整社区、绿色社区、平安社区、未来社区、健康社区、城市更新、全龄友好型社区建设等目标任务和政策措施衔接，统筹推进智慧社区基础设施、系统平台和应用终端建设，避免重复、盲目建设。

三是强化供需适配。精准对接业主居民多层次多样化的日常生活需求，因地制宜地打造协商共治、公益服务、邻里互助、困难群体关爱以及定制化个性化服务等应用场景，构建覆盖“市-区-街-社区-小区”各个层级和集智慧党建、物业管理、民主协商、志愿服务、公共服务、便民服务等于一体的智能化综合性管理服务平台，推动形成上下贯通、左右联动、资源共享、场景共融的基层社会管理和服务体系。

5.5.2 健全制度标准

一是统一数据标准。建立数据采集、设备接入等方面的强制性统一标准体系，形成统一的基层数据收集格式，提高数据的共融、互通性，为数据收集、甄别、复用、交换、更新等提供基础条件，推动社区基础数据“一次采集、多方利用”。

二是健全开放利用规范。完善智慧社区的元数据、数据分类及代码、数据采集、数据资源和服务接口、访问控制服务接口等规范。加强数据隐私保护、授权应用等法规制度建设，确保数据安全。

三是健全相关标准体系。建立健全智慧物业、智慧小区、智慧社区等方面设施建设标准以及具有良好扩展性和包容性的社区管理和服务的业务标准。

5.5.3 建立异构系统和平台之间的互联共享机制

一是增强物业管理系统功能。发挥物业服务领域龙头企业的人才和资金优势，积极开发和升级物业管理信息系统和平台，增强系统和平台的功能，提升管理和服务的流程化、在线化、数字化、智慧化水平，提升企业降本、增效、创收能力。

二是加强开放性的行业平台建设。鼓励物业企业将自用平台对全行业免费开放，建立行业性的开放共享智慧物业平台，允许全行业的企业接入和使用，促进物业服务场景和运营流程线上化，实现线下和线上服务相融合。推动单个社区的信息平台打破数字壁垒、摆脱信息孤岛，建设融入本土的社区服务综合信息平台。

三是推动社区服务信息系统跨界融合。依托城市大脑，运用数据集成、应用集成和平台集成等技术手段，构建集智慧物业服务、社会服务、公共服务、社会治理、业主自治于一体的智慧物业服务和智慧社区治理的综合信息平台，将其融入跨层级、跨部门、跨区域、跨系统、跨业务的一站式市民服务云平台，实现“一个平台、一个数据库、一网录入、一网发布、一键查询、一呼百应”的信息化服务功能，把社区建成任何人在任何时候、任何地点，通过任何方式能得到任何服务的智慧家园、幸福乐园。

参考文献

梁丽，2017. 十三五时期北京市智慧社区建设创新发展研究［J］. 电子政务（12）.

全河，2021. 数字赋能完整社区建设［J］. 中国房地产（9）.

中国物业管理协会，2021. 2020 中国物业管理行业年鉴［M］. 北京：中国建筑工业出版社.

周树基，2005. 美国物业产权制度与物业管理［M］. 北京：北京大学出版社.

课题组成员名单

课题组组长：朱耀垠　北京师范大学中国社会治理研究院

课题组成员：刘寅坤　中国物业管理协会

宋贵伦　北京师范大学中国社会治理研究院

赵孟营　北京市社会建设促进会

罗小钢　中国物业管理协会

方南火　中共北京市石景山区委员会党校

林　青　福州大学

李　静　中国物业管理协会

段文婧　中国物业管理协会

吴一帆　中国物业管理协会

李　赞　中国物业管理协会

孙　洋　中国老龄协会信息中心

张　臻　北京电子科技学院

基层社会治理的数字化途径探索
——以采荷模式为例

◆ 宋都服务集团有限公司
上海克而瑞信息技术有限公司

前　言

增进民生福祉、提高人民生活品质是当前的重要奋斗目标。党的第二十次全国代表大会提出："要实现好、维护好、发展好最广大人民根本利益，紧紧抓住人民最关心最直接最现实的利益问题，坚持尽力而为、量力而行，深入群众、深入基层，采取更多惠民生、暖民心举措，着力解决好人民群众急难愁盼问题，健全基本公共服务体系，提高公共服务水平，增强均衡性和可及性，扎实推进共同富裕。"社区基层治理作为深入群众、深入基层的重要环节，中央已在政策的顶层设计层面为社区基层治理指明了重点方向，即一要从人民群众的实际需求出发，二是要不断提升公共服务水平，让人民群众都能享受到公共服务提升带来的好处。

近年来，物业服务企业凭借其专业化、精细化的物业管理服务，在社区基层治理一线中发挥了重要作用，成为政府基层治理下的重要补充。特别是疫情防控常态化以来，政府更加意识到"好物业"的重要性。全国各地也在积极推进住宅小区的物业全覆盖，然而不少老旧小区存在诸多历史遗留问题，成为开展物业服务的"拦路虎"。因此，如何在"不断实现人民对美好生活的向往"的指引下，将互联网、物联网、人工智能技术与物业管理服务相结合，创新性解决老旧小区的治理难题，对指导社区基层治理的现代化实践工作具有重要意义。

第一章 绪 论

1.1 研究背景

1.1.1 深化新型城镇化建设，满足美好生活需求

1.1.1.1 我国的城镇化进程取得新成效

党的十八大以来，我国新型城镇化取得重大进展，城镇化水平和质量大幅提升，有力支撑了我国经济持续增长和居民生活水平不断提高。国家统计局数据显示，2021 年末常住人口城镇化率达到 64.7%，比 2012 年末提高 11.6 个百分点，年均增速提高 1.3 个百分点（见图 1）。

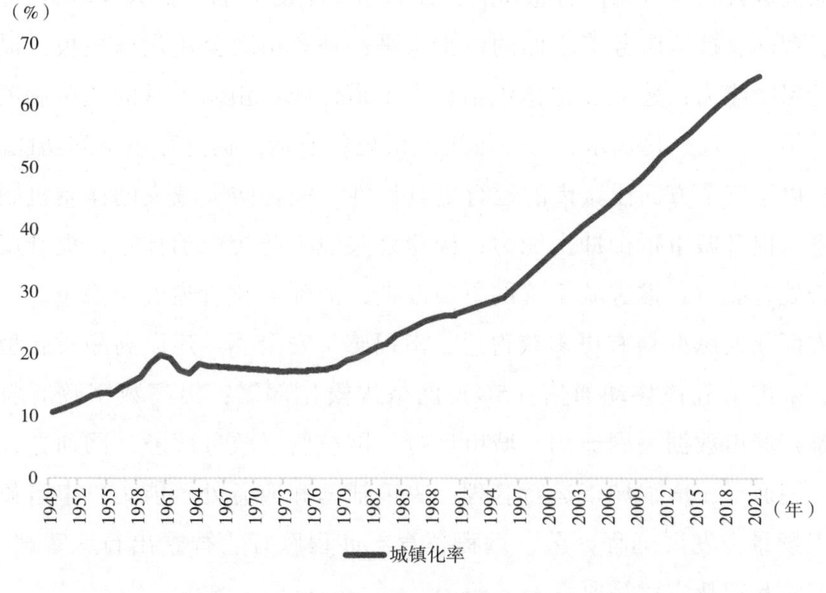

图 1 中国城镇化率

1.1.1.2 我国城镇化的动力依然存在

从国外情况来看，法国、日本、韩国等已经完成城镇化的发达国家，在城镇化率达到 60%以后的十多年仍保持了较快发展。从国内情况来看，在基础设施和公共服务方面，当前我国城乡之间仍有不小的差距。党的二十大明确提出："以城市群、都市圈为依托构建大中小城市协调发展格局，推进以县

城为重要载体的城镇化建设。”因此，无论是发达国家经验，还是国内实情，都决定着我国的城镇化发展仍有一定的增长空间。

1.1.1.3 我国城镇化发展向高质量增长转变

面向未来，城镇化的发展正在呈现新的特征，城市发展由高速增长向高质量增长转变。从发达国家的发展规律来看，当城镇化率达到一定程度之后，城镇化率的提升将趋于平缓，城市的发展重心也由“外延式扩张”为主向“内涵式发展”为主转变。《“十四五”新型城镇化实施方案》鲜明提出，要以推动城镇化高质量发展为主题，以转变城市发展方式为主线，以体制机制改革创新为根本动力，以满足人民日益增长的美好生活需要为根本目的，统筹发展和安全，深入推进以人为核心的新型城镇化战略。

梳理政策发展脉络，高质量的城市发展主要体现在三个方面，一是从以下方面促进公共服务均衡普惠发展，让城市生活更宜居。扩大在教育、医疗、养老、育幼、社区服务等方面的供给水平；补齐市政公用设施短板，提升城市运行保障能力；建立多主体供给、多渠道保障、租购并举的住房制度，更好地满足新市民住房需求；有序推进城市更新改造，提升存量空间功能品质。二是从以下三个方面让城市的运行更具韧性。完善防灾减灾的体制机制和设施体系，提升城市抵御冲击能力；构建公共卫生防控救治体系，提升疫情监测预警处置能力；推进城市管网更新改造，消除老化管道安全隐患。三是从以下方面让人民群众有更多获得感、幸福感、安全感。建设高品质新型基础设施，推进第五代移动通信（5G）网络规模化部署；提高数字政府服务能力，推行城市数据一网通用、城市运行一网统管、政务服务一网通办、公共服务一网通享，增强城市运行管理、决策辅助和应急处置能力；丰富数字技术应用场景，发展远程办公、远程教育、远程医疗、智慧出行、智慧社区、智慧安防和智慧应急等项目。

1.1.2 **加强基层治理能力是城市高质量发展的重点**

社会治理特别是基层治理水平明显的提高，是国家治理效能得到新提升的重要举措。2035 年，我国将基本实现社会主义现代化，这是《国民经济和社会发展第十四个五年规划和 2035 年远景目标纲要》提出的远景目标。而要想实现社会主义现代化，就必须夯实国家治理根基。城市作为国民经济发展的重要空间载体，在国家治理中扮演着举足轻重的作用。党的十八届三中全会明确提出推进国家治理体系和治理能力现代化建设。党的十九届五中全会进一步提出，要明显提高社会治理特别是基层治理水平。习近平总书记高度重视城市基层治理工作，并多次指出，推进国家治理体系和治理能力现代化，必须抓好城市治理体系和治理能力现代化。

基层治理的落脚点在社区。社区是城市公共生活的最小空间，是基层治理的基础。随着我国经济发展进程的加快，社区所涵盖的职能也从单纯以满足居住为主，向兼具文化、娱乐、康养、生活等多元服务在内的方向延展。社区居民对社区管理者的诉求，已不再是解决居住问题，而是要让生活更方便、沟通更高效。因此，过去原有的社区治理模式已经逐渐难以适应当下的管理需求。

1.1.3 **物业管理是提升基层治理能力的重要途径**

党的十九大报告指出，要加强社区治理体系建设，推动社会治理重心向基层下移，发挥社会组织作用，实现政府治理和社会调节、居民自治良性互动。

在基层治理中，物业服务连接千家万户，直接关系人民群众切身利益，关乎基层和谐稳定。尤其是疫情以来，物业服务企业凭借“最后一公里”的先天优势，成为社区疫情防控的中流砥柱。一方面，对内努力做好业主服务，尽全力满足包含生活、就医、心理疏导等多方面的需求；另一方面，在政府、街道相关部门的防疫工作指引下，积极组织核酸检测、配合社区封控、环境

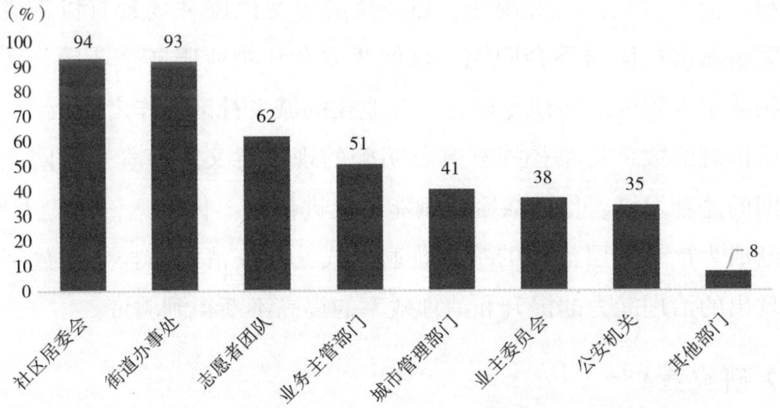

图 2　物业企业在社区疫情防工作过程中与哪些部、组织协同工作

消杀等工作。克而瑞针对疫情期间社区治理与防控工作的调研报告显示（见图2），约九成物企与街道居委会协同最广泛。物业企业在疫情防控中切实地承担了防疫政策的传达、承载、沟通以及反馈的职责。物业企业通过与所在的街道和居委会的密切协作，在疫情最为严峻的时期，保障了所管辖小区人们的生命财产安全，也为抑制疫情的传播贡献了极大的力量。无数物业服务人员夜以继日投身一线防疫抗疫，付出了巨大努力，也交出了令人满意的答卷。

1.1.4 数字化融入基层治理体系

政策指引之下，国家大力推进数字城市建设，有着充分的现实意义。当前我国城市化进程加快，面临着城市交通、人员管理、安全防控等多方面的问题。如何进行高效、精准的监管治理，成为重要议题。城市的扩大打破了传统的管理半径，这让信息技术的应用有了充分的使用场景。

在“十四五”规划关于“全面提升城市品质”的章节中明确提出：“运用数字技术推动城市管理手段、管理模式、管理理念创新，精准高效满足群众需求。加强物业服务监管，提高物业服务覆盖率、服务质量和标准化水平。”

物业服务企业是数字城市的重要参与主体。在“十四五”规划关于“构建基层社会治理新格局”的相关章节中强调：“推进审批权限和公共服务事项向基层延伸，构建网格化管理、精细化服务、信息化支撑、开放共享的基层管理服务平台，推动就业社保、养老托育、扶残助残、医疗卫生、家政服务、物流商超、治安执法、纠纷调处、心理援助等便民服务场景有机集成和精准对接。完善城市社区居委会职能，督促业委会和物业服务企业履行职责，改进社区物业服务管理。构建专职化、专业化的城乡社区工作者队伍。”

基层治理的数字化路径探索有着明确的现实意义。随着互联网尤其是移动互联网的蓬勃发展，借助数字化赋能，促进信息上传下达，便捷人员管理，已经逐渐成为社会基层治理的一种普遍形式，在疫情的防控中，数字化基层治理显现出的治理能力的提升和治理效率的提高不断得到验证。

1.2 研究意义

1.2.1 紧贴时代特征

习近平总书记明确要求政府需要高度重视城市治理工作，指出：“社区是基层基础，只有基础坚固，国家大厦才能稳固。”社区是党和政府联系、服务居民群众的“最后一公里”。经过四十多年的发展，我国物业管理行业迎来新的发展格局。“运用大数据、云计算、区块链、人工智能等前沿技术推动城市管理手段、管理模式、管理理念创新，从数字化到智能化再到智慧化，让城市更聪明一些、更智慧一些，是推动城市治理体系和治理能力现代化的必由之路，前景广阔。”“十四五”规划也提出，要推进智慧社区建设，提供线上线下融合的社区生活服务、社区治理及公共服务等。本课题正是在这样的背景之下应运而生。

1.2.2 拓宽研究视角

此次针对基层社会治理的数字化路径探索研究，在研究层面有两方面的创新：首先，本课题属于跨界复合型研究，既包括社会治理层面的研究，又包括数字化层面的研究；既立足于物业管理行业内优秀企业的最佳实践案例，又着眼于宏观政策导向和未来发展需要，以期从企业可持续发展和企业对社会的责任和贡献等方面，阐述数字化基层社会治理的重要意义。其次，狭义的基层社会治理主要聚焦在社区与政府的共建共治层面，但基层社会治理的本质在于服务民生。随着居民的诉求越来越多元，狭义的政务层面综合治理已经不能满足时代的要求。最后，本文研究的基层社会治理具备更广泛的研究范畴，既包括综合治理体系的构建，也包括社区运营体系和生活服务体系的构建，最终形成综合治理、社区运营、生活服务三位一体的现代化基层社会治理体系。

1.2.3 理论结合实际

本次课题除了系统性梳理国内外前沿理论，还充分结合企业最佳实践，通过实地踏勘等形式获取一手资料，用理论结合实际的方式，让研究成果更有落地价值。

1.2.4 具备推广价值

从政策导向和实际发展需要来看，数字化对于社会治理、企业发展都起着举足轻重的作用。新冠疫情的肆虐以及国家疫情防控工作的部署也对物业服务企业提出了极高的管理与协作要求。然而实践中人们认识到，数字城市基层的各参与主体数字化基础还很薄弱。相当多的物业服务企业内部还未有应用成熟的信息化管理系统；基层街道由于近年基层融媒体的发展，少部分街道拥有一些服务小程序和市区两级政务系统中的社区、街道模块；业委会几乎没有任何信息化系统。而就算是拥有物业信息管理系统的物业都还没有和政务信息系统有效打通，无法形成完整的数据流通闭环。

疫情防控的极端场景下，数字城市治理对数据互融互通的需求，与现实中物业企业等基层治理单元数字化建设以及融合程度低下的矛盾极为突出。物业企业提升数字化能力，赋能管理，并尽快融入数字城市体系建设的工作刻不容缓。

本课题以宋都服务打造的采荷街道为主要调研范围。浙江省在 2019 年首提“未来社区”概念，采荷街道在浙江省发展改革委公布的首批 24 个未来社区试点创建项目建议名单之中。无论是发展理念，还是社会经济发展速度，浙江都在全国处于领先位置，在长三角区域一体化的背景之下，更需要思考如何用数字赋能基层社会治理。浙江是共同富裕示范区，又在全国首次提出“未来社区”概念，承载着坚持以人为中心、融合前沿科技、赋能基层治理的重任。加强基层治理体系和治理能力现代化建设是面向未来的重要议题。研究如何有效运用数字化的方式赋能党建引领工作，提升社区精细化治理的程度，对于推动行业的政策与实践创新具有积极的意义。

第二章　物业服务企业参与基层治理的理论基础

2.1 相关概念

本课题研究的基层社会治理主要建立在城市社区层面。一是因为城市已成为当下经济发展中的核心载体。二是因为随着信息化的深入发展，新经济、新业态、新管理模式在城市中不断涌现。过去城市发展中的“老路”暴露出来的问题需要在新型城镇化发展模式下得到解决，城市发展的未来走向需要在当下充分研判。三是因为当下物业管理行业的发展重心仍在城市，捋顺物业服务企业在城市基层社会治理中的关系，有助于为未来城乡层面的基层社会治理提供宝贵经验。

基于此，本章涉及社区、社区治理及智慧社区等相关概念。

2.1.1 社区

社区是指居住在一定范围内的个人、家庭及社会群体所组成的社会生活共同体，居民之间有共同的意识和利益以及较密切的社会交往。城市社区是以第二、第三产业为基础，覆盖地域更广，人口规模更大，结构更加复杂的社区。

2.1.2 社区治理

社区治理一般是指为解决社区范围内的公共事务，有效供给社区公共产品，满足社区需求，促进社区发展进步的过程和机制。政府、社会团体、社区自组织、居民和辖区单位等是社区治理的主要参与主体，依据法律法规、市场原则和社会化原则，开展多元主体的协调配合。

2.1.3 智慧社区

智慧社区是智慧城市的重要组成部分，是指社区利用物联网、云计算等信息技术，在一个高效、智能、便捷的系统中整合物业管理、家政服务、远程医疗、电子商务、即时通信等与居民生活息息相关的功能，实现社区居民生活的全面数字化、智能化，为社区居民提供安全、高效、绿色、智慧的社区生活。

2.2 相关理论

在社区基层治理、数字化等方面，主要涉及治理理论、协同理论、赋权理论、数字化治理理论等内容。

2.2.1 治理理论

治理是一种对社会公共事务进行管理的过程和活动。基层治理作为国家治理体系的重要组成部分，对于国家发展和稳定而言具有重要意义。基层作为联系群众和国家的中间地带，治理环境复杂。因此，治理体系的现代化与基层治理能力的提升密不可分。

在西方，社区治理的治理理念与社区价值结合，以社区为本（community-based），聚焦社区层级的议题，强调多元主体合作，认为社区层级的管理及决策是透过社区中的不同相关利害关系人来共同执行实践的。例如，美国学者表明社区治理隐含民主治理的内涵，植根于政府的有限介入，从而积极培育社区成员的公民精神。Clarke 和 Stewart 认为社区治理实质上是居民为社区的集体利益而进行的社区自治，治理参与者还涉及公共部门、私人部门和志愿部门。Pierre 和 Peters 认为社区治理即国家将部分权力向下转移给社区。

Bowles 和 Gintis 指出社区治理是指不同于市场、国家治理的小群体结构的社会互动，并根据市场和国家治理形式，共同确定经济和社会成果。

2013 年 11 月，我国召开的中共十八届三中全会上，中共中央提出创新社会治理体制，认为在发展新型城镇化过程中，城乡社区治理是城市社会治理的基础和核心。陈家刚认为，“社会治理”，主要是指政府、社会组织、企事业单位、社区及个人等行为者，通过平等的合作型伙伴关系，依法对社会事务、社会组织和社会生活进行规范和管理，最终实现公共利益最大化的过程。郭伟和认为社区治理中的“治理”表述含有民主协商思想。任克强、胡鹏辉认为社区治理与社会治理是国家公共事物治理中的两个不同层面，社区治理是社会治理的微观层面与基层场域，二者相互促进、相辅相成。陈潭、史海威认为社区是国家-社会的联结场域，社区治理代表着国家与社会关系变革的结果。

自 20 世纪 80 年代中后期以后，中国政府在城市社区先后推动了一系列治理改革，“社区”逐渐成为社区服务、社区建设、社区治理等政府决策的实践空间（见表 1）。

表 1　中国社区治理政策脉络梳理

时间	重大政令的颁布	影响
1986 年	民政部倡导在城市基层开展以民政对象（孤寡老人、身心障碍人士、烈士家属等）为服务主体的“社区服务”	“社区”概念首次被引入城市管理以及实际生活中
1989 年	中共人大通过《中华人民共和国城市居民委员会组织法》	首次将“社区服务”引入法律条文
1991 年	民政部原部长崔乃夫在听取工作汇报时指出基层组织建设应着重抓好“社区建设”	首次提出“社区建设”的概念
1998 年	国务院同意民政部将原“基层政权司”纳入社区建设，改为“基层政权与建设司”	赋予民政部指导居委会建设、管理社区服务、推动社区建设的职能
2000 年	出台《民政部关于在全国推进城市社区建设的意见》	社区建设在各地推广

续 表

时间	重大政令的颁布	影响
2004 年	中共十六大四中全会首次提出要“健全党委领导、政府负责、社会协同、公众参与的社会管理格局”	鼓励社会（社会组织、居民个体）力量参与社会管理和公共服务
2013 年	中共十八大三中全会通过《中共中央关于全面深化改革若干重大问题的决定》	一改过去“管理”说法，提出“治理”概念
2017 年	《加强和完善城乡社区治理的意见》	推动社区治理之纲领性文件
2021 年	《中华人民共和国国民经济和社会发展第十四个五年规划和 2035 年远景目标纲要》	构筑美好数字生活新图景：推进智慧社区建设，依托社区数字化平台和线下社区服务机构，建设便民惠民智慧服务圈，提供线上线下融合的社区生活服务、社区治理及公共服务、智能小区等服务

2. 2. 2 协同理论

协同治理理论是由协同论和治理理论产生的新兴交叉理论。协同论提出者赫尔曼·哈肯认为无论宏观系统还是微观系统，只要存在开放系统，它逐渐就会形成一个有序的结构。而治理一词在 20 世纪末被社会科学领域赋予了新含义。罗伯特·罗茨认为，治理是一种新的社会管理方式，改变了以往政府单一统治的状态。协同治理理论有以下几个典型特征：一是公共事务难以依靠单一的主体实现良好运作，故需要引入多个主体参与其中；二是多个主体被引进参与复杂公共事务处理时，各主体应该协同，在一个明确的准则之下有序行事才能行之有效。

2. 2. 3 赋权理论

赋权理论（empowerment theory）主要是对“权力”赋予的理解，主要包含三个角度：社会角度的赋权，获取更丰富的能力以及资源，实现个人或集体诉求；社区角度的赋权，提高社区的自主治理能力，从而对辖区内的社会环境做出更准确的评价；个人角度的赋权，发展为更主动、更积极、更具能量的自我意识。

从本质上来说，目前国内城市基层治理体制呈现“条块分割”的特点，由于社会快速发展衍生出的大城市病具有一定的普遍性，所以导致城市基层治理面临大量的阻碍，尤其是横向部门的协同理念不足，基层力量有待提高，执法的衔接性弱，群众缺乏参与主动性。

基层直面群众和社会矛盾，是掌握社会矛盾的源头，是城市治理体系中承上启下的重要枢纽，但是并没有足够的权力、资源、队伍去解决社会问题，加上条块分割、权责不对等等问题，导致基层治理出现“看得见，管不着”的处境。因此，为全面提高治理水平和治理成效，应赋予街道多项权力，例如辖区重点项目建设参与权、重大事项决策提议权、职能部门人事任免建议权等。只有赋权街道，统筹调度各部门力量，建立联动的资源配置机制，划分条块事权，提高基层治理能力，才能把问题解决在一线。

吉登斯认为全球化进程的推进不仅让社区成为重点，而且让社区治理变得非常必要。要想在国家治理的宏大背景下有效引导中国的基层社区治理，让社区自治组织和社会组织运转起来，正确处理政府和社会的关系，首要的任务就是要构建社区自治的目标框架，为社区自治组织和社会组织赋权和增能。

杜英歌认为，社区内的组织及居民的“无权”状态是影响社区参与的关键因素。

吴晓林等学者提出非政府主体得到赋权是实现社区共同治理的基础，要给予社区相应的资源和权利，才能激发居民的参与意识、增强居民参与治理的能力。

陈伟东和尹浩认为通过多个维度的赋权介入可以有效化解社区居民失权或无权的困境。

唐有财等学者认为，政府向社会放权、授权并培育社区参与的组织化力量，可以克服居民自发参与的碎片化和偶发性，塑造常态化的参与机制。

许宝君等学者强调社区治理要将社区公共事务的决定权和行动权向居民开放，使居民主体性得以彰显。

尹浩认为，社区资源是各种社区治理活动开展的基础，但是社区治理所需的权力与资源高度集中于政府及其部门，为了获得所需资源，社区组织及居民只能听取行政命令，难以激发出主观能动性，社区自治易陷入因无权而原地打转的恶性循环。

张瑞凯、孙通认为，项目通过资源赋权、权利赋权、心理赋权、技术赋权四个方面的实践，通过整合政府行政、参与机制、参与资源和专业技术支持，在一定程度上解决了社区治理中社区居民参与度不高的问题。

宋煜萍、施瑶瑶认为，在当前社会治理重心下沉过程中，社区赋权成为提升社区治理效能的政策工具之一并广泛付诸实践。

孙萍认为，由于新时代的社区治理转型迫切需要构建超能型引领主体、中枢型决策平台和整体性运行机制，只有通过党建引领将“授权赋能”理念嵌入社区治理的全过程，才能有效回应当前社区治理中的重心下移、激发活力和高质量发展的时代趋势。

吴晓林、张慧敏认为，所谓社区赋权，具有“过程”和“结果”两种指向，意指给予社区相应的资源和权利、激发居民的参与意识、增强居民参与治理能力的过程，从而达成社区合作治理和可持续发展的结果。

陈伟东等学者在研究社区公共资源的治理过程中认为，组织赋权和心理赋权能够促进社区居民主体性的生成，而这种居民的主体性能够强化社区居民自我组织与自我行动的能力。

徐建宇在研究城市社区组织化问题时，提出赋权式连接是社区组织化构建社区治理连接通道的方式之一，包括以权力赋予来形塑街道办-居委会组织体系的结构性连接和对弱势群体进行赋权，以应对社会治理中的不确定性。

谭祖雪、张江龙指出，赋权增能是基于权力平等的假设，是居民民主权利与知识累积应用于社区参与的结果。

2.2.4 数字化治理

数字治理是一种全新的数字时代治理模式。数字时代的治理（digital-era governance，DEG）关注的是以互联网和信息技术为中心的一种重返社会、基于需求的整体主义和数字化变革。数字化治理涉及政府职能的重新整合、采用整体和面向需求的结构，以及推进行政过程的数字化。数字时代治理模式中的主体呈现多元化趋势，并以信息技术为主要支撑，目的是实现“无缝隙”的公共服务。这种工具理性的价值观念最终落脚点是为基层民众提供全面及更有针对性的公共服务。

20 世纪 90 年代末，以邓利维为代表的国外学者围绕数字化治理进行了较为深入的研究，*Digital-Era Governance：IT Corporations，the State，and E-Government* 一书中，邓利维对数字化治理理论进行了系统性描述。其所提出的数字时代的治理包括三大理论主张：重新整合是基于需求的整体主义以及数字化变革，旨在解决新公共管理存在的弊端；基于需求的整体主义是指通过了解公众需求来提供有针对性的、全面的公共服务；数字化变革则是通过信息技术实现政府部门的组织变革与文化变革（见表2）。

表2　邓利维数字时代治理点的关键要素

主题	重新整合	以需求为基础的整体主义	数字化变革
成分	逆部门化与碎片化	互动地搜寻和提供信息	电子服务交付
	协同式治理	以顾客和功能为基础的组织重建	以网络为基础的效用处理
	重新政府化	一站式服务	国家指导的集中信息技术采购
	恢复或重新加强核心流程	数据库	新形势的自动化流程
	极大地降低行政成本	重塑结果取向的服务	减少中间层
	重塑支撑公务的供给链	灵活的政务流程	渠道分流和顾客细分
	集中采购和专业化	可持续性	减少受控渠道
	以“混合经济模式”为基础	—	加强自主管理
	网络简化	—	走向开放式管理

资料来源：克而瑞物管整理。

第三章　物业服务企业参与基层治理的模型

3.1 传统“三驾马车”模型

社区基层治理是我国国家治理体系的重要组成部分，随着中国经济社会的不断演变，社区基层治理的结构、模式以及特点也在不断地发生着变化。

20世纪80年代，随着中国经济体制改革的推进，政府首次引入了“社区”概念。随后，1991年国家民政部在对社区进行一系列尝试之后，提出“社区建设”的概念。在政府的推动下，全国各地都积极探索出了适合本地的社区治理模式与机制。

在长期的实践与摸索中，我国的社区治理建设已经发展成为党的群众工作制度、城市基层行政管理制度、社会生活服务制度、社区居民自治制度四大工作体系同时并存的局面。街道办（居委会）、业主委员会、物业管理公司作为缺一不可的“三驾马车”体系，充分发挥了基层的自我治理能力，优化了住宅小区综合治理体制机制，提升了治理水平（见图3）。

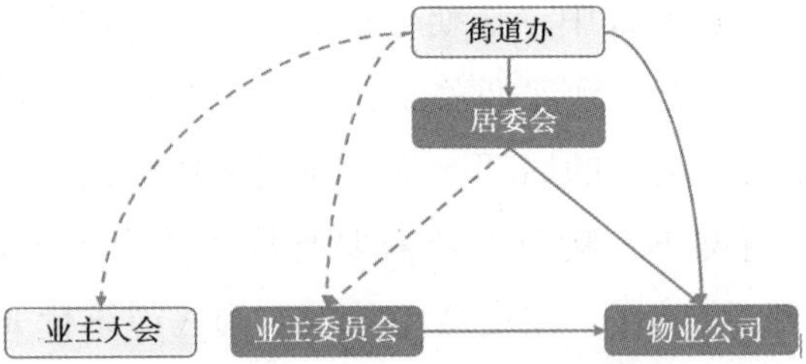

图3 “三驾马车”的形成过程

居民委员会是居民自我管理、自我教育、自我服务的基层群众性自治组织，是党和政府联系人民群众的桥梁和纽带之一。1954年12月31日，第一届全国人民代表大会常务委员会第四次会议通过了《中华人民共和国城市居民委员会组织条例》，1980年1月19日重新公布。据此，首先在市辖区和不设区的市设立了居民委员会，以后又逐步在镇和乡政府驻地的小集镇设立了居民委员会。1989年12月26日，第七届全国人民代表大会常务委员会第十一次会议通过了《中华人民共和国城市居民委员会组织法》。2017年3月15日，第十二届全国人民代表大会第五次会议通过了《中华人民共和国民法总则》，本法中第四章“非营利法人”中第一百零一条规定：“居民委员会、村民委员会具有基层群众性自治组织法人资格，可以从事为履行职能所需要的民事活动。”居民委员会在我国社区基层治理的发展和运行中起到了极为重要的承上启下与基层触达的作用。

业主委员会是小区业主在小区日常治理工作中的代表实体。这一代表实体不仅拥有对小区日常工作包括财务决策的管理权，同时也是国家基层治理的重要基石。业主委员会所担负的责任并不仅限于维护小区业主的利益，它同样肩负着保证国家基层治理稳定以及在基层落实国家政策的渠道保障职能。

物业服务企业是社区基层治理的重要功能型组成，是基层治理“三驾马车”不可或缺的部分，在基层实践中起到了政策落地、管理落地、反馈落地等极为重要的执行与沟通价值。

3.2 以数字化为底座的基层治理新模型

近年来随着国家经济的发展，基层治理工作的复杂程度日益攀升，基层治理的“三驾马车”在实践中，长期存在着权责以及协调问题。一方面，物业企业和业主之间存在着劳动雇佣关系，物业企业对小区进行管理与服务的先决要素是受到业主委员会的雇佣，基于雇佣合作的内容提供物业服务。然而，在疫情等特殊情况下，物业企业需要听从居委会关于疫情防控的指挥，并管理辖区的疫情防控工作。在疫情防控中，到底应该优先考虑雇主的利益与需求，还是优先满足城市整体的防控要求，是摆在“三驾马车”面前的重点难点。权责界面的模糊导致在日常工作中，很容易出现多方均努力协作，但是各方均不满意的情况。另一方面，“三驾马车”之间缺乏有效的监督与评价机制，难以通过监督、评价与沟通，持续地强化三者之间的联系，并促使各方都能在协作中积极进步。

因此，面对复杂的基层治理局势，从国家到地方都逐渐认识到，必须要从以下方面建立新的基层治理模式，才能捋顺各方关系。

3.2.1 协作

“条块分割”是当前国家治理中的显著特征，“条”指自上而下的垂直管理，“块”指跨部门、跨事务跳线的协同。我国历来条块发展多呈现“条强块弱”的特征。例如以之前的上海疫情为例，我们能清晰地看到从上而下执行动态清零的效率和决心，体现了中国的体制优势。但也会发现，不同部门之间的信息并未完全打通，例如上海的随申码之前只显示健康码，想要看核酸报告要去健康云，后来才将两项功能集成在一起。相反，温州就将健康码、行程码、核酸报告做了打通。

对于社区基层治理而言，必须意识到相互协作的重要性和必然性，摒弃大包大揽、全能统管的认知。社区治理千头万绪，而社会发展深化的一个标志，就是专业分工的出现，要让专业的人做专业的事。良性的机制一定是要让各专业化的管理主体和服务主体有各自的协作空间。

3.2.2 党建引领

因为相互协作的理念之下，必然需要民主集中的领导力。而党建引领是解决信任机制的核心，这也是在基层党组织的领导下成立居委会，依法行使权利、管理基层事务和公益事业的本质。通过党建引领，建立以“党组织覆盖”为根本的新型组织架构，积极引导各方对基层事务的参与和决策意愿。

3.2.3 赋权

在党建引领的旗帜下既要凝聚各方，也要给予适当的权力下放、厘清各主体之间的权责界面。同样以上海疫情为例，封控期间业主的就医、配药除了急救系统，只能通过居委会来对接医院，物业需要见到居委会的证明才允许业主出入。但问题在于，一是居委会本身属于权力体系的末端，二是居委会和卫健系统本身就属于两条线，物业和居委会的信息沟通如何保持顺畅，该赋予各方怎样的权力，各方的权责界面该如何划分，都需要进一步总结经验和持续探索。

3.2.4 分配

分配机制是社区基层治理中不可或缺的一环，作为“三驾马车”中唯一的商业主体，物业是社区实际的管理者和服务者，也是政府任务最终的执行者。这是由两方面的因素决定的，一是物业的经济来源要靠业主，而服务业主正是物业专业价值的体现。二是人员编制的不对等使然，居民委员会一般由主任、副主任和委员共5~9人组成，而我国有近61.5万个基层群众自治组织（社区、村委会），其中社区11.3万个，涉及人口超9亿人，平均每个社区8000人左右，这就导致必须要将物业作为社区基层治理的重要参与者来对待。作为商业主体，物企承担了大量的管理工作和管理成本，因此住建部等部门也将物业服务企业纳入疫情防控体系，强调要给予物业服务企业必要的保障和支持，鼓励有条件的地区按照政府向物业服务企业购买公共服务的方式，给予物业服务企业一定补偿。

3.2.5 网络

“十四五”规划提及，要“构建网格化管理、精细化服务、信息化支撑、开放共享的基层管理服务平台”“完善城市社区居委会职能，督促业委会和物业服务企业履行职责，改进社区物业服务管理”。疫情常态化之下，对于快速响应和高效管理的要求更高，因此必须通过数字化的方式，综合运用数字哨兵、测温仪、智慧电梯等科技硬件，结合AI算法、大数据分析，让政策及时下达、让舆情及时上通，最终将智慧社区与智慧城市的数据互融互通（见图4）。

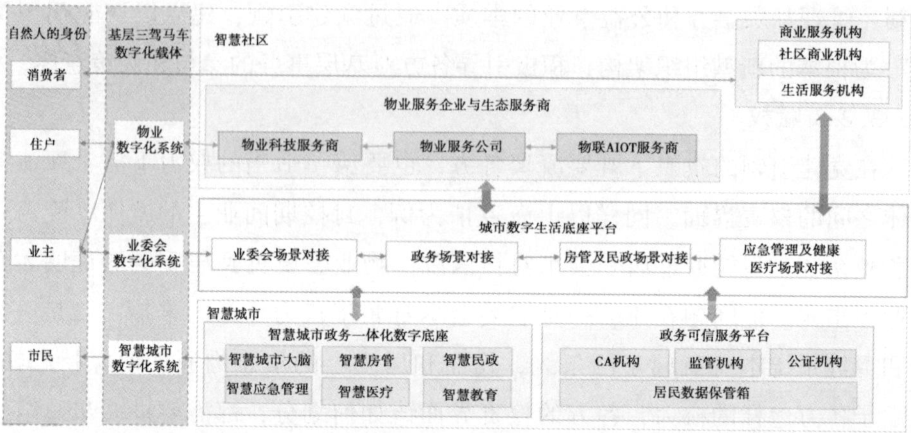

图 4　城市数字生活底座平台构思（建设思路）

3.3 当前数字化基层治理的现状

3.3.1 政策层面

2013 年 11 月 12 日，中国共产党第十八届中央委员会第三次全体会议在北京闭幕，会后发布了十八届三中全会公报。在公报中“社会管理”的表述变成了“社会治理”，这也是社会治理第一次出现在官方文件中。由“管理”到“治理”，这不仅是表述变化，更表明了国家层面简政放权的决心。2016 年，中共中央、国务院联合印发《关于进一步加强城市规划建设管理工作的若干意见》，提出“城市智慧管理”要求，主张通过现代信息技术与城市管理服务融合，提升城市治理和服务水平。2020 年初，新冠突如其来，多地居民的生活时常陷入短暂停滞。物业服务企业作为人们生活、企业生产的重要“护道者”，对社会生产生活起着重要作用，国家和各地方政府也越来越将物业服务企业作为基层社会治理的重要参与者，鼓励物业服务企业将智慧力量注入社区建设之中。2021 年，住房和城乡建设部办公厅印发的《完整居住社区建设指南》明确了物业管理服务平台的建设是完整居住社区建设的重要标准。2022 年，住房和城乡建设部《“十四五”推动长江经济带发展城乡建设行动方案》明确推广智慧社区经验，将物业管理融入基层治理体系。2021 年浙江发展改革委和住建厅联合印发《关于印发浙江省住房和城乡建设“十四五”规划的通知》，明确支持物业服务企业通过数字化方式推动“城市大脑”协同治理。国家和地方层面关于数字化基层社会治理政策见表 3。

表 3　国家和地方层面关于数字化基层社会治理政策概览

年份	发文单位	文件名称	内容概览	简要概括
2016 年	中共中央、国务院	《关于进一步加强城市规划建设管理工作的若干意见》	推进城市智慧管理：加强城市管理和服务体系智能化建设，促进大数据、物联网、云计算等现代信息技术与城市管理服务融合，提升城市治理和服务水平	通过现代信息技术与城市管理服务融合，提升城市治理和服务水平
2020 年	住房和城乡建设部等六部委	《关于推动物业服务企业加快发展线上线下生活服务的意见》	五、推进共建共治共享：加强党组织对物业工作的领导。依托智慧物业管理服务平台，加强社区党组织对物业工作的领导，促进党建引领下的社区居民委员会、业主委员会、物业服务企业协调运行机制有效发挥，推动物业管理与基层治理的深度融合。通过“指尖上的党务”促进社区党建工作	依托智慧物业管理服务平台，推动物业管理与基层治理深度融合
2021 年	中共中央、国务院	《关于加强基层治理体系和治理能力现代化建设的意见》	加强基层智慧治理能力建设：（一）做好规划建设。市、县级政府要将乡镇（街道）、村（社区）纳入信息化建设规划，统筹推进智慧城市、智慧社区基础设施、系统平台和应用终端建设，强化系统集成、数据融合和网络安全保障。健全基层智慧治理标准体系，推广智能感知等技术。（二）整合数据资源。实施“互联网+基层治理”行动，完善乡镇（街道）、村（社区）地理信息等基础数据，共建全国基层治理数据库，推动基层治理数据资源共享，根据需要向基层开放使用。完善乡镇（街道）与部门政务信息系统数据资源共享交换机制。推进村（社区）数据资源建设，实行村（社区）数据综合采集，实现一次采集、多方利用。（三）拓展应用场景。加快全国一体化政务服务平台建设，推动各地政务服务平台向乡镇（街道）延伸，建设开发智慧社区信息系统和简便应用软件，提高基层治理数字化智能化水平，提升政策宣传、民情沟通、便民服务效能，让数据多跑路、群众少跑腿。充分考虑老年人习惯，推行适老化和无障碍信息服务，保留必要的线下办事服务渠道	加强基层智慧治理能力建设

续 表

年份	发文单位	文件名称	内容概览	简要概括
2021 年	住房和城乡建设部办公厅	《完整居住社区建设指南》	完整居住社区建设标准（试行）：五、物业管理全覆盖：（一）鼓励引入专业化物业服务，暂不具备条件的，通过多社区托管、社会组织代管或居民自管等方式，提高物业管理覆盖率。新建居住社区按照不低于物业总建筑面积 2‰比例、不低于 50 平方米配置物业管理用房，既有居住社区因地制宜配置物业管理用房。（二）建立物业管理服务平台，推动物业服务企业发展线上线下社区服务业，实现数字化、智能化、精细化管理服务。（物业管理服务平台建设原则：推进智慧社区建设，鼓励运用互联网、大数据、人工智能等技术，建设物业管理服务平台，在公共服务、商业服务、设备管理、安防管理等方面提供智能、便捷的服务内容。推动社区生活设施智能化改造，推进智能停车、智能安防。大力发展线上线下服务业，提供社区养老、托幼、助残、医疗、助餐、快递、家政等服务，满足居民多样化的生活服务需求。推进物业管理服务平台与城市政务服务一体化平台对接，促进“互联网+政务服务”向居住社区延伸，打通服务群众的“最后一公里”。）六、社区管理机制健全：建立“党委领导、政府组织、业主参与、企业服务”的居住社区管理机制。推动城市管理进社区，将城市综合管理服务平台与物业管理服务平台相衔接，提高城市管理覆盖面	物业管理服务平台的建设是完整居住社区建设的重要标准
2022 年	海南省人民政府办公厅	《关于完善海南自由贸易港住房保障体系的指导意见》	强化运行管理，积极打造宜居智慧环境：（一）提升建设居住品质。聚焦人本化、生态化、数字化三维价值坐标，探索未来社区和数字家庭建设，打造有归属感、舒适感和未来感的高品质生活社区。（二）规范保障管理工作。加强保障性住房小区物业管理。将保障性住房小区纳入社会基层治理范畴，建设“智慧安防小区”	积极打造宜居智慧环境，建设“智慧安防小区”

续 表

年份	发文单位	文件名称	内容概览	简要概括
2022 年	住房和城乡建设部	《“十四五”推动长江经济带发展城乡建设行动方案》	补齐城镇居住社区短板：着力提高物业管理覆盖率，支持社区引入专业化物业服务，将物业管理融入基层社会治理体系。 建设智慧社区，提高社区智能化管理水平：总结推广嘉兴、杭州、南京、重庆、成都等城市智慧社区建设经验，实施社区公共设施数字化、网络化、智能化改造和管理，促进智能产品在住宅以及社区配套设施中的广泛应用，将智能快递、智能养老、智能家庭医疗等设施建设纳入社区公共服务建设体系	推广智慧社区经验，将物业管理融入基层治理体系
2020 年	浙江省住房和城乡建设厅	《关于开展美丽城镇智慧管家行动的通知》	善治为民治理美方面。推进“智慧综治”“智慧城管”等应用平台建设，集成拓展“四个平台”系统，实现与其他相关政务平台的有效互联互通，建立上下联动、层级清晰、覆盖全域的现代治理体系。搭建城镇管理公共信息数据库，打破层级隔阂、条线壁垒，实现城镇治理数据信息的整合与共享，提升基层社会治理现代化水平	通过建立“智慧综治”“智慧城管”，搭建城镇管理公共信息数据库等手段来提升基层社会治理现代化水平
2021 年	浙江省发展改革委、浙江省民政厅	《关于印发浙江省民政事业发展“十四五”规划的通知》	促进社会组织规范发展：加大社区社会组织培育扶持力度，进一步激发活力，支持鼓励社会组织积极参与基层治理和社会服务，社区社会组织活跃度达到 80%	支持鼓励社会组织积极参与基层治理和社会服务

续 表

年份	发文单位	文件名称	内容概览	简要概括
2021 年	浙江省发展改革委、浙江省住房和城乡建设厅	《关于印发浙江省住房和城乡建设“十四五”规划的通知》	提升物业管理服务水平：支持物业服务企业借鉴未来社区智慧服务平台理念，实现与企业、城市管理和基层治理信息平台互联互通，推动管理智能化、服务标准化，提升行业管理和服务水平。 推动“城市大脑”协同治理：推进数字住房、数字物业、数字工程、数字城建、数字城管、数字管网、数字防（抗）灾、数字政务等领域的协同创新，整合政务服务、环境卫生、公共安全、应急管理、交通运输等领域的信息系统和数据资源，构建“全业务、大数据、全服务、全支撑”的城市运行管理服务平台，完善城市数字管理平台和感知系统，加快与“城市大脑”对接，创新全域智慧协同治理体系	支持物业服务企业通过数字化方式推动“城市大脑”协同治理
2021 年	上海市民政局	《关于做好加强基层治理体系和治理能力现代化建设相关工作的通知》	加强基层智慧治理能力建设：推动社区治理数字化转型。在居村层面统一建设集管理、服务、互动为一体的“社区云”应用系统，推动社区治理数字化转型。建立“数字吹哨”制度，加强“社区云”与区、街镇城运中心的衔接，健全基层线上约请、部门报到制度，形成数字化的问题处置管理闭环	加强基层智慧治理能力建设，形成数字化的问题处置管理闭环
2021 年	上海市发展和改革委员会	《上海市国民经济和社会发展第十四个五年规划和二〇三五年远景目标纲要》	构建现代社区自治共治共同体：深化物业治理创新，推动居委会、业委会、物业服务企业等协同运转，加快建立“质价相符”的物业服务市场机制，加强物业服务行业监管。大力支持社区社会组织发展，引导社会力量更好地链接社会资源、提供专业服务、参与基层治理，推动自治共治平台协同运转。提升社区治理规范化精细化水平，规范信息数据。采集核查、集成共享，深化“社区云”、远程视频帮办等智慧社区应用	大力支持居委会、业委会、物业服务企业等社区社会组织发展，参与基层治理

3.3.2 发展层面

自中国改革开放以来，中国的住房市场由“单位房”逐渐向“商品房”过渡，由此，物业管理作为一种有偿房屋管理模式开始进入人民日常生活，一批物业服务企业如雨后春笋般涌现。中国内陆地区的物业管理行业的发展已有30余年，作为居民社区生活服务的提供者，连接千家万户。2020年初一场席卷而来的新冠疫情，对人们的生产生活产生了重大影响。与人们密切相关的物业管理越来越被国家和各地政府重视，多个官方文件也明确将物业服务企业引进基层社会治理，协同参与有序与和谐社会的治理。

传统的物业管理服务作为劳动密集型产业，已经很难适应这个用人成本逐渐增加的市场环境。无论是实现企业自身盈利的需要，还是参与防疫抗疫等民生工程的需要，科技作为一种增效工具，以机带人既可以提高效率，也是疫情常态化管理中对企业一线工作人员安全的重要保障手段。

物业服务企业作为国家社会基层治理方案的重要参与者，对于社会基层治理中的数字力量不容忽视。

3.3.3 技术层面

基层社会治理的数字化建设离不开对含大数据、物联网、互联网、算法等在内的新型基础设施的建设，自2020年以来，诸多物业服务企业以合作、联营、投资等方式探索基于数字化的物业服务纵深资源，通过“城市服务”“智慧服务”“云服务”等方式，将现有业务整合的同时进行基于市场的横向扩张。

国内基层社会治理数字化尚处于起步阶段，纵观现有数字化社会治理平台，其架构都大同小异：以基础服务设备与数据采集设备为基底，依托信息技术将多元服务嫁接至线上综合服务平台，实现用户、物业、商家、政府多方端口的信息共享，优化治理流程，提高治理水平（见图5）。

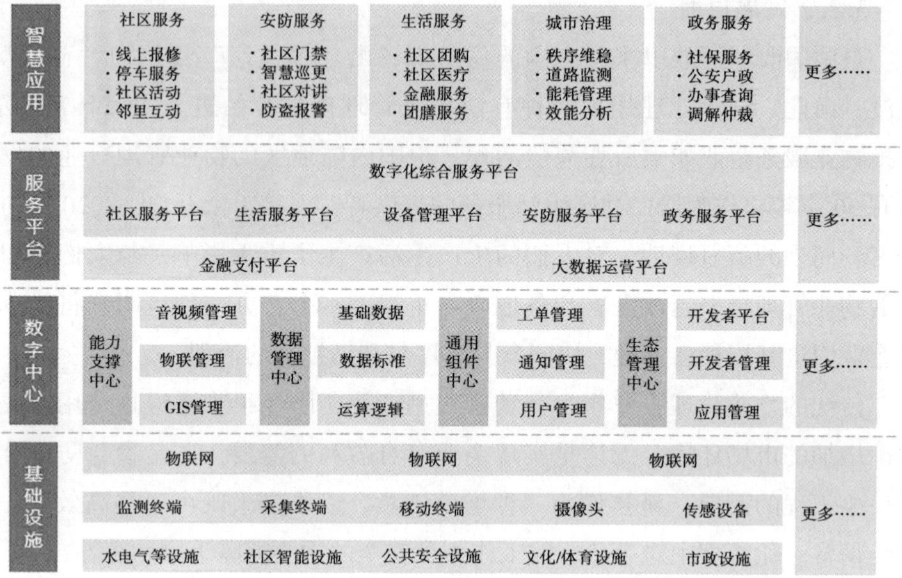

图5　数字化平台建设框架

3.3.4 赋能层面

当前基层治理不仅与治理主体强关联，与公众的美好生活也息息相关。由于新时代背景下的基层治理需求多元化、场景多样化，以及复杂难度提升，传统的基层治理方式已经无法有效解决当前基层治理当中的诸多问题。因此各地方政府通过数字赋能推动基层治理，而数字赋能也成为了新的基层治理范式和创新源动力。

3.3.4.1 多元主体参与

多元主体参与基层治理，重塑政府与群众的关系。在由“社会管理”转向“社会治理”的实践中，数字化的发展改变了传统单向信息流动的特点，通过技术性渠道促进信息的多边、动态、持续性，为多元社会主体参与社会治理提供动力。进而重塑治理场景中的信息结构，让各类治理主体之间产生密切的协作和紧密的关系，在信息互动中构建起社会治理新模式。

数字化的属性不仅可以打通多元主体之间的联系，同时还能充分激活个人的潜在价值，使其更主动地参与到社区治理中去。政府、街道、社区等主体通过数字化的方式将各类信息公开于信息共享平台，社会群体通过信息平台能快捷获取信息，有助于建立其与政府等部门的连接。同时，社区居民也从过往被动的信息接收者转变为信息传播者，即居民群体等可以在互联网平台针对社会问题、自身权益等问题发声。政府不再只是权威性的自上而下的信息发布者，还可以通过多面化、去等级化、去中心化的传播网络，与居民之间进行良性互动，从而进一步重塑各治理主体与群众的关系。

3.3.4.2 提升多部门协同联动能力

在传统基层治理当中经常存在治理主体彼此独立、治理机制难以联动、治理过程衔接不畅等问题。基层治理面临巨大的社会需求回应压力，对政府内部提出了极高的协同要求；与此同时在信息技术和互联网技术的加持下，多元化和差异化社会需求的释放更为凸显，增加了基层政府提供精准化服务的难度。

近年来，各地政府成立了诸如“数据局”的数据管理部门，统筹推动治理创新，通过数据化的手段促进各层级、各部门、各业务、各城市治理部门的协同性，打破政府部门间孤立、分割的状态，提升信息整合、信息共享能力，以解决在基层治理当中信息不对称、传递不及时和治理场景碎片化等因素带来的问题。

3.3.4.3 促进社会资源再分配

城市是资源要素集聚的结果，社会治理受到服务总量不足、空间、手段、动力等因素的制约，而资源配置方式又在很大限度上影响了城市建设水平。数字化不仅改变了城市的资源配置方式，同时也提高了资源配置效率。

数字化技术的发展为信息空间独立于传统物理与社会空间而运行创造了条件，使社会能够以新的方式协调和使用资源。过往基层治理中存在的闲置和未被充分使用的资源，通过技术手段得以在物理和社会空间内被有效整合。一方面数字化使得个人被淹没的需求和偏好信息、操控社会传播资源的能力以及闲置的各类资源均被激活；另一方面，通过技术方式的保障，使得闲置的资源在有需求的领域发挥更大的效能。但目前城市基层治理的数字化发展总体仍处于初级阶段，大部分城市的资源数字化配置还有较大提升空间，城市间差异性明显。

此外，疫情常态化下，数字化在基层治理当中发挥了重要作用。我国在本次新冠疫情防控中成功的关键，很大限度上依赖于于新兴信息技术对基层抗疫的深度赋能。自新冠疫情暴发以来，数字化技术在基层治理当中发挥了极其重要的作用。通过对社会行为大数据的汇聚和统合，如出行轨迹流动信息、社交信息、消费数据、暴露接触史等，锁定防控范围、实现对每个个体健康水平的认证，从而协助在全社会实现防疫大协同，如上海“随申办”、北京“健康宝”、广州“穗康码”等为代表的健康码系统。大数据识别、网上医疗和线上教学等新技术，也成为推动基层社区成为外防输入、内防扩散有效防线的重要手段。

3.4 当前数字化基层社会治理中存在的问题

基层社会治理成果与实现居民美好生活需要密切相关，基层社会治理的数字化能力是解决信息不对称、实现社会生活便捷的重要保障。目前数字化基层社会治理中存在的难题主要包括体制机制约束、资源配置约束、人才储备约束及理念意识约束。

3.4.1 体制机制约束

随着社会发展，政府执政过程中遇到的问题越来越复杂，需要通过释放更多社会主体的活力来实现执政效率的提高。本质上，由“社会管理”向“社会治理”的转变，是为了实现一种从垂直到水平、单一中心到多元共治发展的局面。目前我国也初步形成了基层政府、物业服务企业和业主委员会“三驾马车”为主体的城市基层治理格局，但是“三驾马车”目前仍没有完全并驾齐驱，治理失效的情况也时有发生。在基层社会治理中，基层政府仍处于绝对的主导地位，多元共治基层社会治理格局尚未形成。

在基层社会治理中，基层政府“本位”意识导致各方力量难以协同，物业服务企业仅仅作为基层政府的“下游”，导致其作用难以发挥。在基层社会治理中，数字化是现代治理体系建立的重要手段。物业服务企业触达基层社会治理的神经末端，对智慧平台动线的设置、便民科技产品的需求把握都更为擅长，但不少物业服务企业在基层社会治理中的却面临不被“赋权”的尴尬之境。

3.4.2 资源配置约束

物业服务企业不仅是社区生活服务提供者，也是独立法人，发展也是企业的安身立命之本。盈利与民生在某种程度上存在一定对立，国家看中物业服务企业在基层社会治理中的能力，但是在实际操作中，部分基层政府却并未给到物业服务企业相应的资源，企业既要面临经营的压力，又要承担繁重的社会责任。在现有资源配置规则之下，物业服务企业在数字化基层社会治理中作用也难以发挥。

3.4.3 人才储备约束

随着城市基层治理精细化水平不断提升，社区治理领域对于专业人才的需求也逐渐呈现递增态势。数字化转型的背景之下，社区治理对于专业化的人才需求也更加多元。而当前城市社区治理普遍存在社区基层人员年龄结构偏大、文化程度较低、专业能力偏弱等问题，人才储备不足成为当前数字化转型当中面临的主要问题。

主要原因在于：一是社区人才队伍总量不足，社区人口总数与社区服务人员配比不合理；二是社区人才队伍整体素质及结构亟待优化，当前社区基层工作者中存在大量未受过系统培训的从业者，在熟悉政策业务、开展统计分析等方面存在诸多困难，且不具备重大突发事件应急防控能力；三是由于薪酬、晋升途径狭窄等原因导致对专业人才吸引力不够，人才无法实现下放。

3.4.4 理念意识约束

近年来，尽管数字化进程不断推进，数字化在社会治理当中的一定领域相对常见及逐步普及，但受到经济、年龄、性别、教育、地理等因素的影响，数字鸿沟始终普遍存在。数字化的推进不仅依赖于技术上的创新，也取决于理念更新、制度革新、组织转型、法律规范等因素的共同推进。

随着我国老龄化程度进一步提升，低收入人群、老年人以及残障人士等特殊群体在数字化设备的获取和使用能力方面都处于弱势地位，数字化的发展在特殊群体当中并未展现出效率、温度和尺度，反而成为这些群体的“负担”，进而受到一定程度的“排斥”。此外，数字安全问题一直是当下社会面临的主要问题，公众对数字治理的信任度和安全感并没有想象中高，数据采集、数据的应用场景、数据授权等问题层出不穷，基于隐私等因素的考量，部分群众因私人领域在数字化下被进一步压缩而拒绝数字化技术的使用，也是导致数字化无法顺利推进的又一重大因素。

第四章　宋都服务的数字化基层治理体系设计

4.1 建设目标

4.1.1 强化企业内部管理，提升决策效率

效率即投入与产出的比例。企业运营效率的高低反映的是企业的综合运营管理能力，运营效率越高，说明企业越健康，其可持续发展的能力也就越强。物业管理行业作为劳动密集型行业，面对不断上涨的人工成本压力，数字化转型为企业的发展提供了新的思路。宋都服务通过数字化的运营管理，不断优化业务流程，创新运营模式，实现企业整体运营效率的提升。

4.1.2 统筹外部多方资源，改善服务体验

数字技术催生新的经济形态，企业边界也在不断打破。物业服务企业充分利用数字化技术，通过融合建设推动物业服务智慧化，通过线上化平台联动客户，创新商业模式。

同时，数字经济时代，客户也有了比以往更大范围的选择，决定企业胜出的就是对客户的服务。宋都服务的数字化，一方面使其触及客户的方式更为多样，需求的传递和服务的提供更加便捷；另一方面，利用大数据更方便洞察客户，不断改善客户服务体验。

4.1.3 辅助政府基层治理，促进社会和谐

随着科学技术与社会深度融合，智慧生活体验成为居民对美好生活的重要诉求方向之一。宋都服务聚焦老旧小区，建立高效、有序、便捷、安全的智慧系统，将小区中涉及的政府职能、物业管理及社会服务资源进行合理整合与充分利用，投入使用物联网、人工智能和云计算等现代先进技术，全面推行智能门禁、智能停车、智能安防等科技服务，切实提升物业管理服务能力和水平，推动老旧小区居民生活水平提高，让老旧小区的智慧科技应用成为满足人民美好生活需求和消费升级的有效抓手。

4.2 建设原则

4.2.1 打造统一的社区管理平台

在宋都服务的智慧社区平台上，物业管理者可在一个平台上实现对社区

内不同系统的管理，有效提升工作效率；同时，宋都服务的业主也可以使用App，或者通过带屏音箱、中控屏等多元硬件设备，获得社区空间下万物互联的智能生活体验。

4.2.2 集成可扩展的功能

智慧社区建设经常面临设备和系统多样，难以集成管理的难题。宋都服务通过物联网平台，集成和管理市场主流智能硬件接口，打破社区硬件及各子系统之间数据孤岛的困境，通过统一的设备和事件管理，提升运维效率。

例如，依靠智能化的统一社区管理平台，宋都服务可以根据不同社区的建设需求，快速灵活接入不同的硬件，包括门禁对讲、车辆通行、视频监控、周界报警、能源管理、智慧照明、环境监测、智能梯控、信息发布、全屋智能等丰富的社区智能化应用模块。

4.2.3 丰富物业管理服务应用模块

基于过往的物业管理服务经验，宋都服务将社区管理者和业主常用的功能模块线上化，在统一的智慧平台上提供数十种物业基础服务应用，包括物业缴费、报事报修、问卷调查、邻里议事等模块建设，帮助社区管理者快速实现小区线上管理，提升物业人员的综合服务能力和管理水平，真正实现社区管理服务工作的数字化、信息化。

4.3 技术路径

宋都服务的数字化平台建设遵循“线上化-数据化-智能化”的基本建设路径。

首先，通过物联网技术，全域采集物业管理项目中的硬件设备信息，经过线上平台系统进行计算处理，将业主、社区、物业管理流程线上化，实现端到端的高效连接互动。

其次，在积累的海量数据之上，运用人工智能数据治理引擎，将大量非结构化的数据转化为结构化数据，通过大数据、云计算等技术对数据进行分析，建立大数据标签，精准描摹用户画像，为实现精准、高效的服务做支撑。

最后，在大量数据计算的基础上，对不同社区、不同业主的行为进行统一归类，自动判断和响应服务。

例如，针对智慧停车场景，可实现无感通行、自动缴费、记录查询等服务。针对疫情防控下的智慧通行场景，通过社区人脸识别机器，业主在授权个人信息后，健康码、核酸检测结果、行程码等信息可直接实现一屏显示。在电梯内，还可以为业主推送菜谱及食材采买信息，业主可以按照菜谱直接下单，然后由物业送货上门，让早出晚归的上班业主回到家就可以迅速下厨。未来，还可以联动公区甚至家庭内的其他智能设备，当业主在门口被机器识别后，实现公区自动照明、家用电器自动开启等服务。

第五章　宋都服务采荷模式的实践

5.1 曾经的采荷街道

设立于1987年的采荷街道位于杭州城东部，紧邻钱江新城核心区，目前下辖16个社区，其中20世纪八九十年代建造的老旧小区36个，区域面积4平方千米，约有10万常住人口及3万外来人口。采荷街道作为老旧小区集中区域，车辆停放杂乱、违章搭建、占道经营严重，街老、院老、房老、设施老、生活环境差的“四老一差”作为老旧小区的顽疾，不仅是物业管理的痛点，也是政府基层社会治理的难点。

杭州市2009年就曾针对老旧小区推出过“社区化准物业”服务，即由社区负责寻找保洁和保安人员，或把保洁、保安等工作分包给不同的家政和保安公司。

采荷街道的小区虽然体量庞大，但鉴于大部分小区由于建筑年代久远，产权单位复杂，加之物业费水平较低、改造难度大，很多品牌物企不愿进驻。

5.2 面临的治理难题

5.2.1 疫情防控难度大

宋都服务接管采荷街道初期就面临巨大挑战，2020年初新冠疫情突然暴发，作为老旧小区林立的采荷街道，进出卡口多、人口基数大、密度高、基础设施设备破旧等问题增加了社区疫情防控管理难度。

5.2.2 市场秩序混乱

采荷街道作为名副其实的老旧小区，小摊小贩林立街头、违章摊贩占地经营，造成环境脏乱亦是常态现象。由于整体环境的治理涉及诸多民生问题，给管理造成了不小的压力。

5.2.3 社区活力不足

采荷街道虽拥有36个小区，但采荷街道社区内居民邻里之间并未建立紧密连接。在宋都服务接管采荷街道的物业管理之前，社区内没有专业的物业管理，社区治理各个主体之间也未形成合力，邻里互动缺少、组织少，氛围营造的社区活动也较少。

5.3 宋都服务采荷模式的探索

5.3.1 整体定位

进入新时代，群众对改善居住环境、提升生活品质的追求日益强烈，物业管理供需矛盾突显。浙江省政府于2019年在全国率先提出“未来社区”的概念，同年3月正式出台《浙江省未来社区建设试点工作方案》，并将未来社区定义为：以人民美好生活向往为中心，以人本化、生态化、数字化为价值导向，以和睦共治、绿色集约、智慧共享为基本内涵，构建未来邻里、教育、健康、创业、建筑、交通、低碳、服务和治理九大场景，打造具有归属感、舒适感和未来感的新型城市功能单元（见图6）。在随后的几年时间里，未来社区相关措施、实施方案、验收标准等相继推出。

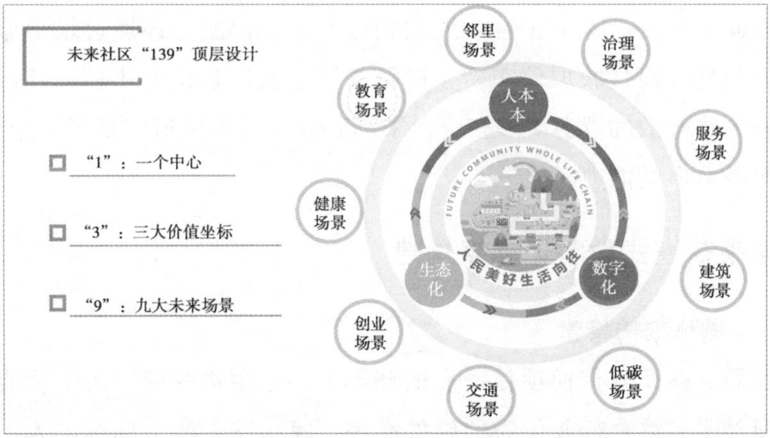

图6 浙江省未来社区“139”顶层设计

采荷街道位列浙江省发展改革委公布的首批24个未来社区试点创建项目名单。针对确保群众“搬得进、住得起、过得好”的基本要求，老旧小区管理运营提升成为未来社区建设的重要工作之一。

在此大背景下，采荷街道计划在2020—2022年三年内，针对辖区内多个社区的老旧小区进行综合提升改造，共涉及总面积约80万平方米。

宋都服务基于过往服务经验打造综合服务平台，通过顾问介入的方式，结合老旧小区实情进行整体或插花式改造，将采荷街道打造为科技创新、场景化应用的试验田，促进人民群众生活方式的整体性变革。

5.3.2 协作模式

采荷街道作为未来社区的首发点，根据未来社区“九大场景”的建设要求，街道政府负责公共服务，出思路、给补助、强监管；而专业服务企业负责社区物业场所、信息平台等运营管理；居民则积极响应，协同配合，身体力行，三方联合共同开展“未来社区”试点的建设。

宋都服务在2020年1月正式进驻采荷街道，负责采荷街道老旧小区改造和社区内居民生活运营，协助杭州采荷街道共同开展基层社会治理工作。

5.3.3 盈利模式

盘活老旧小区物业服务的核心和难点在于如何吸引到社会力量的参与，并兼顾和保障社会参与主体的利益诉求。自2009年以来，采荷街道针对老旧小区实施准物业管理。按照规定，面向老旧小区居民收取的准物业费只能按每月每平方米0.15元来计算。参照当前的行业平均水平，这样的物业费很难有盈利空间。因此，除了正常收取的物业费，宋都服务还通过增值服务来补充和提升效益。通过收取停车费，以及社区公共广告位的出租、社区配套用房的运营，将分散的资源统一整合，宋都服务在采荷街道实现了资金的平衡，增强了自我造血的能力。

5.4 采荷模式数字化体系构建

5.4.1 整体架构搭建

宋都服务在充分排摸项目痛点的基础上，运用物联网、人工智能和云计算等信息技术，整合行业优秀的硬件品牌厂家，基于统一的标准人工智能物联网（AIoT）接入平台，结合全场景模型，将社区中的各子系统设备预集成标准化的管理应用，实现社区业务可视、可管、可控。同时，不断扩展更加丰富的物联网应用，提升社区业主的居住满意度，并提升社区的综合治理能力（见图7）。

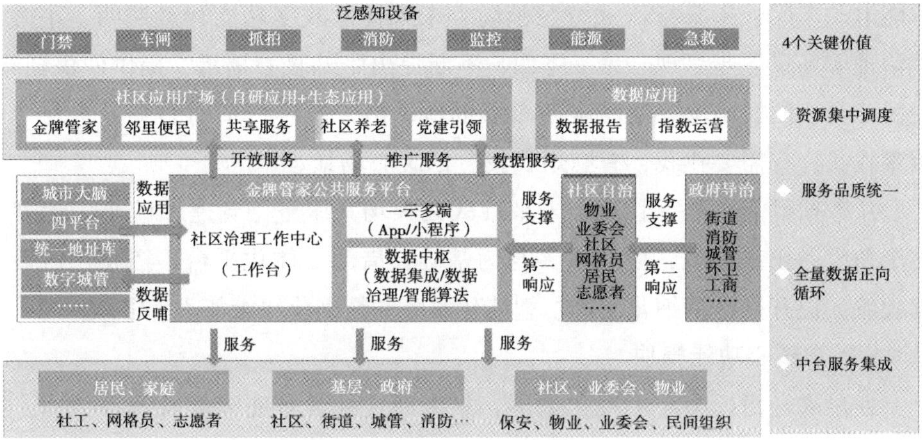

图 7　宋都服务数字化建设逻辑

5.4.1.1 一个平台

综合服务平台定位以“金牌管家+未来社区”九大场景为主体，涵盖物业服务、社区服务、生活服务、志愿者服务等服务内容，打造政府矩阵、社区服务、物业服务、街坊四邻板块内容。通过微信公众号、微信小程序、App等应用终端逐步实现居民的覆盖，结合智慧化场景，不断迭代升级，通过成熟的运行模式，无缝衔接未来社区平台。

5.4.1.2 两个中枢

一是通过联动中枢，实现信息的上传下达，将其作为联系群众、服务群众的“神经末梢”，实现信息的互联互通，及时了解社情民意，让贴近群众的人发现问题，让服务群众的人解决问题。

二是通过数据中枢，基于泛感知设备、数据应用和社区应用场景，构建数据“采集-融合分析-智能感知-联动处置”闭环，实现分级信息的一体化传递和运作，将其真正作为社区治理的抓手。

5.4.1.3 三层架构

搭建“小区-社区-街道”三级架构，从街道、社区、管家、居民的实际需求角度出发，赋能住户、赋能基层、赋能政府。

5.4.1.4 N 个场景

N 个应用场景落地通过结合 AI 智能分析与居民意愿调查，梳理完善小区神经末梢，将小区的改造提升落到实处。一方面，将多维安防、智慧门禁、智能电动车库、未来社区式智慧消防、未来社区式多功能智慧照明、小微水体治理等场景逐步呈现。另一方面，不断提出张贴暖心提示、提供便民药箱、便民工具、便民雨伞、便民服务车等创新举措，通过一系列的服务实现“有困难找我，有需要找我，有麻烦找我”的暖心场景。

从数据赋能、数智管理、未来社区九大场景服务、党建领航小区治理等多个角度和场景出发，以全员参与为基础，借助一体化平台，搭建片区数字驾驶舱，提升社区精细化治理、智能化服务和精确化决策能力。

5.4.2 **核心功能模块**

通过联合指挥中心可视化大屏，集中展现社区智能终端及业务数据，进行统一的分析和展示，提供宏观的驾驶舱视角，以此实现社区可视、可管、可控。通过实时的监控数据、传感设备信息、人车出入等多维度数据集中展现，实现全景掌控，并依靠工单流程等形式实现自动化综合联动；接入社区视频统一平台，实时通过视频保障社区全域安全；通过对接停车管理系统，对进出的车辆做到动态展示，分析异常停车行为并提醒，强化停车管理能力；通过对接门禁道闸系统，对人员的进出实时跟踪，对异常人员进出进行分析并提醒，强化进出管理；对接电瓶车充电系统，统计用电量、空余充电桩等信息，并对电量异常行为进行预警，进行充电管理。

5.4.2.1“一张图”总览

将各条线及行业数据进行有机整合，实时展示片区运行全貌，形成精准监测、主动发现、智能处置、精细服务的社区治理体系，形成数据的集散地、事件的分拨器、决策的推动器（见图 8）。

图 8　宋都服务金牌管家·荷悦未来数字驾驶舱

5.4.2.2 数据赋能模块

打通政府、物联网、管家填报等多方数据，摸清社区治理的六要素，即人、地、物、情、事、组织的现状，准确丈量社区情况。通过数据的采集及分析，梳理清楚辖区内实有人口、实有房屋、实有车辆、事件等相关信息（见图9）。

图9　数据赋能模块展示

5.4.2.3 红色管家模块

以党建引领社区治理为主旨，采集住户在社区内的行为信息和居住信息，建立住户信息档案库，按指数分别给予赋分，根据得分情况，对住户情况做出预判，努力解决党建领航小区治理重点难点，充分发挥党员干部的带头作用，通过暖心"码"上帮、暖心"码"上吃、暖心"码"上用等服务，提升居民群众对社区服务的整体体验（见图10）。

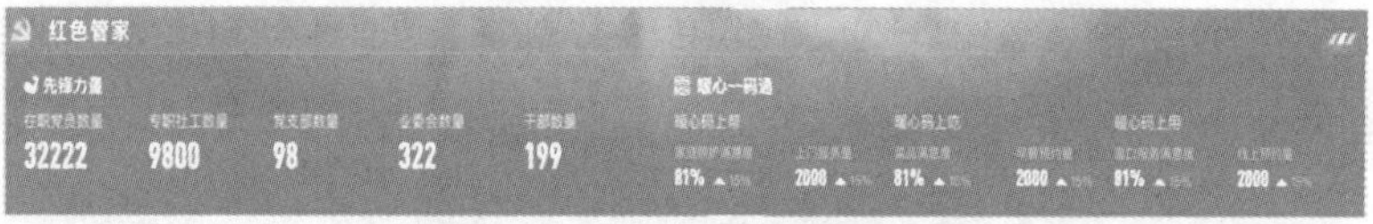

图10　红色管家模块展示

5.4.2.4 理管家模块

一方面，以AIoT物联网为核心，打造社区数据中枢和联动中枢，实现分级信息传递和一体化运作，让社区治理形成自动化闭环，实现问题秒级发现，并及时推送给处置人员，变事件被动处置为主动发现，提升响应速度。

另一方面，通过构建数字化平台、金牌管家服务体系、社区商业管理运营体系、全场景智慧安防体系等，全面提升居民安全感、幸福感（见图11）。

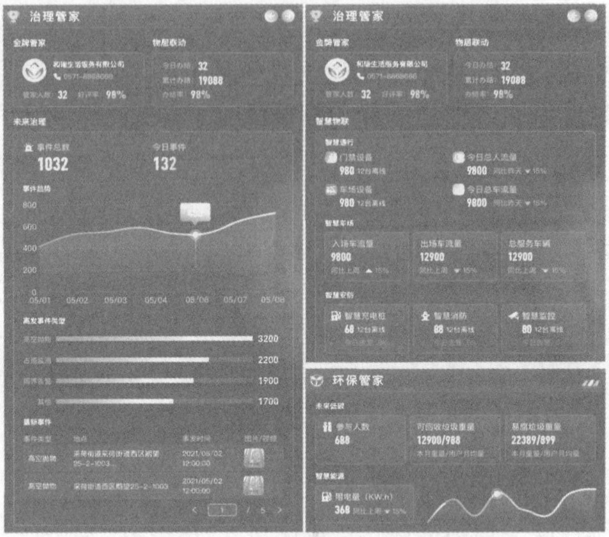

图 11　治理管家模块展示

5.4.2.5 服务管家模块

整合已有九大场景落地服务，从“平台+管家”、未来邻里、未来教育、未来服务、未来健康等场景入手，为居民提供一站式生活服务平台，让居民足不出户即可享受相关服务，通过邻里积分体系，促进邻里共融、居民自治（见图 12）。

未来服务	4S服务驿站	物居联动	小荷早餐	和瑞堂
未来邻里	场地预约	邻里公约	邻里互动	小区活动
未来健康	步数比拼	智慧养老	健康小屋	管家+护理
未来教育	采二智脑	线上学堂		
未来低碳	垃圾分类	智慧水电表	能源管理	智慧充电桩
未来交通	智慧充电	无人快递柜	亲情卡	无感停车

图 12　宋都服务未来社区落地场景

5.4.3 服务创新

5.4.3.1 构建邻里贡献积分体系

以居民成长值为基础数据，聚焦于培养居民良好邻里行为，形成声望等级。同时与社会商业相结合，促进商家与居民消费线上打通。

一方面，关注业主社区内行为。通过履行社区居民义务、协助社区治理工作、参加社区活动等行为，获取一定成长值奖励。违反行为准则将扣除成长值。

另一方面，围绕业主社区行为设计社区内权益。不同区间范围的成长值对应不同的社区权益及声望等级。成长值达到一定数值时，声望等级越高，可获取的社区权益内容越丰富。

此外，对于需要外部商业介入的服务，业主可凭积分兑换周边商业优惠券、停车券、积分商品等。

5.4.3.2 创新社区运营服务

以智慧化的未来邻里场景、未来健康场景、未来教育场景、未来服务场景和未来治理场景为核心，以未来创业场景、未来交通场景、未来低碳场景和未来建筑场景为支撑，打造独具特色的未来社区。

例如，宋都服务的项目中有部分老旧小区，一些家庭室内空间较小，同时也存在部分外来租户，存在洗衣难、烘干难的问题。宋都服务利用大数据分析精准投放可移动的共享洗衣设备，一方面解决业主的实际需求，另一方面丰富积分兑换场景，增加业主对小区的归属感。同时，还可以辅助自助售卖洗衣液等产品，实现社区增值服务上的创收。

再比如，宋都服务在社区内利用20~30平方米的空间打造净菜市场，优选专属基地的农产品，通过线上自主预约、线下配送到冷鲜柜领取、特定人群配送到家的方式，向社区业主提供便捷的自助式购物体验。此外，宋都服务还打造研学基地，为居民定制专属农场，定期组织居民参与耕种，通过App实时观察农作物的生长情况，给业主的生活带来快乐。

5.4.3.3 打造暖心码上帮体系，让生活更有温度

通过对住户标签画像的采集和分析，暖心码上帮通过鼓励邻里互助，打通志愿服务供给端和需求端，实现志愿服务的准确及时。志愿者根据志愿服务的积分，可享受不同的优惠权益，倡导“有困难找志愿者，有时间当志愿者”的理念（见图13）。

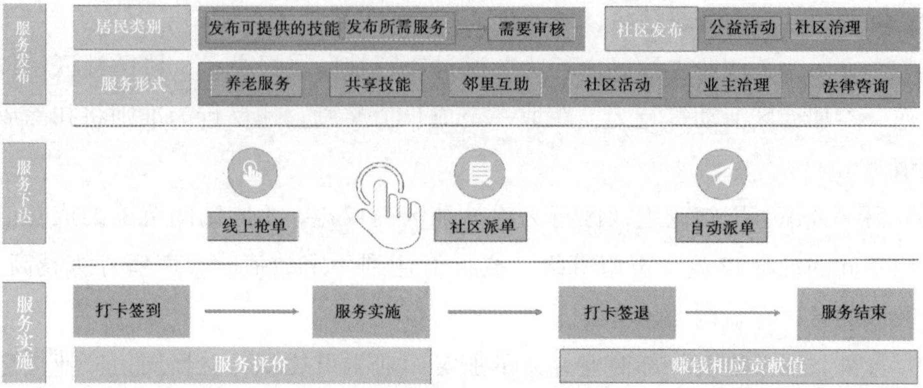

图 13　宋都服务暖心码上帮体系

5.4.3.4 利用 AIoT 智能预警

通过旧改增加智能分析服务器，实现小区内的视频监控，及时发现安全隐患事件，快速派发工单，安排处置力量排查处理（见图 14）。

图 14　宋都服务 AIoT 智能预警系统

5.5 采荷模式的实施路径

5.5.1 以顾问前介的形式切入

为破解“低、散、小”的管理现状与群众日益增长的品质生活需求的矛盾逐渐突出的难题，宋都服务作为专业性服务机构参与采荷街道管理运营，率先实行街道老旧小区管理运营整体打包的采荷街道“金牌管家”大物业服务。作为政府的得力合作伙伴，宋都服务始终以政府诉求为出发点，围绕“老旧建筑改造、交通出行改善、智慧设施升级、公共服务提升”的重点要求，为老旧小区管理运营工作注入第三方专业力量。

一方面，对于老旧小区改造工程，宋都服务积极参与其中，协同政府将前期智慧硬件改造与后期物业管理运营有机融合，使改造工程更具前瞻性、专业性和科学性。在政府规范性指引下，宋都服务激活街道的空间资源，进行统筹配置与经营，积极创造价值，为持续经营提供现金流支撑。另一方面，面对浙江提出的“未来社区”概念，宋都服务加大资源投入，作为顾问方助力政府进行未来社区的试点申报与建设（见图 15）。

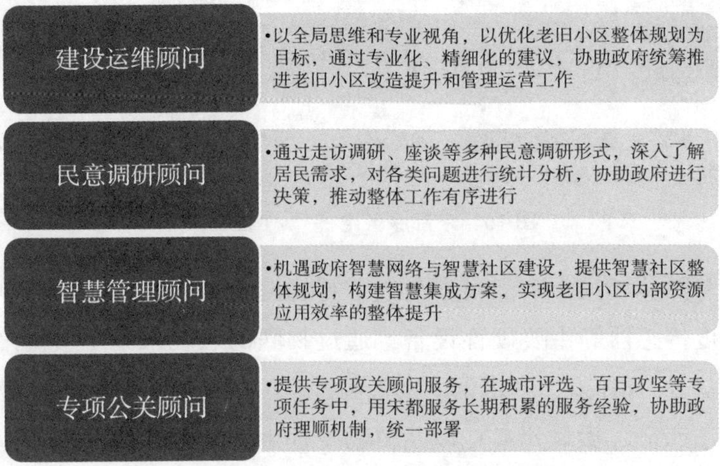

图 15　宋都服务综合顾问服务内容

以采荷街道红菱社区老旧小区综合改造提升为例，宋都服务与政府密切配合，创新性地提出“建管衔接”“五安社区”，在公共建筑修缮、非机动车库改造、环卫设施改造、居民住宅内外部修缮、市政设施和安防设施改造、道路景观工程等项目中提供专业顾问策划服务，并引入 5G 系统、门禁系统等科技手段赋能小区管理，通过“安康、安居、安全、安行、安心”的五安行动，打造具有高品质特色的小区。

5. 5. 2 让数字化成为社区治理的底座

在采荷街道的物业服务中，宋都服务针对原采荷街道外来人员管控、适老设施需求高、问题反馈不及时、电动车库管理、电线乱拉乱搭管理等一系列老旧小区原生问题，找准痛点、合力破解，通过“一个平台、两个中枢、三层架构、N 个场景”的智慧管理路径，从而保障社区控制中枢、交互平台、神经末梢三者的相互连通，实现线上线下齐发力，以科技赋能提升管理效率。

例如在采荷街道荷花塘社区，智慧与服务得到了很好的融合。在电梯运营场景，在电梯轿顶、轿厢安装的智能终端和AI摄像头，让电梯有了“AI管理员”，代替人工实现电梯24小时智能管理，及时发现、智能劝阻、自动保留证据，让电梯管理更轻松（见图16）。

遮挡门　电动车入梯　电梯急停　剧烈运动　宠物入梯

图16　宋都服务电梯“AI管理员”

在智慧园林场景，宋都服务集成了智能网关、无线电磁阀控制器、无线土壤温湿度传感器等主要硬件设备，通过物联网系统采集土壤温度、土壤水分、土壤盐分、pH值、降水量、空气温湿度、气压、光照强度、植物营养指标（养分、水分、微量元素）以及植物生理生态指标来获得作物生长的最佳条件，并根据参数变化实时调控或自动控制温控系统、灌溉系统等（见图17）。

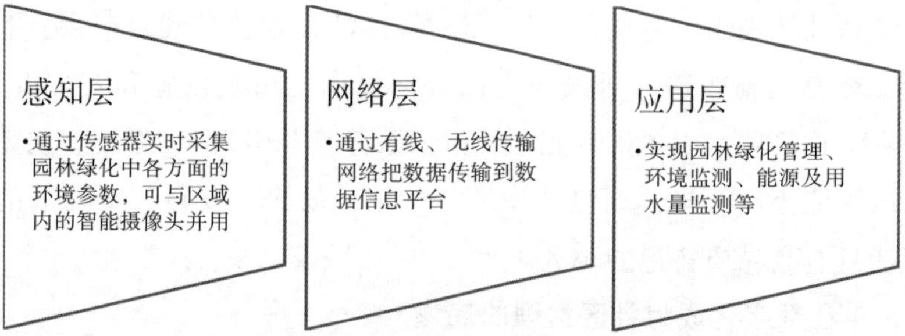

图17　宋都服务智慧园林管理方法

在智能垃圾分类场景，智能摄像机监控系统具备语音播报功能，垃圾房开放时段可播放垃圾分类宣传标语，非开放时段对违规行为进行联动提醒，促进了小区居民垃圾分类的知晓率和投递正确率的提高。还可与宋都服务的智慧管理系统相连接，能够实现统一化管理（见图18）。

图 18 宋都服务智能垃圾分类管理

5.5.3 用管家服务提升服务品质

在老旧小区管理运营过程中，通过设置管家体系，促使老旧小区的管理和服务系统达到灵活、快捷、高效，以及富有柔软性、创造性的目的，从而不断践行“始于居民需求，终于居民满意”的服务出发点和落脚点。宋都服务将全能复合型服务人才置于老旧小区整个服务生态的关键位置，惠及小区居民全方位服务触点。

以疫情防控为例，宋都服务很早就意识到重大突发性公共卫生事件对于民生的影响。采荷街道自 2020 年初全面启动“金牌管家”大物业管理模式以来，在疫情期间经历多轮大考。在疫情防控实战练兵过程中，“金牌管家”大物业理顺街道、社区、物业三方关系。在原准物业管理小区硬件基础差、人员力量弱、没有临时雇佣人员情况下，深度挖掘大物业管理模式的操盘潜力，通过小区间、社区间资源整合、联防联控，克服了城市老旧小区进出卡口多、人口基数大、密度高、防疫控疫难度大等一系列问题，最终实现了“零疑似”“零确诊”“零失管”的良好成果。

按照“两手都要硬、两战都要赢”的要求，大物业在防疫期间严格按照疫情防控要求，对所有社区小区实行封闭管理。从“出入证”到“健康码”，工作标准迅速调整、无缝衔接，始终保持与各级政府防控等级同步。

各小区卡口对重点地区人员、陆续返杭人员加强管控力度，坚持严防、严控、严管原则，每日登记汇总；进入疫情防控和有序复工兼顾的新阶段后，针对不同区域返杭、需求类型等实际情况，细化分类分级管控措施，并落实到每一名大物业人员工作中，确保做到科学管控、精准服务。对调整后的重点疫区、非重点疫区返杭人员分类上报街道，对小区居民实施“健康码+有效证件+测温”快速通行管理，以精准智控代替封闭管控。此外，每日对社区上报的外来人员登记信息进行筛查，做实做细疫情防控工作。

5.5.4 用多种经营提升服务价值

随着人民生活水平的普遍提高，城镇老旧小区的原有商业配套已经无法满足居民们日益增长的生活需求。在老旧小区内引入更丰富的商业资源，保障了居民基本生活需求，从而提升居民生活质量，同时对于完善城市服务功能、提升城市品质和面貌、促进消费等方面也具有重要意义。

宋都服务以提升老旧小区居民生活服务为出发点，积极探索和创新商业模式，不断提升老旧小区内的商业便民、利民、惠民水平，立足老旧小区居民真实商业需求，严格筛选商业资源，建立深入合作的商业伙伴关系，打造新型商业联盟。宋都服务开展了多种经营业务，具体包括以智能设备租赁、广告租赁为代表的公区租赁业务；以家政服务、教育培训、新零售为代表的增值业务；以二手房交易、代办服务为代表的房产经纪业务；以美居工程、园艺环境美化为代表的装修业务；以及以办公支援、办公行政为代表的写字楼办公业务等。

数字化时代，宋都服务顺应消费升级的需求，通过科技赋能、线上购买与线下配送的方式，连接人、社区与服务，打破了日常购物的时间与空间限制，逐步形成社区深度场景式服务形态以及智慧化和谐社区生态。

宋都服务立足老旧小区对数字化生态的应用需求，利用数字化技术集邻里互动、智慧社区、社区商业等多种功能于一体，实现人和场景的完美结合，既符合政府提高民生品质的工作要求，又实现了居民生活方式便捷化的目的。

结　语

宋都服务自2020年承接采荷街道社区各个小区的物业管理以来，一方面整合各方力量，搭乘浙江省“未来社区”政策的便车，盘活社区资源、激发业主自治，使社区内形成“共建共治共享”的基本格局；另一方面，通过硬件改造、引进智慧化平台，通过社区氛围营造、设施设备的维护和升级使采荷街道老旧小区焕发活力，赋能实现居民的美好生活。

宋都服务利用数字化手段参与采荷街道老旧小区的管理运营工作，是深入贯彻“坚持和完善共建共治共享的社会治理制度”精神的体现，也体现了宋都服务为构建基层社会治理新格局贡献力量的决心。在“不断实现人民对美好生活的向往”的导向指引下，将数字化技术与传统物业管理服务相结合，创新性解决老旧小区的治理难题，对指导社区基层治理具有重要意义。

参考文献

陈潭，史海威，2010. 社区治理的理论范式与实践逻辑［J］. 求索（8）：82-83，144.

陈友华，夏梦凡，2020. 社区治理现代化：概念、问题与路径选择［J］. 学习与探索（6）：36-44.

杜英歌，2018. 中国语境下的基层社区治理：赋权与增能［J］. 公共管理与政策评论，7（1）：28-37.

付丹丹，2021. 赋权视角下提升城市居民社区参与的行动逻辑及策略［D］. 成都：四川外国语大学.

韩沙，2021. 基层治理数字化转型的迫切性、挑战性与突破点［J］. 领导科学（12）：28-31.

韩志明，马敏，2022. 清晰与模糊的张力及其调适——以城市基层治理数字化转型为中心［J］. 学术研究（1）：63-70.

郝大海，2022. 数字化转型下城市基层社区韧性治理［N］. 中国社会科学报，2022-07-27（5）.

赫尔曼·哈肯，2005. 协同学——大自然构成的奥秘［M］. 上海：上海译文出版社.

黄新华，陈宝玲，2022. 治理困境、数字赋能与制度供给——基层治理数字化转型的现实逻辑［J］. 理论学刊（1）：144-151.

刘鹏. 提升基层数字化治理能力 满足公众美好生活需求［N］. 中国社会科学报，2022-06-22（6）.

罗茨，1999. 新的治理［J］. 马克思主义与现实（5）：42-48.

米歇尔·克罗齐耶，埃哈尔·费埃德伯格，2017. 行动者与系统：集体行动的政治学［M］. 上海：格致出版社.

任克强，胡鹏辉，2020. 社会治理共同体视角下社区治理体系的建构［J］. 河海大学学报

（哲学社会科学版）(5)：99-105，109.

宋煜萍，施瑶瑶，2021. 社区赋权会推动社区治理效能的提升吗？——基于苏州市 3 个社区的实证考察［J］. 新疆社会学（2）：139-149，152.

孙萍，2018. 中国社区治理的发展路径：党政主导下的多元共治［J］. 政治学研究（1）：107-110.

孙雪航，2021. 构建基层社会治理新格局：数字化与整体性治理［C］//智启雄安——第九届公共政策智库论坛暨乡村振兴与“一带一路”国际研讨会论文集：578-582.

唐有财，王天夫，2017. 社区认同、骨干动员和组织赋权：社区参与式治理的实现路径［J］. 中国行政管理（2）：73-78.

徐晓林，周立新，2004. 数字治理在城市政府善治中的体系构建［J］. 管理世界（11）：140-141.

许宝君，陈伟东，2017. 社区治理理念创新及其技术实践［J］. 中州学刊（7）：73-79.

许宝君，2021. 我国城市社区治理结构转换路径及发展趋向［J］. 求实（5）：58-71，111.

姚清晨，郁俊莉，2021. 嵌入与变构：数字化技术重塑政府治理体系的逻辑及其基层困境［J］. 甘肃行政学院学报（5）：41-52，126.

尹浩，2016. 城市社区微治理的多维赋权机制研究［J］. 社会主义研究（5）：100-106.

俞祖成，黄佳陈，2021. 城市社区治理的困境：居民权利与义务的失衡——基于上海社区田野调查的思考［J］. 上海大学学报（社会科学版），38（5）：56-67.

张会平，2020. 推动基层治理数字化转型的三重整合逻辑［J］. 国家治理（38）：23-26.

张锐昕，2020. 基层治理数字化转型亟待破解的三个瓶颈［J］. 国家治理（38）：19-22.

张文静，2020. “互联网+基层治理”：以数字化手段推进整体性治理［J］. 领导科学（10）：30-32.

课题组成员名单

课题组组长： 朱轶桦　宋都服务集团有限公司
张兆娟　上海克而瑞信息技术有限公司

课题组成员： 陈　珏　上海克而瑞信息技术有限公司
李　斌　上海克而瑞信息技术有限公司
罗春萍　上海克而瑞信息技术有限公司
杨少锋　上海克而瑞信息技术有限公司

双碳背景下物业服务企业绿色管理机制及服务模式研究

◆ 保利物业服务股份有限公司

前 言

《巴黎协定》明确了各国在应对气候变化上的政治责任，减碳成为未来数十年全球共同行动目标。习近平主席在第七十五届联合国大会一般性辩论中提出：“中国将提高国家自主贡献力度，二氧化碳排放力争于2030年前达到峰值，努力争取2060年前实现碳中和”，标志着在2021年全面开启我国实现碳中和的新征程。

“3060”双碳目标成为我国新时期高质量发展的关键目标，既是对中国未来经济增长模式的深刻变革，也是持续提升城市人居环境、人民生活质量的必然要求。“十四五”规划提出，“到2035年，广泛形成绿色生产生活方式，碳排放达峰后稳中有降，生态环境根本好转，美丽中国建设目标基本实现。”随着物业服务企业的服务范围进一步向外延展，低碳理念在物业管理行业中的重要性逐步凸显。然而，目前业界关于物业管理绿色化尚未形成一套完善、成熟的理论体系，物业服务企业在碳中和的路径上仍缺少必要的清晰导向。

作为国内行业领先者之一，保利物业在双碳领域的服务内容和管理模式方面都积累了一定的实践经验，探索并总结出物业管理行业的绿色服务模式。

本研究通过解读双碳政策以及行业实践，结合保利物业施行并已获得一定成效的碳中和举措，探索物业服务企业如何建立绿色管理运行机制与模式，与政府、居民共同推动实现双碳目标。绿色管理运行机制与模式的应用，对于转变物业管理方式、引导物业服务企业绿色健康发展、促进物业管理行业绿色建设有重要的现实意义。

第一章　绪　论

1.1 研究背景及意义

2020年8月22日，国家主席习近平在第七十五届联合国大会一般性辩论上发表重要讲话提出：“中国将提高国家自主贡献力度，采取更加有力的政策和措施，二氧化碳排放力争于2030年前达到峰值，努力争取2060年前实现碳中和。”

我国推进“双碳”目标，意味着全局性、底层发展逻辑的变革，涉及工业生产、居民生活、环境生态等各个方面。作为基层民生治理的重要一环，物业管理行业是碳中和实践的有效载体。虽然国家层面已通过构建政策体系，对双碳目标的落实进行了全面部署，但其主要内容集中在高碳排领域，与物业管理行业相关度不高。当前物业管理行业对于碳中和的实施路径缺乏理论落脚点，更加缺乏成体系、成理论的实践经验输出。

本研究通过梳理碳中和发展的政策脉络，总结物业管理行业的绿色服务实践，对物业服务企业在践行碳中和责任过程中应采取的管理机制和运营模式进行分析与建议。本研究对于物业服务企业在双碳环境下的管理模式转变，具有理论补充及实践参考意义。

1.2 国内外研究现状

国外碳中和目标的落实路径，主要以企业以及城市为主体。能源和气候情报组织（energy and climate intelligence unit）数据显示，全球已有61%的国家承诺实现净零排放，在人口超过50万的城市中，有13%的城市已承诺实现净零排放，涵盖了6.38亿人口，其中，碳排放量位居前25名的国家中9%的州或省已陆续发布近零排放承诺。从公司主体看，全球上市公司中销售额排名前2000名的公司中21%的公司承诺实现净零排放。Salvis等人对欧盟327个城市的碳减排目标进行比较分析发现，78%的城市有碳减排目标，可见国外碳中和目标已获得一定的成效。

在我国，碳中和政策主要以城市以及重点行业为主体开展探索。自2010年起，低碳省区、低碳城市、碳排放交易等试点工作已陆续启动，目前已开展三批共79个低碳城市试点，主要围绕绿色建筑推广、低碳交通发展、低碳消费理念、低碳技术推广四个方面展开。这些探索为我国建设碳中和城市、实现碳中和目标奠定了一定的基础。在宏观政策层面，目前“1+N”双碳政策体系顶层设计文件陆续出台，内容包括能源、工业、交通运输、城乡建设等分领域分行业碳达峰实施方案，以及科技支撑、能源保障、碳汇能力、财政金融价格政策、标准计量体系、督察考核等保障方案。相关机构统计，已出台双碳规划的 19 个省份碳排放量合计 65.47 亿吨，约占全国总碳排放量的 60%，已制定双碳政策的行业领域所覆盖的碳排放量约占全国 95%。

在理论研究层面，政策工具的作用路径及落地条件是目前已有研究的探究重点。张耀坤等人在充分考虑政策作用客体的情况下，针对实现碳中和目标的三大领域，从政策工具理论出发构建了“作用领域-政策工具-政策客体”三位一体框架。王灿、张雅欣认为实现碳中和远景目标需要从法律法规、企业与行业激励约束、社区与个人鼓励政策等方面入手构建科学的政策体系以形成系统有效的激励机制。

1.3 研究思路

本研究聚焦物业服务企业在双碳政策指引下的服务内容与管理体系，对行业已有业务经验进行总结，形成物业服务企业绿色协同模式以及对企业相关业务发展的策略建议。在课题前期制订研究计划，中期进行调研执行，后期进行全文编写。研究全过程严格按照 PDCA 的原则，将科学化管理办法应用到研究过程中。

1.4 研究方法

本研究全面研究碳中和目标背景下物业服务企业实现绿色运营的服务模式，坚持理论分析与实证调研相结合，通过文献收集、实地调研法获取资料，并通过定性为主、定量为辅的方法对数据材料进行分析。

（1）文献收集法：本研究将收集、整理相关文献，包括协同理论实践、碳中和顶层政策设计、碳中和目标下重点行业的转型路径等文本研究，运用理论知识对物业服务企业为了实现碳中和目标开展的实践模式进行分析。

（2）实证调研法：通过走访保利物业的住宅社区、商业写字楼、公共建筑的绿色标杆项目，并通过搜集相关的调研报告、政府文件、统计资料等，了解在目前碳中和目标下，多方主体对于物业服务的需求变化，以及物业服务企业可以通过何种方式重构、输出、衍生新的绿色服务内容，满足双碳目标落实以及绿色服务管理的需求。

1.5 研究创新点

本研究基于对国家双碳政策、行业双碳业务实践经验的总结，以协同理论为基础，针对协同链中的服务主体、嵌入服务以及相关的机制等内容，对物业服务企业在双碳目标下的管理及服务模式进行提炼总结，形成物业服务企业绿色协同模式以及对企业相关业务发展的策略建议，对物业管理行业及企业发展起到一定的借鉴作用。

1.6 研究局限性

在项目类型的横向对比上，所选取的项目均属于保利物业项目，缺少对行业其他企业项目层面的分析，且对标分析以企业为维度，在服务供给模式和优劣势的对照上缺少实证分析。

在项目的纵向对比上，受限于理论实践成本以及项目实施可行性，物业服务企业在实现碳中和的业务协同链中可参与的环节较少，未能清晰地展现协同的整体流程，未来需加强对物业服务企业在基层生产、生活全流程中助力碳中和目标实现的路径研究。

本研究围绕企业参与碳中和实践的主题，重点介绍了企业视角下的服务供给。对于整个服务协同链条而言，未来需要增强协同系统内的其他相关主体视角，深入分析多方主体的协同机制。

第二章　碳中和与协同理论基础

2.1 基本概念

2.1.1 碳中和、碳达峰

碳中和是指在特定时间内，每一个对象（可以是全球、国家、企业、产品等）未来“排放的碳”和“吸收的碳”相等。这里的碳排放狭义上是指二氧化碳排放，广义上是指所有温室气体的排放。碳达峰与碳中和是前后承接的关系，只有实现了碳达峰的目标，才能够进行碳中和的行动，前者实现得越早，则越有利于后者进程的推进。

2.1.2 **低碳社区**

“低碳社区”是指通过构建气候友好的自然环境、房屋建筑、基础设施、生活方式和管理模式，降低能源资源消耗，实现低碳排放的城乡社区。从定量角度看，有研究认为，低碳社区应用可再生能源等低碳能源比例比其他社区高20%以上，减少碳源使碳排放强度比其他社区低25%以上。

2.1.3 **绿色运营管理**

绿色运营管理指业主、物业服务企业等参与主体为贯彻落实绿色发展理念，通过绿色技术和先进设备的合理使用，把节约能源、保护环境、降低污染贯穿于运营管理全过程，在提高建筑内部舒适度、减少能源消耗开支的同时，达到经济、社会和环境效益有机统一的管理过程，各主体主要参与流程如图1所示。

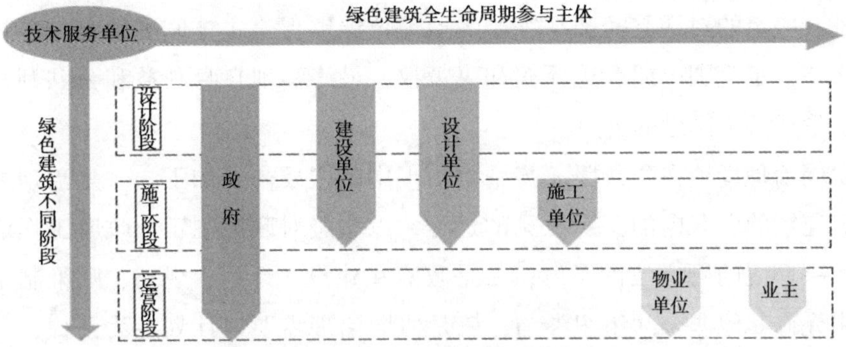

图1　现阶段绿色建筑运营管理路径图

2.1.4 **碳交易**

作为《联合国气候变化框架公约》的补充条款，《京都协议书》于1997年首次在日本京都通过。该协议首次提出以市场机制解决温室气体排放问题，具体为将碳排放权作为一种商品，形成碳排放权交易。碳交易机制的基本概念为签订碳交易合同的一方支付相应金额给另一方，以获得碳气体排放额度，交易单位为每吨二氧化碳当量。

2.2 基础理论

2.2.1 **协同理论**

协同治理主要指政府部门与一些非公共机构协商、决策的过程，是一种多主体达成共识的治理过程。协同概念由德国物理学家赫尔曼·哈肯提出，并于1976年创立协同理论。协同理论一般用于研究复杂的开放系统在变化过程中如何通过自身内部子系统及要求的协同作用，实现整体和局部的全面提高和发展。其中，协同效应、伺服原理、自组织原理是协同理论的三大主体。协同治理理论后来逐渐推广到公共服务领域，运用到市政和规划建设中。

目前，国内学者对于协同理论的概念和内涵进行了初步的探索，协同理论研究主要用于教育教学、社会管理、企业管理、交通领域以及计算机科学领域。已有文献分别从构成要素、主体理论以及协同机制三方面展开研究，亦有学者以协同理论为基础，研究公共文化服务模式。

2.2.2 协同治理理论

协同治理以“多主体对话、建设信任、治理实践、共同理解、达成一致成果”为过程，关键在于通过多主体沟通形成共识。各主体对话是实现合作的前提，一定的对话空间和平等的沟通地位能够促进主体间的协作，各环节参与人在一定范围内拥有选择权和决策权，最终实现自身利益和公共利益的统一，形成解决问题的合力。

协同治理理论在公共服务与城市治理中的主要内涵如下：一是治理主体需要有连续的、双向的交互意见的过程，以增进对政策制定、政府工作流程以及解决环境问题方法的了解；二是政府在建设、计划、规划、政策制定的过程中允许其他非公共组织参与；三是协同治理需要以计划性为前提，通过一定组织形式让主导单位与其他单位展开交流，使其有序参与到决策过程，解决工作开展中的问题和冲突。

第三章　碳中和的政策发展脉络

3.1 碳中和政策发布时间分析

从时间分布的规律看，截至2022年5月，中央层面一共发布了45项碳中和相关政策。2021年10月，碳中和“1+N”政策体系的两个“1”：《关于完整准确全面贯彻新发展理念做好碳达峰碳中和工作的意见》（以下简称《意见》）以及《关于印发2030年前碳达峰行动方案的通知》（以下简称《方案》）出台，《意见》提出了 10 方面 31 项重点任务，《方案》确定了碳达峰十大行动，明确了碳达峰碳中和的路线图、施工图。后续相关配套政策“N”密集推出，包括能源、工业、交通运输、城乡建设等分领域分行业碳达峰实施方案，以及科技支撑、能源保障、碳汇能力、财政金融价格政策、标准计量体系、督察考核等保障方案，碳中和政策出台迎来高峰期。

同期，31 个省份地方政府发布碳中和政策共 146 项，峰值在 2021 年 11 月到 2022 年 1 月，与中央政策出台数量峰值相隔一个月（见图 2、图 3）。

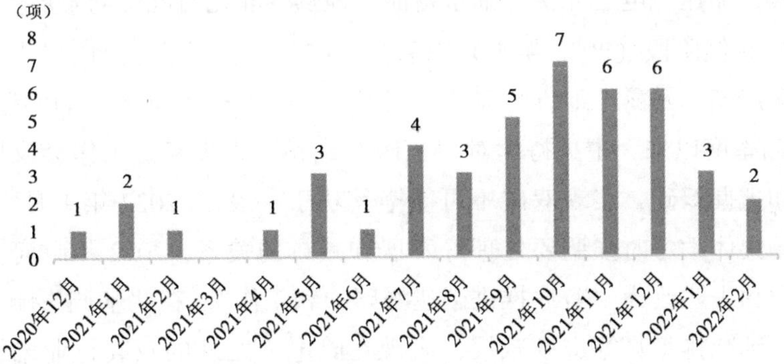

图 2　中央层面碳中和政策出台时间分布

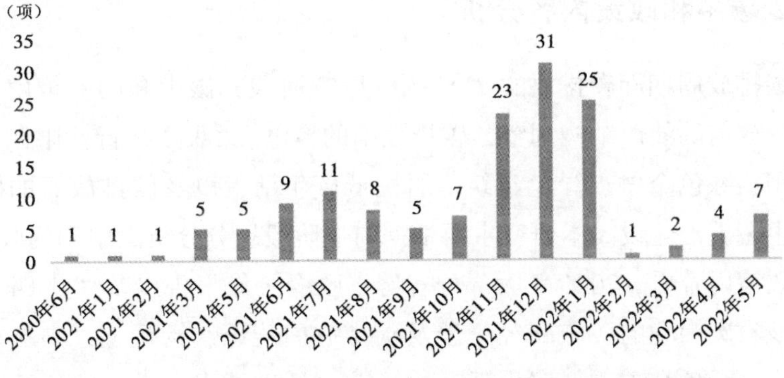

图 3　31 省份碳中和政策出台时间

本研究将碳中和的政策脉络划分为三个发展阶段：第一个阶段为准备阶段（2020 年 9 月至 2021 年 8 月），第二个阶段为落地阶段（2021 年 10 月至 2022 年 2 月），第三个阶段为纠偏阶段（2022 年 3 月以后）。

（1）准备阶段（2020 年 9 月至 2021 年 8 月）：政策主要关注能源和工业两大重点领域，以及金融、科技、生态三大辅助领域。各省开始制定碳达峰、碳中和行动方案，从能源结构、产业结构、绿色金融、绿色建筑交通、技术创新、生态碳汇等多方面发力，上海、福建等8省份计划提前达标。

（2）落地阶段（2021年10月至2022年2月）：《关于完整准确全面贯彻新发展理念做好碳达峰碳中和工作的意见》以及《关于印发2030年前碳达峰行动方案的通知》出台，碳中和“1+N”政策体系雏形初现，发挥统领作用。在此阶段，政府开始探索“行政规范+市场把控”的双轨道运行机制，推动能源改革，推行电力市场化改革，加快构建全国统一电力市场体系，约束整体能源消费，加速风电、光伏、抽水蓄能、地热等非化石能源的发展。

（3）纠偏阶段（2022年1月以后）：2021年下半年，全国出现全国大范围限电限产潮，暴露了地方政府“一刀切”、运动式“减碳”的问题。因此，2021年四季度以来，中央持续对“双碳”纠偏。中央经济工作会议提出“正确认识和把握双碳，实现双碳不可能毕其功于一役”，2022年1月24日，中央政治局集体学习时强调要处理好发展和减排的关系，2022年政府工作报告对于碳中和表述改为“有序推进碳达峰碳中和工作”。在此基调影响下，碳市场扩容、碳减排工具等进度减缓，表现在除电力之外的双高行业未纳入全国碳市场，央行的碳减排金融发放未达市场预期。

3.2 碳中和政策内容分析

按碳排放周期即碳排放的“前–中–后”阶段，碳中和的政策内容可以划分为碳排放前的能源结构调整，碳排放中的控电、“双高”行业限制、新能源技术使用、绿色金融、绿色建筑、居民低碳生活，以及碳排放后的碳吸收技术以及生态碳汇建设。本研究主要根据前述阶段划分分析碳中和的政策内容。

从政策内容看，2021年大部分省份在政府工作报告以及“十四五”规划中提及该省碳中和的实施路径，涉及碳排放前能源结构调整，碳排放中产业结构优化、绿色金融、低碳生活几大环节。低碳技术、生态碳汇因对资金投入以及技术水平要求较高，在经济发达省份首先试点。

从政策承接情况看，截至2022年5月，已有10个省份公布地方碳达峰行动方案。结构上，10省份行动方案均与国家方案一致，包括总体目标、清洁能源、产业结构、交通运输、城乡建设、生态碳汇及配套设施。内容上，强调控制传统能源消费增长，但受中央纠偏基调影响，明确传统能源在调峰、应急方面的兜底作用（见图4）。

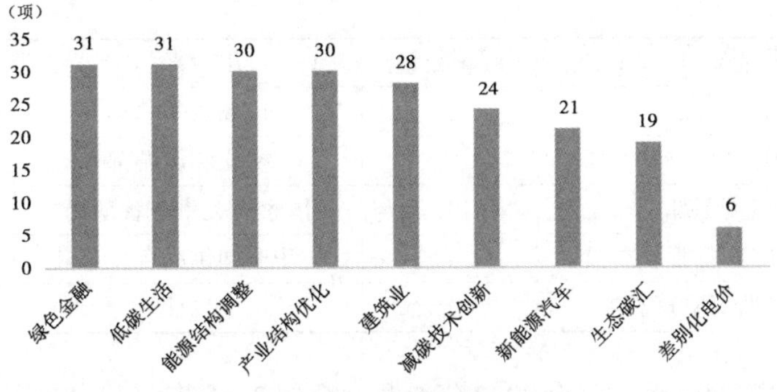

图4　双碳政策涉及内容

3.3 政策发文主体分析

政策主体可以通过各种间接或者直接的方式，主动或者被动地加入政策的制定、决策、执行和监管过程中。政策的制定主体可划分为全国人大常委会和国务院的组成部门和下属机构。

双碳相关政策的制定中，国家发展改革委员会的发文数量最多，共计23件，明显高于其他发文主体，国家发展改革委发文类型多聚焦于通知、指导意见、行动方案，统领全国碳中和顶层设计。其次是工业和信息化部，共出台相关政策9件，主要负责钢铁、水泥、工业、光伏等重点行业的绿色发展实施办法，反映出政府在中观层对碳中和的重视度。国家能源局出台政策推动能源结构转型，推动绿色电力的交易试点。由政策发文主体分析可得，目前国家已经完成了碳中和战略的宏观层及中观层的政策设计，重点在于关键行业以及能源的改革（见表1）。

表1　中央政策主体构成

出台部门	政策数量	出台部门	政策数量
国家发展改革委	23	国家统计局	1
工业和信息化部	9	国家卫生健康委员会	1
国家能源局	8	国家邮政局	1
国家住房和城乡建设部	4	国家开发银行	1
国务院	3	教育部	1
财政部	2	商务部	1
农业农村部	2	国家税务总局	1

续 表

出台部门	政策数量	出台部门	政策数量
生态环境部	2	市场监督总局	1
中国人民银行	3	文化和旅游部	1
自然资源部	1	国家机关事务管理局	1
中国银行保险监督管理委员会	1	中华全国供销合作总社	1
国家市场监督管理总局	1	总计	70

在地方政策层面，截至2022年5月，全国31个省市共出台碳中和相关政策146件，地方政策与中央政策呈现出良好的承接关系。政策出台主体主要为地方人民政府办公厅，主要内容为依据“1+N”体系出台的地方碳中和“十四五”规划。其次为地方生态环境局/厅部门，政策内容多为降碳、减污的管理办法、实施方案（见表2）。

表2 地方政策主体构成

出台部门	政策数量	出台部门	政策数量
人民政府办公厅	32	城市管理和综合执法局/厅	1
生态环境局/厅	29	环境保护局	1
国家发展改革委	22	经济和信息化局	1
工业和信息化局/厅	10	科技技术局/厅	1
人民政府办公局/厅	9	科技局/厅	1
能源局/厅	7	科学技术局/厅	1
住房和城乡建设局/厅	5	林业和草原局	1
专项小组	3	市场监管局	1
经济和信息化局/厅	2	事务管理局	1
经济和信息化委员会	2	国有资产监督管理委员会	1
市场监督管理局	2	体育局	1
自然资源局/厅	2	文化和旅游局/厅	1
财政局/厅	1	总计	146

3.4 小结

第一，从发展阶段看，我国碳中和政策发展历经准备阶段、落地阶段、纠偏阶段，自 2021 年 10 月中央发布《关于完整准确全面贯彻新发展理念做好碳达峰碳中和工作的意见》以及《关于印发 2030 年前碳达峰行动方案的通知》以来，碳中和政策发展迎来高峰期。从内容看，随着纠偏行动的推进，碳中和的整体基调由重点行业的节能、降碳，转变为突出安全、有序发展。从主体看，碳中和仍然在顶层建设，发文主体以国家发展改革委、人民政府等统筹性机关为主。

第二，我国碳中和政策发展总体仍处于起步阶段，虽然顶层政策体系已经渐趋完善，但政策力度集中在重点行业，对第三产业影响甚微。随着纠偏行动推进，预计对服务业的外溢影响将进一步延后。

第三，对于物业管理行业而言，碳中和政策与行业相关性较大的是绿色建筑以及低碳生活板块，目前，部分省份出台奖励政策，鼓励低碳建筑、绿色建筑的建设与运营，作为管理方，实现建筑层面的逐步脱碳是物业服务企业响应国家号召、承担社会责任感的聚焦点所在（见表 3）。

表 3　各城市低碳建筑/绿色建筑奖补相关政策汇总

城市	现金奖补类	规划指标奖补类	其他奖补类
深圳	500 万元	建筑面积及容积率奖励，具体待定	1. 奖补绿色金融服务机构 2. 政府联合社会资本设立产投基金 3. 绿色企业/产业奖补 4. 绿建项目提前预售且住房公积金贷款额度增加
珠海	—	容积率奖励，具体待定	1. 融资性担保机构补贴 2. 绿建企业资质提升、投标优惠 3. 落户低碳产业厂房扩容奖励
南昌	40 万元	—	1. 每年发放绿色发展专项基金 2. 对旅游饭店进行绿色评级
杭州	1200 万元	建筑 3%容积率奖励	1. 绿建项目住房公积金贷款额度增加 2. 低碳产业企业研发经费及配套补贴
上海	600 万元	建筑 3%容积率奖励	针对节能减排项目设立专项资金
南京	500 万元	容积率奖励，具体待定	—
长沙	25 元/平方米	—	1. 建筑内节能项目可获补贴 2. 购买绿色建筑可获补贴 3. 全装修绿建住宅可获容积率补贴

第四章　碳中和的行业实践

物业管理行业本质上是对不动产全生命周期的管理。无论是在楼宇尺度、社区尺度还是城市尺度，在不动产整个生命周期内，实现碳中和的路径和解决方案是相对清晰、统一的；然而外部环境的发展变迁和政策市场的宏观调控，又要求运营者定期分析和调整路径战略。由于我国碳中和探索仍处于初级阶段，政策对于物业管理行业的规范和要求尚未明晰，行业实践仍由物业服务企业自发行动为主。

本研究按照楼宇、社区、城市三大服务场景，归纳分析物业管理行业的绿色实践路径。

4.1 楼宇场景：推行绿色运营管理

中国建筑节能协会能耗统计专委会数据显示，商业建筑碳排放强度远远高于全国及民用住宅强度水平，约是全国强度水平的 2.09 倍。因此楼宇场景的碳中和实践主要指商业楼宇的减碳实践。

4.1.1 能效管理

能源消耗是碳排放的主要来源，而建筑运行阶段碳排放占比达到 22%。因此能效管理是楼宇场景中进行减碳实践的关键。

首先，物业服务企业对能效数据进行精准、全面的采集，具体表现为对楼宇水、电、气、空调能量等基础能耗实现精细化计量，数据采集单位细化至租户企业、部门和个人，掌握能耗超标的主体，才能为能耗统计分析、定额管理和节能指标管理提供完备的数据基础。

其次，物业服务企业将能耗成本统计与职能考核相结合，规范、鼓励项目人员在日常工作中推进节能管理；在工具应用上，引入节能技术系统更好地实现节能降耗效果，完成国家政策要求的能耗定额和节能指标管理。

此外，部分能效管理能力突出的企业，还会开发专门的能耗管理工具，进行对外输出，将节能管理数据服务与物业管理专业要求相结合，围绕能耗数据采集、汇总、清洗、分析四大环节，形成节能数据服务全流程闭环。另外，针对具体业务场景管理要求，利用大数据、人工智能算法应用等新兴技术，持续提供数据分析推送，保证节能决策的执行准确。

4.1.2 设备安全管理

设备的平稳运行是楼宇管理的基础，也是物业管理企业实现楼宇绿色管理的重要保障。物业服务企业可以对设备的实时运行状态、健康状况、剩余电流等情况进行实时监测和异常预警，及时、全面、快速地掌控设备运行情况，利用保养、巡检、报修和各设备系统相关联的一体化系统支持，对后勤运维人员在保养、巡查、维修等过程中的安全情况进行监控。

4.1.3 系统运维管理

提升系统运维效率和质量也是促进碳减排、降低整体运营成本的一个重要环节。从设备设施角度看，物业服务企业将建筑内繁多的系统（空调、风机、水泵、电梯、锅炉、配电房、照明等）接入平台进行统一的控制与管理，依据科学数据来评定设备生命周期与运行、效率、运维质量、服务满意率，以此减少日常工作量和人员配备，提升运维效率和质量。

从人员团队的角度看，物业管理公司不断提升运维团队水平，并开发了相关管理体系和系统统计分析，对运维人员的工作能力、工作量、成绩、态度绩效进行考核，提升管理水平和人员凝聚力。

4.2 社区场景：促进零碳社区、低碳社区的实现

在居民生活场景，碳排放主要来源于居民出行以及生活垃圾的产出，因此在社区场景的减碳主要围绕以上两方面进行。此外，越来越多的物业服务企业辅以数字运营手段，采集、监控、控制社区整体碳量的排放。

4.2.1 低碳出行

社区生活圈低碳出行环境是指在社区生活圈范围内为低碳出行提供的基础设施和便利条件，包括街道、轨道公交站点、超市菜场等。社区生活圈低碳出行环境既服务于买菜、购物、逛公园等日常出行，也服务于通勤出行。

社区生活圈低碳出行指标可以归纳为“安全”“便捷”“舒适”“活力”四大维度。“安全”维度反映保障低碳出行安全基本需求的设施情况；“便捷”维度反映到达生活服务设施、轨道公交站点、新能源汽车充电站的方便程度；“舒适”维度反映遮荫、占道停车等影响低碳出行舒适程度的设施情况；“活力”维度反映街道空间和室外活动场地的活跃程度。

相关研究显示，与低碳出行行为相关性最高的指标依次为生活服务设施可达性、轨道公交站点覆盖率、街道底商线密度、慢行通道密度和安全岛达

标率（见表4）。

表4 社区生活圈低碳出行环境评价指标体系

维度	指标	单位	计算方法
安全	人行道宽道达标率	%	可供行人通行有效宽度≥2米的路段比例
	专用自行车车道密度	千米/平方千米	与人行道和机动车道有隔离（包括划线隔离、设施隔离）的自行车总长度/样本社区总面积
	安全岛达标率	%	按规范设置安全岛（宽16米及以上应设，16米以下可不设）的交叉口数量/交叉口总数
	盲道设置率	%	设置盲道的街道长度/街道总长度
	街道照明指数	—	调研问卷打分
便捷	慢行通道密度	千米/平方千米	具备慢行基本通行条件的公共通道总长度/样本社区总面积
	生活服务设施可达性	—	获取9类生活服务设施POI兴趣点，计算某个等距点到最近的每种服务设施的最近路网距离，并基于距离衰减算法获得每个路段单元的综合可达性指数
	轨道公交站点覆盖率	%	地铁10分钟步行路线或公交5分钟步行路线覆盖范围面积/样本社区总面积
	公共充电站覆盖率	%	公共充电站5分钟步行路线覆盖范围面积/样本社区总面积
舒适	慢行林荫率	%	路段所有图片绿视率的平均值
	无占道停车路段比例	%	无小汽车占道且无非机动车占道的路线长度/慢行通道总长度
	机动车出入口间距	米	街道总长度/人行道铺装不连续的机动车出入口数量
	人行道平整度	—	调研问卷打分
活力	慢行人数	人/百米	街道中每百米行人、骑车人数量总和
	街道底商线密度	个/百米	道路35米缓冲区的底商POI数量/道路长度
	街道界面连续度	%	道路35米内缓冲区的底商POI数量/道路长度
	室外活动场地充裕度	%	街墙长度/路段长度
满意	慢行满意度	—	调研问卷打分
	轨道公交满意度	—	调研问卷打分
	充电桩满意度	—	调研问卷打分

4.2.2 垃圾分类

垃圾分类是指按一定规定或标准将垃圾分类储存、分类投放和分类搬运，从而转变成公共资源的一系列活动。

在社区垃圾分类举措上，部分物业服务企业已经开始做出尝试和实践，主要从垃圾分类宣传、完善社区桶站设施建设、垃圾分类引导等方面，辅助基层社区推进垃圾分类。

此外，由于垃圾分类拥有广泛普遍、操作简便等特点，成为物业服务企业与政府机关合作的重要抓手。基层社区街道通过细化考核方案，引导物业规范小区垃圾分类业务，督导物业服务企业做好垃圾分类的长效性管理，从而激发物业服务企业推行分类的积极性和主动性。在部分发展更前沿的地区，街道还将垃圾分类与数字化运营相结合，通过垃圾分类智能监管平台，完善街道、小区、物业三级管理体系，运用数字驾驶舱来精准分析所有小区垃圾分类的情况，不断优化垃圾分类积分换购的奖励机制，激发居民参与垃圾分类的热情。

4.2.3 数字化运营

社区的数字化运营主要涵盖电力、水力、新能源利用等模块，通过多层次的数据采集及远程传输，打造能储、能耗、调控、成本费用等监测体系。能源系统有助于物业服务企业对社区耗能及时掌握与监测，并以此调整能耗管理策略，协同设施设备和人员管理，达到社区的低碳运营。以智慧照明为例，物业服务企业可利用自动化系统，根据不同时间、空间调整灯光照明亮度，实现分时段、空间节能。

数字化工具也能将社区整体碳排放量与业主的个体行为更好地联系在一起。比如，某些物业服务企业将碳普惠理念融入社区管理，通过研发碳排放计算工具，帮助用户计算其垃圾分类及处理产生的碳减排量，量化用户的绿色贡献，并兑换一定奖励以激励业主培养绿色生活习惯。

4.3 城市场景：以城市环卫展开绿色服务

城市是能源消耗和温室气体排放的主要贡献者，同时也是开展碳减排行动和实施低碳发展战略的重要主体。

4.3.1 城市环卫一体化服务

在政策催化、城镇化率提升和居民对环境卫生要求提高等因素的带动下，传统环保板块的边际被进一步打开。物业服务企业与环卫服务的业务交集延展，主要原因有三：一是环卫项目服务范围逐渐扩大，增加了园林绿化、道路管养等诸多领域，与物企的业务内容高度重叠；二是环卫作业并无显著技术门槛壁垒，物企入局环卫领域门槛较低；三是政府出台政策释放利好信号，为拥有服务供给的企业带来发展机遇。

物业服务企业开展的城市环卫服务以环卫一体化服务为主，具体包括道路清扫保洁、垃圾收运、中转站管理、垃圾外运、公厕保洁、内河保洁、园林绿化保洁等。同时涌现了由环卫一体化发展而来的新业务城市管家项目，从政府需求及企业的服务内容看，城市大管家模式呈现出内容多样化、服务智能化、地域一体化等特点，对企业的管理能力、智慧化程度、资金实力提出了更高要求。同时，首提城市管家模式的深圳市延伸出了两个新趋势：一是强调对城市的管理、监控职能，并将其进行独立招标；二是对智慧化要求更高。

对于物业管理行业来说，城市环卫业务仍是广阔的蓝海市场，环卫行业正处于快速市场化阶段，行业集中度较低，尚未进入整合期，因此现阶段物业服务企业主要通过收购与整合环卫服务企业、新设企业的形式抢占市场份额（见表5）。

表5　物业服务企业收购环卫企业情况

物业服务企业	收购标的	收购金额（亿元）	备注
雅生活服务	明日环境	3	51%股权
	明堂环卫	1.44	60%股权
	慧丰清轩	2.805	51%股权
	安徽宇润	1.53	51%股权
	中航环卫	3	30%股权
世茂服务	深见环境	5.06	67%股权
	金沙田科技	8.42	60%股权
龙光智慧服务	奇岭环境	—	70%股权
旭辉永升	湖南美中环境	0.58	51%股权
金地物业	西安天天清洗	—	70%股权
合景悠活	广东特丽洁环境	1.65	50%股权

4.3.2 能源站建设

能源站建设对实现碳中和目标有更为直接的作用，但对于行业下游的物业管理行业来说，进入壁垒较高，对于物业服务企业的资金投入能力、政府资源能力、专业能力有较高要求。能源站建设主要包括以下内容：一是能源规划建设，聚焦城市能源的综合利用，实现浅层地热、风能、太阳能以及废热、燃气等清洁能源的梯级利用、多能互补，提升能源利用效率；二是能源站的投融资建设，采用 PPP（政府和社会资本合作模式）、BOOT（建设-拥有-经营-转让）等模式参与项目建设，减轻政府压力。目前，已有中小型的房地产开发商附属物业服务企业，依托母公司开展能源站方面的服务。

同时，物业服务企业可利用自管社区、工厂、产业园等建筑主体室外场地、屋顶等闲置空间资源，建设光伏发电系统，达到减碳效果、减电效果。以总装机容量 4.5MW 分布式光伏电站项目为例，产后预计发电量约 450 万（千瓦·时）/年，减少二氧化碳排放量 4800 吨/年、二氧化硫排放量 20.7 吨/年、标煤排放量 176.85 吨/年。该种模式长期来看充分利用了闲置资源，实现了环境效益与企业效益双平衡，为高质量发展注入了绿色动能。

4.3.3 碳交易

碳交易是各主体在既定环境下，将节能、减排、增效等科技成果，与之前同等效能做比较，折算成减少的向大气层排放碳的数值指标，并将其货币化，再通过市场经济手段进行交易，即多排放碳的一方向零排放或少排放一方购买指标，以补偿其给自然生态环境所造成的伤害。

物业服务企业参与碳排放交易具有得天独厚的优势。一方面，碳排放交易是一项专业活动，需要具备一定资质的企业才能参与其中。鉴于居民（个体与业主委员会）不具备市场交易资质，需要通过物业服务企业来参与碳排放交易；另一方面，政策导向正进一步将物业服务企业纳入全国碳市场交易的范围，据统计，2019—2022 年北京市试点碳市场的重点碳排放单位中，有 124 家物业服务企业，占比达到 14%。

物业服务企业参与碳交易中介者可以通过以下方式：物业服务企业与所管小区业主委员会谈判，签署具有约束性的经济合同，获得小区全体业主让渡的部分经营权，这是物业服务企业参与碳排放交易的基本前提。此后，物业服务企业到政府主管部门进行环保项目立项（备案），联系生产设备厂商，进行节能设备的建设和运营，并在制定年限之内，要求业主按照原来价格支付能源使用费用。按照以上流程，物业服务企业拥有两笔可调配资金：一是业主支付价格与新设备实际消耗价格之间的差额，二是按照新设备节能减排增效所得到的环保指标正数，进行碳交易所得。以上两笔资金扣除物业服务企业的管理成本后，可作为环保设备投资资金。

4.4 小结

物业管理行业在碳中和领域的已有实践，主要围绕楼宇尺度、社区尺度、城市尺度展开，三大细分场景下碳排放量最大的环节，或对于物业服务企业而言门槛较低的业务为市场进入机会领域。

在微观楼宇层面，物业服务企业的实践主要围绕能效管理、安全管理、运维管理进行；在中观社区层面，物业服务企业的价值主要体现在居民出行的引导、垃圾分类的推行以及数字化运营与居民消费行为的结合等方面；在宏观的城市层面，物业服务企业的实践呈现多领域、多样化、多维度的特征，对物业服务企业的专业能力和资金水平要求较高，未来随着碳交易理念的深入，物业服务行业碳中和领域的探索将呈现一定的金融价值特征。

第五章　保利物业绿色发展战略及路径实施

基于企业业务实践，保利物业从碳中和理念出发，围绕楼宇、社区、城市三大场景，从顶层战略、项目管理、保障体系方面形成一体化、体系化的绿色发展路径。

5.1 碳中和背景下保利物业的绿色战略

在楼宇场景中，基于建筑领域的减碳需求，保利物业研发了国资服务 4T 服务模式，通过运营共商、数字共创、资源共享、红色共建四大服务，助力企业高质量发展。

在数字共创模块，通过推出数字转型、节能低碳服务，将绿色理念融入运营场景，提升办公、出行、生活等方面的服务品质，并提出“双碳楼宇服务模型”，服务内容上，通过双碳评估-双碳服务-可持续发展认证，帮助楼宇提升绿色价值；服务工具上，搭建垂直楼宇生态指数看板，全方位反映商业办公楼的运行情况及成效。通过设置楼宇绿色健康指数，对楼宇能耗指标、楼宇环境指标、绿色办公指标进行综合评估。

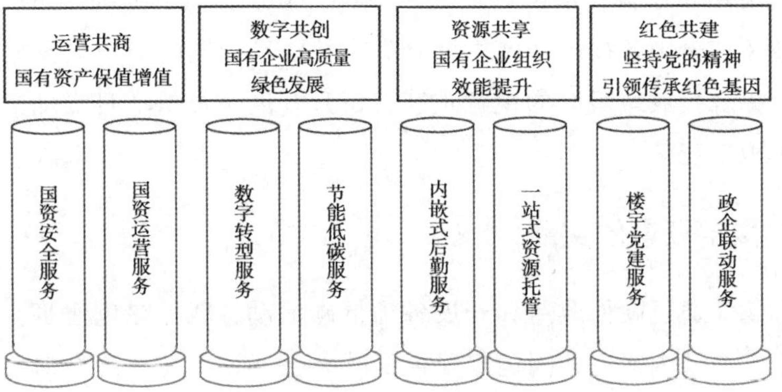

图 5　保利物业国资服务 4T 服务模式

在社区场景，涵盖“一个主体、两大建设、三年规划、五项提升、七大元素”的大盘社区综合治理概念，强调绿色智慧社区建设，倡导绿色健康生活理念。

在城市场景，保利物业以“环卫服务”为基础核心、以“垃圾分类+再生资源回收利用”及“园林绿化养护+市政基础设施维护”为两翼，链接基础设施建设、民生保障工程、特色产业导入等多元化管理格局，凭借科技赋能不断完善精准分类体系，打造具有“红绿蓝”特色的保利环卫一体化新模式。

5.2 社区场景的实践

社区场景的实践涵盖社区整体能源评估、公共设备改造，以及针对业主的绿色家居推广，从管理和技术两方面推动节能增效、减少碳排放，并在全国范围内举办了垃圾分类、植树活动、熄灯一小时、旧衣回收等多种类型的环保宣传线上线下活动，向社会宣传环保理念。

在硬件打造上，通过智慧平台的大数据运营，不断提升社区的运营服务体系，达到优化运营、降本增效的效果。比如，在水资源管理方面，通过建设雨水回收系统、使用节水型设施设备、推行园林绿化自动喷灌、采用 UPVC 埋地喷灌、张贴节水标签、明确日常用水管理等措施，有效提升社区工程与运营各阶段用水效益，截至 2022 年 5 月，已有 26 个在管项目成功获评为节水型社区。

此外在业务协同上，将红色党建与垃圾分类结合，大力推进社区垃圾分类宣传、指导和监督，增强居民垃圾分类知识，强化小区居民的环保意识。保利物业还在全国各社区开展垃圾分类宣传活动，同时对垃圾投放点形象进行改造，提升投放垃圾时的视觉观感，每月开展全员清洁日活动，确保人过地净、无卫生死角。

5.3 楼宇场景的实践

保利物业通过硬件改造和开展各项低碳活动，践行绿色建筑，宣传低碳环保理念，与楼内客户共同构建绿色低碳办公环境，在空调冷却系统改造方面取得了一定成果。

广州保利国际广场位于琶洲经济圈核心位置，建筑面积 20 万平方米，供冷面积 12 万平方米，分为两个塔楼及两个裙楼。由于塔楼采用大面积的地下送风空调系统，且大厦的幕墙采用大面积的玻璃幕墙结构，因此夏季热负荷较大。此外，由于冷却塔安装的位置不利于排风散热，同时下沉位置进风困难，因此冷却塔的整体散热效果不佳，在夏天全部机组投入运行的情况下，空调冷却水的温度达 40 度之高，不仅降低了空调制冷主机的能效，还对机组的安全运行产生了负面的影响。

保利国际广场通过节能改造，把冷凝水收集起来送到冷却塔再利用，不但能节约可观的水量，还能有效地降低冷却水的温度，提高空调制冷主机的能效，从而达到节能降耗、改善机组运行状况的目的。节能效果上，在一定负荷下，空调冷却水水温平均下降 0.4~0.6℃，供冷季节用水量一天节省约 30 吨；由于冷却水温度降低，空调负荷下降，经测算用电量一天节省 200~300 千瓦·时；水费、电费平均每年节省约 11.4 万元。

在空调系统冷源配置不足的情况下，节能改造不但达到了节能降耗的目的，同时也更好地满足了客户的供冷需求，营造舒适的办公环境，提升体验感。空调冷凝水回收节能改造项目大幅度降低了空调能耗和运营成本，为保利物业的绿色楼宇实践迈出重要一步。

结合楼宇场景的节能减耗经验，保利物业在国家司法部项目中开展节水节能改造，实现节约用水 1.5 万立方米，同比约节能 20%；节约热能 1 千吉焦，同比约节能 20%，成功助力国家司法部创建“节约型公共机构示范单位”。

5.4 城市场景的实践

保利物业的公共服务板块在环卫一体化领域不断探索，先后在湖南、广东、浙江等多个省份打造了多个环卫标杆项目，凸显智慧化、标准化、创新化的服务特质。

保利物业以智慧化管理助力地方政府，对作业车辆加装北斗和 GPS 双星定位和监控管理系统，实现环卫作业的实施监控、及时反馈；以标准化的管理方式助力环卫一体化服务的提质增效，做到“100%保洁率、100%清运率、零蝇蛆、零污染”；首创智能督导无人值守全新模式，与政府协同领航垃圾分类新模式，有效改善城乡环境，促进资源回收利用。在项目实践中，通过在南浔镇开展垃圾分类的宣传，助力南浔镇创卫成功。南浔镇项目获垃圾分类精细化考核湖州市第一名，在省文明城市复检中南浔镇成为唯一垃圾分类零失分乡镇。

此外，在绿色运营过程中，推动生物多样性保护。在海珠湿地公园项目，保利物业协助业主方开展植被修复，根据地域、季节对社区内的树木、植被进行针对化管理，选用绿色化肥产品对植被进行保养维护，降低对社区周边生态系统的影响；积极开展公共服务领域的河道治理，定期举办河道清理活动，收集河道内垃圾杂物，协助修复河道生态环境，保护河道生态系统的生物多样性。

5.5 绿色运营保障体系

5.5.1 组织保障

总部层面，围绕国家碳中和战略，在激烈的市场竞争中把握机遇，做好做强，实施绿色可持续发展和多元协同发展，把构建先进的绿色发展机制作为支撑，以集中决策、科学规划公司治理结构、强化绿色管控体系作为抓手，建立科学高效、可以实现资源优化配置的绿色管理体系，突破绿色发展的体制性障碍，形成核心竞争优势。

项目层面，将绿色指标融入一线管理指标，为项目的绿色服务提供标准基础。同时，形成全国品质巡检小组，对涵盖住宅社区、商办、公共服务全业态项目进行巡检，形成专业研讨、标准落地到项目巡检的品质服务闭环。

5.5.2 制度保障

保利物业在员工管理、安全管理、作业流程管理等方面都具有相应的规章制度，为保利物业的绿色发展战略顺利实施提供制度保障。具体包括：

（1）建立以效率为导向的风险识别体系。通过分析环境风险因素，建立《保利物业环境因素的识别与评价工作指引》制度，考虑业务活动的全部过程，识别、评价公司的活动、产品或服务中能够控制和施加影响的因素，以确定对环境具有重大影响的因素和风险，进而制定环境方针、目标及运行管理控制措施，目前已经通过 ISO 14001 环境管理体系的外部认证。

（2）完善能源管理体系。严格遵循《中华人民共和国节约能源法》等法律法规，制定并落实《工程成本控制管理规定》《能源管理工作指引》等制度，通过规范能耗台账，从项目管理及技术改造两方面定期监控能源利用，提高自身用能效益。

（3）建设以降低成本和提高效率为重点的水资源管理系统，完善并细化内部制度《工程成本控制管理规定》中的水资源管理条例，对运营中产生的废水采取相关应对方法进行处理。

5.5.3 人才保障

树立人力资源为第一资源、人力资本是第一资本的新观念，建立健全以“良好就业，服务专业”为目标的人力管理体制和机制，在充分发挥现有人力潜力的同时，积极多渠道引进人才，大力实施碳中和相关的继续教育和职业培训，实现从传统的事务性人事管理向人性化人力资源管理的转变。

目前，保利物业通过开展“绿色人才培养计划”，打造绿色建筑的专业支持团队，已有 12 名员工接受 LEED（能源与环境设计认证）培训并获得 O+M 认证证书。通过专业培训，保利物业团队对绿色建筑和 LEED 认证有整体的了解，掌握 LEED 认证技术体系和绿色建筑标准规范，提高团队对建筑中可持续设计、施工及运营的知识储备，用专业及先进的视角为绿色建筑的运营提供专业的意见和指导，有效推进低碳实践。绿色人才的梯队建设为保利物业打造环保与舒适兼备的高标准服务体系奠定了人才基础。

5.5.4 资源保障

碳中和是涉及多领域、多主体的实践，依托外部资源提升服务多样性为开展绿色实践提供了强有力的补充。保利物业也在楼宇内开展了多项绿色低碳活动，与楼内客户形成了良性互动，让业主、租户投身到绿色楼宇的实践中，推动绿色楼宇实践的发展。

为减碳赋予服务和艺术的美好内涵，探索城市低碳办公生活的多面性，保利物业引入广州美术学院工业设计学院资源，举办首届“Art in Business”青年艺术公益巡回展，以“人文·低碳”为主题，打造专属联名活动，独创商写楼宇的垂直艺术馆。展览主题围绕 ESG 三大核心理念：环境（environment）、社会（society）、治理（governance）。在绿色楼宇中，从环境视角出发，贯彻低碳理念，通过建立绿色办公模式提高业户的环保意识，共同探索绿色生活新方式；从社会视角出发，在疫情常态化的背景之下，办公楼内员工的身心健康更应受到关注，保利物业创造了一个富有艺术气息的楼宇公共空间，将楼宇舒压的概念真正转化成服务，以更具有人文艺术气息的服务帮助业户创新创作，创造更多价值；从治理的视角出发，保利物业致力于通过商业写字楼的空间资源和楼内的企业资源，将艺术作品链接给楼宇客户，孵化具有社会价值的作品，助力广州美术学院工业设计学院产学研一体化公益扶持项目。

除此之外，保利物业商业公司联合产业链上下游伙伴成立“消碳联盟”，从服务源头出发，将低碳理念深化至服务行业中，延伸服务边界，以绿色服务力量助力实现碳达峰、碳中和。与合作伙伴签订星云低碳倡议书，共同贯彻新发展理念，履行绿色降碳责任，建设绿色生态楼宇。保利物业与合作伙伴不断创新服务模式，携手供方伙伴，共建国资服务“碳友好”评估模型，以低碳技术共绘楼宇发展蓝图，将绿色理念融入运营场景，在办公、出行、生活等方面，使楼宇服务取得品质提升。

5.5.5 投资保障

多元化投资是企业提高核心竞争力的基础和核心，使企业能够在动态复杂的竞争环境中持续生存和发展。为了更好地把握环卫行业发展机遇、支撑公司城市服务主业战略，保利物业立足国家碳中和发展目标，在城市服务领域开展多元化投资，增强自身环卫板块服务实力，产生 1+1>2 的协同效应。通过引入环境服务专业管理团队及园林专业领先企业普邦股份，以三方资源实现优势互补，形成城市服务、环卫一体化、绿化养护服务等方面的业务协同，搭建环卫项目全生命周期管理体系，提供城市环卫服务一体化解决方案，助力公司内生发展与外延扩张相结合，完善产业链布局。目前，保利物业已在广州市南沙区、湖州市南浔镇等区域建立标杆性的环卫项目。

第六章　结论与建议

6.1 研究结论

本研究以协同理论为基础，采用定性和定量相结合的方式，研究我国碳中和政策的发展过程、政策内容、发布主体，结合当下物业管理行业的碳中和实践基础，嵌套保利物业绿色服务实践内容，最后形成物业服务企业在碳中和背景下绿色协同模式的概念图（见图6）。

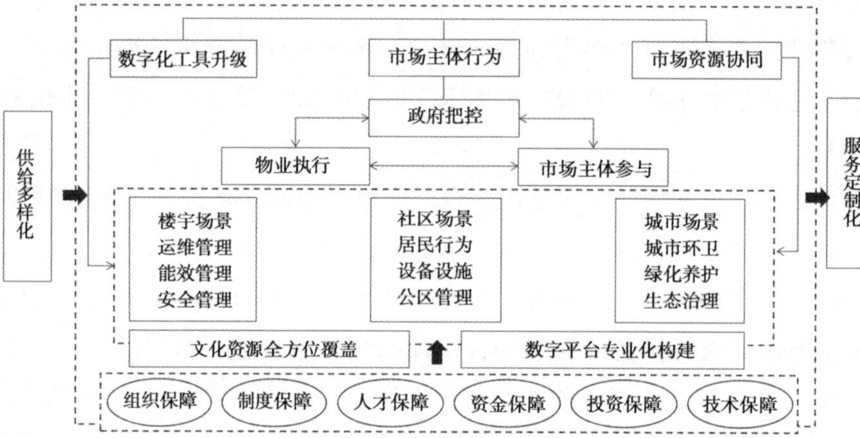

图6　物业服务企业绿色协同模式概念图

协同治理作为当前双碳战略落实过程中实现目标协同和达成统一规则的核心理念，强调社会侧、政府侧、企业侧等不同利益主体进协商互动并达成一致目标，突出双碳目标落实和绿色治理过程的自主性、协同性和多元性。

根据该理论，物业服务企业的绿色协同模式指基于碳中和规则，以政府为主导把控落实方向，政府与物业服务企业、其他市场主体协同互动，达成绿色综合治理目标，共同实现碳中和目标的规则过程。作为绿色管理服务的执行应用端，物业服务企业在楼宇、社区、城市三大场景以有形资产和无形资产创造了服务价值，而政府作为发包方传递了商业价值以及“实现碳中和目标”的价值，以居民为主的第三方利益者享受着绿色发展的正向效益，包括环境更加整洁、空气质量提升、能源使用效率提升等方式，同时也对绿色管理服务的实际供给者提供服务改进的建议。

在政府侧，作为绿色管理服务落实方向的把控方，主要通过政策工具的应用和绿色服务的购买实施影响。由于目前碳中和政策进程尚在初步发展阶段，尽管顶层政策体系已经渐趋完善，但政策力度集中在重点行业，对第三产业影响甚微。随着纠偏行动推进，政策整体基调从重点行业的节能、降碳，转变为突出安全、有序发展，预计对服务业的外溢影响将进一步延后。目前，碳中和政策与物业管理行业相关性较大的是楼宇场景、社区场景，部分省份出台奖励政策，鼓励低碳社区、绿色建筑的建设。

在企业侧，物业服务企业与其他市场主体共同组成了聚焦后勤管理服务的共生体，各主体通过明确关系链及供需关系，打造对应领域的定制化、个性化服务产品，并通过市场资源协同、数字化工具升级等手段提升运营效益。目前，物业服务企业围绕楼宇、社区、城市三大基础服务场景，延伸碳中和战略下的相关绿色服务。在楼宇场景，主要提供楼宇设备的运维管理、能效管理以及安全管理等服务；在社区场景，一般围绕居民出行行为、公有设备设施、公区管理开展碳中和实践；在城市场景，物业服务企业的参与环节以环卫一体化为主，以及由此衍生的绿化养护、生态治理，部分资金实力较强的物业服务企业参与了能源站管理。随着绿色金融发展，物业服务企业有望参与到碳中和交易的环节，承担交易中介的职能。

在其他市场主体侧，随着客户企业、业委会、居民等越来越多的利益相关者的引入，物业服务企业能触及的协同价值链条将持续延伸。在践行碳中和绿色实践中，物业服务企业与上下游产业链相关企业进行双向交流和资源协同，切实发挥协同资源，有利于推动绿色服务模式内的价值协同共创。此外，在服务对象需求日益升级的背景下，通过洞察企业客户、业委会、居民等客群的核心需求，积极听取其建议和反馈，推动服务升级向多元化发展，催生更多元的绿色服务产品矩阵。

根据协同理论，本研究通过分析各绿色服务主体间的协同场景与互动机制，明确了物业服务企业在不同协同环节的角色和定位。未来在碳中和发展需求下，物业服务企业作为绿色服务供给的重要主体，无论是对绿色管理需求的洞察，还是对客户服务体验的升级，都要求物业服务企业的绿色服务内容及供给方式不断更新，并通过数字化技术手段升级，实现服务价值的绿色升位。

6.2 策略建议

物业服务企业在碳中和趋势下做好物业服务的绿色化、低碳化，需清晰地认识到绿色服务端的业务机会，建立协同端、支撑端的相关能力以应对挑战，明确其在双碳目标中需承担的社会责任。

6.2.1 服务端

在服务端，由于城市、社区、楼宇三大基本场景仍是各地绿色政策路径的趋同点，物业服务企业的绿色运营相关业务也围绕上述核心场景展开。

在微观楼宇层面，物业服务企业可在绿色低碳建筑、产业园区等领域，围绕能效管理、安全管理、运维管理开展服务，推动建筑楼宇的降碳转型、能源转型和数字化转型。

在中观社区层面，物业服务企业的价值主要体现在居民出行的引导、垃圾分类的推行以及数字化运营与居民消费行为的结合等方面，因此可从居民生活方式、物业管理方式、社区秩序建设、基础设施及社区环境改造，以及社区垃圾分类减量化、资源化等方面入手，建设低碳社区，并融入智慧社区数字化建设的进程。

在宏观的城市层面，物业服务企业的绿色服务实践呈现多领域、多样化、多维度的特征，对物业服务企业的专业能力和资金水平要求较高。物业服务企业可以介入到市政服务层面的绿色出行、绿色交通、城市绿化，以及城市运营层面的低碳城市、无废城市等方面。未来，随着碳交易理念的深入，物业服务行业在碳中和领域的探索将呈现更多的金融价值特征。

6.2.2 协同端

在协同端，物业服务企业应始终坚持国家的碳达峰、碳中和生态文明建设整体布局，落实“以人为本”的方针，充分链接产业链上下游及服务对象。在社区场景，可通过联合社区低碳志愿团队，协同开展绿色社区建设活动。在楼宇场景，可通过与专业公司合作，补足能源管理等业务的技术能力要求。在城市场景，物业服务企业作为政府管理者的协同方，可作为服务者和引导者参与到碳中和实现路径中，运用现代化的治理手段参与碳中和目标的实现过程。

6.2.3 支撑端

最后在支撑端，物业服务企业应结合外部环境变化、顶层政策适时调整自身，在管理业态的全生命周期的各阶段，持续分析物业服务企业实现碳中和目标可推行的服务模式、配套管理模式、运行机制，思考物业服务企业如何通过可计划、可监控、可输出的手段及方式，调整适配的组织、制度、人才、投资策略，加大绿色运营技术的落地应用，实现碳排放的全程管理的良好闭环。

结　语

“3060”双碳目标既是我国新时期高质量发展的关键目标，也是不断提升城市人居环境、人民生活质量的必然要求。本研究聚焦物业服务企业在双碳政策指引下的服务内容与管理体系，对行业已有业务经验进行总结，形成物业服务企业绿色协同模式以及对企业相关业务发展的策略建议。

基于碳中和政策的发展阶段及特点梳理，我国碳中和政策历经准备阶段、落地阶段、纠偏阶段，政策内容从全面推进碳中和转变为安全有序发展。从政策端看，我国碳中和仍处于初步发展阶段，对服务业乃至物业管理行业的影响将有所滞后。

目前物业服务企业围绕碳中和展开的相关实践仍以楼宇、社区、城市三大场景为主。随着政策的进一步深入、政府治理方式进一步创新、公众治理理念进一步转变，物业服务企业的碳中和实践有望向内容多元化、手段多样化、覆盖面全域化方向发展。

物业服务企业作为现代化治理的重要环节，坚定践行碳中和是目前有效解决环境问题的重要抓手，也是当前城市环境高质量发展的重要保障。本研究通过绿色服务主体间的协同场景与互动机制分析，明确物业服务企业作为政府管理者的协同方，负责在三大核心场景应用落实绿色服务的功能定位。未来在国家碳中和战略目标下，物业服务企业的绿色服务内容及供给方式将持续更新，并通过数字化技术手段升级，实现服务价值的绿色升位。

最后，对参与本课题的物业项目管理人员、协助开展课题研究的相关单位，以及对课题报告提出修改意见与建议的专家评委们，致以诚挚的谢意。

参考文献

安永碳中和课题组，2021. 认知“碳中和”［J］. 中国房地产金融（9）：3.

黄思棉，张燕华，2015. 国内协同治理理论文献综述［J］. 武汉冶金管理干部学院学报，25（3）：4.

卢璐，黄戴玥，李强，2017. 基于《低碳社区试点建设指南》的社区温室气体排放核算方法及案例分析［J］. 环境与可持续发展，42（4）：5.

王灿，张雅欣. 碳中和愿景的实现路径与政策体系［J］. 中国环境管理，2021：58-64.

徐伟，2012. 低碳住宅与社区应用技术导则［M］. 北京：中国建筑工业出版社.

曾群，吴鑫桐，2019. 基于协同理论的公共文化服务模式研究［J］. 科技广场（1）：7.

张耀坤，王永军，杨成，等，2021. 基于三维分析框架的中国碳中和政策体系研究［J］. 全球能源互联网，4（6）：11.

课题组成员名单

课题组组长： 朱芮嘉　保利物业服务股份有限公司

课题组成员： 孔　舒　保利物业服务股份有限公司

梁永恒　保利商业物业服务股份有限公司

胡嘉瑜　保利商业物业服务股份有限公司

冯悦怡　保利物业服务股份有限公司

林倩茵　保利物业服务股份有限公司

蔡依童　保利商业物业服务股份有限公司

房屋安全鉴定工作标准化研究

◆ 中国物业管理协会房屋安全鉴定专业委员会
国质（北京）建设工程检测鉴定中心

前 言

随着我国建筑业的快速发展，我国既有建筑数量急剧增加，既有建筑的耐久性不足、舒适性不佳、功能性不强、环境性不良等问题逐步引起了政府相关部门及广大人民群众的高度重视。目前，我国房屋安全鉴定机构数量虽然正在逐步增多，但大多数机构在房屋安全鉴定工作中缺乏标准化管理，导致全国各地的房屋安全鉴定工作水平参差不齐，管理混乱，不仅会造成重大经济和安全问题，还会给行业本身运行带来隐患，因此开展房屋安全鉴定工作标准化研究势在必行。

开展房屋安全鉴定工作标准化研究，可有效提升房屋安全鉴定工作的效力，提高鉴定报告质量，推动建筑行业的发展，实现相关管理部门对房屋安全鉴定工作的精细化、规范化管理。

本报告通过对国内外先进管理经验、我国房屋安全鉴定机构发展现状、房屋安全鉴定工作评价标准三个方面的研究，结合地方现行房屋安全管理办法，分析出我国房屋安全鉴定工作标准化中存在的突出问题，并提出高效、科学、可行的建议。

第一章　综　述

1.1 绪论

1.1.1 我国房屋安全鉴定行业发展新趋势

从建国初期到现在，我国的房屋建筑经历了新建、新建与维修并存、维修改造时期，相应地，房屋安全鉴定行业也经历了从无到有的发展。

从建国初期到文革这段时间，我国处在缓慢恢复阶段，由于这段时间房屋建筑等基本都是新建的，房屋安全鉴定工作基本只针对一些古建筑，技术也比较落后。根据相关研究统计，我国现有的房屋建筑中 10%左右都是在 20 世纪 50 年代建成的，且至今仍在使用当中。

改革开放后，我国经济发展进入新阶段，房屋建筑行业蓬勃发展，高层、超高层建筑基本是从这个阶段开始兴建的。同时，房屋安全鉴定行业得到了国家的大力支持。1985 年，我国首次开展了全国范围内的城镇房屋安全普查，编制完成的《房屋完损等级评定标准》和《危险房屋鉴定标准》等技术规范文件标志着我国房屋安全鉴定的开端。1989 年，建设部发布《城市危险房屋管理规定》（建设部令第 4 号），全省多数市、县房产行政主管部门相继设立了房屋安全鉴定机构。同时，房屋安全的鉴定工作由以往的定性外观检查为主逐渐发展为定性定量阶段，鉴定技术有了进一步提升。紧接着，全国建筑物鉴定与加固标准技术委员会和房屋鉴定委员会正式成立，标志着民用建筑安全鉴定加固技术开始向标准化发展。2004 年，建设部令第 4 号修改为《城市危险房屋管理规定》（建设部令第 129 号），建设部令第 129 号规定：建设部负责全国的城市危险房屋管理工作。县级以上地方人民政府房地产行政主管部门负责本辖区的城市危险房屋管理工作。市、县人民政府房地产行政主管部门应设立房屋安全鉴定机构，负责房屋的安全鉴定。房屋经过安全鉴定后，鉴定机构可以收取鉴定费。鉴定费的收取标准，可根据当地情况，由鉴定机构提出，经市、县人民政府房地产行政主管部门会同物价部门批准后执行。该规定的出台，促进了我国房屋安全鉴定行业的发展，改变了过去房屋安全鉴定不收费的历史，使房屋安全鉴定行业进入了市场化阶段，房屋安全鉴定机构的数量也变得越来越多。

截至2016年，我国既有建设工程规模中，城乡建筑面积达600亿平方米，城镇建筑面积约330亿平方米，既有建筑规模庞大，然而，“十四五”期间，中国经济发展阶段决定了中国建筑业未来将维持低速增长，疫情逆周期调节导致的行业反弹不会持久，市场环境将由“增量市场”转向“存量市场”。建筑业应从追求高速增长转向追求高质量发展，从“量”的扩张转向“质”的提升。在这种情况下，由于土地面积的限制、既有建筑存在的安全问题，以及“十四五”政策的规定，新建建筑将逐渐减少，进入以维修改造为主的阶段，房屋安全鉴定行业也由此得到进一步发展。由此可见，我国房屋安全鉴定行业的发展与我国建筑业的发展息息相关。

我国现有房屋安全鉴定机构的形成主要有三种形式，第一种是房管局所属的房屋安全鉴定机构；第二种是由检测机构转型升级而来，第三种是社会上成立的房屋安全鉴定公司。

房管局所属的房屋安全鉴定机构，大都是由规划建设部门分离出来的，从组建开始就没把职责剥离清楚，部门职责有一定的粘连，既做鉴定又做管理，而且专业技术人员较少，缺乏必须的专业硬件设备。大部分地区对鉴定机构的考核偏重于是否具有检测资质，并未考察鉴定单位和人员设计方面的能力，只有个别地区对鉴定机构的考核偏重于设计、施工能力。在国内建筑检测鉴定市场，全国有近6000家检测单位，同一地区多家检测机构，资质属地化管理，各个城市对于房屋安全鉴定机构的建立存在不同的规范和标准，即便处于同一地区也存在差异性较大的安全鉴定体系，竞争激烈，水平参差不齐，没有统一的鉴定标准，给行业管理和发展带来了极大不便。

针对这些问题，各地政府纷纷有了行动。烟台市住建局在其官网对《烟台市房屋使用安全管理条例》进行了公示，房屋安全鉴定须由有资质的建设工程质量检测机构负责，对报告的真实性和准确性终身负责。广东省人民政府办公厅印发了《广东省促进建筑业高质量发展的若干措施》，文件提到，培育一批“楼宇医生”企业，对既有建筑开展质量安全鉴定和加固改造。同时，广州市住房和城乡建设局印发了《关于开展房屋建筑工程质量检测专项整治行动的通知》，进一步规范检测单位检测行为，压实工程建设参建单位对检测过程的主体责任，维护工程质量检测市场秩序，确保工程质量安全。在检测监管平台中建立违法违规检测人员名单库，对因未经检验出具检测报告、伪造检测数据出具虚假结论、未按技术标准开展检测等问题被行政处罚，涉及的检测报告中检验（检测）、编写、复核（校核）、审核、批准等直接责任人员进行标记。这些文件的发布，表明了各地政府对房屋安全鉴定行业的整治决心，对其专业性和资质有了更高的要求，这也体现出房屋安全鉴定行业必将向着工作科学化、规范化、标准化发展。

1.1.2 我国对房屋安全鉴定工作进行标准化的需求

虽然我国有些城市颁布了一些关于房屋安全鉴定的法律或行政法规，但多是针对各地不同地域的地方性法规，规定各不相同，国家制定统一的房屋安全鉴定资质管理的局面还未形成，这些方面的不足严重地影响着我国房屋安全鉴定的科学性和可持续发展。我国房屋安全鉴定工作现状并不乐观。为保证检测鉴定工作能够真实反映房屋安全现状，须对检测鉴定中的常见问题进行分析研究，采取合理有效措施促进我国房屋安全鉴定工作标准化。

1.2 课题背景

1.2.1 课题由来

标准是经济活动和社会发展的技术支撑，是国家基础性制度的重要方面。标准化在推进国家治理体系和治理能力现代化中发挥着基础性、引领性作用。在新时代，随着高质量发展，全面建设社会主义现代化国家步伐加快，新型城镇化建设加速发展，城镇建设标准、人居环境建设与质量评价标准、住房标准、物业服务标准、智能建造标准的不断推进，城市建设正向标准化方向发展。在这一过程中，作为房屋建筑安全保障的鉴定工作的标准化建设日益成为行业部门关注的重点。

从目前来看，在房屋安全鉴定工作尚未在我国制定全国统一性的法律指导的现状下，各地依据《城市危险房屋管理规定》（原建设部令第129号）的相关规定，各地先后结合当地实际情况制定了地方性规定，对房屋安全鉴定行业发展起到了有效管理、监督作用。但与国外房屋安全鉴定机构的先进管理体系相比，还存在较大差距。

本课题研究的目的在于：从我国房屋安全鉴定工作现状出发，对我国房屋安全工作中存在的问题进行梳理、总结；探讨房屋安全工作评价体系；借鉴国内外房屋安全管理工作的先进经验，促进我国房屋安全鉴定工作步入真正科学化、标准化的管理。

1.2.2 房屋安全鉴定机构特点

2021年，中国物业管理协会房安屋安全鉴定委员会（以下简称“中物协房安会”）对国内一百多家房屋安全鉴定机构的运行现状进行了调查研究，形成了行业白皮书。该调查研究包括北京、上海、广东、广西、江苏、浙江、山东、河南、安徽、内蒙古、四川、重庆、湖南等省市房屋安全鉴定机构的基础数据信息，分析研究了各地区房屋安全鉴定机构运作中的运行现状。调查研究表明，目前我国鉴定机构来源复杂，水平参差不齐。房屋安全鉴定机构综合实力悬殊较大，对于从事鉴定业务的单位的注册资金、仪器设备、从业经历等没有更多的要求。注册资本有一百万元的，也有几千万元的；实验室场地有几百平方米的，也有具备上万平方米的；有仅具备单项资质的，也有综合资质的，详见表1；技术人员有十几人的，也有几百人的，详见表2；机构设备总值有几十万元的，也有上千万元的，详见表3。

表1 企业资质统计

单位：家

类型	企业单位现具有资质			
	检验检测机构资质认定	建设工程质量检测机构资质	房屋安全鉴定能力评价证书	CNAS实验室认可、CNAS检验机构认可
数量	125	118	19	3

表2 技术人员统计

单位：家

类型	技术人员数量				总样本数
	100人以上（含）	100人~50人（含）	50人~10人（含）	10人以下	
数量	17	19	69	16	121

表3 设备总值统计

单位：家

类型	设备总值				总样本数
	1000万元以上（含）	1000万~500万元（含）	500万~100万元（含）	100万元以下	
数量	15	13	28	65	121

从调研企业资质数据分析结果可见，检测资质远远多于鉴定资质。行业企业整体规模较小，初创型企业较多。

1.3 国内外相关技术研究进展

1.3.1 国外相关研究进展

美国最常见的房屋是郊区的独栋别墅，房屋结构绝大多数为木结构，户主一般都会对房屋做出不定期地修缮。为保障房屋的居住适宜性，美国成立了美国住房和城市发展部（Department of Housing and Urban Development, HUD），HUD 的职责主要是为美国国民建立一个合理的住房体系和合适的居住环境。美国颁布了针对地震区建筑安全性鉴定的手册——*Rapid Visual Screening of Buildings for Potential Seismic Hazards*（以下简称“RVSPS”），重点分析地震对建筑物安全性的影响，RVSPS 将建筑物分为地震危险性建筑和相对安全建筑。美国对工程质量检测企业并没有强制性的资质管理，政府主管部门直接参与工程项目质量的监督和检查。工程质量检测企业获取资质是为提高自己的业务水平，增加竞争力的砝码。在美国，参加质量监督检查的人员分为两类：一类是政府自己的检查人员；另一类是政府临时聘请或要求业主聘请的、属于政府认可的外部的专业人员。后一类监督检查人员直接参与每道重要工序和每个分部分项工程的检查验收，由他们认定合格后，方可进行下一道工序。对工程材料等制品质量的检验都由相对独立的法定检测机构检测，在所有监督检查中，又以地基基础和主体结构的隐蔽工程作为重点。

德国政府对工程质量检测企业无资质要求，但对检测企业内执业人员的个人执业资格有严格的要求，称为“质量监督检查工程师”。德国政府规定，取得政府认定的质量监督检查工程师才有资格组建建筑工程质量监督检查公司，每位质量监督检查工程师允许带 8~10 名工程师工作。据报道，质量监督检查工程师要进行严格考试和高标准的从业经历审核，并实行总量控制。一般情况下，每空余一个名额，才能再进行考核增补一名。德国政府对工程质量的监督管理，由地方政府建设主管部门委托和授权，由国家认可的质量监督检查工程师组建的质量监督检查公司，代表政府对所有新建工程和涉及结构安全的改建工程的质量实行强制性监督检查。德国政府规定，出了质量事故或设计、施工存在质量问题，由设计和施工单位负责。即使质监检人员在设计图纸审查、施工检查时未发现相关问题，也一般不承担责任，但影响到以后政府对其监督工程的委托。由于质量监督检查工程师过错造成损失的，由其个人承担经济赔偿。

日本地质灾害频发，他们对房屋质量和安全问题尤为重视。建立了完善的法律法规，成立了专门的机构，用来保障房屋安全和质量问题。比较有代表意义的法规有《公营住宅法》《住宅金融公库法》《住宅地区改善法》《地方住宅供给公社法》，以及《住宅品质保障法》等。同时日本建立了保障居民住宅安全的机构——日本住宅担保机构，这一机构是日本中央财政管辖下成立的非营利性组织机构，其主要职责是：前期审查建筑设计、施工质量，后期房屋在使用过程中，若存在安全问题，业主可通过该机构要求企业无偿维修。

新加坡由于具有良好的房屋管理体系，同时又引入市场的调控，已经形成了良好的房屋安全管理环境。在新加坡全境，住宅设施和道路、桥梁等基础设施的建设管理和相关专业人员的资质管理均由统一部门负责，这个部门在新加坡称为“国家发展部”（Ministry of National Development，MND）。其下属的建设局（Building and Construction Authority，BCA）负责全国建筑工程的监督和管理。建设局其中一家下属单位对全国私有和共有建筑的管理和维护负责，即建筑规划与管理处。在新加坡，房屋的主人非常愿意改善自己的房屋，一方面是因为法律法规的要求，另一方面是因为市场的调控，因其修缮比较好的房子可以吸引更多的买主出以高价买走。《新加坡建筑管理法案（1990 版）》第 29 章第 4 节第 28 款对建筑物检测周期做了详细规定：对于下列建筑物，建筑署可以对业主发出检测通知：（一）不仅仅用于居住的建筑物（不包括特殊建筑物）—该建筑物第 1 个法定竣工证明发出已超过 5 年，或上一次检测完成日期至今已超过 5 年；（二）特殊建筑物或完全用于居住的建筑物—该建筑物第 1 个法定竣工证明发出已超过 10 年，或上一次检测完成日期至今已超过 10 年。

法国 1978 年颁布的《斯比那塔法》（Spietta Act，SA），是最早被广泛应用的住宅质量保证保险法之一。在国外，住宅质量保证保险法称为“潜在缺陷保险”（inherent defeat insurance，IDI）或“建筑物 10 年期责任保险”（liability for ten years)。SA 规定 10 年期的潜在缺陷保险为强制性保险，这种保险制度将建设方、施工方、住户等联系在一起，并负责房屋的质量。同时法国成立了法国建筑质量管理委员会（Agence Qualité Construction Committee, AQCC)。主要职责是监测建筑物在灾难发生时的运行状况以及抵抗灾难的能力，并根据监测的结果设计出建筑物抵抗灾难的有效方案，从而提高建筑物的质量。AQCC 通过几十年的不断监测，建立了一个重要的数据库，它对建筑物在灾难中的风险管理具有重大意义。

1.3.2 国内相关研究进展

北京市各区县住房城乡建设委（房管局），为了能够全面地掌握其所管辖范围内的房屋安全状况，对房屋的危险隐患能够及时发现，及时修缮破损房屋，保证房屋的使用安全，每年都要对所管辖范围内的房屋安全进行普查，将房屋安全检查统计报表报送市住房城乡建设委，也为北京城市建设改造提供了基础数据。北京市出台的《北京市房屋安全鉴定工作管理办法》（京房修字〔1993〕第 91 号）和《北京市房屋建筑安全评估与鉴定管理办法》（京建发〔2011〕207 号）明确规定：北京市房屋安全鉴定必须依照建设部《危险房屋鉴定标准》《工业与民用建筑抗震鉴定标准》，北京市房地产管理局《房屋安全鉴定技术规范》，以及现行的有关设计、施工技术规范、规程执行。自 2011 年 5 月 1 日起施行的北京市人民政府令第 229 号《北京市房屋建筑使用安全管理办法》规定学校、幼儿园、医院、体育场馆、商场、图书馆、公共娱乐场所、宾馆、饭店以及客运车站候车厅、机场候机厅等人员密集的公共建筑，应当每 5 年进行一次安全评估；达到设计使用年限需要继续使用的，应当每 2 年进行一次安全评估。北京市采用鉴定机构备案制度，鉴定机构出具的房屋建筑安全评估、安全鉴定报告，应当使用北京市住房城乡建设行政主管部门统一制发载有唯一编码的文本。北京市人民政府令第 229 号（《北京市房屋建筑使用安全管理办法》）明确了房屋建筑使用安全责任由房屋建筑所有权人承担。规定了房屋自行管理的单位和受托管理的物业服务企业应当配备房屋建筑安全管理员以及房屋建筑所有权人或者受托管理人，应当对房屋建筑进行检查维护，发现危及房屋建筑使用安全的问题时，应当及时向住房城乡建设行政主管部门报告，并有权对危害房屋建筑使用安全的行为进行制止。还规定了何种情况下房屋建筑应进行安全评估、安全性鉴定和抗震鉴定，以及规定房屋建筑所有权人应当根据鉴定报告的处理建议对房屋建筑采取修缮、拆除以及其他解除危险的安全治理措施，并承担相应的治理费用等。形成了对北京市行政区域内依法建造或依法登记的各类建筑及其附属构筑物和配套建筑设备及模型的检查维护、安全评估和鉴定，以及禁止危害房屋安全行为和解除危险等安全治理的全寿命使用安全管理体系，对于避免发生房屋建筑安全的恶性事故、搞好房屋建筑使用安全的维护和维修、保障人民群众生命财产安全等具有重要意义。

为了规范和治理天津市房屋管理不符合国家规定等情况，同时也为了维护天津市民的财产和人身安全，天津市政府在2000年重新制定了有关天津市的房屋安全管理办法。天津市政府在2012年对天津市的房屋安全管理办法进行了更为细致的修正和增删，使之更加符合天津市房屋安全管理和鉴定的发展，能够更加为天津市房屋的管理工作提供法律上的支持。天津市2012年修订出台《天津市房屋安全鉴定管理办法》，该办法根据住房和城乡建设部《城市危险房屋管理规定》和《天津市房屋安全使用管理条例》修订，房屋安全鉴定机构实行分级管理，根据不同条件分为一级、二级、三级，并给出评级标准，包括注册资本、从事房屋安全鉴定工作年限，技术负责人职称、从业年限、一级注册结构工程师要求、专业技术人员等。三级房屋安全鉴定机构可以承接天津行政区域内已建成交付使用的下列房屋安全鉴定：砌体结构（底框结构除外）的住宅整体或局部；其他结构形式（钢结构除外）的房屋局部。二级、三级房屋安全鉴定机构不得承接历史风貌建筑安全鉴定和地下工程施工对相邻房屋影响的安全鉴定。二、三级房屋安全鉴定机构对天津行政区域内超出规定鉴定范围的房屋安全鉴定业务，应当及时告知申请人委托符合相应等级的房屋安全鉴定机构进行鉴定。遇重大自然灾害或鉴定任务大量集中等特殊情况，天津市国土房管局可以调配该市、区县房屋安全鉴定机构技术力量，联合承接超出等级范围的房屋安全鉴定业务。等级证书自颁发之日起，每两年换发一次。由房屋安全鉴定机构填写"房屋安全鉴定机构等级证书换证申请书"，同时提交相关材料。房屋安全鉴定机构和鉴定人员，应当严格按照《城市危险房屋管理规定》和《天津市房屋使用安全管理条例》从事房屋安全鉴定，同时禁止下列行为：超出规定业务范围进行房屋安全鉴定；违反鉴定程序、管理规定、标准和规范；为其他机构提供房屋安全鉴定专用印章；未取得岗位证书的人员从事房屋安全鉴定；转让、伪造、涂改等级证书或岗位证书。

广州市房管局在2003年底针对房屋安全鉴定单位的资质进行了规定，规定指出只有广州市房屋安全管理部门审批通过，并取得了相关的从业资格证书，才能在广州市内进行房屋安全鉴定的工作。同时对资质进行了分级，鉴定资质分为甲、乙、丙三级，主要依据该机构的注册资本、单位技术负责人、注册人数、仪器设备、鉴定技术材料、业务年限和工程量进行分级。2004年广州市出台了从事房屋安全鉴定的单位必须到房管局进行备案的规定，从而对房屋安全鉴定的单位进行了更加严格的监督和管理。为了规范广州市房屋安全鉴定的报告，使之系统化和专业化，2011年广州市采用了广州房屋安全鉴定报告管理系统，并制定了《广州市房屋安全鉴定报告管理系统使用暂行管理规定》，方便各房屋安全鉴定单位在开展房屋安全鉴定业务后及时上报鉴定报告。

2014年1月，为建设和规范房屋安全鉴定名录管理制度，武汉市正式颁布和施行《武汉市房屋安全鉴定单位名录管理实施办法》，标志着武汉开始对这个市场有了新的认识，开始对其他单位进行了开放，允许其他单位进入该鉴定市场。此鉴定单位名录每两年向社会公布一次，实行动态管理。武汉市为了防止房屋安全鉴定单位良莠不齐，房屋安全鉴定市场实行备案制度，应到武汉市房屋行政主管部门进行备案，只有经备案的单位才能从事这些具有专业技术要求的鉴定工作，同时武汉市房屋行政主管部门向社会公布其备案的鉴定单位的名单，只有名单里的企业才是合法的从事房屋安全鉴定的单位。

南宁市人民政府令第23号《南宁市房屋使用安全管理规定》自2014年7月1日起施行。规定有下列情形之一的，房屋所有权人应当委托房屋安全鉴定机构进行房屋安全鉴定：（一）房屋达到或者超过房屋设计使用年限，需要继续使用的；（二）房屋有开裂、倾斜、下沉等明显危险状况，需要继续使用的；（三）应当办理而未办理工程质量监督手续但已竣工交付使用的房屋；（四）法律、法规、规章规定应当进行房屋安全鉴定的其他情形。

浙江省根据《城市危险房屋管理规定》（建设部令第129号）出台了《关于全面推进城镇危旧住宅房屋治理改造工作的通知》（浙政办发〔2015〕61号）和省住建厅《关于开展房屋使用安全鉴定机构备案工作的通知》（建

房发〔2015〕328 号)，在全面完成城镇住宅房屋结构安全排查、建立城镇住宅房屋使用安全“一楼一档”的基础上，2015 年完成对浙江省全省存在比较严重结构安全问题、影响安全使用的丙类城镇住宅房屋的安全鉴定工作，力争 2017 年底前基本完成城镇危险住宅房屋治理改造，并建立完善城镇住宅房屋使用安全管理制度。2016 年《杭州市城市房屋使用安全管理条例》修订施行，从建立房屋安全体系、加强房屋安全鉴定管理、开展房屋养护维修、强化各级政府管理职责等方面进行了明确规定：一是进一步强化各级政府的房屋使用安全管理职责，将加强房屋使用安全管理、保障人民群众的生命财产安全上升到各级政府的职责；二是明确各级政府应当将房屋使用安全管理经费纳入财政预算；三是明确规定房屋所有权人是房屋使用安全责任人，承担房屋使用安全责任，不得以与实际使用人、管理人之间的约定为由拒绝承担房屋使用安全责任；四是对房屋使用中的禁止行为进行了明确规定，如有违反面临最高 10 万元处罚；五是明确了房屋安全鉴定单位依法成立后应当向市房产主管部门进行备案，市房产主管部门应当将房屋安全鉴定单位名录定期向社会公布。

2014 年以来，全国各大城市先后出台或修订城市房屋使用安全管理地方性规定，对房屋安全鉴定管理有一定的提升作用。但是，这些法律或行政法规多是针对各地不同地域的地方性法规，规定各不相同，还未形成国家制定统一的房屋安全鉴定资质管理的局面，这些方面的不足严重地影响着我国房屋安全鉴定行业的科学性和可持续发展。

我国从 1989 年国家建设部颁布第 4 号令至今，虽然颁布了一些房屋质量和安全检测鉴定方面的法规，各地区也结合当地的具体情况出台了适合本地区鉴定行业的技术规范，但不够完善、不够健全，目前亟需国家出台一个行业规范，来统一全国的房屋安全鉴定市场。目前，常用的国家标准有《民用建筑可靠性鉴定标准》（GB 50292—2015)、《工业建筑可靠性鉴定标准》（GB 50144—2019)、《建筑抗震鉴定标准》(GB 50023—2009)、《构筑物抗震鉴定标准》(GB 50117—2014）等；常用的建筑工程行业建设标准有《危险房屋鉴定标准》(JGJ 125—2016)、《农村住房危险性鉴定标准》（JGJ/T 363—2014）等；其他各地区也陆续发布了地方标准，有《房屋安全鉴定报告编制规范》（DB 44/T 1887—2016)、《房屋结构综合安全性鉴定标准》（DB 11/637—2015)、《房屋鉴定与结构检测操作规程》（DB 11/T849—2011）、《房屋安全鉴定技术规程》（DB 12/T 780—2018）、《房屋结构安全性与抗震鉴定标准》（DB 22/JT146—2015）、《江苏省既有房屋鉴定标准》（DGJ 32/T J214—2016）等。

1984年颁布的《房屋完损等级评定标准》是我国最早对既有房屋建筑进行整体完好性或损坏程度等级评定的标准，标志着我国房屋安全鉴定的开端。改革开放以来，我国土木建筑如雨后竹笋般快速发展，一座座高楼大厦崛地而起，但在建设快速发展的同时，也出现了较为严重的房屋安全管理问题。此时，一系列的房屋安全鉴定标准和规范应运而生，用来提高对房屋安全的管理，保障人民的生命财产安全不受损害。

2000年我国开始执行的《危险房屋鉴定标准》（JGJ 125—99）（下文简称为《危标》）在对房屋做出危险性综合评定时，将房屋从小到大分为三个层次逐级进行评定。第一层次为构件，分为危险构件（Td）和非危险构件（Fd）；第二层次为房屋组成部分，分为无危险点（a级）、有危险点（b级）、局部危险（c级）、整体危险（d级）四个等级；第三层次为房屋，分为无危险点、结构安全（A级），个别结构危险、基本安全（B级），局部危房（C级），整幢危房（D级）四个等级；简称“三层次、四等级”。《危标》将数学中的模糊综合评价方法引入房屋危险性评价，判定房屋危险性等级采用了模糊数学中的隶属度函数。《危标》在房屋安全鉴定过程中未考虑房屋结构受力模型及危险点分布对房屋安全鉴定的影响，同时模糊数学中的隶属度函数具有不确定性，这些缺陷导致《危标》中的评价方法虽然简明实用，但也有可能出现误判。

2008年，由中华人民共和国住房和城乡建设部批准颁布的国家标准——《工业建筑可靠性鉴定标准》（GB 50144—2008）（下文简称为《工标》）开始执行，《工标》适用于工业建筑的安全鉴定，对民用建筑房屋的安全鉴定具有一定的借鉴意义。《工标》在房屋可靠性鉴定过程中充分考虑房屋结构的受力模型，根据荷载在房屋结构中的传递路径，分析得到房屋的“传力树”（也称“故障树”）。结构受力角度从“微观”到“宏观”进行安全鉴定，鉴定流程和方法明确合理，不易出现误判的情况，一定程度上弥补了《危标》在鉴定过程中的缺陷。《工标》对工业建筑物进行可靠性鉴定评级时，从结构受力角度出发，将建筑物划分为构件、结构系统和鉴定单元三个层次。对构件和结构系统的安全性、可靠性及使用性进行评级，将安全性和可靠性从安全到危险分为a级、b级、c级、d级四个等级，将使用性分为a级、b级、c级三个等级；将鉴定单元的安全等级从高到低依次分为一级、二级、三级、四级四个等级。《工标》在应用中，需要对建筑物划分详细的“传力树”，这是一个十分庞杂的工程。对结构复杂的建筑，若没有建筑物的结构设计图纸，很难确定其“传力树”。此外，《工标》对鉴定技术人员的技术要求高，不同的人划分的“传力树”不完全相同，故而综合评定的结论也可能出现一定的差异。

2015年由四川省住房和城乡建设厅主编，中华人民共和国住房和城乡建设部批准颁发的国家标准——《民用建筑可靠性鉴定标准》（GB 50292—2015）（下文简称为《民标》）开始执行，同时废除GB50292—1999版《民标》。《民标》将建筑分为构件、子单元、鉴定单元三个层次，每个层次的安全等级从高到低依次为A、B、C、D四个等级；《民标》对建筑物的地基基础、上部承重结构和围护系统承重部分分别针对安全性和使用性进行评级，并最终得到民用建筑可靠性等级。《民标》在房屋可靠性鉴定中考虑了结构受力问题，但是结构的受力分析没有《工标》考虑得全面，它在一定程度上结合了《工标》和《危标》的优点。

郭猛等学者在对《房屋结构安全鉴定标准》的修订意见中提出砌体构件无安全性问题时不参与砌体构件的安全性鉴定，在对砌体构建承载力评定时，直接按照推测区砌体的推定强度进行承载力评价。王辉等人分析了八种常见的不同类型的房屋裂缝，分析了不同类型裂缝形成的原因和性质，并提出处理加固不同类型裂缝的方法。高小旺等人认为现在大多采用的对结构安全性与建筑抗震能力分别鉴定并给出相应结论的做法会增加房屋安全管理的难度，且这一做法容易忽略房屋的抗震要求，因此，应该将结构安全性鉴定与建筑抗震鉴定相结合，而不是将两者分开。

1.4 课题的研究内容框架

1.4.1 研究内容

本次课题以中国物业管理协会房屋安全鉴定委员会收集的行业白皮书为基础数据结合目前全国、各地已发布的房屋安全鉴定行业规章、规范、标准，实现理论与现实相结合，对我国房屋安全工作中存在的问题进行梳理、总结，对我国房屋安全鉴定机构的现状进行定性定量分析，得出其工作标准化的水平的基本判断，促进我国房屋安全鉴定工作步入真正科学化、标准化的管理。

1.4.2 **研究方法**

本课题以我国房屋安全鉴定工作中存在的突出问题为研究起源，采用文献研究、实地调研、个别访谈、比较研究、案例分析、数据模型构建等多种研究方法进行研究，并采取跨学科、跨领域融合研究，充分借鉴国外及我国发达地区成功的范例和经验，以问题为导向，探索建立我国房屋安全鉴定机构工作科学化、规范化、标准化的操作运用机制，为行业主管部门和房屋安全鉴定机构提供决策和运用参考。

1.4.3 **研究重点**

1.4.3.1 关于房屋安全鉴定工作中的难点

法律法规不健全，导致很多时候行业管理无法可依；市场竞争混乱；参与鉴定的机构数量多，来源复杂，水平参差不齐，鉴定人员素质参差不齐；鉴定类别多、标准多；鉴定报告质量参差不齐；信息化平台建设不完善。

1.4.3.2 关于房屋安全鉴定工作评价标准

为了能够更好地发挥出检测鉴定的作用，加快我国房屋安全鉴定行业的发展，应当深入当前房屋安全鉴定工作实际，找出其中存在的问题，并采取有效的积极措施，出台房屋安全鉴定市场的行业规范，完善房屋安全鉴定制度，规范房屋安全检测鉴定市场，使房屋安全鉴定工作标准化。因此编写一本房屋安全鉴定工作标准化评价标准的工作非常必要和迫切。

1.4.4 **研究意义**

标准是行业自主创新、跨越发展的法宝，是国家科学发展、社会和谐的保障。我们在发展社会主义市场经济中，一定要重视标准的制定与完善。未来，建筑业将以高质量发展为主线，以质量、效率、动力变革引领建筑业技术升级，标准化是高质量发展的应有之义。

从已有的数据中可以看出，我国房屋安全鉴定机构检测资质远远多于鉴定资质，鉴定领域的相关资质和体系尚不完善，且资质属地化管理，市场混乱，技术、鉴定报告等水平参差不齐。进行房屋安全鉴定工作标准化研究，将有利于房屋安全鉴定机构工作标准化，使行业逐渐形成、制定适合房屋安全鉴定管理工作、鉴定工作的标准；有利于建立健全房屋安全鉴定机构工作标准长效机制；有利于推动行业向科学、规范、标准化方向发展。

第二章 我国房屋安全鉴定行业发展现状

以中国物业管理协会房屋安全鉴定委员会收集的行业白皮书为基础数据，收集整理部分省市城市房屋安全鉴定机构的典型数据、基础信息、鉴定业绩、技术力量及设备、管理水平、诚信与信用等多维度信息，对我国房屋危险鉴定机构的现状进行定性定量分析，得出其工作标准化的水平的基本判断。

2.1 基本信息

我国房屋安全鉴定行业基本情况，如表4所示。

表4 我国房屋危险鉴定机构各地企业基本信息统计

属地	事业单位数量（家）	企业单位数量（家）			总样本数（家）
		国企	民营	其他	
安徽	1				1
湖南			49		49
河南	2		17		19
广东	1		28		29
广西	1	1			2
河北	2		1		3
湖北	1				1
江苏	4		3	1	8
江西			1		1
陕西			2		2
上海		1	1		2
四川		8	20		28
天津		1			1
浙江	3	2	8		13
北京	6	15	6	1	28
内蒙古		1			1
山东	2	1	4		7
山西			2		
合计	23	30	142	2	197

2.2 鉴定业绩

行业企业整体规模较小，初创型企业较多。规模化企业成立年限平均超10年以上，并向集团化发展。跨省经营的企业较少。目前行业标杆企业通过发展，逐渐形成各自的特色，并成为某一细分市场小而美的领头羊。行业企业营业收入见表5。

表5 行业企业营业收入统计

单位：家

类型	2020年营业收入				总样本数
	5000万元以上（含）	2000万（含）~5000万元	1000万（含）~2000万元	1000万元以下	
数量	19	18	13	51	101

通过样本企业分析，行业企业人均产值20万~50万元之间最多，其中30万元是一个中等规模企业的平均人均产值，具有一定的代表性。目前人均产值在20万元以下的小规模企业的竞争环境更加激烈，而人均产值在50万元以上的企业，通过多年的努力和资源沉淀，已经形成了自身的品牌和核心竞争力（见表6）。

表6 人均产值统计

单位：家

类型	2020年人均产值				总样本数
	80万元以上（含）	50万（含）~80万元	20万（含）~50万元	20万元以下	
数量	2	9	50	40	101

2020年受疫情大环境的影响，各行各业冲击很大，房屋安全鉴定企业发展受阻，营业收入略有下降，但整体行业仍然保持正向发展。

2.3 技术力量及设备

房屋安全鉴定行业对于企业资质的要求非常高。企业资质就是企业的生命线，也是企业生存和发展的标配。目前从已有的资质数据中，检测资质远远多于鉴定资质（见表7）。目前，鉴定领域的相关资质和体系尚不完善，行业需要进一步推动房屋安全鉴定工作标准化评价标准的制定。有标可依，有政府背书，资质将趋向专业化。

表 7　企业资质统计

单位：家

类型	企业单位现具有资质			
	检验检测机构资质认定	建设工程质量检测机构资质	房屋安全鉴定能力评价证书	CNAS 实验室认可、CNAS 检验机构认可
数量	125	118	19	3

随着房屋安全鉴定企业备案制度的实施和推进，各省市也出台“房屋安全鉴定管理”的各项规章制度，行业主管部门建立的准入制度促使企业开始重视技术人才的培养，技术软实力的提升。

从表 8 和表 9 的数据统计中可以看出，中型规模以上企业在技术人才、技术设备、检测能力、专利研发等方面取得的丰硕成果，与初创型企业拉开了较大距离。

表 8　技术人员统计

单位：家

类型	技术人员数量				总样本数
	100 人以上（含）	100~50 人（含）	50 人~10 人（含）	10 人以下	
数量	17	19	69	16	121

表 9　设备总值统计

单位：家

类型	设备总值				总样本数
	1000 万元以上（含）	500 万（含）~1000 万元	100 万（含）~500 万元	100 万元以下	
数量	15	13	28	65	121

2.4 管理水平

行业企业普遍重视质量、环境、职业健康安全体系认证，半数以上的企业在品牌宣传、传播媒介、内部管理流程等业务模块重视程度不够（见表10）。一方面，行业企业成长于行业政策的红利，很多企业仍然延续着初创时期粗放型的管理特征。另一方面，大部分企业上台阶之后，遇到品牌管理、营销管理、人员管理、技术管理等新课题，短板初现，亟待加强自身管理水平。

表 10　管理体系建设

单位：家

类型	管理体系建设				总样本数
	已建立质量、环境、职业健康安全体系认证	有品牌管理且已注册商标	有官网、官微等宣传媒体	已建立 OA 系统	
数量	75	44	38	49	121

特别是企业传播方面，行业企业普遍未建立一套标准化的企业形象传播方案，利用新媒体平台发布资讯、传播企业形象等工作仅停留在最基础的功能上，企业传播能力薄弱，影响了行业的整体发声。

2.5 诚信与信用

诚信是企业健康发展的基础。一方面企业的信用积累要通过生产经营来锤炼诚信品质。另一方面，行业主管单位、政府部门需要构建完善的信用评价体系和信用平台。从行业的企业信用建设情况来看，目前仍存在很多缺陷，重视程度不够（见表11）。房屋安全鉴定领域，涉及司法鉴定、政府决策等重要领域，尤其需要行业企业引起足够的重视，通过多方努力，推动行业企业信用体系的建设。

表 11　企业信用情况

单位：家

类型	企业信用统计			总样本数
	有银行资信评级	有工商部门重合同守信用评级	有当地主管部门信用评级	
数量	15	39	32	121

2020 年抗击疫情工作牵动亿万百姓，行业企业在疫情防控工作中积极担

当作为，第一时间响应并全力配合疫情防控工作，对疫情隔离观察场所房屋开展安全风险排查，为打赢疫情防控阻击战、确保人民群众的生命、财产安全和健康创造了良好的环境。表 12 为应对大事的行业企业优秀案例数量统计。

表 12　应对大事优秀案例

单位：家

类型	2020 年三件大事优秀案例			总样本数
	抗击疫情优秀案例	公共安全排查优秀案例	农村危房排查优秀案例	
数量	18	32	29	121

2020 年也是脱贫攻坚的决胜之年。行业企业勇担重任，全力开展危房建档、安全排查、修缮保障等一系列卓有成效的工作，圆满完成了农村危房清零的艰巨任务。

第三章　我国房屋安全鉴定工作标准化建设中存在的问题

3.1 存在问题

房屋安全鉴定工作缺乏标准化管理，不仅会造成重大经济和安全问题，还会给行业本身运行带来隐患。从“中物协房安会”的行业白皮书的调查结果来看，我国房屋安全鉴定机构工作标准化建设中存在的突出问题有以下几点：

3.1.1 法律法规不健全

很多时候行业管理无法可依，涉及房屋安全鉴定管理的法律法规不健全，缺乏上位法依据，行政主管部门对鉴定市场监管存在困难。目前，在房屋安全鉴定领域，国家层面尚未制定相应的法律和行政法规。

3.1.2 政策限制了房屋安全鉴定行业的发展

财综〔2012〕97 号文件出台，要求“各地区和有关部门要严格执行本通知规定，对公布取消和免征的行政事业性收费，不得以任何理由拖延或者拒绝执行，不得以其他名目或者转为经营服务性收费方式变相继续收费”。这一政策直接影响到各地房屋安全鉴定管理中心的转型以及带来的各类阵痛，一是房屋安全鉴定机构由于收入来源断绝，无法添置足够的设备，影响鉴定报告的准确性；二是鉴定机构引进人员困难，缺少造血功能；三是影响鉴定机构员工的积极性，对各地房屋安全鉴定工作造成很大的困难。

3.1.3 市场竞争混乱

随着我国房屋安全鉴定行业的迅速发展，鉴定单位为了获得项目，不断低压报价。而低价中标进一步加剧了恶性竞争，导致了市场的混乱。对于规模较大的单位来说，低成本会影响到企业利润，进而影响到企业发展。

3.1.4 参与鉴定的机构数量多，来源复杂，水平参差不齐

近年来，我国城市化进程加快，鉴定行业发展十分迅速，房屋质量与安全检测鉴定的法律体系、内容、方法等也已逐渐完善，其社会价值也随之逐渐提高。房屋安全鉴定机构在初期有三种形式，一种是房管局所属的房屋安全鉴定机构；第二种是由检测机构转型升级而来；第三种是社会上成立的房屋安全鉴定公司。房屋安全鉴定机构综合实力悬殊较大，对于从事鉴定业务的单位的注册资金、仪器设备、从业经历等没有更多的要求。注册资本有一百万元的，也有几千万元的；人员有十几人的，也有几百人的；营业收入有几十万元的，也有上亿元的；实验室场地有几百平方米的，也有上万平方米的；有仅具备单项资质的，也有具备综合资质的。造成上述差距的原因，主要是各地区房屋安全鉴定的市场准入门槛较低，未形成资质等级梯队。

3.1.5 鉴定人员素质参差不齐

多地从事房屋安全检测鉴定的单位中较多技术人员大多是建筑工程专业的人员转行而来，其专业知识比较缺乏，实践技能有限。但是鉴定行业不仅要求人员具有一定的鉴定技术，更要具有一定的结构和建筑设备方面的专业知识，才能从容面对各种类型建筑的检测鉴定工作里出现的问题。这样就极易造成从业人员的技术水平低下，不仅会影响到房屋安全鉴定结果的精确性，而且还会影响检测鉴定行业的整体信誉、影响到房屋安全鉴定行业的发展。

3.1.6 鉴定类别多

房屋鉴定按目的和执行标准分为房屋完损等级评定、房屋危险性鉴定、房屋安全性鉴定、房屋可靠性鉴定和房屋抗震性能鉴定。

进行房屋的完损等级评定的情况有以下几点。

（1）房屋日常管理、制定修缮计划需要时。

（2）房屋大范围普查、排查时。

（3）房屋周边存在工程施工或环境影响时。

（4）其他需要掌握房屋完损状况时。

仅进行房屋结构安全性鉴定的情况有以下几点。

（1）房屋局部改造（不包括局部加层）影响一定范围内的结构构件安全。

（2）因灾害或者事故导致结构局部损伤的。

（3）正常使用中发现结构构件存在安全问题。

（4）经安全性排查发现房屋建筑存在局部安全隐患的。

（5）其他需要结构安全性鉴定的房屋。

进行可靠性鉴定的情况有以下几点。

（1）建筑物大修前。

（2）建筑物改造、增容、改建或扩建前。

（3）建筑物改变用途或使用环境前。

（4）建筑物达到设计使用年限拟继续使用时。

（5）遭受灾害或事故时。

（6）存在较严重的质量缺陷或较严重的腐蚀、损伤、变形时。

应进行房屋结构安全性（含抗震性能）鉴定的情况有以下几点。

（1）达到设计使用年限需要继续使用的。

（2）原设计低于抗震设防标准或抗震设防要求提高的。

（3）拟进行结构改造、改变使用用途，或未按照规定变动建筑主体和承重结构，可能影响房屋建筑安全与抗震性能的。

（4）主体结构出现明显受力裂缝或钢筋、钢材锈蚀及变形等损伤的。

（5）出现地基不均匀沉降导致结构损伤、变形的。

（6）毗邻的建设工程施工可能影响房屋建筑使用和结构安全性与抗震性能的。

（7）经安全性排查发现房屋建筑存在严重安全隐患的。

（8）因事故导致结构整体损伤或房屋建筑灾害损伤修复、处理前的鉴定。

3.1.7 **鉴定标准多**

我国陆续颁布了一系列规范标准及导则手册，用来指导鉴定存在安全隐患的房屋。目前，常用的国家标准有《民用建筑可靠性鉴定标准》（GB 50292—2015）、《工业建筑可靠性鉴定标准》（GB 50144—2019）、《建筑抗震鉴定标准》（GB 50023—2009）、《构筑物抗震鉴定标准》（GB 50117—2014）等；常用的建筑工程行业建设标准有《危险房屋鉴定标准》（JGJ 125—2016）、《农村住房危险性鉴定标准》（JGJ/T 363—2014）等；其他各地区也陆续发布了地方标准，有《房屋安全鉴定报告编制规范》（DB 44/T 1887—2016）、《房屋结构综合安全性鉴定标准》（DB 11/637—2015）、《房屋鉴定与结构检测操作规程》（DB 11/T849—2011）、《房屋安全鉴定技术规程》（DB 12/T 780—2018）、《房屋结构安全性与抗震鉴定标准》（DB 22/JT146—2015）、《江苏省既有房屋鉴定标准》（DGJ 32/T J214—2016）等。

3.1.8 **鉴定报告质量参差不齐**

房屋安全鉴定报告并没有统一的模板及标准。鉴定报告整体规范性不够、质量参差不齐，归档资料不完整、从业人员的专业技术水平参差不齐，鉴定实操不规范等。

虽然我国房屋安全鉴定工作越来越受到人们的重视，且技术、方法也有了很大的进步，但是房屋安全鉴定工作中，技术层面仍存在着许多问题。如鉴定实操不规范，鉴定报告质量参差不齐，归档资料不完整。就目前来说，个别鉴定机构开展业务不积极，业务量少，项目经验积累有限，且内部从业人员的专业技术水平参差不齐，分工协调性差，导致鉴定业务整体水平不高。部分鉴定机构业务流程不够规范，有的现场检测记录不完整、不准确；有的现场检测内容缺项、在材料强度现场检测中测点偏少。房屋安全鉴定报告并没有统一的模板及标准，且未严格按照相关规定填写鉴定报告。报告的好坏、质量高低完全取决于房屋安全鉴定单位的综合水平，有的报告对房屋基本信息、建筑结构概况、房屋受损情况表述得非常简单，存在检测方案以及所依据的规范标准不明确，鉴定人员未按规定签字等情况，鉴定报告整体规范性不够，质量参差不齐；部分归档资料不完整，原始检测数据记录缺失、鉴定人员未按规定签字，或没有原始记录。

3.1.9 信息化平台建设不完善

在现代化信息技术背景下，房屋安全鉴定管理的信息平台建设并不完善，行业监管系统不完备，阻碍了行业的健康发展。

3.2 解决方案

为解决房屋安全鉴定行业存在的种种问题，有必要进行房屋安全工作标准化的研究，为了促进房屋安全鉴定行业的工作标准化建设，现提出以下几点建议。

（1）加强法律法规建设，依法监督管理。完善和加强房屋安全管理，建议国家出台一部《房屋安全管理法》或《房屋安全管理条例》，依法对全国鉴定机构监督管理，同时对鉴定机构分级管理，并在一定期限后重新评级，保证鉴定机构的技术能力。

（2）完善行业规范。建议国家出台房屋安全鉴定市场的行业规范，完善房屋安全鉴定制度，对从行业人员的培训、行业从业人员的技术要求、行业从业人员的职业精神、工作标准化的操作流程、行业设备要求、行业的拓展新空间、行业从业资格的升级、对不按标准化操作造成损失的惩戒等多个方面进行规范，统一全国房屋安全检测鉴定市场，使房屋安全鉴定工作标准化。

（3）加大市场调控力度。形成统一市场认知，即修缮比较好的房子可以吸引更多的买主出以高价买走，推动居民积极主动对所有房屋进行安全鉴定，不仅会扩大房屋安全鉴定的市场需求，还会为工作标准化的建设积累实践经验。

（4）房屋安全鉴定委员会应全面推行房屋安全鉴定机构公示制度。房屋安全鉴定应朝专业化、市场化、社会化方向发展，中物协房屋安全鉴定委员会应实行房屋安全鉴定机构资质动态公示制度，制定委员会《房屋安全鉴定机构分级评定办法》。房屋安全鉴定人员的执业资格，必须达到相应的标准。

（5）建立健全房屋安全管理动态信息系统。定期进行房屋安全普查，对房屋的安全、修缮、防汛、灾害等数据进行全方位网络信息化管理，保障信息及时、准确和完整，掌握危险房屋治理和灭失情况。建立健全危险房屋登记、注销制度。

（6）加强宣传，提升行业形象。加强行业融媒体的建设，扩大行业的社会知名度和整体形象，以各种新媒体手段宣传和推广房屋安全意识，为相关法律法规的推行营造良好的环境。

（7）将责任人具体化。明确房屋所有权人是房屋使用安全责任人，承担房屋使用安全责任，不得以与实际使用人、管理人之间的约定为由拒绝承担房屋使用安全责任，将责任具体到个人，促使责任人意识到房屋安全鉴定的重要性。

第四章　房屋安全鉴定工作评价标准研究

4.1 术语和符号

4.1.1 术语

（1）房屋安全鉴定工作（safety appraisal work of buildings）。由专门的机构对房屋的安全性所进行的调查、检测、验算、分析和评定等一系列活动。

（2）评价（evaluation）。对房屋安全鉴定工作进行判断、分析后的结论。

（3）人员评价（personnel evaluation）。为确保房屋安全鉴定工作各级人员的综合能力和素质得到有效识别，有效对机构各级人员提供明确的判定依据，而对房屋安全鉴定机构人员进行的评价。

（4）管理体系（management system）。为了确保机构的正常运行，房屋安全鉴定机构用于建立方针、目标以及实现这些目标的过程的相互关联和相互作用的一组要素。可包括若干个不同的管理体系，如质量管理体系、环境管理体系等。为实现机构的正常运行，把若干个不同的管理体系通过一定的方式方法，将其整合在一个架构下运行的一个管理体系。

（5）鉴定样品（appraisal sample）。能够代表房屋安全鉴定工作的少量实物。是从房屋中抽取出来作为对外展示房屋质量检测所需。鉴定样品可分为检测人员现场采集的样品和客户委托样品。

（6）现场实操（practical operation on site scene）。在从事房屋安全鉴定工作、检验检测的场所进行的实际操作。

（7）鉴定报告（appraisal report）。根据房屋实际情况，对房屋的安全性进行检测鉴定，写明房屋的基本情况、鉴定内容，运用相关的技术来鉴定的专业技术、质量情况、对质量情况的反应和最后的鉴定总结。

（8）鉴定档案（appraisal archives）。在进行的房屋安全鉴定工作中直接形成的，具有保存价值的各种文字、图表、实物、检测数据、复核验算、答疑文件、图纸影像、电子文件等不同载体和形式的历史档案。

4.1.2 **符号**

CMA——许可使用标志，检验检测机构资质认证，由质量技术监督部门批准。

CNAS——中国合格评定国家认可委员会检验机构认证、实验室认证等。

φ——综合评价得分。

ρ——单项评价权重值。

Δ——单项评价得分。

4.2 基本规定

一是房屋安全鉴定工作评价应通过对房屋安全鉴定机构的基本情况、从业人员、鉴定样品及场地、鉴定报告、鉴定现场实操和鉴定档案管理等内容进行综合评价。

二是进行房屋安全鉴定工作之前，应在调查的基础上，研究房屋安全鉴定机构的基本情况、房屋安全鉴定工作从业人员的专业技术水平、鉴定样品的管理及场地、鉴定现场实际操作、鉴定报告规范性、档案完整性等，形成一套房屋安全鉴定工作的评价要求。

三是房屋安全鉴定工作评价，应分析和评判房屋安全鉴定工作的各单项评价结果，确定各单项评价的权重值，进行综合评价，并应划分房屋安全鉴定工作评价等级。

4.3 房屋安全鉴定工作鉴定机构基本评价

在调查的基础上，形成一套房屋安全鉴定机构量化评定的评价指标与方法。

4.3.1 **评价内容**

一是房屋安全鉴定机构基本评价应对房屋安全鉴定机构的基本情况进行评价。

二是对房屋安全鉴定工作进行评价，要求鉴定机构应具备下列基本条件：

（1）注册资金不少于80万元。

（2）具有100平方米以上固定办公、试验场所。

（3）有符合开展检测工作所需的仪器、设备和工作场所；其中，使用属于强制检定的计量器具，应经过计量检定合格。

（4）有房屋安全鉴定检测专用试验室，并取得检验检测机构资质认定（即CMA认证）。

（5）所申请检测资质对应的项目应通过计量认证。

（6）有健全的技术管理和质量保证体系。

（7）有质量检测、施工、监理或设计经历，并接受了相关检测技术培训的专业技术人员不少于10人；边远的县（区）的专业技术人员可不少于6人。

（8）应明确技术负责人、鉴定报告审定人、项目负责人。

（9）从事房屋安全鉴定3年以上，承担的房屋安全鉴定工程量在1万平方米以上。

（10）履行房屋安全鉴定机构职责，未发生重大质量事故，享有良好社会信誉。

三是房屋安全鉴定机构在资质证书有效期内严禁有下列行为：

（1）超出资质范围从事检测活动的。

（2）转包检测业务的。

（3）涂改、倒卖、出租、出借或者以其他形式非法转让资质证书的。

四是房屋安全鉴定机构应具有独立法人资格的中介机构，严禁与行政机关，法律、法规授权的具有管理公共事务职能的组织以及所检测工程项目相关的设计单位、施工单位、监理单位有隶属关系或者其他利害关系。

五是房屋安全鉴定机构从事质量检测业务，应取得相应的资质证书。

4.3.2 **基本评价要求**

根据房屋安全鉴定机构的综合实力，应对从事房屋安全鉴定工作的机构进行分级评价。

根据房屋安全鉴定机构注册资金规模可分为下列三个等级：

（1）一级为机构注册资金不少于500万元。

（2）二级为机构注册资金不少于200万元。

（3）三级为机构注册资金不少于80万元。

根据房屋安全鉴定机构从事房屋安全鉴定的年限可分为下列三个等级：

（1）一级为机构从事房屋安全鉴定10年以上。

（2）二级为机构从事房屋安全鉴定5年以上。

（3）三级为机构从事房屋安全鉴定3年以上。

根据房屋安全鉴定机构承担的房屋安全鉴定项目的规模可分为下列三个等级：

（1）一级为机构承担过合同额100万元及以上的房屋安全鉴定项目，承担的房屋安全鉴定工程量在50万平方米/年及以上，或近3年来完成单项面积1万平方米及以上的鉴定项目达到20个以上。

（2）二级为机构承担的房屋安全鉴定工程量在20万平方米/年及以上，或近3年来完成单项面积1万平方米以上的鉴定项目达到10个及以上；

（3）三级为机构承担的房屋安全鉴定工程量在5万平方米/年及以上，或近3年来完成单项面积1万平方米及以上的鉴定项目达到1个及以上。

根据房屋安全鉴定机构办公、试验场所的规模可分为下列三个等级：

（1）一级为机构具有600平方米及以上固定办公、试验场所，且能满足各类鉴定检测工作要求，有必需的技术设备、仪器。

（2）二级为机构具有300平方米及以上固定办公、试验场所，且能满足各类鉴定检测工作要求，有必需的技术设备、仪器。

（3）三级为机构具有100平方米及以上固定办公、试验场所，且能满足各类鉴定检测工作要求，有必需的技术设备、仪器。

房屋安全鉴定机构应履行房屋安全鉴定机构职责，未发生重大质量事故，享有良好社会信誉。

房屋安全鉴定机构应建立相应的质量管理体系，宜建立环境管理体系及职业健康安全管理体系。

房屋安全鉴定机构应建立完整的鉴定管理制度、质量保证体系制度、技术管理制度及档案管理制度。

房屋安全鉴定机构宜建立商标管理制度、形象识别系统，宜有适当的广告投入。

房屋安全鉴定机构宜采用办公自动化（OA 系统）、视频会议系统及新媒体平台。

房屋安全鉴定机构宜加入相应的行业协会组织。

房屋安全鉴定机构应加强对分支机构的管理，对分支机构经营活动进行组织、计划、指挥、监督和控制，督促分支机构依法合规经营，确保对分支机构能够实施有效管控。

4.4 房屋安全鉴定机构人员评价

4.4.1 评价内容

房屋安全鉴定工作人员评价应对房屋安全鉴定机构的专业技术人员和管理人员的综合能力进行评价。

房屋安全鉴定机构的专业技术人员应为技术负责人、鉴定报告审定人、项目负责人和一般专业技术人员。

房屋安全鉴定机构应有一定数量的综合办公人员。

对房屋安全鉴定机构的技术人员进行评价，应包括下列内容：

（1）技术负责人的学历、技术职称、鉴定工作经历。

（2）鉴定报告审定人的学历、技术职称、鉴定工作经历。

（3）项目负责人的学历、技术职称、鉴定工作经历。

（4）专业技术人员、高级职称、中级职称，在本单位注册的一级注册结构工程师人员的人数及比例。

（5）从事房屋现场检测专职人员的检测能力、试验专职工作人员的试验能力。

（6）专业技术水平，包括专业技术人员的论文、自有专利或著作权，近10年主编或参编过的国家、行业工程检测鉴定标准、规范、定额等。

（7）继续教育培训。

房屋安全鉴定机构的技术人员应满足下列基本条件：

（1）地基基础工程检测类：专业技术人员中从事工程桩检测工作3年及以上并具有高级或者中级职称的不得少于4名，其中1人应具备注册岩土工程师资格。

（2）主体结构工程检测类：专业技术人员中从事结构工程检测工作3年

及以上并具有高级或中级职称的不得少于4名，其中1人应具备二级注册结构工程师资格。

（3）建筑幕墙工程检测类：专业技术人员中从事建筑幕墙检测工作3年及以上并具有高级或中级职称的不得少于4名。

（4）钢结构工程检测类：专业技术人员中从事钢结构机械连接检测、钢网架结构变形检测工作3年及以上并具有高级或者中级职称的不得少于4名，其中1人应具备二级注册结构工程师资格。

房屋安全鉴定机构的授权签字人应具有中级及以上技术职称或同等能力。

4.4.2 人员评价要求

根据房屋安全鉴定机构工作人员的水平，对房屋安全鉴定机构的各类工作人员评价可进行分级评价。

对专业技术人员评价可分为下列三个等级：

（1）一级为专业技术人员具有专科及以上学历，从事房屋安全鉴定或建筑工程质量检测、建筑工程技术、建筑结构设计3年及以上工作经历，具有初级及以上技术职称。

（2）二级为专业技术人员具有专科及以上学历，从事房屋安全鉴定或建筑工程质量检测、建筑工程技术、建筑结构设计2年及以上工作经历，具有初级及以上技术职称。

（3）三级为专业技术人员具有专科及以上学历，从事房屋安全鉴定或建筑工程质量检测、建筑工程技术、建筑结构设计1年及以上工作经历。

对技术负责人评价可分为下列三个等级：

（1）一级为技术负责人应具有本科及以上学历，具有建筑结构或相关专业高级职称，并取得一级注册结构工程师资格，从事房屋安全鉴定或工程质量检测、建筑工程技术、建筑结构设计20年及以上工作经历。

（2）二级为技术负责人应具有本科及以上学历，具有建筑结构或相关专业高级职称，从事房屋安全鉴定或工程质量检测、建筑工程技术、建筑结构设计10年及以上工作经历。

（3）三级为技术负责人应具有本科及以上学历，具有建筑结构或相关专业中级及以上职称，从事房屋安全鉴定或工程质量检测、建筑工程技术、建筑结构设计8年及以上工作经历。

对鉴定报告审定人评价可分为下列三个等级：

（1）一级为鉴定报告审定人应具有本科及以上学历，具有建筑结构或相关专业高级职称，从事房屋安全鉴定或工程质量检测、建筑工程技术、建筑结构设计 10 年及以上工作经历。

（2）二级为鉴定报告审定人应具有本科及以上学历，具有建筑结构或相关专业高级职称，从事房屋安全鉴定或工程质量检测、建筑工程技术、建筑结构设计 8 年及以上工作经历。

（3）三级为鉴定报告审定人应具有本科及以上学历，具有建筑结构或相关专业中级及以上职称，从事房屋安全鉴定或工程质量检测、建筑工程技术、建筑结构设计 5 年及以上工作经历。

对项目负责人评价可分为下列三个等级：

（1）一级为项目负责人应具有本科及以上学历，具有建筑结构或相关专业中级及以上职称，从事房屋安全鉴定或工程质量检测、建筑工程技术、建筑结构设计 10 年及以上工作经历。

（2）二级为项目负责人应具有本科及以上学历，从事房屋安全鉴定或工程质量检测、建筑工程技术、建筑结构设计 8 年及以上工作经历。

（3）三级为项目负责人应具有专科及以上学历，从事房屋安全鉴定或工程质量检测、建筑工程技术、建筑结构设计 5 年及以上工作经历。

对专业技术人员、高级职称、中级职称，在本单位注册的一级注册结构工程师人员的人数及比例进行评价，可分为下列三个等级：

（1）一级为专业技术人员不应少于 15 人，其中应包括建筑结构、建筑工程专业技术人员不少于 10 人，且应包括国家一级注册结构工程师 2 人，具有中级及以上技术职称人员不应少于 70%，具有本科及以上学历人员不应少于 70%。

（2）二级为专业技术人员不应少于 8 人，其中应包括建筑结构、建筑工程专业技术人员不少于 6 人，具有中级及以上技术职称人员不应少于 50%，具有本科及以上学历人员不应少于 50%。

（3）三级为专业技术人员不应少于 5 人，其中应包括建筑结构、建筑工程专业技术人员不少于 3 人，具有中级及以上技术职称人员不应少于 30%，具有本科及以上学历人员不应少于 30%。

对从事房屋现场检测专职人员的检测能力、试验专职工作人员的试验能力进行评价，可分为下列三个等级：

(1) 一级为现场检测专职人员、试验专职工作人员应具有有效的资格证件，或应具有相关部门的培训经历，具有本科及以上学历，具有相关专业中级及以上职称，从事房屋安全鉴定现场检测、试验专职工作5年及以上工作经历。

(2) 二级为现场检测专职人员、试验专职工作人员应具有有效的资格证件，或应具有相关部门的培训经历，具有专科及以上学历，具有相关专业中级及以上职称，从事房屋安全鉴定现场检测、试验专职工作3年及以上工作经历。

(3) 三级为现场检测专职人员、试验专职工作人员应具有专科及以上学历，从事房屋安全鉴定现场检测、试验专职工作1年及以上工作经历。

对专业技术人员的专业技术水平进行评价，可分为下列三个等级：

(1) 一级为每年专业技术人员发表的论文不应少于10篇、自有专利或著作权不应少于两项，近10年应主编或参编过的国家、行业工程检测鉴定标准、规范、定额等不应少于2部；

(2) 二级为每年专业技术人员发表的论文不应少于5篇、自有专利或著作权不应少于1项，近10年应主编或参编过的国家、行业工程检测鉴定标准、规范、定额等不应少于1部；

(3) 三级为每年专业技术人员发表的论文不应少于2篇。

房屋安全鉴定的专业技术人员每年应参加继续教育培训，培训主要内容应包括：相关法律、法规、规章和技术标准、规范；建（构）筑物检测、鉴定、加固设计等专业知识；房屋安全鉴定操作实务等。对专业技术人员参加继续教育培训的情况进行评价，可分为下列三个等级：

(1) 一级为房屋安全鉴定人员每年继续教育培训不应少于64个学时；

(2) 二级为房屋安全鉴定人员每年继续教育培训不应少于48个学时；

(3) 三级为房屋安全鉴定人员每年继续教育培训不应少于32个学时；

房屋安全鉴定机构的专业技术人员不得同时受聘于两个及以上的检测鉴定机构。

4.5 房屋安全鉴定工作鉴定样品管理及场地评价

房屋安全鉴定工作鉴定样品应为实验室所有涉及委托检验、监督检验、抽样检验、仲裁检验、鉴定检验等全部样品。

实验样品管理应设置样品管理人员和检验人员。样品管理人员应按程序取样，负责样品的标识及样品留存、流转和处置中的质量控制，对样品管理承担管理职责。检验人员接收样品后应负责对制备、测试、传递过程中的样品进行防护。

实验样品管理应符合下列规定：

（1）样品接收。

（2）样品留存。

（3）样品发放。

（4）样品返还。

（5）样品清理。

根据房屋安全鉴定机构实验室场地的规模，可对房屋安全鉴定机构的实验室场地进行如下评级，可分为下列三个等级：

（1）一级为房屋安全鉴定机构的实验室场地不应小于300平方米，实验仪器设备的品种、数量、性能、技术指标和精度均应满足房屋鉴定的要求，实验室应具有经法定计量部门计量检定合格的计量器具，具有必要的结构计算分析软件及制图软件，具有先进的、完整的计算机网络管理体系。

（2）二级为房屋安全鉴定机构的实验室场地不应小于200平方米，实验仪器设备的品种、数量、性能、技术指标和精度基本应满足房屋鉴定的要求，具有必要的结构计算分析软件及制图软件，具有计算机网络管理体系。

（3）三级为房屋安全鉴定机构的实验室场地不应小于50平方米，实验仪器设备的品种、数量、性能、技术指标和精度基本应满足房屋鉴定的要求。

4.6 房屋安全鉴定工作鉴定现场实操评价

房屋安全鉴定机构现场实操评价评价主要是对鉴定机构在检验检测现场的实际操控能力进行评判，包括对工作程序、人员、仪器、设备、着装、环境等方面的要求和评价。

（1）房屋安全鉴定工作鉴定现场实操检验检测人员应实行持证上岗。

（2）房屋安全鉴定工作鉴定现场实操检验检测人员应遵守安全制度。

（3）房屋安全鉴定工作鉴定现场实操检验检测人员工作中应坚守岗位，

严防事故。两人以上共同工作时，必须有主有从，统一指挥。

（4）房屋安全鉴定工作鉴定现场应确定现场检验检测项目的主检人，主检人负责现场检验检测的质量、安全与保密工作，主检人应向技术负责人或项目负责人汇报，协商解决方案。

（5）现场检验检测工作应根据检验检测项目的标准、检验检测细则、工程检验检测委托书及合同的有关内容进行。

（6）带往现场的检验检测用设备，必须妥善包装，保证设备的安全和精度；设备检定应符合要求、设备运作应正常。

（7）如现场检验检测使用了租用设备，应查看该设备的校准/计量检定证书原件并保留复印件。

（8）现场检验检测应按预先制定并经客户同意的检验检测方案或抽样方案进行。

（9）在现场检验检测时，应遵守现场的安全管理规定。

（10）开展现场检验检测工作之前，参加检验检测项目的所有检验检测人员应书面向委托方做出保密承诺。

（11）房屋安全鉴定工作鉴定现场环境条件应满足检验检测工作的要求。

（12）仪器设备及环境条件应符合计量认证要求。

（13）房屋安全鉴定工作鉴定现场检验检测人员应口述流利。

（14）房屋安全鉴定工作鉴定现场检验检测人员应熟悉操作程序、操作流畅。

（15）房屋安全鉴定工作鉴定现场整个检验检测程序应按国家有关工程建设强制性标准进行检验检测，应符合标准要求。

（16）房屋安全鉴定工作鉴定现场检验检测检完试样的处理应符合要求，环境、设备应清理得当、留样应符合要求。

（17）房屋安全鉴定工作鉴定现场检验检测人员应对意外情况的处理符合标准要求、处理程序流畅。

4.7 房屋安全鉴定工作鉴定报告评价

房屋鉴定报告应包含房屋概况、鉴定范围和内容、鉴定依据、检测仪器和设备、现场检查与检测（项目、标准和方法）、复核计算、鉴定过程、鉴定评估结论等主要内容。报告内容应满足要求，房屋概况信息完整、语言规范；鉴定范围和内容清晰准确无疑义；鉴定依据满足使用标准合理适用、标准号正确且未废止；检测所使用的仪器设备在检定或校准有效期内；现场检查与检测的项目齐全，标准合理适用，方法正确；复核计算的方法正确，结论准确；鉴定过程清晰完整，鉴定评级规范，分部分级评定；鉴定或评估结论合理准确，鉴定结论应有标准规范依据。房屋安全鉴定报告严禁伪造检测数据，出具虚假检测报告或者鉴定结论。

（1）房屋安全鉴定报告应进行统一管理，建立案卷，规范管理。

（2）房屋安全鉴定报告应统一格式，规定各类报告的内容。

（3）房屋安全鉴定报告中应包括房屋安全鉴定目的、范围及依据。

（4）房屋安全鉴定报告中应包括列出委托方提供的被检测房屋的勘察报告、设计图纸、施工技术资料，以及房屋鉴定依据的标准、规范、法律法规等相关文件参考。

（5）房屋安全鉴定报告中应包括检测鉴定的目的与内容，阐述房屋鉴定检测采用的方法、抽样比例和检测仪器等。

（6）房屋安全鉴定报告中应包括现场检查、检测结果。

（7）房屋安全鉴定报告中应包括结果复核验算，应附计算结果，阐述房屋结构建模和计算参数取值，房屋安全构件类型分述计算结果和结论，对不能满足安全要求的构件应逐一列出。

（8）房屋安全鉴定报告中应包括综合分析、房屋鉴定评定：依据检测和验算结果，对房屋鉴定项目的安全状况、缺陷原因及其危害性进行分析，并进行房屋安全等级评价。

（9）房屋安全鉴定报告中应包括检测鉴定结论：按检测和验算结果，安全性等级评定，做出鉴定结论，指出被检测房屋存在安全隐患的结果构件类型，根据检测结果提出原则性的处理措施。

（10）房屋安全鉴定报告中应包括建议：结合房屋损坏情况，对房屋的后续使用和修缮提出合理化建议；对承载力、房屋变形等计算不足的构件需要进行加固的提出加固处理建议。

（11）房屋安全鉴定报告应采用统一格式打印，版面整洁，字迹清晰，不得涂改。

（12）房屋安全鉴定报告中的检验检测数据，应按技术标准的规定对有效位数进行修约；主检人应负责确认原始数据的完整性、编制鉴定报告并签名。

（13）报告编制人应对原始记录进行验收，确认符合要求后方可编制鉴定报告，应按技术规范或检验检测细则的要求做出客观、准确的鉴定结论。

（14）房屋安全鉴定报告审核人应负责对报告内容进行审核并签名，应对检验检测工作过程中设备、检验检测方法、检验检测标准的正确性和资料的完整性负责。

（15）房屋安全鉴定报告授权签字人应负责核查报告检验检测项目，并应符合委托方的要求，且应对检验检测结论的正确性进行审查，并签名批准发出检验检测报告。

（16）房屋安全鉴定报告应盖章后发给客户，并应由专人管理房屋安全鉴定报告用章，用章范围应符合下列规定：

房屋安全鉴定报告用章可包括CMA资质专用章、CNAS资质专用章、鉴定机构鉴定/检验检测测试专用章等；不得超过计量认证和实验室认可的授权范围。

（17）房屋安全鉴定报告严禁伪造检测数据，出具虚假检测报告或者鉴定结论。

（18）受法院委托的司法鉴定报告，应由鉴定机构中具有该鉴定事项执业资格的司法鉴定人进行鉴定并签字。

4.8 房屋安全鉴定工作鉴定档案管理评价

房屋安全鉴定机构档案的管理应进行制度化管理，鉴定工作档案的内容应全面，对于房屋安全鉴定合同（或委托书）、鉴定项目分配书、委托方提供的有关资料复印件及存留手续、鉴定方案、现场查勘检测数据等原始资料、鉴定报告、鉴定工作完成情况调查表等资料缺一不可。档案室应制定相关内务管理规定。

房屋安全鉴定工作档案应建立相关的档案管理制度。

房屋安全鉴定工作档案应确立立卷归档原则。

房屋安全鉴定工作档案应由专人、专柜进行管理。

房屋安全鉴定工作档案应包括下列内容：

（1）房屋安全鉴定合同（或委托书）。

（2）鉴定项目分配书。

（3）委托方提供的有关资料复印件及存留手续。

（4）鉴定方案。

（5）现场查勘检测数据等原始资料。

（6）鉴定报告。

（7）鉴定工作完成情况调查表。

房屋安全鉴定工作档案应包括所有相关电子文档，可以刻录光盘等形式进行保存。

检测机构应建立档案管理制度。检测合同、委托单、原始记录、检测报告应按年度统一编号，编号应当连续，不得随意抽撤、涂改。

检测机构应单独建立检测结果不合格项目台账。

档案室应制定相关内务管理规定，确保档案的可靠保存。

4.9 评价方法

结合房屋安全鉴定工作标准化的评价指标与方法，分析和评判房屋安全鉴定工作的各项评价结果，确定各指标的权重系数，划分房屋安全鉴定工作标准化评价等级。

按房屋安全鉴定工作的基本评价、人员评价、鉴定样品管理及场地评价、鉴定现场实操评价、鉴定报告评价、鉴定档案管理评价这六项进行单项评价，根据附录 A–附录 F 计算各单项评价得分。各单项评价的权重值可依据层次分析法确定，经过多个房屋安全鉴定机构试算评价后，可简化为如表 13 所示权重值。

表 13　单项评价的权重值

单项评价	权重值
基本评价	0.2
人员评价	0.2
鉴定样品管理及场地评价	0.15
鉴定现场实操评价	0.15
鉴定报告评价	0.15
鉴定档案管理评价	0.15

工作标准化评价得分应按式（4.1）计算

$$= \sum_{i=1}^{n} {}_{i}\ {}_{i} \tag{4.1}$$

式中，φ—综合评价得分；

ρ—单项评价权重值；

Δ—单项评价得分。

综合评价应按表 14 分为优秀、良好、合格和不合格四个等级。

表 14　工作标准化评价等级划分

评价等级	优秀	良好	合格	不合格
得分（分）	得分≥90	80≤得分<90	60≤得分<80	得分<60

第五章　结论与展望

5.1 结论

本文通过研究我国近几年建筑业以及房屋安全鉴定行业的相关数据，分析了我国房屋安全鉴定行业的发展规律，通过与我国现今建筑业的发展趋势相结合，总结出我国房屋安全鉴定行业未来的发展趋势。

从我国房屋安全鉴定工作现状出发，对我国房屋安全鉴定工作中存在的问题进行梳理、总结。借鉴国外及国内发达地区的成功范例和经验，以问题为导向，探索建立我国房屋安全鉴定机构工作科学化、规范化、标准化的操作运用机制，运用层次分析法，探讨了房屋安全工作评价体系，对房屋安全鉴定机构基本情况、鉴定样品管理及场地、现场实操、鉴定报告、档案管理等评价指标进行研究，设置评分标准，编制针对房屋安全鉴定机构各项评价指标的打分表，为行业主管部门和房屋安全鉴定机构提供决策和运用参考。

5.2 展望

对房屋安全鉴定机构评价指标体系进行完善，对房屋安全鉴定机构的基本情况、鉴定样品管理及场地、现场实操、鉴定报告、档案管理等评价指标进行更广泛的专家征求意见，设定统一评价标准，编写“房屋安全鉴定机构评价标准”。

将房屋安全鉴定机构综合评价体系进行推广，实现社会及各级管理机构对房屋安全鉴定机构综合评价体系的广泛应用，为全国范围内房屋安全鉴定机构管理体系的建立做贡献。

参考文献

陈伟铭，2019. 试论既有房屋安全鉴定及检测中应注意的问题［J］. 四川水泥（4）：290.

邓宏旭，2022. 房屋安全鉴定单位应具有设计资质——关于长沙居民自建房倒塌事故的思考［J］. 中国勘察设计（5）：84-86.

梁海健，2019. 深圳市大鹏新区既有房屋安全排查研究［D］. 广州：广州大学.

梁舰，2022. 高质量发展背景下的建筑业发展趋势与分析［J］. 中国勘察设计（4）：41-43.

倪磊，2021. 房屋安全鉴定检测的相关问题探析［J］. 工程建设与设计（21）：29-32.

Federal Emergency Management Agency. Rapid Visual Screening of Buildings for Potential Seismic Hazards：A Handbook. Redwood（CA）：2002.

王霓，韩继云，常萍萍，2014. 建筑结构检测鉴定技术应用及发展趋势［Z］. 陕西西安.

温石彩，2014. 浅谈对房屋安全鉴定的认识［J］. 科技资讯，12（21）：45.

新加坡建筑管理法案（第 29 章，第 4 节）：建筑物的检测. 方东平，译//中国土木工程学会，清华大学土木系，2002. 建筑物的耐久性、使用年限与安全评估科技项目研究报告［R］. 北京：建设部建筑业司、科技司.

杨健. 房屋安全鉴定报告“终身制”［N］. 烟台日报，2022-05-23（2）.

誉建业. 广东拟引入“楼宇医生”为工程质量保驾护航［N］. 广东建设报，2021-10-29（5）.

课题组成员名单

课题组组长： 费毕刚　国质（北京）建设工程检测鉴定中心

王少媚　中国物业协会房屋安全鉴定委员会

罗丹阳　清华大学土木工程系

课题组成员： 刘晶波　清华大学土木工程系

崔燕伟　清华大学土木工程系

齐　虎　清华大学土木工程系

王颖华　贵阳信息科技学院

赵　亿　天津市房屋安全鉴定检测中心

姚圣龙　安徽城建检测科技有限公司

杨　威　北京市住建委房屋安全设备处

江世永　重庆交通大学土木工程学院

何春燕　重庆市建设工程质量监督总站

邱玉峰　南宁市房屋安全鉴定所

李　进　南京市房屋安全服务中心

朱德勤　北京市城建研究中心

康正一　杭州市房屋安全和更新事务中心

朱望华　杭州声动文化创意有限公司

徐晓滨　呼和浩特市四方工程质量检测试验有限公司

刘卫未　中建一局集团建设发展有限公司

王　晶　中建一局集团建设发展有限公司

徐　磊　北京奥科瑞检测技术开发有限公司

刘晓彤　中节能（北京）节能环保工程有限公司

杨慧萍　中震（北京）工程检测股份有限公司

齐晓东　中震（北京）工程检测股份有限公司

陈思萌　北京德源佳宁安信房屋安全鉴定有限公司

王贵禄　贵阳信息科技学院

李云故　国质（北京）建设工程检测鉴定中心

段志花　国质（北京）建设工程检测鉴定中心

吴勤勤　杭州市房屋安全鉴定检测中心有限公司

王　妍　杭州市房屋安全鉴定检测中心有限公司

曾　佳　浙江省建设投资集团股份有限公司

于恩成　浙江科鉴检测校准有限公司

姚　勇　浙江科鉴检测校准有限公司
吴晓波　浙江科鉴检测校准有限公司
张　韩　浙江科鉴检测校准有限公司
郭　莹　浙江科鉴检测校准有限公司
罗世彦　铜仁市自然资源局
陈　影　贵州富源众智工程技术投资有限公司
严　莲　铜仁市工程设计质量监督站
张沿杰　国质（北京）建设工程检测鉴定中心
孙珍珍　国质（北京）建设工程检测鉴定中心
宋建兵　国质（北京）建设工程检测鉴定中心
韩鹏飞　清华大学土木工程系
龚艳清　国质（北京）建设工程检测鉴定中心
罗发现　国质（北京）建设工程检测鉴定中心
艾鹏飞　国质（北京）建设工程检测鉴定中心
罗诗敏　北京交通大学土木建筑工程学院

附件 1　涉及房屋建筑使用安全管理的现行国家法规

（一）法律目录

法律名称	文号	发布日期
《中华人民共和国民法典》	2020 年 5 月 28 日第十三届全国人民代表大会第三次会议通过	2021-01-01
《中华人民共和国建筑法》	中华人民共和国主席令第 91 号	1997-11-01
《中华人民共和国防震减灾法》	中华人民共和国主席令第 94 号	1997-12-29
《中华人民共和国防洪法》	中华人民共和国主席令第 88 号	1998-01-01
《中华人民共和国文物保护法》	中华人民共和国主席令第 76 号	2002-10-28
《中华人民共和国环境保护法》	中华人民共和国主席令第 22 号	1989-12-26
关于《司法鉴定管理问题的决定》	全国人民代表大会常务委员会	2005-02-28
《中华人民共和国行政许可法》	中华人民共和国主席令第 7 号	2003-08-27

（二）行政法规目录

行政法规名称	文号	发布日期
《建设工程质量管理条例》	国务院令第 279 号	2000-01-30
《物业管理条例》	国务院令第 379 号	2003-06-08
《特种设备安全监察条例》	国务院令第 373 号	2003-01-06
《民用爆炸物品安全管理条例》	国务院令第 466 号	2006-05-10
《地震安全性评价管理条例》	国务院令第 323 号	2001-11-15
《特别重大事故调查程序暂行规定》	国务院令第 34 号	1989-03-29
《企业职工伤亡事故报告和处理规定》	国务院令第 75 号	1991-03-01
《国务院关于特大安全事故行政责任追究的规定》	国务院令第 302 号	2001-04-21
《中华人民共和国文物保护法实施条例》	国务院令第 377 号	2003-01-06

（三）部门规章目录

部门规章名称	文号	发布日期
《城市抗震防灾规划管理规定》	建设部令第 117 号	2003-09-19
《建设工程勘察质量管理办法》	建设部令第 115 号	2002-12-04
《房屋建筑工程抗震设防管理规定》	建设部令第 148 号	2006-01-27
《超限高层建筑工程抗震设防管理规定》	建设部令第 111 号	2002-07-25
《建筑工程施工许可管理办法》	建设部令第 91 号	1999-10-15
《城市异产毗连房屋管理规定》	建设部令第 94 号	2001-08-15
《城市危险房屋管理规定》	建设部令第 129 号	2004-07-20
《城市房屋白蚁防治管理规定》	建设部令第 130 号	2004-07-20
《住宅室内装饰装修管理办法》	建设部令第 110 号	2002-03-05
《建设工程质量检测管理办法》	建设部令第 141 号	2005-09-28
《文物保护工程管理办法》	文化部令第 26 号	2003-04-01
《工程建设国家标准管理办法》	建设部令第 24 号	1992-12-30
《工程建设行业标准管理办法》	建设部令第 25 号	1992-12-30
《实施工程建设强制性标准监督规定》	建设部令第 81 号	2000-08-25
《建设行政处罚程序暂行规定》	建设部令第 66 号	1999-02-03
《城市居民住宅安全防范设施建设管理规定》	建设部、公安部令第 49 号	1996-01-05
《司法鉴定程序通则》（试行）	司法部令第 92 号	2005-09-29
《司法鉴定机构登记管理办法》	司法部令第 95 号	2005-09-29
《司法鉴定人登记管理办法》	司法部令第 96 号	2005-09-29

附件2 涉及房屋建筑使用安全管理的现行地方性法规

（一）省级地方性法规目录

序号	法规政策名称
1	《河北省城市危险房屋管理实施办法》
2	江苏省建设厅关于转发建设部《城市危险房屋管理规定》的通知
3	《安徽省房屋安全鉴定单位资质管理暂行规定》
4	《河南省城市房屋安全管理暂行规定》
5	《贵州省物价局、贵州省财政厅关于制定我省房屋安全鉴定正式收费标准的通知》

（二）直辖市、省会市法规目录

序号	法规政策名称
1	《天津市房屋安全鉴定管理办法》
2	《天津市房屋安全使用管理条例》
3	《石家庄市房屋安全管理办法》
4	《石家庄市危险房屋管理实施办法》
5	《沈阳市城市房屋安全管理规定》
6	《长春市房屋结构安全管理办法》
7	《长春市城市房屋安全管理条例》
8	《长春市城市房屋安全管理条例》实施细则
9	《哈尔滨市房屋安全管理规定》
10	《哈尔滨市房屋改修改建管理暂行规定》
11	《南京市城市房屋安全管理条例》
12	《杭州市房屋安全管理条例》
13	《杭州市城市房屋安全鉴定管理办法》
14	《杭州市危险房屋安全管理办法》
15	《杭州市城镇住宅装修管理办法》

续　表

序号	法规政策名称
16	《合肥市城市房屋安全鉴定管理规定》
17	《郑州市城市危险房屋管理办法》
18	《武汉市房屋安全管理办法》
19	《武汉市房屋安全管理办法》实施细则
20	《广州市房屋安全管理规定》
21	《广州市房屋安全管理规定》实施细则
22	《广州市房屋安全鉴定单位备案管理规定》
23	《南宁市房屋安全管理办法》
24	《福州市城市危险住房改造管理办法》
25	《济南市城市危险房屋管理办法》
26	《成都市房屋使用安全管理条例》
27	《昆明市城镇危险房屋管理办法》
28	《昆明市城镇房屋装饰改造管理规定》
29	《西安市城市房屋使用安全管理条例》
30	《兰州市城市危险房屋管理办法》
31	《兰州市市区危旧房改造管理暂行办法》
32	《乌鲁木齐市城市房屋安全管理办法》

附件 3　现行房屋安全鉴定安全技术标准

序号	房屋安全鉴定安全技术标准名称
1	《民用建筑可靠性鉴定标准》
2	《建筑抗震鉴定标准》
3	《房屋完损等级评定标准》
4	《危险房屋鉴定标准》
5	《工业与民用建筑抗震鉴定标准》

附录 A　房屋安全鉴定机构基本评价表

序号	评价项目	评分标准	评价方法	得分（分）		
				应得分	扣减分	实得分
1	注册资金	注册资金≥500 万元，得 6 分；200 万元≤注册资金<500 万元，得 4 分；80 万元≤注册资金<200 万元，得 2 分	查阅资料	6		
2	从事房屋安全鉴定的年限	从事房屋安全鉴定年限≥10 年，得 8 分；5 年≤从事房屋安全鉴定年限<10 年，得 6 分；3 年≤从事房屋安全鉴定年限<5 年，得 4 分	查阅资料	8		
3	承担的房屋安全鉴定项目的规模	承担过合同额 100 万元及以上的房屋安全鉴定项目，得 3 分	查阅资料	3		
		每年承担的房屋安全鉴定工程量≥50 万平方米，得 8 分；20 万平方米≤每年承担的房屋安全鉴定工程量<50 万平方米，得 68 分；5 万平方米≤每年承担的房屋安全鉴定工程量<20 万平方米，得 4 分		8		
		近 3 年来完成单项面积 1 万平方米以上的鉴定项目≥20 个，得 8 分；10 个≤近 3 年来完成单项面积 1 万平方米以上的鉴定项目<20 个，得 6 分；1 个≤近 3 年来完成单项面积 1 万平方米以上的鉴定项目<10 个，得 4 分		8		
4	办公、试验场所的规模	固定办公、试验场所≥600 平方米，且能满足各类鉴定检测工作要求，有必须的技术设 备、仪器，得 8 分；300 平方米≤每年承担的房屋安全鉴定工程量<600 平方米，且能满足各类鉴定检测工作要求，有必须的技术设备、仪器，得 6 分；100 平方米≤每年承担的房屋安全鉴定工程量<300 平方米，且能满足各类鉴定检测工作要求，有必须的技术设备、仪器，得 4 分	查阅资料	8		

续 表

序号	评价项目	评分标准	评价方法	得分（分）		
				应得分	扣减分	实得分
5	取得的检测资质	取得检验机构认证证书（认证项目至少包括结构的安全性与可靠性鉴定、抗震鉴定），或其他建设行政主管部门相应许可范围，得 8 分	查阅资料	8		
6	履行房屋安全鉴定机构职责的情况，鉴定业绩，享有的社会信誉	无不能履行房屋安全鉴定机构职责的情况，得 2 分	查阅资料	2		
		未发生重大质量事故，得 2 分		2		
		无不良社会信誉，得 2 分		2		
		有农村危房鉴定业绩，得 2 分		2		
7	质量管理体系	建立相应的质量管理体系，得 2 分	查阅资料	2		
8	环境管理体系	建立相应的环境管理体系，得 2 分	查阅资料	2		
9	职业健康安全管理体系	采用现代化的职业健康安全管理体系，得 2 分	查阅资料	2		
10	鉴定管理制度	建立完整的鉴定管理制度，得 2 分	查阅资料	2		
11	档案管理制度	建立档案管理制度，得 2 分	查阅资料	2		
12	技术管理制度	建立技术管理制度，得 2 分	查阅资料	2		
13	质量保证体系制度	建立质量保证体系制度，得 2 分	查阅资料	2		
14	商标管理制度	制定商标管理制度，得 2 分	查阅资料	2		
15	形象识别系统	建立自己的机构形象识别系统，得 2 分	查阅资料	2		

续 表

序号	评价项目	评分标准	评价方法	得分（分）		
				应得分	扣减分	实得分
16	广告	有广告投入，得 2 分	查阅资料	2		
17	加入行业协会组织	加入行业协会组织，得 2 分	查阅资料	2		
18	OA 系统（即办公自动化）	采用 OA 系统，得 2 分	查阅资料	2		
19	视频会议系统	采用视频会议系统，得 2 分	查阅资料	2		
20	新媒体平台	采用新媒体平台，得 2 分	查阅资料	2		
21	分支机构管理	加强对分支机构的管理，对分支机构经营活动进行组织、计划、指挥、监督和控制，督促分支机构依法合规经营，确保对分支机构能够实施有效管控，得 5 分	查阅资料	2		
合计				100		
评价人员			评价日期			

附录 B　房屋安全鉴定机构工作人员评价表

续　表

序号	评价项目	评分标准	评价方法	得分（分）		
				应得分	扣减分	实得分
1	工作人员类别	专业技术人员包括技术负责人、鉴定报告审定人、项目负责人和一般专业技术人员，得 3 分	查阅资料	3		
		综合办公人员不少于 3 名，得 3 分		3		
2	授权签字人	房屋安全鉴定机构的授权签字人具有中级及以上技术职称或者同等能力，得 6 分	查阅资料	6		
3	专业技术人员的基本要求	专业技术人员具有专科及以上学历，具有初级及以上技术职称，从事房屋安全鉴定或建筑工程质量检测、建筑工程技术、建筑结构设计工作经历≥3 年，得 10 分	查阅资料	10		
		专业技术人员具有专科及以上学历，具有初级及以上技术职称，2 年≤从事房屋安全鉴定或建筑工程质量检测、建筑工程技术、建筑结构设计工作经历<3 年，得 8 分				
		专业技术人员具有专科及以上学历，具有初级及以上技术职称，1 年≤从事房屋安全鉴定或建筑工程质量检测、建筑工程技术、建筑结构设计工作经历<2 年，得 6 分				
4	技术负责人的基本要求	技术负责人具有本科及以上学历，具有建筑结构或相关专业高级职称，并取得一级注册结构工程师资格，从事房屋安全鉴定或工程质量检测、建筑工程技术、建筑结构设计 20 年及以上工作经历，得 10 分	查阅资料	10		
		技术负责人具有本科及以上学历，具有建筑结构或相关专业高级职称，从事房屋安全鉴定或工程质量检测、建筑工程技术、建筑结构设计 10 年及以上工作经历，得 8 分				

续 表

序号	评价项目	评分标准	评价方法	得分（分）		
				应得分	扣减分	实得分
4	技术负责人的基本要求	技术负责人具有本科及以上学历，具有建筑结构或相关专业中级及以上职称，从事房屋安全鉴定或工程质量检测、建筑工程技术、建筑结构设计 8 年及以上工作经历，得 6 分	查阅资料	10		
5	鉴定报告审定人的基本要求	鉴定报告审定人应具有本科及以上学历，具有建筑结构或相关专业高级职称，从事房屋安全鉴定或工程质量检测、建筑工程技术、建筑结构设计 10 年及以上工作经历，得 10 分	查阅资料	10		
		鉴定报告审定人应具有本科及以上学历，具有建筑结构或相关专业高级职称，8 年≤从事房屋安全鉴定或工程质量检测、建筑工程技术、建筑结构设计工作经历＜10 年，得 8 分				
		鉴定报告审定人应具有本科及以上学历，具有建筑结构或相关专业中级及以上职称，从事房屋安 全鉴定或工程质量检测、建筑工程技术、建筑结构设计工作经历 5 年及以上工作经历，得 6 分				
6	项目负责人的基本要求	项目负责人应具有本科及以上学历，具有建筑结构或相关专业中级及以上职称，从事房屋安全鉴定或工程质量检测、建筑工程技术、建筑结构设计 10 年及以上工作经历，得 10 分	查阅资料	10		
		项目负责人应具有本科及以上学历，从事房屋安全鉴定或工程质量检测、建筑工程技术、建筑结构设计 8 年及以上工作经历，得 8 分				
		项目负责人应具有专科及以上学历，从事房屋安全鉴定或工程质量检测、建筑工程技术、建筑结构设计 5 年及以上工作经历，得 6 分				

续 表

<table>
<tr><th rowspan="2">序号</th><th rowspan="2">评价项目</th><th rowspan="2">评分标准</th><th rowspan="2">评价方法</th><th colspan="3">得分（分）</th></tr>
<tr><th>应得分</th><th>扣减分</th><th>实得分</th></tr>
<tr><td rowspan="5">7</td><td rowspan="5">对专业技术人员、高级职称、中级职称，在本单位注册的一级注册结构工程师人员的人数及比例进行评价</td><td>专业技术人员≥15 人，得 3 分；8 人≤专业技术人员<15 人，得 2 分；5 人≤专业技术人员<8 人，得 1 分</td><td rowspan="5">查阅资料</td><td>3</td><td></td><td></td></tr>
<tr><td>专业技术人员中包括的建筑结构、建筑工程专业技术人员≥10 人，得 3 分；6 人≤专业技术人员中包括的建筑结构、建筑工程专业技术人员<10 人，得 2 分；3 人≤专业技术人员中包括的建筑结构、建筑工程专业技术人员<6 人，得 1 分</td><td>3</td><td></td><td></td></tr>
<tr><td>中级及以上技术职称人员在专业技术人员中的比例≥70%，得 3 分；50%≤中级及以上技术职称人员在专业技术人员中的比例<70%，得 2 分；30%≤中级及以上技术职称人员在专业技术人员中的比例<50%，得 1 分</td><td>3</td><td></td><td></td></tr>
<tr><td>本科及以上学历人员在专业技术人员中的比例≥70%，得 3 分；50%≤本科及以上学历人员在专业技术人员中的比例<70%，得 2 分；30%≤本科及以上学历人员在专业技术人员中的比例<50%，得 1 分</td><td>3</td><td></td><td></td></tr>
<tr><td>国家一级注册结构工程师 2 人及以上，得 2 分</td><td>2</td><td></td><td></td></tr>
<tr><td rowspan="4">8</td><td rowspan="4">对从事房屋现场检测专职人员的检测能力、试验职工作人员的试验能力进行评价</td><td>现场检测专职人员、试验专职工作人员具有有效的资格证件或有相关部门的培训经历，得 3 分</td><td rowspan="4">查阅资料</td><td>3</td><td></td><td></td></tr>
<tr><td>现场检测专职人员、试验专职工作人员具有专科及以上学历，得 3 分</td><td>3</td><td></td><td></td></tr>
<tr><td>现场检测专职人员、试验专职工作人员具有中级及以上职称，得 3 分</td><td>3</td><td></td><td></td></tr>
<tr><td>现场检测专职人员、试验专职工作人员工作经历≥5 年，得 3 分；3 年≤现场检测专职人员、试验专职工作人员工作经历<5 年，得 2 分；1 年≤现场检测专职人员、试验专职工作人员工作经历<3 年，得 1 分</td><td>3</td><td></td><td></td></tr>
</table>

续 表

序号	评价项目	评分标准	评价方法	得分（分）		
				应得分	扣减分	实得分
9	对专业技术人员的专业技术水平进行评价	每年专业技术人员发表的论文≥10 篇，得 6 分；5 篇≤每年专业技术人员发表的论文<10 篇，得 4 分；2 篇≤每年专业技术人员发表的论文<5 篇，得 2 分	查阅资料	6		
		近 10 年主编或参编过的国家、行业工程检测鉴定标准、规范、定额等不少于 2 部，得 3 分		3		
		近 10 年主编或参编过的国家、行业工程检测鉴定标准、规范、定额等 1 部，得 3 分		3		
10	对房屋安全鉴定的专业技术人员每年应参加继续教育培训进行评价	房屋安全鉴定专业技术人员每年继续教育培训学时≥64，得 10 分；48≤房屋安全鉴定专业技术人员每年继续教育培训学时<64，得 8 分；32≤房屋安全鉴定专业技术人员每年继续教育培训学时<48，得 6 分	查阅资料	10		
合计				100		
评价人员			评价日期			

附录C 房屋安全鉴定机构鉴定样品管理及场地评价表

序号	评价项目	评分标准	评价方法	得分（分）		
				应得分	扣减分	实得分
1	样品的接收	实验室有存放各类检验样品的样品库，实验室接收样品办理样品入库手续，得15分	现场检查	15		
2	样品的留存	检测室有专门且适宜的样品留存场所，配备样品间及样品柜（架）；样品管理建立唯一性标识；样品间由专人负责，限制出入，得15分	现场检查	15		
3	样品的发放	检验人员在收到检验任务后，向样品管理人员领取样品，并办理相应确认及出、入库手续，得15分	现场检查	15		
4	样品的返还	样品在检测完成后，检验人员将余样全部及时返还样品库，并办理样品入库手续，得15分	现场检查	15		
5	样品的清理	样品设置一定时限的保存期，超过保存期的样品及时进行清理，得10分	现场检查	10		
6	实验室场地	实验仪器设备的品种、数量、性能、技术指标和精度均满足房屋鉴定的要求，实验室具有经法定计量部门计量检定合格的计量器具，具有必要的结构计算分析软件及制图软件，具有先进的、完整的计算机网络管理体系，实验室场地≥300平方米，得30分；实验仪器设备的品种、数量、性能、技术指标和精度基本满足房屋鉴定的要求，具有必要的结构计算分析软件及制图软件，具有计算机网络管理体系，实验室场地≥200平方米，得20分；实验仪器设备的品种、数量、性能、技术指标和精度基本满足房屋鉴定的要求，实验室场地≥50平方米，得10分	现场检查	30		
合计				100		
评价人员			评价日期			

附录D 房屋安全鉴定机构鉴定现场实操评价表

序号	评价项目	评分标准	评价方法	得分（分）		
				应得分	扣减分	实得分
1	检测人员的上岗资格	现场实操检验检测人员实行持证上岗；检验检测人员经岗前安全、技术培训或考试合格；特种作业人员，持特种行业操作证，得5分	现场检查	5		
2	遵守安全制度	现场实操检验检测人员遵守安全制度，进入检验检测现场，按规定穿戴好防护用品，得5分	现场检查	5		
3	坚守岗位	检验检测人员工作中坚守岗位，能随时注意自身和他人的安全，严防事故，不将自己的工作交给他人；不擅自动自己不熟悉的检验检测设备。两人以上共同工作时，有主有从，得5分	现场检查	5		
4	检测人员现场管理	确定现场检验检测项目的主检人，主检人负责现场检验检测的质量、安全与保密工作，主检人能向技术负责人或项目负责人汇报，协商解决方案，得5分	现场检查	5		
5	检验检测项目的标准	现场检验检测工作根据检验检测项目的标准、检验检测细则、工程检验检测委托书及合同的有关内容进行，得5分	现场检查	5		
6	检验检测用设备	带往现场的检验检测用设备，妥善包装，能保证设备的安全和精度；设备检定符合要求、设备运作正常，得5分		5		
7	租用设备	如现场检验检测使用了租用设备，该设备的校准/计量检定证书查看原件并保留复印件，得5分	现场检查	5		
8	检验检测方案	现场检验检测按预先制定并经客户同意的检验检测方案或抽样方案进行，得5分	现场检查	5		

续　表

序号	评价项目	评分标准	评价方法	得分（分）		
				应得分	扣减分	实得分
9	现场的安全管理规定	在现场检验检测时，遵守现场的安全管理规定，得5分	现场检查	5		
10	保密承诺	开展现场检验检测工作之前，参加检验检测项目的所有检验检测人员书面向委托方做出保密承诺，得5分	现场检查	5		
11	检验检测环境	现场检验检测环境清新、空间宽敞明亮、温湿度符合要求；能关注现场环境条件对检验检测结果的影响，尽可能使环境条件满足检验检测工作的要求，得5分	现场检查	5		
12	计量认证要求	仪器设备及环境条件应符合计量认证要求，得5分	现场检查	5		
13	检验检测人员口述情况	现场检验检测人员口述流利，得5分	现场检查	5		
14	操作程序	现场检验检测人员操作程序熟悉、操作流畅。操作者必须熟悉所使用仪器设备的技术性能，按操作规程安全使用；操作前，检查检验仪器设备工作是否正常；作业时按操作规程进行作业；结束后，检验设备正常，得5分	现场检查	10		
15	符合标准要求	检验检测程序按照国家有关工程建设强制性标准进行检验检测，符合标准要求，得5分	现场检查	10		
16	检完试样的处理	检完试样的处理符合要求，环境、设备清理得当，留样符合要求，得5分	现场检查	5		
17	特殊情况	现场检验检测人员对意外情况的处理符合标准要求，处理程序流畅，得5分	现场检查	5		
合计				100		
评价人员			评价日期			

附录 E　房屋安全鉴定机构鉴定报告评价表

序号	评价项目	评分标准	评价方法	得分（分）		
				应得分	扣减分	实得分
1	房屋安全鉴定目的、范围及依据	包括房屋安全鉴定目的、范围及依据，得5分	查阅资料	5		
2	鉴定依据	列出委托方提供的被检测房屋的勘察报告、设计图纸、施工技术资料，以及房屋鉴定依据的标准、规范、法律法规等相关文件参考，得5分	查阅资料	5		
3	检测鉴定的目的与内容	明确检测鉴定的目的与内容，阐述房屋鉴定检测采用的方法、抽样比例和检测仪器等，得5分	查阅资料	5		
4	现场检查、检测结果	现场检查、检测结果应准确无误，得5分	查阅资料	10		
5	结果复核验算	结果复核验算，附计算结果，阐述房屋结构建模和计算参数取值，房屋安全构件类型分述计算结果和结论，对不能满足安全要求的构件逐一列出，得10分	查阅资料	10		
6	综合分析、房屋鉴定评定	依据检测和验算结果，对房屋鉴定项目的安全状况、缺陷原因及其危害性进行分析，并进行房屋安全等级评价，得5分	查阅资料	5		
7	检测鉴定结论	按检测和验算结果，安全性等级评定，做出鉴定结论，指出被检测房屋存在安全隐患的结果构件类型，根据检测结果提出原则性的处理措施，得5分	查阅资料	5		
8	建议	结合房屋损坏情况，对房屋的后续使用和修缮提出合理化建议；对承载力，房屋变形等计算不足的构件需要进行加固的提出加固处理建议，得5分	查阅资料	5		

续 表

序号	评价项目	评分标准	评价方法	得分（分）		
				应得分	扣减分	实得分
9	统一格式	鉴定报告采用统一格式打印，版面整洁，字迹清晰，无涂改，得5分	查阅资料	10		
10	检验检测数据要求	鉴定报告中的检验检测数据，按技术标准的规定对有效位数进行修约；主检人确认原始数据的完整性、编制鉴定报告并签名，得5分	查阅资料	5		
11	报告编制人职责	报告编制人对原始记录进行验收，按技术规范或检验检测细则的要求做出客观、准确的鉴定结论，得5分	查阅资料	5		
12	鉴定报告审核人职责	鉴定报告审核人负责对报告内容进行审核并签名，对检验检测工作过程中设备、检验检测方法、检验检测标准的正确性和资料的完整性负责，得5分	查阅资料	5		
13	鉴定报告授权签字人职责	鉴定报告授权签字人负责核查报告检验检测项目是否符合委托方的要求，并对检验检测结论的正确性进行审查，并签名批准发出检验检测报告，得5分	查阅资料	5		
14	盖章	鉴定报告应盖章，并由专人管理房屋安全鉴定报告用章，用章范围应符合下述规定：(1) 房屋安全鉴定报告用章包括CMA资质专用章、CNAS资质专用章章、鉴定机构鉴定/检验检测测试专用章等；(2) 不超过计量认证和实验室认可的授权范围。得5分	查阅资料	10		
15	严禁伪造检测数据，出具虚假检测报告或者鉴定结论	房屋安全鉴定报告无伪造检测数据，无出具虚假检测报告或者鉴定结论，得5分	查阅资料	10		
合计				100		
评价人员			评价日期			

附录F　房屋安全鉴定机构鉴定档案管理评价表

序号	评价项目	评分标准	评价方法	得分（分）		
				应得分	扣减分	实得分
1	房屋安全鉴定合同（或委托书）	房屋安全鉴定工作档案应含房屋安全鉴定合同（或委托书），得10分	查阅资料	10		
2	鉴定项目分配书	房屋安全鉴定工作档案包括鉴定项目分配书，得10分	查阅资料	10		
3	委托方提供的有关资料复印件及存留手续	房屋安全鉴定工作档案包括委托方提供的有关资料复印件及存留手续，得10分	查阅资料	10		
4	鉴定方案	房屋安全鉴定工作档案包括鉴定方案，得10分	查阅资料	10		
5	现场查勘检测资料	房屋安全鉴定工作档案包括现场查勘检测资料，得10分	查阅资料	10		
6	鉴定报告	房屋安全鉴定工作档案包括鉴定报告，得10分	查阅资料	10		
7	鉴定工作完成情况调查表	房屋安全鉴定工作档案包括鉴定工作完成情况调查表，得10分	查阅资料	10		
8	电子文档	房屋安全鉴定工作档案包括所有电子文档（包括纸质材料的扫描件），得10分	查阅资料	10		
9	档案管理制度	建立档案管理制度。检测合同、委托单、原始记录、检测报告按年度统一编号，编号连续，无抽撤、涂改，得10分	查阅资料	10		
10	不合格项目台账	单独建立检测结果不合格项目台账，得5分	查阅资料	5		

续 表

序号	评价项目	评分标准	评价方法	得分（分）		
				应得分	扣减分	实得分
11	档案室内务管理规定	档案室制定相关内务管理规定，确保档案的可靠保存，得5分	查阅资料	5		
合计				100		
评价人员			评价日期			

党建引领下物业服务企业“一核多元”品牌建设研究

——以中海物业为例

◆ 中海物业管理有限公司

前 言

习近平总书记指出，党的工作最坚实的力量支撑在基层。作为国有企业必须切实加强基层党建，提升党建工作科学化水平。创建基层品牌党建能够有效实现基层党组织工作的常规性与创新性、渐进性与持续性、普遍性与精准性之间的有机统一，有利于扩大党建工作效用，释放党组织活力，更好地围绕中心工作，服务生产经营，提升企业的社会和品牌影响力。在嵌入性视角下开展基层品牌党建创建，能够通过在系统间各层级的嵌入中不断拓展其深度和边界，提升国有企业基层党建工作的层次和水平，切实强化党的政治引领和党建工作的服务功能。

第一章 综 述

1.1 概念界定

“品牌”，作为质量的标志或者其他用途，通常被用来证明产品的所有权，其本质内涵是一个用来证明和区别品质的概念。“品牌化”其实就是对某一类或一系列产品的认知标准化、宣传标准化。品牌化是现代管理学的一种管理技术和管理思维，是扩大社会影响力、提高工作能力和水平的有效方法。“品牌党建”是市场经济领域中的品牌在党建工作中的“移植”。

管理学意义上的利益相关者（stakeholder）是组织外部环境中受组织决策和行动影响的任何相关者。Barry（1983）在一篇关于服务营销的论文中首次将“关系营销”一词引入文献，Christopher 等人．（1991）开发了所谓的“六个市场”模型来定义与传统利益相关者的关系，要求重视客户市场、影响者市场（含股东市场）、供应商或战略伙伴市场等关系。中央政法委秘书长、原武汉市委书记陈一新提出：“红色物业”要始终彰显“红”的特色，在物业服务领域彰显党的政治色彩，强化党的政治属性，发挥党的政治功能，实现党对社区物业服务的思想引领、组织引领、工作引领。

基于以上原理，中海物业提出“红色物业，一核多元”品牌党建，其中“一核”强调党的领导核心作用。“多元”指参与社区治理的多元主体，包括政府组织、居民自治组织、市场组织、社会组织、社区居民等相关方。“一核多元”的治理架构强调党在社区治理工作中的引领作用和协调功能，其他治理主体则在党的领导下基于各自职责开展工作。“红色物业，一核多元”指坚持党对物业企业的领导，强化思想引领、落实组织保障、紧紧依靠人民、完善体制机制、激发基层活力，将党的领导优势真正转化为公司治理和基层治理效能。

1.2 研究背景及意义

改革开放以来，社会管理模式逐步趋向“党政主导型”发展，社会治理从“一元治理”向“多元治理”转变。党的十六届四中全会首次提出“建立健全党委领导、政府负责、社会协同、公众参与的社会管理格局”。社区治理是社会治理的最小单元，是国家向社会分权的重要步骤之一，让社区利益相关方参与属地社区治理有利于因地制宜地保障和改善民生，强化社会服务，切实落实“建立健全党委领导、政府负责、社会协同、公众参与的社会管理格局”。

物业企业作为社区治理的重要中坚力量，具有服务专业性、民生保障性等特点，可协助政府有效解决基层民生问题，在推进社区共建共治共享共管体系建设中承担主要角色。打造“红色物业”品牌不仅为物业企业赋予社区治理中的政治角色，让其在社区治理中发挥党组织优势，同时可让其依托红色文化提高社会影响力、公信力、号召力。

中国物业企业积极履行政治责任，大力推进党组织建设。据统计，2018

年，在中国物业服务企业 500 强中，有约 410 家企业在基层实现了党组织建立以及党建工作全覆盖。企业开展党建工作不仅提升了企业管理服务水平，而且有力推动了物业行业和企业积极融入和落实国家大政方针。

2020 年中建集团正式发布党建品牌“建证力量，红色基石”“建证匠心，红色先锋”，在中建集团统领下，中海物业结合行业特点及地域特色，开始“红色物业，一核多元”品牌党建的探索之路。深化品牌党建是传承央企红色基因、彰显央企责任担当的本质和要求，是探索党建引领基层治理的有效路径。推进基层党建和基层治理的同频发展创新，也是中海物业区别于其他物业企业的显著标识之一，品牌党建的搭建有利于进一步增强企业实力，提升品牌美誉度。由此可见，品牌党建化的研究对行业、企业的发展都具有十分重要的理论意义和现实意义。

1.3 研究方法

1.3.1 文献研究法

通过查阅书籍、报刊、论文等相关资料，了解党建引领社会治理和社区“红色物业”的相关理论和实践研究。除查阅文献外，通过查阅中海物业出台的关于“一核多元”品牌建设的相关文件，中海物业社区党支部、社区居委会的工作总结、会议记录、项目活动等资料，对中海物业“一核多元”品牌建设的开展情况和成果进行梳理归纳和总结，为开展课题研究提供理论基础和内容支撑。

1.3.2 实证研究法

通过对中海物业社区进行实地调研，为社区的党支部书记、居民党员、业主代表和社区群众发放问卷、进行访谈，了解社区人员对中海物业“一核多元”品牌党建的感知和评价情况，在呈现调研数据的基础上，进一步探讨、识别和分析目前的实践效果，为本文的研究及改进策略的提出提供事实依据。

1.3.3 案例研究法

通过对典型案例进行分析和研究，为文章观点提供实践支撑。

第二章　物业服务企业品牌党建建设的相关研究和探索

2.1 相关研究和探索

社区作为万千城市居民的生活空间，是连接个人与社会的重要桥梁，也是各类民生政策落实的“最后一公里”。社区治理水平的高低，直接关系着千家万户居民的幸福指数，自新冠疫情暴发以来，社区治理的重要性更是凸显无疑。近年来，社区治理与服务水平显著提升，但与人民群众的期待还存在着一定差距。比如，社区治理的科学化、精细化水平还不够高，居民参与治理的积极性还未充分调动出来。因此党的二十大报告提出，完善社会治理体系，健全共建共治共享的社会治理制度，提升社会治理效能，为今后的社区治理指明了方向。

在政府引领下，各省市在红色物业的探索和实践方面取得了一定的成果。

2013 年，湖北省武汉市发布了《关于建立健全街道和社区党组织领导下的社区居委会、业主委员会和物业服务企业联动服务机制的实施意见》，并通过百步亭社区“红色物业”示范点打造，重新定位了物业企业在社区治理中的角色。自此之后，各地政府及物业服务企业均十分关注，通过践行“红色物业”建设，为地方社区治理和企业发展带来了新的生机。

北京市已先后发布《关于深化街道、社区管理体制改革的意见》和《关于加强新时代街道工作的意见》，文件要求坚持以党建为引领，发挥街道社区党组织的领导核心作用，抓好区域化党建，整合辖区内各类资源，促进共建共治共享。2020 年，北京市首次高规格召开生活垃圾分类和物业管理推进大会，强调要下大力气抓好物业管理。坚持党建引领，健全物业管理体制，将物业管理纳入社会治理范畴，提高业委会（物管会）组建率、物业管理覆盖率以及党的组织与工作覆盖率。

江苏省常州市出台《关于以党建引领推进业主委员会和物业服务企业建设的指导意见》，并召开部署推进会，将党建引领物业作为“百名书记亮项目、百个项目惠民生”重点项目，将业委会、物业服务企业党组织纳入网格党建范畴，采取单建、联建、派驻党建指导员等多种方式，推动业委会、物业服务企业组建党组织实现“两个全覆盖”；积极探索建立了协同议事机制、协同处理机制及协同监督机制，让街道社区党组织牵头建立居委会、业委会、物业服务企业和辖区治理力量共同参加的多方联席会议制度，定期召开会议，协调解决矛盾纠纷，共同为社区居民服务。

江苏省连云港市建立社区党组织与物业企业负责人双向兼职制度，社区“两委”委员进入物业企业管理团队，加强对物业企业的工作指导。

河北省石家庄市按照组织建设、队伍建设、日常管理、服务质量、社会形象五项标准，坚持党建工作与物业服务并重，在全市开展“金牌红色物业”评选活动，着力培树一批党组织引领力强、行业带动力强、社会影响力强的“金牌红色物业”。

四川省自贡市出台《关于推进“红色物业”建设深化城市基层治理的实施方案》，从“红色物业”建设切入，构建“小区+物业”党建机制、横向联动机制、纵向响应机制“三项机制”，培育干部“苗子”、党建辅导员、志愿服务队“三支队伍”，强化红色引领、聚合服务力量、激发内生动力，提升党建引领城市基层治理水平。

在学术研究方面，尚琳琳、刘鹏飞在《以品牌创建助推基层党的建设创新》（《华南理工大学学报》2014 年第 4 期）中提出了深入落实品牌党建，将现代发展理念融入品牌建设中，把品牌党建和社会现状联系起来三个发展目标来促进共产党的品牌建设工作。杭天珑在《基层党建品牌建设问题探讨》（《上海党史与党建》2008 年 5 月）中认为基层党建品牌建设的提出是共产党政治文化成熟的结晶，也是社会主义政治体系进步的体现，更落实了可持续发展的理念。孙晓莉在《基于品牌创建的国有企业党建工作创新探究》（《探求》2021 年第 5 期）提出国企党建品牌作为企业党建工作实践探索的结晶，创建国企党建品牌是一个系统工程，必须持续培育、不断完善。谢振东等在《国企党建工作创新路径探析》（《现代商贸工业》2021 年第 16 期）聚焦“政治建设”“惠民服务”“人才强企”三大方面，探讨了国有企业在党建工作与生产经营深度融合实践中实现高质量发展的创新思路。

物业企业也自发将“红色物业”理念纳入企业管理中，形成了各具特色、可资借鉴的“红色物业”实践经验。“红色物业”在业内的发展方兴未艾，且已呈现出规范化、系统化、差异化、品牌化的发展趋势。

恒大物业实施"红色引擎工程"，打造恒大"红色物业"社区，全面筹建了物业党支部，建立物业服务队伍"54321"快速响应机制，并始终坚持"1236"工作机制，提供惠民增值服务。

保利物业以"星火文化"为载体，针对企业发展的重难点问题，发挥党建优势和党员示范作用，实施了"星火铸魂""星火社区""星火镇兴""星火扶贫"四项"星火工程"，推进党建与业务深度融合，解决服务群众的"最后一公里"问题。

大正物业按照党建引领"红色物业"融入基层的要求，建设了以"党员在身边服务零距离"为宗旨的"先锋驿站"，通过持续开展红色党性教育、慈善义工、红色志愿者、扶贫慰问和文明城市创建公益服务等各类创新性党建活动锻造队伍、凝聚合力。

上海上实物业每年定期组织"三位一体"研讨会，共同商讨小区管理、服务中的难点、热点及社会性的共性问题，营造"党建引领三位一体、不忘初心红色物业"。

上海高地物业启动了以"红色物业"为主基调的全国党建活动，培育基层党建品牌，与社区在结对共建、双向宣讲、党员志愿服务、党建联建机制、党建联建活动等项目上深化合作，把社区党建做大、做深、做系统。

苏宁银河物业以党建为引领，结合不同群体需求，从"尊老、爱幼、惜己、爱妻、睦邻"五大主题出发，策划了多种多样的社区文化活动，丰富业主的业余生活，增加业主的生活乐趣。

安徽鹏徽集团扎实开展党组织和党员承诺、双优双培、双强六好、党员志愿者服务队、创建服务型党组织等活动，提高非公有制企业党组织的生命力和战斗力。

福晟生活以"党建引领"为鲜明主线，以"五个起来"为实施抓手，实现线上智慧党建平台、线下"社区、业主、物业"三方联动平台的深度融合，形成了以"基本队伍、基本活动、基本阵地、基本制度、基本保障"五个基本要素和"突出政治功能、发挥核心作用、塑造党建品牌"三个核心抓手为主要内容的党支部标准化建设"5+3"模式。

河南正美物业明确"一心六翼"的党建模式，践行党建引领下的社区居民委员会、业主委员会、物业服务企业协调运行机制，以党员示范岗和党员攻坚队为先锋，从文明传播、安全维护、服务调处、公益扶贫等六大方面，推动红色社区的打造，与社区、街道形成基层治理合力。

武汉丽岛物业把建设“红色物业”作为物业项目管理的重点，积极开展红色物业试点，打造红色物业基地，搭建好物业、社区、居民之间的桥梁。

重庆助友创美物业坚持把党建文化融入企业文化来夯实思想政治建设根基，以“人才实施计划”凝聚先锋力量，通过建立党员先锋队、青年突击队、助友创美义工队三支队伍来提升党员的战斗力和组织活力。

深圳绿清集团打造“党建一体化、服务标准化、管控数字化、企业规范化、装备科技化”品牌特色，秉承“坚定的跟党走，担当促创收”的发展理念，实施“党建+”的“红色动力”工程。

深圳莲花物业积极探索党建新路，实施“54321 党建模式”，发挥党组织在促进民营企业经济建设中的引领、带头作用。

2.2 现状及存在问题

随着全面从严治党的深入推进，国有企业基层党建工作取得了显著成效，但与提高党的建设质量要求相比仍有差距。特别是党建工作品牌化的实践中仍然存在品牌意识不强、认知不足、缺乏顶层设计、行业属性特点不强、引领推动中心工作不足等问题。

2.2.1 认识尚不到位

基层党建工作长期存在“说起来重要，做起来次要，忙起来不要”的现象，不少党员干部，特别是个别领导班子成员对党建工作重要性认识不足，重业务、轻党建的思想根深蒂固，对于新形势下如何做好党建工作也缺乏应有的思考，对党建工作如何品牌化也拿不出具体的措施，党建工作仍停留在被动应付上，缺乏搞好基层党建工作的责任和激情。

2.2.2 顶层设计缺乏

对于“为什么要创建品牌党建”这个问题思考不够深入，对于品牌党建的认识浮于表面，没有站在新发展理念的大背景下去思考，对品牌党建认识不足，没有长远规划。仅把品牌党建作为一项日常工作来对待，中心思想不明确、创建方案不系统、机制载体不明确，有的甚至存在照抄照搬的问题，从而弱化了品牌党建的功能。

2.2.3 品牌特色不足

党建工作品牌化的提炼需要在准确定位品牌特色和明确代表性项目的前提下进行，如果在没有明确品牌定位的情况下就心急火燎地开展工作，品牌的培育和树立就必然缺乏典型特征。一方面，各物业行业企业之间因为运行机制相似，极易造成品牌雷同、特色不足的现象，不利用后期宣传推广，另一方面也反映了党建项目缺乏定位和主题，品牌建设缺乏"切入点"和"着力点"。

2.2.4 融入中心不够

品牌党建是党建工作创新发展的重要内容，是凝聚人心、服务中心、建设队伍、提升知名度的重要抓手。但在实际运用中，党组织在品牌党建创建过程中并没有发挥其应有的政治引领作用。品牌党建不论是作为创新工作机制，还是具体工作方法，使用范围及发挥作用的空间都有限，部分单位党组织的品牌党建和中心工作没有完全融合，非但没有解决人民群众急难愁盼的问题，反而容易产生"两张皮"类似的新问题。

第三章　中海物业"红色物业，一核多元"品牌建设的实践经验

3.1 中海物业党建工作基本概况介绍

中海物业隶属于中国建筑集团有限公司旗下中国海外集团，是中国首批获得一级资质的物业管理品牌。中海物业拥有36年不动产与客户全生命周期管理服务经验，业务遍及港澳及内地142个主要城市，位列物业服务百强企业前10名，第三方调查客户满意度保持行业标杆水平。截至2022年6月30日，中海物业共管理物业服务项目1451个，服务面积超过2.87亿平方米，涵盖精品住宅、商业综合体、超甲级写字楼、政府物业、产业园区、医院、学校等多元化业态。该公司致力于成为集全球化战略布局、国际化管理视野于一体的行业领导品牌。

中海物业党委结合公司经营管理架构，推进建设"总部、平台、城市/项目"3级党的基层组织，目前党委下设63个党组织。党委设置在总

部，直接统管下级平台公司、专业公司的党（总）支部，平台公司党总支分别管辖下属城市公司、项目的党支部，形成层次分明、管理权限清晰的组织架构。

该公司现有党员1636人，大部分党员分布在项目基层岗位一线。党务工作者队伍有54人，保障每个支部至少有1名专职或兼职党务工作者，以便充分保障党建工作的正常顺利运行。

3.2 品牌设计与建设

3.2.1 品牌党建的发展历程

作为物业行业的领导者、具有“红色基因”的央企物业上市公司，自2016年全国国有企业党的建设工作会议召开以来，中海物业在大会精神的指引下，在中建集团、中海集团的正确领导下，在各级政府的关心支持下，加大力度持续夯实党建工作基础，不断探索积累党建引领社区治理的工作经验。

2017年是中央企业党建工作落实年，该公司组织签订全面从严治党责任书，推进二级单位党组织全覆盖，进一步规范组织生活。

2018年是中央企业党建质量提升年，该公司建立健全党委、纪委工作机构，深入推进全面从严治党，大力开展学习教育，党建走向规范化、常态化，并提出建设特色党建。

2019年是中央企业基层党建推进年，该公司构建“党委、支部”二级责任体系，实现三级单位党组织全覆盖，优化党的工作体系，推进示范点建设，推进党建扶贫，探索“红色物业，一核多元”思路。

2020年是中央企业党建巩固深化年，该公司推进落实“双向进入，交叉任职”领导体制，各项党建基础工作有效提升。该公司党委发布《关于开展以“红色物业”为载体的“一核多元”社区治理体系党建品牌创建工作的实施意见》，统一部署“红色物业，一核多元”品牌党建培育过程中的体系化工程。

2021年，中海物业发挥先行先试、样板引路的示范点辐射作用，发布了《关于“红色物业，一核多元”示范党支部创建工作的实施意见》，在全国探索打造示范党支部，形成可复制、可推广的典型经验。同时，在品牌党建探索的基础上持续深化，进一步发挥样板引路、示范引领作用，发布了《关于创建中海物业“红色物业，一核多元”党建品牌特色载体“红色样板项目”的实施意见》，推出红色样板项目实施方案。并且还推出了《中海物业“红色物业，一核多元”党建品牌视觉管理设计指引》，规范品牌视觉管理，优化中海物业党务工作者胜任力模型，为加强高素质党务队伍建设提供依据。

2022年，该公司在中海服务的社区探索党建引领下的社区法治治理，创建了“1335”中海模式；探索“室廊坊馆”社区家风家教阵地建设新思路；结合多元业务优势，“探索党建+增值服务”“党建+智慧空间”等特色党建新路。探索打造“红色物业，一核多元”党务工作者胜任力“1555”培养体系，助力提升该公司党建质量，使该公司品牌党建得到持续发展。

3.2.2 **品牌党建的总体设计**

在中建集团、中海集团的带领下，中海物业赓续红色基因，凝聚蓝色力量，推动绿色发展，在中国建筑“建证”党建品牌、中海集团“潮起香江，红帆领航”党建品牌的指引下，打造“红色物业，一核多元”品牌党建，为高质量发展提供保障。

“红色物业，一核多元”以党的领导为核心，围绕“125”工作思路，锚定“最后一公里”，打通“最后一百米”，全力推动基层治理提质增效。对内，该公司全面贯彻“两个一以贯之”，积极构建党建“四梁八柱”，做好融入文章，提升党建质量。对外，构建以党的领导为核心、多元主体为一体的服务模式，创新“一个核心，组织多元化”“三项机制，运作标准化”“五大工程，品牌特色化”的“135”工作模式，搭建党在基层教育引领、联系服务群众的平台，让物业服务参与基层治理更有力度，让业主的美好生活更有温度。

3.2.2.1 以“红色物业”为载体打造内部生态圈

作为传承红色基因的央企物业，加强党的领导、做到“讲政治”是企业改革之基也是企业发展的应有之义。为进一步贯彻落实新时代党的建设总要求和全国国企党建会议精神，中海物业从顶层设计、体系建设出发，着力加强组织体系、价值体系、监督体系、责任体系，搭建起党建引领企业发展形成内生动力的“四梁八柱”（见图1）。

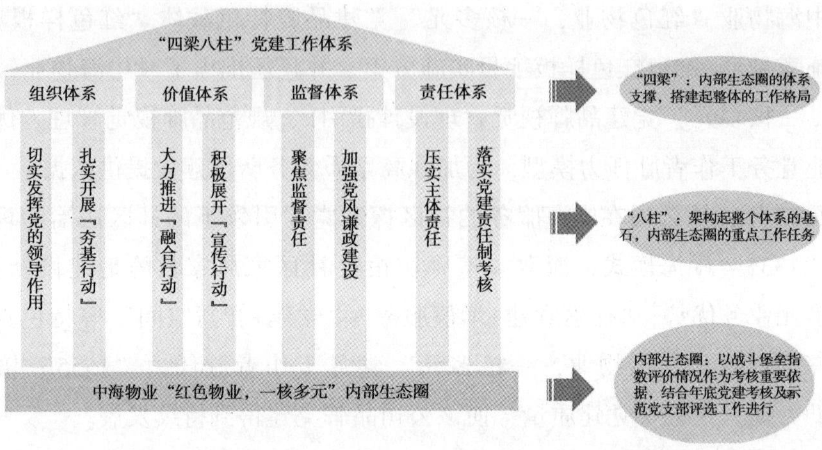

图1 中海物业“红色物业，一核多元”内部生态圈

3.2.2.1.1 组织体系

（1）推进党委发挥领导作用。坚持把党建工作写入章程，将党委前置审议落实入程序，梳理“三重一大”决策制度，不断推进党的领导融入中海物业公司治理。

（2）推进完善领导体制。中海物业公司党政实现“一肩挑”、各级党组织同步推进“一肩挑”及交叉任职。

（3）推进党员教育管理。采取云党课、微党课、三会一课、主题党日等形式，将学习党的最新理论、总书记最新讲话精神、“四史”“时政”、业务相结合，不断提高政治判断力、政治领悟力和政治执行力。

（4）推进“夯基行动”，全面加强“三基建设”。基本组织方面，坚持党的组织及工作机构同步设置，各单位均配备专兼职党务工作者推进党务工作。基本队伍方面，开展党建文化月，加大对党务骨干的培训；坚持“党管干部、党管人才”原则，编写职业经理人试点方案，构建分层分类的立体化人才培养体系，建立青年人才鲶鱼计划工程，深化人才定向培养机制，完善人才供应链体系；积极推进发展党员工作，把党员培养成骨干，把骨干发展为党员。基本制度方面，印发《中海物业党委理论学习中心组学习制度》《中海物业管理有限公司党委会工作规则（试行）》《中海物业党支部工作手册》等十余份制度文件及工作指引。

（5）推进党务工作者队伍建设。持续探索搭建适合央企物管企业的党务工作者胜任力“1555”培养体系，通过研究输出“一模型”，不断优化党务工作者培训工作的“五培”和“五教”，努力实现“五个转化”，帮助党务工作者从认识胜任力到践行胜任力，助力企业打造物业行业党务人才高地。

3.2.2.1.2 价值体系

(1) 推进“融合行动”，党建与业务深度融合。党组织层面发挥战斗堡垒作用，开展“四有四融入”；党员层面开展“三亮三比三评”，建立示范岗，成立先锋队、攻坚组，采取积分评价方法，以“党员先锋指数”为评价依据。

(2) 推进“关爱行动”，建立领导联系点制度。各级单位领导班子成员普遍开展下基层讲党课解难题工作，同时将员工关爱与企业文化建设结合，建立“幸福N次方”员工关爱品牌，以“7+X”模式开展关爱活动。

(3) 加大先进选树及宣传工作。组织各单位做好发现摸底、重点培养、严格把关、总结提炼、宣传推广、环境营造“六步法”，普遍开展选树先进典型工作，从广大职工日常工作生活中寻找闪光点，深入挖掘典型背后的感人故事，在全系统内开展立体化宣传，营造出比学赶帮超的氛围。与此同时，积极与政府行业互动，争取相关荣誉奖项，并在官方主要媒体进行宣传。

(4) 坚持党建带工团。工会方面，着力推进标准化，打造工匠室，当好员工的“娘家人”。团委方面，广泛开展“文化宣贯”“寻根之旅”“商业分析大赛”等针对青年员工的系列主题活动，打造“青年公益行”团员青年活动品牌，不断增强青年责任担当，助力青年成长成才。

3.2.2.1.3 监督体系

(1) 坚持抓“关键少数”和管“绝大多数”相统一。严格落实党委主体责任，强化书记抓党建的第一责任，聚焦主责主业，知责履责尽责。规范组织生活制度，确保党委班子和基层党支部抓党建工作精力集中、履职到位、工作落实；严肃党内政治生活，面向全体党员和所有党组织，覆盖党的建设各个领域各个方面，营造良好政治生态，增强凝聚力和战斗力。

(2) 持续加强党风廉政建设，保持高压态势，构建“三不”机制，对廉洁问题“零容忍”，持续开展专项巡检监督工作，健全监督机制；增加纪检监察能力培养，不断丰富监察手段，提高业务能力，聚焦能力素质提升，扎实推进纪检监察团队的整体效率；推广廉洁从业风险防控模型的全国应用，大力加强廉洁从业风险管理，提高廉洁风险防控意识，增强反腐倡廉工作预见性，真正把“标本兼治、综合治理、惩防并举、注重预防”工作方针落到实处。

（3）建立以党内监督为统领，包括法人治理结构监督、业务监督和民主监督等在内的大监督体系。

3.2.2.1.4 责任体系

（1）层层压实责任。年初制发党建工作重点任务和落实全面从严治党主体责任清单，铺排全年重点工作，明确责任主体，设定完成节点。与全系统签订《党建工作责任书》，定期召开全年党建工作部署会、年中党建工作会、党建季度推进会等大中型会议，有效推动全年工作稳步开展。

（2）建立党建考核“指挥棒”机制。编制战斗堡垒指数，从三基建设、融入生产经营、员工思政工作等维度编制形成22项二级指标、60项考核重点开展考核，同步对示范党支部进行验收，形成示范党支部特色亮点案例指引集；对被考核单位党组织党建责任制考核结果实行强制分布，具体采用ABC五档分布法，同时进行强兑现，对考核为“A”的党组织班子成员在绩效奖金上进行奖励（奖励落实到个人），对考核为“C”的党组织班子成员在绩效奖金上进行处罚（处罚落实到个人）。对考核结果为“B-”的，对党组织书记进行提醒谈话；对考核结果为“C”的，对党组织书记进行诫勉谈话；对连续两年考核较差或考核结果为“C”的，对党组织书记进行组织调整和问责。

3.2.2.2 以“一核多元”工作理念推进外部生态圈

中海物业以“组织共建”“机制共行”“品牌共创”的“三共工作法”为抓手，围绕“一个核心，组织多元化”“三项机制，运作标准化”“五大工程，品牌特色化”的“135”工作模式，构建社区治理体系的外部生态圈，探索出了一套长效治理的新模式（见图2）。

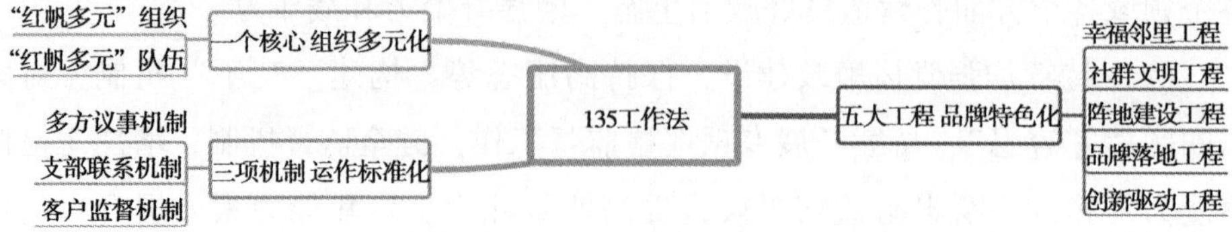

图2 “135”工作法

3.2.2.2.1 组织共建

中海物业围绕“一个核心，组织多元化”统筹多方力量，建立“红帆多元”组织，搭建以政府、社区、企业、业主、业委会、社会组织等为主体的“X位一体”的服务模式；以该公司本部党团职工、项目成员、社区业主等人员为主体，组建“红帆多元队伍”，涵盖“红马甲服务、先锋攻坚、邻里守望”三大联盟，服务项目涉及全生命周期，实现社区网格化管理，有效引导多方力量参与社区公共事务决策，形成组织共建、资源共享、实事共做的新格局（见图3）。

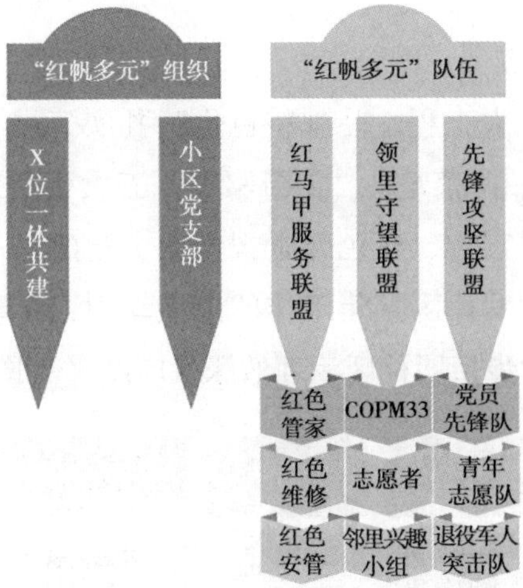

图3 “红帆多元”推进组织多元化

3.2.2.2.2 机制共行

中海物业围绕“三项机制，运作标准化”探索“多方议事”“支部联系”“客户监督”三项机制及标准化运行方式，通过举行多方联席会议、红色议事厅、书记有约、支部责任田、业主见面会、业主周年大会等公开公正的议事协商模式，明确议事流程，形成有效监督，多方合力解决社区治理的痛难点问题，激活项目管理服务水平（见图4）。

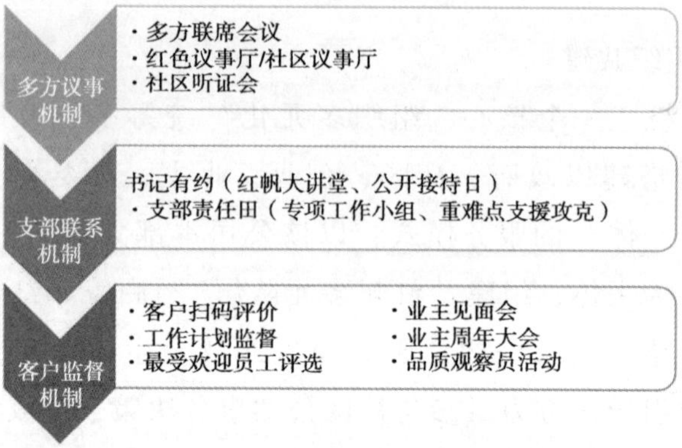

图 4　“三项机制”推进运作标准化

3.2.2.2.3 品牌共创

中海物业围绕“五大工程，品牌特色化”扎实开展“幸福邻里”“社群文明”“阵地建设”“品牌落地”“创新驱动”五大引擎工程，将红色印记系列社区活动、精神文明宣传、红色元素视觉化、党建阵地挂牌等活动融入项目日常基础管理中，激发社区党建工作的内生动力，推动品牌党建特色化在项目的落地呈现，进一步拓展社区治理的深度广度（见图 5）。

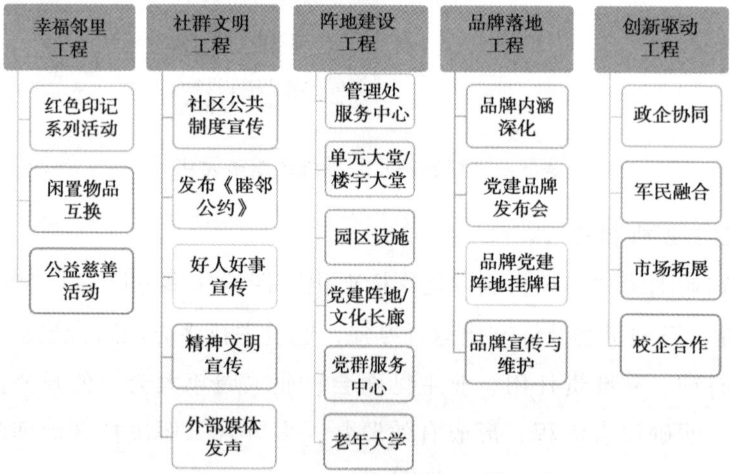

图 5　“五大工程”推进品牌特色化

该公司努力推进内外部生态圈的双循环、双促进。在党的坚强领导下，一方面物业企业在内部生态圈中积极引导员工和业主认同党的领导、热爱国家，坚定中国特色社会主义道路。另一方面，物业企业作为外部生态圈组织的主要参与者，践行基层治理使命，在党的十九届四中全会《决定》中提出的“坚持和完善共建共治共享的社会治理制度，构建基层社会治理新格局”的目标引领下，推进物业公司工作职能向社区公益组织职能有效延伸，成为连接党委领导、政府管理、居民参与的平台和纽带，有效促进了内外部生态圈双循环双促进。

3.2.3 **品牌党建的最新设计与探索**

随着品牌党建实践的深入，中海物业将“红色物业，一核多元”的思想方法与社区法治、社区文明、老年工作、空间科技、增值服务等物业管理相关多元业务相结合，探索设计了“党建+社区法治”——探索党建引领下的社区法治治理“1335”中海模式；“党建+社区文明”——探索“室廊坊馆”社区家风家教阵地建设新思路；“党建+老年工作”——探索“领潮银辉”老干部工作品牌、“党建+空间科技”——探索“党建兴，科技 xin”特色新路；“党建+增值服务”——探索打造“UN+暖心驿站”品牌等特色做法，并逐步加强党务队伍培养体系设计，取得了一定的研究成果。

3.2.3.1“党建+社区法治”——探索党建引领下的社区法治治理，创建“1335”中海模式

习近平总书记2022年6月28日在湖北武汉考察时指出“社区是城市治理体系的基本单元。我国国家治理体系的一个优势就是把城乡社区基础筑牢。要加强社区党组织建设，强化党组织的政治功能和组织功能，更好发挥党组织在社区治理中的领导作用，更好发挥党员先锋模范作用。要把更多资源下沉到社区来，充实工作力量，加强信息化建设，提高应急反应能力和管理服务水平，夯实城市治理基层基础”。

为充分发挥物业在社区治理的关键作用，中海物业公司寻求通过“党建引领下的社区法治治理”新模式，聚焦社会矛盾多元化解决路径，解决小区治理难点痛点，提升小区居民幸福感和满意度。

在“红色物业，一核多元”建设的基础上，借鉴“枫桥经验”，坚持从实际出发，运用系统观念，打造体系化“党建+法治”工作新模式，通过以“组织共建”“机制共行”“品牌共创”的“三共工作法”为抓手，创建“1335”中海模式，即建设“一个核心、三大支柱、三支队伍”的组织架构，配套“五个机制”，有侧重、有重点地推动“党建+法治”工作落地见效，建

立社区治理体系的外部生态圈，着力打造一批样板项目，探索出一套长效治理的新模式，以实现“小事不出楼，大事不出小区，矛盾不上交，就地化解”的物业小区法治建设最终目标。

结合前期“红色物业，一核多元”党建工作基础和法治建设工作成效，中海物业选取西安公司作为党建引领下的社区法治建设工作试点单位，开展方案设计、实地调研、组织推进等各项工作。

经过多次组织课题研讨会，该公司确定了法治建设进社区的实施目标是以服务社区建设、规范社区管理、参与社区服务、保障社区稳定为宗旨，通过建设法治建设进社区试点项目，打造法律服务阵地，总结一套行之有效、系统完善的工作实施机制，梳理形成课题研究成果。为此，成立了以总法律顾问为组长，总部法律合规部、西安公司相关人员为成员的工作小组，确定了法治建设进社区的实施方案，遴选西安公司下辖紫御华府为样板项目。提出了整合力量——打造“七位一体”推进模式的方针，即以人民法院、街道办、辖区派出所、城管中队、律师事务所、物业服务企业、社区志愿服务组织为载体，建立“七位一体”的推进模式，全面构筑起法治建设进社区的网格推进模式。组建普法讲师团，确立了普法宣传的主体，借助法院、街道办、辖区派出所、城管中队等力量化解纠纷，实现法治+管理+服务的融合。

为贯彻好、坚持好、发展好“枫桥经验”，该公司赴枫桥镇开展调研工作，对枫桥镇社会治理中心、枫桥村党群服务中心、枫桥镇政府等地进行考察，深入了解该地完整的法治建设实施流程、制度，梳理从庭上到庭下的多元纠纷解决机制的组织形式，提炼确定课题的最佳实践方案纲要：“1335”模式，即围绕“一个核心”“三大支柱 ”“三支队伍”“五种机制”进行法治建设。成功孵化“中海模式”，总结梳理出一套可行的“党建+法治”建设经验。

为保障党建工作与法治工作相融并进、同向发力，让党建工作真正“活”起来，让法治工作真正“落”下去，充分发挥“一个核心”的领导作用，该模式贯彻“党建法治队伍组织建设走在法律风险预测前；法律风险预测走在法律风险预防前；法律风险预防走在争议矛盾调解前；争议矛盾调解走在争议矛盾激化前”的“四前”工作机制。

参照“枫桥经验”中“党建引领”“人民主体”“共建共享”等经验做

法，中海物业围绕"三大支柱""三支队伍"统筹多方力量，以"领潮法律服务站""海阔调解站""共享法庭服务站"三大支柱作为支撑，组织建立以法治巡查志愿者队伍、法律咨询志愿者队伍、法治先锋调解员队伍为主的三支队伍，配套"五种机制"构建中海模式（见图6）。

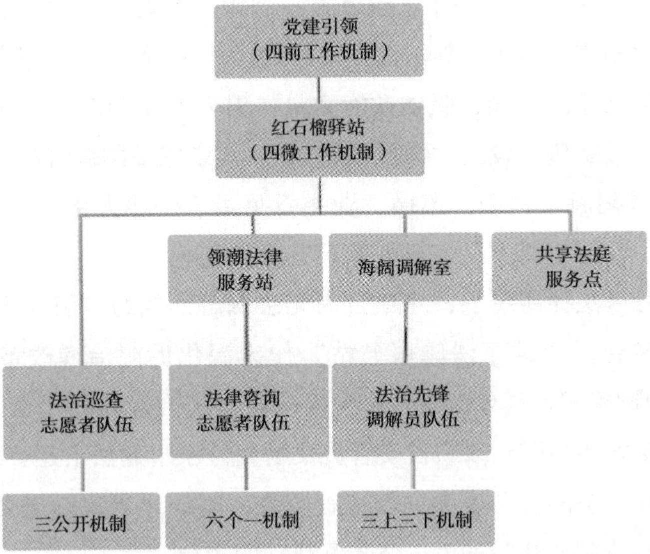

图5　党建引领下的社区法治治理"1335"中海模式

3.2.3.1.1 党、政、法、企合作，共建"法治阵地"

以小区党支部、物业公司党支部等基层党组织为单位，积极与中共西安市雁塔区物协开展党建共建合作，并成立中共西安市雁塔区物协和中共中海物业管理有限公司西安分公司支部委员会"党建共建点"。

党组织成员邀请职业律师、热心业主等社会力量成立"红石榴驿站"，通过"红石榴驿站"切实解决业主实际问题，破解基层治理难题。

议事过程中充分运用"四微"机制，坚持以党的领导为核心，贯彻落实"小事不出门，大事不上庭"的微治理理念，以法治建设志愿者为核心组建队伍的微志愿，通过对三支队伍的联动处理小区内发生的矛盾的微联动，实现小区内发生小矛盾快速处理的微处理。抓住"四微机制"为核心结合实际情况，以党的领导为核心打造"1335"的中海模式物业法治小区建设的实践路径。

3.2.3.1.2“三大支柱”“三支队伍”构建

在基础法律服务建设上，拉通专业调解员、顾问律师、公司法务等人员，组建法律咨询志愿者队伍，以法律咨询志愿者队伍为核心设立“领潮法律服务站”，服务业主解决法律纠纷，做好“每季度一次走访，每季度一次普法宣传进项目，每年一次项目法律风险审查，每年一次集体法律援助，每年一份法治提升建议报告，每年一卷法治档案”的“六个一”工作机制。

在解决社区矛盾方面，吸纳政府力量，引入专业调解员、顾问律师组建法治先锋调解员队伍，设立“海阔调解站”，制定完整的调解流程，将“三上三下”调解机制融入其中，遵循“业主意见上、法律方案上、党员审议上；运营团队下、友好协商下、综合决策下”调解原则。

在解决社区法律纠纷上，对项目内无法调解的纠纷，引入“共享法庭服务站”这个平台，“共享法庭服务站”作为深化诉源治理改革的“重要前哨”，能因地制宜多元高效解纷，作为提升群众法治素养的“云上课堂”，可打造精准普法宣传矩阵。以项目安管员及物业管家组建法治巡查志愿者队伍，每季度对公开栏中的公开事项进行巡查监督，监督“表决结果公开、解决方案公开、法治情况公开”的“三公开机制”的实行。

通过引入“1335”中海模式，组建“三支队伍”，构建“三大支柱”，利用物业力量在纠纷的解决上形成了“党建共建先行、法律服务承接、多元调解兜底、巡查监督善后”的闭环工作模式。

3.2.3.2“党建+社区文明”——探索“室廊坊馆”社区家风家教阵地建设新思路

国以家为基，家以廉为贵。为深入贯彻落实习近平总书记关于家庭、家教和家风建设的重要指示精神，中海物业致力建设具有物业管理行业特色文化的廉洁文化体系，发挥物业管理企业党组织贴近群众、凝聚群众和引领群众的作用，推动构建风清气正、向上向善的社会风气。以廉洁家风筑牢拒腐防变思想防线，以廉洁家风促党风带民风，为推进全面从严治党提供保障，以廉洁家风深入推进中海物业“红色物业，一核多元”品牌党建扎根。

该公司围绕“一核多元”的品牌核心，构建出“1156”的总体工作思路，即：坚持1个引领、打造1个样板、推进5个重点、实现6项目标，推动家风家教建设工作具象化、规范化、常态化，促进阵地建设深入基层，贴近群众、服务群众。

中海物业打造“家风家教”廉洁文化阵地，充分发挥物业打通联系服务业主的“最后一百米”作用。阵地的应用有四种类型：学习研讨型、场地建设型、家庭助廉型、政企共建型。通过建立阵地，把家风文化融入与业主、社区党支部、业委会、企业等进行的联合共建、共管、共治，走出了一条具有中海特色的基层党建互联互动新格局探索之路。

2022年，根据各城市的文化特色，中海物业结合基层项目的差异化特点，构建出“室廊坊馆”家风家教廉洁阵地体系，具体分为“家训室”“清廉廊”“清风坊”“家风馆”四种形态，四个形态的阵地共同承担着贯彻家风家教在基层社区落地的使命，也承载着联系群众、服务群众的治理初心。

位于西安紫御华府小区的“中海家训室”，占地面积约10平方米。以功能性为主的家训室内设置了清风读书角、廉洁书写台等设施，为日常开展学习教育，调解邻里纠纷，组织开展小型廉洁文化活动等提供服务，小小的家训室，在社区治理的最前沿发挥着联系群众、服务群众的作用。

在广州中海名都，中海物业联合海珠区滨江街道打造了一条“中海清廉廊”。清廉廊以小区内廊道为主，以宣传“廉政文化”“家风家训”“和谐邻里”等主题，围绕“处处见廉”打造家风阵地，以书画展的方式，通过丰富多彩的艺术作品，寓教于书、寓教于画，在小区内培植清廉文化，让阵阵清风吹入千万家。

在毗邻北京陶然亭公园的壹瓶小区内建成了一座“中海清风坊”，占地面积约100平方米。清风坊融合老北京四合院风格，坊内涵盖三大主题“家风正，万事兴”“和睦邻，一家亲”“清廉风，爱国情”，更有展品区、字谜区和中海邻里展示区，让参观者一面在京味古韵中感悟，一面在趣味互动中贯通，向广大业主弘扬好家风好家训，向广大中海物业员工传递风清气正的好思想，让廉洁文化滋养身心，廉洁风深入中海魂。

在成都中海城南华府园区内的“中海家风馆”，占地面积约400平方米，作为一个综合性平台已成为当地的一张名片。家风馆突出“设计理念人性化、宣传内容形象化、宣传方式多样化、互动参与趣味化”的特点，内涵了“家风习语”“家国春秋”“家国天下”“家训领潮”四大展区和到家风教育体验区，面向业主开展融知识性、体验性、互动性和趣味性于一体的家风家教活动，打通社会主义核心价值观和优秀传统文化的衔接血脉。

优良家风润泽千家万户，修身齐家引领文明风尚。家风家教阵地不仅得到中海集团、中海物业领导的高度重视，并且获得北京市市级领导的赞许，以及各地政府单位的大力支持。2022年6月28日，由中海物业打造的“中海家风馆”在成都中海-城南华府小区正式揭牌。中央主流媒体人民日报新媒体客户端刊发《诉说同根同源的中华情，中海家风馆落成开馆》文章，为这一创新举措进行了报道与点赞。

3.2.3.3“党建+老年工作”——探索“领潮银辉”老干部工作品牌

城市基层党建是以镇街、社区党组为核心，有机联结单位、行业及各领域党组织，实现组织共建、资源共享、机制衔接、功能优化的系统建设和整体建设。作为社区党员的重要部分，离退休干部党员长期接受党的教育培养，忠诚党的事业，政治坚定，作风优良，在群众中有较高的影响力和号召力，是社区党建和基层治理不可忽视的重要力量。

加强离退休干部党的建设是做好新时代老干部工作的重中之重，也是城市基层党建的重点工作。中海物业联合东城街道东泰社区党委，依托社区党建基地、社区老年大学和老年人活动群体平台等，推动创建“领潮银辉”老干部工作品牌，大大促进离退休干部原单位党组织和社区党组织互联互动，不仅让社区党委与社区常住党员紧密联系，也为基层老同志就近发挥积极作用提供了舞台。

“领潮银辉”，以“领潮”和“银辉”两个维度倾心塑造东泰社区养老服务品牌，为社区养老服务的品牌建设与传播提供明确的方向指引。“领潮”旨在东泰致力于企业与社区的和谐共建，引领社区居民精筑幸福，创领红色社区发展潮流；“银辉”旨在银发力量助力社区基层治理，增添正能量，展现新风采。

东泰社区位于东莞市中心区，辖区面积4.3平方千米，划分为5个网格，常住人口约11万人，户籍人口约3万人，是东城街道人口规模最大、人口密度最高的生活区。东泰社区党委现设17个党组织，其中包括1个党委、1个党总支、2个社区党支部、4个居住小区党支部、4个社会组织党支部、7个非公企业党支部。为加强城市基层党建，推进社会治理，以东泰社区党委主导，中海物业积极配合，在社区搭建以老年同志为核心的社区学习交流平台，积极探索“红色社区+红色物业+社区老年大学”共建共享服务模式。

以社区老年大学东泰总校为试点，致力于为社区老同志营造就近学习、就近活动、就近得到关心、就近发挥作用的社会环境，构建上下联动、共建共享的基层民主工作机制，把社区老年大学打造成为社区老干部工作品牌的亮丽名片。

其一，组织建设强核心，基层党建展活力。社区老年大学建在小区之上，延伸至老年社群当中，全面打通社区“银龄养老”的“最后一百米”，夯实社区基层党建，引导社区老同志共同体悟新时代奋斗脉搏、奋斗步调、幸福底色。一是依托社区组织建设，引领离退休党员就近参与组织生活，学习党的创新理论和基本知识、光荣历史、优良传统，引导老同志学理论、强党性、铸信仰，永葆政治本色。二是加强社区阵地建设，与中海物业、民营国贸等红色支部联动，通过党员联育、深度共建拓宽红色宣教阵地，传承红色革命基因，推动社区党建发展。三是推动社区老党员队伍建设，通过“归巢行动”系统梳理党员信息，以线上送学、交流促学、灵活优学、结对帮学等助学方式，对老党员进行建档和学习管理。四是巩固社区老党员思想建设，关注社区老同志精神层面的需求，定期联动各级单位举办红色文艺活动，进一步完善社区“文化养老”服务体系，鼓励社区老同志以多样化、多元化、高品质的文体艺术形式展现“银发”风采，绽放时代光芒。

其二，丰富社区老年文化生活，齐心共建“连心桥”。充分利用社区老年大学交流学习阵地，为社区老同志提供学习培训、志愿服务、文体交流、法律咨询、反诈防诈等服务，把组织温暖送到社区每家每户，线上线下架起一道社群之间的“连心桥”。一是建立社区议事制度。在社区党委指导下，由社区物业牵头，组织社区居委会、物业管理人员、业委会代表等单位定期征集、解决社群需求，推动基层治理。二是建立线下活动阵地。按照统筹利用的原则，以“一室多用”的方式，整合各功能室用途，为社区老同志提供学习交流、协商议事、开展活动、宣传展示、信息公告等方面的平台。校内所有设施面向社区全体老同志免费开放，同时对行动不便或有特殊需求的老同志实行预约上门等服务，确保社区老同志在社区开展活动有场地、有服务、有内容。三是线上开通“领潮银辉”云课堂。每周两次通过社区公众号推送形体课、养生课等学习视频，每月组织两次“云党课”学习，方便社区老同志足不出户助力疫情防控，随时随地学习党的会议精神，做到“停课不停学”。四是建立线上沟通群。学校通过微信群、朋友圈、视频号、公众号等形式，及时向社区老同志传递组织关怀，推送实时资讯、解决急难愁盼。

其三，社群共建聚合力，融合发展谋新篇。优化社区资源配置，下沉优质党建资源，创建“社区党委+n”模式，整合市委老干部局、市文化馆、市图书馆、中海物业等优质资源，以社区老年大学为基础，以老同志队伍为纽带，加强社区党委、中海物业和社区老同志的紧密联系，搭建多元化的党建学习交流平台，打造老年群众的“温馨家园”。一是市委老干部局不定期邀请市委党校教授在社区老年大学开展“送学上门”，邀请社区老同志一同参加书画作品展，到社区进行老干部工作座谈等。以点带面将社区党建辐射性覆盖社区，掀起东泰社区学习宣传习近平新时代中国特色社会主义思想热潮。二是助力市文化馆深入推进东莞“品质文化之都”建设，积极参与“四个100”公共文化服务系列活动，弘扬红色文化，展现莞邑文脉。三是与市图书馆东城分馆共同打造社区阅读空间，共享优质图书资源，老同志们居家即可实现“读万卷书、行万里路”。四是与中海物业协同共建，融合发展。中海物业支持办学17年来，积极协调人力物力参与学校建设，以多元化、多频次、多角度的社区配套服务彰显央企担当。五是与中海可砾儿童学院联合开展系列敬老活动，如重阳敬老月、“破笔开蒙”等活动，充分发挥老同志、老党员的育人优势，培育下一代尊老、敬老、爱老、助老品质。六是积极联动东泰社区卫生服务站提供公共卫生服务和基本医疗服务，完善老干部健康档案，实施保健信息管理，并联动管理处、社区卫生服务站为离退休干部提供个性化、人性化、便利化的医疗保健和康复服务，并为行动不便的离退休干部送医送药送学上门。同时，邀请市中医院、康华医院等正规医疗机构，定期到社区开展老年人养生讲座或义诊活动，指导离退休老同志进行疾病预防控制和自我保健。

其四，“领潮先锋”树典型，红色血脉共传承。营造创先争优环境，以争创“星级组织”“优秀学员”活动为载体，抓好社区老年大学的“树典型”系列活动。一是从“党建引领建设好、各项制度建设好、思想工作做得好、学员队伍管理好、特色活动开展好”等方面促学风，形成学习先进、争当先锋的良好氛围。二是通过社区公众号定向投放社区“领潮先锋”事迹立标杆，用身边事教育引导身边人，增强队伍凝聚力。三是从组织生活、班队管理、团队协作、热心公益等方面扬正气，引导广大老同志形成争创优先、见贤思齐，树立良好的班风校风。

中海物业公司在社区指导下，进一步探索社区“文化养老”“活力养老”“居家养老”“传承养老”等模式的建设，提升社区养老服务水平和能力。一是为老同志就近开展学习教育提供场所场合。通过社区老年大学举办党课或党建座谈会，就近组织离退休老党员及时了解党的方针政策、国内外形势以及社区党建工作，推进了社区“文化养老”的建设。二是为老同志就近参加活动提供组织保障。通过社区老年大学举办“线上+线下”的各类培训、演出，吸引了社区老同志就近参加、主动参加、踊跃参加适合自身情况的兴趣活动，推进社区“活力养老”的建设。三是为老同志就近得到生活照顾提供了有力支持。定期联动中海物业党支部开展“送学上门”“送法上门”“送药上门”等系列慰问活动，将市委老干部局“四就近”东泰社区服务点的开设理念与党坚持全心全意为人民服务的宗旨相结合，推进了社区“居家养老”的建设。四是为老同志就近发挥作用提供平台。引导老同志在关心教育青少年、建设平安和谐社区、创文创卫等方面发光发热，加强小区居民特别是未成年人的爱国主义教育，推进社区“传承养老”的建设。

3.2.3.4“党建+空间科技”——探索“党建兴·科技 xin”特色新路

作为中海物业集团科技板块的专业子公司，兴海物联不仅是中海物业“十四五”战略科技力领先目标实现的主力担当，中海集团的科技名片，更肩负着成为建筑智能化行业的领军企业、行业首家真正意义的智慧园区解决方案商的重大使命。在中海物业“红色物业，一核多元”品牌党建的引领下，兴海物联在探索科技创新的同时，不断挖掘并充分利用“党建红”和“科技蓝”的有效和深度融合。通过党建兴，凝聚广大党员群众的“科技心”，为研发装上“科技芯”，逐步实现“科技新”。

3.2.3.4.1 党旗召唤“科技心”

党旗代表方向，方向就是面对目标的位置。思想政治工作是把舵定向的“方向盘”，是中国共产党的优良传统、鲜明特色和突出政治优势，是一切工作的生命线。对于兴海物联这样一个35岁及以下员工占81%的年轻科技企业来说，用好思想政治、学习教育这些“利器”，充分发挥统一思想、凝聚共识、鼓舞斗志、团结奋斗的重要作用，可以从思想深处拧紧螺丝，推动科学理论武装和引领企业航向深度融合。

发挥组织作用，营造共创氛围。兴海物联成立了由党支部书记、总经理周健龙任组长，研发党员、骨干为成员“党建+科技”工作小组，主要是强化科技创新组织和思想保障，为科技创新工作定向领航。

突出学习教育，强化思想引领。用好党史学习教育常态化长效化这一重要机制，将党史中关于科学技术的重要论述、重大成果、励志故事等作为必修课，包括《中国共产党简史》中关于科学技术的论述。强化党员干部“带头学”、全体党员“集中学”、研发人员“创新学”等举措，推动党的二十大精神深入人心。利用智能化、信息化小工具、小程序，让学习“活”起来。充分发挥科技优势，通过“机器人”设置每日学习提示，利用公众号“微课堂”等互动功能，让“微党建”成为传播党的声音、宣传党的政策、收集舆情民意的重要平台，以创新举措，推动学习教育走深走实、入脑入心。

加强文化促融，凝聚同心合力。以党建工作引领企业文化建设。兴海物联员工队伍，尤其研发队伍整体年轻化，且有新鲜血液持续注入，要积极适应新形势新要求，结合领潮文化宣贯，开展丰富多彩的党建带群团活动、青年理论学习、青年建功行动等，使党建工作与企业文化充分融合，形成思想领域的强大合力，引领企业全面发展。

3.2.3.4.2 党员领创“科技芯”

党员代表路标，路标就是导向和指引。充分发挥党员的先锋模范作用，不仅能影响和带动身边的人共同进步，更能鞭策党员自身不断前进。

双向培养，厚植科创队伍土壤。制定完成兴海物联“双培”机制（即培养业务骨干为党员、培养党员为业务骨干）。将各级各类人员盘点、测评与确定入党积极分子、确立发展对象、接收预备党员有机结合起来，从不同角度和维度甄别优秀人才和骨干。同等条件下，优先发展技术骨干，通过定期培训、专人帮带、上挂锻炼等方式，充分激发研发团队科技创新的积极性、主动性、创造性，发挥科技带头、党建引领的带动作用。

揭榜挂帅，着力解决难点痛点。针对该公司目前研发、交付、回款等难点痛点问题，实施“科研攻关榜”“创新指数榜”“满意交付榜”“回款能手榜”比拼，并鼓励党员自告奋勇挂帅，以更加开放的姿态不拘一格用人才，做到重要岗位有党员顶着，关键环节有党员把着，重量级项目由党员领着，着力攻克各类发展难题及“卡脖子”技术难题，持续构建行业领先的智慧园区技术、产品和运营体系。

持续打造“兴海英雄榜”。对敢于揭榜并能成事的党员干部及研发人员给予及时激励并进行大力宣传。让广大员工学有标杆、做有榜样，带领广大员工立足岗位开展创新，锻造具有执行力、创新力、学习力、向心力的科技队伍。

党群合力，提高自主研发能力。全面实现从“项目型研发”向“产品型研发”的转型，打造兴海物联“解决方案式研发”能力，提高星启智慧园区中台、IoT 物联网平台的产品质量和市场竞争力，并不断丰富产品目录。提高政治站位，高度重视中海集团总部平台及智能化工程、乌鲁木齐城市服务平台，加入中海科技元素，将其打造成兴海“科技芯”的代表作。科创协同方面，建立并运行平台月度/季度例会机制。聚焦校企合作，进一步开拓产学研合作新模式。系统化研究科研课题政策，推进完成一项国家级/省级课题申请，两项中建/中海集团级课题申请。加强专利挖掘，实现布局性积累，助力产品研发。

3. 2. 3. 4. 3 党建引领“科技新”

攻坚创效，推广“四个一”模式。兴海物联以重大项目为载体，持续推广在冬奥会项目创新推行的“四个一”工作法，即“做优一个项目、培养一支队伍、产出一批成果、树立一座丰碑”，将党建工作与项目建设深度融合，同谋划、同部署，加快科技成果转化运用，让鲜红党旗在一线创新战场高高飘扬。

实力提升，打响“源动力”品牌。“源动力”研发创新工作室是中海物业工会授予兴海物联的劳模工作室。兴海物联持续弘扬工匠精神，发挥领军作用，将其作为落实中海物业科技力领先的主力担当，和提升党建工作水平的重要载体；围绕信息化、数字化、智能化运营，科技物管及智慧园区整体解决方案等方面，开展技术攻关和技术创新，增强公司核心竞争力，不断提升贯彻新发展理念的能力和水平；努力成为知识型、技能型和创新型的工作室。

共享共进，聚力党建共建促发展。与中建海龙等公司开展党建结对共建，激发科技党建新引擎。积极探索“组织联建、党员互动、活动互联、工作互助、资源共享、经验共鉴、共同发展”的有效途径，通过党建合创推进业务深度合作，真正实现“以党建交流促进发展共赢，以业务合作助推党建高质量开展”。

3.2.3.5“党建+增值服务”——探索打造“UN+暖心驿站”品牌

习近平总书记在党的二十大报告中强调，要加强新业态新就业群体党建，对于巩固党的阶级基础和群众基础、推动新业态高质量发展具有重要意义。

在社区增值服务版块，中海物业旗下“优你家”围绕“空间资产运营”“资产管理服务”“社区生活服务”三大运营模式，致力打造“中海物业社区生活服务平台”，为数百万家庭提供房屋租售、家居装修等多元化增值服务，被评为“中国多种经营优秀物企”。

“优你互联”党支部在围绕主营业务物业服务基础上向外衍生，探索党建与增值业务深度融合从理论要求到具体实践、从点位突破到整体推进的贯通，打造“UN+暖心驿站”特色品牌党建，凝聚新业态新就业群体力量。

以党建工作为统领、以业务突破为支点、以为民服务为抓手的“暖心驿站”建设，设立在“优你家”面众数量最多的租售门店，为新业态新就业群体提供一站式便民爱心站、充电式红色教育站、常态化志愿服务站，编织温情服务网，传递城市温度。全国首家“暖心驿站”在西安紫御华府租售门店顺利落成，后续分别在广州、重庆、济南铺排设立了“暖心驿站”，驿站具体运营机制如下：

其一，租售门店选取。目前，已根据门店经营业绩、人流量情况和门店面积三个维度对全国租售门店进行了筛选，共计25家。

因疫情、道路施工等客观条件影响，有些门店周围可能新设卡口、路障，后期的门店选取做出了适当更改。

其二，提供物资类别。基本涵盖“防疫物资”（口罩、酒精等）、“应急药品”（碘伏、棉签、止血贴、防蚊喷雾、跌打扭伤药膏等）、“歇脚饮水”（可移动桌椅、桶装水、一次性水杯等）、“便捷充电”（移动电源、数据线）等范畴，具体执行落地可根据不同门店所在社区人群的需求提供个性化服务，如老年人群为主的门店还可投放血压计、轮椅。

其三，投放位置。在租售门店内划出部分区域集中放置物资，此区域可灵活安排，如用于日常客户接待。

其四，日常物资维护。暖心驿站物资补给为每月一次，由门店业务顾问，党员为佳，负责运营维护。

其五，推广形式。一是租售门店外部悬挂“UN+暖心驿站”牌匾或者灯箱，对外昭示彰显；二是租售门店内部上墙红色元素，如入党誓词、志愿服务精神、优你互联党支部党员便民服务的照片等；三是“优你家”本部提供推广文案、海报，由各门店项目经理、业务顾问负责利用自身客群资源加以宣传。

该公司以此为契机，将“暖心驿站”打造成服务企业高质量发展、提升民众生活幸福感的基层党建示范点依托暖心驿站，积极引导新业态新就业群体参与到城市基层社会治理中来，增强新业态新就业群体对社区的归属感。

此外，借助美居装修业务优势，“优你互联”党支部聚焦党员学习教育阵地载体，在全国推广党建阵地打造方案，致力于让基层党组织有个设施完善、内容丰富的“家”，目前已为内外部 10 多家单位提供了党建阵地的设计及执行落地服务，为加强党员教育建设、提高党员素质、增强党组织凝聚力和战斗力提供了基础保障。以下为具体的优势分析、业务范围和服务流程。

（一）优势分析

（1）价格优势。设计、整体造价：优你本部有专业的设计团队，针对内部单位可免费出具设计方案；同时施工团队资源储备丰富，优你整合能减少整包商赚差价，最大化的控制造价成本。

（2）团队优势。党建美陈业务由“优你互联”党支部书记牵头，党员参与设计执行落地。主要负责人长期从事党务工作，对物业集团乃至政府相关党的方针政策理解透彻，能够很好地宣贯党建理念。

（3）业务优势。经验丰富：团队具备空间包装设计能力，曾经专门从事党建空间包装设计，参与的代表作品有深圳市党群、南山区党群、大中华党群、深圳市民航监管局党群、深圳市机场党群、杭州拱野区北部软件园党群、柳州城中区党群、南山区组织部公区形象提升等。反馈机制健全：优你本部牵头开展党建包装业务，能及时了解各地区党建文化阵地建设情况，建立有效的返回机制定期向集团进行落地情况汇报。标准化建设：在实际落地过程中能优化和升级设计，形成标准化党建品牌，可以保障设计输出内容标规范化、专业化、品牌化。属地团队支撑：优你在全国各地有专业家装团队，能覆盖全国34个重点城市，能快速地响应项目需求，并做出正面的回应。落地经验优势：过往3年承接内部品质提升改造项目，积累了丰富的项目落地经验，能确保每个项目都能顺利落地（内部承接党建空间包装案例：2021年承接深圳市纪委、雄安市民中心、惠州凯旋城党建办公室的设计与落地、惠州凯旋城红色老旧物品展的落地工作）。

（二）业务范围

表1　全国推广党建阵地打造方案的业务范围

项目	类别	具体内容
常态党建	室内党建	党建展厅、党建展馆、党建活动室、党建文化墙
		公共空间党建（大堂、楼梯、电梯、长廊等）
	室外党建	价值观宣传栏、党建长廊、党建围挡
		党建标识/导视、灯杆旗/道旗
活动党建	节日活动	主题党日（建党节、国庆节等）
		传统节日（劳动节、元旦节等）
	活动物料	喷绘物料（展架/展板/条幅/海报/手举牌）
		会议物料/礼品
	印刷物料	笔记本/画册/期刊/单页/党日贺卡

（三）服务流程

项目提出需求（要求及造价）→现场勘查→提出意向方案及造价评估→施工须知会→项目签约→确定方案及报价 出具具体方案及报价→每天施工进度播报→完工验收→款项支付→质保售后。

该公司持续发挥党建工作的服务效能，激发红色引领的强大活力，探索了党建与增值业务的深度融合，做到项目驻点在哪里，党建工作就跟进到哪里，实现了“围绕中心抓党建，抓好党建促发展”的理念从有形覆盖到有效覆盖、局部覆盖到全面覆盖。

3.2.3.6 探索打造党务工作者胜任力“1555”培养体系

为保障品牌党建的落地和深耕，中海物业公司启动品牌党建的党务工作者胜任力培养计划，持续探索搭建适合于央企物业企业的党务工作者胜任力“1555”培养体系，通过研究输出“一模型”（中海物业党务工作者胜任力模型)，不断优化党务工作者培训工作的“五培”（培训理念、培训模式、培训方式、培训资源、培训管理）和“五教”（教学、教师、教研、教程、教材)，努力实现“五个转化”（转化为党务从业者胜任力、转化为企业改革发展力量、转化为行业党建标杆实践、转化为基层治理红色动能、转化为国企党建管理成果)，帮助党务工作者从认识胜任力到践行胜任力，助力企业打造物业行业党务人才高地。

图7　党务工作者胜任力“1555”培养体系

在培训理念方面，该公司党委根据中央及上级党组织指示精神，将公司党建的历史与现实、理论与实践相结合，提出“政治引领、胜任为要、价值创造”的培训理念。

“政治引领”强调通过理想信念教育和党性锤炼，对学员进行价值观教育，持续强化党务队伍的政治本色。

“胜任为要”强调通过学习、思考、体验、研讨、实践等方式，解决党务工作者的本领恐慌问题，最终达成对党务岗位的胜任。

“价值创造”强调党务培训要融入企业改革发展和党的建设实际，围绕中心工作的顺利推进提供和创造专业价值，助力将党的政治优势转化为央企物业企业发展优势。

“政治引领”“胜任为要”“价值创造”三大培训理念之间具有相互联系、相互促进的辩证统一关系。“政治引领”是灵魂，统领“胜任为要”和“价值创造”；“胜任为要”是保障，是“政治引领”“价值创造”得以实现的基础和支撑；“价值创造”是目标，也是“政治引领”“胜任为要”与企业改革发展生动实践持续结合的活力之源。

实践证明，“政治引领”“胜任为要”“价值创造”的培训理念既符合中央和上级党组织对物业企业党务工作者教育的总体要求，也符合该公司和物业行业对党务工作者的特色要求。

培训培养体系的搭建的首要之务，便是精确描画党务工作者的胜任力。中海物业党务工作者胜任力模型从“能力、专业知识与技能、职业素养”三个方面明确“11 项关键能力”（具体为：政治素养、爱岗敬业、坚韧抗压、自我驱动、组织协调、善于沟通、高效执行、细节管控、党务技能、融入业务及品牌运营）。

该公司开展的党务工作者胜任力模型研究，一方面及时承接了“红色物业，一核多元”品牌党建对党务工作者的具体需求，另一方面也推进了“五培”“五教”的不断优化。

3.3 效果评估情况

及时回顾、总结和评估是提升品牌党建建设质量不可缺少的环节。中海物业通过党建责任制考核从品牌的实际应用、品牌的宣传、品牌在当地影响力体现等方面对“红色物业，一核多元”品牌建设进行效果评估。一方面从对“红色”活动的开展情况，管理处服务中心、楼宇大堂、园区设施、党建阵地、党群服务中心等阵地建设情况，社区公共制度宣传、好人好事宣传、精神文明宣传、外部媒体发声等社群文明开展情况来评估品牌党建的宣传效果。一方面通过争取政府资源投入，优化项目品质，维护良好的政商关系；深化党建引领下企业与军队的桥梁，更好地引进退伍军人在该公司就业从业，助力公司拓展军队物业管理等业务；沉淀项目红色物业管理经验，为今后承接学校物业管理、政府物业管理等大客户资源奠定基础，助力该公司的外拓等业务发展。发挥党组织引领作用，实现该公司与学校双方在优化人才培养、科研合作、社会实践及实习就业等方面的合作来评估品牌党建在当地的影响力。通过综合的效果评估，对品牌建设效果良好的单位加以认可，对效果实施不好的党支部进行点对点反馈沟通并推动整改。探索实现样板引路、示范引领作用，推动品牌党建落地，促进高质量党建推动高质量发展。

3.4 成果转化情况

3.4.1 提升企业竞争力

传承红色基因，中海物业在多方力量协同下，大幅度减少解决业主矛盾方面的成本投入，建立起良好的政企关系，营造和谐的社区氛围，形成了有别于其他物业企业的核心竞争力。中海物业先后获属地政府资金投入累计577万元，帮扶项目开展活动上千次，得到业主一致认可及表彰。同时在经营管理方面，中海物业党委立足新发展阶段，把新发展理念完整、准确、全面贯穿于企业发展全过程，坚持"学研查改"贯穿始终，将五大发展理念转化为实现高质量发展的新方向，服务全国142个城市，拥有1451个在营项目，服务面积287.2百万平方米，中标多个业态优质项目，集团获行业综合实力排名前5名、上市物业企业排名前3名，党建引领高质量发展成效明显。署名文章《打造党建品牌 服务基层治理》获中宣部主管刊物刊发，《一核多元与社区治理》品牌文集获中央党校出版社出版。

3.4.2 提升基层组织力

在组织凝聚力方面，积极推进骨干员工向党组织靠拢，努力做到"把党员培养成为干部、把干部培养为党员"双培养模式，帮助党员在重要岗位、重大任务中锻炼成长，以党员骨干队伍培养带动基层员工队伍建设；努力发挥党员模范带头作用，带领职工群众攻坚克难、创新突破，提升员工的荣誉感、使命感，增强组织凝聚力的同时促进管理提升，全力推动各项工作更好更快地发展。

各党组织在中海物业公司品牌党建建设思路指引下，百家争鸣、百花齐放，如长春公司"红心物业"品牌党建得到中共中央组织部调研赞许，并表示"中海物业作为央企物业，处处体现一个'实'字。"佛山公司"5+X"党建工作体系，通过群防群控、共治共建、创先争优、共庆华诞、经营融合5个抓手，满意度同比增长，顺利完成营业收入、利润、收缴率等经营指标；苏州公司探索以街道党组织为引领、地产公司协同的"1+3+1"党建工作模式，解决了停车位紧缺、高空抛物等疑难问题；通过“党建搭桥”方式，助力公司与永联村小镇颐和公寓项目落地，开启了中海物业“全国首个现代化乡村服务项目”；广州公司以亲民、惠民、乐民、安民为目标，建设“四民”服务体系，助跑基层治理“最后一公里”；济南公司集结红色先锋队、爱心服务队（工程、环境暖家行动）、贴心服务队、阳关义工队、小小楼栋长、左邻右里等队伍，打造“海红联盟”，为业主提供贴心服务；东莞公司以东泰社区老年大学总校为试点，探索夕阳党建与社区党建相结合的服务模式，把社区老年大学党建打造成为品质东莞的一张亮丽的名片。

3.4.3 提升社会影响力

随着主流媒体的宣传报道，典型组织人物的形象塑造，各类荣誉表彰的取得等，“红色物业，一核多元”品牌党建工作体系为政府完善基层治理、行业打造红色物业提供物业企业方案，有效提升了在社会和行业的影响力。截至目前，各级单位获省部级以上党建工会荣誉共 11 项，中海物业党委荣获“中国建筑抗击新冠疫情先进基层党组织”“中国建筑红色基石—先进基层党组织”“深圳市先进基层党组织”称号；北京公司荣获“北京市模范职工小家”，北京商业荣获“北京市五四红旗团支部”，天津公司荣获“天津市工人先锋号”，长春公司荣获“吉林省五四红旗团支部”，苏州公司三个项目被中共江苏省委组织部命名为“2020 年度党建引领物业管理服务工作省级示范点”；佛山公司党支部荣获中共佛山市委组织部颁发的“模范党支部”荣誉称号；常州地区党支部荣获常州市住房和城乡建设局“全市党建引领物业管理示范点”称号等。所属员工荣获“全国五一劳动奖章”“广东省五一劳动奖章”“四川省青年岗位能手”荣誉。今年，中海物业在深圳举办“奋进新征程-品牌党建的探索与创新”为主题的党建论坛，围绕党建引领下的社会基层治理开展深层次对话交流。论坛上，北京、佛山、成都、苏州、西安公司等党组织负责人分别就“小区善治管理”“党建阵地打造”“家风家教建设”“群团发挥作用”“助力乡村振兴”等方面内容做了经验分享。中国社会科学院社会学研究所城市社会学研究室副主任肖林，深圳改革开放干部学院党委委员、教育长官正与参会人员进行交流探讨，共绘品牌党建发展蓝图，共助基层治理创新发展。本次论坛获得受到《人民日报》《深圳特区报》《深圳商报》《国际金融报》《晶报》、人民网、腾讯网、中国城市网、改革开放第一端、读创深圳、深圳 Plus、物业管理之窗、深圳市物业管理行业协会等主流媒体的持续关注和聚焦报道。中海物业公司多家子企业登上 CCTV-1《新闻联播》、CCTV-2《财经新闻》，频频被新华社等国家级媒体报道；佛山公司《党建引领“创熟”！基层治理出新招》荣获人民日报报道，社会影响力进一步提高。

3.4.4 提升品牌公信力

物业管理问题是一个长期、系统、综合性的社会管理问题，不仅需要各项政策法规制度的完善，还需要各级党委、政府及政府部门的齐抓共管。在“红色物业，一核多元”品牌建设推进下，物业企业整体素质和服务能力得到大幅度提升，特别在疫情期间冲锋在前，保障了 800 万客户的健康安全，所辖各项目未发生大范围感染事件，有 5 万多名职工守护广大业主健康安全；中海物业把“我为群众办实事”注入了提升服务品质、彰显责任担当、共建美好生活的经营实践，通过做好民生服务工程，不断增强群众的获得感、幸福感和安全感，品牌公信力得到明显提升。

第四章 进一步加强党建引领下物业服务企业“一核多元”品牌建设的建议意见

4.1 科学谋划品牌党建

党建的价值体现首先体现在战略方向的把控上，要科学谋划品牌党建，深化党建引领作用，以提升组织力、凝聚力、创新力、宣传力为目标，开展“一核多元”品牌党建的创建工作。以“一点红到一片红”的信念发挥党组织在经营工作中的作用，以基层党组织广泛开展党建联建共建，社区活动，红色物业阵地建设为任务，高起点谋划工作，高标准推进工作，高质量落实工作。将“擦亮第一管家”金色招牌，加强法治进社区力度，“党建+”多维度融合工作在项目中落地，在品牌建设中体现。

4.2 精心培育特色活动

党建活动是品牌创建工作的活力所在和生命力，也是品牌党建创建工作向纵深发展的一个推动力。为了落实好品牌党建创建各项工作，最好的方式方法就是结合企业实际，通过巧妙设计实践参与型、潜移默化型、主题教育型以及党建带工建创新型、关怀型等活动载体品牌党建活动，融入中心工作，增强党组织的创造力、凝聚力、战斗力。品牌党建特色创建活动与传统党建活动并不冲突。在组织开展抗击疫情、揭榜挂帅等精品、亮点和特色活动时，让品牌党建深度融合到活动中，是激发基层党组织运行的新机制。组织党员立足岗位、攻坚克难，更好地发挥先锋模范作用，推动品牌党建和中心工作深度融合，是发挥组织战斗堡垒作用的新方法。开展党员示范项目活动，使党员干部在谋项目、推项目、落项目中当先锋、做表率，是品牌党建引领下强队伍的直接方式。

4.3 优化完善保障机制

党委要加强顶层设计和组织领导，将品牌党建与“十四五”规划、企业战略发展规划相融合，从战略高度引起重视从而达到广泛推广的目的。持续推进品牌建设的组织体系完善，将“一核多元”品牌建设工作纳入党委重点工作中去谋划，给横向协调其他部门、纵向统筹有能力的员工开展品牌建设工作打牢硬件基础。要求所属单位将此工作纳入“一把手工程”，梳理各单位负责人义不容辞的责任感和使命感。其次是选优培强品牌党建创建过程中的团队力量，加强内部交流与专业培训作为品牌建设工作提升的重要途径和方式，积极开展内部品牌建设的学习和培训，培养品牌专业人才，不断提高品牌建设能力。在品牌建设过程中从内部不同部门选择懂品牌知识的内部培训师，有效结合内训师不同岗位的工作实践形成品牌认知并对这一贴身体会的品牌认知进行全体宣传。

4.4 持续扩大品牌影响

要选拔基层党组织中优秀党员领导干部作为专职宣传员，建立品牌党建宣传队伍，建立宣传工作机制，不断提升宣传工作人员的党性建设与理论知识储备。品牌党建的宣传内容要以解决群众急难愁盼问题为落脚点，要结合企业发展实际情况，主动找到品牌建设与企业文化、业务发展的衔接点与平衡点，宣传内容与员工群众的关联点；宣传内容要抓住每个业务线，树立优秀的品牌形象、先锋形象，增加员工、群众对品牌党建宣传工作的参与度。多元创新宣传手段，要求品牌党建宣传必须跟上时代潮流，短小精悍、内容丰富、形式新颖、加强互动。可孕育品牌党建网络文化体系，对内利用新媒体平台定期发布党建活动动态，让基层党员或职工了解更多党建信息；对外出版品牌刊物、文创产品、主题栏目，加大品牌党建宣传工作的创新性、多面性与趣味性，增强品牌党建宣传的整体效果，进而推进企业经济效益提升。

第五章 结 语

党建引领下物业服务企业“一核多元”品牌建设，作为新时期加强和改进物业企业党建工作的有力抓手，对创新物业服务、提高社区治理水平具有重要意义。本文以中海物业的品牌党建为例，从谋划定位、培育建设、效果评估、推广提升四方面对党建引领下的中海物业“一核多元”品牌建设经验做法和成果进行了全面梳理和总结，并就进一步加强和完善物业企业“一核多元”品牌党建建设提出四点建议，以期能对物业服务企业党的建设工作提供一些借鉴和参考。

中海物业开展的“一核多元”品牌建设，是党建引领物业企业积极融入基层治理的有益探索。它将党建工作与物业服务紧密联系起来，主动站在了人民群众最需要的位置，帮助物业企业成为与群众联系最紧密的社会组织，也变成最具创新特点的基层党建工作之一。也通过建立人员双向融合机制、问题联动处置机制和激励考核监督机制，构建物业企业融入社区治理的合作共治机制，把矛盾纠纷消灭在萌芽状态，真实反映群众诉求，真正打通了党组织联系服务群众的“最后一百米”。

参考文献

本书编写组，2021.“一核多元”与社区治理：中海物业品牌党建探索．北京：中共中央党校出版社．

丁彬，王新刚，张南，2021. 以社区党建引领社区治理［J］. 新长征（2）：56-57.

海纳万商物业管理有限公司，2021. 党建引领促服务，红色物业筑标杆［J］. 城市开发（4）：40-41.

习近平，2022. 高举中国特色社会主义伟大旗帜 为全面建设社会主义现代化国家而团结奋斗——在中国共产党第二十次全国代表大会上的报告［M］. 北京：人民出版社．

中国共产党第二十次全国代表大会关于《中国共产党章程（修正案）》的决议［N］. 人民日报，2022-10-23（2）.

张贵清，朱毅坚，赵晨光，2020. 廉洁行动提升国企思政工作水平［J］. 思想政治工作研究（11）：57-58.

中国物业管理协会，上海易居房地产研究院中国房地产测评中心，2019. 2019 物业服务企业发展指数测评报告［R］.

中国物业管理协会，2018. 2018 年全国物业管理行业发展报告［R］.

中海物业管理有限公司党委．以“红色物业”为载体，构建“一核多元”社区治理体系［A］. 魏礼群主编，2020. 创新社会治理案例选（四）［C］，北京：中国言实出版社（10）：370-382.

中共中央 国务院关于加强基层治理体系和治理能力现代化建设的意见［DB/OL］.（2021-07-12）［2022 - 02 - 12］. http：//www. mohrss. gov. cn/SYrlzyhshbzb/dongtaixinwen/shizhengyaowen/202107/t20210712_ 418239. html.

中海物业管理有限公司党委，2021. 打造党建品牌 服务基层治理［J］. 思想政治工作研究（10）：51-52.

中海物业管理有限公司，2022. 强化党建引领，融入基层治理［J］. 中国物业管理（7）：6-7.

中海物业管理有限公司，2021. 中海物业：1+3+1 党建模式打造特色物业品牌［J］. 城市开发（6）：52-53.

课题组成员名单

课题组组长： 朱毅坚　中海物业党委副书记、纪委书记

课题组成员： 肖俊强　中海物业副总裁、人力资源部（组织人事部）总经理、北京公司董事长

徐枫洁　中海物业人力资源部（组织人事部）高级经理

雷　喆　中海物业广州公司人事行政部副经理

吴丹丹　中海物业苏州公司人事行政部专业副主任

谢晓萍　中海物业人力资源部（组织人事部）助理经理

吴珺雅　中海物业西安公司人事行政部助理经理

曾银萍　中海物业佛山公司人事行政部专业助理主任

李嘉如　中海物业东莞公司运营管理部高级主管

王　文　中海物业人力资源部（组织人事部）主管

石丙如　深圳市兴海物联科技有限公司人事行政部管理员

戴　瑶　中海物业人力资源部（组织人事部）工作人员

物业服务企业标准化体系建立及实施应用研究

——以非住业态为例

◆ 北京亦庄城市服务集团有限公司

前　言

新时代背景下，物业服务企业由于规模、资源、政策等差异，在管理、内容及服务品质上无法匹配转型发展要求。同时物业管理行业密集型和规模化的特点，决定了标准化是实现企业运营、客户满意度、品牌塑造的有效手段。本文通过“标准化体系模式创新+标准化项目试点”，对非住宅物业标准化展开深入研究，相对于住宅物业，非住宅物业具有品质要求高、高附加值、盈利能力高、更加市场化等特点。此项研究可为物业服务企业提供可参考的执行方案，持续完善行业标准化建设。

本文在对物业管理行业现状分析的基础上，进行了国内外优质物业服务企业和物业管理行业标杆项目的案例分析，结合在北京亦庄城市服务集团有限公司管辖的近60个物业项目开展走访调研及该公司标准化体系建设与管理方面的前期工作积累，完成了对标准化服务体系顶层框架、执行管理与场景落地全流程模式研究与路径设计，在实践层面上形成了一套物业服务企业可借鉴、可复制的执行方案。

第一章　我国物业管理行业标准化现状

历经改革发展30多年的中国物业管理行业迎来最好的发展机遇，城市化的推进、房地产业的发展、现代服务业的兴起、移动互联科技的应用等，为物业管理打开了转型和升级的大门。随着行业逐渐发展成熟、业态逐渐细分、业务涉及更广，需要建立相应的指南引导行业发展，标准化、制度化、信息化成为物业管理创新发展的必要条件。

1.1 物业管理行业标准化组织制度建设情况

1.1.1 标准化技术组织的建立

2012年，我国第一家地方性物业服务标准化技术委员会（GD/TC56）成立于广东省，2013年开始筹建全国物业服务标准化技术委员会，其秘书处由中航物业管理有限公司承担。2015年，为贯彻落实国务院《深化标准化工作改革方案》，增加物业服务标准有效供给，规范物业管理行业标准的管理，形成了优秀标杆企业联盟，并升级为物业行业标准化建设工作委员会。

1.1.2 标准化管理机制的完善

全国及地方物业服务相关标准化技术委员会均依据相应管理办法，制定并遵循委员会章程、秘书处工作细则等制度文件，科学公正地开展本领域标准化工作。2016年，中国物业管理协会发布了物业《中国物业管理协会团体标准管理办法》，就物业领域团体标准的目标、制修订流程、实施等给出了具体的要求，指导物业服务团体标准化相关工作的有效开展。

1.2 物业管理行业标准化制订情况

伴随着国家改革开放后对私有权的承认，诞生了中国物业管理。在这三十多年间，大量物业服务企业涌现出来。由于刚开始没有行业规范，物业服务企业根据需求和自身条件提供服务，物业管理更是参差不齐，形式五花八门，这种情况一直延续到2003年9月国务院发布《物业管理条例》。

1.2.1 国家标准

国家标准方面，由全国物业服务标准化技术委员会牵头，已完成《物业管理术语》《物业服务顾客满意度测评》，正在编制《物业服务安全与应急处理》。由全国机关事务管理标准化工作组牵头，已完成《机关办公区域物业服务监管评价规范》。此外，由全国智能建筑及居住区数字化标准化技术委员会牵头，正在编制与智慧物业相关的国标《建筑及居住区数字化技术应用第3部分：物业管理》的修订版（见表1）。

表 1　物业管理行业国家标准发布统计表

序号	归口单位	标准名称	发布日期	阶段
1	住房和城乡建设部	建筑及居住区数字化技术应用 第 3 部分：物业管理	2006-07-11	现行
2	全国服务标准化技术委员会	社区服务指南 第 9 部分：物业服务	2006-12-22	现行
3	全国物业服务标准化技术委员会	物业管理术语	—	正在审查
4	全国物业服务标准化技术委员会	物业服务顾客满意度测评	—	正在审查
5	全国机关事务管理标准化工作组	机关办公区域物业服务监管评价规范	—	正在审查
6	全国物业服务标准化技术委员会	物业服务安全与应急处置	—	正在起草
7	全国智能建筑及居住区数字化标准化技术委员会	建筑及居住区数字化技术应用 第 3 部分：物业管理（修订）	—	正在起草

1.2.2 **行业标准**

根据行业标准备案信息公示平台信息，物业尚无已备案的行业标准代号，包含四个子系统的物业管理行业标准体系正在建立中：一是通用基础标准体系，包括在物业服务过程中被普遍使用的、具有广泛指导意义的规范性文件；二是服务提供标准体系，是规范服务提供方，在为物业使用方直接或间接地提供物业服务的规范性文件；三是信息、技术标准体系，是指为支撑物业服务提供的高效性、环保性等制定的信息与技术类规范性文件；四是服务评价标准体系，是指对物业服务的适宜性、充分性、有效性及客户满意度等进行评价的规范性文件（见表 2 和图 1）。

表 2　建立中的物业管理行业标准体系表

行业标准一级系统	行业标准二级系统	行业标准三级系统
通用基础标准体系	标准化导则	
	术语与缩略语标准	
	分类与代码标准	
	分类与代码标准	
	图形与标识标准	
服务提供标准体系	基础服务标准	客户服务
		环境服务
		公共秩序服务
		房屋本体与设施设备
		合同管理
		安全与应急
		服务外包
		移交与退出
	通用专项服务标准	会务服务
		餐饮服务
	业态服务标准	住宅物业
		高校物业
		写字楼物业
		医院物业
		产业园区物业
		养老物业
		商业综合体物业
信息、技术标准体系	绿色物业标准	
	信息技术标准	
	智能设备标准	
服务评价标准体系	客户满意度评价标准	
	物业项目评价标准	
	物业服务企业诚信标准	

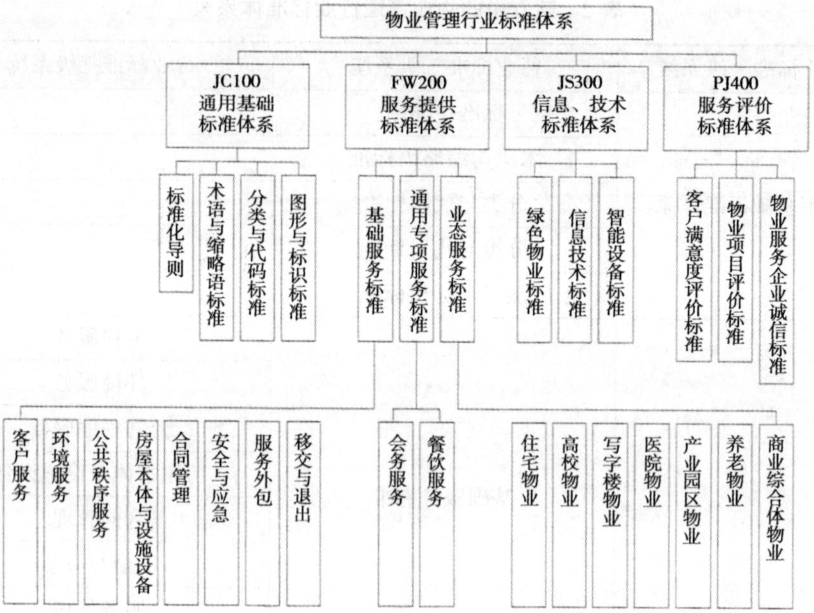

图 1　物业管理行业标准体系结构图

1.2.3 地方标准

我国第一部地方性的物业管理条例是 1994 年 6 月深圳市人大颁布的《深圳市经济特区住宅物业管理条例》，该条例对业主大会、业主委员会的建立及规制都做了详细的规定。随后其他地区相继制定了符合本地区地方特色的物业管理条例。如上海市在 1997 年颁布的《上海市居住物业管理条例》，广东省在 1998 年 7 月颁布的《广东省物业管理条例》，2010 年 10 月 1 日施行的《北京市物业管理办法》。此外，还有一些规范具体物业管理活动并与地方性法规相配套的地方政府规章，例如《北京市居住小区（普通）委托管理收费标准（试行）》《上海市商品住宅物业管理服务收费暂行办法》等。

截至 2022 年 7 月底，各省市发布物业相关地标共计 169 条，标准内容涉及物业服务企业标准体系、物业服务质量、秩序维护、清洁等专项服务以及针对住宅、办公楼、高校等业态物业管理服务等方面。

1.2.4 团体标准

团体标准可为市场提供多层次标准服务，对现有标准进行补充，改变标准来源单一、效率低下和市场需求脱节的现状，且有利于提高企业、消费者等相关方的参与度，提高标准适用性与时效性，促进物业管理行业有序竞争和产品服务优化升级，提升企业核心竞争力。

2017 年出版的《物业管理指南》丛书，采取“1+7”的模式，形成基础与写字楼、高校、住宅、产业园区、医院、养老、商业综合体 7 个分业态形式。目前已发布 5 项团体标准，以写字楼、医院、产业园区、住宅等各业态的服务规范为主。

1.2.5 企业标准

物业企业普遍认可标准化对企业管理和行业发展的重要性，也开展了相关的标准化工作实践。

绿城服务：安全与品质为服务感知的双重标准，引入卓越绩效管理体系，从“人、机、料、法、环”五个维度系统性改善服务品质。

保利物业：分级服务品牌，“4+1+N”SOP 式标准服务流程，建立《住宅项目运营书》标准模板，配套建立《项目业绩考核》及《标杆项目考核标准》《保利公共服务标准蓝皮书》《保利物业前介产品标准化手册》。

鑫苑科技：建立起标准化运营体系，通过细化 66 个一级节点、145 个二级节点的管理规范形成全过程标准体系，以及建立了项目初始化管理体系、导航机制，确保业务标准体系现场有效落地。

时代邻里：在基础服务标准下提炼出郁金香（基础服务）、向日葵（增值服务）、金百合（定制服务）三种不同类别的服务模式。

1.3 物业管理行业标准化工作开展情况

1.3.1 标准化理论研究方面

物业管理行业的标准化理论研究成果包括年度《物业管理行业发展报告》及《物业管理课题研究优秀成果汇编》等。一些行业专家与学者等在《中国物业管理》《城市开发》《标准生活》《中国标准化》《中国标准化论坛论文集》等权威刊物上发布了一系列研究成果。

1.3.2 行业标准化能力方面

近年来，物业管理行业主要通过以下三点来提升行业标准化能力：一是自 2018 年起每年持续举办物业服务企业标准化综合能力提升班，提供标准化培训；二是自 2015 年起每年组织召开物业行业创新发展论坛，自 2018 年起每年组织召开国际物业管理产业博览会等活动，设立标准化主题分论坛，向国内外同行展示物业管理行业标准化工作成果，为物业管理行业企业学习了解行业发展新动态，以及相互沟通交流提供了平台；三是在网站开设“标准建设”专栏，发布标准化相关资讯、标准法规、行业观点、优秀企业。

1.3.3 标准化试点工作

1.3.3.1 标准化试点政策背景

2007年国家标准化管理委员会与国家发展和改革委员会等联合发布了《关于推进服务标准化试点工作的意见》，2009年国标委与国家发展改革委又发布了《服务业标准化试点实施细则》。试点工作主要目标为确保试点单位服务提供的各个环节应有标准可依，标准齐全。标准覆盖率达到80%以上。试点工作的主要任务是建立健全标准体系、制定相关服务标准、开展标准的宣传培训、组织标准实施、开展标准实施评价、制定持续改进措施、创建行业品牌。

1.3.3.2 企业标准化试点情况

先后申报服务业标准化试点单位的有北京亦庄置业、深圳中航物业、内蒙古恒欣利和物业、内蒙古通辽市峰琢物业、辽宁盘锦瀚新物业、山东宏泰物业、山东大正物业、河南许昌市恒达物业、湖北武汉市同济物业、湖南金地物业、深圳市明喆物业管理有限公司阿拉善盟分公司、上海招商局物业、苏州市东吴物业、安徽诚和物业、山东明德物业、山东青岛锦绣前程物业、山东赤山集团物业等，多家物业服务企业均通过国家标准委专家组验收，完成了试点任务，为企业标准化建设发挥榜样引领作用。

1.4 标准化在助推物业管理行业高质量发展中的重要性

1.4.1 推动企业发展

助力企业运行效率提升。物业行业属于劳动力密集行业，公司项目点面分散，基层服务岗位人员流动性大。同时，物业细分服务作业程序比较固定，可以通过标准化量化和规范服务。通过标准化，一是节约对新入职员工的培训时间，提高工作标准与效率，二是使员工有了具体的操作标准。

助力企业品牌形象提升。物业企业通过标准化完善组织内部管理，使日常管理制度化、体系化和法制化，提高服务质量，确保服务的稳定性。通过物业管理服务等级标准，为不同品质、服务定价的项目服务提供了依据。物业企业通过标准化规范自身品牌谱系，不断提升品牌的沉淀度、品牌辨识度。

助力服务践行新发展理念（绿色、低碳）。在“3060”的碳中和目标下，物业开启了全方位促进生产生活绿色转型的步伐，包括建筑减排、新能源、碳交易等。物业企业通过执行各类标准、节能相关法律法规等，有效地践行新发展理念，打通物业 ESG（environmental，social and governance，环境、社会和公司治理）多方位闭环。

1.4.2 标准化助力行业转型升级

助力行业规范有序发展。当前在资本、互联网的加持下，物业企业实现了跨越式发展，伴随着物业企业不断拓宽业务范围，推出新的增值服务产品，在过度追求发展速度时，可能会忽略服务品质，出现夸大宣传、误导消费者的无序竞争现象。通过标准化规范企业的行为，可以让行业在高速发展的同时保证高质量发展。

助力行业竞争力的提升。随着标准化的逐步应用及推广，将提升物业服务专业化程序、降低服务成本。通过健全物业服务标准体系，明确市场准入条件、管理服务要求以及管理监督方法，可以形成让物业服务健康、有序发展的制度环境，鼓励有资质的企业进入市场经营，有效地优化竞争环境，降低交易成本。

助力行业整体服务水平提升。通过借鉴发达国家和地区的物业管理经验，探索符合国际管理并适合中国国情的物业管理体系，从各层面开展标准化建设工作，有利于发挥标准化作用与效能，促进行业整体服务水平提升。

第二章　国内外物业服务企业标准化案例研究

2.1 国外案例研究

2.1.1 爱玛客（ARMK. N）

爱玛客美国总部1936年创立于美国费城，是一家全球餐饮、设施、制服外包服务领域的知名企业，以团餐服务起家，作为全球领先的多元化服务企业，服务遍布北美、南美、欧洲和亚太地区，全球年营业额超过162亿美元。爱玛客专注于顾客体验和服务提升，为医疗机构、各类院校、运动和娱乐场所以及商务中心，提供全方位的设施管理以及包括环境保洁、中央运送、司梯导诊、布草洗涤、安保、临床支持服务和餐饮服务解决方案。

1998 年爱玛客进入中国，项目主要覆盖中国主要城市的政府、医疗、工商业、跨国企业和国际学校等，并服务了包括 2008 年北京奥运及 2010 年广州亚运会等重大赛事（详见图 2）。

1932 年自动售货行业起家

- 1932 年戴夫·戴维森在洛杉矶出售花生
- 1945 年戴维森及兄弟和威廉菲什曼将其自动售货公司合并，创建美国自动零售商（ARA）
- 1961 年，收购食品服务公司（Slater System, Inc）并将总部迁至费城。

并购扩张，切入物管细分赛道

- 1963 年，在纽交易所首次上市。
- 1972 年，通过收购 Eurovend NV 打入欧洲市场。
- 1976 年，与 Mitsui & Co. Ltd 成立合资企业进军日本，进入制服租赁和职业装行业。

进入中国，开启合作共赢之路

- 1998年收购ServiceMaster，2004年收购前者的特许经营商—光华服务产业(中国)有限公司。
- 2006年收购北京金白领餐饮服务有限公司,完成项目服务和餐饮服务综合一体化架构。
- 2008年北京奥运会期间，为运动员、教练、志愿者、媒体工作人员提供配餐服务。
- 2010年广州亚运会期间，为运动员、教练、志愿者、媒体工作人员提供配餐服务。

图 2　爱玛客发展历程

2.1.1.1 服务体系

爱玛客的主营业务分为两大板块，分别为配餐服务（food and support services，FSS）和制服服务（uniform）。根据业务覆盖区域进一步细分为三大独立财务报告部门：FSS 美国、FSS 国际、制服服务。其中，FSS 美国和 FSS 国际提供的业务范围基本相同，包括配餐、招待、采购和设施管理等服务；制服服务提供制服（工装）出租、销售和保养服务，以及设施管理服务（见图 3）。

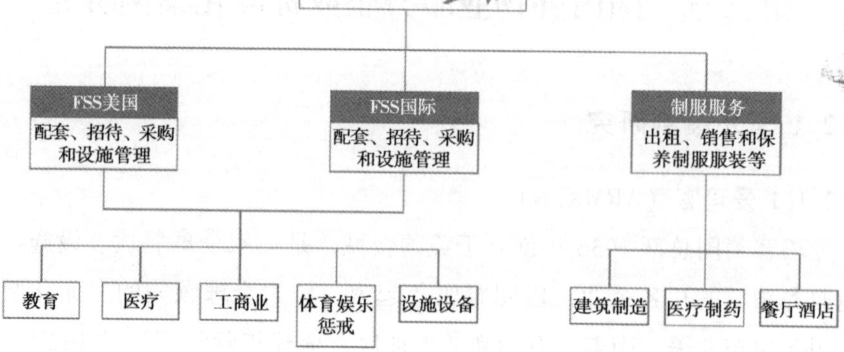

图 3　爱玛客服务体系

2.1.1.2 特色亮点

（1）多元赛道组合。FSS 美国与 FSS 国际为全球 19 个国家提供服务，主要服务于教育、医疗保健、商业和工业、体育娱乐和惩戒、设施管理等五大主要领域（见表 3）。

表 3　爱玛客 FSS 服务类型

业态	服务内容	服务领域
教育	为高等教育和 K-12 客户提供行政支持、环境清洁、安保、设施设备管理和配餐服务	1500 多所学校，每年为 250 万学生提供 2.73 亿顿饭菜
医疗	为医疗机构提供环境服务、中央运送服务、设施运行管理、安保服务、其他临床支持和配餐服务	全球 2500 家医疗机构
商业和工业	提供行政支持、环境清洁、安保、设施设备管理和配餐服务	全球 5400 多处办公地点
体育、娱乐和惩戒	为体育和娱乐场馆提供配餐、零售和设施管理服务，还为惩戒设施（如监狱）提供职业培训	30 支 MLB、NBA、NFL、NHL 队伍，多所大学运动队伍
设施管理和其他	内务管理、工厂运营和维护、能源管理、场地维护、景观美化、运输、设施咨询服务等	810 多家工厂，超过 1000 处设施

制服服务主要是提供全方位的员工制服解决方案，包括个人防护设备（personal protective equipment，PPE）；出租制服、工作服、外衣、无颗粒服装和非服装物品，包括垫子、商店毛巾和急救用品。客户来自各行各业，覆盖建筑制造、运输、餐厅和酒店、医疗保健和制药行业。

（2）弹性的商业模式。该公司基于多元业态布局，穿越经济周期，内生增长稳健，自由现金流充沛。其大规模采购的优势赋予它较强的供应链议价能力。在员工构成方面，该公司根据业务的季节性和其他运营要求积极灵活地调整员工结构，提高员工效率，进而实现降本增效。爱玛客整体呈现轻资产、低杠杆、高效率的运营模式。

根据宏观经济敏感性，爱玛客各业态的营收占比情况可详见图 4。

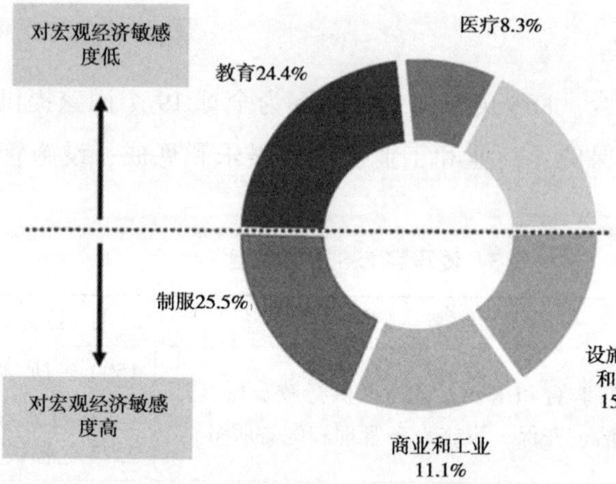

图 4　2020 财年爱玛客各业态营收占比按其宏观经济敏感性划分

（3）专业解决方案。配餐和设施管理服务行业具有管理壁垒高、场景多元化、数字化进程相对缓慢的特点，因为涉及多元业态，各细分业态之间也存在一定资源和技术壁垒，因此准入门槛高。对于不同业态的特殊需求，公司提供专业化的解决方案。

同时爱玛客积极推动业务创新，运用数字化技术提升管理效能，并凭借专业、精细化标准化服务打造品牌优势，增强客户黏性（见图 5）。

图 5　爱玛客品牌和数字化

2.1.1.3 精细化运营

爱玛客的品牌优势和积淀多年的专业化、标准化的解决方案，是其不断发展核心竞争力。爱玛客的流程体系不仅体现在一线员工的实操层面，还融入了从销售到运作实施的每一个过程。如针对学校的需求，会建立校园公共卫生安全解决方案，并通过 Voice Counts 和 Dining Styles 两大调查平台，衡量校园配餐整体满意度水平，并预测未来趋势，形成标准化的定制方案。

在对客服务上坚持高标准，为客户提供优质统一的服务体验，新员工上岗前后，必须接受一对一式的四步培训；针对配餐服务，爱玛客拥有独立的环境健康团队，严格执行安全标准。通过定期进行安全审查，并持续对所有一线员工进行培训来确保始终执行食品安全标准。

2.1.2 **第一服务**（FristService）

第一服务是北美最大的社区住宅物业管理商，在纳斯达克与多伦多证交所上市，主要市场在美国与加拿大，管理 170 多万个住宅单元，横跨多个地区向各类客户提供全方位服务。其服务的对象包括公寓（高层和低层）、合作社、业主协会、总体规划社区、活跃的成人社区和生活方式社区，以及由共同兴趣组织或多单元住宅社区管理协会等组织管理的一系列其他住宅建筑。

第一服务公司的前身 Old FSV 于 2015 拆分为现在的第一服务和高力国际（见图 6），其中第一服务主要承接住宅物业业务，成为北美最大住宅物业管理商，高力国际主要承接商务楼宇业务，成为现在的房地产五大行之一。

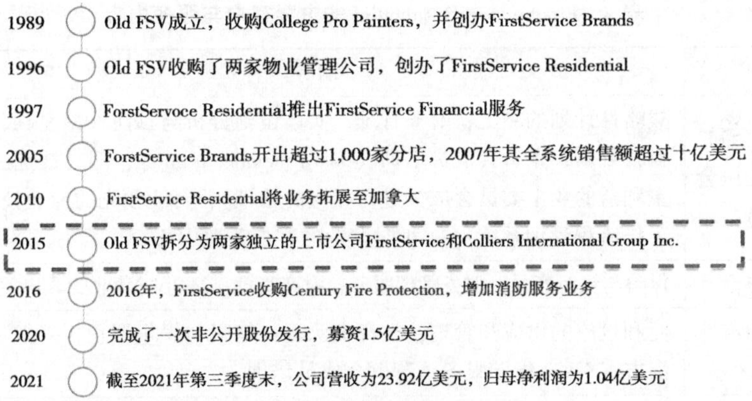

图 FristService主要发展历程

图 6　第一服务发展历程

通过“内生+并购”的双线增长策略，在新冠疫情冲击下，第一服务的抗周期性得到了较好的体现。该公司把握住新冠疫情期间美国居民对于独立房屋需求提升及房屋修复改造需求增加的机遇，经营业绩提升明显，2021 年营收 32.49 亿美元，同比 2020 年增长 17.3%。

2.1.2.1 服务体系

由 FirstService Residential 和 FirstService Brands 两大运营部门分别负责基础物管服务和增值服务。

物业基础服务主要包括现场辅助服务、交易服务、泳池及其他便利设施管理、资产管理等；截至 2020 年，第一服务基础服务板块管理约 8500 个社区，覆盖 170 万住宅单元和 400 多万住户。

物业增值服务主要围绕房屋需求展开，包括定制居家收纳、房屋消防、房屋检验、地板设计与安装、房屋损坏修复、社区应急响应、房屋墙面粉刷等，有近 1500 家特许经营加盟商和众多公司自营点。

2.1.2.2 特色亮点

（1）全方位的基础物业管理服务。第一服务的基础服务板块的服务对象包括公寓（高层和低层）、合作社、业主协会、总体规划社区、活跃的成人社区和生活方式社区，以及由共同兴趣组织或多单元住宅社区管理协会等组织管理的一系列其他住宅建筑。公司运营和客户覆盖范围十分广泛，在涉及北美地区 70%以上人口的主要市场中经营业务（见表 4）。

表 4　FirstService Residential 的主要客户与服务内容

客户	服务内容
社区协会和屋主业主协会（HOA）	战略性计划的制定；财务管理；实体设施分析与预防性修复项目；私人科技创新；董事会成员培训（board member training，即对被选为代表业主利益的业主委员会成员进行相应的培训）；行业领先的专业技能培训；工作流程管理系统；24 小时营业的客户关照中心
公寓协会	保险与银行产品；财务管理服务；财产管理；24 小时营业的客户关照中心
活跃的成人社区	便利设施的供应和管理；教育类课程；健康与娱乐课程；兴趣小组；生活方式/活动指导服务；董事会成员培训
生活方式社区	专业人员的管理服务和现场支持；便利设施、生活方式、健身保健项目；活动/生活方式指导；社区活动计划；董事会成员培训；财务/保险服务
高层建筑	维修、房屋检查；现场工作人员培训；监督承包商和供应商的工作；紧急情况处理准则的制定；访客管理；停车服务；便利设施
总体规划社区	战略性计划的制定；财务管理；实体设施分析与预防性修复项目；私人科技创新；董事会成员培训；行业领先的专业技能培训；工作流程管理系统

（2）成熟的自营与特许经营增值服务体系。FirstService Brands 通过特许

经营系统和公司自营业务渠道在北美地区建立多个网点，向住宅和商业用户提供品牌增值服务。特许经营模式为第一服务公司带来了业务收入和加盟费用，同时使其公司的业务范围和品牌扩张加快。该公司选择一部分业务自营，主要有30家自营机构，主要来自对加盟商的收购，目的是加速收入和营业利润的增长。

（3）高度专业化。FirstService Brands 深耕的增值服务市场也是高度分散化的，并且主要由小型“夫妻店”和一些能提供修复功能和紧急事故处理服务的全国性修复公司构成。

FirstService Brands 旗下的所有服务产业都实现了高度专业化，在各自的行业领域处于市场领先地位（见图7）。FirstService Brands 主要和当地的、区域性的或者家庭经营的企业或特许经营的分支机构竞争，竞争优势相对明显。

图7　FirstService Brands 旗下七大品牌

2.1.2.3 精细化运营

第一服务用充足的资本对员工进行持续投资，致力于培训每天与客户打交道的一线员工，使其提升服务质量。员工和团队都接受过专业且广泛的培训，并高度关注客户体验，对客户服务得精益求精。还对基础设施设备进行持续投资，包括技术、操作系统和移动应用程序，以便为客户提供全方位且及时的服务。该公司运用贝恩公司开发的净推荐系统（NPS）来衡量对客户服务的长期专注和提升水平。

2.1.3 **索迪斯**（Sodexo）

法国索迪斯集团创立于1966年，是生活质量服务的全球领军企业，世界上最大的从事餐饮服务及综合后勤管理的跨国公司之一，全球领先的集设计、管理与运营为一体的综合设施管理服务商。该公司定位“高质量生活服务”

市场，为驻场服务、福利与绩效管理服务以及个人与家庭服务提供专业的一体化解决方案：从前台接待、安保、设施维护与清洁，到餐饮服务、设施和设备管理；从员工就餐卡、礼品卡和出行交通卡，到家庭护理和管家服务。

索迪斯业务遍及55个国家，1995年进入中国，业务遍布50多个中国城市，合作企业覆盖工商企业与行政机构、教育、医疗卫生与养老服务等多个领域（见图8）。重点项目包括北京顺义国际学校服务外包管理、华为溪流背坡村园区3、4号地块项目等。

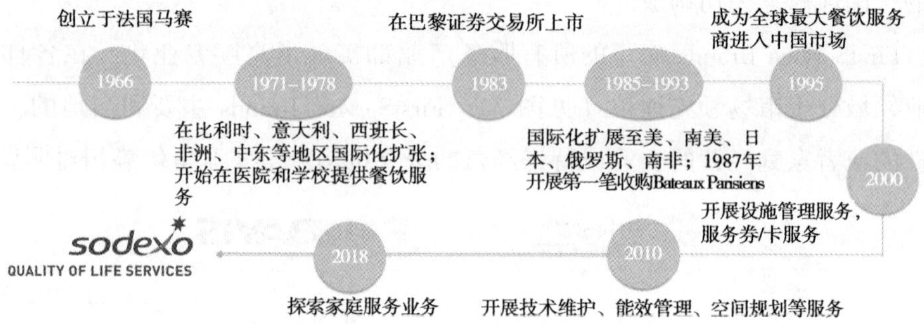

图8　索迪斯发展历程

2.1.3.1 服务体系

索迪斯以“提供生活质量服务”为宗旨，将业务主要划分为三大板块：驻场服务（on-site services）、福利与绩效管理服务（benefits and rewards services）以及个人与家庭服务（personal and home services）（见图9）。

驻场服务主要为工商企业、学校、医院、养老院、工厂、大型活动等提供前台接待、餐饮服务（包括团餐与员工餐厅管理方案等）、工程管理、设施管理、物业管理、清洁服务及绿化服务等多元化配套服务，并全面实施节能减排与可持续发展战略。驻场服务是索迪斯的核心业务。

福利与绩效管理服务主要包括员工福利、激励与认可（如零售商超礼券）、费用管理与公共福利等项目、实现人性化的员工关怀与激励。

个人与家庭服务涵盖人生每个关键阶段，致力于提供全生命周期服务：托儿服务旨在照顾幼儿，同时让父母的生活更轻松；礼宾服务（concierge services）提供餐厅预定、寻找维修工等促进客户和员工的发展和福祉；家庭护理服务，让老年人和患者享受舒适的居家护理。

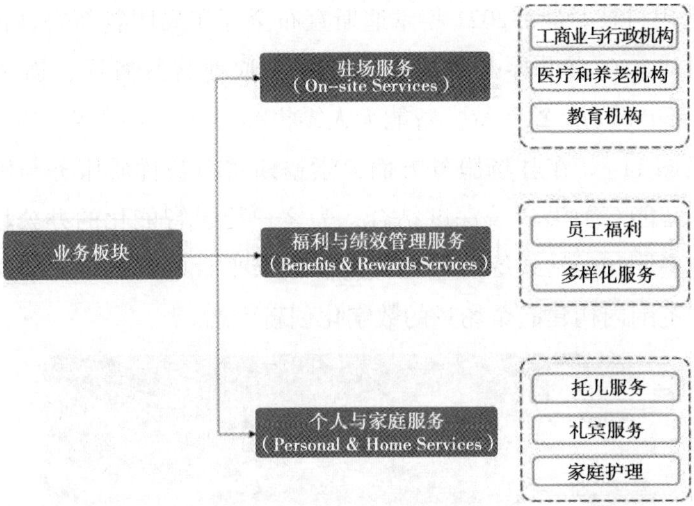

图 9　索迪斯三大业务板块

2.1.3.2 特色亮点

（1）多元化发展。索迪斯是全球最早提出生活服务一体化整合服务商，从餐饮服务起步，专业领域横跨 100 多种，提出 B2B4C 商业模式。索迪斯跨区域优质外延实现全球化服务布局，全赛道收购拉动多元化业务发展，通过聚焦自身优势业务，横向切入医疗、学校、养老等业态，纵向延伸服务至上下游产业链，最终发展成为多业态综合设施管理服务提供商（见图 10）。

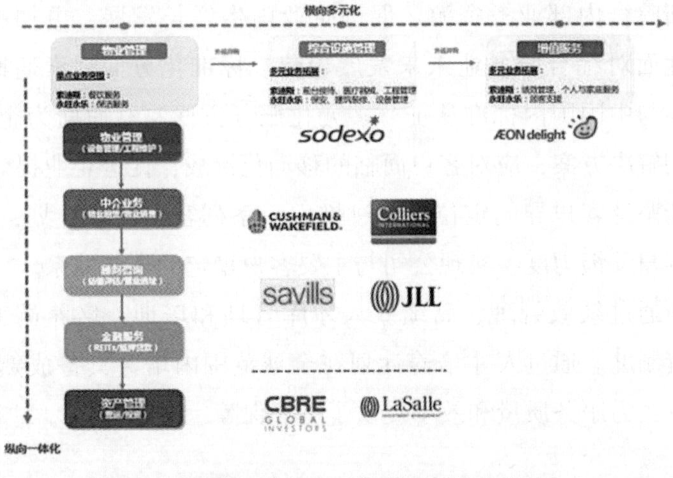

图 10　索迪斯横向多元化纵向一体化发展

（2）运用科技赋能。2021年索迪斯宣布全面布局团餐新餐饮模式，领跑团餐3.0时代，在全世界范围内建立多家索迪斯智慧餐厅，通过智慧餐饮App、智能菜单识别结算系统、智能无人零售等功能为不同客户提供模块化定制服务（见图11）。在驻场服务方面，索迪斯将自身优质服务与物联网、大数据、人工智能等前沿科技深度结合，为客户提供智能化的办公场景。通过打造数字化餐厅和一站式综合设施设备管理云平台两大数字化解决方案，索迪斯在全球范围内构建起全场景的数字化创新生态。

图11　索迪斯数字餐厅无人售餐机

2.1.3.3 精细化运营

索迪斯整合内部业务资源、促进企业内生增长发展，更加高效地管理，更加积极地面对综合服务业未来发展趋势。标准化方面，索迪斯作为外企，仍能积极参与中国国内标准认证。多元化服务方面，索迪斯为企业客户提供效率和费用解决方案，应对客户面临的移动化挑战，促进企业提效降费。

索迪斯坚持客户导向定位，通过推出一系列客户留存计划，不断提高服务质量和客户反馈力度，实现公司与主要客户稳定的合作关系。

索迪斯通过绩效管理、高绩效人才库管理和培训，培养员工创业精神、赋权和问责制度。通过人才培养计划在全球范围内培育具备成熟服务和管理经验的团队，为服务质量和效率提供了可靠保障。

2.2 国内案例研究

2.2.1 万物云

万科物业成立于1990年，2020年正式更名为万物云空间科技服务股份有限公司，总部位于深圳。截至2021年，该公司在上海、深圳、杭州拥有超200个服务项目，在北京、广州、宁波等城市拥有超150个项目。万物云业务主要有物业服务、家政服务、环境卫生及园林绿化设计，以及与物业管理相关的房屋维修、养护等。

2.2.1.1 标准化建设

（1）专业团队。该公司以持续超越顾客不断增长的期望为使命。在组织架构上在集团本部设立专业的品质管理部，并在项目中设有文件管理岗。

（2）标准体系。标准体系认证：首家通过ISO 9002国际质量认证。2006年通过ISO 14001：2004的环境管理体系质量认证。公司内部标准建立：保安体系、顾问项目培训体系、内部培训体系、品质监督体系、房屋及设备养护管理体系。供应商管理标准：在分等定级标准的基础上导入万科的VPS标准。

（3）标准落地。强调PDCA工作法（P-计划，D-实施，C-检查，A-提高）为基础的持续改进。宣贯活动：通过品质知识专题培训、品质研讨会、知识竞赛、参观质量管理先进企业。分层定期职责划分与检查：集团层面，制定各类标准规范，并开展年度业务、节点工作和神秘客户检查，开展业务评估与督导，每年开展客户满意度调查。城市公司层面，开展标准体系维护，为验证QES三标体系（质量管理体系、环境管理体系、职业健康安全）持续有效性，定期进行内审与外审体系审核，定期业务稽核及日常工作检查，不定时开展夜间查岗、安全检查及设备检查等专业检查。项目层面，由项目经理和班组开展日常检查，定期开展品质管理检查，并组织班组间互查及项目间互相检查。奖惩分明：针对外包员工，对于服务不达标的情况，按照合同约定进行扣款；对于来自业主的表扬，给予服务人员奖励。

2.2.1.2 智慧建设

根据业务模块，分为Space、Tech和Grow三个部分。

Space模块包含归属社区空间服务的“万科物业”与“誉鹰平台”，归属商企空间服务的“万物梁行”，以及归属城市空间服务的“万物云城”。

Tech 模块包括“万睿科技”“第五空间”，由万睿科技提供基于智慧社区、智慧园区、智慧楼宇、智慧工地、智慧城市的设计、施工、运营一体化服务，第五空间则以“住这儿”App 与工单调度平台“百川系统”承载社区到家服务。

Grow 模块包括“万物成长”“祥盈企服”和“万物为家”。万物成长是该公司的创新创业及战略投资平台，持续连接成熟企业、孵化创新企业。已孵化的业务品牌包括提供企业级安防机电服务的万御安防等。祥盈企服为企业提供蓝领招聘与财务共享外包服务。万物为家为城市家庭提供租赁、寻房、修缮焕新等服务。

2.2.1.3 品牌建设

充实品牌集群，在万科物业、万物梁行两大核心品牌及现有品牌集群基础上，持续孵化更多品牌（见图 12）。

社区空间居住消费服务。通过“万科物业”品牌提供住宅物业服务，通过“朴邻”“万物为家”品牌开展房屋租赁、租赁管理服务、房屋修缮和美居服务等，2021 年该公司住宅项目合约面积 8.78 亿平方米，在管面积 6.60 亿平方米。

商企和城市空间综合服务。与戴德梁行大中华区业务合并打造“万物梁行”品牌，为写字楼、商业综合体、产业园和公建设施提供物业及设施管理服务。此外，通过“万物云城”品牌，为城市公共空间的各受益者（如政府、公众等）提供城市空间整合服务。2021 年合约面积约 1.36 亿平方米，在管面积 1.25 亿平方米。

人工智能物联网（AIoT）及商业流程即服务（BPaaS）解决方案服务。通过“万睿科技”“第五空间”等品牌对外输出空间科技运营服务，推动空间服务标准化、智能化和数字化，提升服务的能力和效率。

图 12　万科物业品牌体系

2.2.2 龙湖智创生活

龙湖智创生活成立于 1998 年，布局一二线城市中高端项目，发展成为国内领先的、提供物业管理和商业运营服务的智慧生活及空间服务提供商与龙湖集团形成协同效应（见图 13）。布局物业管理和商业运营两大核心业务赛道，截至 2021 年 12 月在管物业项目 1512 个，在管面积 2.54 亿平方米，合约面积 3.59 亿平方米。管理运营 60 个商业项目，储备项目 68 个，在管面积 5.8 百万平方米，合作品牌约 5700 个。

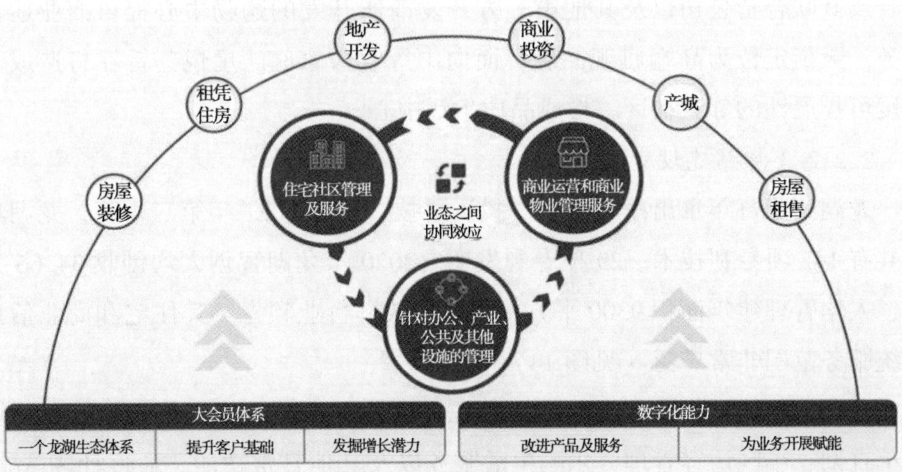

图 13　与龙湖集团的协同效应

2.2.2.1 标准化建设

（1）专业团队。为保障公司的服务品质，龙湖智创生活以品质保障部为公司级质量管理核心，以客户服务中心为区域级的质量管理核心组织架构。

品质保障部由工程、保安、保洁等各专业主管组成，从物业前期介入到后期物业服务品质监督管理，对管理的物业和客户服务形成全方位、全生命周期的管理。

（2）标准体系。龙湖智创生活 1998 年即已通过香港品质保证局 ISO9002 认证。

在 2012 年就率先修订出涵盖近 3000 条物业服务标准的《龙湖物业服务白皮书》，涉及 63 个文件，涵括人力资源、服务流程设计、安全防护、园区环境等七个专业领域的两千多条标准。其中包括全面预算管理、八大健康指标、六大会议，包括第三方满意度调查、深度访谈、神秘访客等服务标准和管理标准。创建 15 分钟及时响应业主服务，不管以何种渠道报事，龙湖智慧服务都会在 15 分钟之内给予响应；针对一天之内无法解决的复杂报事，有首次三天响应，之后每七天主动响应的管理机制直击传统物业“急报慢应”痛点。

2.2.2.2 品牌建设

商业购物中心主营两大品牌：以“天街”及“星悦荟”向龙湖集团及其联合及其联合营公司以及其他第三方开发商所开发的购物中心提供商业运营服务。天街定位为高端旗舰品牌，面向中等收入家庭。星悦荟旨在打造成为高度可扩展性的邻近社区，形成品质生活中心。

2.2.2.3 智慧建设

龙湖集团每年拿出净利润 10%投资科技，截至 2021 年第三季度，龙湖集团共有 142 项专利技术、29 项专利发明。2020 年龙湖智创人均创收 34.66 万元，人均管理建筑面积 9300 平方米，管理效率行业领先。其住宅和商业信息系统服务范围非常广泛（见图 14）。

龙湖智创通过物业服务 App，实现社区信息推送、居家报事保修、物业账单查询、小区访客管理、乐购生活服务以及其他日常功能。通过社区 App，建立了联系物业、商家、业主的平台终端，极大地提升了与业主的黏性。该公司在管项目客户满意度也较高，客户满意度保持在90%以上。

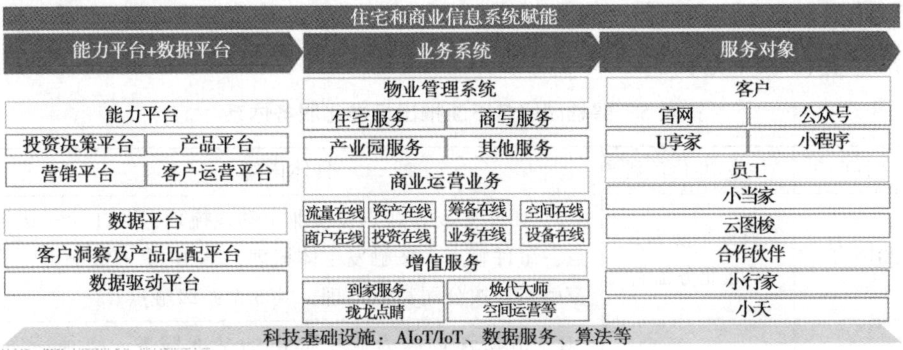

图14　龙湖集团住宅和商业信息系统

2.2.3 碧桂园服务

碧桂园服务是中国领先的以住宅为主要业态的综合物业管理服务运营商。成立于1992年，为服务于母公司碧桂园集团旗下开发的房地产项目，经过30年的发展，物业服务涵盖住宅、商业物业、写字楼、多功能综合楼、政府及其他公共设施、产业园、高速公路服务站、公园及学校等多种业态。拥有物业管理服务、社区增值服务以及非业主增值服务三条主要业务线。

物业管理服务：为业主、住户以及房产开发商提供一系列物业管理服务，包括物管安防、清洁、绿化园艺及维修保养服务等。

社区生活服务：全周期覆盖，围绕社区成熟发展周期、业主家庭成长周期和房产价值周期，为业主提供全方位社区增值服务，包括家庭生活服务、房地产经纪服务、园区空间服务等。

非业主增值服务：主要有房产开发商的售前业务管理咨询服务、在交付前阶段向房产开发商提供开荒清洁、绿化及维修保养服务、车位及房屋尾盘的代理销售及租赁服务。

2.2.3.1 标准化建设

（1）服务团队。成立五类品质检查团队，实施六大类内外部品质检查，落实服务标准化、精品化。

（2）标准体系。完成英国标准协会（BSI）质量管理体系ISO、环境管理体系ISO及职业健康安全三大体系认证。

碧桂园服务推出标准作业流程以细化服务动作，2016年碧桂园服务开始启动“浮标”项目，以客户体验为导向的原则，聚焦服务标准化建设，梳理总结出碧桂园服务31个“服务触点”“N+X+Y”差异化服务标准体系、SOP标准作业程序（见表5）。

表5　碧桂园服务不断推出标准化服务体系

时间	标准化流程	具体内容
2016年	“服务触点”的标准业务流程	共计31个。场景触点：按业主动线梳理，共11个一级触点；事件触点：按触发主体梳理，共14个一级触点；管家触点：按公司特色梳理，共5个一级触点。
2017年	“N+X+Y”服务体系	“N”指物管企业为业主提供的基准服务，必须落实；“X”指根据不同项目和业主差异化需求提供的备选服务，据实际需求而定；“Y”指孵化的创新类服务，为业主提供惊喜。
2018年	SOP标准作业程序	53个SOP作业标准化保障工具，标准化作业视频和一页纸指导卡，规范作业流程提高作业效能。

秉持“急业主所急，想业主所想”“一切以业主为中心”的服务理念，碧桂园服务持续推进物业服务标准化建设，除了业务流程标准化，亦重视硬件标准化，制定了248项园区VI标识标准体系，54项对客服务通知、温馨提示标准体系，47项园区生活配套标准。此外，对大客户服务、管家服务以及“四保服务”，碧桂园服务都有相应的标准化方案和细则（见表6）。

表6　碧桂园服务“四保服务”标准化细则

四保服务	标准化内容
工程服务	建立设施设备零事故的考核机制，推行“六个一”入户维修服务标准，致力于打造配套完善、设备先进、居住和谐的社区。建立设施设备巡查、维护、保养和技术改造的四级管理标准体系，通过科学保养计划，延长房屋本体、设施设备的使用寿命，结合智能在线监控设备和三级品质管控体系，确保设备安全运行。
清洁服务	建立完善的清洁作业标准，引入环保型清洁车、洒水车、落叶吹风机等清洁设备，“隐形清洁”全面升级，生活垃圾分类，建立环保型社区，满足业主个性需求，提供个人定制服务。
绿化服务	科学的管理方法、先进的机械设备、规范的养护标准、专职的病虫害防治专家和绿化造型园艺师，提供定制的绿化服务。

续 表

四保服务	标准化内容
安全管理	装备标准：对讲机+电动车+警犬；门岗服务：对业主识别率100%；巡逻标准：天上、地面、水上，30分钟全覆盖；车辆管理：业主车辆识别率100%；智能监控：24小时监控，5分钟全视频巡视；消防管理：24小时义务消防队，预警5分钟内处置。

(3) 标准落地。实施6大类内外部品质检查，落实服务标准化、精品化。定期开展方案现场各条线的标准化培训工作，提高工作人员专业能力。

2.2.3.2 品牌建设

推出AI全栈解决方案，推出物业数字化服务品牌“天石云”。

碧桂园租售服务中心全面升级为新经纪品牌“有瓦”，搭建专业化团队，并布局线下租售门店。

针对住宅物业服务，打造铂金凤凰管家服务品牌。

2.2.3.3 智慧建设

碧桂园服务在数字化方面有三大目标，“一是空间服务运营智能化；二是客户服务经营平台化；三是支撑服务管理数字化。”

依托自身在社区服务大盘场景下的运营经验，融合行业领先的AI、大数据、云计算等技术，将智能社区信息化方案融入AI凤凰魔盒，构建云-边-端“智能社区AI全栈解决方案”，致力为物业、地产、政府等多客户提供社区智能系统建设服务，共同构建新型项目管理和服务体系，为居民提供安全、舒适、便利的生活环境。

2.3 案例总结

2.3.1 注重客户感知

品质物业企业的服务体系大多数强调从业主出发，关注业主多方面需求，强调提供“有温度”的社区服务，打造居民的美好生活。以物业服务作为切入点，拓展个人、家庭、社会服务场景，深挖服务环节。一方面可以给予业主优质服务与精神满足，另一方面也可以拓展业务边界，形成利润增长点。现阶段不少物业企业都在发力智慧物业和拓展增值服务，让业主在社区范围内能够享受全方位的生活服务。品质物业在此基础上关注业主的其他诉求，让服务更加贴合业主需求，赋予客户更美好的社区生活。

2.3.2 深化精细化管理

物业服务企业可通过完善分业态标准化体系，加强标准体系认证，并定期更新升级标准化体系来不断提升服务品质。一方面标准化体系可以对服务内容进行量化，精雕细琢服务品质，夯实物业服务基础价值，有助于构建质价相符的物业市场环境；另一方面通过标准化可以丰富服务内容、完善服务品质。聚焦消费者个性化和多样化的需求，打造定制化服务菜单，依托增值服务标准化体系提升服务水准，实现增值服务有效复制与推广，提升服务效率与体验感。

2.3.3 加强智慧应用

由于物业管理行业具有的广泛性特点，其管理及专业技术的发展应符合社会各相关行业的技术发展要求。因此随着物联网、云计算、移动互联网、大数据、人工智能等新科技产生的突破性进展，物业管理行业也迎来新的发展机遇。物管科技的不断发展和落地给行业带来了显著的转变，一方面通过新科技深度挖掘社区增值服务，满足业主日益多元的服务需求；另一方面能够帮助企业降本增效，增强企业竞争力。

物管行业的科技应用能够有效优化人力资源配置，比如在停车、门禁、保洁、巡更等环节使用科技手段，将人员投向其他岗位，通过科技手段提高了人员的调度效率。此外，科技应用为物业企业深度挖掘增值服务提供了基础，通过打造社区服务平台，可深层次优化和升级基础物业服务的智慧缴费、智慧报修、智慧三巡等功能，以及渗透到增值服务相关的资讯推送、邻里社交、生活服务等应用场景，构建满足业主全方位需求的社区生态圈。物业企业以“线上+线下”的方式连接社区服务，有效整合社区资源，拓展服务内容。

2.3.4 构建品牌体系

品牌的内在品质价值、信誉价值和用户价值等都是企业获得长期利润的保证，是公司未来持续的产品“涨价”的来源，其代表着经济效益和经济实力。

随着用户对于品牌的认知程度越来越强，建立良好信任链接的优势品牌企业开始发现作为客户生活第一触点的优势物业管理行业的市场化竞争日趋激烈，因此物业企业开始注重对自身品牌的塑造和提升。良好的品牌形象一般在企业长久的打造下形成，并随着企业的规模扩张、服务升级和不断投入新科技而得到提升。进入市场较早的物业企业，经历多年的积累，拥有规模庞大的客户群。

而现阶段物业管理行业与地产的关联性越来越强，不仅体现为物企通过关联房企迅速抢占市场，加速规模扩张，也表现在物企反过来能够促进地产项目的销售，影响房产售价。物业服务成为了消费者了解地产项目的窗口。

第三章　物业服务企业标准化体系搭建

3.1 亦庄城市服务集团标准化建设历程

物业服务高质量发展离不开标准化引领，标准化建设不仅是推进物业服务高质量发展，创造美好生活的基础性和引领性支撑，还可以解决物业管理行业规范发展、创新发展和规模化发展的一些问题，促进行业高质量发展和产业升级。随着物业管理行业的变革，迎来机遇的同时面临诸多日益变化的挑战，物业服务企业不断在标准化建设中努力探索提升品质、持续发展的道路。

多年来，亦庄城市服务公司深耕标准化建设，积极参加行业标准化的相关工作：标准化制定方面，2017 年该公司获得全国信息技术标准化技术委员会传感器网络标准化工作组秘书处成员单位证书，配合制定符合国家需求的传感器网络标准工作。2018 年参与了国标委《物业管理术语》《物业服务顾客满意度测评》两项国家标准撰写工作，两项标准均属于“支撑国家重大规划及其他重要项目”的立项范围，是国家标准委和国家发展改革委《生活性服务业标准化发展“十三五”规划》十大重点任务涉及的项目。

标准化研究交流方面，定期参加物业服务企业标准化综合能力提升班、物业行业创新发展论坛、国际物业管理产业博览会、国际标准化知识培训、国家标准宣贯培训班等活动，积极参与行业标准化交流学习。参与开发建设局《物业服务指导体系》课题工作。标准化试点示范方面，2018 年该公司荣获国家标准化委员会授予的“国家级服务业标准化示范单位”称号，从试点到示范经历5年时间，北京亦庄生物医药园成为全国首家工业物业标准化示范项目。亦城国际中心于2014年取得“北京市物业管理示范项目”四星级认证。

随着标准化工作的不断深入，该公司不断开拓创新，先后成为北京市物业管理协会理事单位、中国标准化协会常务理事单位、《中国标准化》杂志社理事单位。

3.2 亦庄城市服务集团标准化体系顶层设计

为加速亦庄城市服务集团从传统服务业向城市生活服务供应商的现代服务业转型升级，以全新姿态迈向市场化赛道，在物业管理行业蓬勃发展的角逐中抢占先机，公司持续加强标准化建设，适应行业快速发展。

3.2.1 公司服务品牌战略

亦庄城市服务集团定位为“创新型城市服务商”，致力于为城市发展提供生产性与生活性服务，从城市服务角度提供便民生活、生产保障、公建设施等，服务对象的变化对物业服务质量提出了更高的要求，对多元化、多样化、个性化的服务有了更多需求。做好标准化，将有利于企业形成品牌影响力和核心竞争力，有利于公司提升服务质量、规模扩张、创新发展、提高管理效率，在市场竞争中占据制高点。该公司坚持标准化品质服务，以多元化服务经营为策略，推出以“满足日常运维需求的基础物业服务+满足客户个性化需求的物业增值服务+满足园区企业需求”的园区运营服务的多元化产品体系和服务体系。围绕楼宇项目，打造“星管家”品质楼宇服务品牌，形成“楼宇招商+商务活动+商务空间+商务配套”的高品质商务楼宇生态。围绕产业园区项目，打造“慧服务”智慧园区服务品牌，形成“产业服务+园区物联+园区定制+园区配套”的优质产业园区服务体系。围绕住宅项目，打造“知心人”幸福社区服务品牌，形成“社区活动+社区商业+社区网络”的“智慧+幸福”的社区生态。围绕公建类项目，打造“共建者”政府公建服务产品，为城市提供精细化、一体化的公共服务解决方案（见图15）。

图 15　北京亦庄城市服务集团有限公司物业服务品牌

3.2.2 强化标准化顶层设计

标准化顶层设计是标准化建设的首要也是至关重要的环节。搭建一套从理论和实践层面可以指引公司物业服务高质量发展的标准化体系，需要在对整体物业服务进行全面梳理和分析的基础上，研究并夯实理论基础，统筹各方参与，反复研讨论证，科学制定顶层设计。

在该公司服务品牌战略的引领下，2022 年初全面启动了“1+3+2”标准化体系建设工作。“1”是一个标准化顶层设计，“3”是三个业态分级服务规范，“2”是两个业态服务规范（见图 16）。在标准编写阶段，首先对公司现有标准体系、国内物业管理行业的不同业态服务标准、公司物业项目运行管理情况展开了多维度的理论研究，提炼出顶层设计框架。其次，针对每个业态的服务特点、服务品质的要求、分级标准的差异，协调组织与服务标准专业性相关的部门进行了多轮研讨，保障标准能够“接地气”。在深度理论研究和多方研讨的基础上，对“1+3+2”标准体系文件初稿进行反复修改完善后形成了公司《项目标准化运行规范（2022 版）》，保障标准最优性。做好顶层设计规划，运用系统方法对服务标准进行全面梳理，有助于引导服务人员将“标准化”管理思路融入日常工作中，促使大家懂标准、学标准、用标准，最大限度发挥标准的价值。

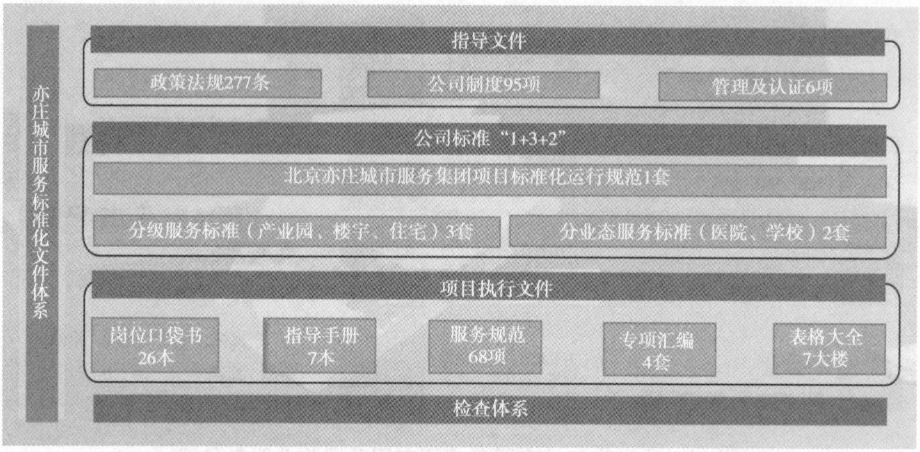

图 16　北京亦庄城市服务集团有限公司标准化文件体系

3. 2. 3 公司标准化顶层设计的内容与特点

通过集体构思、多轮研讨、修改完善，亦庄城市服务集团首个《物业项目标准化运行服务规范》企业标准历时 4 个月撰写完成。这套运行规范从指导文件、公司标准、执行文件三个层面，首次有针对性地对该公司物业项目管理成果进行了系统、全面梳理，汇集了公司 20 余年物业服务与管理方面的经验，是集体智慧的结晶。《项目标准化运行规范（2022 版）》是一套从顶层设计到落地执行的系统性规范文件，覆盖物业项目管理的全环节、全流程，主要具备以下三个特点：

一是系统性——从纵向来看。从基本管理要求（12 项）、服务内容（9 项）及评价改进，形成了一个 PDCA 的管理循环；同时，这是一套从顶层设计到落地执行的系统性规范文件，是公司物业项目管理的指引性文件，是完整的企业标准。

二是全面性——从横向来看。覆盖物业项目管理的全环节、全流程，包括 277 项政策法规、95 项公司制度、3 本管理手册、3 项认证支持、6 项企业标准、68 项服务规范、7 本指导手册、4 项专项汇编、26 本口袋书、7 大类表格。从宏观、中观、微观的视角以倒金字塔形式指引项目标准化运行。

三是针对性——从差异来看。其中的分业态分级服务标准是整套规范的重要组成部分。包含商务楼宇、产业园、住宅/公寓、医院和学校五个业态服务规范，并对住宅、商务楼宇和产业园三个业态标准实行分级。分业态分级标准与标准化检查体系形成闭环，对照不同业态不同级别标准设定了对应的检查标准、检查要点、检查类别、对标条款、相关档案，形成了一整套环环相扣的规范要求。

3.3 亦庄城市服务集团分业态分级服务体系

从商务楼宇、产业园业态的服务标准框架、服务标准内容、分级服务标准等方面介绍亦庄城市服务集团分业态分级服务体系的内容与特点。

该公司物业项目涉及的业态主要有商务楼宇、产业园区、住宅和公建业态，不同业态、不同等级对服务效率、成本、体验的要求是不一样的。分业态分级服务标准的制定，为向客户提供质价相符的物业服务提供了依据和基础。

3.3.1 分业态分级服务标准的制定

按照一个顶层设计的内容框架，分别制定了与公司品牌体系相对应的产业园区、商务楼宇、住宅/公寓、学校、医院分业态服务标准，其中对产业园、商务楼宇和住宅/公寓三个业态的标准进行了细化，制定了分级服务标准（见图 17）。分级服务标准是分业态标准的延伸，通过服务定级，对不同星级的项目的服务标准进行划分，从而进一步确定某一服务等级应当配备的人员与服务。

分业态分级标准包括管理要求、服务内容、创新服务等三项。其中的服务内容主要由综合服务、客户服务、共用部位管理与维护、共用设备设施运行与维护、公共秩序维护、环境卫生维护、创新服务七大部分组成。这七大服务内容既能满足物业基础服务的需求，也纳入了符合不同业态服务特点、适配不同业态客户群体的服务标准。

图 17　亦庄城市服务集团分业态分级服务标准

3.3.2 **分业态服务标准的差异**

在制定分业态服务标准的过程中，该公司结合物业项目运行的实际情况，从服务环境、服务条件、服务对象、服务内容、服务需求等维度深入分析产业园区、商务楼宇、住宅、医院和学校五个业态的特征。

比如，针对商务楼宇业态，涉及的服务环境有一层大堂，需要配备前台接待岗位，相应地提供大堂迎宾服务、大堂美陈布置、温湿度控制等环境服务，面对商务楼宇服务人群，在分业态服务规范里制定了客户关怀计划。与产业园业态相比，大堂与客户服务的要求是类似的。但在住宅业态服务项目中，不需要提供此类环境与客户服务。

医院、学校服务规范的制定也依据了业态的特点开展。与其他常见业态不同，医院的专业属性较为突出，比如《医院物业服务规范》环境维护标准里规定了不同程度感染危险区的卫生要求和医疗废弃物的处理要求，也对医疗秩序维护等问题进行了规范。在《学校物业服务规范》中，对具有学校物业服务特点的公寓管理、开学迎新、场馆服务、学校应急服务等内容了规定。

3.3.3 **分级服务标准的差异**

《产业园区物业服务规范及等级划分》划分了三个等级，三级为最高级，《商务楼宇物业服务规范及等级划分》和《住宅物业服务规范及等级划分》划分了五个等级，五级为最高级。每一项具体内容均有与之对应的等级要求，对服务内容进行了详细规定和细分。

以商务楼宇分级标准为例：服务人员方面，1~5 级标准对项目负责人任职条件、客服保安保洁人员服务形象及能力要求有差异；服务内容方面，1~5 级标准对客户服务、工程维保、绿化养护等方面均有不同要求；设施设备维保频次、保洁频次、客户活动频次等服务频次方面，以及客户接待场所配置和报修服务效率等方面，在 1~5 级服务标准当中均能体现服务等级差异（见图 18）。

通过服务定级，对不同星级的项目的服务标准进行划分，从而进一步确定某一服务等级应当配备的人员与服务。对服务人员、服务内容、服务频次、服务深度、服务设施等方面进行定性定量描述，在对应业态和等级的服务品质检查体系中也设立了可量化指标，确保可操作、可监督、可考核。

服务标准化分级不仅仅能为该公司带来财务指标的提升，还结合该公司实际情况，提供了在现有成本标准下如何提供高质量服务的发展思路，更是服务标准化可以长久运行的关键所在。

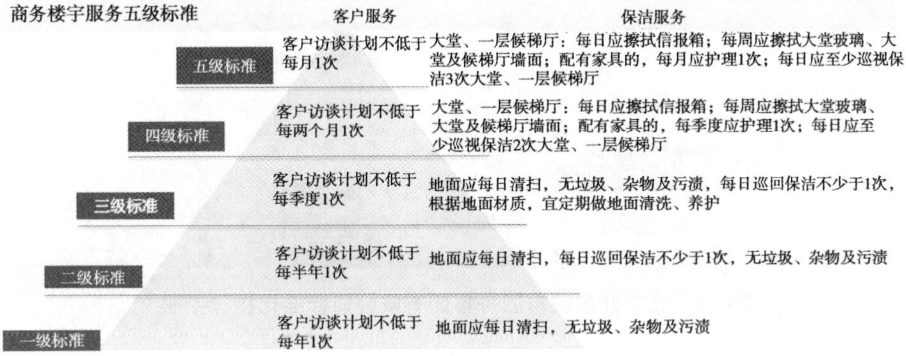

图 18　亦庄城市服务集团商务楼宇业态分级服务标准差异

3.4 亦庄城市服务集团执行服务标准体系

通过对亦庄城市服务集团编制的标准化指导手册、岗位标准化口袋书、标准化表格、标准化标识等标准化执行文件的介绍，概括该公司在具体执行层面搭建的标准化服务体系。

该公司制定的《项目标准化运行规范（2022 版）》中所包含的十个附件，汇总了其多年来在实践中持续积累的适合自身管理和对客服务标准。标准化的贯彻离不开执行文件的支持，在循序渐进的发展过程中，该公司不断整合标准化资源，优化标准供给，经历了从传统文本形式的手册到可视化手册的进化：编制了专项服务规范，制定了图文并茂的标准化指导手册，设计了可视化、程序化的岗位口袋书，梳理了清晰规范的标准化档案，促使员工能简单掌握，准确应用，节省资源，降低风险，提高服务品质和效率。

3.4.1 标准化指导手册

以服务保障、服务提供关键点出发，该公司围绕日常服务流程、服务设施管理、服务档案管理编写了一套标准化指导手册。例如，服务流程类包括《会议服务标准化指导手册》《保洁服务标准化指导手册》（见图 19）等；服务设施管理类包括《标识标准化指导手册》《中控室标准化指导手册》等；服务档案管理类包括《机房站室上墙制度汇编》《表格使用标准化指导手册》等。标准化指导手册采用文字配图的形式将服务流程的完整环节、服务过程的细节要求，以及服务现场的环境要求详细地展现出来。标准化指导手册把物业项目运行需要落实的关于服务、现场、设施、人员、档案、制度等元素系统化的串联在一起，能够明确标准化的各项具体工作任务和要求。

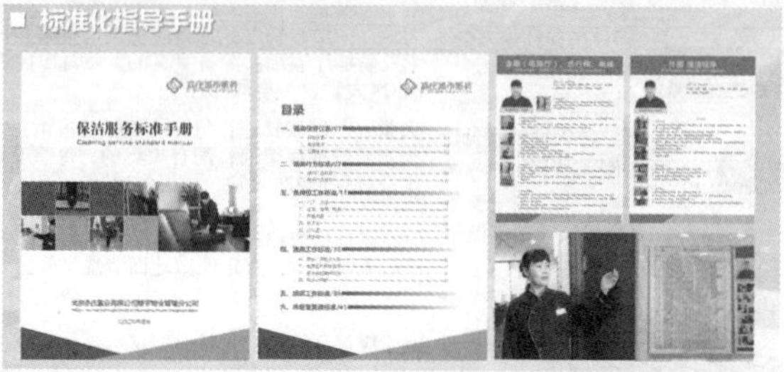

图 19　北京亦庄城市服务集团有限公司标准化指导手册

3.4.2 **标准化岗位口袋书**

2021 年亦庄城市服务集团创新设计了便捷环保的线上岗位标准化口袋书。围绕物业服务四大基础模块，依据项目通用岗位设置，共编制了 26 本涵盖综合管理、专业管理、客户服务、维修服务、秩序维护、保洁服务标准化口袋书，并将与岗位匹配的口袋书二维码印制在每位员工的工牌上，使用手机扫描二维码，即可查看岗位标准（见图 20）。口袋书中具体呈现了简洁易懂的文字说明，并配有图示详解和教学视频，使服务标准呈现更加直观，更易于服务人员掌握。这样的方式还便于后台随时更新内容，员工能及时获取最新岗位技能。除了获取方式便捷外，标准化口袋书的电子化举措还为该公司在环保减排、节省开支方面发挥了积极作用。以前开展标准化推广工作，公司每年需要花费约 10 万元印制执行手册，发放给各项目各岗位工作人员学习，这种形式不利于节约成本，也不利于将标准化细则传达给每一位员工。线上标准化口袋书的应用，能够较大程度为公司节省办公成本，同时创新线上推送方式，也提高了员工的学习兴趣，更有助于标准真正落地，将更优质的服务品质融入客户日常体验中。

图 20　北京亦庄城市服务集团有限公司标准化岗位口袋书

3.4.3 标准化档案

标准化档案是标准化服务落实的记录。基于2022年建立的标准化顶层设计框架，为了紧密衔接标准化服务流程，将档案内容与不同业态不同服务等级的品质服务要求适配起来，使标准化档案管理更加规范高效，更加准确完整体现所有物业项目如何按照标准要求提供服务，提升表格实用性，亦庄城市服务集团统筹协调相关专业职能部门和各业态物业项目针对标准化档案体系开展了一次全面优化行动。按照通用、行政、客服、工程、安全、财务，分别包括七大类别，采取删减重复、按需增加、优化调整的方法对200多个标准化表格进行了重新整理，并针对每一类档案整理了对应的表格目录清单，建立了《标准化档案及编号管理规范》，形成了统一清晰的标准化档案建立操作指引。完善后的标准化档案体系与分业态分级标准化检查体系实现了有效闭环。

第四章　物业服务企业标准化实施路径

4.1 搭建标准化协同组织

实现公司标准化体系落地，建立符合公司运行的组织架构尤为重要。亦庄城市服务集团通过建立健全组织机构，从集团、分公司、项目部三个层级建立了组织体系，并划分出相应的职能与任务，共同参与标准制修订、标准推广落实、标准监督反馈等工作，形成有效联动。集团层面，设立品质管理部统筹负责标准的制修订、组织实施和监督检查等各项标准化工作，并联合其他职能部门共同参与；分公司层面，设置品质部门协助集团监督指导物业项目标准化执行情况；物业项目部同步配备品质部门和标准化工作人员，明确职责，规范制度，完善激励机制等，推动形成长效的标准化协调推进机制。跨部门、分层级的组织架构有助于内部沟通与合作，发挥各自的专业优势，解决标准化难题，有效降低标准化成本。在跨部门的标准化工作组织基础上，一方面促使服务标准更具操作性和适用性，另一方面能够引导物业服务标准化体系的协调发展。以《项目标准化运行规范（2022版）》编制过程为例，基础服务标准涉及的安全管理、共用部位设施设备管理等内容专业性强，公司品质管理部协同安全和工程职能部门分别开展了多次研讨、反复论证后完成了两个专业模块内容的编写工作。在形成分业态分级服务规范初稿后，公司品质管理部又组织分公司、物业项目通过分业态专项研讨对标准进行了多次修改完善。

4.2 共享标准化信息平台

从标准化工作需求出发，结合信息化手段完善公司标准化管理，促进标准化信息资源共享，畅通标准化资源使用渠道，成为有效提升标准化信息管理水平，加速实施标准化的重要方式。亦庄城市服务集团通过网站、OA 办公平台、办公软件等多种渠道，实时共享标准化信息，并按标准化制修订、审定、报批流程在线对标准化文件进行处理。建设标准化门户网络平台，及时发布最新制定的标准化规范。通过信息化系统将各项企业标准内容直接传达给物业项目，从而保障标准的落地执行。

4.3 创新标准化推广机制

“如何精准落地”一直是实现标准化的瓶颈问题。亦庄城市服务集团结合以往在标准化推广过程中遇到的突出问题，为强化标准实施落地，发挥标准对服务质量的支撑作用，创建了标准化推广四大工作机制：在标准化宣贯方面形成研训用一体化机制，在标准化落地方面设计了一站式服务包，在品质监督方面形成三位一体联动检查机制，四是打造可持续标准化运行管理机制。

4.3.1 研训用一体化培训机制

物业服务标准化建设不是一朝一夕完成的，标准得到落地执行才能发挥实效。重视标准宣贯，通过培训等手段组织全员加入，提高各层级各岗位服务人员对标准贯彻的重视程度是顺利开展标准化、提升物业服务质量的前提。

研训用一体化机制是采用课程研发、培训体系、实际应用相结合的模式，执行由该公司面向分公司、分公司面向项目、项目面向一线服务人员的三级培训。旨在通过建立强有力的培训机制深入推进已发布标准的宣贯工作（见图 21）。

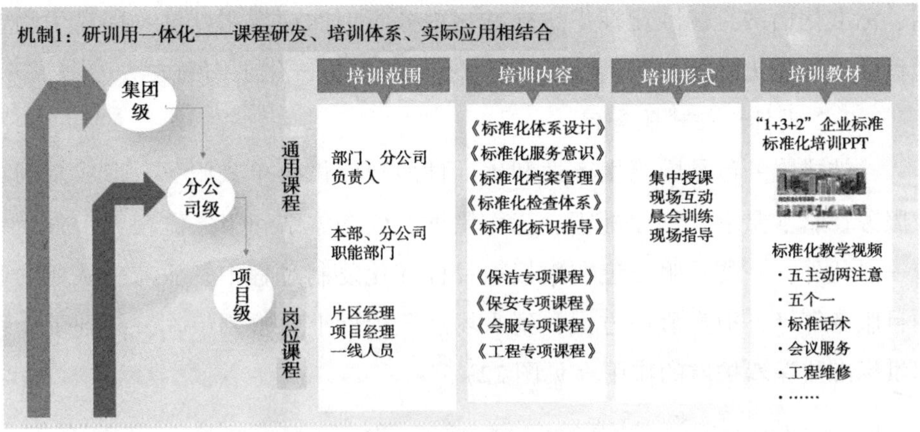

图 21　北京亦庄城市服务集团有限公司标准化推广机制-研训用一体化

该公司制定了按层次、分类别、有目标的标准化培训计划，由标准化管理部门统筹组织开展。为确保宣贯效果，首先研发了配有教学视频、统一课件等培训教材的通用课程及一线岗位专项课程，包括《标准化体系设计》《标准化检查体系》《标准化标识指导》《保洁专项课程》《会服专项课程》等(见图 21)，并将课程纳入公司人力内训。再挑选一批精通专业、熟悉标准化管理的员工，接受公司内训师培养成为培训讲师自上而下开展三级培训。一级培训由公司品质管理部对分公司质量部及标杆项目进行培训；二级培训由分公司质量部对项目管理岗及重点项目一线人员开展培训；三级培训，物业项目按公司要求由项目负责人或主管岗对一线人员按标准化教学课件开展相关培训。

培训形式主要采用由“理论学习+视频观摩+现场实操+考试过关”组合的小班教学和每日晨会训练等，做到全覆盖、易掌握、有示例，为标准落地转化赋能。

标准化建设离不开标准化专业人才的培养。标准化制修订、实施，开展品质检查等标准化活动，都需要项目经理等标准化骨干人员带头和参与。通过专题讲座、专业研讨、经验交流等方式对重点人才进行培养，形成一支精通业务、熟悉标准、综合能力强的标准化人才队伍，能够为公司标准化工作提供强有力的人才保障。

为此，亦庄城市服务集团举办了“品质领航”项目经理标准化专项培训，这是“研训用一体化”方面的生动实践，围绕项目标准化运行规范及推广机制、标准化档案、标准化标识、标准化服务意识四项课程开展，提高了物业项目经理标准化服务意识，指导大家掌握了提升标准化工作的方法。

4.3.2 设计一站式服务包

一站式服务包是围绕生产性和生活性服务提供菜单式服务，形成基础物业服务在基本要求、形象标识、工作制度、档案体系和服务流程五个方面的统一。此外，一站式服务包在新接项目标准化复制过程中，从前确认期物业项目服务等级、拟定服务方案，到入场后开展标准化复制工作，起到了全程提供标准化保驾护航的作用（见图22）。

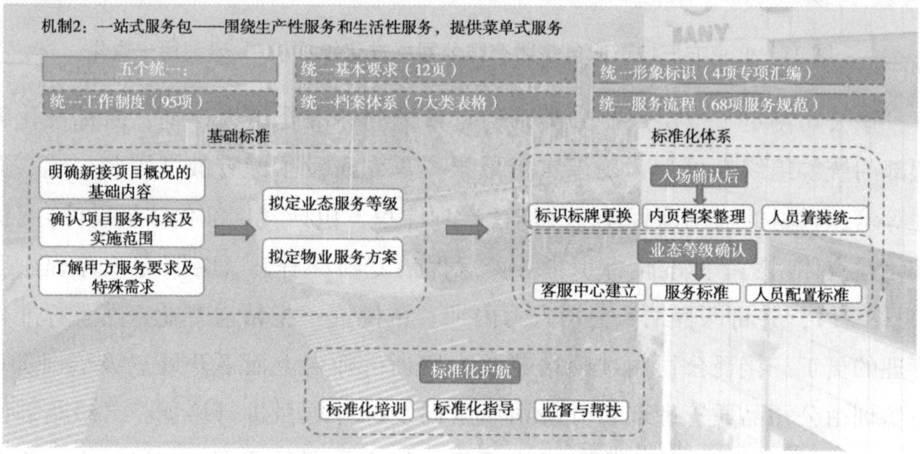

图22　北京亦庄城市服务集团有限公司标准化推广机制-一站式服务包

以该公司2022年新承接项目北京三一南口产业园和北大昌平校区为例，介绍标准化复制工作的开展。首先是明确基础标准，即明确新接项目概况的基础内容，确认项目服务内容及实施范围，这一环节在市场部前期投标时就要明确。中标之后要及时了解甲方服务要求及特殊需求，按公司成本定额及甲方需求确定业态服务等级制定物业服务方案。物业服务方案确定后，按计划开展标准化复制工作。在新项目标准化复制过程中，公司品质管理部启动标准化护航保障机制，依据标准化护航细项清单从标准化培训、现场指导、监督检查等方面全面保障新项目标准化精准落地。

4.3.3 三位一体联动检查机制

为保障该公司标准体系中各项标准得以有效实施，应对公司标准化工作、品质服务情况开展定期与不定期检查，制定详细实施计划，明确检查范围、检查内容、实施部门、整改周期等内容。由品质管理部门按计划组织开展检查工作，对发现的不合格项进行分析，并制定整改措施，同时对整改结果的有效性进行跟踪验证和评价考核。

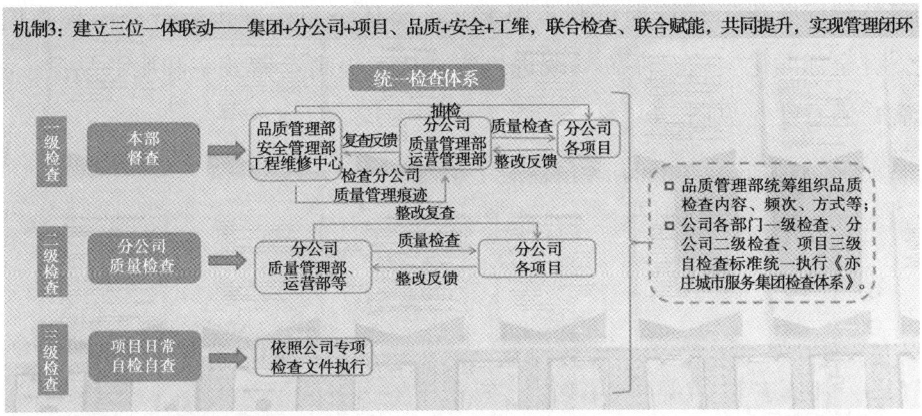

图 23　北京亦庄城市服务集团有限公司标准化推广机制–三位一体联动检查

公司为加强品质监督效果，建立了三位一体联动检查机制，联合公司职能部门、分公司及项目组建三级品质检查组，深入开展现场品质检查工作，形成发现问题到快速整改的有效闭环，将检查结果一并纳入公司内部及供应商考核体系，以评价和检验服务标准的执行效果。一级检查为集团职能管理部门成立的联合检查组对分公司职能部门的品质监察工作进行检查，也包括对物业项目开展定期、不定期的专项抽查工作；二级检查为分公司质量部对物业项目开展的监督检查；三级检查为物业项目依据公司标准化体系开展的自检自查（见图 23）。通过三位一体检查机制实现联合检查、联合赋能，共同提升。依据检查结果定期复盘，将物业服务项目存在的个性、共性、亮点问题进行整理汇总，实行排名制，定期发布红黑榜单，并针对各类问题提出解决措施，完善标准化运行规范。

为配合三位一体检查机制监督效应，公司从供应商服务和内部服务管理两个维度，进一步完善了考核体系，将监督检查的考核结果进行全面应用：供应商考核方面，依据检查结果进行履约结算，并结合公司《供应商管理办法》实行优胜劣汰；内部机构考核方面，将考核结果与奖金挂钩，也作为物业项目评优依据。由此，可以加大标准实施的力度，保证标准在实践中能够执行，坚持标准化工作的常态化，进而保证服务质量。

4.3.4 PDCA 标准化运行管理机制

亦庄城市服务集团从标准制修订与完善、标准化推广与创新到标准化监督与反馈的标准化运行三方面全过程 PDCA 打造职能部门与分公司协同参与的可持续标准化运行管理机制。用 PDCA 闭环公司标准化运行全流程管控，建立健全标准化实施、评价与改进机制，从而提高运营效率和服务品质，提升客户满意度（见图 24）。

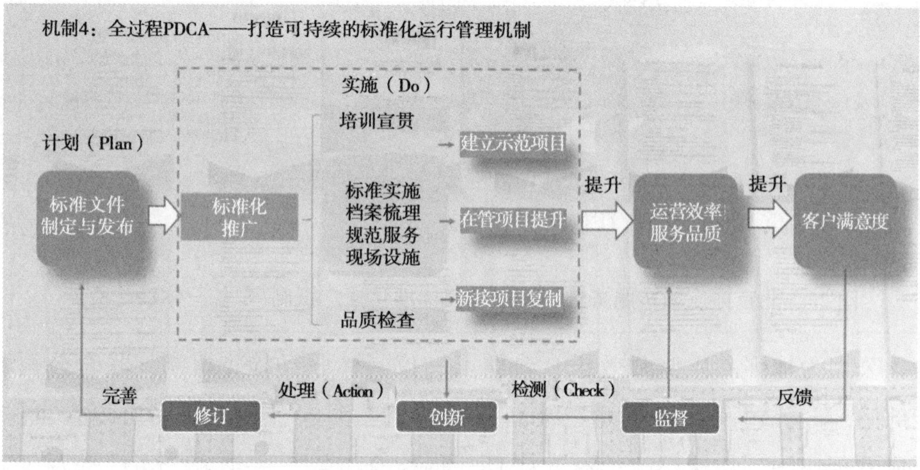

图 24　北京亦庄城市服务集团有限公司标准化推广机制-标准化运行管理 PDCA

围绕亦庄城市服务集团发展战略，公司科学制定了适合自身发展的标准化顶层规划，已经完成的标准化体系不是一成不变的，新标准的落地必会经历一个适应的过程，需要对标准化文件不断调整。另外，新技术的使用、政策的变化等都需要标准化体系及时做出调整，以确保实用性和合规性。建立标准化更新反馈机制，重点就是及时，能够迅速对标准化文件的不合理做出修改，保证标准化文件的适用性。其次就是反馈渠道的建立，保证标准化管理部门能够及时收到反馈意见并做出修改。再者，标准撰写人员应多到标准执行的一线走一走，倾听一线的声音，也有利于标准化的推行。

在 PDCA 运行机制下定期结合实际情况，对公司标准化工作现状、标准体系运行情况进行分析总结，结合年度标准化工作计划，使标准化各项工作有效开展，推动标准化循环创新。

标准化运行管理机制的建立能够有效推动公司标准化体系和标准化工作持续改进和不断完善。

第五章　物业服务标准化体系场景应用

在标准化体系建设和推广机制建立的基础上，为加速公司标准化的落地推广，公司从商务楼宇、产业园、住宅、医院、学校等业态中各选取试点项目打造标准化服务标杆，进一步推广2022版项目标准化运行服务规范，树立优质样板的同时促使标准在实际中接受检验，持续完善。本文主要探讨非住业态的应用场景，以商务楼宇与产业园区为例。

亦庄城市服务集团的高端商务楼宇标杆项目、亦城财富中心和产业园标杆项目、经海产业园率先开展了标准化试点推广工作，对照公司2022版项目标准化运行规范，推广重点包括标准化档案体系的建立、现场标识统一完善、人员BI形象的统一、楼内大堂和客户服务中心等关键场所标准化、设备机房标准化管理等。依托公司创建的四大标准化推广机制，首先，从集团层面制定了详细的标准化宣贯计划，组织分公司和试点项目代表共同参与宣贯培训，促使标准化推广人员全面理解和掌握公司的标准内容，为标准的落地转化赋能。宣贯结束后，标准化推广人员进入试点项目现场进行一对一辅导工作，同步开展推广试用及意见反馈工作。最后，标准化试点项目验收工作以座谈分享、档案展示、机房参观、现场交流等方式开展，在公司顶层标准化体系和标准化推广机制的共同作用下，标杆项目建设成效显著，为其他物业服务项目的推广和新承接项目的复制推广奠定了坚实基础。

5.1 标准化体系在商务楼宇的应用

5.1.1 亦城财富中心项目介绍

亦城财富中心位于北京经济技术开发区荣华中路22号，项目地理位置优势突出，位于亦庄开发区商务中心核心区，与开发区管委会一路之隔，紧邻地铁亦庄线，凉水河环绕，与周边高端写字楼共同形成了开发区“高质量发展新高地”。项目的占地面积为3.37万平方米，总建筑面积14.26万平方米，由A、B两栋高层写字楼和钻石大厅构成。亦城财富中心围绕“5G”和“科技金融”两大业态，致力于打造成“全球5G+科技金融创新中心”“中国产业新城运营示范园区”“北京亦庄高端产业基地”。

5.1.2 标准化体系的应用

亦城财富中心作为亦庄城市服务集团商务楼宇业态的标杆项目，划分为公司商务楼宇五级服务标准。同时该项目也是公司品质楼宇“星管家”服务品牌的代表，围绕“有品质、懂营商、慧服务”，在优化客户服务、环境卫生服务、设备设施维保、安全管理、智慧防疫、无废城市建设等标准化建设方面成效显著。服务人员标准化方面，该项目注重塑造人员服务形象，围绕公司统一制定的标准化礼仪规范——“五主动两注意”，每日通过晨训和晚训加强人员训练，不断提升品质楼宇的服务形象和服务意识。客户服务方面，该项目按公司《客服中心标准化指导手册（非住宅类）》建设了客户服务中心，免费提供商务洽谈空间、公共阅读空间等场所，通过大堂美陈、洗手间摆台、便利设备、前台服务、晨迎晚送、梯控服务、特殊天气服务等多角度提升服务体验。还打造了一支星级会服团队，参照公司制定的《会议服务标准化指导手册》、茶艺口袋书等可根据客户需求提供高级会议论坛活动服务、重要来访接待、礼宾服务等。智慧防疫方面，开发设计了楼宇访客登记小程序，减少排队时间和人员聚集现象，全面升级了各个通道卡口的闸机设备，利用人脸识别和云平台技术，能够网联识别所有进入楼宇人员的健康宝状态，实时显示测温数据、健康码和核酸检测结果和疫苗接种情况，大幅提升了客户通行效率。当下，疫情防控已成为物业服务的关键环节，亦城财富中心项目为物业服务行业疫情防控标准化和智慧化管理树立了样板。设施设备维保方面，按照公司工程服务标准化统一要求制定完善的维保计划，对照 QCSFW 003—2022《亦城服务集团商务楼宇物业服务等级划分》规定的标准化服务频次落实每日巡视检查、定期检测和机房清洁工作，及时消除设施设备安全隐患，使设备机房时刻保持可开发状态，通过公司“维修管家”智慧物业服务平台，实现报修 10 分钟内快速响应，达到该项目对应的商务楼宇五级报修服务标准。安全管理方面，严格执行公司安全服务标准，按要求组织安全培训和消防、防汛等安全应急演练活动，定期开展安全隐患排查和每日安全巡视工作，全方位保障园区安全。无废城市建设方面，亦城财富中心作为北京经济技术开发区“无废城市”建设试点，开创性构建了“1+4”固体废物统一管理模式：“1”是“建立智能垃圾分类大数据云平台”，“4”是垃圾分类投放站、其他垃圾挤压站、可回收垃圾中转站和餐厨垃圾生物降解站。在这个管理模式下，利用物联网、互联网融合技术，采用智能垃圾处理设备，引入资源化利用和无害化处置技术，实现固体废物管理的资源化、减量化及无害化，自实施以来，这套模式的经济效益和社会效益逐步显现，为垃圾分类标准化探索建立了一套完整的解决方案。

5.2 标准化体系在产业园项目的应用

5.2.1 经海产业园项目介绍

经海产业园位于北京经济技术开发区经海四路 156 号院，总占地面积 8.37 万平方米。园区以科技成果转化、汇聚高端人才和创新为建设理念及发展思路，经海产业园目前已形成以电子信息产业及生物医药产业为主导的两大产业聚集，整体出租率为 100%。园区以新型产业加速器为核心，是生产研发、商务办公与文化创意兼备的综合性产业园区。

5.2.2 标准化体系的应用

经海产业园是亦庄城市服务集团产业园业态的标杆项目，划分为公司产业园区五级服务标准。经海产业园围绕公司“慧服务”产业园区品牌定位，以客户需求为出发点，不断打造“智慧、集群、定制”的产业园区，在优化客户服务、环境卫生服务、设备设施维保、安全管理、智慧防疫、能源管理等标准化服务方面成果突出。

标准化档案方面，从档案目录的建立、文件记录填写、文件清单梳理、档案盒使用等方面对照公司制定的《标准化档案及编号管理规范》（QCSFW BZ—210.01—2022）执行，形成了符合公司标准的档案体系。安全管理方面，园区严格按照《亦城服务集团产业园区物业服务等级划分》（QCSFW 002—2022）中的秩序维护管理要求，执行中控室 24 小时值守，实时掌握园区重要点位情况，定时开展安全巡查。此外，园区还建立了微型消防站，每月组织志愿消防员开展消防演练，强化园区消防安全。增值服务方面，园区在保障基础服务的同时创新标准化服务，不断延伸增值服务内容，开展定制化保洁、保安、绿植租摆等入室服务，提供无人餐车、电梯传媒、“客户响应-巡逻送水”的桶装水配送等增值服务。园区文化建设方面，参照《亦城服务集团产业园区物业服务等级划分》（QCSFW 002—2022）中的创新服务标准，建立了党建活动中心，设置了免费开放的党群阅读室，为园区企业党组织活动提供空间服务。能源管理方面，该项目围绕园区冷热源设备系统进行智能化节能改造，通过公司智慧物业服务平台进行智能控制。园区是北京经济技术开发区2021年第一批“碳中和”试点项目，并获得了由中国合格评定国家认可委员会（CNAS）授权的第三方认证机构授予的“碳中和”证书。

结　语

标准化能够为物业服务企业健康的高质量发展起到战略引领和支撑作用，对物业服务的品质提升、效率提升、价值提升方面具有重要的现实意义。服务标准化分业态分级为企业如何在成本合理的条件下提供高质量服务提供了发展思路，更是服务标准化可以长久运行的关键所在。在初步形成的具有亦庄城市服务集团特色的企业标准基础之上，公司将为持续完善行业标准化建设和丰富场景应用作出贡献。

参考文献

蔡志军，2019. 开创物业服务标准化建设新局面［J］. 中国物业管理：60-61.

陈曦，2020. 物业服务标准化与多元化探讨［J］. 住宅与房地产（15）：4.

高文田，崔学军，2020. 标准化战略引领物业服务高质量发展［A］. 中国标准化协会 . 第十七届中国标准化论坛论文集［C］：141-155

高文田，崔学军，2016. 物业服务标准化发展之路［J］. 住宅与房产（Z1）：63-67.

高文田，崔学军，2018. 构建与物业管理行业高质量发展相适应的新型标准体系［A］. 中国标准化协会 . 第十五届中国标准化论坛论文集［C］：160-169.

顾兴全，许建军，王音，阚少杰，2021. 标准化人才培养与专业建设的挑战、机遇与对策［J］. 标准科学（6）：6-11.

邝兵，2011. 标准化战略的理论与实践研究［M］. 武汉：武汉大学出版社 .

李红霞，2020. 面向国际职业认证的物业管理专业应用型本科人才培养研究［J］. 产业与科技论坛 19（16）：178-180.

张研，2010. 技术标准化对产业创新的影响机理研究［D］. 吉林大学 .

沈建忠，2019. 标准助推物业管理行业高质量发展［J］. 中国物业管理（2）：1.

闻立达管理咨询（北京）有限公司，2019. 提升物业服务质量和效益的对策研究［A］. 物业管理课题研究优秀成果汇编（2016-2018）［C］. 中国物业协会：38.

2022. 物业管理四十年深圳物业服务企业经典发展模式［J］. 住宅与房地产（4）：62-88.

2019. 物业管理行业标准体系设计及标准化工作发展规划研究［C］. 物业管理课题研究优秀成果汇编（2016-2018）：110-138.

2019. 物业管理行业责任边界问题研究［C］. 物业管理课题研究优秀成果汇编（2016-2018）：264-303.

2015. 物业管理行业标准建立的必要性和可行性研究［C］. 2015 物业管理课题研究优秀成果汇编.

2020. 2020 产业园区物业服务调研报告：智慧赋能引领高质量发展［J］. 城市开发（15）：14-25.

漆利云，2022. 家电标准化对提高行业经济效益的作用分析［J］. 轻工标准与质量（1）：110-112.

课题组成员名单

课题组组长： 丁一文　北京亦庄城市服务集团有限公司

课题组成员： 李志兵　北京亦庄城市服务集团有限公司

赵　宁　北京亦庄城市服务集团有限公司

孔　畅　北京亦庄城市服务集团有限公司

钱　佳　北京亦庄城市服务集团有限公司

高淑新　北京亦庄城市服务集团有限公司

物业管理的产业定位和发展方向研究

◆ 中国物业管理协会产业发展专业委员会

前言

随着物业管理产业的不断发展，物业服务企业开展业务的领域已经超出传统物业管理的范畴，物业服务的多样化产生了部分影响产业发展的矛盾和问题。为此，对物业管理产业进行定位，研究产业发展方向，从而提出延续产业良性发展势头的产业政策建议，显得非常必要。

通过分析产业发展现状、产业发展动因及局限性，揭示了物业管理产业在政府、企业、市场角度的定位。在此过程中，存在着缺乏统一标准、规模效应减弱、技术演进瓶颈、责任边界扩大、产业定位模糊等矛盾问题。借助对宝石花等物业企业的分析，得出了物业管理产业可以在金融服务、资产管理领域深入发展，向资本密集型企业和城市物管方向发展，并提出了产业技术、产业人才、布局方面的政策建议。未来物业管理产业将作为独立的产业，进一步发展壮大，获得社会认可的同时，具备独特的身份识别标签；党建引领下的物业管理，也将成为产业发展过程中的一道靓丽风景。

第一章　绪　论

1.1 研究背景

1.1.1 国内物业管理产业的发展

1.1.1.1 产业政策方面

产业发展方向需要与产业政策联动。近年来，住房和城乡建设部等国家部委已经发布了多项支持和指导物业管理发展的政策文件，物业管理产业需要及时做出反应，汇聚产业内已有的研究成果，定位物业管理的边界、划定物业管理的发展方向，理清物业管理发展的机遇和路径，提出对实际工作有指导意义的专项成果。这些专项成果包括共同富裕政策给物业管理带来的机遇，从物业管理角度创建“红色物业”等，本课题试图通过宏观研究争取法规和政策的具体扶持和引导。

1.1.1.2 产业文化方面

物业管理产业需要与传统物业管理相区别。随着“物业管理产业”的概念不断被提出，有必要对“物业管理产业”与“传统物业管理行业”进行分析讨论。物业管理的市场边界早已超出行政边界，物业管理的服务内容、服务方式、责任边界、扩张模式等实践，已与物业管理的定义相脱节。同时，由于物业企业发展水平不一，不同代际的物业企业并存。产业排名第一的万物云“全域智能运营”模式使物业管理显得高大上，而99%的物业企业仍处于规模小、收入少甚至收费困难的初级阶段，带给公众的印象仍是物业管理技术含量低、进入门槛低，以及见诸网络的各类物业服务纠纷投诉。本课题试图通过研究和论述，将“传统物业管理”上升到“物业管理产业”，进而深入探讨物业管理产业的发展理论。

1.1.1.3 社会发展方面

一方面，是《民法典》第942条、285条，从多个方面强化了物业企业行为，明确了物业管理产业新的制度体系构架及对应法规立改废的方向。另一方面，物业管理在疫情防控期间攻坚克难，展现出了强大的托底保障作用。

1.1.2 国际物业管理产业的发展

课题通过梳理世邦魏理仕等国际物业管理龙头的多元化发展路径，发现我国物业管理同国际领先企业在发展模式、服务内容等方面的异同点，从而指出未来我国物业管理的可能发展方向。

1.2 研究意义

1.2.1 理论价值方面

物业管理产业整体发展起步晚、速度慢，对社会经济的影响也不明显，虽然较多参与居民的生活服务，但服务活动面广而浅，学界缺乏对产业系统性深层次的研究，特别是对物业管理的产业定位、法律法规、产业标准、发展趋势等缺乏系统研究，造成了产业定位不清，发展方向不明朗。本课题试图从产业发展现状入手，发现产业存在的矛盾和问题，通过国内外代表性物业管理发展方向的比较，多角度提出产业发展建议，有利于开展物业管理产业新情况、新问题的系统性研究，进一步充实和丰富理论体系，弥补产业内较为匮乏的理论空缺，以促进产业更好发展。

1.2.2 **现实意义方面**

从国内的发展历程看，物业管理一直是房地产产业的一部分。目前，物业管理已成为一个独立产业，并出现了现代生活服务产业等多种产业定位。物业管理的内容已经从最初的住宅物业发展到增值服务、城市服务、物业科技等，一些物业企业更是从医院物业、高校物业、机场车站物业向矿山物业甚至是矿山综合服务进军。据统计，目前的物业企业服务内容已覆盖90%的服务领域，如何进行物业管理产业定位，是一个亟须探讨的问题。为此，通过本项课题研究：一是有利于加快我国物业产业发展，培育新的产业经济增长点，促进产业结构更加合理化。发展物业产业既有利于优化资源配置提高效率，提升产业内相关主体的服务能力，也有利于促使各主体创新技术，生产出具有引领作用的产品，从而实现产业发展方式的转变。二是为相关传统企业推动产业发展提供有益的参考和指导，也可以为相关政府管理部门的宏观决策和监督提供参考。三是物业产业近年来面临着房地产市场回落的现实问题。物业管理脱离房地产进而转向独立，物业管理越来越向着规模化、品牌化、品质化、专业化发展，为研究物业产业的定位和发展提供了新的契机。在产业政策多方向引导与企业发展路径多元化的双重背景下，如何通过有效的方向性引导促进物业产业发展，是摆在相关企业与政府部门面前的现实而复杂的问题。因此，本课题着重研究我国物业产业发展的方向，非常具有实践价值，也是本课题现实意义的重要体现。

1.3 研究目的

本课题的主要研究目的是通过开展物业管理产业研究，从多个角度对产业进行定位，试图将以往研究中未得到有效解决的问题进行高一层次的提炼总结，并通过案例调研找出产业发展方向，形成产业发展对策。

1.4 研究内容与技术路线

本课题拟从多个维度对物业管理产业进行分析，给出产业的适当定位，分析产业发展遇到的困难，通过对典型案例的对比分析，找出产业发展的可靠方向，最后提出在相对应方向上发展的建议措施。

本课题的技术路线如下（见图1）：

第一步主要对论文涉及的相关理论与文献进行综述。

第二步主要分析产业发展存在的矛盾问题。

第三步主要是国内外典型案例进行对比研究。

第四步主要是提出产业发展方向建议和措施。

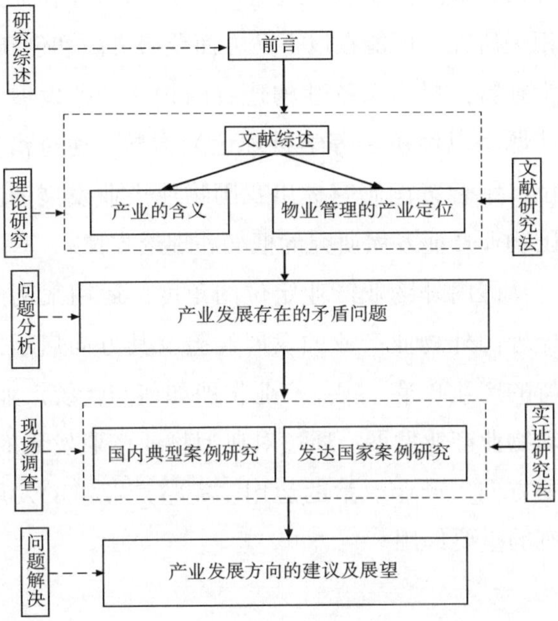

图1 技术路线图

1.5 研究方法

本课题研究主要以产业经济学理论为基础，并结合管理学等学科理论和研究方法，进行多学科交叉研究。围绕课题的主要研究内容和目标，本文拟采用以下研究方法：

案例研究法。不同的物业产业发展方向具有不同的特点，而物业产业发展不同的方向、产生不同结果是有内在规律的，典型案例可以为探索产业发展规律提供生动的例证。本课题将选取不同产业发展情况进行深入案例分析。通过对不同案例发展历程的对比分析，总结在物业产业发展中成功的经验和失败的教训。

比较分析法。本课题将对国内外物业产业发展进行比较分析；另外，对国内物业产业的不同主体进行比较。通过比较研究，力求揭示出在国内外物业产业发展方向问题上的普遍规律，以及中国国情下物业产业发展方向的特殊性。

1.6 创新点

本课题通过分析物业产业的发展定位，以及国内外物业产业发展方向的理论、案例以及相关研究，可能在以下几方面获得突破和创新：

研究成果较为独特，提出系统性构建我国物业产业发展方向的研究框架和理论支撑。本课题将以经济学等学科理论为指导，通过借鉴与总结，研究物业管理产业定位，结合案例研究提出我国物业产业发展的方向，从而系统地构建和丰富我国物业产业发展研究的框架和理论支撑。

研究视角新，从国内外物业产业定位的角度，运用案例研究方法对比研究。通过分析和梳理国外物业产业的发展经验及其方向启示，发现物业产业发展需要政府扶持的产业政策，物业产业发展如何与传统产业发展有序衔接，科技创新怎样推动物业产业发展。通过对典型物业产业发展的案例对比分析，发现物业产业发展方向、产业政策的运用、完整产业链的发展对物业产业可持续健康发展具有的重要作用。

第二章　文献综述

2.1 产业

2.1.1 产业经济学

产业是具有某种同类属性的经济活动的集合体，产业经济学从作为一个有机整体的“产业”出发，探讨经济发展过程中产业间的关系结构、产业内企业组织结构变化的规律以及研究这些规律的方法（见图2）。产业更多是从上下游的角度来说的，它更多地体现的是一个纵向的概念，产业链各个单元提供的产品是不同的，产品之间可以形成的是配合关系，为最终用户提供组合性的产品和服务。

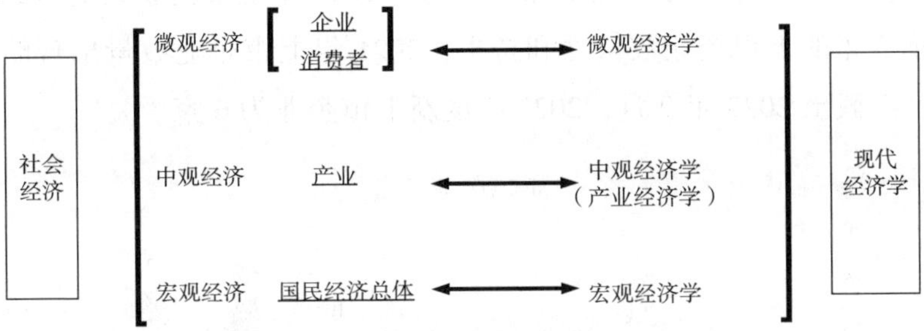

图2　社会经济与现代经济学的关系

2.1.2 物业管理产业

市场经济催生物业产业，物业产业得以发展也是市场经济发展的必然结果。所谓物业管理产业，是一个产业链的概念。其中的参与者主要包括服务设备的提供商、保洁公司、保安公司、物业企业、智能化平台、家装公司等。通过研究物业管理所包含的不同业务领域，可以将传统的物业管理产业研究上升至物业管理产业研究，并绘制物业管理的产业构成图，显示产业所包含的产业、业态和企业，比如传统的保洁会衍生出专业清洁服务公司，服务内容会增加外墙清洗、石材养护、空调管道清洁、隔油池维护、地毯清洁，家政服务等；保绿服务会衍生出专业绿化养护、苗木培养、室内租摆等；维修服务衍生出设施维护、预防性维护以及电梯、配电等专项服务内容；保安服务更会随着服务需求增加专项保安服务以及企业安保等。同时，物业企业还可以根据服务对象生命周期不同阶段的需求，提供不同的服务，比如：围绕建筑物本身提供早期介入顾问咨询、施工设计阶段优化建议、承接查验服务，以及后续的建筑大修和更新服务；围绕业主则可以提供家庭成员全生命周期的增值服务。

2.2 产业发展现状

2.2.1 产业发展相关数据

2.2.1.1 历年物业企业上市数量

自2018年以来，物业企业开启上市潮，2020年上市企业数量达到峰值17家，与前3年的上市企业数量之和持平，2021年上市企业数量出现略微下降（见图3）。截至2022年9月，2022年度新上市企业为6家。

图3　历年物业企业上市数量

2.2.1.2 产业发展规模

物业产业已成为一个万亿规模的赛道，发展空间广阔（见图4）。根据东方证券测算，到2030年，产业管理面积将达到约369亿平方米，基础物管物业市场规模达1.7万亿元，产业总规模（基础服务+增值服务）超过2.5万亿元。

图4　历年物业管理产业管理规模和增速

数据来源：万联证券研究所。

2.2.1.3 产业集中度

近年来，产业内百强企业已在一定程度上牢固占据市场空间，同时物业企业逐步转向追求质量、价值增长，而非单纯依靠规模进行“野蛮”生长。为此，市场集中度渐趋稳定，企业集中度上升速度减缓（见图 5）。

图 5　历年物管百强企业集中度（%）

数据来源：万联证券研究所。

2.2.1.4 增值服务

据研究机构发布的数据，2021 年全国百强物业企业提供的社区增值服务已经涵盖了业主从未成年到中青年，再到老年的各类服务，形成了“全生命周期+全生活场景”的服务体系。社区增值服务进一步细分，细分为社区生活服务（占比 25.76%，主要包括养老服务、社区教育、社区零售、家政服务），业主资产运营服务（占比 29.05%，主要包括美居服务、房屋经纪），社区空间运营服务（占比 29.96%，主要包括空间管理、社区传媒），以及其他（占比 15.23%，主要包括餐饮、旅居）四大类。

2.2.2 产业发展的经济与社会效益

如前文所述，近年来，物业产业发展取得了长足进步。一方面，得益于国家宏观经济政策的导向，相关产业政策的大力扶持；另一方面，物业产业的发展也为国民经济持续健康发展提供了新动能和新的经济增长点。总的来说，物业产业的迅速发展不仅取得了良好的经济效益，也获得了公认的社会效益。

2.2.2.1 物业产业是国家现代国民经济不可或缺的产业之一

物业产业是以服务生产生活为核心的。物业产业覆盖面广，几乎在第一、第二、第三产业都能发现物业产业的身影。因此，大力发展物业产业，可以更好地推进产业转型升级。物业产业已经成为国家现代国民经济不可或缺的产业之一，未来物业管理将在国民经济中扮演更为重要的角色。

2.2.2.2 物业产业是创新型的新兴产业

物业产业的发展离不开创新，打破物业管理旧有的“高人工、低技能”的发展模式需要以技术创新为支撑；物业企业降低成本，提高绩效，实现高效管理也依赖于管理创新；促进物业服务的产品销售也需要服务创新。随着劳动力成本提升和物联网技术的发展，越来越多的新兴技术和场景运用于物业产业。因此，物业产业是一个把物业管理和经济发展高度统一而又融合了大量创新活动的新兴产业。

2.2.2.3 物业产业是渗透性强的综合性产业

物业产业是以实现人民对美好生活的向往为最终目标的。可以说，物业产业是把人、建筑物、设施设备和经济发展相统一的新兴产业。因此，它既会与人的食住行发生千丝万缕的联系，也会渗透到人的生活和经济发展的方方面面。另外，物业产业也具有其独特的产业链和价值链。目前物业管理已处于多元化发展期，产业经营范围不断丰富，产业链不断向上下游扩充。因此，从这个角度上看，物业产业又是一个渗透性强的综合性产业。

2.2.3 产业的成长周期及业务范围

据中泰证券研究所观点，物业产业正处于产业生命周期的成长期，产业在多维度均有可观的发展空间。物业产业的市场空间，正从传统的住宅物业管理，到商业、公共、基础设施，乃至片区、城市的综合管理，从基础服务，到设施服务，再到资产服务（见图6）；此外，社区增值服务广义上可以理解为围绕房产与人相关的一些经济活动，物业企业的增值服务也正处在快速探索与发展阶段，覆盖的业态逐渐增多。据中泰证券研究所测算，预计2025年后，物业产业市场空间有望超过3万亿元。考虑到当前城镇化率及房屋更新的需求，每年依旧有数亿平方米的新房交付，为基础物业服务提供稳定的增量，同时存量住宅物业渗透率依旧存在提升空间，企事业单位及军队的后勤社会化持续推进也能持续为基础物业服务面积增加提供可观的增量。此外，新建的基础设施，如桥梁、道路维护，公共场所如各种场馆、地铁、机场等，也能为物业产业带来持续的增量。

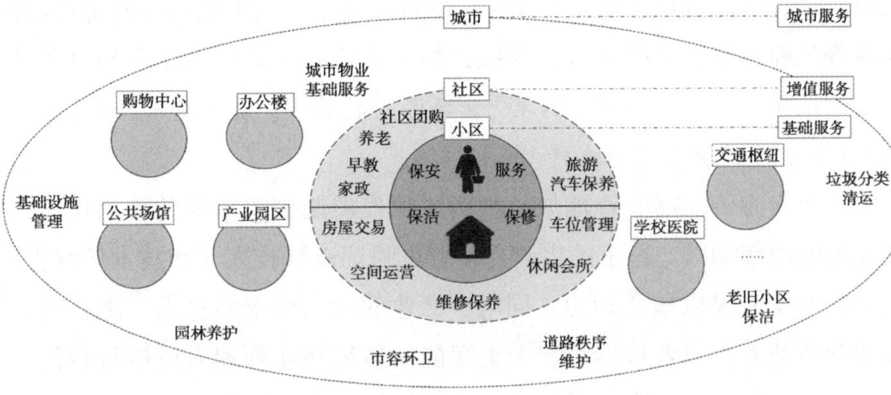

图6　物业服务从小区走向城市

资料来源：万联证券研究所。

2.3　产业发展动因和局限性

2.3.1 产业发展动因

2.3.1.1 资源约束迫使产业发展

传统经济学的一个基本假设就是资源是稀缺的。对于传统物业管理而言，资源的稀缺和不可再生性是推动物业产业发展的外部经济因素。如何降低对劳动力、资金、土地等要素资源的消耗，寻找新的产业经济发展动力源和增长点，将是物业产业长期关注的重点。

中国的劳动力红利已经逐渐递减，作为劳动密集型的产业，物业管理正面临越来越高的成本压力，而这样的压力在共同富裕及最低工资标准逐年提升的要求下愈发显现。物业管理最初的发展具有人力密集作业属性。伴随着管理规模的扩张，需工量也在同步提升，高企的用工成本侵蚀了企业相当一部分的利润空间，成为拦在企业业绩持续高速增长道路上的首要屏障。采用科技手段是彻底解决该痛点的最终途径。譬如基础物业服务板块现仍为人员密集型，物业费提价的空间难以覆盖人力成本的增长。根据亿翰智库统计，2020年多数物业企业上市物业企业超85%的用工需求集中于基础物业管理业务线，企业除了通过外包“四保”人员、加强标准化服务体系之外，更侧重于搭建信息化平台，用科技手段来降本提效。如社区信息化产品的应用可以在一定程度上解放客服从业人员，智慧化门禁及停车系统可以解放出亭岗从业人员，工程维修端口可以结合优化工单派发体系，大大缩短维修等候时间，简化流程从而提高人员效率等。因此，物业企业必须要依靠技术和设备减轻对人力的依赖，降低人力成本的压力，不断提高效率，以适应未来的发展。

2.3.1.2 生产要素提供支持

生产要素为传统物业管理从幼稚到成熟发展起到了重要的推动作用，是产业发展的内部动因。这里的生产要素着重强调以科技人才和技术研发投入，为物业产业发展提供核心动力。同时，产业的发展要求高技术、高素质的产业人才和劳动力，或者机器人、人工智能对传统物业管理人员进行替代。另外，资本虽是逐利的，然而“资本不是万能的，没有资本却是万万不能的”，产业的发展仍然需要资本的支持，在现阶段物业产业已然得以充分发展的情形下，产业的发展趋势和方向逐渐明朗，盈利机会增多，资本将会进一步追捧而加大对产业的投资力度，从而促进物业产业更快发展。

1）技术的进步

随着移动互联网技术日益深入到人们的日常生活，新型的视觉识别系统（VI）、虚拟现实（VR）、互联网语音协议（VoIP）等技术的日益普及，物业的产业化也有了更好的发展条件。不同的技术提供者提供了不同的物业解决方案，方案的整合为最终客户提供了整体解决方案。

2）专业的分工

物业管理的发展早已进入专业化分工的阶段，由专业的人做专业的事。不管是生产智能机器人的制造公司，还是提供专项服务的保安、保洁公司，抑或是提供职能支持的人力资源外包公司、财务专业公司等，都是物业管理产业链的重要参与者。越来越明显的专业化服务趋势，为物业管理产业化发展提供了有利的前提条件。

3）资本的驱动

2014 年彩生活在港股上市以来，越来越多的物业企业成功登陆资本市场。资本本身是逐利的，因此上市物企会考虑沿着产业链来拓展业务，比如说进入城市保洁领域，进入清洁机器人制造领域，进入智能化平台研发领域。这是资本的要求，上市公司要不断做大营收、改善盈利，回报投资者。

4）社会对产业发展的需要

进入新世纪，客户对物业服务的需求有所升级，不再只是需要保洁、保安、绿化、维修等基础服务，而是在生活领域方面有了更高的要求，为物业管理的产业化发展提供了契机。属于“居民住房服务”类生活性服务业的“居民物业管理服务”和“融入基层社会治理体系”是产业发展的重要方向。同时，城市服务管理存在的权责不分的问题需要引入物业管理；资产管理和设备设施管理是物业产业发展永恒的主题。这些都成了推动物业产业发展的社会需要。

2.3.2 **产业发展的局限性**

回顾物业管理产业40年的发展历程，产业在主营收入基本保持不变、用工成本逐年上涨、业主权利意识苏醒等环境形势下，依靠占据资源要素、规模扩张和标准化精细化管理，仍很好地提升了居民福祉，取得了不可磨灭的光辉业绩，也达到了前所未有的高度。然而随着我国社会经济的不断发展，服务对象要求的提高，物业产业亟须突破发展桎梏，克服以下几种产业发展中存在的主要局限。

第一，要素驱动发展。依赖资源，受人工成本和土地价格等资源要素制约。物业产业最初作为房地产下游产业链和劳动密集型产业，企业依靠土地、人力等生产要素来获得竞争优势，这些生产要素也驱动了物业产业的发展。在产业发展的初始阶段，产业对资源的消耗只能是逐渐上升的，产业的发展与资源的依赖性呈正相关，而随着产业规模急剧扩张、对资源的需求急剧增加，产业发展就将遭受重创。综合分析物业企业的运营成本，人力、物料、能源、管理成本是四个重要因素，其中以人力成本所占比例最大。

第二，规模扩张发展。依赖规模，市场摩擦和信息不对称问题逐渐突出。与要素驱动发展相伴而生的，是产业往往依靠规模扩张来获取更多要素，实现规模效应、降低成本，同时规模的扩张也成为企业和企业家能力的体现。当前，在管面积增长是物业产业收入增长的主要驱动力。一方面，新建地产项目的规模和增速并不乐观；但另一方面，老旧小区改造、“放管服”改革的条件下，也释放了更多的在管面积。物业产业正在经历规模扩张到服务边界扩展的发展阶段，基础服务收入增长已触及临界。规模的无序扩张很容易使产业发展难以控制。一是规模扩张中因税收、法律等产生的市场摩擦成本增加；二是收并购物业资质参差不齐，容易由于信息的不对称而导致决策失误，形成规模增加而利润下降的难题。

第三，依赖资本。而资本又是逐利的，更加偏好能确切带来稳定高收益的产业，于是物业产业便追求效率推动发展，与资本相互吸引，产业越发展资本越支持，进而形成了互动循环的“滚雪球”现象。提高生产效率对于物业产业至关重要，现实中产业往往朝着分工的细化，以及技术的变革方向发展。通过劳动分工提高生产率，或者借助技术变革提高产出，科技赋能增值服务能为企业的发展带来增值空间。

2.4 产业定位

物业管理作为舶来品，经过我国本土40年的发展，其内涵得到了充分的延展。物业管理市场的蓬勃发展使物企的实践形式丰富多彩，同时，物企的发展壮大也促成了产业所取得的辉煌成就。然而，理论研究的滞后让产业逐渐“脱离”了政策规章所规定的基础业务领域，与资本联姻的物企也容易因服务品质下降而遭到诟病。为此，本课题将从政府、企业等不同角度，重新审视物业管理的定位。

2.4.1 政府角度对产业定位的分析

从政府角度分析，需探讨政府对于产业发展的实际要求，将产业所提供的服务进行归类。如按照国统字〔2019〕44号，“居民物业管理服务”属于“居民住房服务”类的生活性服务业。按照建房规〔2020〕10号，物业管理需要“融入基层社会治理体系”。政府部门对物业产业的相关指导政策对产业进行了定调：完善制度与促进发展（详见表1）。

表 1　中央政府部门对物业产业相关指导政策

发布时间	2021 年 1 月	2021 年 3 月	2021 年 4 月	2021 年 5 月	2021 年 7 月	2021 年 9 月	2021 年 10 月	2022 年 2 月	2022 年 5 月
政策文件	《住房和城乡建设部等部门关于加强和改进住宅物业管理工作的通知》	《“十四五”规划纲要》	《2021 年新型城镇化和城乡融合发展重点任务》	《关于推进城市一刻钟便民生活圈建设的意见》	《关于持续整治规范房地产市场秩序的通知》	《关于加强城镇老旧小区改造配套设施建设的通知》	《关于推动生活性服务业补短板上水平提高人民生活品质的若干意见》	《“十四五”国家老龄事业发展和养老服务体系规划》	《关于推进以县城为重要载体的城镇化建设的意见》
部门	住建部等 10 部委	全国人民代表大会	国家发展改革委	商务部等 12 部门	住建部等 8 部门	住建部与国家发展改革委	商务部与国家发展改革委	国务院	中共中央办公厅
物业产业相关核心内容	在物业服务范围、价格形成机制、业委会制度完善、鼓励社区增值服务探索、优化维修资金使用流程等多维度提出改进意见	督促业委会和物业服务企业履行职责,改进社区物业服务管理	支持老旧小区引入市场化物业服务或推行社区托管、社会组织代管等方式,提高物业服务质量和标准化水平等任务	鼓励有条件的物业服务企业向养老、托育、家政、邮政快递、前置仓等领域延伸,推动“物业服务+生活服务”	未按照物业服务合同约定内容和标准提供服务;未按规定公示物业服务收费项目标准、业主共有部分的经营与收益情况、维修资金使用情况等相关信息;超出合同约定或公示收费项目标准收取费用;擅自利用业主共有部分开展经营活动,侵占、挪用业主共有部分经营收益等行为的整治	提出城镇老旧小区完成改造后,有条件的小区通过市场化方式选择专业化物业服务公司接管。推动建立党组织领导下的社区居委会、业主委员会、物业服务公司等广泛参与、共商事务、协调互动的社区管理新机制	推进社区物业延伸发展基础性、嵌入式服务。推动大城市加快发展老年助餐、居家照护服务。支持利用社会力量发展托育服务设施	提出要建设普惠养老服务网络;发展社区养老机构	提出优化公共充换电设施建设布局,加快建设充电桩,推动老旧小区改造

2.4.2 企业角度对产业定位的分析

从企业角度分析，需讨论物业管理“设施管理和资产管理”的本质定义，并结合企业技术发展、业务创新等方面，对物业管理的定位进行提炼升华。

物业管理有三个层次：基础物业管理（Property management，PM）、设施设备管理（Facility management，FM）和不动产资产管理（Asset management，AM）。PM 是物业管理的基础功能，它主要包含保安、保洁、绿化、维修等业务，目的是保障房产处于一个良好的使用状态，并保证不动产在未来的时间内能保值增值。FM 是对 PM 更高层次的延伸，具体而言可以从三个方面来理解：一是技术层面，即对设备设施硬件进行技术处理，是从物的角度进行管理控制活动。二是经济层面，即对设备设施运行的经济价值的考虑，是从费用的角度进行管理控制活动。三是管理经营层面，即从管理软件的措施方面控制，是从人的角度进行管理控制活动。

在西方，对资产管理的需求正在逐步增加。比如养老基金就在投资组合中增加了房地产投资份额。为了使投资收益最大化，需要对各种投资选择进行再评估，同时，西方的许多机构投资者也正在投资房地产，需要管理人员对各种投资方式进行评估。借助详细的物业投资数据资料和计算机设计的投资模型，管理人员可以更好地发挥作为资产管理人员的作用。越来越多的优秀物业管理人员正在逐步成为资产管理者，要求资产管理者“为了投资者的税后收益，以最高最佳原则对各种金融资产进行分析”，并对所管理的物业拟定出资产管理计划。西方管理者认为，资产管理与一般物业管理之间的区别主要在于，一般物业管理注重的是现在，而资产管理注重的则是将来。资产管理人员通常会建议其客户出售、取得某项资产或为了使所有权益最大化而增加投资。房地产即成为资产管理者所管理的多样化资产中的一个组成部分。

我国物业资产管理含义的描述核心为：物业管理公司接受投资者（客户）的委托，根据其与客户的约定，对客户委托的物业资产进行有效的管理和运营，在严格遵循客户委托意思的前提下，在尽可能确保客户委托物业资产安全的基础上，实现委托物业资产的保值和增值。物业资产管理的特点表现在：

一是物业资产管理的主体不是投资者（客户）本人，而是专业性的物业管理公司。二是物业资产管理的主要内容是投资管理。三是物业资产管理接受的委托资产的形态以不动产为主。四是物业资产管理是建立在物业管理公司和投资者之间的信任关系上的。此外，也有观点将收益性设施管理纳入了物业资产管理的范畴。

2.4.3 市场角度对产业定位的分析

在社会高度发展的条件下，社会、市场对产业服务保持着旺盛的需求。社区治理方面，疫情防控可作为政府委托物业管理负责的社区公共卫生服务，通过防疫补贴支持物业管理开展社区服务。社区服务方面，随着我国人口逐步减少，养老、托育被提上更为重要的日程，社区服务市场对物业管理的需求越来越大。城镇化发展、城市更新、老旧小区改造、后勤社会化与新建基础设施，也为物业管理提供了非常大的市场空间。

2.5 五大行对物业管理的定位

物业管理“五大行”是指世邦魏理仕、仲量联行、戴德梁行、第一太平戴维斯、高力国际等五家在世界范围内对物业产业的发展具有重要影响的组织，主营业务围绕不动产及设施场所提供全方位的咨询、顾问和专业服务(见表2)。五大行内部通常设置了物业管理部或设施管理部，承担业主委托的物业管理顾问和服务，常规收费模式是酬金制。

表2　国际物业管理五大行及其主要业务

序号	公司名称	公司主要业务
1	世邦魏理仕	世邦魏理仕的“管理地产（物业）和投资组合”服务涵盖了设施管理、不动产管理、业主租赁、可持续发展、综合外包解决方案，体验服务以及入驻管理。世邦魏理仕将设施管理理解为：面向所有资产类别的跨国企业，面向当地单体建筑、负责和关键资产以及园区环境，面向数据中心和提供关键运营服务，面向专注于人才、品牌和生产力的办公环境和园区，面向美国和加拿大的多场地、分散式地产投资组合，面向高感触实验室、研发和制药设施，以及面向为物流和配送作业提供支持的关键分拣和物料搬运。

续 表

序号	公司名称	公司主要业务
2	仲量联行	主要提供了五大类服务：（1）物业选址与租赁。通过选址评估选择最合适的办公空间、找寻一个有成长空间的新办公场所，并能为客户制定一个完整的写字楼办公室租赁选址战略。（2）物业及设施管理。降低成本和风险之外，让客户的房地产获得更多价值。（3）项目设计、装修及开发管理。为客户提供地产项目设计开发服务，从前期的房地产开发项目策略、中期的提供全程支持，到后期的建造完成，旨在为客户打造出理想空间，使客户的想法成为现实。（4）房地产投资及咨询。提供地产投资或金融投资机会咨询服务，带客户深入了解全球投资趋势，协助客户制定投资策略并发现下一个投资机会，也可根据客户的投资目标锁定优质租户组合。（5）科技化变革。通过房地产科技智慧物业平台和办公室智能化系统，从更高效的流程到进行全面的基础设施改造，帮助客户整合顶尖的技术。
3	戴德梁行	核心业务包括：策略发展顾问、资本市场、估价及顾问服务、资产服务、项目管理服务、商业地产、写字楼代理、企业服务、综合住宅服务、产业地产。综合住宅服务是指借助庞大的国际化企业运作，为发展商、房地产投资基金及机构等提供真正的全程、全方位、多渠道互动式房地产顾问及代理服务，包括土地分析、项目前期策划、项目定位、规划设计建议、财务分析、项目营销策划、项目多维互动销售代理等。
4	第一太平戴维斯	业务范围包括：办公楼、商铺及零售、房地产投资、住宅销售、国际地产、公寓运营及资产管理、综合地产销售及顾问、策略顾问服务、物业及资产管理服务、产业及物流地产、估值及专业顾问服务、项目管理服务，酒店和日本业务。
5	高力国际	业务范围包括：资本市场及投资服务、企业客户服务、咨询顾问服务、产业及工业地产服务、办公楼服务——业主/租户代表、零售房地产服务、估价及咨询服务、物业及资产管理服务，项目管理，文旅和消费运营服务。物业及资产管理服务的服务范围包括：建筑物设计优化顾问服务、物业管理咨询顾问服务、资产运营管理服务、专案管理、物业尽职调查服务、智能化顾问服务、综合设施设备管理服务、租户管理、租务管理、财务管理，工程与技术服务和多种经营服务。

2.6 产业发展存在的矛盾问题

在产业发展的过程中，一方面物业管理的服务属性使得产业服务领域不断拓宽，旧有的服务边界被不断打破，大型企业和中小微企业的发展已然产生了“代际鸿沟”，大型企业为博得资本的青睐，运用包括信息技术在内的多种发展手段，热切希望继续提升经营业绩，中小微企业却紧握着传统物业管理的几项基本服务不放，过着收不抵支“食不果腹”，又担心随时被业主组织炒掉和被大企业收购的“提心吊胆”的日子。而另一方面，国家扶持产业发展的政策难以得到有效落实。因此，本课题组认为由于这两方面的原因，物业产业发展中存在一些亟待解决的矛盾问题。

2.6.1 缺乏统一的标准

由于物业管理对规模和资源的依赖性，市场上既有不断发展科技创新、技术先进的企业，也存在流程和技术落后，缺乏转型升级动力的企业。产业化通常要有一个统一的产业化标准，标准会对产品或服务的性能和参数进行统一规定。但是由于物业管理产业是一个分散性的市场，制定统一的标准非常困难，因此造成物业管理产业化的成果难以进行统一的比较和量化，市场容易出现“劣币驱逐良币”的现象。

2.6.2 规模效应的弊端

物业管理的转型升级除了要坚决淘汰落后低效的服务活动外，还要把握好“存量”与“增量”的关系，任何一个产业发展壮大都会经历复杂而漫长的过程，都会存在大量沉淀成本。物业管理积蓄的产业基础“存量”本身也是转型升级的基础条件，但是当前物业企业在因地因时制宜，实事求是地根据自身条件扩张规模时，结合“增量”向产业链高端升级的推进力度不足。

另外，传统组织架构无法支撑多元业态，绝大多数物业企业传统架构通常按照产品或区域划分，随着越来越多的物业企业打破服务边界，开拓增值服务，传统企业架构日益暴露出协同困难、创新与孵化无力、决策周期过长等问题，难以承接企业多元业务发展模式。

2.6.3 技术演进的瓶颈

物业管理的转型升级需要与以网络经济为代表的新经济形态紧密融合，通过“互联网+”改变物业企业尤其是大中型企业的经营模式，利用大数据技术重组企业的管理流程，促进企业内部的资源优化配置，减少资源和经营要素的浪费和闲置，真正实现高质量发展。然而物业产业毕竟不是高科技产业，本身的技术含量不算高，因此在物业管理产业应用高、精、特、新技术，并不十分合适。物业企业无力承担新兴技术开发前期投入的大量资金和时间成本，仅靠物业产业本身的科技能力，难以达到真正意义上的技术创新。物业管理需要的是适度先进但价格合理且服务及时的应用型科技。

2.6.4 责任边界无限放大

物业管理主要服务于业主、建设单位和相关主体的“人”，以及管理牵涉水电气暖、电梯等的“物”，人的需求具有个性化、多样化的特点，同时由于物的权属等复杂性，部分法律法规暂且未明确界定，造成物业管理边界开放，管理责任扩大，公共管理责任如治安、社区管理、金融风险防控等政府职能被更多地施加在物业企业身上，物业企业承担了较多的社会管理责任。我国很多如新能源、生物医药、纳米技术等产业，政府层面发布了大量的扶持政策，如人才引进、房租补贴、税收奖励、运营奖励等，但物业产业由于边界不清晰，导致在政策扶持上一直无法精准定位，扶持力度不足，影响了产业发展。

2.6.5 产业定位模糊

按照物业企业大致的经济活动，物业产业应当被划入第三产业，即服务业。然而由于服务业所包含的内容又十分广泛，物业服务也从一开始的房地产业后端服务，转变为既提供生活性服务等的生活性服务业，也提供生产性服务等的生产性服务业，造成物业产业定位模糊。具体而言，产业定位模糊来自三方面原因：首先，业务边界模糊。就物业产业自身而言，产业服务已从最初提供基础的“四保一服务”，延伸至围绕社区用户的全生命周期服务，业务覆盖面得到了前所未有的扩展（见图 7）。就产业发展政策而言，物业产业参与社区服务的呼声越来越高，围绕社区用户深层次的医养、餐饮、家装、旅游、购物、娱乐等生活服务全面展开，进一步扩充了物业产业的内涵。其次，商业模式模糊。服务边界的模糊化使得产业的商业模式由传统的“物”的管理，更多地转向了“人”的服务，“空间、流量、连接、社群”日益成为产业需要加以关注的新词汇。第三，运营模式模糊。随着产业服务内容发展起来的信息化、互联网、人工智能、物联网等技术手段，使产业的发展如虎添翼，未来物业产业有可能诞生不同领域的新型服务企业。

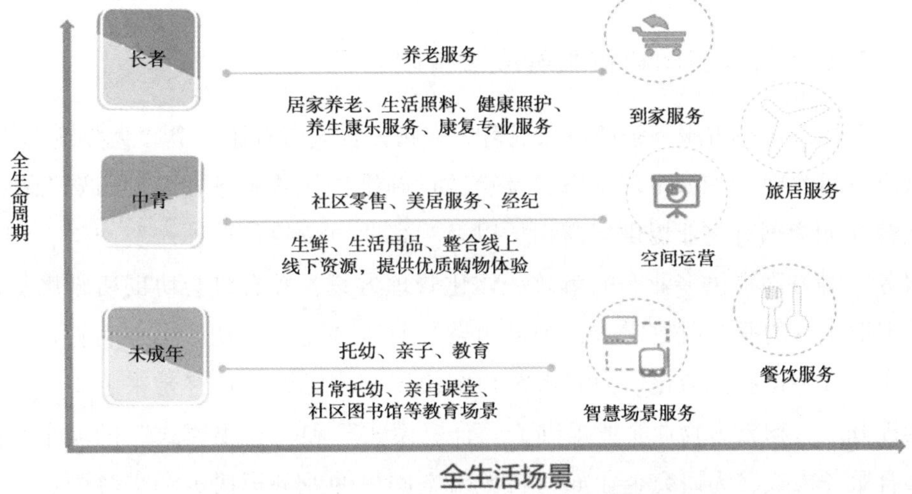

图 7　社区增值服务“全生命周期+全生活场景”服务体系

2.6.6 **产业发展方向不清晰**

物业产业边界的无限放大，加之产业缺乏明确的定位，使得产业发展方向不清晰。由于没有系统性产业政策的扶持和引导，产业内创新型物业企业往往在新的业务领域内“孤军奋战”，小微物业企业甚至中型物业企业则陷入服务与生存的两难境地，营业收入增速无法抵消服务成本上涨的幅度，服务质量往往会一降再降，进而引发与服务对象的各种冲突和矛盾。

第三章　案例分析

3.1 宝石花物业管理有限公司

宝石花物业在“红色物业”创建与实施方面做出一些有益的探索。宝石花物业在对创建“红色物业”的指导思想、工作原则、目标要求、实施措施进行深入研讨的基础上，印发了《宝石花物业“红色物业”创建指导意见》，突出了物业企业的视角、措施的可落地性、创建的实效性。宝石花物业在红色品牌服务方面，形成了 36.5℃温暖社区、美好生活联盟等社区服务品牌；在红色品牌阵地方面，建设了“红色物业文化展室”。通过“红色物业”创建，既体现出宝石花物业的国企担当，也为企业在市场竞争环境中的长久发展注入了红色基因，为党建引领下的物业企业发展路径提供了研究样板。

3.2 万物云空间科技服务股份有限公司

万物云在城市服务领域特点显著。万物云将城市看作一个“大物业”，从城市空间治理（如城市环卫服务及市政设施维护保养服务）及城市资源整合运营（如为国有物业提供招商租赁以及为事业单位提供房地产资产组合管理服务）等方面提供多业态的市政一体化管理方案，并有机会协助所辖区域解决老旧小区的服务改进需求，为城市营造宜人环境，实现城市空间管理的专业化、数字化和机械化，为城市客户解决了众多难题并最终带来了服务效率的提升。万物云为物业企业提供了“合资模式”和“全委模式”的城市空间整合服务模式，为研究企业如何将城市空间里的业务模块进一步解构和重新组合，为城市空间里的公共服务的生产和组织流程再造提供了研究范例。

3.3 碧桂园服务控股有限公司

碧桂园服务覆盖的城市层级丰富且广泛，开拓市场具有邻近优势，重点布局核心城市周边的具备一定产业规模和人口的三四线城市，居民消费能力强，使其在覆盖城市广度和层级丰富度上鲜有直接竞争对手。碧桂园服务的主要业务线包括物业管理服务、社区增值服务、非业主增值服务、“三供一业”业务、城市服务及商业运营服务，涵盖住宅、商业物业、写字楼、多功能综合楼、政府及其他公共设施、产业园、高速公路服务站、公园及学校等多种业态。其社区增值服务主要分为家居生活服务、房产经纪服务和园区空间服务三类，具体而言，已形成规模化的到家服务、家装服务、社区传媒服务、本地生活服务、房地产经纪服务以及园区空间服务等六大项。碧桂园服务向企业展示了物业服务所能达到的广度和深度，以及如何借助收并购快速补足短板，并应用机器人带来增值服务方面业绩的提升。

第四章　产业发展建议及展望

4.1 产业定位的建议

4.1.1 物业管理产业的断代

目前，产业内同一时刻存在着不同代际的物业管理。所谓“代际”，即要对物业管理产业进行较为准确的定位，有必要先对产业的发展历程进行简要断代。

本课题组认为可以从以下三个事件对产业进行断代。一是 1981 年内地首家物业企业诞生；二是 2014 年彩生活上市；三是 2019 年数字经济的发展。

4.1.2 物业管理产业的内涵和外延

要理解物业产业的内涵和外延，需要对物业产业的定义、特点、功能等进行透彻、清楚地表达。除了民法典、国家物业管理条例对物业管理的定义，物业管理已然成为以满足业主客户在社区内的增值服务为赛道，满足业主客户个性化需求的产业；以城市服务为赛道，解决城市的管理者痛点、满足城市居民居住需求的产业；以绿色、智慧服务为赛道，开展智慧运营，不断提升运营能力、倡导绿色低碳生活的产业；以资产管理为赛道，通过专业手段使所管理资产实现保值增值的产业。为此，课题组认为就本课题而言，物业产业可以表述为：以“人、空间、设施、资产”为核心，满足人在社区内的工作和生活需求，打造高质量的工作和生活空间，并基于空间开展商业运营，保持设备设施以最佳的状态运行，并通过专业确保资产保值增值，具有“为人民服务”鲜明特色的现代基础服务。这个含义包括四个标签，可以从这四个标签来分别理解物业产业的内涵和外延。

4.1.2.1 人、空间、设施、资产

“人、空间、设施、资产”是物业产业服务和管理的主要内容，是区别于其他产业的根本标签。这一标签充分地体现出了物业产业同其他产业的区别，几乎没有哪个产业能够像物业产业一样，既管理设施设备，又对人员进行服务，不但开拓了服务空间，而且对一部分资产进行管理，所以这一标签基本涵盖了物业产业的内涵。

4.1.2.2 基础服务

此处的基础服务主要是指一、二、三产业都有物业服务的影子，物业产业服务领域几乎覆盖了全部产业的90%，并且是已覆盖产业内每个人都离不开的服务，是基本需求。这一标签进一步在社会经济领域拓展了物业管理的服务范围，是研究产业内涵的现实基础。

4.1.2.3 现代服务

物业管理产业，特别是产业内的头部企业，已经倾向于向服务对象输出理念、技术、方法，而不再单纯地依靠人力解决发展难题。产业在此过程中吸收了先进的服务理念和先进的科技成果，企业运用了现代管理方法来提升自身效能。这也是为什么研究人员会认为物业产业属于“现代服务业”的一个重要原因。

4.1.2.4 为人民服务

“为人民服务”是物业产业区别于其他服务业的独特属性，它既是物业产业的来源，也是其具有鲜明的政治属性的重要体现，从而使物业产业衍生出了无限的想象空间。具体而言，“加强党对物业行业的领导”“物业企业参与社会治理”“红色物业”以及“基本公共服务均等化”等，都是“为人民服务”这个属性的要求和体现。

4.1.3 不同角度对物业管理产业的再定位

4.1.3.1 政府角度对产业的再定位

2007年《国务院关于修改〈物业管理条例〉的决定》就已将“物业管理企业”修改为“物业服务企业”，虽然只是“管理”改为“服务”这一个词的改变，带来的却是整个产业属性和工作重点的转变，使物业管理市场的两个主体——物业企业和业主的各自权利、义务更加明晰，从法律法规层面上为双方进行准确的定位，对物业企业而言，物业企业是物的管理者，是业主和使用人的服务者。

《民法典》的颁布也对物业进行了新的定位与赋能。一方面，只有全面持续尊重业主所有权基础上的物权，才能彰显物业管理权让渡的社会价值，进而实现业主的共同管理权及有关主体的权利、义务。其一，《民法典》2021年1月1日生效后，原有的《物权法》《合同法》《侵权责任法》等法规废止了，新的民事法律框架诞生了，但新的法律体系构建，尤其是新的法律思维的搭建更是急迫。不仅要从物权编、合同编、侵权责任编等方面入手，更需从民法典法律体系中寻求答案。在产业内贯彻《民法典》要有体系化的新格局。其二，《民法典》理清了业主物权的取得及伴生权利义务体系，构成了脉络清晰的建筑物区分所有权体系，同时也初步构建了明晰的民事权利和义务关系，不论是对自然人、法人的权益保护及责任边界，还是对公权力的限制或者依法司法、行政，都绘出了一幅幅清晰的路径图，这都需要企业系统地学习、理解和应用。其三，《民法典》重点从物权编、合同编、侵权责任编确定了保护业主及服务双方权益的法律体系。物权编赋予业主专有部分所有权这一最充分的物权及共有部分共有权、共同管理权。以上三权的分离及市场化运行使物业管理成为可能。尤其是物业管理纳入社区治理范畴，更使两者相得益彰。《民法典》理清了物业管理权取得、行使及丧失生命周期的法律体系，企业要从物业管理权的取得、行使及丧失的民法体系中研判、思考，筹划物业产业的新定位和未来，重构产业责任并履行法律赋予的使命。其四，保护业主权益就是保护物业产业持续发展的命门和根基。另一方面，业主物权及人格权明确了物业服务的目标和价值。其一，人格权的设立和保护拓展了物业服务的空间。其二，隐私权和个人信息保护的特别规定持续造就物业服务软实力。其三，婚姻家庭、继承权益保护等延展了服务对象及范围。

课题组认为，鉴于国家物业管理条例已将“物业管理”改为“物业服务”，同时民法典合同编规定的物业服务合同偏重于市场服务、甲乙双方、生产消费的性质特点，而不同于一般意义上的物业管理基于建筑物区分所有权、业主大会选聘物业企业提供服务的特点。所以物业管理产业应当定位于在物权基础上提供市场服务的企业组成的产业。同时产业在进行政府角度的定位时，还应当注意两方面的问题：一是如何落实主管部门发布的产业政策。产业被住建部门、应急管理部门等政府部门，以及民法典等法律规则赋予了很多的职责，如共同富裕、美好生活，物业管理在很多方面成为了国家开展社会治理的抓手，产业主管部门在双随机一公开、信用管理的后端管理基础上，使得产业政策加速落地。物业管理参与社区治理的角色，深圳市 2020 年开始施行的物业管理条例中就有所体现。如其中规定了“市、区人民政府应当将物业管理纳入现代服务业发展规划和社区治理体系，推动物业管理规范化、市场化。”二是如何实现产业发展权责利的对等。物业产业同时也被赋予了很多的使命，如抗击疫情，应对洪灾等重大事件，产业需要积极争取政府公共服务采购，让采购服务资金支持产业发展，这也将形成产业未来发展的一大趋势。

4.1.3.2 企业角度对产业的再定位

通过对物业产业特性的分析，本课题组认为从企业角度对产业的定位，最终浓缩为两点，即物的基础管理和人的增值服务。物业管理最初“四保一服务”的概念，“四保”就体现了无论是老旧小区，还是高档住宅或写字楼，物业管理都是围绕物的基础管理，是市场发展所必需，也是物业管理的基础定位。“一服务”则是围绕“人”的服务，涉及了业主和使用人的生产、生活服务，生产服务涉及生产制造领域，尚未成为产业服务重点领域，而随着人口老龄化而形成的养老、家政等生活服务，正在产业政策的加持下，逐步成为产业发力重点，这也增加了物业产业的内涵。

4.1.3.3 市场角度对产业的再定位

除了企业角度对产业再定位后，产业所形成的广阔市场空间，社区治理、城市服务进一步叠加和放大了产业的服务市场。如万物云打造空间管理，其商企和城市空间管理服务主要包括两大板块、五类服务，具体而言：一是商企空间综合服务板块，包括了物业及设施管理服务（主要包括秩序维护服务、清洁服务、绿化服务、设施运营和维护、环境、健康及安全管理、综合行政支持、活动支持及礼宾服务），以及为开发商提供的增值服务（包括交付前服务、楼宇翻新及修缮服务以及方案现场和样板房等服务）两大类。二是城市空间整合服务板块，即政府建筑、学校、医院、道路、街道及其他城市空间的整合服务，包括了空间治理（城市清洁和卫生服务、市政基础设施的维修及保养，以及向公众开放的室内和市外区域等城市公共空间的城市安全和秩序维护管理服务），城市专项设施运营（技术驱动的水质控制、河流系统维护和保护，以及城市公园的综合管理），及老旧小区运营管理（主要是老旧小区管理及改造服务）三大类。再如 2022 年 8 月开始施行的《深圳经济特区社会建设条例》规定“市、区住房建设部门应当配合有关部门建立物业服务企业参与基层治理清单制度，发挥物业企业在基层治理中的作用。市、区有关部门、街道办事处、专营单位委托物业企业承担基层治理和公共服务事项的，应当依法通过购买服务的方式实施。”

4.1.4 物业管理产业定位一张图

经过以上分析和判断，产业定位更加清晰，进而可以通过下图对产业定位进行全面展示：

图 8 以物业管理产业 1981 年、2014 年和 2019 年三个标志性断代事件为出发点，根据不同断代事件所具代表性的服务内容，将产业划分为设施、人、资产和空间三大部分，以展现不同事件对产业产生的深远影响，这些影响映射在政府、企业和市场的层面，就表现为产业提供服务内容的变迁。从政府角度来看，“物业管理”转变为“物业服务”是产业属性最基本的变化。物业企业所具有的服务能力和政府部门加强社区基层治理的需要，使通过购买服务的方式委托物业企业承担基层治理和公共服务事项，成为产业未来发展的一大趋势。从企业和市场角度分析，产业服务逐步向市场化运营，在商企和城市空间服务方面进行升级换代。

由此可见，2019 年以来，产业定位逐步在设施管理的基础上，趋向于市场化的物业服务，特别是在商企、城市空间进一步拓展，并积极承接基层社区治理的政府采购服务。

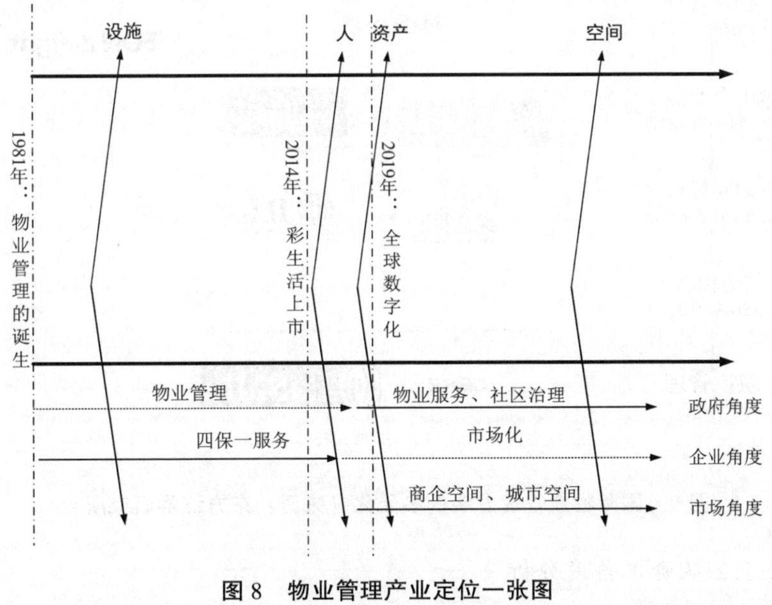

图 8 物业管理产业定位一张图

4.2 产业发展建议

4.2.1 产业发展方向分析

通过从不同角度对物业产业的定位，再结合产业发展存在的问题，及典型企业提供的可行参照，本课题分别从资本、城市管理等角度，对物业管理未来的可能发展方向进行研究。

4.2.1.1 从国际五大行角度

根据对国际五大行核心业务的分析（见图9），目前我国物业产业已开展的业务可以与之互相补充，但相对来说我国物业产业应当更多借鉴五大行的发展业务模式。未来，物业产业还可以在产业估值、投资融资、财务管理等方面进一步拓展。在中国特色的生态下，产业将会诞生平台型巨头。

图9 国际物业管理龙头的多元化（来源：东方证券研究所）

4.2.1.2 从资本角度分析

物业产业增值服务覆盖范围广、增长潜力大，未来依然是资本市场看好产业发展的重要原因之一。从资本追捧进而促进产业消费升级的角度来分析，未来产业将向大资管方向发展。2022年以来，虽然物业企业上市热潮渐趋冷静，产业内收并购及分拆物业企业上市仍将持续相当长时间。特别是依托地产公司的上市物企，收并购高质量的标的公司，是企业实现快速发展的一条重要途径。与之相对的，是产业集中化发展趋势更为明显，形成多个企业巨头的“多极”局面。同时，随着物业产业技术的革新与进步，不乏物业企业蜕变为互联网、科技企业。产业内部经理人队伍也将随着产业技术、业务的发展更加壮大，职业经理人薪资水平有望得到进一步提高，具有创新思维的上市企业还可以将股权激励作为推动经理人提升业绩的重要手段。

4.2.1.3 从城市服务角度

与资本助力产业发展相比较，产业通过企业自身的业务拓展、技术创新取得发展，是产业发展的另一条重要路径。从产业升级的角度来分析，未来的产业发展将向大运营方向发展。从广义层面来说，物业企业的服务广度会越来越大，范围从原先单一的住宅、写字楼、工业厂房的物业管理发展为设施管理、区域管理乃至城市管理，服务周期从单纯的后期运营管理发展为全生命周期的管理，从定位研究、设计优化、施工项目管理、承接查验到后期管理。以城市服务为例，物业企业迈向城市服务有其必然性：首先，城市服务是物业产业在社区服务的基础上，向城市更广阔市场空间的迈进，物业产业边界的模糊性和产业发展韧性，带来了物业企业在城市服务领域的业务拓展。其次，随着产业领先企业纷纷向智慧化、数智化转型，城市服务与企业技术发展相辅相成，企业原有的技术手段找到了更为明确的应用方向，城市服务也随着物业管理的进入在管理效益上得到了提升。第三，物业企业管理架构随着参与城市服务产生了巨大的改变，产业内企业与政府合资成立公司、企业与企业间合资成立公司，以及企业吸收合并原市政清扫等服务公司等多种参与城市服务的形式比比皆是，物业产业作为现代服务业所具有的灵活性、适应性，在城市服务领域得到了充分的展现。

4.2.2 产业发展政策建议

在物业管理市场化的今天，市场法制化、观念人本化、管理专业化、服务精细化趋势日渐清晰，市场主体双方呈现出较明晰的和谐共处趋向。与此同时，以往产业未能妥善解决而存留的，乃至当下随着产业发展而新生的矛盾，造成物业管理产业边界愈加模糊、定位愈加困难，加之国家推动“放管服”改革，基层政策落在“服务”的执行上时放手比较宽，产业发展政策落地效果不佳，企业往往难以获得人、财、物方面配套措施的扶持，产业政策的系统性、完整性、规范性需要形成有效闭环。总体而言，产业未来的发展政策需要有足够的前瞻性，可以对整个产业进行指导；有足够的说服力，可以影响政府主管部门对产业未来发展方向的判断；有足够的亲民性，可以提供更多惠及普通百姓的服务途径。

4.2.2.1 产业技术政策

第一，从当前发展状况看，园区管理数字化相关环节产业链基本完善，产业链融合发展存在提升空间。从产业环节上看，园区管理数字化核心环节包括：数据采集与生成、数据整合与分析、数据应用与服务（见图10）。目前三个环节均已形成了基本完善的处理运作逻辑，后续的融合发展主要依靠产业发展政策，推动形成新兴数字技术实现整合、分析、决策一体化的集成方案。

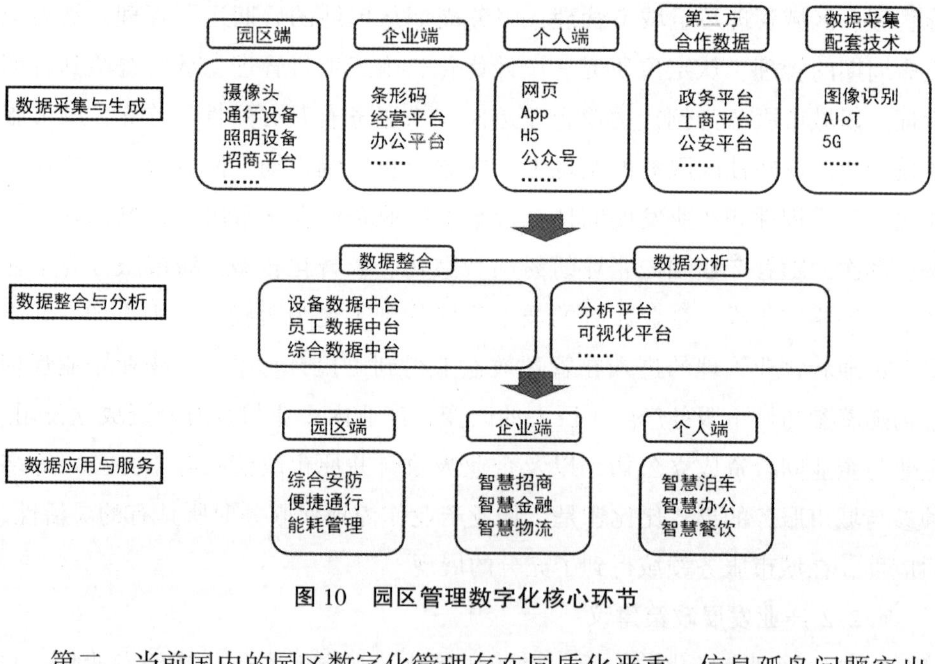

图10 园区管理数字化核心环节

第二，当前国内的园区数字化管理存在同质化严重、信息孤岛问题突出、招商路径不畅等核心痛点，未来的园区管理数字化建设需满足实时化、标准化、个性化、精准化、高效化及全面化的六化趋势（见图11）。六化趋势下的数字园区，将成为数字技术为传统产业赋能的载体，亦将成为高新技术产业发展的支点与渠道。

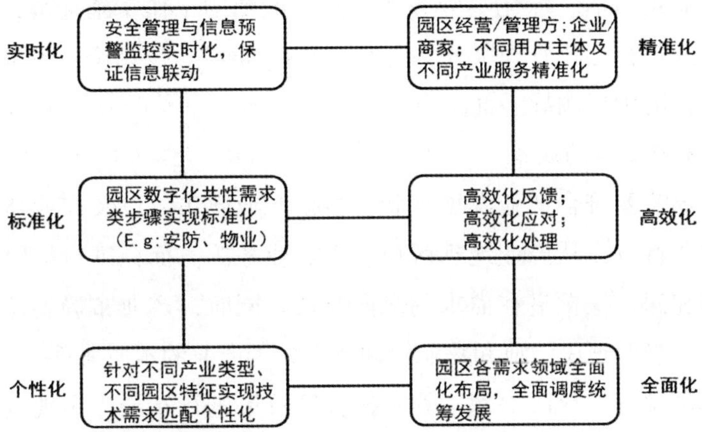

图 11　六化趋势下的数字园区

4. 2. 2. 2 产业人力政策

第一，人力资源职位结构优化。物业企业可以与政府相关人事部门合作，分阶段开展针对从业人员职业规划、企业组织架构优化等的公司治理类公益培训，也可以开展产品设计、营销拓展、企业管理等职能岗位人员的系列培训课程，建设企业员工多路径职业发展通道。

第二，人力资源素质结构优化。对于物业企业而言，高端人才的培养和稳定更为至关重要。产业政策应当从制高点构建完善的企业员工教育培训制度，实施学历提升计划，搭建职业资格体系，保障产业人才的持续高质量输出。特别是对于高端人才，政府及主管部门的人才政策，需要直接在企业落地，提供方便的“惠才、引才、用才、留才”措施，这样才能够为产业价值创造提供优质资源，提升产业整体人员素质，不断改善产业形象，同时吸引养老护理员、育婴员等产业内具有相关专业资格的人员进入，满足社区居民不断增长的各类生活需要。

第三，人力资源年龄结构优化。物业企业理想的年龄结构应呈三角形金字塔为宜，有利于组织整体效能的发挥。为了改善目前产业内出于用工成本压力而聘用过多年长从业人员的现状，政府可以通过“造血”，出台企业吸收社会富余劳动力就业的支持政策，一方面有利于适当减轻中小微企业的用工成本压力。另一方面，也有利于社会财富分配，改善低收入人群的生活现状，实现共同富裕。此外，政府还可以通过“输血”，推广校企合作优化一线队伍年龄结构，制定清洁、绿化等劳务转包的一般辅助工作实施标准，提供完善的企业退休人员社会化管理服务，实现“老有所养”，支持企业补充年轻力量以及经验丰富的中层领导干部。

4.2.2.3 产业布局政策

产业布局需要符合产业发展现状，根据产业政策，以及产业所涉及的业务领域、业务特点，从产业地理区位、重点业务等方面，进行横跨不同区位的横向布局和深入挖掘潜在需求的纵向布局。同时，产业布局要注意产业的责任边界，应当明晰民法典和物业管理条例赋予产业的本质属性。

围绕国家发布的社区治理、养老托育等政策进行布局，实现政策在基层的顺畅落地。如物业管理纳入基层社会治理方面，提供以下四大对策：一是注重物业管理本业，考评机制应注重长效治理。应从法理本源明确业主、物业企业作为物业管理市场主体双方的法定权利和义务，加强业主的养护维修主体责任意识，引导业主依法依规履行对物业的养护维修行为，加强对物业企业合同履行义务的监管，引导物业企业注重物业管理本业，提高物业管理专业水平、服务质量，以减少物业管理矛盾，保证物业安全使用，为基层社会治理奠定专业基础。对政绩考评机制尤其是投诉受理评价机制深化改革，以评价结果为抓手，建立责任明晰、激励正向、注重长效的政绩考评和投诉受理评价机制，对利用投诉受理机制诬告、拖延、扰乱等行为实施严惩；依法依规、尊重责任部门的意见，坚决杜绝和稀泥、无原则满意等负向激励。政绩考评机制和投诉受理评价机制应引导责任部门注重问题导向、注重深度解决问题、治理长期效应，发挥物业企业在基层社会治理中的优势。二是明确物业管理监管方职责，监管责任清单进小区。明晰行政执法责任人首先要明确物业管理市场相关各方的基本定位与主要责任。明确物业管理市场相关各方的定位与责任后，要确定其中的物业管理市场监管方的各自职责分工，以明晰行政执法责任人。具体措施为“物业管理监管责任清单进小区”：政府出台政府各部门住宅小区物业管理监管职责、实施细则，实现事权一致、高效执法，从法治上形成管理老旧小区的合力，保障住宅小区的长效治理。房产、民政、发展改革、城市管理执法、物价等职能部门，以及水、电等专业经营单位，要按职责制定住宅小区管理服务“责任清单”。在住宅小区内公示，解决职能交叉和监管缺失问题。三是加强党建引领、资源整合，多手段组合应用。要认真学习领会社会治理体系七要素（包含“四大治理主体要素”——党委领导、政府负责、社会协同、公众参与，“三大依托要素”——民主协商、法治保障、科技支撑）的内涵，明确政府在社会治理的主导作用；认识并尊重物业企业的“有限责任”属性，明确物业企业社会治理参与主体的定位，赋予其力所能及的社会责任，杜绝责任泛化，为其提供良好的物业管理营商环境。加强对业主委员会的约束机制建设，加强业主委员会各类物业管理信息公示的法治要求，加大对业主委员会的社会监督、业主监督力度，真正维护业主的物业管理合法权益，从源头消除矛盾产生的土壤，从根本上改善住宅小区物业管理营商环境。四是以“红色物业”为抓手，推动物业企业全面发展。建议政府物业管理主管部门、尤其街道办事处加大对物业企业的“红色物业”党建工作指导，使其真正融入基层社会治理体系，发挥重要参与主体的积极作用。通过“红色物业”推进工作，促进企业文化建设、企业团队建设，引导抓企业积极因素，带动抓企业人力资源。“红色物业”建设的工作重点是通过抓实物业项目管理处基层党建工作，做强物业项目管理处；“红色物业”建设的工作关键是通过发挥物业项目管理处党员的核心骨干作用，带动物业项目管理处团队建设。再如养老托育方面，物业企业可以依托社区的公共服务平台，通过上门服务等形式，为住宅区老人提供社区居家养老服务，通过场地租赁等形式，为住宅区儿童提供托育服务。

4.3 产业发展展望

未来产业中的企业仍需要加快升级和转型，突破创新瓶颈，寻求发展难题的解答。本课题组通过对产业现状、定位和方向的研究，得出了对产业未来发展的以下展望：

一是就产业的发展形式而言，未来产业要进行集中发展，企业也要进行专业化发展，关键是要避免产业发展的碎片化，将产业有形的服务资源与无形的服务能力相结合，促进产业作为一个独立的产业进一步发展壮大。只有如此，未来产业发展的潜力才能够充分释放，未来才可以在政策指导下的社区生活服务、城市服务等领域施展才能。

二是产业作为独立产业进一步得到发展后，就需要住建系统外的统计、财税等部门发布支持产业发展的独特政策，获得主管部门进一步的认可和重视，在产业发展标准、人才培养扶持、产业发展规划上得到更具前瞻性的发展指导，产业定位进一步得到统一和明确，社会认可度进一步提升，适应未来市场需求发展的产业，也将得到属于物业管理产业自身的唯一身份标识。

三是党建引领下的物业管理产业实践，目前已在产业内进一步开花结果，未来也将成为产业发展的独立一环。

结　语

“十四五”规划将创新放在首位，明确持续创新在我国现代化建设全局中的核心地位。物业管理产业同样需要坚定创新理念，以创新驱动产业的不断变革。物业服务唯服务基层治理的决心不变，唯满足人民群众对美好生活的向往初心不变，物业管理将勇担重任成为新时代发展征程中的坚实力量。

参考文献

曹阳，2011. 曹阳纵论物业管理［M］. 深圳：海天出版社.

党锋，2020.《民法典》对推进物业服务法治建设的思考［J］. 中国物业管理（11）：16-17.

党锋，2020.《民法典》对物业服务的新定位与赋能［J］. 现代物业：新业主（9）：32-35.

陈文，段召，2021. 深圳城市治理的三种模式研究［J］. 城市观察（1）：43-55.

陈瑞波，李玉梅编，2021. 物业设备设施管理（第 3 版）［M］. 北京：北京理工大学出版社.

郝霆，2021. 物业服务企业探索城市服务的路径［J］. 中国物业管理（2）：42-43.

卢福财，吴昌南，2013. 产业经济学［M］. 上海：复旦大学出版社.

鲁捷，靳娟，2022. 物业管理纳入基层社会治理的四大对策［J］. 城市开发（6）：104-107.

王梓楠，2020. 以人才结构优化赋能企业发展［J］. 中国物业管理（11）：46-47.

邬义钧，邱钧，1997. 产业经济学［M］. 北京：中国统计出版社.

余凡，佘阳梓主编，2019. 物业资产管理［M］. 苏州：苏州大学出版社.

张芳，2020. 中国绿色产业发展的路径选择与制度创新研究［D］. 吉林：吉林大学.

张小梅，王劲主编，2017. 产业经济学［M］. 成都：电子科技大学出版社.
周敏，2005. 物管企业的市场选择——物业资产管理［D］. 南京：南京工业大学.

课题组成员名单

课题组组长：	曹　阳	中国物业管理协会产业发展研究委员会 深圳中深南方物业管理研究院有限公司
课题组成员：	刘双乐	中国物业管理协会产业发展研究委员会 深圳中深南方物业管理研究院有限公司
	潘世朋	深圳中深南方物业管理研究院有限公司
	潘金悦	中国物业管理协会产业发展研究委员会 常州市金坛区物业管理处
	党　锋	中国物业管理协会产业发展研究委员会 林恒服务联盟
	黄　亮	中国物业管理协会产业发展研究委员会 高地城市服务产业集团
	张　炬	中国物业管理协会产业发展研究委员会 太平产业投资管理有限公司
	张小军	中国物业管理协会产业发展研究委员会 宝石花物业管理有限公司
	张　腾	中国物业管理协会产业发展研究委员会 深圳中深南方物业管理研究院有限公司

浅析设施管理对行业转型发展的促进作用

◆ 上海市物业管理行业协会

前言

随着国家经济建设快速发展，以及以数字驱动新型城镇化建设，物业管理类型也由最初的居住物业扩展到工业、商业、写字楼、政府机关、医院、院校，越来越多样化，宾馆、酒楼、娱乐场所、市政设施也都需要引入现代物业管理。区域扩大，管理种类增加，内涵将更为丰富。物业管理行业逐步涉入不动产的租赁与销售、社区内商品零售业与信息产业、金融保险业、旅游业、物流业、教育业等诸多行业，实现物业服务企业创富能力，摆脱微利行业束缚，力求促使物业行业能够实现更大社会效益和经济效益。

物业管理行业传统服务内容和运维管理模式越来越难以满足新型办公楼、智能化园区的运维管理和客户愈发多样性的需求，因而亟待进行变革。通过近年来国家住建部、国家发展改革委等相关部委文件精神可以看到，物业建设智能化已是未来必然趋势，这要求物业服务企业必须进行艰难转型。而设施管理在全生命周期角度基本可以将多种形态空间的专业服务需求全部覆盖，其专业化、精细化、智能化、集约化的特点在未来也必会将成为行业转型升级的方向。

设施管理（facility management，FM）最早可追溯到20世纪60年代，仅涉及计算机相关系统、网络设备管理和办公家具管理、办公室设计等相关业务。到了20世纪80年代，FM的发展迈开了一大步。1980年，美国的全国设备管理协会（National Facility Management Association，NFMA）创立，目标就是要寻求更大的发展空间。1981年，NFMA更名为国际设施管理协会（International Facility Management Association，IFMA），也就是今天的IFMA。1982年，大卫·阿姆斯特朗（David Armstrong）描述了FM的核心价值：集成人、过程、场所

（people、process and place）模型，最终形成了一门综合性学科，通过集成人员、空间、流程与技术主张以人为本的理念来实现提高建筑效度的目的。国际上，设施管理已协助大量的企业、教育学府及政府部门更有效地管理其下的物业设施和各项支援服务。而据对中国设施管理部分细分市场的不完全预测与统计，在写字楼、产业园、高校及医院四大设施细分市场分别有1000亿元、1000亿元、2000亿元及1000亿元的规模，设施管理市场规模是巨大的。同时，通过知网搜索“设施管理”相关期刊文献发文数量，近十年来平均每年有300余篇文章，说明设施管理的研究热点越来越得到各方的关注，该领域也将是不动产管理领域近几年及未来的研究和探索方向。

本课题首先采用文献研究法和案例分析法，分析设施管理在中国的发展现状，通过对设施管理概念、特点及“3P+1T”核心业务展现的阐述，以实践案例揭示设施管理对物业管理行业转型发展的影响，告知广大从业人员何为设施管理，以及物业服务企业如何介入设施管理领域，并通过设施管理为业主提供全方位的服务，从而使更多的物业服务企业向专业化和价值链高端延伸方向发展。

第一章　设施管理的概念与认知

1.1 国际上对设施管理定义

国际设施管理协会（IFMA）对设施管理（FM）的定义：包含多学科专业，通过人员、空间、过程和技术集成来确保建成建筑环境工程的实现，目标是为了支持所在组织核心战略和核心业务发展。

国际标准组织（ISO）对设施管理的定义：设施管理是在建成环境中整合人员、空间和流程，以提升人们生活质量和核心业务的生产率为目的的组织职能。

设施管理面向领域包括医院、学校、交通枢纽等公共设施管理；商办、酒店、企业总部、研发中心等商业办公设施管理；工业园、自贸区、物流港、数据中心等工业园区设施管理。其特征是：物业业权相对单一或集中，不像小区业权分散；使用者在空间业务流动中流程相对复杂；业务空间对专业化程度依赖性高；需要实施专管理模式和系统软件的定制化设计。

设施管理从业人士职能包括长期设施管理计划（战略策略计划）、短期设施管理计划（日常执行计划）、设施融资分析及财务管理、不动产处置和管理、内部空间规划、空间标准制定及空间管理、新建或改建项目的建筑规划设计工作建议、设施日常运行和维护、通信安保等支持服务。

1.2 设施管理的价值

目前国内对不动产管理的认识还很局限，大部分运维理念和方法相对传统、粗放，其管理功能主要集中于日常维护管理，较少覆盖到能源、空间以及环境等广义的设施管理上来。物业费收入依旧是物业服务企业现阶段的主要收入来源，但是通过近些年相关行业发展报告分析可以看到，随着社会经济发展以及客户需求的不断提升，增值服务将在物业服务企业总收入中的占比逐年递增，成为新的利润增长点。

设施管理的重点是将人、空间、流程、技术进行整合管理，具体涉及的范围包括建筑物、设备资产、空间、家具设施、环境系统、信息系统等待，最终达到提高工作效率进而增加经济投资收益的目的。设施管理任务是通过优化企业日常营运流程，协助企业达到大幅度低成本和提高营运效益的目的；它致力于提供全面无限延伸服务，助力企业核心业务，以达成既定业务计划和策略性发展目标。

设施管理的本质就是整合，通过把组织任务同工作空间进行融合，把使用者、设施设备、各组织流程以及管理技术从战略上进行有效整合，提供的全生命周期的服务，达到提升空间能效的一种可持续发展性质的管理方式，能够更好地满足科学技术、组织文化的发展。

（1）提供和保持高品质工作空间。设施管理部门通过提供安全、环保、健康和人性化工作空间，协助人力资源部门吸引人才、留住精英型员工，同时最大限度地帮助员工提高工作效率。

（2）降低全生命周期运行成本。有统计表明，企业工作场所空间成本是除人力资源成本之外的第二大成本。当今经济形势下，企业投资回报、经营效益及成本压力越来越大。企业需要根据自身战略和投资战略，选择在哪里买地；是自己买地建设，还是租赁。另外，企业存量建筑规模越来越大，几百万甚至几千万平方米建筑面积，分布在全国各地甚至世界各地，如何充分利用好现有存量建筑资产，合理配置有限资源，提高运行效率，从全生命周期角度发挥设施管理最佳经济效益，显得非常重要。

（3）支持组织发展战略和核心业务。近几年来，越来越多组织的高层管理者意识到设施管理对于支持组织战略和核心业务发展的意义和重要性，设施管理者也越来越多地参与组织战略决策过程，为组织制订发展战略提供设施管理方面的支持，同时也有利于设施管理者根据组织发展战略制订合适的设施管理战略计划，以促进组织战略和核心业务的发展，履行社会责任要求，推动可持续发展。

（4）保证突发事件下业务持续性。一些重大突发性社会事件，譬如地震、火灾、大风、暴雨、爆炸，或者玻璃幕墙坠落、广告牌倒塌等，不仅对人员和财产造成一定的伤亡和损失，还可能还会引起生产和经营业务过程的中断，造成较大的社会影响。如何在突发事件发生情况下运用业务持续管理（BCM）理念，保证业务连续，及时应对和处理，也是设施管理者需要面对的一个非常重要的问题和新挑战。

1.3 设施管理与物业管理、资产管理异同

设施管理（FM）：是包含多学科的专业，通过人员、空间、过程和技术的集成来确保建成的建筑环境工程的实现，目标是为了支持所在组织的核心战略和核心业务发展。

物业管理（PM）：指业主或物业服务企业按照物业服务合同约定，对房屋及配套的设施设备和相关场地进行维修、养护、管理，维护物业管理区域内的环境卫生和相关秩序的活动。

资产管理（AM）：从投资中获取最好的回报用于描述物理设施、数据及信息和人、公共形象、声誉及其他类型资产的专业化管理，主要包括资产经营开发、租赁及投资管理等内容。

在这里先简明扼要地比较一下 FM、PM 及 AM 的区别，然后再深入阐述一下 FM 和 PM 的区别，以便使大家更深入地了解 FM 和 PM 的本质不同。

简单来说，FM、PM 及 AM 三者的区别，可以从“对象、背景、定位、层级和视角”五个方面来比较（详见表 1）。

表 1　设施管理、物业管理和资产管理区别

名称	设施管理（FM）	物业管理（PM）	资产管理（AM）
名称（英译）	Facility Management	Property Management	Real Estate Asset Management
管理对象	具有明确产权的、有价值的建造实体，进行良好维护与维修以保证其良好的运行状态		
发展背景	组织自身发展能力	住宅类居住物业	不动产管理
管理定位	满足实现战略目标的需求	维修、养护、维护	满足不动产投资回报的需求
管理层级	战略层次	基础层次	战略层次
管理视角	内部视角	外部视角	外部视角
管理目标	为组织/业主和客户/所有人提供价值最大化的资产管理		

当然，设施管理不等于设施设备管理，设施设备管理只是设施管理中一个很小的部分，也不是纯粹的物业管理。在这里，我们有必要详细讨论一下设施管理（FM）跟物业管理（PM）的差异，可以从五个维度来进行比较：

第一，从服务范围上来看，设施管理与物业管理就是我们以前传统物业管理当中说的“大物业”和“小物业”。物业管理侧重于公共区域的“四保+综合服务”，而设施管理则会涉及客户方的内部自有区域，服务内容也更为宽泛，例如：办公空间、行政前台、餐饮服务、班车服务、车辆管理等，其实都是属于设施管理服务范畴。因此，不难看出设施管理服务范围比物业管理要宽泛得多。

第二，从空间管理上来看，目前物业管理仍然主要涉及公共区域、公用设施设备维修养护，在住宅物业业态中尤为明显，业主户内空间一般不属于物业管理范畴。其实，空间管理是设施管理中，为使组织所拥有空间得以有效而经济利益，通过合理安排，整合人力、资源、技术、进程等使之达到最优利用效率。譬如商办物业中，业主或租户自有空间既可以自行管理，也可以委托设施管理服务方实施管理。基于希腊雅典大学工作空间案例分析研究表明，工作空间对于员工工作满意度具有关键影响作用。工作空间环境因素（如热、声、光环境和空气质量等），会影响员工生理反应和主观情绪，从而影响员工在工作中的认知加工过程，进一步对工作行为、能力和效率造成影响。此外，考虑到组织未来的发展、工作空间搬迁以及新工作类型出现等因

素，工作空间管理是一项持续性管理过程。

第三，从利益相关方来看，设施管理是要去追求使用者权益最大化，物业管理追求是公共权益最大化，资产管理则是将股东权益最大化放在首位的。所以，从这三个不同“最大化”当中，可以看出三者利益相关方是有差别的。

第四，从服务合同上来看，物业管理和设施管理合同其实具有非常大的差异性。物业管理服务常用的两种合同形式是包干制和酬金制。物业管理大多数项目，包括居住和非居，更多地会选择包干制，也就是在固定物业费单价和收费面积的基础上，由物业企业自负盈亏，其成本控制水平与利润空间直接挂钩。酬金制通常采用“成本+酬金”的模式，可以是固定酬金，也可以是浮动酬金。从2021年开始，物业管理“阳光透明酬金制”被大力推行，旨在让广大业主明明白白地消费，为实现质价相符做一些政策配套，也让物业企业通过合理酬金激励策略提升服务水平。

设施管理合同常规也分成两大类，通常称为损益合同（profit and loss contracts）和客户利益合同（client interest contracts）。其中，损益合同就是FM的供应商在单一业主指定空间提供设施管理服务，其获得所有的服务收入并承担所有的服务成本费用和风险。而客户利益合同其实就是包括了管理费的合同，单一业主在支付运营成本的同时，还会向FM的供应商支付管理费。管理费可以是一个固定的金额，也可以按照营收收入或者运营成本的百分比来计算。显然，客户利益合同将FM的供应商和单一业主捆绑在一起形成利益共同体，即通过控制运营成本，提升服务力，加强管理能效，降低运营成本，提升利润空间，并最终实现长期共赢。

第五，从组织特征上看，PM是劳动密集型服务特点，FM是知识密集型服务特点，作为FM来讲，它本质就是整合。

第二章　设施管理的主要内容与运维方式

2.1 设施管理的主要内容（“3P+1T”）

设施管理倡导以人为本的理念，与传统行政管理、后勤管理及物业管理等具有显著不同。设施管理者需要具备商务技术、沟通、谈判、洞察等领导能力，理解组织愿景、宗旨、文化和战略，才能够对用户各个层面相关需求做出有效决策，并实现与组织主营业务目标相一致的满意结果。

基于以人为本的理念，设施管理涉及的要素有“3P+1T”，即人员、场所、程序与科技（见图1）。

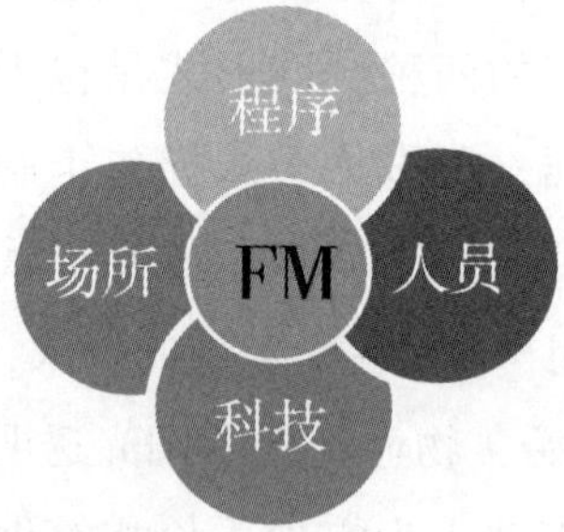

图1　设施管理“3P+1T”要素图

2.1.1 **人员**

在设施管理中的常规需求可以分为四类组织：一是公共组织，包括但不仅限于医院、音乐厅等公共建筑及内部设施设备；二是高科技企业，包括了高科技企业所在的园区内的研究院等建筑及其附属设施设备；三是制造业企业，包括了制造企业所在的厂房、研发中心等建筑及附属设施设备；四是商业组织，包括购物中心、写字楼等建筑及附属设施设备。而做好设施管理，就需要围绕上述需求组织及其中最重要的、开展工作的人员提供有关支持性的活动。

2.1.2 **场所**

设施管理工作场所，一般指建筑环境、一般区域、工作环境、家居固定装置和设备、工作空间（移动、增加和改变）、办公室支持、收发室、复印室、装修、餐饮、服务区、健身中心、室内植物、存储区域等。

2.1.3 **程序**

设施管理的程序，一般包括了长期设施管理计划（战略策略计划）、短期设施管理计划（日常执行计划）、设施融资分析及财务、不动产处置和管理、内部空间规划、空间标准制定及空间管理、新建或改建项目的建筑规划设计工作建议、设施的日常运行和维护、通信安保等支持服务。

2.1.4 **技术**

设施管理不同于项目管理一次性活动；它更多地偏向于持续性的、重复性任务，属于服务科学和企业管理的范畴。它的对象包括硬性技术（Technical）服务和软性管理（Managerial）业务两个方面，涉及面非常广。

2.2 设施管理业务的运维方式

设施管理核心业务展现是通过“3P+1T”理念，拆解场所、人员、程序和科技，将时间、服务发挥出最大效能，从而让所有建筑物效能都呈现在空间中，促使空间中的人和空间中人所开展的业务能够发挥最大化效能。提升人们生活质量和核心业务生产力，最终能够实现设施所持有人达到他所期望的企业战略目标。

课题组将通过调研实践案例简要说明设施管理对于传统物管企业管理模式、服务模式、盈利模式等方面引发的深刻变革，并且说明设施管理通过对一系列高质量交付与有价值设施服务，实现了对企业和客户核心业务的支持和发展。

2.2.1 **多措并举推动科技与业务融合提升管理能级**

以均豪不动产管理集团服务L公司的物流园FM设施管理实践为例（以下简称“均豪”）。均豪不动产是最早把FM（设施管理）理念带到国内的企业之一，业务范围覆盖科技园、产业园、物流园、金融CRE、创新孵化基地。

某知名电商L公司物流园位于江苏省，建筑面积58万平方米，属于长三角地区最重要的物流枢纽之一，L公司物流园核心业务开展要求高效率和高质量，以保证L公司电商业务竞争力与品牌力。为保障园区正常运行，避免突发事件影响物流园运行以及电商经营活动，L公司在设施管理方面着重强调安全管理需求，不论是常规风险还是已暴露风险，都会给物流园造成很大经营损失。

基于L公司物流园对安全管理的重点需求，均豪也对物流园安全风险做了分析，对L公司物流园采取了“平安物流园”的管理模式，提供“防管控救助”综合性全套解决方案，为L公司物流园提供事前预防、事中处置、事后恢复全过程服务，夯实L公司物流园平安工作，筑牢安全防线，构建平安物流园。L公司物流园全套设施管理方案如下：

2.2.1.1 制定与调整安全策略

通过现代科技赋能，建立科学有效管理体系，进行信息化、精细化、智能化管理，转变保安服务招标的传统认知策略，转化为对安全解决方案的采购，以“人防”为核心，以“物防”为保障，以“技防”为手段，为物流园搭建全方位安全保障体系。

2.2.1.2 搭建管理系统

建立五大安全服务体系：预防体系（风险评估、防控方案制定、宣传）、管理体系（集控、网格）、控制体系（信息采集、分析）、救援体系（防疫、应急处理），帮助体系（事后恢复、财产保险）为物流园提供全过程服务。

2.2.1.3 高科技手段系统化整合应用

（1）核心高科技手段——均豪集控中心、网格站点、楼宇工程设备系统。均豪集控中心（见图2），是集中监控与应急指挥中心，基于互联网技术，以楼宇工程设备系统为核心，通过一体化信息化服务提供方便快捷的一站式智慧化解决方案。针对目标场所内所有监控信息（视频信息、消防信息、电梯信息、电力信息等）实现集中监控管理，同时针对突发事件紧急调度处理并且指挥现场人员（工程、秩序、防疫、环境清洁）的开放生态业务合作平台。其主要特点为：一是24小时值机员实时监控设备状态，一旦发生报警，值机员全程跟踪；二是座席专家远程指挥；三是提供手机端服务。

图2　均豪集控中心现场图

在L公司物流园设置布局三级网格站点服务站（见图3），将每一个“网格站点”，每一台智能设备，每一个管理服务人员都接入均豪集控中心，全天候监控，针对突发情况进行快速应急响应，提供高效应急管理服务。

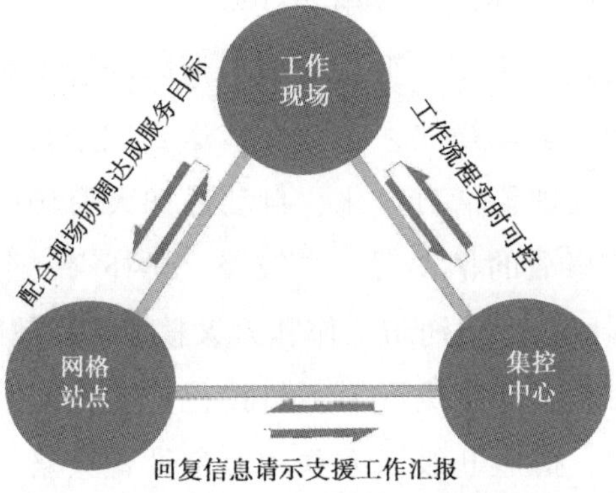

图 3 均豪网格站点模式

任何一个设施管理前提，都是使建筑物发挥出最大的效能，而所有建筑物效能都呈现在空间中的人和空间中人所开展的业务的效能最大化上，包括建筑效能，空间效能以及人的效能。楼宇工程设备运作是设施管理中具有高度综合性的内容，具有重要的地位，其支出占整个设施管理预算的 50%～75%。楼宇工程设备系统（见图 4）能够有效帮助建筑发挥最大效能，大大降低设施管理成本。

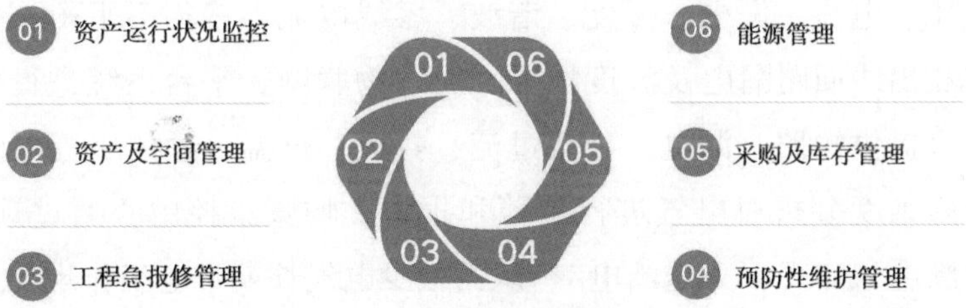

图 4 楼宇工程设备系统功能

楼宇工程设备系统可以为客户设备资产，如给排水系统、消防系统、强电系统、弱电系统、电梯系统、停车场系统、暖通系统等提供全生命周期管理，是基于行业最佳业务实践完整解决方案的一体化平台。

（2）其他高科技整合应用——智慧消防、电梯安全、环境健康安全（EHS）综合管理、配电安全、出入口安全、重力与漏水监测、园区安全巡查、大数据预防性管理。

在智慧消防方面，结合江苏省“智慧城市”建设，针对L公司物流园消防管理工作中可能遇到的问题，运用物联网、大数据、云计算等技术手段建立防消结合工作新模式，研发出垂直应用于消防的智慧解决方案，利用场景内自身监控设施，加装联动模块，将数据传送云端平台。平台具有发现警情早、告警流程简单、处理警情自动化、自动通知火警场所及周边人员撤离等功能，实现场所火灾事故的早发现、早报警、早扑灭，全面提高消防监督管理水平，全力推动园区社会化消防工作和灭火救援实战效能的整体提升。

在电梯安全方面，制定并执行了“科技化主动性监管策略、全球领先精密级预测性维保策略、搭建Ⅱ级六方联动应急处置策略、采取全生命周期军工级备件管理策略”，有效确保电梯安全和应急处置。

在环境健康安全（EHS）综合管理方面，在L公司物流园搭建EHS综合信息平台，以实现生产经营全要素数字化管理为目标，围绕风险分级管控和隐患排查治理体系、过程安全管理等内容建设。若现场遇到难点，均豪集控中心专家利用可视化穿戴设备完成远程指导工作。特色服务：全天候在线技术支持，定期赴现场提供技术服务，体系建设内容持续改进升级，一站式解决各类场景内所需的安、职、环、消等安全技术服务。

在配电安全方面，在L公司物流园采用可视化远程控制智能配电箱，通过监测电压、电流、漏电、温度、谐波、零线电流、三相不平衡、能耗等数据及各单相出线回路漏电及温度情况，通过物联网云平台系统进行在线诊断与分析，可提供短路、漏电、过载过流、打火、过温、过欠压等电气安全信息，通过多维度分析对电气进行预警和报警。均豪集控中心通过远程操控，可以及时断电，实现“人走断电”，从而减少电气长期带电工作现象，防止物流园火灾发生。

在出入口安全方面，建立安检X光机系统、大型货车X光扫描系统、人脸识别门禁控制系统、ID卡和指纹识别技术、远程视频监控系统，实时抓取图像信息，能够实现对重点区域、人员异常情况进行抓拍报警并传输至均豪集控中心，均豪集控中心通过指挥决策系统以主动式的立体安全防御策略，指挥就近的安保人员迅速出警处置现场警情，实现人防与技防相结合，最大限度地保证物流园区安全。

在重力与漏水监测方面，针对L公司物流园建筑物特性，结合建筑物所处江苏省多雨的地域情况，建立重力与漏水监测系统，完成对建筑物顶面的安全监测。

在园区安全巡查方面，在L公司物流园采用无人机巡查系统，实现了定点汇报，大大减少人力成本，提高了现代化仓储物流的效率和安全。飞行任务可设定消防安全巡检、仓库物资安全巡查、园区内交通监控、园区周边巡检。

在预防性管理方面，建立园区大数据管理系统，根据大数据分析、对标与解读，持续改进安全管理方案，每年编制与优化物流园安全风险报告。

通过均豪为L公司提供的平安物流园整体解决方案实践案例，有助于进一步理解“3P+1T”的设施管理意义，即如何在突发事件发生的情况下运用业务持续管理（BCM）理念，通过对1T“技术”整合，即一系列高科技手段的综合应用，围绕3P“场所、人、程序”三大设施管理要素有效梳理、统合和系统化实施，保证了业务连续，及时应对和处理紧急状况，为客户营造安全、稳定及良好的工作环境，有效提升企业能效，助力客户打造行业优质品牌企业。

2.2.2 引入FM理念创新变革KPI考核导向

上实服务是上实集团旗下品牌，以升级传统物业服务、转型综合设施管理为契机，提供服务覆盖城市生活的各个领域。上实服务涵盖上实物业、新世纪物业、申大物业和城开商用物业。

在引入FM管理理念之前，物业客户方对上实服务KPI考核主要有两个目的：其一是以合同履约指标体系设计和运用为中心，旨在达成双方约定服务目标；第二是以目标控制为中心，其指标体系设计和运用来源于控制意图，也是为更有效地控制个人行为服务（见表2）。

表 2　上实服务 KPI 样张

序号	考核指标	指标描述	目标值	等级标准	基准分	评分说明	得分	备注
1	工作计划完成率	实际完成的工作计划/计划需要完成的工作计划×100%	≥99%	严重	15	编制合理的年度工作计划，分解到月度，根据计划连续执行 ，并对完成的计划实施记录并检查。每下降 1%扣 1 分，直至扣完全部 15 分		
2	投诉处理及时率	按时处理的投诉数量/接到的投诉数量	100%	严重	15	按有效投诉的严重等级按照 24 小时、72 小时回复标准进行处理，未及时处理的每下降 2%扣 1 分，直至扣完全部 15 分		
3	重大安全事故	人为安全事故的发生数量	0	严重	15	严禁发生重大安全事故，同时根据安全生产标准化达标要求做好各项安全措施。发生一起即扣除全部得分		
4	财务收支平衡	物业服务费收入－物业服务费支出≥0	≥0	严重	15			
5	房屋完好率	（完好房屋建筑面积+基本完好房屋建筑面积）/房屋建筑总面积×100%	≥96%	一般	10	指定维修人员负责责任区域内的房屋巡查，建档记录，确保房屋完好、整洁。每下降 1%扣 1 分，直至扣完全部 10 分		
6	设施设备完好率	完好设备总台数/设备总台数×100%	≥96%	一般	10	指定维修人员负责责任区域内的设施设备定期巡查，建立设施设备台账，做好维修保养记录，确保设施设备正常运行。每下降 1%扣 1 分。直至扣完全部 10 分		

续 表

序号	考核指标	指标描述	目标值	等级标准	基准分	评分说明	得分	备注
7	维修及时率	完成维修的维修单数量/应该完成维修的维修单数量×100%	≥95%	一般	5	按规定时间及时处理各项报修，并做好维修记录和统计。每下降1%扣1分，直至扣完全部5分		
8	维修服务回访率	回访的完成维修单数量/完成维修的维修单数量×100%	≥95%	一般	5	对完成维修的业户、部位进行回访或复核，并做好回访记录和统计。每下降1%扣1分，直至扣完全部5分		
9	客户拜访数	拜访客户数量	≥50户	一般	5	每月拜访的客户数量不少于50户，并做好客户拜访记录，对拜访中的意见和建议及时进行处理，并向客户进行回复		
10	员工流失率	当月流失员工人数/月度员工总人数×100%	10%	一般	5	员工流失包括试用合格的正式员工辞职，辞退和合同到期未续签合同的员工。合同开始履行的前3个月不计算此项得分。每上升1%扣1分，直至5分扣完全部		
总计				100				

随着 FM 管理理念战略植入和发展，客户非核心业务服务多元化、个性化需求，并结合 KPI 考核实践经验，上实服务发现传统的 KPI 服务考核导向存在“指标涵盖面不全、可持续发展和创新偏弱、服务交付质量不高”等诸多痛点。针对上述痛点，上实服务以 FM 设施管理服务企业的战略目标是“通过承揽客户方的多样化诉求，并围绕其核心业务来开展相应一系列服务，满足客户多样化需求，最终帮助企业实现其战略目标”为原点，开展了一系列以服务水平协议（SLA）为依据的 KPI 考核创新，其变革核心是明确服务交付质量要求，包括但不限于服务场景、内容、频次、标准等，保障服务水平达到双方约定甚至超出预期，并通过 KPI 定期量化考核的方式，积极提升服务优势，及时发现并弥补短板，为双方设施管理服务长期合作奠定基础。（备注：SLA 是指提供设施管理服务供应商与客户之间，就服务的品质、水准、性能等方面所达成的双方共同认可的协议或契约。）以上实服务设施管理服务项目的一个 SLA 和 KPI 指标为例子。W 公司研发中心位于上海市，可同时容纳万余名员工办公。W 公司研发中心对核心业务开展要求较高，以保证其实现技术创新和市场拓展的战略目标。上实受托为其提供安全、稳定、极简、高效的设施管理服务，助力其核心业务持续蓬勃发展。双方基于设施管理服务理念并结合客户方个性化需求 SLA 约定，达成以下 KPI 考核方案（见图 5）。

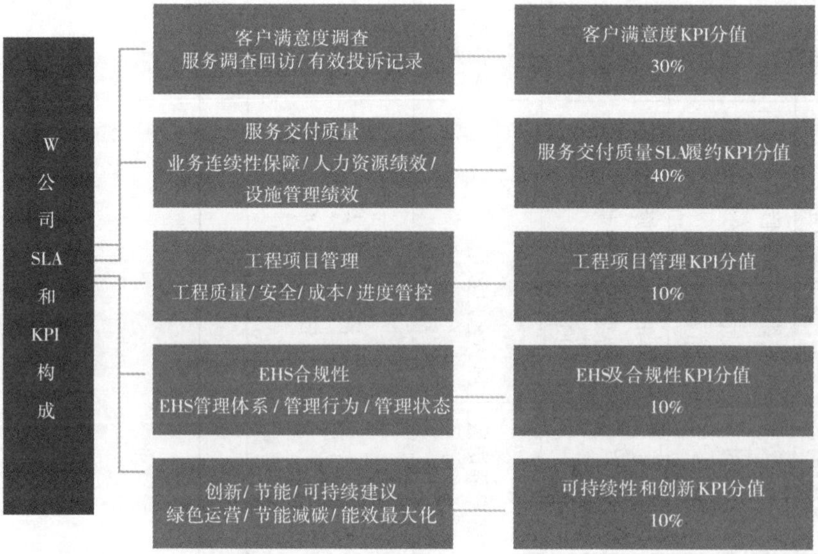

图 5　W 公司项目 SLA 和 KPI 示例

该项目的SLA和KPI指标构成如上图所示。那么在KPI指标当中，其实就分成了五大类，分别是：

一是客户的满意度，就是根据客户的满意度的测评及其投诉反馈等，进行定量的评分。

二是服务交付质量，主要是衡量是否按照项目《FM设施管理服务协议》签署的SLA提供服务。

三是工程项目管理，包括但不限于对研发中心建筑/设施等修缮、优化工程实施项目安全、进度、质量、成本管理和控制。

四是EHS合规性，涉及环保，安全，职业健康合规性管理。

五是创新节能可持续建议，主要是按照目前3060的“双碳”目标和企业战略来提供相应服务，包括但不限于能耗分析管理和使用效益最大化，空间管理和优化策略实施等。

不难看出，变革后KPI考核两个侧重点是服务交付质量与客户满意度，是W公司客户方最为关心的设施管理服务的核心。因此，上实作为设施管理供应商，及时调整服务重心和品质管理策略，从项目团队的关键岗位匹配度和团队稳定性保障，项目SLA研读、目标指标分解、培训、实施管控及纠偏管理，EHS合规性培训和执行，智能化、可视化管理策略探索和实践等多维度为抓手，全面保障自身的SLA履约能力和KPI考核绩效水平。与此同时，上实服务还开展了一系列内部转型措施，助力企业提升设施管理领域专业性和竞争力。

（1）设施管理服务人才团队建设。同济大学经济与管理学院博士生导师、企业房地产和设施管理专业联盟理事长曹吉鸣教授曾指出：“FM设施管理集成化、专业性及其业务深度和广度已经远远超出人们的传统思维和做法，迫切需要吸引一大批掌握技术、经济、管理和法律等理论知识的高素质年轻一代新生力量的加入。”

国际设施管理协会认为，设施管理者需要具备运营与维护、项目管理、财务与业务、领导力与战略、可持续性沟通、风险管理、设施信息管理与技术管理、绩效与质量、占用与人员因素、不动产10项核心专业胜任力，从“融、投、管、退”全生命周期视角提供设施管理服务。

因此，上实服务在设施管理人才梯队建设方面可谓不遗余力，通过外部引进、内部选拔、内外培训及“一带一”带教等渠道方式，储备了相当数量的高素质管理人员，其中包含 8 名国际注册设施管理师（FMP）。

（2）设施管理人力资源专业知识中心（COE）团队的支撑与协作。项目设施管理服务不仅限于现场，还要延伸到总部 COE 团队长期支撑与协作，能够将行业先进服务策略和管理措施，通过线上/线下培训、资料库经验分享、专项检查反馈、现场带教等多种方式，分享并应用到项目日常管理中，帮助项目持续创新和提升服务品质。因此，上实服务搭建了涵盖人事、行政、宣传策划、运营、工程、EHS 等各领域的专家团队，建立《专家团队工作制度》，为设施管理服务项目持续品质提升和管理创新提供保障。

（3）设施管理服务力提升和拓展。一方面，服务力是企业资源整合的能力。服务企业要做大而全很难，但是可以整合各种上下游资源方，通过协同合作，来丰富服务业态。另一方面，服务力是企业对于未知领域的拓展能力。有些服务领域对于服务企业是全新的、从未涉足的。或者有一些设施管理服务项目，随着甲方客户核心业务不断发展，基于核心业务而衍展出的非核心业务服务需求也越来越广泛、越来越多样。如“汽车制造业/智慧+互联网企业”研发无人驾驶技术，需要对整体系统进行模拟测试，需要从事设施管理服务企业提供测试人员并积累测试数据。类似这些需求，对设施管理服务企业提出了新挑战，必须不断去探索、学习与创新，在扩大服务范畴的同时，提高从业人员自身学习能力，提升企业全方位服务力，并寻求与其他专业领域企业或专家达成深度合作，开拓对未知服务领域探索的可能。

上实服务在集团支持和指导下，牵手上实东滩、上药、天津信托等兄弟单位，致力于为客户提供资金管理、不动产保值增值、养老、健康、餐饮等全方位、多领域的综合性服务。设施管理服务不仅要满足客户的服务需求和期望，更重要的是与客户达成长期战略发展目标的一致性，在服务中与客户一起提升和发展并最终取得共赢。

2.2.3 运用 FM 整合空间管理服务助力提升员工满意度

均豪不动产集团（以下简称“均豪”）为中国国内领先的设施管理公司，基于基础四保服务、设施设备运维、资产运营管理、企业服务、产业服务等综合服务内容，服务于企业的非核心业务。

2020 年底均豪中标国内互联网头部 M 公司办公场所的基础四保业务。业务涉及 M 公司在全国 11 个省，200 多个城市，单体面积在 100 平方米至 2 万平方米不等的办公空间清洁、安保、工程维修服务。

服务一年后，均豪发现由于服务 M 公司的办公场所分散在全国不同区域，而且不同体量的办公空间所需的服务内容也不同，有的办公室只需一个保洁员，服务内容单一，有的办公室需要几十人的多样性服务，有的办公室地处偏远处的乡镇，有的办公室地处一线城市的繁华区。人员薪酬、物料采购等成本无法做到统一标准化管理、物料集采，产生了很多不必要的成本支出，以致均豪在此业务上管理难度大、成本高，而 M 公司的业务又是低价中标所得，这就导致均豪在服务 M 公司业务时一直处于亏损状态。

如何使均豪在服务 M 公司业务时转亏为盈呢？根据 FM 整合设施管理相关内容，要以信息化手段将服务于企业非核心业务的人、空间、业务三者有机结合，所以均豪通过以下几个服务方案，尝试寻求升级传统四保业务，提升服务业务收益率，从而达到服务产品适配的目的。因此，均豪设计了三种方案：

第一，管理信息化需求方案。经过调研，M 公司的信息化系统已非常成熟甚至是智能，均豪的信息化产品可能不具有竞争力，此产品方案放弃。

第二，办公选址需求方案。经过一段时间的实践，此项业务对均豪来说执行难度较大，主要因为均豪各地无专职招商选址人员，如与地方中介渠道合作，均豪利润又无法保证而且又是一项亏损业务，所以均豪只在一、二线城市为 M 公司进行选址，这样可以保证基本成本。所以此项业务也逐渐暂停服务。

第三，从提升 M 公司雇员满意度的角度整合空间管理方案。通过与 M 公司人员多次沟通得知，M 公司很注重雇员满意度，M 公司认为人才是未来市场竞争的核心优势。因此，均豪成立了专门小组，针对 M 公司雇员满意度这一项匹配的服务召开了多次会议。经过讨论，项目团队认为体验感和满意度作为其中很重要的环节，应时时刻刻在服务员工的脑中有所渗透。另外，提高雇员满意度也与均豪整合空间管理服务业务高度契合。所以经过与 M 公司多次沟通，均豪认为通过为 M 公司提供整合空间管理服务业务，可以达到扭亏为盈的目的。

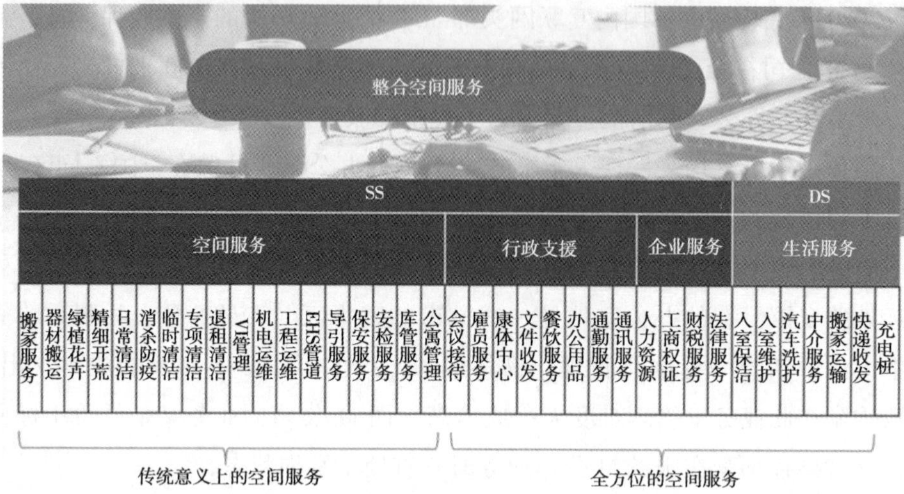

图6　均豪整合空间服务业务内容

项目团队最终选定第三套方案，明确以整合空间管理业务切入M公司的雇员满意度提升需求。因此，均豪成立了项目专班，对原有的整合空间管理业务进行优化和调整，以更适用于M公司（见图6）。

FM设施管理专业中，要关注顾客的资产管理尤其是人才资产管理，均豪对M公司提出了三步走策略，从服务价值升维角度，提供完整的空间服务整合方案，营造有温度的职场空间（见图7）。

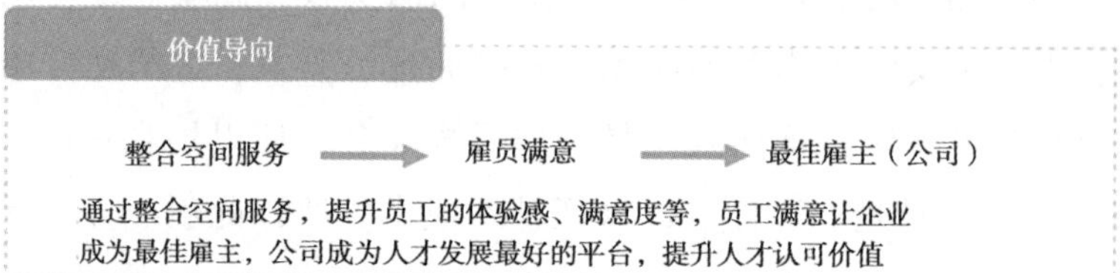

图7　FM价值导向图

均豪向M公司传递出："以服务为新视角，办公空间在不断演化，如今一个企业的空间环境越发重要，在这个人才即来的当下社会，好的企业空间管理能够直接影响企业发展的延续性和人才的稳定"这一观念。通过带领M公司相关业务人员参观国内同行业办公服务内容，参加相关会展（北京服贸会）等营销策略，让M公司人员逐渐对此观念得到认同。

为促进产品得到进一步认可，使M公司更多决策角色可以顺利决策，须根据整合营销沟通战略的5M模型来设计产品的营销策略：

首先，高层互访，从顶层做营销（价值认同）。均豪由业务线全国负责人牵头，与M公司行政部负责人召开多次讨论会，汇报均豪整合空间管理方案，并与M公司人员共同设计相关雇员服务产品，让M公司雇员得到更好的服务，进而提升满意度。期间均豪总经理曾多次拜会M公司高层，推动此产品的认可度和执行情况。

其次，通过第三方角度促进产品价值认知（渠道权利的使用）。均豪也通过中国互联网协会、中国服务业协会、国际设施管理协会等协会机构渠道，共同召开研讨会，针对中国雇员满意度的评价标准及现状情况进行沟通探讨。与M公司一起推动雇员满意度在国内的发展和标准的实施，进而达到均豪整合空间管理的适配性，也为均豪在企业雇员满意度领域的未来市场铺设营销了品牌口碑。

再次，由下而上的产品体验反馈，促进决策达成。为能推进围绕雇员满意度提高而设计整合空间管理服务产品落地，均豪也为产品提供了强大支持，针对办公场所体检、个人家庭保洁、通勤车、个人绿植养护等业务，均豪给予免费体验活动，这一项得到了M公司的认可。也为提升雇员满意度做了相关尝试，并且落实到了实处。

结合以上FM相关业务的提升，均豪扭转了传统四保业务利润低的亏损状态，提升了营业额和利润，而且助力M公司提升了员工满意度，进而获得了M公司的高度认可。

2.2.4 实践探索设施管理取得的经验成效

通过上述三个案例，课题组发现，在设施管理中，甲方是一个需求组织，物业服务企业要做好核心业务过程中有关重要业务的支持型活动，就要通过设施管理部门在战略、战术和运作三个层级，形成一连串的高质量交付及高水准服务。

从设施管理角度来看，不动产全生命周期管理一共分为九个流程：包括购置/自建/租赁、办公的规划、设计的施工、物业的选择、交付的验收、楼宇的搬迁、维保管理、物业的管理和退租处置。整个九个流程闭环实际上就是把整个不动产全生命周期进行相应规划。在每一个阶段都有设施管理相关标准和这个流程管控的相关体系，都需要跟进。同时也会有年度规划，比如工作规划是按照年度战略目标和管理目标去制定设施管理计划，财务过程、工作执行过程、供应商管理过程、风险管控过程都有相应的管理动作。

设施管理的本身逻辑，就是在企业支持的核心业务的主营业务生产率方面做提高，同时也要保证人们的整体生活质量。从商业不动产角度来看，首先要守护好租户的安全和健康、建筑物物理安全、最终用户福祉、租户满意度及用户体验，然后促进租户聚焦其核心业务。要注意建立建筑物设施的经济可持续运营和节能低碳，然后开展设施战略性运行维护，支持不动产资产保值与增值。接着，合规经营并持续优化设施运营成本，有效支持投资者与资产管理战略。企业总部不动产的关注点有很多是相同或者相关的，但也有一些不同。第一是守护员工安全和健康，并关注员工体验；第二是提高员工福祉、生活工作质量和满意度；第三是促进企业核心业务的生产力与组织韧性，并合理规避设施管理风险。

从 FM 角度而言，设施管理需要秉持长期主义，应将不动产建筑及其设施设备视作一个全生命周期进行管理，并对企业诉求进行相应的深度了解和分析，然后形成自身战略，据此执行并采取监管。FM 本质不在于物业管理服务，而是基于不同产业的核心需求而提供支持相应核心业务的一系列有价值的增值服务。

2.3 设施管理在疫情下的担当

在疫情暴发期间，几乎所有快递都无法提供有效配送。很多生产制造型的客户无法把自己仓库中的食物储备送到需要食物的员工手里。在这种特殊情况下，设施管理起到了非常重要的作用。

首先，设施管理公司联系需要帮助的客户方，要求客户方按照紧急程度和优先级提供其分派名录，再按照区划分出最紧急名单。

其次，设施管理公司开始和自己的采购、供应链联络。一是与供应链沟通，需要保证对医院和 24 小时不能停工的国企央企提供物资，同时协调物流资源，研究为客户单位提供物流服务的可行性和实施方案。二是和自己的供应部门沟通，假如碰到客户物资供应有问题，是否可以提供物资加上物流进行配送，以此解决最后一公里的配送问题。

即使在特殊时期，除了这些紧急响应工作，设施管理公司仍然延续常规及时响应服务。虽然突发疫情，三月份仍有少部分员工进入企业开会和工作。为了保障人员安全，从访客登记，到设施运维本身，再到无接触设备，以及紧急支援等，各条服务线都做好了应对员工必须来公司上班时的设施后勤保障。

在面对在上海周边的客户企业受到疫情影响时，因为给这家企业提供的是综合设施管理服务，便紧急启动了一些本地化的应急供应商进行采购和输送，并且开始进行餐饮转型，全面上线了线上点餐这一数字化产品。这在疫情中可以减少排队量，减少人员接触机会，降低感染概率。同时，也因为推行线上点餐，保证了客户的基本利益，使其营业情况和疫情前没有太大差异。在餐饮细节上，餐具和餐厅消毒都非常及时地响应了最高等级的消毒要求，并做好了每一天的消毒记录。

第三章　引入设施管理将带来的多方面变化

3.1 物业管理行业及物业服务企业升级转型的现状

物业管理行业经过几十年飞速发展和积淀，服务模式趋向于专业化、精细化和数字化。然而，变化和升级会直接促使物业行业成本支出不断上涨，如果没有进行运营模式优化调整、技术升级替代以及相应组织变革，物业服务企业收益和效率很难再上升。与此同时，随着房地产企业也开始进入困难时期，整个房地产产业链开始陷入相对低迷状态。因此，物业管理行业现状可以用三个词概括：合并、萎缩、困惑。

第一是合并。对于竞争越来越大市场环境，中小型物业服务企业被收购合并是必然趋势。从 2014 年起，物业行业开始出现收购合并现象，说明行业逐渐由分散变为整合，很多中小型物业服务企业缺乏竞争力，整个行业板块市盈率正逐渐下降，加上竞争越来越大，中小型物业公司被大型物业公司合并是当前物业行业逐渐演变的方向。

第二是萎缩。整个行业逐渐萎缩意味着“狼多肉少”的局面，一个普通小区项目可能会有几十家物业服务企业同时竞标的现象，竞争更加激烈。另一方面，从物业管理业务结构来看，物业整体收入中成本占据 70%左右，而成本支出最大的部分是人工成本，占比 55%左右，由此可以判定传统物业服务行业的净利润只有 15%左右。物业费收取标准不会随着时间进行上调，而服务支出成本持续上升导致利润不断压缩，最后只能依靠新项目和增值服务来解决老项目逐渐萎缩的亏损循环。

第三是困惑。面对目前物业行业的改变，物业服务企业的破局之路在哪里？

通过研究发现，物业行业未来整体发展是多维度发展模式，物业公司的核心盈利点不再是提供物业管理基础服务，而是按照服务体验包来收费。这种模式的核心不是单纯的物业管理，而是要积极主动地拓展多元化综合性服务的深度和广度，提高自身服务力和服务水平，逐步向 FM 设施管理战略转型。当然，在开展设施管理服务之前，物业企业需要做好诸多前期准备工作，如搭建设施管理人才库，熟悉并掌握设施管理合同治理规则，常规四保外的服务力储能，专业第三方长期战略合作储备等。在开展设施管理服务后，随着客户核心业务的发展，对设施管理服务的需求会越来越多样化、专业化、精细化，这对物业企业而言既是机遇也是挑战，是转型和提升服务力的源动力和助燃剂。

3.2 设施管理给物业管理行业带来启示

基于物管企业三大现状，适时地引入设施管理，有助于传统物业企业转型，有利于提升物业项目管理的质量和服务水平。课题组研究发现，设施管理的引入将从“业主需求、目标市场、管理模式、科技、人员素质”五个方面给传统物业企业带来深刻变革。

3.2.1 业主需求视角提升

设施管理只提供了一种产品：服务。设施管理本质上希望强调权利和顺从，同时也应该具有灵活性和服务性。举个现代设施管理案例：1972 年于香港成立的侨乐服务集团，为河南省某商业步行街提供设施管理前期顾问服务范畴包括业态规划、销售招商、商场建设与设施管理顾问等。在业态规划板块，其通过进行市场和客户调研，帮助客户进行准确的商业和产品定位。在商业策划板块，其以空间、人车动线等为媒介，辅以竞争性招商和定价策略，帮助客户提升商业概念设计。在商场建设与设施管理方面，其全程参与了商场的规划、设计、施工、承接查验及交付阶段，并从设施管理及后期运营视角及时提出优化建议，从而将一些运营中可能遇到的障碍提前移除，凸显了设施管理的效益最大化价值。由此不难看出，设施管理（facility management）的范畴远超设施（facility）一词的单一含义，而是综合多学科、跨专业并以所有人价值需求为导向的综合性管理服务（见图8）。

因此，与客户需求高度匹配，为其核心业务发展和续航助力，为其核心业务的生产或经营、员工生活质量、健康和安全、工作环境，尤其是员工招募和保留上起着越来越重要的作用，是设施管理的服务导向与核心价值。

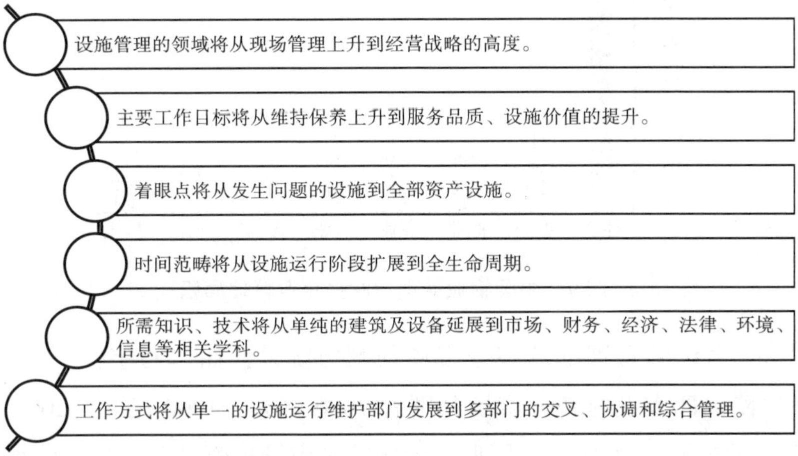

图8　设施管理变化趋势

3.2.2 目标市场的扩大

相对于物业管理，设施管理表达了一种新的发展理念，即对于大型建筑物及建筑群管理，要求采用一种全面的、综合的成本观念和效益观念，从而达到设施寿命周期经营费用与使用效率的最优结合。

设施管理实践与发展，将会给传统基建、后勤、行政、物业管理模式带来根本性变革。设施管理不再纠结于物业管理业主委员会、物业公约、基础范畴等固化模式，而是采用多元模式发展，围绕业权人的需求，以物业为原点，市场和时间为坐标去设计不同的管理模式，最终实现空间流程的最佳组织和物业设施价值曲线的合理化。对特殊功能物业，如医院、政府办公大楼、教育物业、机场、工厂等，使用设施管理可以使其更加优化并具有延伸性赋能潜力。

就各类设施管理的具体面积而言，各个细分市场均具千亿元规模，国内物管500强企业在“办公设施、产业园区、商业设施”三大领域，分别管理着11亿平方米、7.4亿平方米和6.9亿平方米的面积（见图9）。如此巨量的设施管理面积，需要非常专业团队来开展专业的设施服务。

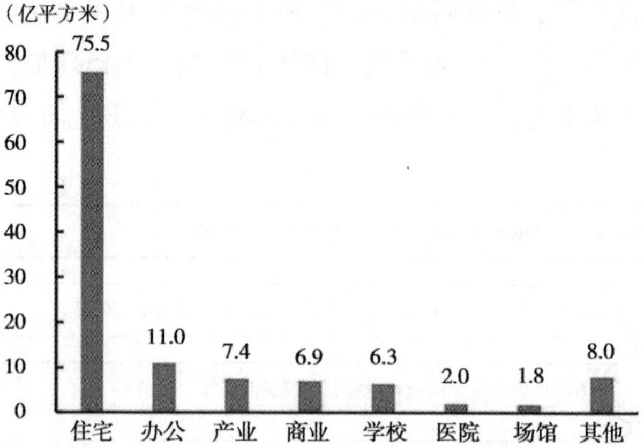

图9　中国物业管理500强企业管理面积

另外，对设施管理部分细分市场预测与统计，在“写字楼、产业园区、高校及医院”四大设施细分市场分别有1000亿元、1000亿元、2000亿元及1000亿元的规模（见表3）。因此，设施管理市场规模是巨大的，值得众多物业服务企业深入挖掘。

表3　设施管理的部分细分市场预测与统计

细分领域	市场规模估计	社会化率	备注
写字楼	1000亿元	接近100%	500强企业写字楼管理面积达10.98亿平方米，总物业费收入497.19亿元。保守预计500强企业的市场占有率达70%，则综合市场规模约有700亿元。国内与国外同行服务内容相差较远，国外同行在写字楼的服务包含了团餐、员工关怀等其他后勤部门承担作用，实际潜在市场规模预计超过1000亿元。
产业园区	1000亿元	10%以下	500强企业产业园区管理面积达7.39亿平方米，总物业费收入120.83亿元。而2008—2018年全国工业用地出让即达到115.6亿平方米，行业在管面积相对较小，多数由企业自行管理。预计实际规模亦超过1000亿元。

续 表

细分领域	市场规模估计	社会化率	备注
高校	2000 亿元	18%~28%	2000 亿元是整个后勤服务的数据，除了不到三成的社会化率，还有约 36%~49%的高校实现后勤部分社会化。个性化服务和管家服务覆盖率还很低，扩容和做深空间都不小。
医院	1000 亿元	一、二线接近 100%，三、四线接近 60%	服务还主要是保洁、保安、前台等，医疗机构配餐，基本医疗设备维护等社会化程度还很低，做深空间很大。

3.2.3 管理模式的转变

设施管理主要采用合同治理管理模式，是合同双方履行合同约定的义务、实现设施管理目标的过程，并贯穿于设施管理服务整个生命周期中。

设施管理服务合同不同于一般物资采购合同，关键是服务质量等问题很难定义，要在需求方案说明书（request for proposal，RFP）中详细界定，明确所提供服务的范围、质量、时间和频率，以及服务的收费和服务的时间等。分解工作说明书（statement of work，SOW）工作任务包，责任到人；按照标准作业程序（standard operating procedure，SOP）执行日常检查管控。通过相应频次的合同治理会议和关键绩效指标（key performance indicator，KPI）/服务级别协议（service level agreement，SLA）指标体系保障实现，并最终达到实现客户方对设施管理服务期望的目标。

3.2.4 科技应用的数字化、智能化

客户需求和科学技术的变化，将会逐步形成基于云计算、物联网（IoT）、图像识别、虚拟现实、机器人、大数据、无人机、智能电网、建筑信息模型（BIM）、集成工作场所管理系统（IWMS）等一批设施管理新技术和工具，为设施管理向精细化、标准化、数字化运营管理方向转变，创建科技、服务和工作环境相融合的高效工作环境提供了有力的技术手段。

以数字化为例，利用数字化转型可推动设施管理服务企业内部管理效率的提升，并能降低成本，实现数字化运营管理的能力，是助力组织力和产品管理能力的提效和透明，其中一站式数据分析是数字化转型的典型应用。一站式数据分析即对接各种业务数据库、数据仓库，对数据进行加工处理、分

析挖掘和可视化展现，满足设施管理不同视角的各种数据分析应用需求，如复杂报表、可视化分析、大屏可视化、智能分析、移动分析等。数字化能力在设施管理企业运营和服务产品创新上的价值是巨大的，所以根据企业战略目标，让数字化管理场景得到充分应用，能够为提升设施管理服务力和服务水平夯实基础。以下是 FM 领域各个细分业态的服务特点与未来趋势（见表 4）及上实服务智慧管理平台驾驶舱示例（见图 10）。

表 4　FM 领域各个细分业态服务特点与未来趋势

类别	服务特点	未来趋势
写字楼	标准化程度较低，服务深度差异大；竞争日趋激烈，高端领域壁垒亦加速形成；个性化需求激增，创新业务涌现；外资品牌整体采取防守策略，中资品牌崛起	智慧技术应用演变为“底层”竞争力；集成化、菜单式服务，助力企业业务升级；设施管理、资产管理能力逐渐成发展方向；“品质”和“品牌”仍将成为市场拓展竞争核心
产业园区	服务标准化程度需提升；产业园区内服务链条延伸；科技化运营协助物业管理	前期介入服务，提前解决未来痛点；运营物业进行统一管理；智慧园区实现一体化运营；业务方向逐渐明晰化：专业物业、运营管理、资产管理；产业园区物业服务领域拓宽
学校	具有公益性，存在双重管理机制，服务对象多样性，收费方式不同	社会化企业占比提升，后勤实体管理规模不断收缩；智能化技术应运而生，促进管理效率提升；延伸服务或成为企业主要盈利增长点；大型物业服务企业纷纷布局学校业态，行业竞争加剧
医院	医院后勤服务外包需求释放，空间广阔；“外来者”入局，市场竞争加剧，市场集中度提高，中小企业面临洗牌	科技创新，打造后勤服务系统集成平台；服务创新，挖掘个性服务，创新服务方式；模式创新，集团式管控，规模发展全国布局
公众场馆	区域深耕发展，市场竞争加剧；服务对象复杂，品质要求更高；设施设备管理专业技能要求严格	城市化进程推进，市场增长空间巨大；高盈利空间吸引，具备运营增值潜力；服务方式智能化，服务内容更加多元
商业	标准化建设不足，制约业态发展；物业定位逐渐明晰，服务深度得以延伸；服务业态复杂，管理难度大；培养力度偏弱，专业人才匮乏	推进物业管理标准化，为行业管理赋能；加强物业前期介入，从源头优化物业管理；植入智慧技术基因，为物业运营提质增效；强化精细化管理，体验式服务成趋势

图 10　智慧管理平台驾驶舱示例

图片来源：上实服务。

3.2.5 人员素质的综合化、多元化

FM 设施管理“3P+1T”中，人员是核心要素之一。设施管理者需要具备运营与维护、项目管理、财务与业务、领导力与战略、可持续性沟通、风险管理、设施信息管理与技术管理、绩效与质量、占用与人员因素、不动产 10 项核心专业胜任力，从“融、投、管、退”全生命周期视角为客户方提供设施管理服务。

项目管理团队应以客户方服务需求和范畴为导向，结合企业自身管理构架，搭建出一支精简、高效的项目管理团队。项目核心管理人员储备必须前置，并在同一客户方或同质化项目进行阶段性现场带训，有助于熟悉企业和客户方的企业文化、管理理念、管理制度及要求。此外，核心岗位应设 A/B 角色人员储备机制，从而保障项目管理团队的稳定性和延续性。

具备多元化、综合型设施管理人才，在执行项目设施管理服务时，不仅能服务好现场团队，还能延伸到 COE 长期支撑与协作，能够将行业先进的服务策略和管理措施，通过线上/线下培训、资料库经验分享、专项检查反馈、现场带教等多种方式，分享并应用到项目日常管理中，帮助项目致力于服务创新并持续提升服务品质。

综上所述，物业企业广泛引入设施管理，将从“业主需求、目标市场、管理模式、科技、人员素质”五大方面激活物业企业，促进传统物业行业转型，引发深刻的行业变革——将有助于进一步挖掘业主需求，有助于扩大物业的目标市场份额和提高物业企业收入，有助于改善物业企业低效率的管理模式，有助于强化物业企业科技的数字化、智能化，有助于物业从业人员从单技能、低能力向多元化、综合性的复合型人才转变。

3.3 设施管理所需的人才队伍培育

3.3.1 设施管理人才与传统物管人才区别

无论国际还是国内，从发展趋势而言，设施管理无论在市场空间、盈利空间等方面都大大优于目前传统物业管理业务，为广大物业服务企业转型升级指明了方向和道路。为了更好地理解设施管理人才的特点，有必要对两类人才做个简单的区别，具体而言，设施管理人才和物业管理人才的区别主要有以下几个方面：

第一，起源不同。设施管理起源于20世纪70年代末的美国。物业管理起源于英国，它是针对公共楼宇、公共物业的管理发展起来的。这是历史背景的区别。

第二，客户对象不一样。设施管理人才的服务客户对象主要是拥有自有物业、自有资产的一些企业，它的管理领域比较广。而物业管理人才，主要是针对租户或者小业主，它主要的管理范围是在外部空间，很难进入企业的内部或核心区域。

第三，着眼点的不同。设施管理比较注重于人的感悟和人的要求，所以其对设施管理从业人员的素质和能力要求比较高，最终的客户是满足人的需求。而物业管理针对物或者对事的情况比较多，合同中约定的要求做到了，相关设备能保障运行，物业管理就已经完成任务了，因此，对物管人才的要求相对较低。

第四，工作领域不一样。设施管理比较强调战略层面的工作。比如欧洲一些协会和国家把设施管理分成三个层次，而物业管理更多的是现场的管理和服务工作。

第五，服务标准不一样。设施管理是个性化、无限延展要求，要符合业主需求。而物业管理，特别是居住物业管理，国家对它有明确的标准和具体规范要求。

综上所述，设施管理行业人才具有服务领域广泛、注重于用户需求感悟和人的生活工作要求、战略层次起点高、服务标准个性化的特点。

3.3.2 国内设施管理行业人才现状

未来国内设施管理市场巨大，人才需求强劲，发展潜力无限。综合国内国外多方面资料，目前国内设施管理行业的人才现状存在以下几个问题：

第一，行业管理人才断层，发展跟不上需求。通过有关机构对业务专家调研和访谈，90%的受访专家表示过去十年国内全球500强企业对设施管理相关人才的需求日益增加，但高端FM管理人才供给严重不足。又据倍智人才不完全统计（见图11），高素质的设施管理人才仅占所需胜任设施管理行业人才的5%，还有85%相关人才的能力仅为合格亟待发展。

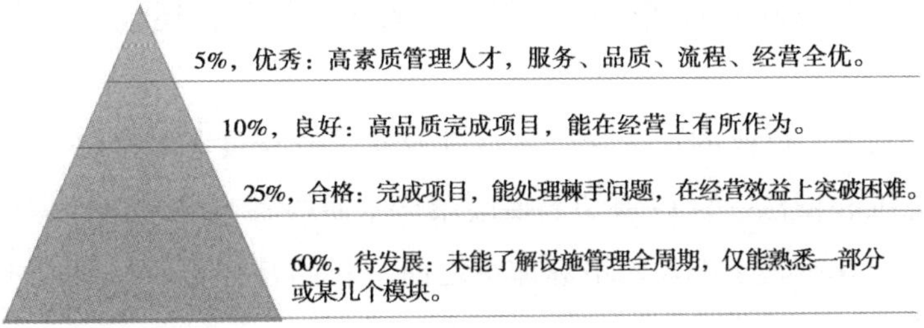

图11　倍智人才统计图

中高端的设施管理人才，普遍就职于大型外企、世界500强和国内大型互联网企业，传统的不动产企业、物业管理企业的FM管理人才少之又少。

因此，中高层设施管理人才缺口极大，行业人才存在断层现象。

第二，与时俱进的行业人才胜任标准共建共识迫在眉睫。FM管理人才短缺是全球普遍性的。国际设施管理协会（IFMA）和皇家特许测量师学会（RICS）联合发布的调研报告显示CRE和FM专业人员的平均年龄为50.9岁，行业急需经验丰富又具专业积累的年轻人才。

同时，行业人才胜任力标准缺乏，从业人员素质和工作能力良莠不齐。

国内现有设施管理从业人员在知识和业务能力方面仍存在较大欠缺。从知识能力看，知识层面较窄，获取相关知识的渠道较少；从业务能力看，把设施管理业务分为操作、管理、战略三个层次，我国FM从业人员大多处于操作的较浅层次，难以满足业主及用户的多样化设施管理需求。

第三，设施管理工作特点决定了行业人才培养需要体系化。对于设施管理的工作特点，可以从两方面理解：一是工作内容。狭义上，FM分为硬性服务和软性服务。硬性服务包括建筑物、设备、建筑物外部的环境，以及太阳能、水处理、供热等。软性服务主要是指管理领域的范畴，如保安、保洁、绿化这些传统的物业管理内容，及后勤保障服务，如车队、食堂、访客、前台等。广义上，欧洲一些国家把设施管理分成三个层次，最高层次是战略管理，第二层次是战术管理，第三个层次是运营管理。二是核心业务和非核心业务。一般我们理解的企业业务分两类，一类叫核心业务，一类叫非核心业务，设施管理的工作主要针对非核心业务。人力资源、IT 信息技术、财务等是非核心技术。除了这三块以外，还有很多非核心业务。但从大的角度上，我们都将它认为是设施管理。FM 管理具体包括了企业的房产和资产、企业物品的采购、企业内部的新建或改建不动产的项目管理，还包括日常的维护等工作。

正是因为 FM 行业的集成化、专业性及其业务深度和广度已经远远超出人们的传统思维和做法，所以迫切需要凝聚产学研等各方力量全方位搭建 FM 人才培养体系。在阐述 FM 人才培养体系之前，我们有必要对行业人才缺乏的原因做个简要分析。

3.3.3 导致行业人才缺乏的原因分析

导致国内设施管理行业人才断层、缺乏胜任标准和体系化培养的主要原因有以下几点：

第一，国内 FM 多集中在世界 500 强外企和大型互联网企业，但它们的设施服务特点是较被动的，且种类单一、深度不够、高度也不够。国内早期的设施管理业务主要是伴随着外资的跨国公司进入中国市场的。由于欧美市场的设施管理外包业务相对比较成熟，这些外资的客户在国外就选择了 FM 的外包，所以在中国建立的工厂、办公室等也有同样的外包服务需求，例如早期 IBM 深圳工厂、英特尔成都和大连工厂等项目。这时候外资的 FM 公司（例如“五大行”）由于在国外就给这些跨国公司提供 FM 服务，所以也就自然而然地进入了中国的 FM 市场。国内早期的 FM 服务更多具有国外公司的色彩，具体的 SOW 服务范围、SLA 服务标准等都是参考国外的标准制订的，很多的招标文件都是英文的，从国外拿来直接采用。

目前国内 FM 服务对象主要是世界 500 强和大型互联网企业，并且他们的 FM 服务特点在于只是被动地响应客户的需求，服务种类比较单一，服务的深度不够，高度也不够；由于跨国企业往往决策层都在国外，所以无法参与到客户的资产管理、工厂的全生命周期管理等设施管理的方方面面。这与国际先进的设施管理标准和实践经验之间存在着巨大的差距，因此国内 FM 服务需要借鉴国际先进管理标准和行业经验，迅速弥补国内实践的不足。

第二，对 FM 认知度不高。尽管企业间进行了 FM 人才流动和国际化发展，如走出国门去国外和外资企业进入中国，都带来了 FM 好的做法。但我国国有企业，如医院、学校等传统单位，由于管理体制问题，如组织架构、FM 人才等原因，真正推行 FM 会遇到不少阻力，这是主要问题，也是当前遇到的最大挑战。

第三，FM 专业人才比较缺乏。FM 对专业人才的要求很高，既要有比较丰富的专业知识，一定的工作经验，还需要有综合能力。但传统的资产管理、后勤保障、设备设施维护等方面的人才知识结构普遍不够合理，没有经过专门的 FM 专业训练，有些人学习积极性也不高，造成人才缺乏；高校是人才培养基地，需要向社会提供 FM 后备力量。另外，我国高校现在还没有设立 FM 专业。其他相关专业，如工程管理，房地产经营等专业的学生，到 FM 领域工作的人数也不是太多，加上大量学生刚从学校毕业，经验还很缺乏。

第四，传统体制约束。从行业的调查情况看，我国现有企业 FM 职能大多数分布在各个独立的管理部门，如房地产、资产、设备、基建、财务、保安、行政等不同的部门，没有形成综合性的 FM 部门。由于这么多部门在分兵把口、把关和管理，会造成业务范围分散，人员的编制比较庞大，决策流程较慢等问题。要冲破传统体制束缚对国有企业，比如说医院、学校、一些大型园区，可能会有一点难度。因为 FM 的推行需要引入大量的、先进的、现代化的理论和方法，需要冲破现有的管理体制，还需要从行业人才培养着手去实施改革。

第五，国内企业普遍存在外包服务想法，但 FM 领域缺乏统一的行业标准。过去由于国内企业并无“FM 外包服务”的理念，对设施管理外包成本不了解、担心失去控制、不掌握主动权等问题，国内企业对于设施服务外包接纳度较低，更偏向于自行运维，一般企业都有类似行政部、后勤中心、厂务部等部门，机构臃肿、人浮于事，所以推广起来比较困难。

但随着国内设施管理行业的发展以及日益提升的影响力，越来越多的国内企业开始接受“外包服务”模式，同时由于国内企业在设施自行运维期间面临人员招聘压力、成本压力等方面的问题，逐步认识到了外包优势，逐步走向“服务外包”，将专业事交给专业人做，从而更加专注于自身核心业务，提升自身核心业务价值。国内企业这种理念转变，为国内推广设施管理服务提供了一个非常好的契机。但目前国内设施管理领域行业缺乏标准，没有统一设施管理培养体系，导致 FM 从业人员职业素质偏低、专业度差。因此，基于国内设施管理发展的良好契机，亟需制定国内 FM 行业标准，亟需搭建国内设施管理人才培养体系，以此统一国内 FM 行业标准，培养一大批既懂得行业标准、又兼具设施管理实践经验的 FM 从业人员。

综上所述，由于国内设施行业认知度不足、专业人才匮乏、传统培养体制束缚，就需要我们将眼光往外看，借鉴欧美发达国家在设施管理行业的先进经验，引入知识体系和培养体系，做好相关知识技能和行业人才的本土化落地。

对于引进欧美发达国家设施管理先进经验、知识和培养体系，我们可以采用“对外引入国际先进经验、对内做好经验本土化”的行业人才发展战略，做好设施管理行业人才的培养工作。

关于这一行业的人才发展战略，简单来说：在 FM 高层人才培养方面，需要高水平、高水准、高起点地引领整个行业的发展，因此引入国际先进经验和培养体系是上策，以快速满足行业高端人才的需求，迅速抢占行业人才培养的制高点；对于行业中层人才培养，因为其工作涉及 FM 行业的基础性和大量事务性工作，需要结合国内设施管理现状，制定适合 FM 中层管理人才的知识技能、培养体系及行业标准，建立坚实且庞大的 FM 从业人员基础，借此推动 FM 在国内的本土化。

3.3.4 **推动行业人才的认证体系与培养体系的意义**

第一，促进国内物业管理向现代 FM 管理转型。传统的物业管理以保安、保洁、保绿、保修、客服的“四保一服务”为主要内容，但这些服务已经难以满足现代设施管理的用户多元化的需求。因此，引入 FM 的知识技能体系，通过行业人才的认证和培养，将有助于传统物业向现代 FM 管理转型，进而提升国内物业管理水平，促进国内 FM 行业的发展，丰富 FM 行业服务内容，助力国内 FM 服务水平走向国际化。

第二，完善人才行业标准，促进标准化建设，强化中高层人才储备。现有国内 FM 从业人员素质参差不齐，能力有高有低，缺乏行业人才标准和从业标准，很难判断从业人员的数字高下。基于上述原因，明确行业从业标准，建立行业人才素质模型，开发行业认证课程，完善职业资格体系，是国内 FM 行业的当务之急。做好人才标准工作，有助于行业人才的标准化建设，规范 FM 管理，强化 FM 人才储备，为行业的良性发展打下良好的人才基础。

第三，丰富和升级物业服务体系，拓展存量物业的多元化收益。由于受到传统物业“四保一服务”的影响，极大限制了传统物业企业营收能力的提升。现代物业服务的对象已不仅仅局限于住宅领域，更包括了商用物业、主题乐园、产业园、康养项目、特色小镇、学校、医院及各类公共基础设施。服务对象的扩大，也意味着服务内容的丰富和服务体系的升级。以物业百强企业为例，传统的“四保一服务”的收费市场越来越小，盈利空间减小，人力成本高企，而其他多种经营收入占比却在不停地上升。因此，引入 FM 理念及其服务内容，有助于满足日益增长的用户需求，有利于拓展存量物业的多元化收益。

第四，降低能耗管理，延长设施设备全周期使用生命，科技赋能，助力节能减排碳中和。传统设施设备存在管理落后、高能耗、维护成本高的问题，随着人工智能、区块链及云计算的兴起，存量物业也需要依托大数据管理，洞察客户痛点，践行绿色科技低碳管理，节能减排，实现碳中和，建设智慧社区，助力数字化转型，迎接存量物业的“万物互联”时代。

引入 FM 行业标准，开展相关人才培养，顺应了时代潮流，又结合科技发展需要，可以有效降低物业设备的能耗，延长设施设备寿命，通过科技赋能，助力节能减排，助力实现碳中和目标。

第五，确保存量资产保值增值与永续经营。FM 基于企业核心业务的可持续发展，通过整体规划、战略寻购、质量管控和过程管理，在运营层面降低了维护成本，丰富了服务体系和服务内容，在收益层面增加了多元化收益，提升了存量物业的单位坪效，在资产层面实现了传统物业的保值增值与永续经营。

作为一门集建筑学、物业管理、行政管理、财务管理、人力资源管理等多专业于一身的现代综合学科，设施管理对从业人员素质要求高，需要物业服务企业能够具有充足的人才队伍支持企业发展转型。

结 语

通过本次课题研究发现，设施管理与传统物业管理差异主要体现在三个方面：一是业务广度不一样，传统物业管理局限于“四保一服”基础服务，缺少技术含量、同质化严重，而设施管理的对象是甲级写字楼、智慧园区等，特别还涉及数据中心等，提供服务要求和难度都有明显提升；二是业务对象不一样，传统物业管理是从住宅小区开始，但现今面向商业、医院、工业园区等非居类物业乃至城市公众设施管理，服务对象的范围更广了；三是高度不一样，设施管理可以通俗理解为总包，需要具有科技和管理能力而不只是简单的劳务输出，常规40万~50万平方米的设施只需数人即可管理，在运维模式上有很大提升。

而随着国家快速发展，不仅居住物业业主需求正在不断提升，各类办公楼、园区、学校、医院、运动场馆等非居业态客户需求也发生着明显变化，越来越多的大、中型企业意识到其物业资产在企业长远发展战略中所发挥的重要作用。同时，我国城镇化改革进程使得我国物业管理区域逐步扩大，这将意味着物业管理市场的不断扩大；根据《2022年上海市物业管理行业发展报告》统计，上海市非居物业的面积已超过居住物业面积，大量现代化智能大厦、高新技术产业园区落成数量大幅增加，以及城市更新项目不断涌现，对于工作和生产空间质量要求不断提高，这些都会形成对高质量专业化设施管理服务的潜在需求。设施管理内容是基于空间的，服务广度已经扩大到了很多场景，广阔的市场空间和随之而来的服务价值的衡量意义与传统物业管理是截然不同的，而目前我国设施管理发展相对滞后，更是造成了庞大的市场空缺。广阔的市场需求前景，无疑对具有先天优势的物业服务企业是一个利好消息。

而且，设施管理“3P+1T”是通过不动产管理与科技行业结合，这是在互联网时代的一个新标志，类似于货运与科技行业形成物流业，是一个时代的产物。在科技行业进行跨界组合、生态组合，对引领行业具有非常大的意义。通过借鉴设施管理在国际上的实践经验和国内不动产管理企业的探索发展，可以为中国物业管理行业加速转型升级发展提出启示，使物业管理行业从传统的劳动密集型向专业化、精细化、集约化、智能化发展，进入技术密集型、知识密集型的高端不动产领域，使物业管理行业从劳动密集型微利行业束缚中走向科技管理型创富行业。

但从近 20~30 年实践过程可以发现，物业服务企业介入设施管理的主动权实质上是在业主方。这就需要整个行业加强宣传、推动设施管理综合服务的理念，让业主方认识到设施管理对其主业的支撑和帮助。本次课题研究中也通过均豪不动产的案例论证了如何通过提供设施管理服务，提升园区的安全性、员工的满意度，为业主的主业需求提供保障，彰显了引入设施管理的实践意义，为打开更为广阔的市场创造了良好的实践基础，加速了企业健康可持续发展。

最后，课题组不仅希望通过本次课题研究，为物业管理行业提供参考和借鉴助力其探寻出向设施管理转型升级的发展之路，更希望通过课题成果的展示，使中国物业管理协会和相关行政管理部门在行业标准制定和规范方面、企业名称注册及经营范围审批等方面，为更多有志于在设施管理领域有所长足发展的企业予以支持，加强引导、倡导跨界融合和不同领域之间的合作，倡导在各个行业成立设施管理专业委员会，使设施管理得到社会和大众的广泛关注和认可，助力促进中国物业管理行业的健康可持续发展。

参考文献

曹吉鸣，2010. 设施管理概论［M］. 北京：中国建筑工业出版社出版 .

曹吉鸣，2018. 综合设施管理理论与方法［M］. 上海：同济大学出版社 .

曹吉鸣、刘亮，2017. 设施管理［M］. 北京：中国建筑工业出版社出版 .

菲茨西蒙斯，2013. 服务管理：运作、战略与信息技术第 7 版［M］. 北京：机械工业出版社 .

何缅南，2021. 透视爱玛客（ARMK. N），全球标杆服务公司九十年发展之路［A］. 物业服务行业国际巨头对标系列专题研究报告［C］.

罗倩成，2021. 2021 年设施管理服务市场调查研究报告［R］. 百度文库 .

Richard Kadzis，2015. 国际设施管理协会（IFMA）白皮书：重新界定企业高管对设施管理的看法［R］. 国际设施管理协会 .

王兆红、詹伟、邱菀华，2008. 设施管理理论体系框架研究［J］. 现代管理科学（4）：86-88.

于庆新，2008. 国际设施管理模式——在商业不动产管理中的借鉴［J］. 现代物业（8）：6-10.
朱云飞，2021. 设施管理与资产管理助推物业管理提升服务力［J］. 城市开发（13）：64-66.

课题组成员名单

课题组组长： 潘国强　上海市物业管理行业协会
课题组成员： 于庆新　均豪不动产管理（集团）股份有限公司
赵明曦　均豪不动产管理（集团）股份有限公司
董　琦　均豪不动产管理（集团）股份有限公司
杨　芳　均豪不动产管理（集团）股份有限公司
沈宏庆　上实服务
陈颖嘉　上实服务
李　群　莱顿商学
史鹤韻　莱顿商学
顾剑雍　上海市物业管理行业协会

课题顾问： 周宏伟　上海市物业管理行业协会
曹吉鸣　同济大学设施管理研究院

医院后勤设施设备管理运维中的节能模式研究

——以“医管家”为例

◆ 上海益中亘泰（集团）股份有限公司

前　言

2022年3月1日，住房和城乡建设部在《“十四五”建筑节能与绿色建筑发展规划》中指出，为落实2030年前碳达峰、2060年前碳中和目标，应推动既有公共建筑节能绿色化改造。而医院作为不同于一般的公共建筑，具有两大特点：其一是需要为患者提供优质的就医环境，比如灯光明亮舒适、各种便民服务设施齐全、室内温度四季适宜等；其二是需要持续保持日常诊疗及科研设备仪器的正常运行。由此，在国家节能、环保等政策不断推进的大环境下，大力开展医院能源管理工作，节能减排、发展低碳经济，成为各大医院面对的挑战之一。医院建筑设备设施的节能减排，必须综合考虑医院内的主要耗能设备，并对设备完成节能改造，结合不同医院的自身营运性质，落实可行的节能方法。而医院后勤设施设备便可作为医院能源管理的第一切入点，通过改善医院后勤设施设备管理运维，降低不合理的能耗以提高能源利用效率。

本次研究主要借助案例分析的手段展开分析，针对医院后勤设施设备管理运维中的节能模式探索进行研究。本课题首先阐述研究的背景及意义，其次整合国内外当前在后勤设施设备管理运维中的节能模式方面的研究成果，结合医院行业特点，提出采用合同能源管理方式的实施路径；最后通过对“医管家”不同案例的合同能源管理模式进行研究，针对不同医院的不同情况，采用合时宜的模式，从而完成节能目标，达到节能减排的目的。

第一章 绪 论

1.1 研究背景

设施设备管理是对给排水、消防、供热、通风与空调、供配电、电梯、通信与弱电、楼宇自控等系统的科学精细化管理，从而保证各设施设备正常、平稳地运行。

设施设备管理中有两个主要分支，一个是每日的设施设备运维，另一个是定期对设施设备进行保养。设施设备管理质量越高，越可以充分发挥其相应的工作性能，也可以延长设施设备的使用时限，从而减少更换频率。而设施设备管理的总体目标是与用户的持续发展战略目标相一致的，应努力提高设施设备资源的综合利用率，切实做好设施设备的信息安全监督管理，提高设施设备在运营过程中的使用合理性，不断提升设施设备使用人的使用感受。

医院中后勤管理不可缺少的一部分就是后勤设施设备的科学管理，良好的管理能够保障医疗业务的平稳运行。后勤设施设备的安全平稳运行在保证医院正常诊疗工作开展的同时，更与医患的生命安全息息相关。同时，良好的医院后勤设施设备管理能够使设施设备保持最佳的工作状态，从而获得更高的工作效率。例如：在中央空调主机维护保养较好的情况下，相同外部条件下可能只需要开启一台主机即可达到需求；而如果维护保养不力，制冷效果下降，则可能需要两台主机一起工作，但这种情况下又会产生供大于求的可能性，既增加了耗电量又不可避免地产生能源浪费。所以，认真做好医院的后勤设备管理工作，不仅能为医院的医疗与行政工作正常开展提供基本保障，还能应用低能耗、高效率的后勤设备建设节约型医院，提升后勤服务质量，最大限度地为医院和社会服务。

医院作为一种特殊性质的公共建筑，其最大特点是整年不间断运营，内部用能种类繁多，设施设备复杂，医院建筑能耗总量大、消耗能源种类多、用能系统及设备缺乏科学管理，存在较大的节能潜力。由此，能源管理服务越来越被各大医院关注，而选择合适的节能模式，在保证医院正常诊疗的情况下，完成对医院各大系统能耗的监管，采取合适的方法达到节能效果，也是医院所要面对和必须解决的问题之一。

1.2 研究目的和意义

2020年9月22日，习近平总书记在第七十五届联合国大会一般性辩论上宣布中国二氧化碳排放力争于2030年前达到峰值，并努力争取在2060年前实现碳中和的目标。《中共中央国务院关于完整准确全面贯彻新发展理念做好碳达峰碳中和工作的意见》和国务院《2030年前碳达峰行动方案》，都确定了在城乡建设领域中降低碳排放量的主要任务要求。减少建筑工程碳排放量是减少城乡建设领域碳排放的工作重心，通过提高建筑节能标准，实施既有建筑的节能设施改造，优化建筑的用能结构，促进我国建筑工程碳排放量尽早达峰，从而为达成我国碳达峰碳中和的总体目标贡献一份力量。

通过"十三五"的五年奋斗，节能服务产业发展迈上新阶梯，结出累累硕果。"十三五"时期，全国开展节能服务业务的公司总数已超过7046家，行业服务人员76.6万人，节能服务产业总产值5916.53亿元，合同能源管理项目在2020年投入资金量超过1245.9亿元，综合年节能量4050.06万吨标准煤，相当于减排10172.27万吨二氧化碳。

节能服务公司（Energy Management Corporation，EMCO）是协助项目业主减少能耗所进行的能耗审核、节能方案制定、项目投资、环保改建项目、运营管理等一系列业务活动的主体机构，是基于合同能源管理模式运作项目，以营利为目的的节能管理专业化企业。"十三五"时期的节能服务公司平均注册资金约为6000万元，平均年营业收入超过8000万元。年产值在1亿元以上的公司比例由"十二五"末的4%提高到了9%，产业规模明显提升。"十三五"时期，全国的节能服务公司数量已累计超过1620家，行业服务人员总量也已增至15.9万人，合同能源管理项目新投入资金5700多亿元，达成年节能能力新增近2亿吨标准煤。

"十四五"时期是开启全面建设社会主义现代化国家新征程的第一个阶段，是中国达成2030年前碳达峰、2060年前碳中和目标的重要时期，建筑节能与绿色建筑发展面临更大挑战，同时也迎来了重大的发展契机。

《"十四五"建筑节能与绿色建筑发展规划》指出：到2025年，城镇新建建筑全面建成绿色建筑，建筑能源利用效率稳步提升，建筑用能结构逐步优化，建筑能耗和碳排放增长趋势得到有效控制，基本形成绿色、低碳、循环的建设发展方式，为城乡建设领域2030年前碳达峰奠定坚实基础。

医院耗能种类较多，除了冷、热、电、水、天然气、燃油，还有各类医疗体。医院所有设备设施的工作模式各不相同，且工作持续时间较长，所以相应能源的供给就不可以中断，这就要求两路电源，同时应该配备备用电源。有的设备需要24小时、全年365天不间断工作，而有的设备必须定时定点工作。目前大部分医院均设置有净化空调系统，包括手术室、各种ICU病房及无菌病区、负压病区等。这些区域中的各种精密类设备，也对工作环境具有较高的要求。所以说公共建筑的类型里，医院是较高能量消耗类的，通常医院全年的能耗水平可以超过一般公共建筑能耗的2倍以上。在大力倡导绿色经济的今天，通过物业服务企业对医院设施设备管理运维，从而帮助医院完成节能降耗指标已经成为顺应国家战略决策的刻不容缓的诉求。

本课题通过分析现阶段公立医院普遍的能源特点，针对医院后勤服务中相关设施设备节能管理进行探讨，提出采用合同能源管理方式的实施路径；通过案例分析，结合医院后勤设施设备节能降耗的实际应用情况和不同合同能源管理模式的特点，总结适用于医院的合同能源模式，为更多医院节能降耗提供参考，助力医院达成节能目标，对国家节能降耗工作产生推动性作用。

第二章　国内外研究综述与借鉴

通过综合分析国内外研究学者对于节能改造、绿色建筑以及可持续发展的研究成果，了解医院后勤设施设备运行过程中的节能模式，提炼可行性、可操作性经验，探究物业服务企业按照合同能源管理模式来促进医院后勤设施设备节能的方式。

2.1 国外研究现状

20世纪60年代，原美国能源负责人爱德华·史蒂芬出于降低能源费用的迫切渴望，委托了一名工程师检查弗吉利亚学校的能源使用状况，历史有记录的能源使用统计就是从这时开始的。由于当时的能源价格并不高，史蒂芬的这个较为前卫的理念并没有引起大众的响应和有关部门的重视。直到20世纪70年代末，在卡特政府的推动下出台了《建筑物温控紧急规定》，该规定有室内温度控制需求，这之后，节能服务公司逐步出现。20世纪80年代初，一篇节能服务的文章登载于《哈佛商业评论》，一石激起千层浪，迅速拉开了现代节能服务产业的发展大幕。很快，美国全国节能服务公司协会成立于1983年。此时世界能源价格飙升，到20世纪90年代末，合同能源管理的重视程度已达到该世纪空前高度，而且还有不断上升的趋势，发展中国家和地区也开始跟随发达国家的步伐。

“合同能源管理”最早始于美国，其模式的推行自20世纪70年代中期以后就已开始，评价工程总承包（EPC）产业的发达程度，美国无疑当居首位。欧洲各国的能源服务公司（ESCO）紧跟美国步伐，在晚美国几年的20世纪80年代末期开始繁荣发展。同用户分享节能效益是公司运作的核心所在。欧洲ESCO运作的项目有其特殊的地方，与美国和加拿大有所区别，它们更侧重于帮助用户进行技术升级，或者热衷于热电联产之类的项目。市场只是欧洲ESCO产生和发展的少部分刺激因素之一，实际上，政府为了开发相关能源，或者出于环境保护的需要而颁布的相关政策对其起到的推动作用更大，无形中为欧洲ESCO的发展创设了良好发展环境。日本在这方面则相对落后，其ESCO行业开始兴起已是20世纪末，但日本的发展速度极快，其ESCO数量在1996~2009年这14年时间里增长了13倍以上，早期仅有5家左右。

Sabir认为，ISO 50001—2011是于2011年6月推出的新能源管理体系标准，这是能源管理的一个重要里程碑，因为它是全球公认的能源管理标准，取代了2009年推出的现行欧洲标准EN16001。

Javied则进一步阐述，ISO 50001—2011描述了公司内能源管理系统的实施。该规范就能源管理系统相关问题提出了一些系统方法以落地实施和不断维护、改进能源管理系统。其目的是促进公司相关能源绩效和效率的提升，在一定程度上减少能源的使用和消耗。因此，有关使用和消耗能源的要求在规范中有相关定义。

Alhurayess和Darwish分析指出，由于能源的巨大消耗，对能源的需求每天都在增加。因此，能源管理是最近几年的重要问题。而医院是消耗大量能源的主要部门，所有商业建筑中约7%的电力消耗来自医疗建筑消耗，需要在其系统上应用能源管理策略。但医院的能源管理存在一些挑战，使管理过程变得更加困难和复杂：医院24小时工作，有些电器一直运行；医疗器械中空气调动和感染控制的要求需要达到标准，使节能过程更加复杂；医院建筑的设计使用寿命为50~100年；一些医学影像设备需要更多的能源来提供更好的分辨率；而医疗设备设计者不优先考虑能源效率。

2.2 国内研究现状

我国引入合同能源管理机制始于20世纪末，自引入以后，中国的节能服务公司迅速蓬勃发展。2021年，我国相关节能服务公司数量高达8725家，其中1679家为新增企业，主营业务以节能服务、合同能源管理以及综合能源服务等为主，比2020年增长了23.93%。有高达84.1万的行业从业人员，年增长率9.79%，行业总产值2021年超过6000亿元，达到6069亿元，较2020年增长4.17%。

刘清志、张文艳指出，我国国民经济以工业为支撑。当前，工业、交通和建筑领域覆盖的节能项目数占比最高。2005—2008年，中国持续维持着超过70%的工业能源消耗，然而GDP中仅有43%的占比为工业增加值。因此，从节能潜力来看，无疑工业领域有巨大贡献优势。而且节能服务区域贡献率分布也不均匀，从节能项目贡献率来看，东、中部相差不多，西部排在最后。其原因在于，一是当下我国仅局限在工业、建筑和交通这几个领域实施节能项目。从实际现状来看，我国东、西部区域这几大领域发展并不平衡，东部较中、西部发展更好。二是能源和资源的储备及开采程度在我国东、中、西部受历史和地理原因影响，由来差异巨大，东部无论是从储存量来看，还是从开采时间来看，相对西部都不具备优势。

蓝毓俊认为，节能服务产业一直遵循政府推动、市场运作的原则在摸索中成长和发展，走过诸多弯路，也出现了很多创新。但是在国外客户与节能服务公司共享节能成果，通过节能技改促成双赢的模式在我国却行走艰难，实施起来效果难达预期。一是现行的一些制度和法规与合同能源管理的实施存在一些矛盾和不匹配现象，特别是带有公有制性质的国营或集体企业；二是还没有真正形成良好的节能服务市场化运作机制；三是目前大多数节能服务公司在自我建设方面还存在诸多问题和不足，部分规模不大的中小节能服务公司甚至举步维艰。所以，要找到这些问题的症结还需进行大量的调查研究，将有效的应对措施和政策建议提出来，以便相关部门进行地方政策法规制订和采取行政措施调控时有参考的凭据。

袁嘉炜等人在《时代农机》中阐述，最近几年，环境、资源对我国经济社会的发展限制越来越多，使得节能减排越来越受到重视。调查当下建筑市场现状发现，当下，我国城镇建筑规模呈递增态势，从节能潜力来看，无论是现有还是新建建筑都拥有较大的空间，尤其是需要节能改造的建筑项目占比达到50%以上，市场空间达到万亿元以上。为此，十分有必要对合同能源管理模式进行推广，将合同能源管理推广工程开展起来，对节能服务公司的服务模式创新予以充分的鼓励，将节能咨询和诊断、设计和改造、融资和托管等“一站式”合同能源综合服务给到每一个用户。

季丹指出，当前，大型公共建筑能源管理模式成为很多医院能源管理的主要模式，尽管医院与大型公共建筑有很多相通的地方，存在所属关系，但与普通大型公共建筑还是存在诸多不同。由于医院类型多种多样，不同类型医院无论在设施设备还是面对的群体都各不相同，在进行管理的时候不能照搬大型公共建筑的管理模式。例如，综合性医院科室种类繁多，不同科室间功能各异，必然在设计方式上存在差异，床位数也有所不同，节能参数必然也迥然而异。就目前国内研究的情况来看，面对如此巨大的差异性，尚不足以总结出适用于医院节能改造实践的结论，也没有形成适用于医院建筑节能改造的相应规范和评价体系。

第三章　研究内容及方法

3.1 研究方法

采用文献检索法、比较研究法、实证研究法等常规研究手段。

3.1.1 文献检索法

通过知网、万方、IEEE 等学术网站进行文献检索和数据查询，进行关键字“设施设备管理运维”“医院后勤”“合同能源管理”“节能服务公司”等查询，搜集资料和文献，初步了解医院后勤设施设备节能管理的现状、难点，以及合同能源管理在医院中的运用情况，为本研究提供理论和方法的基础依据。

3.1.2 比较研究法

通过比较合同能源管理中的各节能模式，分析各模式的优、缺点，结合医院后勤设施设备管理运维的特点，总结更适宜医院后勤设施设备管理运维中的节能模式，为本研究提供可靠的论据。

3.1.3 实证研究法

本课题通过对案例企业项目中的节能模式进行研究，分析不同节能模式对医院后勤设施设备管理运维的要求，总结医院后勤设施设备管理运维的不同节能模式的优缺点。结合相关理论研究，在实际案例的数据支持下，对不同节能模式的过程和成果进行分析，以后勤设施设备管理运维的角度，探讨适合医院的合同能源管理模式，为医院后勤设施设备管理运维中的节能模式提供思路。

3.2 研究内容

从理论研究、企业实证研究以及节能模式应用与改进三方面开展研究。

3.2.1 理论研究

梳理国内外医院能源管理的研究成果，以医院后勤设施设备管理运维的角度，对合同能源管理模式进行探索研究，选取1~2个医院作为案例，通过不同的节能模式进行论证，提出医院后勤设施设备管理运维中不同节能模式带来的不同收益。

3.2.2 企业实证研究

寻找医院后勤设施设备管理运维节能服务行业一些有代表性的企业，对其管理的医院后勤设施设备管理运维节能模式进行研究，分析医院后勤设施设备管理运维中的节能模式存在的问题，列出当前各模式的优势与劣势。

3.2.3 节能模式应用与改进

列举“医管家”在医院后勤设施设备管理运维中的不同合同能源模式的实际案例，分析各个案例之间的相似和不同之处，以及分析不同节能模式在不同案例的优缺点，得出各模式相适宜的节能需求特点。再针对各模式的优势与劣势，提出医院后勤设施设备管理运维中的节能模式的改进建议。

3.3 技术路线

结合国内外医院节能降耗的研究成果，分析医院能源使用现状。同时对医院建筑的能耗特点进行分析，得出影响医院节能改造的主要原因以及节能改造潜力。梳理物业服务企业在医院后勤节能运行中产生的作用，提出采用合同能源管理能够有效降低医院后勤能耗的建议。

第四章　医院后勤设施设备管理运维中的节能模式研究

4.1 医院后勤设施设备的种类

在公共建筑领域中，与写字楼、购物中心、餐饮酒店等相比较，医院的能源消耗比重较高，且因会受到四季变化、气候转变、病人数量等因素的影响，能源消耗存在不规律、不恒定的特点。所以，从节能管理的角度思考，医院建筑的节能管理存在较大的提升空间。

要想提升医院的节能管理水平，可以从实现医院后勤设施设备的精细化管理入手，这就需要对医院后勤设施设备中各系统的能耗情况进行分析了解，知晓其在时间、空间上的分布情况，采用一些能源分析系统对医院内设施设备的耗能量进行量化采集，对各类能源分项计量，辅助监测整院能源消耗情况，为更好地实施节能管理打下基础。

4.1.1 配电系统

配电系统中，主要包括高压、低压两种配电系统。

高压配电系统中，三级医院以上高压用电需要 2 路 10kV 电缆专线供电，且具备相互切换互相备供，具有单趟线路能够独立供电，满足负荷的要求。低压配电系统即电压不超过 1kV 的直流/交流的系统。此系统是供配电系统重要的组成部分，从低压降压变压器电源侧端子开始，到用电设备电源侧端子，都属于系统内容。该系统有着如下特点：一是除了必要的配电室，或者是存在特别要求的配电室需要专业电工人员值守外，其他的部分通常无人值守，或者采用定时巡检、非电工操作的方式来进行管理；二是用电设备的种类及数量都是极多的，设备的配置范围也比较分散；三是用电设备技术存在非常繁杂的要求，例如自启动要求、不断电要求等。

4.1.2 **暖通系统**

暖通系统一般由中央空调系统、供暖系统、排风系统等组成。中央空调系统包含：冷、热源部分（主要包括蓄冰装置、冷却装置、锅炉装置等），输配部分（一级冷水泵、次级冷水泵及热水泵等）和空调末端设备（主要包括新风及空调机组、风机盘管等）。医院建筑比较特别，是公共性建筑，人流量极大，且重症室、手术室等各种科室对环境要求都不同，所以医院室内环境在洁净度、湿度、温度等参数方面，都有不同的标准。

4.1.3 **给排水系统**

给排水系统包括给水、排水两个子系统。当前，综合医院建筑之中，给水系统是非常重要的，承担着医院日常用水、医疗用水的职责。各种仪器对于用水活动都有着不同的标准，在温度、水质方面的要求也各不相同，且很多医疗设备需要立足增压、减压等方式对原有水量展开预处理。而排水系统中重要的是对不同科室的废水会有不同的要求，如牙科、放射科、透析科等的废水需要单独收集单独处理。如果没有及时分门别类处理各类废水，就会对医院附近的环境造成不可逆转的影响。

4.1.4 **医用气体系统**

医用气体系统涉及各种气体的供给系统（如氧气、笑气、氮气系统等）、负压吸引系统等。医用气体系统之中，包括气站、输气管道、预警设备、用气设备。在系统设计过程中，最重要的原则就是可靠性原则，即“无论发生任何情况，都能够确保供气的连续性”，通常医用气体系统在进行管道结构设计时，都会使用双回路供气方式，在一些特别的部门也会使用“一用、一备、一应急”的方式进行道路设计。

4.1.5 **物流系统**

物流系统即立足信息技术、光电及机械技术等各种支撑之上，在医疗机构之中对各种物品进行分拣和运送的系统，例如医用气动物流系统、AGV 自动导引车系统等。

4.1.6 **弱电系统**

医院中的弱电系统由安全监控系统、综合布线系统、建筑设备的控制系统、医疗管理系统以及弱电智能化系统当中的电子信息机房组成。弱电智能化系统在医院建筑中进行应用不仅可以帮助医院提升医疗水平，还可以让医护人员及患者获得更多便利，让医院的日常管理活动变得更为高效，让患者的就医体验变得更好。

4.2 医院后勤设施设备节能管理的难点

医院在后勤保障方面，多数此前并没有进行合理性规划，很多环节及流程的设置并不合理，加上医院管理者对此关注度不足，导致医院的后勤保障系统与医院整体发展不够同步，出现了严重的滞后性。由于此前的医院建筑规划之中，没有进行充分的前瞻性思考，所以很多设备在物理空间方面是比较分散的，因此医院需要设置非常多的人负责值守各个部门。这种管理模式下，水电气暖等各种设备都出现了不同程度的老化，设备耐用性及性能都不够理想，经常出现故障及返修的情况。大型城市中心区域综合性医院在面临患者激增、服务规模扩大的情况下，往往采用在原址基础上见缝插针，进行新建、改扩建，以此维持持续扩张的医疗需求。在新建及改建的过程中，后勤部门没有针对医院建筑展开全生命周期管理，更没有进行建筑的长远规划及阶段性任务管理，对能源使用、评估等各环节活动都缺乏统筹协调，没有形成全过程管理模式。因此，医院能源使用过程中，很难保证其安全性和低碳性等要求。

4.3 医院后勤设施设备节能管理策略

4.3.1 建筑设计节能

医院布局方面，应该在整体上保持流畅性和简洁性，应该科学配置各部门位置，从而对整体运营成本进行控制。在操作层面，可以通过如下方式达到节能目的：尽量增加外窗打开的面积，形成更好的自然通风条件；降低内区范围，减少照明、通风等设备能耗；将余热较多的设备靠墙安排，例如中心供应室、食堂、医疗设备等，通过自然风对部分余热进行处理，降低机械通风量；用水较多的设备不应该安排在地下室，从而减少污水排放时的耗电量；生活用水蓄水池应该尽量设置在地上部分，降低给水增压耗电；机房等要与负荷中心位置接近，从而降低输送能耗。

4.3.2 节约用水

使用节水龙头。感应节水龙头相对手动产品，能够节水30%。通常，在手部、脸部清洗中，水龙头出水量达到2/5就可以完全满足使用需求，节水器可以让水龙头在正常使用状态下，节水一半左右，因此应该安装水龙头节水器。用水后要尽快关闭水龙头。及时对关闭后依旧滴水的水龙头进行拧紧或维修。如果存在漏水、损坏的情况，应该尽快报修。将坐厕水箱之中的标准水位调低，满足常规冲洗即可。对管网、家属区、门店部分等的用水管道进行定期检查，及时发现漏水等问题。张贴节水标识，引导使用者树立节水意识。

4.3.3 节约用电

在气温比较合适时，尽量不开空调，通过开窗通风的方式达到降温的效果。应该定期对空调清洗和消毒。根据相关标准对医院中央空调进行清洗和消毒，保持设备运作效率，在节能的同时达到无病菌传播的效果。使用节能灯泡。科学照明，离开办公场所后及时关闭照明灯，达到“人走灯灭”“灯光随光线强弱而改变”的效果。结合人流的波动情况，分时段进行灯光调整，建立24小时动态管理的电梯运行制度。

4.3.4 科学管理

组建专门的节能降耗管理小组，强化对这一工作的领导力。对医院之中的车辆、制冷、照明等能源使用环节进行科学管理，对相关支出进行统计和梳理，制定节支方案。强化监督。维修人员应该对各种设备和管道进行巡视，及时发现使用中存在的跑、冒、滴、漏等现象，尽快进行修理；后勤人员要对水电油气等各种能源使用量进行动态统计和分析，建立科学的使用方案。节能宣传。在医院的重点位置进行能源节约标识的张贴，通过官网、报刊等也可以进行节能宣传。

4.4 医院后勤设施设备节能管理的实施路径——合同能源管理

由于医院后勤设施设备数量较多，且专业性强，需要24小时持续运行，由此对于负责运维人员的要求也相对较高。传统的医院后勤设施设备管理运维理念和模式较为落后，主要靠人工进行定时定点巡查巡检，问题响应速度较慢，依赖运维人员的技术素质，存在一定安全隐患。

因此，医院后勤设施设备管理运维步入智慧化平台建设阶段，越来越多的医院开始采用各种智慧化平台进行管理。在传感、通信等技术支撑下，对后勤、服务及管理等各方面工作进行覆盖，对后勤的各种业务流、信息流进行高效传输，让后勤运维人员可以在中控台、作业平台动态监控设备，确保设备性能及安全性，提高能源使用的效率和质量。

伴随着智慧后勤运维平台的发展，合同能源管理受到了更多关注。这种管理模式即节能公司在客户委托基础上，与客户订立能源服务合同，共同构建智慧平台，帮助客户进行节能服务。节能服务公司通过对客户设备、技术、流程等的改造，帮助客户节约能源成本，并从节省的能源费用中获得相应收益。而合同能源管理的模式主要包括节能效益分享型模式、能源费用托管型模式、节能量保证型模式以及其他衍生模式。

4.4.1 **节能效益分享型模式**

节能效益分享型模式顾名思义就是节能服务公司将节能后产生的效益与院方进行分享，是合同能源管理的典型模式。节能服务公司在进场初期自行出资对项目现有设施设备进行节能改造，包括增加计量器具等。在项目合同规定的期限内，节能收益由双方共同分享，相关改造的设备和计量器具的所有权归节能服务公司所有；合同规定期限后，所有节能收益及计量器具的所有权全部交归院方所有，节能服务公司不再分享节能收益（见图1）。

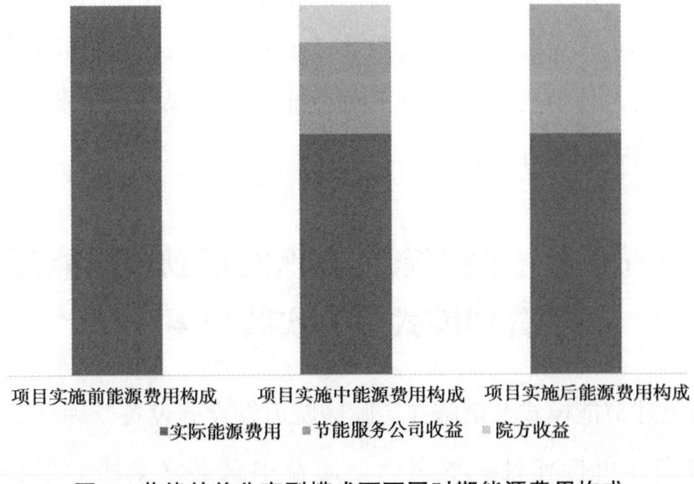

图1　节能效益分享型模式下不同时期能源费用构成

4.4.2 节能量保证型模式

节能量保证型模式是节能服务公司通过前期测量，向院方保证达到一定的节能量的合作模式。由院方和节能服务公司商议确定前期节能改造及计量器具安装费用出资方，一般由院方出资，也可以双方按比例共同出资。完成节能改造后，在约定周期内，由院方确认节能服务公司达到所承诺的节能量后，依合同规定支付节能服务费用。相应的，如果节能服务公司无法履约达到节能量，所造成的损失由节能服务公司自行承担。

4.4.3 能源费用托管型模式

能源费用托管型模式与节能量保证型模式类似，在合同约定期限内，院方向节能服务公司支付固定数额的能源费用，费用以节能服务公司承诺节能量进行核算，再由节能服务公司代缴医院能源费用。节能服务公司出资对项目进行节能改造，并在改造后负责医院后勤设施设备管理运维。当实际节能量超过承诺节能量后，所产生的能源费用差额即归节能服务公司收益，当实际节能量未达到承诺节能量时，所多出的能源费用由节能服务公司自行承担。此模式由节能服务公司负责设施设备运维管理。

4.4.4 其他衍生模式

因各医院实际情况不同，会产生不同于传统三种模式的节能模式。例如针对医院现有设施设备系统，院方支付节能服务公司相应的改造费及服务费，由节能服务公司负责安装各类传感器及计量器具，为医院搭建智能能源管理平台，但不参与具体节能管理，也不对节能量进行保证，由院方自行进行能源管理，节能收益归院方所有。

第五章　“医管家”在医院后勤合同能源管理模式中的实践探索

为验证上述节能模式及措施在实际医院后勤设施设备管理运维中的应用，表明其具有实际可操作性，本文以上海益中亘泰（集团）股份有限公司（“医管家”）所负责的项目为例，进行了实证性的检验。

5.1 医管家简介

上海益中亘泰（集团）股份有限公司（服务品牌、注册商标“医管家”）成立于2002年，是国内市场化运作、跨区域经营、集团化管理的大型专业医疗机构后勤服务供应商，20年来专业从事医院环境管理、中央运送、工程管理、餐饮服务、秩序维护、电梯驾驶、绿化养护、导医、棉织品收发、停车管理等后勤支持管理服务。是中国医院非临床服务的领跑者。该公司现有30000余名员工，目前在全国80余座城市，为200余家大型医院提供专业后勤服务，服务面积达3000万平方米，每天服务于超过百万的病人和医护人员。

该公司作为首届医院物业联盟首席单位和中国物业管理协会标准化工作委员会副主委单位，负责中国物业服务行业标准化工作，主编国家标准《物业服务客户满意度测评》，参编国家标准《物业服务安全与应急处置》《物业管理指南》《医院后勤应急管理指南》等著作，及多项标准、课题的研究，具有丰富的理论研究经验。

该公司非常重视研发投入，在物业企业中率先组建研发中心，拥有博士、硕士等高技术研发人员，具有优秀的理论和学术研究底蕴。2015~2020年连续发布《中国医院后勤发展白皮书》，2020年获得“上海品牌”认证证书，成为医院物业服务行业第一个通过“上海品牌”认证的企业。截至2022年10月，公司参与各类标准编写18项，出版刊物5本，拥有8项专利及31项软件著作权。

5.2 案例一：其他衍生模式

该项目位于河北省，是一所综合性三级医院。医院现有27个临床科室、10个医技科室、13个职能后勤科室。病房楼建筑面积13160平方米，为9层框架结构，配备中央空调、电梯、集中供氧、吸引、轨道式输液、传呼对讲、净化手术室、消防喷淋自动报警系统；门诊楼为6层框架结构，建筑面积8831平方米，内设中央空调、双电梯、自动消防、电子显示屏等设施。

5.2.1 **预期效果**

为了促进医院信息化管理水平的提升，使医院节能降耗工作在科学合理的道路上稳步推进，增进和完善医院后勤保障能源管理技术手段，使医院各科室的能耗测评等工作变得更加深入和细致，应从医院的实际需求出发，将一套切合医疗行业的专业医院综合能耗监测管理系统构建起来。

5.2.2 **主要技术手段**

5.2.2.1 系统建设内容

（1）用电系统：应将分类分项作为系统设计的核心，从医院实际用电情况出发，展开用电计量统计工作，统计的最小单位为科室。目前，为了良好监视三相电压、电流、功率及频率等参数，对各科室实际用电情况进行精确统计，从而将有效数据提供给综合考核科室，为此特别在每层楼配电箱总回路上安装了多功能表。如此一来，其系统在遭遇电路缺相或者电流过大等故障情形时，就会发出告警声，这是对管理人员的一种提示。通过这些举措，医院员工的绩效考核指标直接关联能耗数据，对于其用电节能意识能起到极大的提升作用。借助用电系统，在用电方面，可以实现有序性、合理性，可使电器老化所致的用电安全绳回顾发生率大大降低。

（2）中央空调末端系统：应将分类分项作为系统设计的核心，从医院实际用电情况出发，以楼层输送水管管径为单位安装超声波流量计，实时计量水流量，这样就可实现为综合考核科室提供有效数据。

（3）氧气站：应将分类分项作为系统设计的核心，从医院实际用电情况出发，每楼层输送氧气控制箱为单位安装气体流量计，实时计量使用氧气流量，这样就可实现为综合考核科室提供有效数据。

5.2.2.2 系统建设目标

自动采集分析氧气、电、空调能耗（按日、月、季、年等生成各种报表）；漏电、漏气能耗异常预警（对比分析监测点当下及历史能耗数据）；分户统计计量各科室能耗（使各部门在能耗方面以数据说话证明）；统计分析整个医院用电分项（对空调、照明及病区等区域能耗深入了解）；深入挖掘数据信息，将节能空间点找出来（比较经验数据，将节能空间发掘出来）；实现排碳的数据化管理，可以通过系统分析建筑单位内人均能耗（电、气、能量包括在内)，从而数据化呈现低碳办公；为了便于操作能耗考核，可以对比建筑单位内区域间能效；为了便于分析节能数据，可以对比同年、同期、同一区域能耗情况；为了便于制定节能改造方案，通过能耗评估管理，可以合理评估科室、大楼及院区等单位的能耗使用情况；为了促进全院工作人员节能意识的提升，可以通过对比各科室能耗，进行能耗排名，从而达到以能耗竞争促节能意识提升的目的；综合查询、分析、统计并打印能耗使用数据等，在打印报表时，可以根据系统需要对报表样式进行选择，此举可以将可靠有效的依据提供给能耗运营管理部门，方便其参考；采集能耗数据后，可以随时查询，还可以统计分析采集数据，对异常能源用量进行监测，当能源智能仪表出现故障事可以即时报警，使系统信息化及自动化水平不断提升。

5.2.2.3 能耗监测计量管理系统总体设计方案

1）概述

能耗监测计量管理分析是建立在各类数据基础之上的，建筑物涉及的可采集指标数据有两种，一种数据与建筑物基本情况相关，一种数据关系能耗。关于能耗数据采集，需带有选择性，一方面要充分考虑该系统分析的需要；另一方面要充分考虑建筑物功能区域和系统设计的不同，具体采集分类标准如下：

分类及分项能耗的逐时、逐日、逐月和逐年数据都是能耗数据采集指标，分项能耗还包含其它相关能耗指标。

2）系统组成

下面的图 2 为能耗监测计量管理计量系统结构。

3）能耗监测计量管理系统主要功能

（1）图形化监视系统。以图形化的方式形象、实时、准确、快速地反应现场设备数据、状态等各种运行参数，利用图形进行快速、形象、准确、实时的反映。警示报警采用实时声光方式，同时后台及时记录报警情况，以备查阅。为方便用户使用历史记录及趋势数据，应对跟踪记录作定时检测。

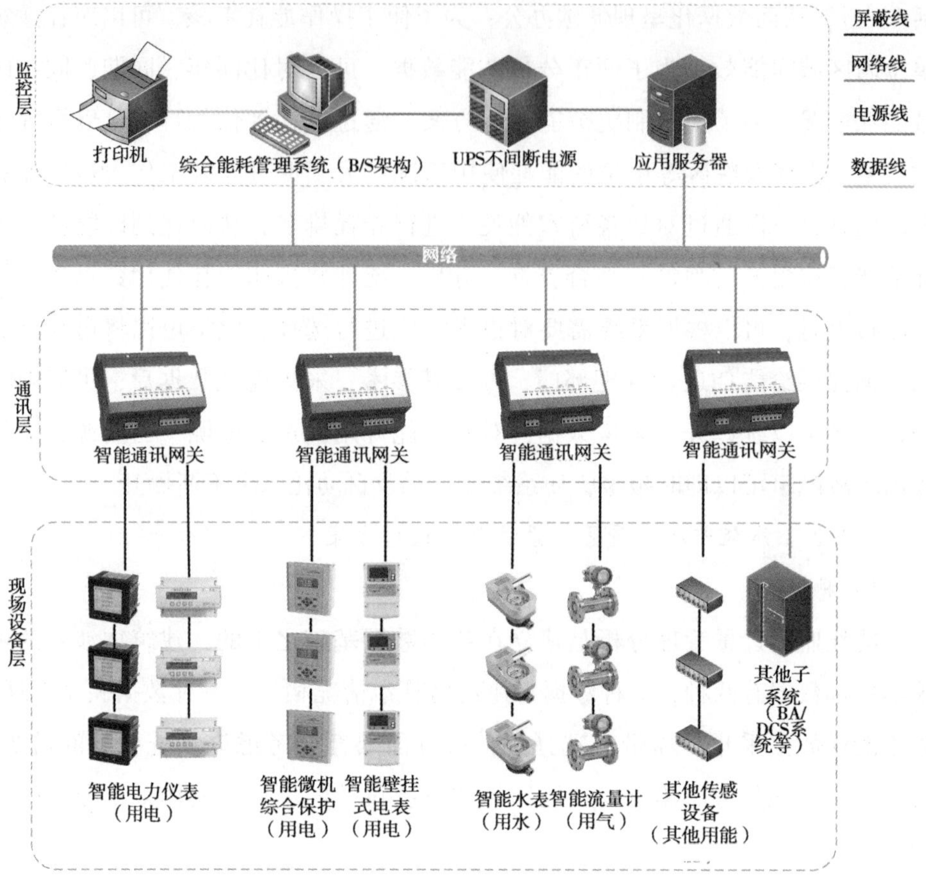

图 2　能耗监测计量管理计量系统结构

（2）能耗数据采集功能。对于建筑物当前的能耗情况可以参考建筑物基本情况数据进行计算和分析；能源分析方案可以充分结合客户实际需求，并参考现场能耗类型，然后自主制定；分类进行查询时刻，如根据电、气和空调的不同类型分开进行；分析数据时在时间上可以逐时、逐日和逐月展开。采集能耗数据的情况可以通过不同数据图表呈现，如饼状图、柱状图及线状图等。在查看分析时，可以选择单组也可以选择多组数据同时进行，如在分析查看多组数据时进行比较、汇总及统计分析操作。还可以分析不同时间范围内的最大/最小能耗值及不同能源组的能耗值差异，将能效最低/最高的设备单位找出来。

（3）能耗监测计量管理功能。为了方便客户管理，能耗监测计量管理系统配置的能源分析方案有三套，分别根据电源用途、区域和用户进行分类分析。另外，能源分析方案还可以结合客户需求并充分参考现场能耗类型，进行自主制定；分类进行查询时刻，如根据电、气和空调的不同类型分开进行；分析数据时在时间上可以逐时、逐日和逐月展开。

（4）数据显示、统计、分析和预警功能。可以通过各种形式直观显示耗能设备运行数据，并实现对设备运行状况的持续监视，对设备异常运行或能效过低状态尽早、及时发现，并让现场运行人员接收到实时声光报警的提示，管理人员会收到超过能过历史同期能耗和计划设定值的报警提示；在统计能耗数据时可以按不同时段、地域、能源类别和能耗设备分类统计，可以自动生成实时、历史及仿真曲线。除此之外，实时数据及日、月、年报表等资料也能实时自动生成。可以将大量有效数据提供给运行阶段用于节能管理，也可以作为一种参考数据辅助节能技术改造。对于未来能源消耗趋势还可以起到预测作用。

（5）报警管理。对于过程、设备、质量及安全指标和能源超额值等可以分别设置不同的报警模型，然后借助系统平台实现多方式报警。该平台对完全分布式的报警系统具有支持功能。可以传送报警及事件，处理报警确认问题以及储存报警记录。用户可以自定义设置报警类型，还可以通过不同方式接收报警信息。

（6）设备管理。楼宇的各种大型能源设施都有能耗监测计量管理系统的对象覆盖。通过实时监视能源设备的运行情况，记录其异常、故障和事故状态，不断维护和加强技改，可以使能源设备提升效率，从而成功实现能源设备的闭环管理。另外，还以查询运行及启停记录的实施和历史数据，以及缺陷和故障记录及其维护情况。

4）系统主要功能优势

支持多站点接入管理，可根据权限查看相关站点的明细或汇总数据。

系统能够供给的总线接口和通讯规约的连接有多种类型，很多智能设备都可以与系统连接进而实现功能自动化，还可以在监控系统中纳入所有类型的开放设备。同时，系统支持对其他系统进行数据转发。

（1）数据分析。支持各设备监测数据点的历史数据查询，可自定义查询采样周期和聚合方式，可进行多测点查询，形成曲线图或者表格数据导出下载，曲线图可进行时间轴缩放；支持各设备实时数据点的数据查询；可自定义配置虚拟组合数据点进行历史数据查询的对比分析；支持 HTML5 的矢量 WEB 组态，可通过浏览器进行图形数据绑定和可视化展示。

（2）用能分析。支持多能耗用能统计报表；支持日、周、月、年能耗报表的图形展示、表格数据展示和导出；支持用能同比分析、对比分析、尖峰平谷用能分析、任意时间抄表能耗分析；可自定义配置各用能分析模型，形成不同对象组合的统计分析。

（3）告警管理。支持自定义设置任意数据点的报警条件，并可通过电脑端声音加提示、短信、微信、移动 APP 端等多种推送方式进行提醒；支持活动告警的确认和历史告警的查询，并能根据需要转成相应工单进一步详细处理。

5）系统主要技术优势

（1）完全 B/S 架构，支持 HTML5 浏览器访问，内置 HTML5 标准的 WEB 矢量图形引擎。

（2）采用混合型数据库结构，采用时序数据库、关系数据库和其他类型数据库的配合，达到最优的数据存储方式，提高系统整体效率。

（3）分布式边缘数据采集，低耦合，互补影响，采集解析放置分离各前端处理，大大提高了采集效率和稳定性。

（4）多端展示：大屏幕、电脑端、移动 App 端。

5.2.3 完成结果

医院综合能耗监测管理系统为本案例唯一为医院搭建的系统，该系统充分遵循相关行业规范，例如《绿色医院建筑评价标准》《医院建筑能耗监管系统建设技术导则》等，其功能主要是提供能源管理技术服务，除了计量电能、监控电力之外，还能治理电能质量和监测管理综合能耗等。该系统还对医院后勤管理人员管理能源供应系统和能耗设备的运行起到辅助作用，便于医院能耗情况被医院管理层实时掌握，是一个极佳的技术平台，对于推动医院能源的信息化建设和节能管理大为有利。

5.3 案例二：节能效益分享型模式

该项目位于四川省，是国家公立三级专科医院，建筑面积 7.5 万平方米，编制床位 600 张，周一至周日 24 小时接诊。

5.3.1 预期效果

此项目采用节能效益分享型模式，在不低于基准期的能耗使用负荷且建议的所有节能措施最终得以全部实施并顺利运营的情况下，节能效益分享期内，院方分享20%的项目节能效益，节能服务公司分享80%的项目节能效益。

5.3.2 主要技术手段

5.3.2.1 能源管理系统

本项目建设的能源管理系统是一套综合各种智能传感器、网络通信、物联网、云计算、电力电能管理等一系列专业技术的信息化管理与应用系统，项目主要实现对企业内部各分项能源进行实时监测和统计分析。

能源管理系统把生产企业的能源消耗，如水、气（汽）、电的使用过程数据，进行监测、记录、分析、指导。实时监控企业各种能源的详细使用情况，为节能降耗提供直观科学的依据，使企业查找到能耗弱点，促进企业管理水平的进一步提高及运营成本的进一步降低。合理使用能源，控制浪费，达到节能减排，节能降耗，再创造效益的目的。通过数据分析，可以帮助企业对每条生产线、每个工作班组以及主要耗能设备进行实时考核，杜绝浪费，并可以帮助企业进一步优化工艺，以降低单位能耗成本，提高企业综合竞争力。

1）电能管理

对高低压配电设施、电能质量管理进行实时监测，并按电能精细化管理要求，对整个工业园区的供电电源、配电设备及主要生产线的用电数据进行实时数据采集和监测，并将数据汇集到数据中心，依托智慧电能管理系统，对工业园区内部电能消耗、设备运行状态、办公用电、用电安全隐患、电能预测、电能精细化管理等进行全过程诊断和分析，有针对性地采用“电源优化、配网运行优化、电能优化、管理优化”等措施，细化管理环节，消减电力需求，降低用电成本，实施对标管理，提升管理水平。

2）用水管理

对企业用水量和各支路用水量进行实时监测，汇总累计到当前时间的总水量信息，包括各个功能区域总水量分析柱状图和总水量使用对比趋势。

3）用气（汽）管理

对企业用气量和各支路用气（汽）量进行实时监测，汇总累计到当前时间的总气（汽）量信息，包括各个功能区域总气（汽）量分析柱状图和总气（汽）量使用对比趋势。

4）环境管理

对各配电房环境温度、母牌温度、电缆头温度、开关柜温度、变压器油温、以及配电房门禁状态和视频进行监控。可对各种温度、湿度、开关状态进行预警和报警。

5.3.2.2 监测点采集

对各用能回路和主要用能设备，通过改装或加装方式，完成现场用能数据的采集，即变配电设备的电能数据。

根据现场统计，主要变配电设备有：1个10kV配电房、1个低压配电房、135个监测点位、88只开口互感器、31只主楼插卡充费电度表，25只无线装置、9只餐饮区电度表、3只无线装置、35只医技楼智能电度表、3只无线装置。

5.3.2.3 能源管理软件功能

1）用电概况

系统进入主页即为用电基本概况。用电基本概况主要显示主变台数、主变容量、监测点数等企业基本概况；本月累计电量、上月总用电量，上上月总用电量等电量概况；本月最大负荷，上月最大负荷，上上月最大负荷等负荷概况，安全用电天数，用电异常情况等用电安全情况。

用电基本概况还包括日负荷曲线，昨日最大负荷、最小负荷情况，同时还会显示月电量柱状图，本月电量与上月电量对比，本月累计用电量。

2）一次接线图

通过一次接线图，系统能够直观地显示企业的线路结构，并能将采集到的现场数据实时地显示在接线图上。接线图可根据企业的情况制作。

3）支路结构图

支路结构图能够根据用户输入的时间进行查询，直观地展示各支路在给定时间段内的用电量情况。

4）用电在线监测

为保障企业能源日常运维，实现对企业电能基础设施、生产系统、辅助系统、重点用能设备的能源消耗量、能源质量监测，系统对所有电能数据进行监测和展示。

基于监测点所在的位置统计，用户可以在能源图上快速查看当前设备或监测点的状态。

通过重要设备在线监测，可对设备运行状态进行实时在线监测，对设备的能耗和负荷分布情况进行追踪和展示，直观查看能源消耗情况。

实时能耗数据查询，可根据自定义的查询条件，对实时能耗和费用进行查询与统计，支持实时数据查询和各种图形化展示（饼图、柱状图、曲线图等）。

对用电场所的电力参数（有功、无功、功率因数、电流、电压等）和电能质量参数进行追踪和查询。

5）用电分析

（1）电量分析。根据输入时间查询每个用电回路的用电量。用电量可通过柱状图与曲线图两种方式展示各支路在所选时间内的本期用电量、上月同期用电量，以及去年同期用电量数据。

同时可分解显示当前支路在此时间段内的各时间点的用电详情及环比、同比情况。

（2）分时电量分析。选择时段和监测点查询时段内用电量的情况，可通过柱状图与曲线图显示当前支路在选择时段内使用的尖、峰、平、谷用电量，并通过柱状图与曲线图显示当前支路在此时间内的本期、上月同期，以及去年同期用电量的情况。并通过扇形图显示尖、峰、平、谷用电量的占比情况。

（3）用电构成分析。直观地展示上级支路的用电量情况，并通过柱状图和饼状图的方式显示下级支路用电量在上级支路用电量中的占比，通过占比分析，可以清楚地找出主要的用电支路。

输入查询时间，系统将通过柱状图与曲线图显示当前支路下各子支路的本期、上月同期、去年同期用电量，通过扇形图显示当前支路下各子支路的用电量占比，并以列表方式显示当前支路下各子支路的用电量及占比、环比、同比的情况。

（4）用电量对比。为了进行用电分析，本课题组希望通过同一支路不同时间段的对比，来确定电能使用过程中的一些变化，或者在相同的生产线之间进行同一时段进行用电量对比，确定不同工艺之间用电量的对比情况，以找出更加节能的方式。

该功能可以选择多个支路，并可同时选择多个时间段进行用电量对比，对比结果可以通过曲线图和柱状图进行展示，并通过列表显示出各监测点和监测时间的用电量列表。

（5）负荷对比。该功能可以选择多个支路，并可同时选择多个时间段进行用电负荷的对比，对比结果可以通过曲线图和柱状图进行展示，并通过列表显示出各监测点和监测时间的用电量列表。

6）电能质量分析

（1）电能质量报告。电能质量报告是通过大数据对比结合人工分析，系统定时向用户推送的电能质量报告，电能质量报告一般分为月报和年报。

电能质量报告内容主要包括：用电基本情况、电能质量综合水平、电能质量缺陷情况、改进建议等。

（2）谐波畸变率分析。谐波畸变率分析是根据查询 A、B、C 三项电流畸变率和电压畸变率，将畸变率绘制在曲线图或者柱状图上，以便更好地分析畸变率发生的时间节点及趋势。

（3）三相不平衡分析。根据所选时间段及查看是否平衡，通过列表的形式展现出 A、B、C 三项有功功率的不平衡，如超过 50%标红，15%～50%区间标黄。

（4）功率因素分析。分析回路功率因素的不达标情况，可根据时间查询时间段内当天总功率因素不达标次数，并通过曲线图或者柱状图显示，同时通过柱状图展示每个时间点 A、B、C 三项功率因素不达标的情况。

（5）指标关联分析。为了更好地分析电能质量，将 A、B、C 三相电能指标进行关联分析，以便更好地确定电能质量问题。

将 A、B、C 三相的电压、电流、负荷、有功、无功、功率因素等进行对比显示，通过综合分析，更加直观地确定哪些数据和指标存在问题。

7）能耗分析

（1）能耗月报。可选监测点和时间查询，通过表格显示出月最大负荷、最大负荷时间、最小负荷、最小负荷时间和过负荷点数，通过列表显示出所选月份每天的有功总电量、A 相功率、B 相功率、C 相功率、平均值、过负荷报警、A 相电流、B 相电流、C 相电流、平均电流。

（2）排名分析。排名分析是对下级支路的用电量做一个排名，以确定下级支路中哪些支路使用的电量最高。

可选择时间段及监测点查询，当前支路下所有支路在所选时间段内的用电量排名通过柱状图显示，并将用电量多少进行排序，同时通过列表方式显示出各监测点的所有用电量及占比、同比、环比情况。

(3) 比例分析。可选时间段及监测点查询，通过扇形图显示当前监测点下所有监测点在所选时间段内的用电量比例，通过列表显示出各监测点的所有用电量及占比、同比、环比情况。

(4) 用电超限分析。给定一个越限值，查询时间段内，负荷超过限制的情况。

通过输入时间段和越线值，通过列表方式显示时间段内支路的实际负荷大于额定负荷越限值的数据。

(5) 用电损耗分析。自动分析上级支路与下级支路之间的用电损耗。用电损耗分为几种，一种是实际的损耗，如线损和变损，另外可能是下级支路监测不完全或者计量不准确。

输入时间段查询，以列表方式显示各支路输出电量与其子支路输入用电量总和之差的损耗率。

5.3.3 完成结果

此项目所有节能措施全部实施后，按照约定的项目方案顺利运营，经测算得出此项目预计年节约费用在68.16万元（见表1和表2）。能源改造费用由节能服务公司承担，节能收益由双方按约定比例分享。

表1　案例二年度能源节约量及节约费用

节电（万千瓦·时）	节约天然气量（万立方米）	节水（吨）	减少CO_2排放量（吨/年）	节约标准煤（吨/年）	节约费用（万元）
-7.32	17.30	/	429	253	68.16

表2　案例二分项措施节约能源量

序号	节能措施名称	减少CO_2排放量（吨/年）	节约标准煤（吨/年）	节约费用（万元）
ECM1	冷冻机房智能控制系统	161.25	190.39	36.44
ECM2	空调箱及新风机优化控制	66.68	15.59	7.90
ECM3	送排风机优化控制	58.26	13.62	6.90
ECM4	空气源热泵系统替代生活热水	60.97	14.25	7.22
ECM5	照明系统光源升级及控制优化	25.70	6.01	3.05
ECM6	智慧能源管理平台	56.10	13.12	6.65

注：电单价按均价0.623元/千瓦·时计算；天然气价按均价3.463元/立方米；水按4.43元/立方米计算。

5.4 案例三：能源费用托管型模式

该项目位于河北省，是一所集医疗、教学、科研、预防、保健与健康管理为一体的大型综合性三级甲等医院。医院占地面积9.3万余平方米，建筑面积13万平方米，实际开放床位2084张。2021年，年门急诊量达101.2万人次、住院病人6.6万人次、手术3.77万例。

5.4.1 预期效果

该项目预计节能收益418.3万元/年，初投资概算总计1950万元（见表3）。

表3 案例三改造预期收益

<table>
<tr><th>序号</th><th>改造项目</th><th>节能收益
（万元）</th><th>初投资
（万元）</th></tr>
<tr><td>1</td><td>中央空调系统改造（冷水机组改造、冷却水泵及冷冻水泵改造、3号楼冷却塔更新改造）</td><td>46.6</td><td>800</td></tr>
<tr><td>2</td><td>采暖系统改造（锅炉更换至3号楼附近地面、燃气管网改造、热水管网改造）</td><td rowspan="2">190</td><td>500</td></tr>
<tr><td>3</td><td>蒸汽系统改造（消毒工艺室蒸汽改造、食堂及手术室电蒸汽发生器）</td><td>180</td></tr>
<tr><td>4</td><td>给排水系统改造（管网侧漏、漏点改造）</td><td>91.8</td><td>220</td></tr>
<tr><td>5</td><td>照明系统改造（荧光灯改为LED灯）</td><td>20.8</td><td>50</td></tr>
<tr><td>6</td><td>BSE能源管理系统（全自动运行、设备及管网3D展示，比BIM技术更直观形象，并更具先进性）</td><td>69.1</td><td>150</td></tr>
<tr><td>7</td><td>低碳智慧医院云平台（主要包含能源碳追踪系统及智能设施监控系统）</td><td>0</td><td>50</td></tr>
<tr><td>合计</td><td></td><td>418.3</td><td>1950</td></tr>
</table>

5.4.2 主要技术手段

5.4.2.1 采暖系统改造

医院采暖热源来自中央锅炉房，锅炉房采用蒸汽为介质，采暖所需热水由蒸汽换热制取。针对现有锅炉房改造需求，拟将现有蒸汽锅炉房变更至医技楼地上附近。

新增锅炉机房采用2台6吨YHZRQ-360N-L锅炉和1台2吨YHZRQ-120W-L锅炉（共14吨），去掉了蒸汽负荷，仅提供采暖负荷。根据锅炉房负荷需求和节能减排、防爆需求，拟选用低氮真空燃气热水锅炉作为新锅炉房热源。

原有蒸汽负荷需求包含消毒供应室使用蒸汽和食堂使用蒸汽，改为采用就近安装蒸汽发生器方式供应，原有锅炉房蒸汽管道全部废除。燃气调压站布置于锅炉房内部，燃气管径 DN150，锅炉房位置变更后燃气调压站位置亦同步移至附近地面位置。锅炉房现有对外热水管道有两供两回共四条热水管，管径 DN300，一路管道供至三号楼空调机房分集水器，一路管道供至室外供热管网。锅炉房位置变更后，拟利用原有热水管道，将室外供热管网对接至新锅炉房。

锅炉房改造后可大幅降低蒸汽管网热损失、换热热损失和冷凝热损失。同时，原有大型蒸汽锅炉替换为小型高效低氮冷凝锅炉和蒸汽发生器后，用能更为灵活，减少了锅炉待机和频繁启停热损失。

综合考量，本次锅炉房改造可节约医院燃气消耗约 30%。

5.4.2.2 制冷机组改造

制冷机房现有一台约克螺杆式冷水机组，过渡季节为手术室供应冷量，夏季常开。机组冷冻水供水温度设定值为 8℃，但运行电流满载，出水温度只能达到 10.1℃。设备出力衰减严重，且该设备为手术室供冷，损坏后只能启用 1000RT 离心式冷水主机，过渡季低负荷工况，大型冷水机组低负荷运行易造成喘振，威胁手术室用能安全。

将现有一台 1000RT 离心机组与螺杆冷水机组替换为一台磁悬浮式冷水机组。以海尔 1000RT 水冷磁悬浮离心机组为例，其多机头设计与直流变频技术可以实现制冷负荷 2%~100%无极调节，优化机组能耗。多机头之间互为备用，其中一个机头检修不影响其他机头使用。

改造前，冷机年制冷能耗约 183.6 万千瓦·时，改造后，冷机年制冷能耗降为 110.3 万千瓦·时，节能量为 73.3 万千瓦·时/年。

5.4.2.3 冷却水泵及冷冻水泵改造

由于现场水泵年代已久，而且机房要重新优化管路，将一台 1000RT 离心机组与螺杆冷水机组替换为一台磁悬浮式冷水机组，需要拆除原机组对应水泵，根据优化后图纸实际需求更新全新水泵。而且原先机房冷冻水泵、冷却水泵均没有配置变频器，所有水泵均为软启动定频运转，运行偏离设计工况点，不能随末端用能负荷变化进行有效调节，部分负荷工况呈“大马拉小车”

式的大流量小温差运行。

根据水泵特性曲线，选择合适扬程的水泵既满足系统动力需求又保证水泵高效安全运转。通过更换水泵并采用变频控制技术，使冷冻水输送系数提高到39.5，满足国标标准。冷冻水泵控制柜、冷却水泵控制柜内加装变频器，及采用节能优化控制系统，节能控制系统根据实际运行参数校核建立的水泵性能模型，可计算出在不同的流量、扬程和运行频率等运行工况下的水泵能耗。

冷冻泵及冷却泵更新，以及对配电柜变频器进行改造，改造节能收益已在制冷机组改造时合并计算。

5.4.2.4 冷却塔改造

冷却塔漂水严重，污染环境同时也浪费水资源；填料老化、破损严重，积水盘安装水平度不够，冷却塔布水盘布水不均，漂水严重，开启台数全靠运行人员人工判断等原因造成冷却塔散热效果较差，严重影响设备运行。原设计1台冷塔对应1台冷机的运行模式由于冷塔散热效果非常差，导致1台冷机开启时需3台冷塔同时运行。

拆除原有冷塔，新增2台1000立方米冷却塔安装在原有冷塔的位置。新增冷却塔均水器和变流量喷嘴。新增冷却塔变频装置，随负荷变化实时调节冷却塔风机运行状态。

冷却塔改造节能收益已在制冷机组改造时合并计算。

5.4.2.5 给排水系统改造

根据医院用水量数据，初步判断院内存在大规模用水负荷或漏水点。通过给水系统三级计量平台，对各楼栋、各区域用水量进行监测，找出加强院区用水量管控，降低水资源浪费，杜绝管网大规模跑冒滴漏现象。

蒸汽锅炉房补水节水。原有蒸汽锅炉房每年需要大量补水，改为热水锅炉后，补水量可降低60%。按采暖锅炉用能数据计算，医院每年蒸汽锅炉补水耗量约26600吨，锅炉房改造后，可节约补水量15960吨/年。医院年均用水量447990吨，超出当地平均用水量较多，预计利用漏水检测，管网改造后可降低用水量约20%，即89598吨/年。本次改造节水量合计105558吨/年。

5.4.2.6 照明系统改造

医院新老照明设施并存，照明配电线路复杂，不适宜进行大规模照明控制系统改造，以高效 LED 灯具替换和局部红外感应控制改造为主。

传统荧光灯改造为 LED 灯具后，相同照度可降低 50%功率。医院现有灯具已部分改造为 LED 灯具，现存荧光灯约 50%（具体数量需统计）。取医院平均照度标准 150lx，照明时长 10h/d 计算，医院年照明能耗约 131 万千瓦·时，改造后预计节能 32.75 万千瓦·时/年。

5.4.2.7 BSE 能源管理平台

为了尽可能全面地应用已有设备，提供真正实用的集控制、优化（节能）与能效审计于一体的新一代中央空调控制系统：在动力中心安装新的工作站（采用高清大屏幕显示器）；建立工作站与现有控制系统的双向通讯；安装室外温湿度测点；增加冷水机组电动控制阀门；增加管道温度、压力传感器；为水泵组和冷却塔组安装智能电表；将水泵变频器、新增传感器和电表连入现有控制网络或直接连到工作站；在工作站上安装先进的能源中心控制软件（以下简称“先控软件”）；实现所有冷机、冷冻泵、冷却泵、冷却塔风机等的全自动节能运行（包括供水温度调节，水泵台数与转速调节等），设备及管网实现 3D 模拟技术，实时展现设备及管网运行状态，比 BIM 技术更直观形象，并更具先进性；重点区域的实时热力图；辅助中央空调的能耗统计（见表 4）。

表 4　预期改造效果

编号	项目	改造前	改造后	备注
1	制冷/采暖子系统	手动控制	自动节能控制	方便管理、降低能耗
2		出水温度恒定/手动调节	根据室外温湿度与末端负荷自适应调节	改善末端冷热不均，降低能耗
3		水泵冷却塔工频运行	变频运行/频率自适应调节	降低能耗
4		冷机就地启停	远程启停+自动加减机+夜间自适应启停	冷机启停仍由工程师决定，但通过控制系统下达
5	组合式空调箱	空调箱显示现场传感器的读数	空调箱根据现场传感器计算各段的空气参数	方便管理、降低能耗
6	负荷监测	无法提供室内的冷热分布	提供各区域的动态热力图	方便管理
7	能效统计	手动为主	自动统计	方便管理

5.4.2.8 智慧医院云平台

低碳智慧医院云平台借助于物联网、互联网、大数据、人工智能技术，结合工业客户的特点在医院生产辅助设备设施的能源碳追踪管理、智能设施监控等方面实现智慧数字化运行。基于智慧化运行和大数据分析，为医院的能源管理和节能措施提供方案，为设施管理决策提供依据。

低碳智慧医院云平台主要包含能源碳追踪系统及智能设施监控系统。本管理系统旨在对医院的碳排放和机电设备的运行进行实时监控，并引入物联网技术，以保障设备运行安全、稳定、节能，促进设施管理向数字化、信息化发展，提升工作效率。

5.4.3 **完成结果**

此项目按照约定节能改造内容完成改造后，所产生的节能效果如下面表5所示，其中不计算末端的能耗节省，但计算末端改造对冷热源带来的节能效果。能源改造费用由节能服务公司出资，能源费用按约定定期由院方支付给节能服务公司，再由节能服务公司代为支付。

表5　节能改造效果

序号	节能空间	改造后节能比例（%）
1	空调系统供应侧（冷源）和需求侧（空调末端）紧密联系	5
2	水泵的变频控制可以减少水泵能耗25%，而水泵能耗约占冷源能耗的25%	5
3	冷却塔的变频控制可以减少风机能耗25%，而风机能耗约占冷源能耗8%	2
4	自动化和经济化冷源设备投用与参数调整（供水温度调整等）。冷机占总能耗的67%。调节供水温度等操作可提高制冷效率3%	3
合计	注意：不同子项的节能空间存在重叠	15

按照中央空调系统冷热源部分年能耗261万千瓦·时计算（磁悬浮改造后），本次改造最终节能比例为15%，则可为医院减少用电量39万千瓦·时/年，折合能耗费用24.8万元/年的空调能耗费用。

按照采暖能耗443万元/年（锅炉改造后），先控系统预期采暖节能率约

10%，每年可为医院节约采暖能耗 44.3 万元。采暖与制冷合计降低能耗费用 69.1 万元。

第六章　对策建议

良好的医院后勤设施设备管理运维，为医院合同能源管理夯实了基础。医院可以通过分析自身能源结构，结合可投入资金量，选择相适宜的节能模式。

以下主要从医院后勤设施设备管理运维中的不同节能模式的优缺点，针对医院后勤设施设备管理运维中的不同节能模式的建议，绿色医院建设，这三个方面提出我国医院后勤设施设备管理运维中的节能模式的对策建议。

6.1 医院后勤设施设备管理运维中的不同节能模式的优缺点

采用节能效益分享型模式，医院不需要承担节能改造的资金和购买设备的费用，全部交由节能服务公司出资。节能服务公司承担所有节能改造工作，运营风险、设备老化风险都由节能服务公司承担。此模式的合同期一般为 8 年，合同约定期限内双方分享节能收益，节能服务公司参与分享的比重随着合同期的增长而减少，直至合同期满后节能服务公司不再参与节能效益分享，所有节能设备设施全部交还医院，节能效益全部归院方所有。

采用节能效益保证型模式，医院负责出资，由节能服务公司负责设计并完成节能改造，期间由节能服务公司提供整个节能改造所需的各项工作。改造完成后节能服务公司对正常运转下的节能效益做出保证，如果未按约定达成，承诺节能量与实际节能量之间的能源费用差额由节能服务公司支付。此模式为一次性服务模式，改造期及质保期内节能服务公司负责对设备运维，不参与节能收益分享。

采用能源费用托管型模式，由节能服务公司负责出资设计改造方案，并完成节能改造，改造后同时负责接管医院各项设备设施，参与后勤日常设施设备管理运维，并对能源设施设备管理维护。此模式下节能服务公司可以更全面地接管医院后勤设施设备管理运维，提供更优质的节能服务和更好的节能效果。

6.2 针对医院后勤设施设备管理运维中的不同节能模式的建议

通过对比分析，三种节能模式具有如下优缺点。

第一，若医院资金充足，可选择节能效益保证型模式，在前期一次性改造费用投入后，没有其他额外支出，可以享有所有节能收益，能够获得较多利润。在担保期内节能公司对节能量担保，院方风险较小；但院方需要承担设施设备管理人员费用，且担保期后需自行对设施设备维保管理，从而达到持续性节能管理。

第二，若医院前期想投入较少的资金，减轻投资压力，即可采用节能效益分享型模式，由节能服务公司出资完成节能设计改造，减少医院运营费用。但此模式下前期院方节能收益分享比例较低，在合同期结束后院方可以独享节能收益及改造后设备实施所有权。与节能效益保证型模式一样院方也需要承担设施设备管理人员费用。

第三，相比前两种模式，现如今采用最多的、最适宜的模式为能源费用托管型模式。此模式中医院不需投入较多资金，可以将能源费用交由节能服务公司代为支付。节能服务公司负责诊断、设计、投资、改造和运行维护保养，对于院方人员的后勤设施设备管理能力要求低，可以不需要配备专业技术人员，而且后勤团队也不需要太多管理人员，只需要平时监督检查节能服务公司，确保达到院方后勤运营要求，从而实现共赢，服务期后所有节能设备设施全部交还医院。

6.3 绿色医院建设

医院建筑建设潜力巨大。从《2021 年我国卫生健康事业发展统计公报》中的内容可以获知，截至 2021 年底，全中国的医疗卫生机构数量超 103 万个，其中：医院超过 3.6 万个，基层医疗卫生机构的数量达到了 97 万个，专业公共卫生机构也有 1.3 万个。随着国家对于医疗卫生事业支持力度的增大，医院建筑建设潜力巨大。为了推动绿色医院建筑的推广与实施，2015 年住房和城乡建设部颁布了《绿色医院建筑评价标准》，标准实施期间，全国各地的医院门诊、住院、办公、综合等功能楼栋，以及医养社区、社区卫生服务中心等多种类型的医院建筑项目均申请了绿色建筑标识，但医院类建筑在全部绿色建筑标识项目中的比例仅占4%左右。

由此可见，目前全国绿色医院建设需求存在巨大潜力，可通过全面执行绿色医院建筑标准，不断完善符合现阶段绿色医院管理体系，推广医院后勤设施设备管理运维节能服务。以此推动绿色医院建设，促进医院重视能源管理、降低能源损耗，实现医院的长远可持续发展，实现国家“2030碳达峰”“2060碳中和”的战略方针。

第七章 研究结论

7.1 研究总结

本课题研究以国内外的能源管理发展为基础，运用相关理论知识，借鉴国内外学者对合同能源管理的研究结果，以医院后勤设施设备管理运维为背景，结合医院后勤设施设备管理运维的特点，查阅有关医院后勤设施设备能源管理的方式方法后，以医院后勤设施设备能源管理的难点入手，分析医院后勤设施设备能源管理的相应策略，提出采用合同能源管理方式的实施路径并展开论述。此后，以案例企业在医院后勤设施设备管理运维中的节能模式为实例，分析了不同节能模式给院方带来的不同节能收益，将理论与实际相结合，阐述了不同合同能源管理模式的优缺点。最后提出了针对不同医院需求可以采用不同的合同能源管理模式，为医院在后勤设施设备管理运维中的节能模式提供了实践参考。

7.2 本课题主要研究成果

通过理论研究，针对医院后勤设施设备各种种类的不同特点，阐述了医院后勤设施设备节能管理的难点及方式方法，以及医院后勤设施设备节能管理的策略，提出医院后勤设施设备节能管理的实施路径——合同能源管理，总结出合同能源管理中的几种模式。

通过实证分析，提出最适宜医院后勤设施设备管理运维的节能模式。本课题采用了多年来专注服务于医院后勤的上海益中亘泰（集团）股份有限公司的实际案例分析，总结相应实证案例，分析不同节能模式的优缺点。针对适宜医院后勤设施设备管理运维的节能模式提出建议，易于医院在进行能源管理时进行参考，从而助力医院达成节能目标，对国家节能降耗工作产生推动性作用。

7.3 不足之处

本课题研究中的医院后勤设施设备管理运维中的节能模式建立在国内外成熟理论的基础上，由于受到时间和篇幅等因素的限制，本文仅以案例企业的做法进行实例验证，虽然经过实践证明各节能模式均可以帮助院方达到能源管理的需求，但是各类医院在实际运作中都存在差异，在医院后勤设施设备管理运维节能模式的实践中还需结合自身需求变通选择最适宜的模式。

结　语

本课题研究以国内外的医院后勤设施设备管理运维以及合同能源管理为基础，运用相关理论知识，在借鉴国内外学者对节能模式的研究结果的基础上，以医院后勤设施设备管理运维为背景，结合医院能源结构的特点，查阅有关医院能源管理等方面的基本理论和方法后，围绕医院后勤设施设备管理运维中的节能模式这一中心，分析了医院节能改造、绿色建筑以及可持续发展的研究成果，根据医院后勤设施设备用能类别、难点及节能策划和运行策略进行展开。此后，以本企业的医院后勤设施设备管理运维中的节能模式为实例，证明了不同节能模式给医院带来的不同收益。将理论与实际相结合，阐述了医院后勤设施设备管理运维中的节能模式的优缺点和绿色医院建设的需求。

参考文献

Alhurayess S, Darwish M K, 2012. Analysis of energy management in hospitals [C] // Universities Power Engineering Conference. IEEE.

陈允玉，陈雄风，林安格，2016. 浅谈现代大型综合性医院设计——医用气体篇 [J]. 华中建筑 (1): 50-53.

程子伟，2022. 基于分散式布局医院的能源管控方法探索与实践 [J]. 上海节能 (4): 439-445.

崔飞易，陈宏文，2017. 医用物流系统在现代化医院中的应用分析［J］. 中国医疗设备（2）：137-140.
葛晏君，2019. 弱电系统在医院建筑中的应用［J］. 现代物业（中旬刊）（7）.
宫玲，2021. 物业设施设备管理发展趋势［J］. 现代商贸工业（24）：164-166.
顾畅，2021. 医院暖通空调系统特点及节能改造的案例分析［J］. 北方建筑（6）：41-44.
花蕾，2021. 浅谈综合医院建筑给排水系统的问题及对策分析［J］. 房地产世界（22）：41-43.
Javied T，Bakakeu J，Gessinger D，et al，2018. Strategic energy management in industry 4. 0 environment［C］//2018 Annual IEEE International Systems Conference（SysCon）. IEEE.
季丹，2020. 合同能源管理在公立医院节能改造中的应用研究［D］. 北京：北京交通大学.
蓝毓俊，2009. 当前实施“合同能源管理”的主要障碍和对策研究［J］. 上海节能（11）：1-7.
李晨，2013. 建筑节能服务公司发展对策研究［D］. 陕西：西安建筑科技大学.
李啸林，2019. 关于医院后勤智慧运维的思考［J］. 江苏卫生事业管理（3）：357-358+382.
刘超，2020. 医院后勤设备管理规范化研究［J］. 中国管理信息化（14）：136-137.
刘清志，张文艳，2011. 我国节能服务公司现状分析及发展建议［J］. 中外企业家（3）：63-64.
Sabir U，Ariwa E，Taylor A，2013. Green technology and energy management systems in developing countries：A case study of Pakistan Textile Industry［C］Third International Conference on Innovative Computing Technology. IEEE.
王康，程丹明，胡洁，2009. 国外“合同能源管理”的发展概况［J］. 上海节能（11）：8-11.
徐剑锋，2012. 合同能源管理发展现状及其政策研究［D］. 江西：南昌大学.
熊民颂，2022. 大型综合医院配电系统安全管理实践［J］. 中国设备工程（15）：41-42.
袁嘉炜，周东一，吴源泉，周宇鸿，罗先智，2019. 合同能源管理在建筑节能中的应用现状和发展趋势［J］. 时代农机（6）93-95.
中国节能协会，2021. “十三五”节能服务产业发展报告［R］.
张川，梁浩，赵奇侠，曹剑钊，2022. 我国绿色医院建筑建设经验与建议［J］. 建设科技（9）：15-17.
住房和城乡建设部，2022. “十四五”建筑节能与绿色建筑发展规划.

课题组成员名单

课题组组长：宋天骏　上海益中亘泰（集团）股份有限公司

课题组成员：冯　毅　上海益中亘泰（集团）股份有限公司

尹海荣　上海益中亘泰（集团）股份有限公司

王梓祺　上海益中亘泰（集团）股份有限公司

义　超　上海益中亘泰（集团）股份有限公司

新时代物业品牌新媒体传播机制模式研究
——基于金地智慧服务的新媒体运营实践

◆ 深圳市金地物业管理有限公司

前　言

新时代，物业管理行业面临着市场多元化的机遇与挑战，如何提升当下Z世代客户眼中传统物业行业形象、迅速把握先机扩大品牌影响力，成为了物业行业品牌创新与发展的新课题。随着互联网技术的发达，短、平、快的新媒体时代已然来临，企业产品及服务品牌的传播途径也应与时俱进，在新媒体传播机制模式上进行研究。

本文以新媒体为传播媒介的公众号、抖音、微信视频号传播渠道为主要研究对象，对物业行业现阶段的新媒体传播渠道进行梳理和对比分析，并结合我司新媒体运营情况进行数据统计分析，提出以下四点运营建议：一是新媒体矩阵建设：根据不同的平台投放差异化内容；二是新媒体运营策略：借热点事件或热点话题进行传播；三是新媒体策划内容：以公众需求为导向，以企业品牌为内核；四是新媒体跨界营销：加强多元化人才培养、提升新媒体运营专业性，共筑双赢平台，同时注意对网络舆情的监测和管控。

第一章　研究背景

1.1 研究目的与意义

1.1.1 研究目的

随着我国互联网时代的到来，年轻一代的受众群体获取信息的方式和渠道有了翻天覆地的改变——信息传递壁垒被逐一击破，至此我国媒体播渠道进入全新发展阶段，新媒体平台日益发展成为大势所趋，乃至也成为官方传统媒体革新的重要载体。传统传播渠道有报纸、期刊、图书、广播等；新媒体传播渠道有微博、微信公众号、抖音、微信视频号等。物业管理行业也应顺应时代潮流，在品牌建设与传播方面，充分利用新媒体的裂变传播、导流性，充分掌握当代受众喜好及新媒体运营底层逻辑，不断推陈出新、跟随热点乃至创造热点，打造企业品牌形象的“网红 IP”，让传统物业行业更受社会受众的关注与认可，从而在品牌年轻化、跨界营销的同时，促进物业行业对智慧化、信息化人才的吸纳。

与此同时，新媒体的传播裂变效应、事件发酵速度也对企业舆情应对提出了新的需求。如何抓住时代发展赋予的机遇，拓宽物业行业在新媒体领域的传播途径，是一项机遇与挑战并存的任务。

1.1.2 **研究意义**

随着新媒体信息技术日新月异的发展，互联网信息的传播更加以用户需求为主导，注重用户参与、体验、交互、分享，彻底打破了传统媒体的传播模式。加之作为劳动密集型的物业服务企业，以往的品牌印象大多与“低学历”“低价值”“低趣味性”相绑定，既不能吸引年轻人的兴趣，也难以对品牌既有印象进行改观。如何抓住时代发展的脉搏，迎接新媒体时代品牌传播面临的机遇和挑战，大胆突破思维定势，是各家物业企业现阶段所面临的一个新课题。

1.1.2.1 理论意义

新媒体的信息传播具有高速、高质、超量、多样化、范围广的特征，改变了大众传播一直以来单向输出的传播模式，其兴起与快速发展的模式值得深入研究。对于媒体行业、企业、个人而言，一个“人人都是信息制造者和传播者”的新平台诞生了。新媒体矩阵的充分融合可以重构并扩大一系列情境，改变人们的生活和思想，并产生一系列新的社会行为和经济行为。

1.1.2.2 实践意义

习近平总书记指出，城市管理应该像绣花一样精细。随着“大物业”时代的到来，物业行业纷纷开疆拓土，在传统住宅物业服务之外，服务领域已延伸至商业物业服务、城市物业服务乃至老百姓生活方方面面的增值服务。

"物业"的内涵已被重新定义，更多地与数智化、多元化、精细化相关联。在万物互联的时代，通过对新媒体技术和传播手段的研究，整合多方资源，在实践上不仅可打造为社会公众需求服务的信息双向、互动、共享的融合型平台，同时还可提高企业品牌传播效果，以视觉化、差异化、互动性和娱乐性的新形式，提升企业品牌知名度、美誉度、忠诚度。

1.2 研究内容与方法

1.2.1 研究内容

本文将以物业行业新媒体矩阵的传播渠道和运营效果作为研究对象，通过实证分析和案例分析相结合的方式，以拉斯韦尔 5W 传播模式、知识共享理论作为研究理论基础，对现阶段新媒体传播情况进行分析；其次，开展物业行业新媒体传播的运营分析——基于数据的统计分析，进而探讨行业内新媒体的最佳传播渠道；重点对视频类新媒体平台的浏览量、点赞量、内容分类、发布时间等开展具体的分析，并提出相关运营建议，最终得出研究结论。

1.2.2 研究方法

本文的研究方法主要采用调查研究法、定性与定量研究结合法和对比分析法。

1.2.2.1 调查研究法

通过借助中指研究院、乐居财经发布等物业行业新媒体数据分析，了解目前行业内新媒体领域的研究现状和实践状况，吸收和借鉴他人成果，为本研究的开展理清思路。

1.2.2.2 定性与定量研究结合法

对物业行业内应用新媒体的企业及其投放内容效果考察评估，进行定性研究并得出结论；通过我司全年各新媒体平台投放数量、效果、费效比进行定量研究并得出结论。

1.2.2.3 对比分析法

通过对比分析传统传播渠道和新媒体传播渠道，各类新媒体平台不同的传播方法与效果，结合我司实际情况，提出运用新媒体矩阵进行品牌传播的建议。

第二章 相关概念与理论基础

2.1 相关概念

2.1.1 新媒体

新媒体是利用数字技术，通过计算机网络、无线通信网、卫星等渠道，以及电脑、手机、数字电视机等终端，向用户提供信息和服务的传播形态。从空间上来看，“新媒体”特指当下与“传统媒体”相对应的，以数字压缩和无线网络技术为支撑，利用其大容量、实时性和交互性，可以跨越地理界线最终得以实现全球化的媒体。

就本文而言，新媒体是相对于传统媒体（报纸、电视、广播等）而言更新一代的、依托互联网技术的传播媒介，包括微博、抖音、微信公众号、视频号等。

2.1.2 视频类新媒体

在新媒体领域中继续细分，可得到图文类新媒体（承接传统媒体更多一些）和视频类新媒体（含直播）两类。在视觉感官刺激需要及碎片化阅读的时代背景下，后者具有明显的后来居上的优势，且势不可挡。从 IP 影响力、转发扩散率、带货变现力等方面，各大视频类新媒体平台已经独占鳌头。图 1 所示为视频类新媒体的四要素：个人 IP、短视频、直播和社群。

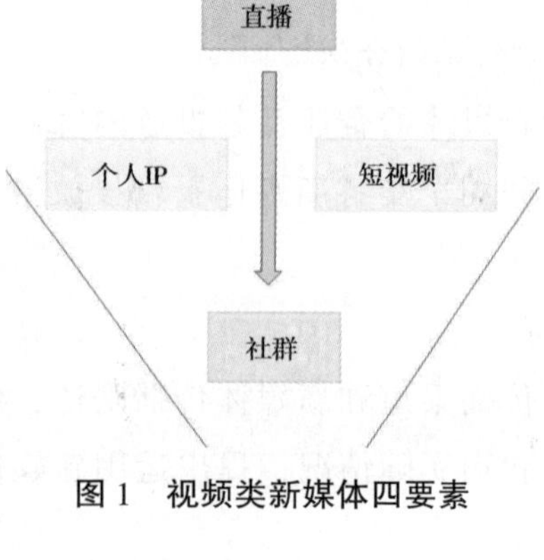

图 1　视频类新媒体四要素

2.2 理论基础

2.2.1 拉斯韦尔5W传播理论

拉斯韦尔5W传播理论是拉斯韦尔在1948年提出的线性传播模式，至此以该模式为基础的各类研究模式日渐盛行，它既是公认的经典传播模式，又是传播学中的基本模式，一直被业界人士视作认识和研究传播的核心框架。拉斯韦尔5W传播模式的核心是5W要素，分别为“Who（谁）”“Say what（说了什么）”“In which channel（通过什么渠道）”“To whom（对谁）”和“With what effect（取得了什么效果）”。5W传播过程的公式演绎出传播的控制分析、内容分析、传播媒介分析、受众分析和效果分析。部分业界人士认为5W传播模式是线性的单向传播，与现阶段的新媒体双向或多向传播存在差异，但拉斯韦尔在《社会传播》中已经明确提出了传播的反馈，究竟是单向传播还是双向传播更多地取决于传播者和受众者之间的交互程度。

2.2.2 知识共享理论

从信息沟通角度，Holthouse（1998）指出“知识”是一种流量，可在拥有者和接受者之间进行相互传播和交流；Hendriks（1999）指出，知识共享其实是一种沟通的过程；JimBotkin（2000）指出知识共享就是人与人之间的沟通；Lee（2001）指出知识共享是将知识从一个个体、群体向另一个个体、群体进行转移和传播的过程。由此可知，知识共享理论就是指知识（信息）在人与人之间进行传递和沟通的过程。在互联网时代，社会公众获取信息的渠道越来越多，在各种信息的交流碰撞下，人们的思想观念发生变化，越来越乐于共享某个信息进行互动，也越来越喜欢在某个平台发布自己的观点进行互动。

第三章　新媒体传播的特征分析

3.1 新媒体与传统媒体传播对比分析

3.1.1 新媒体与传统媒体传播模式对比

新媒体相较于传统媒体，传播模式具有以下特点：灵活性、及时性、交互性、便捷性。新媒体平台的多样化，使得人们索取信息的渠道成倍数增长，且人人都能发表观点和看法，并参与全网交流。新媒体后台大数据推送根据精准目标筛选逻辑，能因人而异，按其喜好进行信息预判和触达，使受众黏性更大。当下只需要一部能连入网络的手机，任何人都能汇入新媒体大数据的海洋，随时随地上传、下载自己感兴趣的讯息，畅游在信息爆炸时代的乐趣之中。

相较而言，传统媒体信息来源单一、渠道单向，且缺乏及时有效的互动反馈，且载体多有受限，在信息传递上已不如新媒体灵活多样，但在权威性上更有保障。

3.1.2 新媒体与传统媒体传播成本对比

3.1.2.1 载体成本

传统媒体在图文印刷及影音录像等制作方面，所需经济成本很高，往往需要一整个团队乃至跨行业的流水化作业；在后续版权维护方面，也存在着较高的成本。而新媒体制作与传播所需要的经济成本较低，甚至无须成本。企业抖音、微信公众号的开通和使用每年需花费 300~600 元进行官方认证即可；公众号的撰写与编辑，可选择使用免费或百元包年的排版美化插件，支持 PC 端和手机端；个人或企业微视频的制作最低仅需一部能够摄像的手机，有各类免费下载和使用的视频剪辑 App 在网上提供简易教程，提供无版权风险的模板，或支持一键成片功能。在新媒体时代，几乎一个人就能打造一个 IP，“白手起家”的大流量网红账号比比皆是。

3.1.2.2 时间成本

传统媒体中无论是印刷相关图书、报纸、期刊，还是制作视频、影音录像等，均需花费大量的时间。尤其是影视作品的制作，从前期开始投入制作，后期的剪辑完善，耗费的时间周期较长；而且在固定场所销售或投放，需要一定的宣发期，所以传统媒体所需要的时间成本较高。而新媒体相对于传统媒体，其所需要的时间成本极低，图文稿件从开始策划、编辑和撰写到发布一般只需要数小时，甚至更快；短视频的拍摄和基础剪辑耗时也很少，一些视频剪辑 App 甚至可以支持一秒成片，然后可立即上传至各大平台同时发布，大大降低了新媒体制作和传播的时间成本。

3.1.2.3 受众成本

传统媒体是以平面纸媒和电视为主进行信息传播的，这就导致了受众的接收成本较高——因为受众如需获取相关信息，还要花费一定的费用购买相关的信息载体（如纸质报刊、付费频道等）。而在智能化手机普及的当下，新媒体受众的接收成本几乎趋于零，受众可直接登陆各大新媒体和社交平台获取相关信息，无须支付任何费用。这在另一个层面上也助力了新媒体信息的大范围传播。

3.1.3 新媒体与传统媒体传播影响力对比

二级传播理论（theory of two-step flow of communication）——语言和信息交流理论，是拉扎斯菲尔德等人在1948年提出的，认为大众传播对人们的影响不是直接的，而是一个二级传播过程。来自大众媒体的影响首先到达舆论领袖那里，舆论领袖再把他们读到和听到的内容传达给受他们影响的人。拉扎斯菲尔德等人最初的研究以及后来E. 卡茨等人的研究发现，在影响人们的决定方面，个人联系比大众媒体更频繁、更有效。一是舆论领袖存在于每一社会层次中，与他们所影响的人在很大程度上相似，并且往往同属于同一原级群体。

这一理论在新媒体矩阵传播链中得以淋漓尽致地展现。从早期的微博“公知”博主、“饭圈领袖”到现在各大流量平台的网红大V，他们对其粉丝群体的传播影响力不容小觑。在普通老百姓身边的“熟人圈子”，这样的二级传播也比比皆是：微信好友大多彼此之间的关系较为紧密且信任度较高，通过设置“好友推荐”“朋友圈转发”等行为，可将信息传递给其他二级受众，该二级受众又可通过自身重复该传播模式，以至短时间内扩散性更广。

而传统媒体的“中心广播”模型，受到时间和空间等方面的限制，较难实现二次传播，导致传播效果受限。例如受众无法将一张报纸直接隔空投递给其他人阅览，必须借助新媒体渠道才能实现不受时间、地理限制的转发，这也是越来越多的传统媒体机构开始广泛开发和使用新媒体客户端的原因。

3.2 新媒体传播渠道对比分析

3.2.1 新媒体传播模式对比

本章节将运用拉斯韦尔5W传播理论对微信公众号（图文）、抖音（视频）这两种新媒体传播模式进行深入的剖析。

3.2.1.1 微信公众号传播模式

自 2012 年腾讯公司推出微信公众号平台，我国科普微信公众号数量呈现巨大增长趋势，汰换了博客成为新一代的图文新媒体传播平台。目前几乎国内大部分物业企业都注册了自己的微信公众号。

基于拉斯韦尔 5W 传播理论，微信公众号传播模式如图 2 所示：

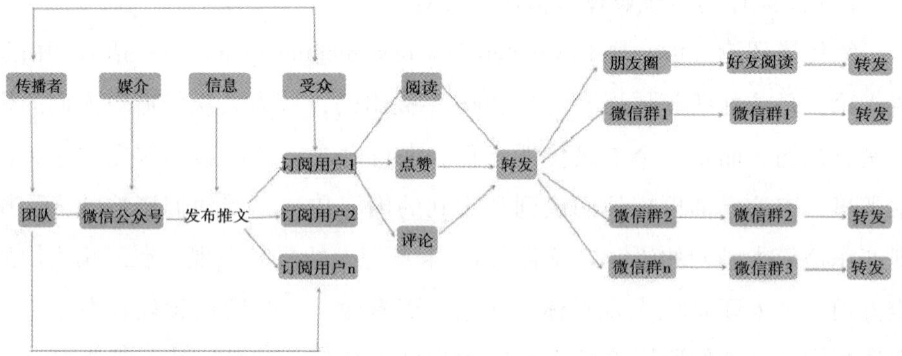

图 2　微信公众号传播模式

通过观察上图，笔者发现微信传播模式具有以下几个特点。

（1）传播主体：传播主体呈多元化趋势，普通公民个人和企业均可开通微信公众号，可根据自己的理解加以解释、策划、编辑和转发各类信息。但对于微信公众号以图文为主的传播形式而言，对主体和受众的文化程度有基础要求，对传播主体的撰写水平和编辑审美等也有一定的要求。

（2）传播内容：微信公众号可传播的内容非常广泛，普遍以图文内容为主，也可插入视频链接，还能通过后台编程对页面展示进行动画处理。在当下追求信息高效流转和碎片化阅读的大环境下，粉丝基数大的优质微信公众号所能发挥的影响力甚至超过许多主流媒体的网站平台。

（3）传播渠道：依托微信公众号平台，可实现转发渠道多样性，受众可将微信推文以链接的形式转发至自己的朋友圈、微信群等；或通过给文章点击“在看”“打赏”等互动，由大数据后台自动推送给手机通讯录中认识的人。

（4）传播对象：更精准地针对有特定需求的社会公众——根据自身兴趣选择关注某微信公众号的推送信息，使得这一需求能够得到实现；同时根据受众自己的理解和解读，由信息接收者转变为信息的二次传递者和解读者，凡是触达的受众均可参与讨论并引发持续发酵和关注，不受时间、空间、年龄、性别等限制。

（5）传播效果：受众与传播者之间可以进行互动交互，受众可对此号内容进行订阅、点赞、打赏、私信、评论和转发等；此外由于微信公众平台转发渠道具有多样性，使得推文可以在个人朋友圈和众多微信群中进行转发，经过朋友圈和微信群的裂变式、滚雪球式转发方式对外扩散，不断扩大受众面，增加影响力，扩大传播效果。

3.2.1.2 抖音传播模式

抖音短视频社交软件是由字节跳动公司孵化的一款音乐创意短视频社交软件。该软件于2016年9月20日上线，是一个面向全年龄的短视频社区平台，用户可以通过这款软件选择歌曲，拍摄音乐作品形成自己的作品，并通过抖音短视频App分享生活趣事、结交朋友。抖音曾成为中央广播电视总台春节联欢晚会独家社交媒体传播平台和红包互动合作伙伴，与此同时，海外版抖音TikTok也势如破竹地登上了互联网流量追踪云基础设施公司（Cloudflare）发布的互联网流量排名前十的榜单。

基于拉斯韦尔5W传播理论，抖音传播模式如图3所示：

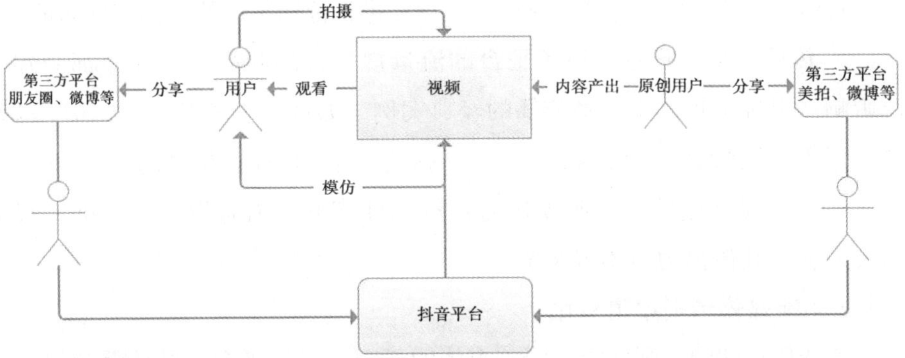

图3　抖音传播模式

通过观察上图，笔者发现微信传播模式具有以下几个特点。

（1）传播主体：传播主体在微信公众号的基础上，进一步呈多元化趋势。图文为主的微信公众号对主体文化水平有一定要求，而抖音视频号的传播主体不再受到制约，可以广泛化、大众化、平民化。相较于图文内容的编辑，视频随手拍摄、随时随地发布的难度也大为下降，抖音平台也接受各平台视频的搬运，这标志着起号零门槛，人人都是信息源的时代到来了。

（2）传播内容：抖音视频号可传播的内容更加广泛、老少咸宜，从“阳春白雪”到“下里巴人”，各行各业、国内外看客都能在抖音上找到自己感兴趣的博主和内容。随着无数各式各样“草根网红”的爆火，抖音直播平台也因此成为当代经济领域异军突起的一枝独秀，许多网红达人及企业产品就这样走入了千家万户，获得了巨大的品牌拥趸和经济效益。

（3）传播渠道：抖音平台更侧重手机端的客户体验，其视频内容可通过二维码和链接转发给其他人，但对方必须下载抖音 App 进行观看；但抖音也提供部分视频直接下载到本地功能，可通过下载视频后直接转发达到传播效果。抖音平台通过私信、加粉丝团、成立粉丝群、连麦 PK、第三方入口嵌套等功能，从公域流量池把目标客群导入私欲流量池的功能非常强大，粉丝互动性在各类新媒体中首屈一指，由此也催生出专业的运营模式。

（4）传播对象：依托抖音平台的大数据算法，可实现精准触达各类受众，这是抖音的核心优势——平台会根据每个人在不同视频上的停留时长、是否关注、点赞或收藏，以此给该受众“打标签”，后续智能推送更多该用户可能感兴趣的同质化内容；与此同时，平台也会根据每位博主账号所发内容的标签及大多数对其感兴趣的客群的标签，对该账号视频进行范围更广的目标客群的推送。

（5）传播效果：抖音短视频平台的流量规模日趋壮大，全社会都受到了广泛影响，出现了很多事件性传播的经典案例。如从“栓 Q”“奥力给”等网络热门用语的病毒式传播，到陈奕迅《孤勇者》在小朋友之间的“意外走红”再到“我是云南的”说唱模仿秀走红大江南北，抖音以其快、准、狠的传播实力证明其传播力量不容小觑。

3.2.2 新媒体传播渠道对比

笔者选择近期同一则新闻在同一媒体的不同新媒体平台上的传播效果为样本进行比对分析。《人民日报》2022 年 8 月 28 日在其新浪微博、微信公众号和抖音号上发布的以“群众夹道欢送云南支援重庆山火救援英雄”为主题的新闻，截至 2022 年 8 月 30 日 15 时传播效果分别如下：新浪微博发布一则，点赞 9.7 万个，评论 3682 条；微信公众号发布一则，点赞 1.9 万个，评论 18 条；抖音号发布二则，点赞 815.4 万个，评论 29.4 万条（见图 4、图 5、图 6）。

图 4　新浪微博数据

图 5　微信公众号数据

图 6　抖音号数据

通过以上数据比对，笔者发现图文新媒体传播更新频率较低、互动效果较差，传播影响力有限；视频新媒体传播从更新频率、互动性和传播影响力方面均高于图文新媒体。加之上文对微信公众号和抖音视频号之间的传播模式进行对比分析后，可得出结论，在现阶段新媒体矩阵传播模式中，抖音等短视频平台已经日渐占据主导优势。

第四章　物业品牌新媒体视频传播特征与运营建议

4.1 路径目标论：物业服务品牌输出

4.1.1 样本选择

随着大众新媒体平台的快速发展，各行各业都开始利用其传播功能进行品牌输出，物业行业也不例外。目前各大物业企业基本都开通了微信公众号，部分物业企业也已开通微信视频号和抖音视频号。金地智慧服务集团在新媒体运作工作方面走在行业前列，于2017年3月9日开通了企业官方微信公众号，于2018年5月10日开通了企业官方抖音号，于2020年12月7日开通了企业官方微信视频号。为加强金地智慧服务集团公司品牌传播，进一步扩大金地智慧服务集团公司官方抖音、微信视频号的品牌影响力和传播力，提升公司对外品牌口碑、品牌知名度和影响力，助力于市场拓展，金地智慧服务集团于2022年开展“品牌传播”深耕计划工作，要求全员参与执行。接下来笔者将以对该公司新媒体视频号（抖音、微信视频号）为分析样本，探讨物业服务品牌新媒体视频传播特征与运营建议。

4.1.2 抖音号平台运营

据第一财经商业数据中心（CBNData）数据显示，2021年，超过70%的品牌选择抖音等新媒体渠道重点投入。金地智慧服务官方抖音号运营策略始终保持行业领先，自2018年开通以来，经过四年多的探索与实践，掌握了一系列科学的运营理念与丰富经验。具体介绍如下：

4.1.2.1 整体思路

打造企业号的人设和风格。在互联网传媒时代，企业品牌宣传也应与时俱进，其中“人设”与“风格”必不可少。风格是基于视频内容而言的，人设则是基于整个账号的运营体系而言的，风格总体上服务于人设。个人打造受欢迎的人设，取决于是否展现出引发观众互动的性格特征；企业打造受欢迎的人设，通过账号的内容准确传达给受众，并持续贯彻。金地智慧服务官方抖音号依托金地智慧服务每一位员工，从员工的职业形象、专业素养、日常服务来体现企业的品牌内涵和专业度。金地智慧服务官方抖音号视频内容在展示物业服务品质的同时，亦紧跟网络潮流，通过对拍摄对象年轻化、风格化的打造，传递出与时俱进的风采与个性，吸引并凝聚了更广泛的受众群体。

打造企业号人设四步法：账号简介——简练、直白地体现鲜明个性，文字风格传达的第一印象至关重要；视频封面——展现人设统一性和可信度，内容统一，充满视觉张力；视频内容——切忌单纯追求热点炒作，符合人设永远是内容制作的基本原则；互动行为——评论互动多用口语化、幽默的语言，而私信互动则注意解答的专业性和权威性（见图 7 和图 8）。

图 7　金地智慧服务抖音号风格人设打造（1）

图 8　金地智慧服务抖音号风格人设打造（2）

4.1.2.2 内容策划

在传统物业服务的基础上推陈出新。金地智慧服务官方抖音号根据发布内容的不同，按栏目分为“我的神仙同事们”“像我这样平凡优秀的人”“超能力守护”“生活美学”“金地欢乐逗”“十二星座如何选物业”“寻找金牌生（君）”七大合集（见图 9）。每个模块针对的服务展示内容都各具特色，如“我的神仙同事们”主要体现一线项目现场的物业同事们的靓丽舞蹈和变装秀，“生活美学”主要教授各种日常生活中实用的 DIY、礼仪小技巧等，“金地欢乐逗”收集了来自各地公司拍摄的有趣物业服务情景剧……种种丰富的内容呈现，结合企业人设打造，给观众留下了深刻的印象。在对抖音热榜的追踪方面，经过长期、专业的培训，金地智慧服务总部及各区域公司品牌新媒体岗位同事异常敏锐、紧跟时事热点，指导一线同事拍摄同款视频，多次引爆流量。

图 9　金地智慧服务抖音号栏目设置

4.1.2.3 团队配合

新媒体视频拍摄是一项需要团队协作的专项工作。金地智慧服务品牌新媒体路线分为总部品牌专岗（1 人）、各区域公司及下属单位品牌对接人（非专岗，约 30 人），采取集中培训、审核作品的管理模式，常年持续稳定地保证每日 10 条以上的视频内容投稿，并由总部品牌择优录用其中 3~5 条视频进行每日发布（见图 10）。一线团队新媒体短视频拍摄人员在现实生活中都是乐于展现自我才华的金地智慧服务员工，公司给予其广阔的展示平台和奖励，并通过持续培训赋能落地，塑造精兵强将，善用资源，跨部门合作打造优质内容。

图 10　金地智慧服务抖音号团队投稿

4.1.2.4 创新突破

人人都是网红达人，为业主提供更多增值服务。金地智慧服务官方抖音号粉丝量目前已突破 80 万大关，在成功的企业人设打造、内容优化、粉丝互动和团队管理等方面，行业龙头地位已不可撼动。与此同时，金地智慧服务仍锐意进取，旨在将新媒体建设打造成企业品牌标杆亮点并产生“出圈”的影响力。为此，公司开展了“闪闪金星”“品牌传播深耕计划”等专项工作(见图 11)，通过海选投票、培养员工“网红达人”、区域轮值等方式，积极发掘具备潜质的一线员工参与活动，并对各区域公司考核与奖励并重，整体加强全员对公司新媒体建设工作的理解与重视。

图 11　金地智慧服务“闪闪金星”挑战赛

除了在品牌发声方面的重要意义外，金地智慧服务新媒体矩阵也开始尝试直播带货。总部牵头与京东等知名品牌强强联合、跨界直播，取得了非常好的效果。与此同时，各区域轮值活动也按要求纷纷开展各地特色带货，试点活动期间，所有关注金地智慧服务官方抖音号或视频号的业主及其他受众，每天都能“蹲守”来自天南海北的特产大促销——无论是西安大唐不夜城的网红吸粉，还是天津狗不理包子主厨亲自下场推销，从南昌拌粉到闽南好茶，从四川火锅底料到云南松茸，“只有想不到，没有买不到”成为各地品牌直播间的努力方向，以为业主和粉丝提供丰富多彩的增值服务为信念，同时亦可加强粉丝黏性和互动性（见图 12）。疫情期间，居家网购成为消费主流趋势，金地智慧服务的线上直播带货取得了不错的业绩与流量。未来将结合公司增值业务，建立专属直播平台，继续做大做强。

图 12　金地智慧服务网络直播海报

4.1.3 **视频号平台运营**

与抖音一样，微信视频号也是近年来受到广泛关注的新媒体视频平台。根据腾讯内部官方数据显示，截至 2022 年 8 月，全球微信用户已超 12.68 亿，排名全球社交类 App 第一位。腾讯微信视频号同样是一个人人可以记录和创作的平台，也是一个了解他人、了解世界的窗口。与抖音相区别的是，微信视频号更强调私欲流量。作为微信生态战略级产品，微信视频号是连接内容与交易的重要窗口，更是一个企业最强链接用户的平台，是精准用户最迅速直接了解企业的平台。

金地智慧服务官方微信视频号运营策略充分利用了微信视频号的优势，与官方抖音号优势互补，长短板结合，双管齐下，以期覆盖更多的用户及受众群体。具体介绍如下：

4.1.3.1 整体思路

公域流量转私域流量（见图 13）。与主打公域流量的抖音等平台相比，微信视频号粉丝群体的客户黏性、精准性、信任度、可控性及转化率都更高。基于微信社交关系链，四大优势可高效促进企业账号影响力增长：流量——基于微信社交关系链，不干预流量上限，提供好友、公众号、社群、朋友圈、搜一搜等多种免费流量资源为视频号引流，高增长裂变快；留存——浮窗功能永远在线，可边看直播边玩手机（微信内、小程序、安卓手机桌面）用户流失率更低；转化——视频号+社群+公众号+小商店+小程序生态，统一的账号体系+成熟的交易闭环+强大的社交信任基础，转化更高效；私域——开放多种私域引流方式，以及私域沉淀后的运营工具及玩法。

图 13　朋友圈：公域流量转私域流量

4.1.3.2 内容策划

因地制宜，有的放矢。基于微信视频号后台算法相较抖音而言对长视频有更好的宽容度，金地智慧服务官方微信视频号在日更当下热门短视频内容的同时，更侧重于发布突出品牌整体宣传、展示服务流程和细节、《我和金地的故事》等物业系列故事剧集等更针对私域流量客户的视频内容，为品牌宣传造势发声（见图 14）。

图 14　针对私域流量客户的内容策划

4.1.3.3 流量变现

更多跨界商家青睐微信视频号精准营销。随着官方抖音直播带货的开启，金地智慧服务微信视频号直播带货功能也同步启动。在双账号开播的情况下，比较得出微信视频号的流量变现能力对于企业而言更为宝贵。首先，关注物业企业微信视频号的客户群体画像十分精准——主要由广大业主、企业员工、同行业人士、媒体机构等构成，在跨界带货营销方面投入产出比高，更受合作商家青睐（下文中将详细介绍2022年度金地智慧服务官方账号开展品牌跨界直播合作以来的两场大型活动，主阵地都在微信视频号上）；其次，微信视频号直播带货的风险较低——相较于抖音直播的付费引流、违禁词断播、投诉降信用分等处理手段，微信视频号的直播带货功能非常稳定且自由，十分适合非专业团队起号的企业做直播尝试（仅产品挂车要相对复杂一些）。

4.1.4 视频原创度

无论是抖音平台还是微信视频号平台，对视频原创性及首发的要求都是非常高的。即便是对于网络热点元素的参考借鉴，也须符合账号人设、“模仿+超越”才能真正引来流量。正所谓“巧妇难为无米之炊”，真正好的内容才是新媒体矩阵做大、做强的基石。如何源源不断地创造优质视频素材，是金地智慧服务集团在组建新媒体团队之初就思索的问题。目前同行业新媒体建设工作主要有以下两种选择：一是聘请专业团队代运营公司账号；二是建设培养自己的新媒体团队。面向未来，为了培养孵化企业多元化人才、掌握新媒体运营的核心技能，金地智慧服务选择了后者。

金地智慧服务集团新媒体内容策划，始终关注在体系完善和运营管理实践中不断注入新元素，同时促进公司新媒体人才综合素质提升。为加强金地智慧服务集团品牌传播，聚合品牌内涵，提升公司对外品牌知名度和影响力，金地智慧服务从集团层面到城市公司层面多次开展新媒体短视频策划及拍摄、直播相关专业能力培训课程，以培养及储备品牌宣传领域的新媒体人才（见图15）。

图 15　金地智慧服务引进新媒体课程

人人皆是自媒体——通过学习新媒体传播思维，塑造个人 IP，打造品牌影响力，每一位员工的日常都成为记录在金地智慧服务生活、工作点滴的绝佳素材。随着自上而下的宣传和引导，在金地智慧服务集团内部掀起了短视频热浪，全体员工共同参与一场品牌发声盛会，发扬敢、学、比、帮、超精神，来自各地一线的十八般武艺样样上线，大家把新媒体内容创新从工作变成了兴趣，并孕育出一批员工“网红新星”，给全体金地智慧服务人提供了一个展示自己的舞台。随着一代又一代更具网感的年轻员工的加入，金地智慧服务集团内参与新媒体投稿的队伍不断壮大，目前已经有数千人自发参与短视频制作投稿，展示金地智慧服务人风采，全网累计发布近 2000 个作品（见图 16）。

图 16　发动全员参与短视频记录

在发动全员参与短视频记录的情形下，也激励了一线员工扎实做好服务和品质，向客户展现最佳服务形象的动力。给员工赋能，通过培训、广泛学习各类工作技能和知识，提高了员工的综合素质能力。在通过金地智慧服务官方抖音号、视频号平台充分展示自我风采的同时，金地智慧服务的员工在工作中也更能找到价值感、幸福感、归属感。

4.2 融创互联论：跨界联动、共赢共生

4.2.1 视频发布时间

以抖音平台为例，统计数据显示，62%的用户在吃饭前和睡前使用抖音，而只有10.9%的用户在上班或上厕所等部分时间使用抖音。平日中午12：00、下午18：00、晚上21：00和22：00或周五晚上和周末，都是每个人比较自由的时间。故并不存在“最佳发布时间”一说，而要根据不同的行业进行调整（见图17）。对发布时间的真正科学调整是想象精准的用户是否在最适合的时间段观看。

作品列表

按发布时间　按播放量　按点赞数　按新增粉丝　按完播率　降序　　　卡片模式　作品对比　导出数据

作品名称	审核状态	播放量	点赞量	分享量	评论量	主页访问	分析详情
上班要迟到了，还摔一跤，看小姐…	已通过	141.7w	1.1w	155	161	2466	查看
#挑战害羞慢动作 小哥哥努力营业	已通过	15.6w	6111	6	10	208	查看
周三了，看点不一样的#猛男有点甜…	已通过	15.7w	5791	24	13	452	查看
#上班前vs下班后 #上班下班两幅面…	已通过	2.4w	2265	22	16	154	查看
#闪闪金星挑战赛 今天的暖暖闪闪…	已通过	2.8w	1226	11	13	363	查看
周一皮一下，#猛男有点甜 #这谁顶…	已通过	2.6w	816	25	24	411	查看
这届阿姨有点"皮" #搞笑 #金地智慧…	已通过	1.2w	718	20	11	100	查看

图17　视频后台数据流量监测

4.2.2 视频标题句式

巧妙设置文案，可以增强点击和曝光量。一是要设置第一眼悬念，吸引观众好奇心；二是要快速概括视频内容，为视频做注解，在文案中加入抖音话题关键词；三是要增加互动性语句，引导观众进行点赞、评论、浏览主页等行为，可以带来引流效果；四是要升华视频主旨，引发观众共鸣（见图

18）。

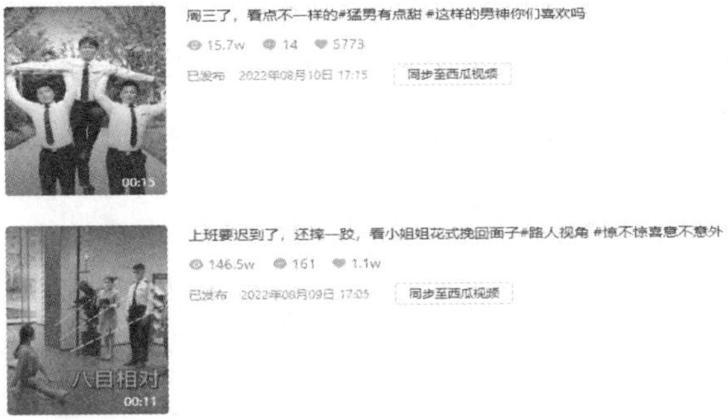

图 18　引流较好的视频标题展示

4.2.3 **主题切入形式**

作为物业行业的新媒体官方账号，首要目标还是要传递服务品牌。但切忌“硬广”“推销”，当下好的“广告”是软性植入+引发共鸣。无论通过讲故事、抖包袱、神反转还是其他任何形式，主题的展现一定要进行策划包装，方能引人入胜。例如“我和金地的故事”系列宣传片第一集播出的20余年老社区金地花园一线普通员工的日常事迹，通过业主的口述，并佐以“小张要上树?”等吸睛的篇章小标题，以新颖的形式展现在观众面前，取得了很高的浏览量和点赞量。再比如金地智慧服务旗下城市服务品牌金智仟城在东莞水乡大道标杆项目航拍的宣传视频《守望水乡》，采用了大气磅礴的“纪录片”拍摄手法（见图19），深得业内人士和社会各界的好评。

图 19　软植入广告备受好评

另外，新媒体与传统媒体最大的区别就在于和受众的互动性。每一条视频发出后，前台和后台都会收到许多观众留言，新媒体负责人要对此及时进行综合管理和分析，以便对后期视频方向和内容提出指导。粉丝画像、兴趣分布、地域分布等都是值得参考的重要指标（见图 20 和图 21）。只有与时俱进，迎接变化，才能取得不断进步。

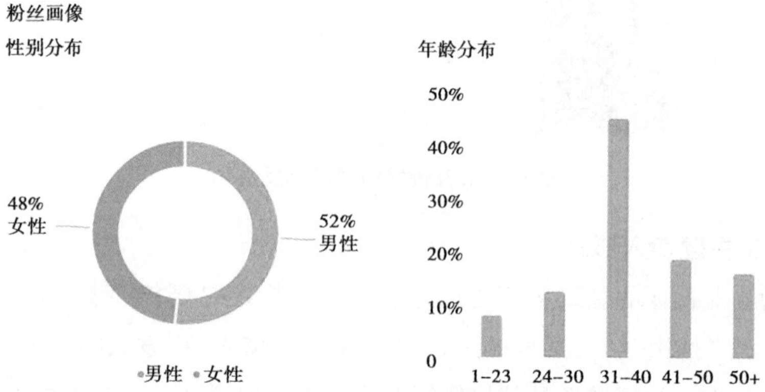

图 20　后台粉丝画像分析（1）

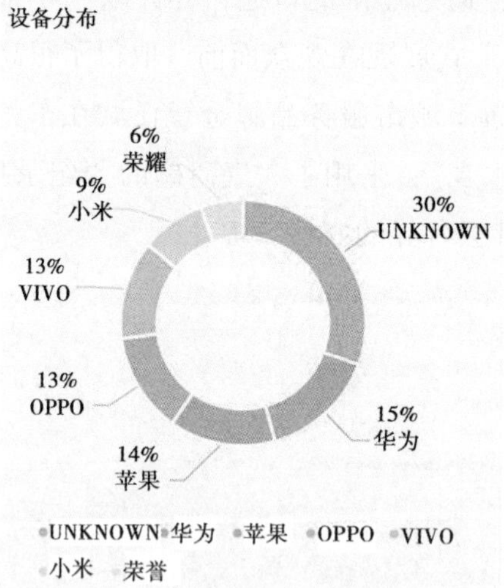

粉丝兴趣分布

兴趣	占比
随拍	31.17%
美食	16.46%
时尚	14.28%
亲子	8.23%
剧情演绎	7.60%

图 21 后台粉丝画像分析（2）

4. 2. 4 新媒体视频平台直播案例分析

2022 年 8 月 18 日晚 18：00，“潮奢电视‘金’夜讲坛”火热开播。金地智慧服务集团联合京东首次跨界直播，三大平台（金地智慧服务官方视频号、抖音号、京东站内号）同时开播，知名品牌强强联合，极大地提升了金地智慧服务的品牌影响力和美誉度，且获得了较高的业主口碑。

4.2.4.1 直播亮点

（1）零成本，强导流。本次活动所有费用（前宣设计、直播场地、主播、奖品、投流）均由京东及其代运营公司提供（见图22）。金地智慧服务仅提供宣传支持。

（2）强大的前宣铺排。金地智慧服务宣传——通过全国业主管家微信朋友圈、企业微信公告、金地智慧服务官方公众号及各平台直播预告向业主及粉丝进行宣传；通过金地智慧服务集体公司群发邮件、企微公众号、各群转发扩散向员工内部宣传。

京东宣传——京东站内线上各平台广发链接，大数据精准触达，引流至三方直播间。

赞助商宣传——当天带货及礼品赞助电商通过其自有平台渠道进行大力宣传（见图23）。

图22 金地智慧服务联名京东直播海报

图23 直播前宣

（3）专业直播团队及场地。由京东代运营传媒团队现场操盘，专业主播及设备，确保金地智慧服务品牌植入效果（见图24和图25）。抖音和京东实时投流，为直播强导流，在以金地业主为主要受众基础上，扩大品牌整体曝光广度。

图 24　专业直播现场（1）

图 25　专业直播现场（2）

4.2.4.2 直播效果

金地智慧服务通过与京东联合直播（见图 26），两小时内三个平台累计曝光量超 235 万（其中金地智慧服务抖音、视频号两个平台直播间总观看量近 114 万，最高在线人数达 5000 人次），金地智慧服务视频号平台总成交金额 9.8 万余元；直播福利抽奖共计 7 轮，累计参与抽奖人数超 1.5 万，平均每轮抽奖持续观看 2000 余人。

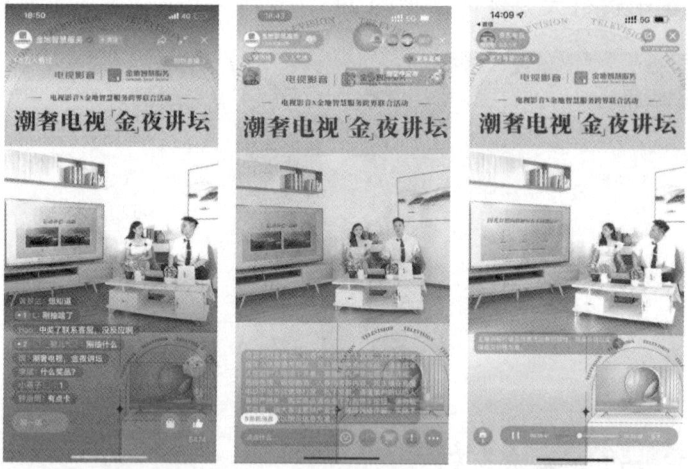

金地智慧服务视频号　金地智慧服务抖音　京东站内号

图 26　跨平台同步直播

4.2.4.3 经验总结

此次京东电视与金地智慧服务跨界联合直播活动，通过双方流量相互引流，金地智慧服务通过京东站内官方直播账号粉丝群体成功推广了品牌相关服务理念及品牌形象。

此次直播执行周期短且筹备内容较多，执行团队两天时间内快速反应并筹备直播所需物料，确保直播如期开展（直播场地搭建、品牌宣发海报等），深度挖掘流量价值。

金地智慧服务凭借大规模客户群体平台，可以与各行各业知名品牌跨界联动，本次活动给予公司丰富的经验及溢价空间，后续可签署带货抽佣协议，更有效确保在品牌传播过程中获取更大利润空间，助力增值业务发展。

除此之外，各地方公司贴近社区的非带货类直播活动也开展得如火如荼，如“宠你 1 夏 趣彩童年”系金地智慧服务首次创新型社区文化活动（见图 27），通过“线上报名+落地活动+直播”的方式，让更多业主了解金地智慧服务与其他物业公司的差异化服务，产生“金地朋友圈”拉近用户与物业人员的关系，提高用户满意度。金地智慧服务通过与南京红山森林动物的联合直播，停留观看人员突破 12000 余人 ，总观看数超 10 万。以服务创造口碑、以情感创造口碑、以文化创造口碑、以体验创造口碑，用户通过物业、人员和流程的互动（社区文化活动）对物业服务更加熟悉，对质量更为放心，也会从心理上与企业更加亲近。这种心理的亲近感将促使用户去主动传播产品和服务，最终提升金地智慧服务的物业品牌形象与口碑。

图 27　挑战户外直播

4.3 合力共建论：“共治共建共享”

4.3.1 视频内容类别分类

企业账号视频内容分类应熟练掌握以下四类内容要点，进而助力于品牌玩转新媒体：一是热点型内容——追随平台热门内容，无明确营销目的，以优质内容吸引受众对账号产生兴趣，例如“防疫”“节日热点”“实事”；二是标签型内容——企业持续不断地产出跟自己品牌、产品、调性相一致的系列内容，自成一体；三是广告型内容——配合品牌关键营销节点集中投放，帮助品牌声量短期内爆发式增长，产品预热广告等；四是生成内容合集——打标签是大数据推算的重要法则之一，也便于受众搜索查询及视频后台管理，例如金地智慧服务抖音号的“生活美学”“我的神仙同事”“金地欢乐逗”“超能力守护”“寻找金牌生（君）”等合集（见图28）。

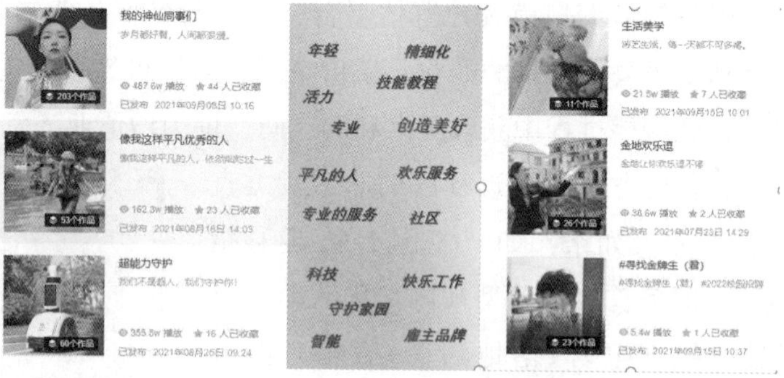

图28　视频内容分类规划

4.3.2 视频点击量

点击量也称为浏览量或播放量，是各大视频平台评判传播效果的直接证明。“点赞”是精准受众表达态度的收集，点击量则为品牌宣传效果的前置触达因素，与视频“爆款”“出圈”呈正相关。为了提升视频点击量（即让更多的人看到我司的视频），金地智慧服务总部尝试引进外部公司进行专业新媒体代运营短期拍摄，通过其旗下合作的、具有较高粉丝量的网红达人扮演物业角色、策划拍摄剪辑等，获得了宝贵的实践经验（见图29）。

图29　邀请抖音网红实地拍摄

2022年10月下旬至11月下旬，金地智慧服务总部外聘青橙文化传媒短期代运营抖音视频一个月，服务内容包括物业服务主题脚本撰写、邀请合作KOL网红达人出镜拍摄、员工演员指导、拍摄剪辑以及后续宣发等，以期达成更具专业化的视频输出、力争制作出爆款作品，同时内部员工跟随学习全流程环节。截至 2022 年 11 月 25 日，目前代运营短视频“金地安全员的尴尬日常”话题，已经完成了 25.3 万的曝光（见图 30）。

顺序	发布日期	星期	视频内容	视频文案	播放	点赞	点赞比	评论	评论比
1	11.03	周四	测温日常		30000	220	0.70%	23	0.08%
2	11.05	周六	体训日常		22000	359	1.60%	15	0.07%
3	11.09	周三	时间观念		22000	194	0.90%	12	0.05%
4	11.13	周日	登记结婚	送东西都要登记！一	19000	133	0.70%	73	0.38%
5	11.15	周二	集合1	盘点安全员的尴尬日	132000	5374	4.10%	201	0.15%
6	11.19	周六	没带钥匙	没带钥匙？没关系，	21000	202	1.00%	2	0.01%
7	11.22	周二	早！保安	处对象有啥好的呢？	13000	152	1.20%	4	0.03%
8	11.24	周四	证明好人	到底要怎么证明你是	3958	46	1.20%	1	0.03%
9	11.26	周六	口渴	明明水杯里的水都没了，为什么还会口渴			#DIV/0!		#DIV/0!
10	11.29	周二	集合2	盘点安全员的尴尬日常#金地智慧服务 #			#DIV/0!		#DIV/0!

图 30　代运营视频数据

4.3.3 **视频点赞量**

金地智慧服务集团通过实施“品牌传播深耕计划”轮值工作和品牌月报张榜排名，充分调动各区域公司自我宣传积极性，展现多元化服务和业态，并在支援抗疫、红色物业及企业标杆项目打造方面着力推出高质量视频进行全媒体传播，获得了行业及社会各界的广泛关注与认可，在深圳第一现场、深圳特区报客户端等主流媒体上获得了短视频转播。

根据中指研究院发布的《2022 年 1—6 月中国物业服务企业品牌传播 TOP50》统计数据显示，金地智慧服务抖音号排名全行业第一，粉丝人数近 75 万，点赞量和转发量合计 42.8 万；金地智慧服务微信视频号排名全行业第一，粉丝人数首次破万，点赞量和转发量合计 18.5 万。上半年金地智慧服务官方抖音、视频号共发布新媒体各类型视频近 600 条，抖音号点赞和转发量近 43 万，视频号点赞和转发量近 19 万，始终位列行业榜首（见图 31 和图 32）。

2022年1-6月中国物业服务企业

抖音视频号TOP10

排名	企业名称	抖音视频号名称	点赞+转发
1	深圳市金地物业管理有限公司	金地智慧服务	428908
2	四川悦华置地物业管理有限公司	华悦绿雅	299639
3	一爱城市建设服务有限公司	一爱城市流动厨房	69923

图 31　金地智慧服务抖音号影响力全国排名

2022年1-6月中国物业服务企业

微信视频号TOP30

排名	企业名称	微信视频号名称	点赞+转发
1	深圳市金地物业管理有限公司	金地智慧服务	185702
2	一爱城市建设服务有限公司	一爱城市流动厨房	66230
3	绿城物业服务集团有限公司	绿城服务集团	56874

图 32　金地智慧服务微信视频号影响力全国排名

4.3.4 播放量较高的视频特点

结合金地智慧服务企业特色，笔者总结出了物业行业播放量较高的视频特点（见图33），主要如下：一是能够引发受众兴趣——其中又分为泛受众群体和业主/客户。物业行业的视频想要获得较大播放量，既要照顾到业主/客户的需求，又要使原本对物业账号不感兴趣的受众群体产生耳目一新的观感，这就对视频的脚本、演员和拍摄手法提出了要求，即生活幽默要使大家喜闻乐见，演员形象要俊美靓丽，物业小剧场要比想象中有趣；二是可以让受众产生代入感——物业行业的触手其实深入每个人、每天的日常生活，从许多角度都能挖掘出素材达到令人感同身受、会心一笑的效果，通过不断地训练，一线新媒体视频拍摄人员练就了一双慧眼，能时刻发现生活中不一样的美；三是聚焦受众能够接受的视频时长——从视频传播本身来看，时长从几秒到几小时都是可以的。但对于用户而言，最先观看的数秒将决定其是否停留。所以“前三板斧”是非常重要的，许多视频会将核心精华提炼为一句话放在片头，也是出于这个考虑。

图33　播放量较高视频一览

4.3.5 点赞数较高的视频特点

一条播放量和点赞量双收、用户还愿意主动转发的视频长什么样子？用内容吸引用户，产生共鸣。视频内容注重平等对话，兼具趣味性。创造可模仿的内容，激发用户扩散。主要需要具备以下几点：一是要生活化，让品牌更有温度；二是要爆笑推广，打破传统；三是要反转和热梗，模仿门槛低；四是要逗趣舞蹈，趁热收割流量。

如金地智慧服务的视频“可达鸭热点模仿视频”，由于当时肯德基可达鸭一鸭难求的热点，该视频瞬间网络爆火，浏览量达 13.4 万，点赞达 3912；视频“好的服务是？服务与人之间的链接”通过讲述金地物业“年龄最大”的项目金地花园的服务小故事，感人至深，浏览量达 26.4 万，点赞达 1.2 万；视频“我们用影相记录蜕变#金地智慧服务进驻‘香鸢美颂’1 周年”通过延时摄影的拍摄手法，真情记录了金地物业进驻该项目一周年前后对比的宝贵的影像，浏览量达 165 万，点赞达 3.1 万（见图 34）。

图 34　点赞量较高视频一览

第五章　研究结论与展望

5.1 新媒体矩阵建设

5.1.1 运营矩阵

矩阵运营是基于矩阵规则去设定和管理运营系统上的一个运营框架，是新媒体规则制定和实施的组织形式。矩阵运营中包含多个项目：策略、执行、数据、运营、计划、控制、分析、协调机制等。

针对不同的新媒体平台的不同运营模型，企业运营方应持有不同的运营策略，如针对抖音短视频受众，应主要考虑 10~30 秒内的视频时长和流量池下沉逻辑；而针对微信视频号，则应主要侧重于私域流量的传播和转化。并跟踪引流、转化、留效、反馈情况，整体考量新媒体矩阵模型中不同层次业务管控的效果。

5.1.2 **内容矩阵**

随着人们生活方式的发展，娱乐休闲形式日渐丰富，每日从苏醒到入眠，期间使用互联网进行的线上活动频率激增，人们更倾向于用手机获取信息而非阅读纸媒。新媒体内容矩阵的核心是全方位、多角度满足大众需求，用户通过不同的平台渠道获取图文、音频、视频等多元优质原创信息，满足日常精神及交流需求。

根据不同的新媒体创作方向，一个企业品牌宣传的内容也需多元化发展：拍摄形式有航拍、快闪、延时摄影；人设风格不一而足，有酷炫、可爱、感人、搞笑……不同的类型集合，最终形成丰富多彩的内容矩阵。同样的经典内涵，不同的时代有着不同的演绎方式，这也是企业品牌与时俱进的标志。

5.1.3 **渠道矩阵**

针对企业的不同业务场景和发展规划，确定不同的渠道划分及定位，以用户需求为出发点，明确渠道管理责任，这是新媒体矩阵的核心竞争力之一。

随着“大物业”时代的来临，越来越多的物业企业除了提供传统的物业服务之外，已开始积极拓展增值服务，进军社区商业、家装、保险、团餐、养老、教育、体育、商务外包等领域。新媒体矩阵也随之持续细分领域，开辟多条专业业务模块线路，宣传和服务，以期更周至地服务目标客群。与此同时，新媒体细分阵营还能开展社群活动，将线上转为线下，为企业与客户达至双赢铺设道路。

5.1.4 **平台矩阵**

新媒体矩阵依托于不同的平台而建立。包括以图文为主的微博、博客、微信公众号、小红书等，以及以视频为主的抖音、微信视频号、B 站、快手等。在新媒体发展日新月异的当下，视频传播日益强势。

视频类信息是集声音、形体、色彩、动态于一体，在明确带有说服目的的说服性传播中，视频类信息被广泛运用，并在达成说服目的的作用方面发挥日益重要的作用，传播效果显著；视频类信息在说服性传播中具有五大优势，一是有利于吸引目标受众的注意力资源；二是有利于调动目标受众的参与性；三是有利于让目标受众产生移情效应；四是有利于达成暗示的说服效果；五是有利于掩盖编辑处理的痕迹。

企业根据自身需求和受众人群，通过对不同平台的运用，可达至多管齐下、最大化宣传品牌的效果。

5.2 新媒体运营策略

5.2.1 契合用户认知，避免产生抵触

热点事件和热点话题是时下网络中备受关注的相关信息，能在短时间内引发网友强烈关注和热议，短时间内引发受众产生认知、情感和心理上的改变。热点事件和话题来源主要有两种：用户主动发布和传播平台推送。一个网络热帖的爆火有可能带动很多个类似热点的火爆，引发蝴蝶效应。

针对物业服务企业，其核心品牌形象仍是以端庄有礼的服务品质着手，在对各类热点事件和话题进行流量挂靠的同时，一定要注意目标客群的接受度，避免产生抵触的反效果。譬如员工过于“霸道总裁范儿”或展示性感妖娆的热舞，就不太符合行业特征，容易引发受众不适甚至投诉。

5.2.2 运用数据分析，掌握用户心理

新媒体后台自带的数据分析功能，可以很好地用来发掘用户价值，需要企业新媒体管理人员充分加以运用。

定期分析后台数据，能在不断重复的数据采集过程中总结出规律、关联关系，增强对用户心理的了解，从而反向支持内容规划输出。比如每周定期查看粉丝增量数据，分析是否有用户流失、播放量是否有较大起伏等，以此作为评判该档期内视频质量效果的重要依据。与此同时，通过在平台后台参与用户留言互动，迅速掌握其诉求和喜好，将活跃用户转化为忠诚粉丝并开展线下维护活动，也是物业行业新媒体运用的一个重要方式。

5.2.3 及时高质发布，测试传播效果

新媒体与传统媒体一样，对新闻的时效性有着非常高的要求。在互联网环境中，企业信息传播有两个阶段：一是信息流传播阶段，二是受众发酵传播阶段。信息流传播阶段（信息发布后平台推送）从开始到结束只有3~5天的时间，而后的持续热度则要靠受众发酵传播来维系——很多“全民玩梗”的话题便是因此而产生的。企业新媒体工作者所要做到的首先是及时、准确

地发布内容到相关平台上，并实时监测传播效果，对于受众反响较好的视频要采取及时引流。

5.3 新媒体策划内容

5.3.1 以公众需求为导向

作为互联网传播浪潮下的物业企业，应充分运用新媒体矩阵带给受众的个性化服务，开展多种形式的互动性沟通，将企业品牌宣传推广工作做得更深入、更具创意。根据行业特性，新媒体矩阵应在细分领域持续深耕，给用户更多的选择。如金地智慧服务集团除了官方号外，还开通了“金地想家帮”“金地优选”等企业微信账号，专注于入户维修、社区商业等服务品类。

5.3.2 以企业品牌为内核

新时代背景下的物业管理企业，其品牌价值核心仍离不开优质、贴心的服务。企业通过自身新媒体渠道，传播企业文化和企业理念。与此同时，积极响应党建引领、创建红色物业，充分发挥基层党员和党组织作用，把为老百姓办好事、办实事落到实处，成为综合型的多元化服务提供商，也是物业行业发展的大势所趋。因此，物业企业新媒体宣传矩阵也是“共建共治共享”的红色高地，将为“支部建在小区上”贡献舆论宣传力量。

5.4 新媒体跨界营销

5.4.1 加强多元化人才培养、提升新媒体运营专业性

全球正处于社会经济大变革时代，鉴于目前传播媒介发生翻天覆地的变化，新媒体传播应运而生。新媒体工作者在企业品牌传播和社会公众之间起着桥梁作用，新媒体传播者传播的品牌内容质量的高低将直接影响到企业的公众形象。这就需要对新媒体传播工作者的职业素养、工作能力、知识构成、编辑技巧等方面提出更高的要求，推进物业行业品牌传播，打造物业行业新媒体传播新局面。各物业企业需将新媒体人才队伍培养和建设作为一项长远战略工作，构建新媒体传播人才培养长效发展机制，同时加强人才培养和交流，引导一批新媒体工作者的积极开展新媒体传播工作，并将新媒体传播效果纳入绩效考核，全面激发新媒体工作者的积极性。同时应充分运用市场化机制建立多层次、多渠道新媒体人才广泛参与，努力建设一批适应新形势发

展要求的专业新媒体传播队伍。

5.4.2 共筑双赢平台

新媒体作为新兴融媒体渠道，将企业、合作方、公众齐聚一堂，故得以产生巨大的社会价值和经济效益。企业可通过新媒体平台进行品牌文化输出、客户需求调研、服务触点嫁接；合作方可通过企业的桥梁，联系更多的潜在客户群体，并反向为企业赋能，使之可以为原有客户提供更丰富的服务和商品选择；公众通过众多新媒体平台，可广泛收集信息资源，并满足自身多样化的服务需求。未来，随着人工智能AI线上服务的研发创新，新媒体平台有着广阔的发展空间。

5.4.3 注意对网络舆情的监测和管控

在大数据时代背景下，公众对信息及时性和透明度的要求越来越高，这是一把双刃剑，既有利于企业品牌影响力的迅速扩大，也容易因为一件小事引发网络上的轩然大波。

在新媒体运营过程中，要注意加强对网络舆情的检测和管控工作，首先要加强引导——引导舆论走向正确的立场和方向，倡导以理性思维解决矛盾问题，以维护社会和谐稳定为己任；其次要及时回应——舆情是受众产生的意见表达及反映，是对某一事物的看法和态度，若未能第一时间给予适当回应、澄清和引导，则容易引发舆情危机扩大化；最后要有效应对——无论是公开信息，还是理性发声，都要以解决受众实际困扰为出发点，要善于发现群众的真实诉求，积极回应群众呼声，及时解决群众问题。

结　语

新媒体的出现和发展为传统媒体注入了活力，也极大地改变了媒体的传播模式。新媒体传播渠道具有多样性、传播速度快、传播互动性强、传播范围广等特点，同时打破了传统传播渠道自上而下灌输式传播模式，属于双向互动式，它以受众需求为导向，在传播过程中更加注重与受众进行交流和互动；利用新媒体进行物业企业品牌传播，将使传播内容更加生动、形象、丰富等，使传播手段更加亲民，更易吸引受众眼球。

通过本文的论述，可以看到现阶段新媒体的传播现状：现阶段有网站、微博、微信公众号等以图文为主的新媒体传播渠道，也有抖音、微信视频号等以视频为主的新媒体传播渠道。但经过对比分析后可发现视频传播信息更新更快、时效性更强，互动性更高、创新性更强、浏览量更高，故根据对新媒体时代品牌传播渠道进行优选分析，可以得出以下结论：

（1）抓住机遇，新媒体传播渠道优选视频类平台；

（2）组建或聘请专业新媒体运营团队，提高品牌传播效果；

（3）以公众需求为导向，注重内容原创性和趣味性；

（4）建立双赢合作，加大网络舆情监测。

由于新媒体本身是新事物，且尚处在一个不断变化发展的过程中，有可能随着新媒体的发展未来会出现新的最佳传播渠道，所以本文提出的优先方案见解会随着新媒体的发展有待进一步完善和调整。

参考文献

本书编写组编，2014. 公务员核心能力提升培训教材［M］. 北京：中国言实出版社.

韩雅男，2012. 二级传播与沉默的螺旋理论在微博使用中的解析［J］. 网络时代（10）：22.

隆志秀，2013. 视频类信息在说服性传播中的优势分析［J］. 新闻与传播研究（10）：21–22.

课题组成员名单

课题组组长： 姚　平　深圳市金地物业管理有限公司

课题组成员： 徐　赫　深圳市金地物业管理有限公司

尹怡人　深圳市金地物业管理有限公司

马　玥　深圳市金地物业管理有限公司

中国物业管理协会系列丛书名录

年鉴系列

《2018 中国物业管理行业年鉴》

《2019 中国物业管理行业年鉴》

《2020 中国物业管理行业年鉴》

《2021 中国物业管理行业年鉴》

研究系列

《物业管理课题研究优秀成果汇编（2016—2018）》

《物业管理课题研究优秀成果汇编（2019—2020）》

《“物业+养老”服务新模式——发展前景与案例解析》

《物业管理课题研究优秀成果汇编（2021）》

《物业管理课题研究优秀成果汇编（2022）》

指南系列

《设施设备管理指南（修订版）》

《承接查验操作指南（修订版）》

《超高层建筑设施设备管理指南》

《物业管理指南——基础》

《物业管理指南——写字楼物业》

《物业管理指南——产业园物业》

《物业管理指南——商业综合体物业》

《物业管理指南——高校物业》

《物业管理指南——医院物业》